Tu mundo

español sin fronteras

Magdalena Andrade
Irvine Valley College

Jeanne Egasse
Irvine Valley College

Elías Miguel Muñoz

María José Cabrera Puche
West Chester University of Pennsylvania

TU MUNDO: ESPAÑOL SIN FRONTERAS

Published by McGraw-Hill, a business unit of The McGraw-Hill Companies, Inc., 1221 Avenue of the Americas, New York, NY 10020. Copyright © 2014 by The McGraw-Hill Companies, Inc. All rights reserved. Printed in the United States of America. No part of this publication may be reproduced or distributed in any form or by any means, or stored in a database or retrieval system, without the prior written consent of The McGraw-Hill Companies, Inc., including, but not limited to, in any network or other electronic storage or transmission, or broadcast for distance learning.

Some ancillaries, including electronic and print components, may not be available to customers outside the United States.

This book is printed on acid-free paper.

1 2 3 4 5 6 7 8 9 0 QVR/QVR 1 0 9 8 7 6 5 4 3

ISBN 978-0-07-803703-0
MHID 0-07-803703-4

ISBN 978-0-07-759573-9 (Annotated Instructor's Edition)
MHID 0-07-759573-4

Senior Vice President, Products & Markets: *Kurt L. Strand*
Vice President, General Manager, Products & Markets: *Michael Ryan*
Vice President, Content Production & Technology Services: *Kimberly Meriwether David*
Managing Director: *Katie Stevens*
Senior Brand Manager: *Katherine K. Crouch*
Senior Director of Development: *Scott Tinetti*
Faculty Development Manager: *Jorge Arbujas*
Development Editor: *Misha MacLaird*
Editorial Coordinator: *Leslie Briggs*
Director of Digital Content: *Janet Banhidi*
Digital Product Analyst: *Vicki Splaine*
Executive Marketing Manager: *Craig Gill*
Senior Market Development Manager: *Helen Greenlea*
Director, Content Production: *Terri Schiesl*
Content Project Manager: *Jolynn Kilburg*
Senior Buyer: *Sandy Ludovissy*
Lead Designer: *Matthew Baldwin*
Cover Designer: *Preston Thomas, Cadence Design Studio*
Interior Design: *Maureen McCutcheon*
Lead Content Licensing Specialist: *Keri Johnson*
Photo Research: *Susan Friedman*
Permissions Coordinator: *Lori Church*
Compositor: *Aptara®, Inc.*
Typeface: *10.5/12 Minion Pro*
Printer: *Quad/Graphics*

All credits appearing on page or at the end of the book are considered to be an extension of the copyright page.

Library of Congress Cataloging-in-Publication Data

Andrade, Magdalena, author.
  Tu mundo: español sin fronteras / Magdalena Andrade, Irvine Valley College; Jeanne Egasse, Irvine Valley College;
  Elías Miguel Muñoz; María José Cabrera Puche, West Chester University of Pennsylvania.
      pages cm   Includes index.
    ISBN 978-0-07-803703-0 — ISBN 0-07-803703-4
    ISBN 978-0-07-759573-9 — ISBN 0-07-759573-4 (pbk.)
  1. Spanish language–Textbooks for foreign speakers–English. 2. Spanish language–Grammar–Problems, exercises, etc.
3. Spanish language–Spoken Spanish. 4. Spanish language–Computer-assisted instruction for English speakers.
I. Egasse, Jeanne, author. II. Muñoz, Elías Miguel, author. III. Cabrera Puche, María J., author. IV. Title.
    PC4129.E5A56 2014
    468.2'421–dc23
                          2012044129

The Internet addresses listed in the text were accurate at the time of publication. The inclusion of a website does not indicate an endorsement by the authors or McGraw-Hill, and McGraw-Hill does not guarantee the accuracy of the information presented at these sites.

www.mhhe.com

Highlights from our research activities include:

- A recent survey garnered more than 822,000 student responses, in which **over 90% (that's nearly a million!)** of students indicated that LearnSmart had helped them learn the course material and made them confident in their new knowledge.
- Over 1,600 students, professors, and graduate teaching assistants beta-tested LearnSmart for Spanish. The results were astounding: 91% of students said that LearnSmart leads to success in Spanish, and 97% of instructors said they would use LearnSmart in the future.
- Since its launch in January 2011, Spanish LearnSmart has almost 32,000 users with over 10,880,845 answered prompts!
- Over the past several years, we've brought together over 250 of the best and brightest professors from around the country to symposia and small-group forums in order to brainstorm new ideas and workshop solutions to the discipline's biggest challenges.
- Over 165 professors helped us hone the art style, interior, and cover designs of *Tu mundo*. And thanks to the help of over 150 editorial reviewers, we have insured that the *Tu mundo* chapters are of the highest quality.
- Nearly 400 professors from across languages helped define and design the testing program for *Tu mundo*. An additional fourteen professors gave us deeper insight on how they would like to see the OPI (Oral Proficiency Interview) integrated into our assessment programs, both in print and online.
- We conducted two major surveys with 360 instructors on the dynamics of today's changing language laboratories as well as the transition from a printed homework model to increasingly more online solutions.
- With the help of nearly 100 webinar and focus group participants, we learned how well Connect stacks up against the competition.
- Fifty-three instructors helped shape the overall concept and editing of the **Amigos sin Fronteras** video segments.
- Special thanks are due to the folks at **Florida International University, Georgia State University, American River College, Cabrillo College,** and **Metropolitan State University of Denver** for piloting LearnSmart during the Fall 2012 semester.

Tu mundo encourages a sense of community and meaningful interactions.

What I found most interesting about Tu mundo is its goal of sparking the students' natural curiosity about their world by helping them to create their own sense of community.
— Dulce de Castro, Collin College

Tu mundo connects students to high-interest culture through the *Amigos sin Fronteras.*

THE CULTURAL ASPECT OF SPANISH-SPEAKING COUNTRIES HAS BEEN KIND OF NEGLECTED FOR MANY YEARS. THE TU MUNDO AUTHORS SEEM TO PUT EMPHASIS ON IT.
— ÁNGELO GLAVIANO, MIDDLESEX COMMUNITY COLLEGE

Preface

Tu mundo immerses the Introductory Spanish student in a culturally rich world full of opportunities to discover and explore the powerful connections between language and culture. Students dive into intensive communicative practice, building confidence in their ability to interact in meaningful ways in Spanish and with access to a wealth of tools to support and guide their progress. In addition, students are able to create their own sense of community through features such as online video chat, resulting in a unique personal experience that will evolve organically with each individual and spark their natural curiosity about their world.

What Are the Goals of the *Tu mundo* Program?

Our extensive and ongoing research in the Introductory Spanish course has led to the creation of the *Tu mundo* program, which is grounded by a strong emphasis on the five Cs: Communication, Culture, Connections, Comparisons, and Communities. As more and more courses move toward hybrid and online formats, *Tu mundo* delivers content in a variety of ways in order to ensure consistent performance.

- **Embrace the language, not the rules:** *Tu mundo* is designed to work well with a variety of communicative approaches. The goal is to provide an ideal environment where acquisition can take place. By jumping directly into communicative practice, students immerse themselves in the experience of active learning. This involves preparing at home using a variety of print and digital learning tools and then coming to class ready to engage in conversation.

- **Achieve consistent performance:** *Tu mundo* offers a dynamic adaptive learning system called LearnSmart that allows students to identify grammatical structures and vocabulary words they have not yet mastered and then offers an individualized study program for mastering them. Students at all levels can benefit from using LearnSmart, which includes built-in reporting and a competitive scoreboard. Additional tools in Connect Spanish such as the Voice Board and Blackboard Instant Messenger (BbIM), both powered by Wimba, ensure that students are getting ample practice time no matter where their classes take place.

- **Create community and connections:** Creating a sense of community in the face-to-face or virtual classroom is a huge part of language learning and something that *Tu mundo* does implicitly. Whether in a physical classroom or in Connect Spanish, students are provided with opportunities to engage in meaningful conversations and collaborative task-based activities. The

Amigos sin Fronteras (*Friends Without Borders*), a cast of young Hispanic students who share common interests, are featured throughout the entire program and showcased in the **Amigos sin Fronteras** video segments, available on DVD and in Connect Spanish. Through the **amigos,** students are exposed to a friendly model of how to apply what they're learning in order to interact with another friendly group of students: their own classmates. Furthermore, *Tu mundo* presents an interactive online environment that applies engaging content and task-based scenarios to enable students to practice their language skills in a fun, immersive, and motivating way.

- **Find meaning through high-interest culture and comparisons:** Culture is often left behind—so *Tu mundo* offers it throughout. Each chapter features a country of focus, which doubles as the home country of one of the fifteen **amigos.** In addition to in-chapter cultural sections, every chapter of *Tu mundo* features a second video segment called **Mi país,** narrated by the **amigos** themselves, as they share information  about their native countries. This window into the lives of the **amigos** provides a point of comparison for students to describe their own lives. The **Mundo interactivo** scenarios found in Connect Spanish represent a variety of cultural contexts in which students can interact with language and culture in a meaningful way.

How Did We Get Here?

Tu mundo was shaped by thousands of instructors and students of Introductory Spanish who participated in our extensive research. We are grateful to those who shared their perspectives to help make *Tu mundo* a stronger program from all angles. (See pages xv-xix for a full list of participant names.) Following are highlights from our research activities.

- A recent survey garnered more than 630,000 student responses, in which **over 90%** of students (that's over half a million!) indicated that LearnSmart helped them learn the course material and made them more confident in their new knowledge.

- Over 1,600 students, professors, and graduate teaching assistants beta-tested LearnSmart for Spanish. The results were astounding: 91% of students said that LearnSmart leads to success in Spanish, and 97% of instructors said they would use LearnSmart in the future.
- Over the past several years, the McGraw-Hill World Languages team has conducted multiple symposia where we brought together 250 of the best and brightest professors from around the country to brainstorm new ideas and workshop solutions to the discipline's biggest challenges.
- Over 165 professors helped us hone the art style, interior, and cover designs of *Tu mundo*. And thanks to the help of over 150 editorial reviewers, we have ensured that the *Tu mundo* chapters are of the highest quality.
- We conducted two major surveys with 360 instructors on the dynamics of today's changing language laboratories as well as the transition from a printed homework model to online solutions.
- With the help of 100 webinar and focus group participants, we tested the market-leading components of the Connect platform and determined how to best align LearnSmart with the *Tu mundo* methodology.
- Fifty-three instructors helped shape the overall concept and editing of the **Amigos sin Fronteras** video segments.

The *Tu mundo* program is the result of volumes of visionary input provided by today's instructors and students of Introductory Spanish—thank you!

Embrace the Language, Not the Rules

The *Tu mundo* Classroom

Only realistic communicative experiences can help learners acquire a second language. Because communication is the primary goal and the core of this program, *Tu mundo* provides opportunities for students to communicate with their classmates naturally, both orally and in writing.

- **Actividades de comunicación**
  The communicative activities play a vital role in *Tu mundo*, while grammar serves as an aid in the language acquisition process. The text presents key grammar concepts and vocabulary that students will need in order to engage in interpersonal communication with native speakers. In *Tu mundo*, the grammar and vocabulary are taught through comprehensible input as well as communicative activities, all presented in a congenial atmosphere in which students feel free to express themselves in Spanish.

- **Connect™ Spanish**
  Connect Spanish provides a digital solution for schools with multiple course formats, whether they be 100% online, hybrid, or face-to-face programs.

- **LearnSmart™**
  No two students are alike. McGraw-Hill LearnSmart is an intelligent learning system that uses a series of adaptive questions to pinpoint the unique knowledge gaps of each individual student. LearnSmart then provides a customized learning path so that students spend less time in areas they already know and more time in areas they don't. The result is that LearnSmart's super-adaptive learning path helps students retain more knowledge, learn faster, and study more efficiently.

Scan this code with your QR reader to learn more about Getting Started with Connect Spanish.

- **Communication tools**
  With our new suite of collaboration tools, students can engage in online communication in order to complete activities with other students. Instructors can manage communication with students in a whole new way through online office hours, whiteboards, the Voice Board, and BbIM capabilities.

You Can Learn Spanish! Ten Keys to Success

1 Language Has a Purpose
Focus on the idea you want to convey or task you want to complete.

2 Focus on Meaning
Listen for meaning in real-life contexts and focus on the message.

3 Listen!
Eventually you will express yourself, but start by listening.

4 Take Your Time
You need time and consistent exposure to comprehensible input before producing language.

5 Remember, Mistakes Are Part of Learning
When you speak, what matters is your message.

6 Explore New Cultures
Taking the time to learn about Hispanic cultures and comparing them to your own helps to broaden your language-learning perspective.

7 Grammar Can Help
A gentle focus on form helps you identify gaps in your developing language skills.

8 Just Relax!
Learning is a process that takes place most effectively in a low-anxiety mode.

9 Create a Community
Make friends: you'll learn language better and faster in a group.

10 Speak Your Mind!
Speaking in class will help you improve your communicative accuracy. Don't be shy.

Scan this code with your QR reader to learn more about *Tu mundo*.

Achieve Consistent Performance

Introductory Spanish classrooms typically contain a mix of true beginners, false beginners, and even heritage speakers in the same classroom. Based on our research, we learned that the varying levels of language proficiency among students represent one of the greatest course challenges for the majority of instructors of Introductory Spanish.

Tu mundo offers LearnSmart, a powerful adaptive learning system, beta-tested by over 1,600 students. As the student completes each chapter's grammar and vocabulary modules, LearnSmart identifies the main grammatical structures and vocabulary words that warrant more practice, based on student performance, and provides an individualized study program.

As the professor you can assign LearnSmart or you can simply say, "Go to LearnSmart and work on preterite vs. imperfect"—and off they go! LearnSmart allows you to quickly and easily choose how much content is covered within each module and to dig into very specific aspects of each grammar point. With LearnSmart, you will know exactly what your students know and where they continue to struggle.

What Did We Learn from Our Beta Test Students?

68% agree or strongly agree that they were actively engaged in the LearnSmart activities.

75% agree or strongly agree that LearnSmart increased their comprehension by increasing the amount of time spent in study of vocabulary and grammar outside of the classroom.

93% believe LearnSmart to be an effective way to review and learn concepts.

90% would recommend LearnSmart to a friend.

Scan this code with your QR reader to learn more about LearnSmart.

Create Community and Connections

Our Cast of Characters: *Amigos sin Fronteras*

The characters who appear in the *Tu mundo* program are all members of a student club called **Amigos sin Fronteras.** As the name suggests, our characters are from all over the Hispanic world. The members of **Amigos sin Fronteras** meet to socialize, share food, go dancing, listen to music, and help each other out. Some of these characters are U.S.-born, some are immigrants, some are foreign students, and a couple of them live and go to school in their native countries.

Each chapter focuses on one of the fifteen characters and his or her home country in depth. These people share stories about their countries, families, and customs. It is through the **Amigos sin Fronteras** characters that the Spanish-speaking world is presented and through which the Introductory Spanish student can explore his or her own culture from a variety of different perspectives.

Meet Our Cast of Characters!

Many of the activities in *Tu mundo* feature one or more of the characters described below. All of them are members of the club **Amigos sin Fronteras** and most attend the University of California, Berkeley.

Eloy Ramírez Ovando, 21, is Mexican American. He is a pre-med student majoring in biology. Eloy is also co-founder of the club **Amigos sin Fronteras.**

Claudia Cuéllar Arapí, 19, is from Paraguay and studies economics. Claudia co-founded the club **Amigos sin Fronteras** with Eloy.

Omar Acosta Luna, 29, is Ecuadorian. He is married to Marcela Arellano Macías, and they have two children, Carlitos, age 6, and Maritza, age 4. Omar is a graduate student of business administration at the Pontífica Universidad Católica de Ecuador.

Camila Piatelli de la Fuente, 18, is Argentinean and studies psychology.

Xiomara Asencio Elías, 20, is a Salvadoran-born student of Latin American literature.

Lucía Molina Serrano, 23, is from Chile. She studies marketing.

Rodrigo Yassín Lara, 27, is a single father and a student of political science. He is from Colombia.

Nayeli Rivas Orozco, 18, is Mexican. She studies history.

Sebastián Saldívar Calvo, 18, is from Perú. He is a student of social science.

Radamés Fernández Saborit, 24, is a Cuban-American graduate student of ethnomusicology. He is a singer-songwriter and a member of the musical group Cumbancha.

Ana Sofía Torroja Méndez, 20, is from Spain. She studies English as a Second Language (ESL) at the College of Alameda and is a good friend of Franklin. She is planning to transfer to Berkeley soon.

Jorge Navón Rojas, 21, is Venezuelan. He studies computer engineering.

Franklin Sotomayor Sosa, 28, is from Puerto Rico. He teaches Spanish at the College of Alameda.

Estefanía Rosales Tum, 24, is from Guatemala and studies anthropology. Estefanía is Franklin's girlfriend.

Juan Fernando Chen Gallegos, 19, is from Costa Rica. He studies pharmaceutical chemistry at the University of Costa Rica and lives in San José.

Find Meaning through Culture and Comparisons

Video

As previously described, the video program to accompany *Tu mundo* provides significant language and cultural input via the **Amigos sin Fronteras** and **Mi país** video segments. Students will explore the lives of the **amigos** cast of characters by watching various situations and by listening as the characters narrate their "photojournals" about their respective countries (**Mi país**). By examining the lives of students, language learners access a window into the Spanish-speaking world and use it as a springboard for comparing topics important to them in the context of their own culture.

Integrated Culture and Cultural Spotlights

Many of the communicative activities in *Tu mundo* incorporate the interests and modes of communication of today's student. We also feature activities, readings, and illustrations that showcase the culture and peoples of Spain, Mexico, Central America, and South America. The program helps students develop cultural awareness by focusing on one or more countries in each of its fifteen chapters. After learning Spanish with *Tu mundo*, students will have a wide-ranging knowledge of the Spanish-speaking world. This integration of language and culture will create a stimulating and meaningful learning experience for all types of Introductory Spanish classrooms!

In each chapter, the vibrant **Entérate** section consists of various components that present the culture of the focus country.

- **Mundopedia:** Brief readings on the country of focus, made to look like an Internet-based encyclopedia

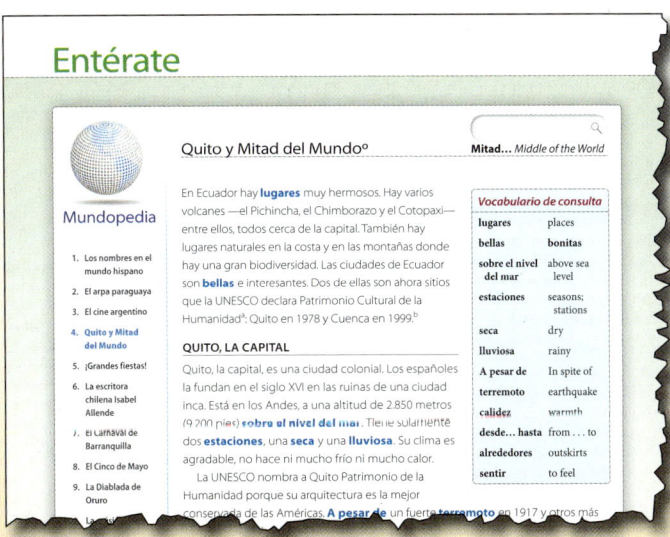

Voces ecuatorianas

andar chiro/a = no tener dinero	un(a) guambra* = un(a) joven
la caleta = la casa	shunsho* = tonto/a
camellar = trabajar	el taita* = el padre
un(a) gato/a = una persona de ojos verdes o azules	la tutuma = la cabeza

*palabras de origen quechua

CONEXIÓN CULTURAL

LAS ISLAS GALÁPAGOS, TESORO DE LA NATURALEZA

Las islas Galápagos, la inspiración para la teoría de la evolución de Charles Darwin y para su famoso libro *El origen de las especies,* forman un archipiélago de islas volcánicas a 972 kilómetros al oeste de Ecuador. Son parte de este país sudamericano desde 1832. Están sobre el ecuador y en la zona hay una gran variedad de flora y fauna terrestre y marina. Lee la lectura «Las Galápagos, tesoro de la naturaleza» en el *Cuaderno de actividades* o en Connect Spanish y ¡descubre mucho más sobre este fascinante lugar!

- **Voces:** Regional lexical variants and expressions from the featured country or countries
- **Conexión cultural:** Introduces the topic of a reading that appears in the *Cuaderno de actividades* (workbook / laboratory manual) and in Connect Spanish.

Videoteca

Amigos sin Fronteras
Episodio 4: El nuevo equipo de fútbol

Resumen
En el centro estudiantil, Ana Sofía y Eloy juegan al tenis con el programa Wii. Radamés y Claudia animan a (*cheer*) los jugadores. Reciben una llamada de Omar Acosta, nuevo miembro del club, por Skype. Omar es de Ecuador y les anuncia que va a viajar a Berkeley en marzo. Al final, los cuatro amigos del club deciden jugar al fútbol.

Vocabulario de consulta

¡Dale!	Go on!
¡Fuera de aquí!	Get out of here!
Piensa	She thinks
dominante	domineering
¡Ándale!	Go for it, girl!

- **Videoteca:** Video-based section that features activities based on the **Amigos sin Fronteras** and **Mi país** videos

Mi país ECUADOR

Otavalo

Las islas Galápagos

Comprensión
1. ¿En qué ciudad vive Omar?
2. ¿Qué país está al sur y al este de Ecuador?
3. ¿Cuántos grupos indígenas viven en Ecuador?
4. ¿En qué ciudad hay un mercado indígena, que a Marcela le gusta visitar?
5. ¿Cuál es la ciudad favorita de Carlitos, el hijo de Omar?
6. ¿Qué son Quilotoa y Cotopaxi?
7. ¿Adónde piensa llevar a sus hijos en octubre?
8. ¿Qué deporte le gusta mucho a Omar?

Components of *Tu mundo*

Whether you're using the *Tu mundo* program in print form, in digital form through Connect Spanish, or a combination of both, a variety of additional components are available to support your needs and those of your students. Many components are free to adopting institutions. Please contact your local McGraw-Hill representative for details on policies, prices, and availability.

- **CONNECT™ SPANISH:** Used in conjunction with *Tu mundo,* Connect Spanish provides a digital solution for schools with multiple course formats, whether they be 100% online, hybrid, or face-to-face programs. Some of the key features and capabilities of Connect Spanish include:
  - complete integration of textbook, workbook / laboratory manual (*Cuaderno*), audio, and video material
  - additional practice with key vocabulary, grammar, and cultural material
  - our new suite of collaboration tools, which allows students to engage in online communication: completing activities with fellow students, engaging with the instructor for online office hours, or collaborating via the whiteboard, the Voice Board, and Blackboard Instant Messenger (BbIM) tools from Wimba
  - interactive, task-based scenarios, known as **Mundo interactivo,** that explore a wide variety of topics based on behind-the-scenes interviews with the cast of the **Amigos sin Fronteras** video segments
  - LearnSmart™, a unique adaptive learning system that offers individualized study plans to suit individual students' needs
  - fully integrated gradebook
  - ability to customize a syllabus and assignments to fit the needs of individual programs

- **CUADERNO DE ACTIVIDADES (Workbook / Laboratory Manual):** Written entirely by the program authors, the *Cuaderno de actividades* to accompany *Tu mundo* links culture to the main text and to students' lives. The *Cuaderno* addresses writing, listening comprehension, speaking, and reading practice: writing activities integrate and reinforce the content presented in the corresponding chapter of the main text. Both the **Escríbelo tú** and the **Conexión cultural** sections are introduced in the *Tu mundo* main text and are fully explored in the *Cuaderno*, thus offering exciting cultural content linked to the Spanish-speaking world. The **Enlace auditivo** section in each chapter features two extended listening segments that include dialogues, ads, and announcements.

The full **audio program** is available directly within Connect Spanish audio-based activities or as separate MP3s available online. An audio CD program is also available upon request.

- **DVD PROGRAM:** The DVD program contains two unique video segments per chapter: **Amigos sin Fronteras** (scripted situational story lines featuring the *Tu mundo* cast of characters) and **Mi país** (country-specific "virtual tours" in the format of video and photo essays delivered by each of the **amigos**). The videos are further explored in the **Videoteca** feature that appears in every chapter of the main text and in the *Cuaderno*.
- **INSTRUCTOR RESOURCES** Many instructor resources are available for use with *Tu mundo*, all within Connect Spanish throughout the life of the edition. Some of these resources include:
  - **ANNOTATED INSTRUCTOR'S EDITION:** This key instructor resource provides extensive notes and annotations that offer bountiful pre-text activities, teaching hints, and suggestions for using and expanding materials, as well as references to the supplementary activities in the PowerPoint presentations, Instructor's Manual, and the Instructor's Resource Kit.
  - *Instructor's Manual:* Extensive introduction to teaching techniques, guidelines for instructors, suggestions for lesson planning, detailed chapter-by-chapter suggestions, and more
  - *Instructor's Resource Kit:* Provides several ACTFL Oral Proficiency Interview (OPI)-type situations and role-plays per chapter. Also contains simple short stories and legends in Spanish.
  - *PowerPoint Slides:* Extensive lesson-planning tips and guidelines to use as you prepare for classroom instruction or for use in class as your students follow along
  - *Testing Program:* A series of tests for every chapter that fully assess the vocabulary, grammar, and culture presented in the program
  - *Connect Spanish Instructor's Guide:* A helpful guide for adopters of Connect Spanish, with many how-to tips and guidelines for administering an online component of your course
  - *Audioscript* (full transcript to accompany the *Cuaderno de actividades*) and *Videoscript* (complete transcript of the **Amigos sin Fronteras** and **Mi país** video segments)

Acknowledgments

We would like to thank the overwhelming number of friends and colleagues who served as consultants, completed reviews or surveys, and attended symposia or focus groups. Their feedback was indispensible in creating this exciting new *Tu mundo* program. We couldn't have done it without them! The appearance of their names in the following lists does not necessarily constitute their endorsement of the program or its methodology.

Symposia, Focus Groups, and Webinars

Susana Alaíz Losada
Queensborough Community College

Corinne L. Arrieta
American River College

Luisa Bascur
Ivy Tech Community College

Sofia Bedoya-Gil
Temple University

Malu Benton
Hudson Valley Community College

Chesla Ann Bohinski
Temple University

Rose Brougham
The University of Akron

Denise Cabanel-Bleuer
Orange Coast College

Cynthia Carrillo Pérez
Asheville-Buncombe Technical Community College

Oriol Casanas
Metropolitan State University of Denver

Isabel Castro Vázquez
Towson University

Dulce de Castro
Collin County College

An Chung Cheng
University of Toledo

Kimberlie R. Colson
The University of Toledo

Adam V. Crofts
College of Southern Idaho

Susann Davis
Western Kentucky University

Tania DeClerck
Ventura College

María del Carmen García
Texas Southern University

Miroslava Detcheva
Southern Methodist University

Liv Detwiler
East Tennessee State University

John Deveny
Oklahoma State University

Felipe Dobarganes
Tarrant County College—South Campus

Elizabeth V. Dowdy
State College of Florida

Denise Egidio
Guilford Technical Community College

Luz Escobar
Tarrant County College—South Campus

Cindy Espinosa
Central Michigan University

Dina A. Fabery
University of Central Florida

Tanya Farnung
Temple University

Susana Fernández Solera Adoboe
Southern Methodist University

Matthew Fischetti
Temple University

Bridget Fong-Morgan
Indiana University South Bend

Robert K. Fritz
Ball State University

Inés García
American River College

Sandy García
Pacific University

Susana García Prudencio
The Pennsylvania State University

James J. Garofolo
Southern Connecticut State University

Dorothy Gaylor
Riverside City College

Amy Ginck
Messiah College

Christine Gonzales
Salt Lake Community College

Marie Guiribitey
Florida International University

James Hart
County College of Morris

Florencia Henshaw
University of Illinois at Urbana-Champaign

Charles Hernando Molano
Lehigh Carbon Community College

Alex Herrera
Cypress College

Heidi L. Herron-Johnson
Ivy Tech Community College

Marie-Laure Hinton
Long Beach City College

Anne Hlas
University of Wisconsin—Eau Claire

Lauri Hutt Kahn
Suffolk Community College

Alex Idavoy
Brookdale Community College

Carmen Jany
California State University, San Bernardino

Yun Sil Jeon
Coastal Carolina College

Dallas Jurisevic
Metropolitan Community College

Pedro G. Koo
Missouri State University

Michelle Kopuz
Burlington County College

Joseph Lavalle
Gainesville State College

Barbara A. León
Pasadena City College

Melissa A. Logue
Columbus State Community College

Nuria R. López-Ortega
University of Cincinnati

Lunden MacDonald
Metropolitan State College of Denver, Auraria Campus

Maya Márquez
California State University, Los Angeles

Karen Martin
Texas Christian University

Frances Matos-Schultz
University of Minnesota

Bryan McBride
Eastern Arizona College

Rick McCallister
Delaware State University

Leticia McGrath
Georgia Southern University

Mary McKinney
Texas Christian University

Eva Mendieta
Indiana University Northwest

Ana Menéndez-Collera
Suffolk County Community College

Mandy Menke
Grand Valley State University

Adriana Merino
Villanova University

Theresa A. Minick
Kent State University

Iván E. Miño
Tarrant County College—Southeast Campus

Gerry Monroy
Brookdale Community College

Kara Moranski
Temple University

Oscar Moreno
Georgia State University

José L. Morillo
Marshall University

Sarah Mould
East Tennessee State University

Jerome Mwinyelle
East Tennessee State University

Benjamin J. Nelson
University of South Carolina Beaufort

Dana Nichols
Lanier Technical College

Michelle Orecchio
University of Michigan

Angie Pantoja
Ivy Tech Community College

Teresa Pérez-Gamboa
University of Georgia

Marian Quintana
George Mason University

Lea Ramsdell
Towson University

Tony Rector-Cavagnaro
Cuesta College

Casey Reynolds
Lake Land College

Robert Rineer
Lehigh Carbon Community College

Sarah Rissler
Kirkwood Community College

David Rodríguez
Indiana University Northwest

Teresa M. Roebuck
Ozarks Technical Community College

Amy Rossomondo
University of Kansas

Pedro Rubio
Temple University

Ana Isabel Rueda-García
Tennessee State University

Lilia Ruiz Debbe
State University of New York at Stony Brook

Latasha Lisa Russell
Florida State College at Jacksonville

Victoria Russell
Valdosta State University

Alicia Sánchez
University of California San Diego

Daniel Sánchez-Velásquez
University of Georgia

Dora Schoenbrun-Fernández
San Diego Mesa College

Dennis Seager
Oklahoma State University

Louis Silvers
Monroe Community College

Stacy Southerland
University of Central Oklahoma

Nancy Stucker
Cabrillo College

March Jean Sustarsic
Pikes Peak Community College

Silvia Upton
McDaniel College

Amy Uribe
Lone Star College

Gayle Vierma
University of Southern California

Celinés Villalba
Rutgers, The State University of NJ

Natalie S. Wagener
University of Texas at Arlington

Matthew A. Wyszynski
University of Akron

Marjorie Zambrano-Paff
Indiana University of Pennsylvania

María Zeballos
Coastal Carolina University

Kate Zimmer
Indiana State University

U. Theresa Zmurkewycz
Saint Joseph's University

Reviewers

Luz-María Acosta-Knutson
Waubonsee Community College

Amy Adrian
Ivy Tech Community College

María Akrabova
Metropolitan State University of Denver

Susana Alaíz Losada
Queensborough Community College

Jorge A. Alas
Monroe Community College

Victoria Albright
Moorpark Community College

K. Allen Davis
Indiana University—Bloomington

Ana Alonso
Northern Virginia Community College

Frances Alpren
Vanderbilt University

Stacy Amling
Des Moines Area Community College

Regine Ananou
Westminster College

Debra D. Andrist
Sam Houston State University

Eileen M. Angelini
Canisius College

Inés Anido
Houston Baptist University

Manuel Apodaca-Valdez
University of Southern Indiana

Elisabeth Arevalo-Guerrero
University of Maryland, Baltimore County

Corinne L. Arrieta
American River College

Teresa Arrington
Blue Mountain College

Bárbara Ávila-Shah
University at Buffalo, State University of New York

Pam Ayuso
Danville Community College

Antonio Baena
Louisiana State University

Ann Baker
University of Evansville

María Ballester
University of California, Riverside

Lisa Barboun
Coastal Carolina University

Oksana Bauer
Passaic County Community College

Emily S. Beck
College of Charleston

Flavia Belpoliti
University of Houston

Clare Bennett
University of Alaska Southeast, Ketchikan Campus

Cheryl Berman
Howard Community College

Encarna Bermejo
Houston Baptist University

Martha Bermúdez-Gallegos
Otterbein University

Julie Bezzerides
Lewis-Clark State College

Mara-Lee Bierman
Rockland Community College

Rosa Bilbao
Alamance Community College

Rosa Julia Bird
University of Central Oklahoma

Jeff Birdsong
St. Andrews University

Diane Birginal
Gonzaga University

María Elena Blackmon
Ozarks Technical Community College

Tom Blodget
Butte College

Kristee Boehm
St. Norbert College

Aymara Boggiano
University of Houston

Chesla Ann Bohinski
Temple University

Joelle Bonamy
Columbus State University

Jacalyn Book
University of Maryland East Shore

Amanda Boomershine
University of North Carolina Wilmington

Ana Börger-Greco
Millersville University of Pennsylvania

Graciela Boruszko
Pepperdine University

Carolina Bown
Salisbury University

Pat Brady
Tidewater Community College

Cathy Briggs
North Lake College

Monica Brito
Pima Community College

Kristy Britt
University of South Alabama

Frank Brooks
Indiana University of Pennsylvania

Rose Marie Brougham
The University of Akron

Nancy Broughton
Wright State University

Barbara Buedel
Lycoming College

John Burns
Rockford College

Julia Emilia Bussade
University of Mississippi

Deborah Cafiero
University of Vermont

Majel Campbell
Pikes Peak Community College

Douglas W. Canfield
University of Tennessee, Knoxville

Kathy Cantrell
Spokane Community College

Ana Carballal
University of Nebraska—Omaha

Beth B. Cardon
Georgia Perimeter College

Oriol Casañas
University of Colorado Denver

Sara Casler
Sierra College

Aurora Castillo
Georgia College & State University

Isabel Castro
Towson University

Esther Castro-Cuenca
Mount Holyoke College

Tulio Cedillo
Lynchburg College

Mireya Cerda
Mt. San Jacinto College

Matthieu Chan Tsin
Coastal Carolina University

Elías Chamorro
Foothill Community College

Samira Chater
Valencia College

Rosa Chávez-Otero
The University of Georgia

Chyi Chung
Northwestern University

An Chung Cheng
University of Toledo

Sonia Ciccarelli
San Joaquin Delta College

Magdalena Coll-Carbonell
Edgewood College

Kimberlie R. Colson
The University of Toledo

Elizabeth Combier
North Georgia College & State University

Lilian A. Contreras Silva
Hendrix College

Rifka Cook
Northwestern University

W. David Cooper
Shasta College

Carol Copenhagen
Berkeley City College

Emanuela Corbett
Washington University

Norma Corrales-Martín
Temple University

Angela Cresswell
Holy Family University

Adam Crofts
College of Southern Idaho

Ana Cruz
Georgia Institute of Technology

Felicia Cruz
St. Catherine University

Jorge Cubillos
University of Delaware

Cathleen G. Cuppett
Coker College

Sarah Cyganiak
Carthage College

Lori Czerwionka
Purdue University

Stephanie Daffer
Santa Clara University

Dulce de Castro
Collin County College

Tania DeClerck
Ventura College

Lucy DeFranco
Southern Oregon University

Alicia de Gregorio
University of Wisconsin—Whitewater

Roberto E. del Valle
Cascadia Community College

María Dentel
Aquinas College

Alberto Descalzo de Blas
Franciscan University of Steubenville

Aileen Dever
Quinnipiac University

Karen Díaz Anchante
Washburn University

Joanna Dieckman
Belhaven University

Tim Ditoro
Angelina College

Deborah Dougherty
Alma College

Elizabeth Dowdy
State College of Florida

Domnita Dumitrescu
California State University, Los Angeles

Carolyn Dunlap
Austin Community College

Anne Edstrom
Montclair State University

Denise Egidio
Guilford Technical Community College

Gayle Eikenberry
Ivy Tech Community College

María Enciso
Saddleback College

Liliana Endicott
The World Languages Center

María Enrico
Borough of Manhattan Community College

Margaret Eomurian
Houston Community College

Milagro Escalona
Estrella Mountain Community College

Lunden Eschelle MacDonald
Metropolitan State College of Denver, Auraria Campus

Cindy Espinosa
Central Michigan University

Miryam Espinosa-Dulanto
Valdosta State University

Héctor Fabio Espitia
Grand Valley State University

Juliet Falce-Robinson
University of California, Los Angeles

Tanya Farnung
State University of New York at Buffalo

Ronna S. Feit
Nassau Community College

María Ángeles Fernández Cifuentes
University of North Florida

Sandra Fernández-Tardani
Grand Valley State University

Ana Figueroa
Pennsylvania State University, Lehigh Valley

Wayne H. Finke
Baruch College

JoAnne Flanders
Coastal Carolina University

Charles Fleis
Bridgewater College

Kristin Fletcher
Santa Fe College

Leah Fonder-Solano
The University of Southern Mississippi

Benjamin Forkner
Louisiana State University

Katie Fowler-Córdova
Miami University

Kathleen Fueger
Saint Louis University

Khedija Gadhoum
Clayton State University

Paula Gamertsfelder
Terra State Community College

Inés M. García
American River College

Susana García Prudencio
The Pennsylvania State University

José M. García Sánchez
Eastern Washington University

Tania Elena Garmy
University of Tulsa

Dorothy A. Gaylor
Riverside Community College

Heidi Gehman-Pérez
Southside Virginia Community College

Amy George-Hirons
Tulane University

Deborah Gill
Pennsylvania State University, DuBois

Amy Ginck
Messiah College

Ángelo Glaviano
Middlesex Community College

Liliana Goens
Butler University

Diego Emilio Gómez
Concordia University, Irvine

Arcides González
California University of Pennsylvania

Diana González
Northwestern College

Juan M. González
Northern State University

Kenneth A. Gordon
Winthrop University

Frozina Goussak
Collin College

Elena Grajeda
Pima Community College

Lynda Gravesen
Saddleback College

Steven Gregory
Vincennes University

Dinorah Guadiana-Costa
Southwestern College

Marie Guiribitey
Florida International University

Marina Guntsche
Ball State University

Sergio Guzmán
College of Southern Nevada

Angela Haensel
Cincinnati State Technical and Community College

Shannon Hahn
Durham Technical Community College

María Hahn-Silva
Dutchess Community College

Eve Halterman
The Women's College at the University of Denver

James W. Hammerstrand
Truman State University

Michael Harney
Asheville Buncombe Technical Community College

Cheryl A. Harris
Gainesville State College—Oakwood Campus

Richard Harris
Northland Pioneer College

Michael Harrison
Monmouth College

James R. Hart
County College of Morris

Richard A. Heath
Kirkwood Community College

Florencia Henshaw
University of Illinois at Urbana—Champaign

Alejandro Hernández Jr.
Ventura College

Milvia Hernández
University of Maryland, Baltimore County

Todd A. Hernández
Marquette University

Heidi L. Herron-Johnson
Ivy Tech Community College

Patricia Herskowitz
Southern Nazarene University

Dan Hickman
Maryville College

Miriam F. Hill
Chapman University

Jean M. Hindson
University of Wisconsin—La Crosse

Marie-Laure Hinton
Long Beach City College

Dominique Marie Hitchcock
Norco College

Anne Hlas
University of Wisconsin—Eau Claire

Vanessa Holanda Gutiérrez
MiraCosta College

Stanley W. Holland
University of Tennessee—Martin

Eunice Horning
San Jacinto College

Laura Hortal
Forsyth Technical Community College

Bea Houston
Western Iowa Tech Community College

Lisa Huempfner
University of Wisconsin—Whitewater

Todd Hughes
Vanderbilt University

Christina Huhn
Marshall University

Carmen Jany
California State University, San Bernardino

Yun Sil Jeon
Coastal Carolina University

Tatiana Johnston
Colorado State University, Pueblo

Robert J. Jones
Fulton-Montgomery Community College

Alicia Juárez
Bethel University

Vanessa Jurado
Binghamton University

Dallas Juresevic
Metropolitan Community College

Hilda M Kachmar
Saint Catherine University

Lauri Hutt Kahn
Suffolk Community College

Amos Kasperek
University of Oklahoma

Melissa Katz
Albright College

Cynthia Kauffeld
Macalester College

Silvia Kijel
Saddleback College

Michael A. Kistner
The University of Toledo

Julie L. Kling
Northwest State Community College

Linda Koch Fader
Holy Family University

Michelle Kopuz
Burlington County College

Kevin Krogh
Utah State University

Allison Krogstad
Central College

Ryan LaBrozzi
Bridgewater State University

Vernon LaCour
Mississippi Gulf Coast Community College

Stephanie Langston
Georgia Perimeter College

Luis E. Latoja
Columbus State Community College

María Jesús Leal
Hamline University

Odilia Leal-McBride
Angelina College

Mike D. Ledgerwood
Samford University

Michael Leeser
Florida State University

Rita Leitelt Lew
North Central University

Kathleen Leonard
University of Nevada, Reno

Ornella Lepri Mazzuca
Dutchess Community College

Frederic Leveziel
Augusta State University

Roxana Levin
St. Petersburg College

Rita Lew
North Central University

Kim Lewis
Birmingham Southern College

Katherine V. Lincoln
Tarleton State University

Willy Lizarraga
Berkeley City College

Susan Lloyd
Cuesta Community College

Marta Silvia López
Santiago Canyon College

Nelson López
Bellarmine University

Gillian Lord
University of Florida

Sheldon Lotten
Louisiana State University

Andrea Lucas
Sacramento City College

María V. Luque
DePauw University

Enrique Lutgen
Community College of Vermont

Lunden E. MacDonald
Metropolitan State University of Denver

Debora Maldonado-DeOliveira
Meredith College

Bernard Manker
Grand Rapids Community College

Marilyn S. Manley
Rowan University

Celeste Mann
Georgian Court University

María Manni
University of Rochester

H.J. Manzari
Washington and Jefferson College

María F. Márquez
California State University, Los Angeles

Dora Y. Marrón Romero
Broward College

Anne-Marie Martin
Portland Community College

Rob A. Martinsen
Brigham Young University

Anne Massey
King's College

María R. Matz
University of Massachusetts—Lowell

Ornella Mazzuca
Dutchess Community College

Leticia McGrath
Georgia Southern University

Peggy McNeil
Louisiana State University

Erin McNulty
Dickinson College

Janie McNutt
Texas Tech University

Nelly A. McRae
Hampton University

Myra M. Medina
Miami Dade College

Dawn Meissner
Anne Arundel Community College

Marco Mena
MassBay Community College

Dolores Mercado
University of Central Missouri

Adriana Merino
Villanova University

Adrienne Merlo
Orange Coast College

Janice Middleton
University of Southern Indiana

Mónica Millán
Eastern Michigan University

Dennis Miller
Jr., Clayton State University

Rhonda Miller
Randolph College

Linda Miller Jensen
Tidewater Community College

Iván E. Miño
Tarrant County College—Southeast

Deborah Mistron
Middle Tennessee State University

Geoff Mitchell
Maryville College

Lee S. Mitchell
Henderson State University

Clara Mojica
Tennessee State University

Charles Hernando Molano
Lehigh Carbon Community College

Amalia Mondríguez
University of the Incarnate Word

Gerry Monroy
Brookdale Community College

Patricia Moore-Martínez
Temple University

Lourdes Morales-Gudmundsson
La Sierra University

Olga Marina Morán
Cypress College, California

José A. Moreira
College of Charleston

José Luis Morillo
Marshall University

Javier Morin
Del Mar College

Noemi Esther Morriberon
Chicago State University

Jeanette Morris Ellian
State University of New York at Fredonia

Kelly Mueller
St. Louis Community College Florissant Valley

Alejandro Muñoz-Garcés
Coastal Carolina University

Esperanza Muñoz Pérez
Kirkwood Community College

Alicia Muñoz Sánchez
University of California, San Diego

Nelly Muresan
Dawson College

Kathryn A. Mussett
Penn State Altoona

Burcu Mutlu
University of Houston

Jerome Mwinyelle
East Tennessee State University

Lisa Nalbone
University of Central Florida

Daniel Nappo
University of Tennessee at Martin

Nanette Naranjo
Calumet College of St. Joseph

Marta Navarro
University of California, Santa Cruz

Germán Negrón Rivera
University of Nevada, Las Vegas

Benjamin J. Nelson
University of South Carolina Beaufort

Cynthia Nicholson
Asheville Buncombe Technical Community College

Pedro Niño
North Carolina A&T State University

Andrea Nofz
Schoolcraft College

Marta Q. Nunn
Virginia Commonwealth University

Eva Núñez
Portland State University

Rafael Ocasio
Agnes Scott College

Rocío Ocon
Texas Lutheran Unversity

Michelle Orecchio
University of Michigan

Arthur Orme
Oakland University

Jennifer Ort
Benedictine College

Dolores Ortega Carter
Temple College

Rosalba Ovalle
Fairmont State University

Kathy Ozment
Albright College

Hannah Padilla Barajas
San Diego Mesa College

Ángela Pantoja
Ivy Tech Community College

Deborah A. Paprocki
University of Wisconsin—Waukesha

Yelgy Parada
Los Angeles City College

Cristina Pardo
Iowa State University

Sofía Paredes
Drake University

Tanesha Parker
Cape Fear Community College

Mike Pate
Western Oklahoma State College

Christine Payne
Sam Houston State University

Dennis Pearce
McLennan Community College

Tammy Pérez
San Antonio College

Teresa Pérez-Gamboa
University of Georgia

Ana María Pérez-Gironés
Wesleyan University

Federico Pérez-Pineda
University of South Alabama

Johana Pérez-Weisenberger
Campbellsville University

Inmaculada Pertusa
Western Kentucky University

Luisa Piemontese
Southern Connecticut State University

J. R. Pico
Indiana University Kokomo

Erich Polack
Lone Star College

Gina Ponce de León
Niagara University

Joshua Pope
University of Wisconsin—Madison

Ruth Ellen Porter
Brewton-Parker College

Sayda Postiglione
Sierra College

Christine E. Poteau
Villanova University

Stacey L. Powell
Auburn University

Linda Prewett
East Texas Baptist University

Kayla Price
University of Houston

Marian Quintana
George Mason University

Michael Raburn
Kennesaw State University

Debora J. Rager
Simpson University

Michelle F. Ramos-Pellicia
California State University, San Marcos

Aida Ramos-Sellman
Goucher College

Bernie Rang
El Camino College

Frances L. Raucci
Dutchess Community College

Tony Rector-Cavagnaro
Cuesta College

Nancy Reese
Central Community College

Claire Reetz
Florida State College at Jacksonville

Alice Reyes
Marywood University

Casey J Reynolds
Lake Land College

David Richter
Utah State University

Rita Ricaurte
Nebraska Wesleyan University

Robert Rineer
Lehigh Carbon Community College

Norma A. Rivera-Hernández
Millersville University of Pennsylvania

Sharon Robinson
Lynchburg College

David Diego Rodríguez
Indiana University Northwest

Judy Rodríguez
California State University, Sacramento

Margarita Rodríguez
Lone Star College

Mileta Roe
Bard College at Simon's Rock

Marlene Roldan Romero
Georgia College

Marcos Romero
Aquinas College

Mirna Rosende
County College of Morris

Shelli Rottschafer
Aquinas College

Cristina Rowley
Monroe Community College

Linda A. Roy
Tarrant County College

Ana Isabel Rueda-García
Tennessee State University

Diana Ruggiero
Monmouth College

Lilia Ruiz-Debbe
Stony Brook Unversity

Victoria Russell
Valdosta State University

Annie Rutter
University of Georgia

Anita Saalfeld
University of Nebraska at Omaha

María Sabló-Yates
Delta College

Sally E. Said
University of the Incarnate Word

Eric Sakai
Community College of Vermont

Edward Sambriski
Delaware Valley College

Bethany Sanio
University of Nebraska

Peter Santiago Lebron
Moberly Area Community College—Hannibal Campus

Roman C. Santos
Mohawk Valley Community College

Michael Sawyer
University of Central Missouri

Carmen Schlig
Georgia State University

Irene Schmidt
Johnson County Community College

Dora Schoenbrun-Fernández
San Diego Mesa College

Laura Schultz
Longwood University

Daniela Schuvaks Katz
Indiana University—Purdue University Indianapolis

Gladys V. Scott
William Paterson University

Gabriela Segal
Arcadia University

Amy Sellin
Fort Lewis College

Virginia Shen
Chicago State University

Elizabeth K. Shumway
Lakeland College

Sharon Lynn Sieber
Idaho State University

Paul Siegrist
Fort Hays State University

María Sills
Pellissippi State Community College

Roger K. Simpson
Clemson University

Ana Skelton
The University of Alabama

Maggie Smallwood
Guilford Technical Community College

Jerry Smartt
Friends University

Anita Smith
Pitt Community College

Benjamin Smith
Minnesota State University Moorhead

Elizabeth Smith Rousselle
Xavier University of Louisiana

Gilda Socarras
Auburn University

Leonardo Solano
University of Maryland

Mariana Solares
Southern Illinois University Edwardsville

Juan Manuel Soto-Arriví
Indiana University Bloomington

Stacy Southerland
University of Central Oklahoma

Sabrina Spannagel
University of Washington

Cristina Sparks-Early
Northern Virginia Community College—Manassas

Linda Stadler
Cincinnati State Technical and Community College

Wayne C. Steely
University of Saint Joseph

Julie Stephens de Jonge
University of Central Missouri

Craig R. Stokes
Dutchess Community College

Robert Stone
U.S. Naval Academy

Laura Strickling
University of Maryland, Baltimore County

Jorge W. Suazo
Georgia Southern University

Georgette Sullins
Lone Star College

March Jean Sustarsic
Pikes Peak Community College

Erika M. Sutherland
Muhlenberg College

Charles Swadley
Oklahoma Baptist University

Christine Swoap
Warren Wilson College

Cristina Szterensus
Rock Valley College

Sarah Tahtinen-Pacheco
Bethel University

Russell Tallant
Saint Louis University

Michael Tallon
University of the Incarnate Word

Clay Tanner
The University of Memphis

Rosalina Téllez-Beard
Harrisburg Area Community College

Joe Terantino
Kennesaw State University

Rhonda Thompson
Freed-Hardeman University

Lorna Tonack
Blue Mountain Community College

Mirna Trauger
Muhlenberg College

Beatrice Tseng
Irvine Valley College

Marco Tulio Cedillo
Lynchburg College

Sierra R. Turner
University of Alabama

Victoria Uricoechea
Winthrop University

Julia Urla
Oakland University

Vanessa K. Valdés
The City College of New York

María Van Liew
West Chester University

Elizabeth Vargas Dowdy
State College of Florida

María Vázquez
Sacred Heart University

Miguel Vázquez
Florida Atlantic University

Clara L. Vega
Alamance Community College

Freddy O. Vilches
Lewis and Clark College

Andrés Villagrá
Pace University

Elena Villanueva
Georgian Court University

Patricia Villegas-Bonno
Orange Coast College

María Volynsky
Pennsylvania State University, Abington

Ami Vonesh
Gainesville State College

Oswaldo Voysest
Beloit College

Michael Vrooman
Grand Valley State University

Natalie S. Wagener
University of Texas at Arlington

Grazyna Walczak
Fisk University

Sandra Watts
University of North Carolina at Charlotte

Wesley J. Weaver III
SUNY—Cortland

Germán F. Westphal
University of Maryland, Baltimore County

Jessica Whitcomb
McHenry County College

Carla A. White
Sandhills Community College

Emma Widener
Southern Connecticut State University

Joseph Wieczorek
Community College of Baltimore County

Sarah Williams
Slippery Rock University

Richard Winters
University of Louisiana at Lafayette

Delma Wood
Castleton College

Matthew A. Wyszynski
The University of Akron

Bridget E. Yaden
Pacific Lutheran University

LingLing Yang
Sam Houston State University

Íñigo Yanguas
San Diego State University

Olivia Yáñez
College of Lake County

Mary Yetta McKelva
Grayson College

Kelley Young
University of Missouri—Kansas City

Kim Yúñez
Messiah College

Jennifer A. Zachman
Saint Mary's College

Linda Zee
Utica College

Melissa Ziegler
University of Wisconsin—Madison

Katherine Zimmer
Indiana State University

U. Theresa Zmurkewycz
Saint Joseph's University

Elizabeth Zúñiga Irvin
University of North Carolina Wilmington

Many people participated in the creation of this first edition of *Tu mundo*. Our Brand Manager, Katie Crouch, supported our vision for this book, helped us to solidify the design, and brought a wealth of fresh ideas to our project. We would also like to thank the *Tu mundo* editorial team: Scott Tinetti, Misha MacLaird, Jenni Kirk, Pennie Nichols, and Danielle Havens, for their tireless efforts in polishing and enhancing these materials. Jennifer Rodes of Klic Productions also deserves special thanks for producing our exciting video program.

There are several other people who shared with us their first-hand knowledge of their countries, supplying us with valuable insights and realia: Antonio Blanco García, Ricardo Basto Mesa, Sofía Basto Cabrera, Pedro Cabrera Puche, Marcos Campillo Fenoll, Jacob Egasse-Philpott, Gloria M. Hernández, Yadira Hernández, Michelle Laversee, Carmen Lenz, Flor Medina, Anthony Melo, Aidan Muñoz-Christian, Annika Muñoz-Christian, Sigfrido Narváez, Circe Niezen, Olga Núñez, Ana Park, Viviana Pinochet Cobos, Javier Rivas Rosales, Ana C. Sánchez, Xiomara Santiago-Beech, Macarena Urzúa.

And last but not least, we would like to extend our most sincere appreciation and thanks to our families and close friends for their support and understanding during the writing of *Tu mundo*.

> The *Tu mundo* team is indebted to Tracy D. Terrell and Stephen D. Krashen, visionary men whose research in second language acquisition and methodology made our communicative approach possible. *Tu mundo* would not have been possible without their valuable insights into the teaching of foreign languages.

Contents

1 ¡A conversar!

LOS ESTADOS UNIDOS

Comunícate

Los nombres de los compañeros de clase *4*

La ropa, los colores y los números del 0 al 49 *6*

La descripción de las personas *9*

Hablando de la descripción de las personas: Los hispanos en el mundo *12*

Los saludos *13*

Actividad integral: Mi mejor amigo/a y yo *14*

Exprésate

Escríbelo tú
¿Cómo eres? *16*

Cuéntanos
Tu ropa favorita *16*

2 Amigos y compañeros

PARAGUAY

Los cumpleaños y la edad *36*

Las cosas en el salón de clase y los mandatos *39*

El cuerpo humano *43*

Amigos sin Fronteras *44*

Hablando de los Amigos sin Fronteras: El árabe y los idiomas indígenas *47*

Actividad integral: Una reunión del club *48*

Escríbelo tú
Amigos hispanos *49*

Cuéntanos
¡Describe a tus padres! *49*

xx

Entérate

Mundopedia
Los nombres en el mundo hispano *17*

Conexión cultural: La presencia vital de los hispanos *17*

Videoteca **Amigos sin Fronteras, Episodio 1: Los nuevos amigos** *18*

Mi país: Los Estados Unidos *19*

Mundopedia
El arpa paraguaya *50*

Voces paraguayas *51*

Conexión cultural: Paraguay, corazón de América *51*

Videoteca **Amigos sin Fronteras, Episodio 2: ¡Buenos días, profesor!** *52*

Mi país: Paraguay *53*

Infórmate

1.1	Subject Pronouns and the Verb **ser**	*21*
1.2	Gender and Number of Nouns	*23*
1.3	Adjective–Noun Agreement	*25*
1.4	Negation	*28*

2.1	Expressing Age: The Verb **tener**	*54*
2.2	Expressing Location: The Verb **estar**	*55*
2.3	Forms and Placement of Adjectives	*56*
2.4	Origin: **ser de**	*57*

3 Las actividades y el tiempo libre

ARGENTINA Y URUGUAY

Comunícate

Las actividades favoritas *62*

La hora *66*

Las actividades diarias *70*

El tiempo *73*

Hablando del tiempo: Las estaciones del año en el mundo *75*

Actividad integral: Amigos sin Fronteras *78*

Exprésate

Escríbelo tú
Actividades típicas *80*

Cuéntanos
Un fin de semana perfecto *80*

4 La familia y los amigos

ECUADOR

En familia *102*

Las preferencias y los deseos *104*

Hablando de las preferencias y las actividades: Hispanos famosos y en forma *108*

Datos personales *109*

Los planes *112*

Actividad integral: De vacaciones en Ecuador *114*

Escríbelo tú
Planes para el verano próximo *115*

Cuéntanos
Mi familia *115*

Entérate

Mundopedia
El cine argentino *81*
Voces argentinas y uruguayas *83*
Conexión cultural: Deportes todo el año *83*

Videoteca **Amigos sin Fronteras, Episodio 3: Una noche de juegos** *84*
Mi país: Argentina y Uruguay *85*

Mundopedia
Quito y Mitad del Mundo *116*
Voces ecuatorianas *117*
Conexión cultural: Las islas Galápagos, tesoro de la naturaleza *117*

Videoteca **Amigos sin Fronteras, Episodio 4: El nuevo equipo de fútbol** *118*
Mi país: Ecuador *119*

Infórmate

3.1 Using **gustar** to Express Likes and Dislikes *86*

3.2 Telling Time: **¿Qué hora es? ¿A qué hora... ?** *88*

3.3 Present Tense of Regular **-ar, -er,** and **-ir** Verbs *91*

3.4 Demonstratives *93*

4.1 Possession: **tener, ser de,** and Possessive Adjectives *120*

4.2 The verbs **preferir** and **querer** + Infinitive *123*

4.3 Question Formation *124*

4.4 Making Plans: **pensar, tener ganas de,** and **ir a** with Activities and Places *127*

xxiii

5 La rutina diaria

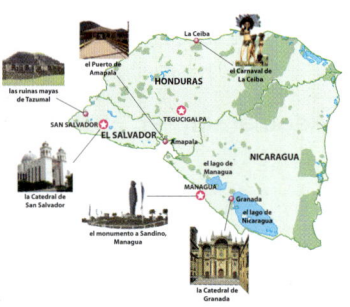

EL SALVADOR, HONDURAS, NICARAGUA

Comunícate

La rutina *134*

Las tres comidas *138*

Los días feriados *141*

Hablando de los días feriados: El Día de los Muertos *144*

Los estados físicos y anímicos *145*

Actividad integral: Los días especiales de Xiomara *148*

Exprésate

Escríbelo tú
Tu presentación para el club *150*

Cuéntanos
Mi día feriado favorito *150*

6 Las carreras y los oficios

CHILE

Las materias *172*

Hablando de la educación: El importante trabajo de los voluntarios *176*

Las actividades en la clase *177*

Las habilidades *181*

El empleo *183*

Actividad integral: La profesión ideal *189*

Escríbelo tú
Tu empleo *190*

Cuéntanos
Un día típico en tus clases favoritas *190*

Entérate

Mundopedia
¡Grandes fiestas! *151*
Voces salvadoreñas, nicaragüenses y hondureñas *153*
Conexión cultural: Círculo de amigas *153*

Videoteca **Amigos sin Fronteras, Episodio 5: ¡Música, maestro!** *154*
Mi país: El Salvador, Honduras y Nicaragua *155*

Mundopedia
La escritora chilena Isabel Allende *191*
Voces chilenas *193*
Conexión cultural: Las peñas chilenas *193*

Videoteca **Amigos sin Fronteras, Episodio 6: Un disfraz para Halloween** *194*
Mi país: Chile *195*

Infórmate

5.1 Present Tense of Reflexive Verbs *156*

5.2 Verbs with Stem Vowel Changes (**ie, ue**) in the Present Tense *161*

5.3 Impersonal Direct Object Pronouns: **lo, la, los, las** *163*

5.4 Irregular Verbs *164*

6.1 Indirect Object Pronouns *196*

6.2 Present Progressive *198*

6.3 **Saber** and **poder** + Infinitive *200*

6.4 Obligations: **tener que, deber, necesitar; hay que, es necesario** + Infinitive *201*

7 Los lugares y la residencia

COLOMBIA Y PANAMÁ

Comunícate

Los lugares en la ciudad *208*

La casa y el vecindario *211*

Hablando de la casa y el vecindario: «Cuadrados y ángulos» de Alfonsina Storni *213*

Las actividades domésticas *216*

Actividades en casa y en otros lugares *218*

Actividad integral: El lugar donde vives y la casa ideal *223*

Exprésate

Escríbelo tú
Eres agente de bienes raíces *224*

Cuéntanos
Tu cuarto o lugar favorito *224*

8 Hablando del pasado

MÉXICO

Comunícate

Mis experiencias *242*

Las experiencias con los demás *246*

Hablando del pasado: «Cuando salimos de El Salvador» de Jorge Argueta *251*

Hechos memorables *252*

Actividad integral: ¿Quién lo hizo? *254*

Exprésate

Escríbelo tú
El fin de semana pasado *255*

Cuéntanos
Una noche perfecta *255*

Entérate

Mundopedia
El Carnaval de Barranquilla 225
Voces colombianas y panameñas 226
Conexión cultural: Los kuna 227

Videoteca **Amigos sin Fronteras, Episodio 7: Hogar, dulce hogar** 228
Mi país: Colombia y Panamá 229

Mundopedia
El Cinco de Mayo 256
Voces mexicanas 257
Conexión cultural: Barrancas del Cobre 257

Videoteca **Amigos sin Fronteras, Episodio 8: ¡Feliz viaje!** 258
Mi país: México 259

Infórmate

7.1 Knowing People, Places, and Facts: **conocer** and **saber** 230

7.2 Comparisons of Inequality: **más/menos** 231

7.3 Comparisons of Equality: **tan/tanto** 233

7.4 The Preterite Tense of Regular Verbs 234

8.1 Verbs with Irregular Preterite Forms 260

8.2 Stem-Changing Verbs in the Preterite 263

8.3 Verbs with Special Meaning in the Preterite: **conocer, poder, querer, saber, tener** 265

8.4 Expressing *ago:* **hacer** + Time 266

xxvii

9 ¡Buen provecho!

PERÚ Y BOLIVIA

Comunícate

La cocina del mundo hispano 262

Hablando de la cocina hispana: Los platos andinos 264

La nutrición 265

La preparación de la comida 269

En el restaurante 274

Actividad integral: ¡Tienes un restaurante! 279

Exprésate

Escríbelo tú
Una cena ideal 279

Cuéntanos
Las comidas que se sirven en tu casa 279

10 Los recuerdos

CUBA

Comunícate

La familia y los parientes 296

La niñez 300

Hablando de la niñez: «Canciones de mi abuela» de Francisco X. Alarcón 304

La adolescencia 305

Actividad integral: Recuerdos de los días feriados 310

Exprésate

Escríbelo tú
Las actividades de tu niñez o adolescencia 310

Cuéntanos
Actividades con la familia 311

Entérate

Mundopedia
La Diablada de Oruro 280
Voces bolivianas y peruanas 281
Conexión cultural: El misterio de Machu Picchu 281

Videoteca **Amigos sin Fronteras, Episodio 9: ¡Buen provecho!** 282
Mi país: Perú y Bolivia 283

Mundopedia
La música de Cuba 312
Voces cubanas 313
Conexión cultural: La diáspora cubana 313

Videoteca **Amigos sin Fronteras, Episodio 10: Así somos** 314
Mi país: Cuba 315

Infórmate

9.1 Personal and Impersonal Direct Object Pronouns: **lo, la, los,** and **las** 284

9.2 Using Affirmative and Negative Words: **alguien/nadie, algo/nada** 286

9.3 Expressing *one* or *you*: The Impersonal **se** 288

9.4 Stem-Changing Verbs: **pedir** and **servir** 289

10.1 Prepositions and Pronouns 316

10.2 The Imperfect Tense 317

10.3 Talking About Past Actions in Progress: The Imperfect Progressive 320

10.4 Using the Imperfect to Express Intention: **ir + a, querer** and **pensar +** Infinitive 320

xxix

11 De viaje

ESPAÑA

Comunícate

La geografía y el clima *326*

Los medios de transporte *331*

Hablando de los medios de transporte: «Biciacción» *335*

En busca de sitios *337*

Los viajes *341*

Actividad integral: Mi ciudad favorita en España *346*

Exprésate

Escríbelo tú
Un viaje en automóvil *347*

Cuéntanos
Un viaje inolvidable *347*

12 La salud

VENEZUELA

Comunícate

El cuerpo humano y la salud *366*

Las enfermedades y su tratamiento *369*

Hablando de las enfermedades y su tratamiento: Los remedios caseros *375*

La atención médica *376*

Los accidentes y las emergencias *380*

Actividad integral: En el consultorio *384*

Exprésate

Escríbelo tú
Un accidente *385*

Cuéntanos
Las enfermedades infantiles *385*

Entérate

Mundopedia
Los paradores de España 348
Voces españolas 349
Conexión cultural: El nuevo flamenco 349

Videoteca **Amigos sin Fronteras, Episodio 11: ¡Allá vamos, Los Ángeles!** 350
Mi país: España 351

Mundopedia
Mérida, ciudad en la montaña 386
Voces venezolanas 387
Conexión cultural: Dos grandes logros de Venezuela 387

Videoteca **Amigos sin Fronteras, Episodio 12: No me siento bien.** 388
Mi país: Venezuela 389

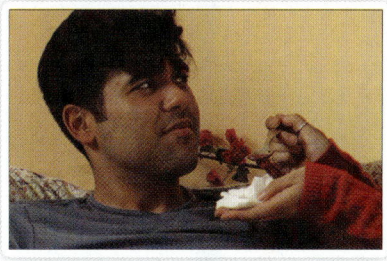

Infórmate

11.1 The Present Perfect 352

11.2 Destination and Time: **por** and **para** (Part 1) 355

11.3 Polite Commands 356

11.4 Using the Imperfect and the Preterite Together 359

12.1 Present Subjunctive with **querer, recomendar,** and Other Verbs of Volition 390

12.2 The Subjunctive in Time Clauses 396

12.3 Indirect Object Pronouns with Commands and Present Subjunctive 397

12.4 Unplanned Occurrences: **se** 399

13 La familia y la crianza

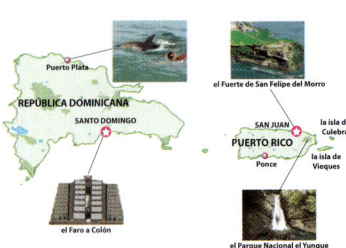

PUERTO RICO Y LA REPÚBLICA DOMINICANA

Comunícate

Los lazos familiares *406*

Las órdenes y los consejos y los buenos deseos *411*

Hablando de los consejos: Los refranes *415*

La crianza *416*

Actividad integral: Mensajes para la pediatra *422*

Exprésate

Escríbelo tú
Un evento inolvidable *423*

Cuéntanos
Tu pariente menos favorito *424*

14 De compras

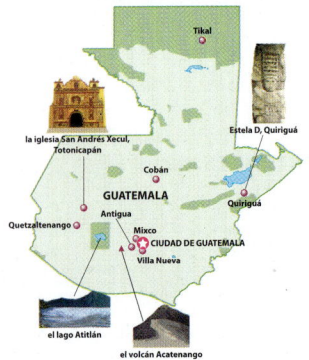

GUATEMALA

Comunícate

Los productos y los materiales *446*

Comprando ropa *450*

Las compras y el regateo *453*

Hablando de las compras y el regateo: Los mercados al aire libre *458*

¿Gastar o ahorrar? *459*

Actividad integral: Ideas para ahorrar *463*

Exprésate

Escríbelo tú:
Vivo dentro de mis posibilidades *464*

Cuéntanos
Un regalo *464*

Entérate

Mundopedia
Los festivales dominicanos 425
Voces puertorriqueñas y dominicanas 427
Conexión cultural: Puerto Rico, en búsqueda de identidad 427

Videoteca Amigos sin Fronteras, Episodio 13: ¡Que vivan los novios! 428
Mi país: Puerto Rico y la República Dominicana 429

Mundopedia
El misterio de las ciudades mayas 465
Voces guatemaltecas 467
Conexión cultural: La artesanía maya 467

Videoteca Amigos sin Fronteras, Episodio 14: ¡Me gusta regatear! 468
Mi país: Guatemala 469

Infórmate

13.1 Describing: **ser** and **estar** 430
13.2 Informal Commands 433
13.3 More Uses of the Subjunctive (Part 1) 436
13.4 Narrating Past Experiences: The Present Perfect, Imperfect, and Preterite 438

14.1 Price, Beneficiary and Purpose: **por** and **para** (Part 2) 470
14.2 Using Indirect and Direct Object Pronouns Together 471
14.3 Pronoun Placement Summary 476
14.4 Opinions and Reactions: Indicative and Subjunctive 479

15 Nuestro provenir

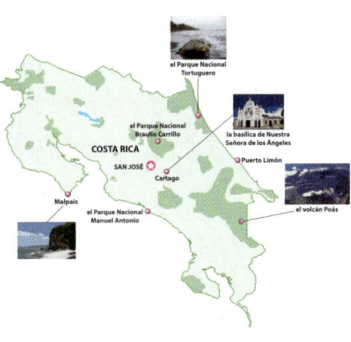

COSTA RICA

Comunícate

Las metas personales *486*

Cuestiones sociales *490*

La tecnología *493*

El futuro del planeta *497*

Hablando del futuro del planeta: La comunidad verde de Jesús León Santos *502*

Actividad integral: La tecnología digital y nuestro planeta *504*

Exprésate

Escríbelo tú
Cuestiones ambientales urgentes *504*

Cuéntanos
La cuestión social que más te preocupa *504*

Entérate

 Mundopedia
Los logros de Costa Rica *505*
Voces costarricenses *507*
Conexión cultural: La inmigración nicaragüense en Costa Rica *507*

Videoteca **Amigos sin Fronteras, Episodio 15: La siesta** *508*
Mi país: Costa Rica *509*

Infórmate

15.1 The Future Tense *510*

15.2 More Uses of the Subjunctive (Part 2) *511*

15.3 The Conditional *514*

15.4 Past Subjunctive and Summary of Uses of the Subjunctive *515*

Appendix 1: Answer Key (for *Infórmate* Exercises) *A-1*

Appendix 2: Verbs *A-4*

Vocabulario (Spanish-English) *V-1*

Credits *C-1*

Index *I-1*

About the Authors

Magdalena Andrade received her first B.A. in Spanish and French and a second B.A. in English from California State University, San Diego. After teaching in the Calexico Unified School District Bilingual Program for several years, she taught elementary and intermediate Spanish at both San Diego State and the University of California, Irvine, where she also taught Spanish for Heritage Speakers and Humanities Core Courses. Upon receiving her Ph.D. from the University of California, Irvine, she continued to teach there for several years and also at the University of California, Riverside, and California State University, Long Beach, where she coordinated the Spanish and French TA Programs as well as the Credential Program for foreign languages. Currently an instructor at Irvine Valley College, Professor Andrade has co-authored the textbook *Dos mundos: Comunicación y comunidad* and the readers *Mundos de fantasía: Fábulas, cuentos de hadas y leyendas* and *Cocina y comidas hispanas* (McGraw-Hill).

Jeanne Egasse received her B.A. and M.A. in Spanish Linguistics from the University of California, Irvine. She has taught foreign language methodology courses and supervised foreign language and ESL teachers in training for the Department of Education at the University of California, Irvine. Currently she is an instructor of Spanish and coordinates the Spanish language program at Irvine Valley College. In addition, Professor Egasse serves as a consultant for local schools and colleges on implementing the Natural Approach in the language classroom. Professor Egasse is co-author of the first-year college Spanish text, *Dos mundos: Comunicación y comunidad* and of *Cocina y comidas hispanas* and *Mundos de fantasía: Fábulas, cuentos de hadas y leyendas* (McGraw-Hill).

Elías Miguel Muñoz holds a Ph.D. in Spanish from the University of California, Irvine, and he has taught language and literature at the university level. Dr. Muñoz is the author of *Viajes fantásticos, Ladrón de la mente,* and *Isla de luz,* titles in the Storyteller's Series by McGraw-Hill, and coauthor of the textbook *Dos mundos: Comunicación y comunidad,* also from McGraw-Hill. He has published five novels, which include *Vida mía* and *Brand New Memory;* two books of literary criticism, and two poetry collections. One of his plays was produced off-Broadway, and his creative work has been featured in numerous anthologies and sourcebooks, including *Herencia: The Anthology of Hispanic Literature of the United States, The Encyclopedia of American Literature,* W.W. Norton's *New Worlds of Literature,* and *The Scribner Writers Series: Latino and Latina Writers.*

María José Cabrera Puche received her B.A. from Universidad de Murcia, Spain, her M.A. and M.Ed. from West Virginia University, and her Ph.D. on Second Language Acquisition and Bilingualism from Rutgers University. She has taught Spanish at public schools and universities, foreign language methodology courses in both face-to-face and hybrid formats, and supervised foreign language student teachers for the Department of Education at Rutgers University and for the Department of Languages and Cultures at West Chester University of Pennsylvania (WCU). Currently she is an Assistant Professor of Spanish at WCU, where she coordinates the lower-level Spanish courses, and she is also the assessment coordinator in the Department of Languages and Cultures at WCU. Professor Cabrera Puche is co-editor of *Romance Linguistics 2006: Selected papers from the 36th Linguistic Symposium on Romance Languages* (John Benjamins).

Capítulo 1 Pre-Text Oral Activities

Directions throughout this book address students with the informal form of address: *tú*. Students will be using *tú* forms when speaking to each other. But we suggest that instructors address the students politely, using *usted*. In this manner, students will have access to comprehensible input with both polite and informal verb forms. See the *Tu mundo* Instructor's Manual (IM), Instructor's Resource Kit (IRK), and Power Point™ Presentations (PP) for detailed lesson plans and additional resources.

1. **Names and descriptions of students.** (See IM for suggestion on how to give student-centered input in Stage 1.) Use this activity to learn students' names and to provide comprehensible input. Phrase all questions and comments so that students are required to produce only the name of another student. Write key nouns and adjectives on the board. Introduce the following words for people: *profesor(a), estudiante, hombre/mujer;* for physical characteristics: *pelo (largo, corto, mediano, castaño, rubio, negro), ojos (azules, verdes, castaños, negros), barba, bigote;* for clothing: *camisa, camiseta, chaqueta, suéter, pantalones, falda, zapatos;* and for other colors: *rojo, rosado, blanco, gris, amarillo.* Words and expressions: *¿Quién es... ?, ¿Cómo se llama el/la estudiante que lleva (que tiene)... , sí/no, ¿verdad?* You will also use *este/a* and *estos/as* frequently in the Pre-Text Oral Activities for *Capítulo 1*.

¡A conversar! 1

Algunos miembros del club Amigos sin Fronteras que vas a conocer (*you will meet*)

Upon successful completion of **Capítulo 1** you will be able to: ask people their names; spell in Spanish; describe people's clothes, their physical appearance, and their personality; say and use the numbers 0–49 to express quantity and prices; greet people and say good-bye to them; and introduce yourself and others. Additionally, you will have learned about some interesting places and people from Spanish-speaking areas of the U.S.

Comunícate

Los nombres de los compañeros de clase

La ropa, los colores y los números del 0 al 49

La descripción de las personas

Hablando de la descripción de las personas Los hispanos en el mundo

Los saludos

Actividad integral Mi mejor amigo/a y yo

Exprésate

Escríbelo tú ¿Cómo eres?

Cuéntanos Tu ropa favorita

Entérate

Mundopedia Los nombres en el mundo hispano

Conexión cultural La presencia vital de los hispanos

Videoteca
Amigos sin Fronteras, Episodio 1: Los nuevos amigos

Mi país: los Estados Unidos

Infórmate

1.1 Subject Pronouns and the Verb **ser**

1.2 Gender and Number of Nouns

1.3 Adjective–Noun Agreement

1.4 Negation

www.connectspanish.com

2. **Last names and descriptions of people.** It is highly recommended that you create your own personal Picture File (PF) for use in class. Use pictures to continue learning students' names.

ESTADOS UNIDOS

Introduce the word *apellido* and practice with last names of famous people as well as with yours and those of your students. Include the nouns *hombre(s), mujer(es), chico/a, niño/a, profesor(a)*, and the adjectives *joven, viejo/a, delgado/a, gordo/a, guapo/a, feo/a, alto/a, bajo/a, de estatura mediana, grande,* and *pequeño/a*. You can also use the display for the section *La descripción de las personas* to introduce and practice this vocabulary.

3. **Numbers.** Introduce numbers by counting men, women, total students, women with jeans, men with brown hair, etc. Teach and use the word *hay* in sentences such as *Hay siete muchachas de pelo castaño en la clase.* Teach *sí/no*, then ask students to react to questions using *hay* with numbers: *¿Hay quince hombres en esta clase?* (no) *¿Hay trece?* (sí) Write numbers on the board, as with other key words, or prepare large number flash cards and place them in a visible location.
Note on assessment: Give students more opportunities to acquire numbers and do not place great emphasis on numbers in tests early in the semester. See IRK for additional activities.

4. **The alphabet.** Use the chart in the *Comunícate* section to introduce the Spanish alphabet. Then have students practice it round-robin style in small groups. You may also have students write out the words you spell for them.

In this episode, two people meet each other on campus. They also decide to start a club. What kind of club and for whom is it intended?

5. *La descripción de las personas.* Associate students' names with their clothing or physical appearance to help learn names and to introduce new vocabulary: *¿Cómo se llama usted? Megan. Clase, miren a Megan. Tiene el pelo rubio, largo. Es alta* (gesture with your arm) *y delgada. No es gorda.* All your comments and descriptions should emphasize positive qualities.

6. *Los saludos.* Introduce phrases for greetings and farewells such as: *Buenos días; Buenas tardes/noches; Hola; ¿Qué tal?; ¿Cómo está(s)?; Muy bien; Bien; Regular; Un poco cansado/a; Hasta luego; Adiós; Nos vemos.* Use them naturally whenever you have a chance.

Mi país, Notes:
- **Note:** Whole class
- **Suggestion:** We encourage you to show this video segment to the class as you introduce *Capítulo 1* (it is available on DVD and in Connect Spanish). You may also show or assign this segment again toward the end of the chapter in the *Videoteca* section when students will have a larger vocabulary and will comprehend more of the narrative. Note that all video segments are presented in Connect Spanish with pre-viewing activities that will help students with listening comprehension. There you will also find post-viewing activities, which will enhance the students' appreciation of the video.
- **Point out:** Make it clear to students that they are not expected to understand every word at this point. In the first viewing, students should focus on the places and images as a virtual cultural tour of U.S. communities.

Conócenos° Get to Know Us

Eloy Ramírez Ovando

Eloy Ramírez Ovando es mexicoamericano y es de Los Ángeles. Tiene veintiún años y es estudiante de biología en la Universidad de California, Berkeley. Sus actividades favoritas son leer blogs, ver partidos de fútbol e ir al cine.*

Eloy Ramírez Ovando *is a Mexican-American from Los Angeles. He's 21 years old and is a biology student at the University of California, Berkeley. His favorite activities are reading blogs, watching soccer matches, and going to the movies.*

Mi país

*Starting with **Capítulo 2,** descriptions of **Amigos sin Fronteras** characters will not be accompanied by an English translation.

Comunícate

Los nombres de los compañeros de clase

Se llama Eloy Ramírez Ovando. Es alto y delgado. Tiene el pelo negro.

Actividades de comunicación

Actividad 1 ¿Cómo se llama?

Camila Piatelli de la Fuente y Eloy Ramírez Ovando

—¿Cómo se llama la amiga de _____?
—Se llama _____.
—Y, ¿cuáles son sus apellidos?
—Son _____.

Rodrigo Yassín Lara y Xiomara Asencio Elías

—¿Cómo se llama el amigo de _____?
—Se llama _____.
—Y, ¿cuáles son sus apellidos?
—Son _____.

Vocabulario útil°   *Useful Vocabulary*

This type of box with the heading **Vocabulario útil** appears in some activities to provide you with key vocabulary to do a given activity. English translations of words and phrases will be included in **Capítulo 1** only. From **Capítulo 2** onward your instructor will present unfamiliar vocabulary in the **Vocabulario útil** boxes, or you can look up any vocabulary items that you don't know in the **Vocabulario** section at the end of the chapter or in the Spanish–English Vocabulary at the very back of the book.

¿Cómo te llamas?	What is your (*informal*) name?
Me llamo…	My name is . . .
¿Cómo se llama?	What is his/her name?
Se llama…	His/Her name is . . .
¿Cuál(es)… ?	Which/What . . . ?
es/son	is/are
su(s)	his, her, their
el apellido / los apellidos	last name(s)

4 • cuatro

Capítulo 1 ¡A conversar!

Infórmate[a]

This type of box with the heading **Infórmate** appears throughout *Tu mundo* to provide you with useful grammar information.

Su and **sus** both mean *his, her,* and *their.*

Su is used with singular nouns, whereas **sus** is used with plural nouns.

> **su apellido**
> his/her/their last name
>
> **sus apellidos**
> his/her/their last names

[a]*Get Informed*

Infórmate, Note: This *Infórmate* feature appears throughout the textbook to help students with the meaning of key grammatical structures, all of which are presented as lexical items that the students will need in order to do the communicative activities. Please note that the grammar information included in the *Infórmate* boxes will not appear in the *Infórmate* section at the end of the chapter.

Actividad 2   El abecedario en español

Act. 2, Notes:
- **Note:** Whole class
- **Suggestion:** Go over the Spanish alphabet, pronouncing every letter. Then ask questions of the whole class about their classmates' names and last names as well as those of famous people, the president, the governor, etc. Students normally understand the questions easily. When answering, they only need to spell the words, or use the pattern *Se escribe (así)...* You may also want to write on the board: *Los apellidos de Rodrigo son Yassín Lara.*
- **Point out:** Explain that Spanish does not use the apostrophe to indicate possession/ownership. Refer students to *Infórmate 4.1* for more information.

	El abecedario en español				
a	a	j	jota	r	ere
b	be, be grande	k	ca	s	ese
c	ce	l	ele	t	te
d	de	m	eme	u	u
e	e	n	ene	v	uve, ve chica
f	efe	ñ	eñe	w	doble ve, uve doble
g	ge	o	o	x	equis
h	hache	p	pe	y	i griega, (ye)
i	i (i latina)	q	cu	z	zeta

Di cómo se escriben los nombres de los estudiantes del club.

MODELO: ¿Cómo se escribe Xiomara?

Se escribe así: *equis, i latina, o, eme, a, ere, a.*

1. ¿Cómo se escribe Eloy?
2. ¿Cómo se escribe Ángela?
3. ¿Cómo se escriben el nombre Xiomara y el apellido Asencio?
4. ¿Arapí se escribe con hache o sin hache?
5. ¿Ovando se escribe con be grande o ve chica?
6. ¿Cómo se escribe el apellido de Claudia (Cuéllar)? ¿Con ce o con cu? ¿Y el apellido de Rodrigo (Yassín) se escribe con una ese o dos? ¿con i griega o con doble ele (elle)?

Vocabulario útil

Di	Say	con	with
¿Cómo se escribe... ?	How do you spell . . . ? / How is . . . spelled?	sin	without
		be grande	b
		ve chica	v
Se escribe así...	It is spelled . . .		

Actividad 3   ¡A conversar!

Act. 3, Notes:
- **Note:** Whole class; pair
- **Point out:** *E1* and *E2* will be used to refer to ESTUDIANTES 1 and 2 throughout *Tu mundo.*
- **Suggestion:** Use this activity for students to get to know each other's names and practice the alphabet as well. Model the activity with a volunteer first, then have students work in pairs.
- **Follow-up:** Have a few volunteers present their dialogues to the class.

Conversa (Habla) con un compañero / una compañera.

ESTUDIANTE 1: Hola, ¿cómo te llamas?
ESTUDIANTE 2: Me llamo _____.

E1: ¿Cómo se escribe tu nombre?
E2: Se escribe _____.
E1: ¿Y cómo se escribe tu apellido?
E2: Se escribe _____.

Vocabulario útil

Habla	Speak, Talk

Infórmate

tu	your
tú	you

Note that **tú** with an accent mark over the **u** means *you,* but **tu** without an accent means *your.*

Comunícate Los nombres de los compañeros de clase

La ropa, los colores y los números del 0 al 49

Lee *Infórmate 1.1–1.2*

When a **Comunícate** vocabulary section has an **Infórmate** heading followed by one or two numbers, this refers to the grammar sections that are useful for doing the activities. Here, **Lee** *Infórmate 1.1–1.2* tells you to read the **Infórmate** sections at the end of the chapter.

Los números del 0 al 49			
0 cero	10 diez	20 veinte	30 treinta	40 cuarenta
1 uno	11 once	21 veintiuno	31 treinta y uno	41 cuarenta y uno
2 dos	12 doce	22 veintidós	32 treinta y dos	42 cuarenta y dos
3 tres	13 trece	23 veintitrés	33 treinta y tres	43 cuarenta y tres
4 cuatro	14 catorce	24 veinticuatro	34 treinta y cuatro	44 cuarenta y cuatro
5 cinco	15 quince	25 veinticinco	35 treinta y cinco	45 cuarenta y cinco
6 seis	16 dieciséis	26 veintiséis	36 treinta y seis	46 cuarenta y seis
7 siete	17 diecisiete	27 veintisiete	37 treinta y siete	47 cuarenta y siete
8 ocho	18 dieciocho	28 veintiocho	38 treinta y ocho	48 cuarenta y ocho
9 nueve	19 diecinueve	29 veintinueve	39 treinta y nueve	49 cuarenta y nueve

Los números del 0 al 49, **Suggestions:**

- Ask your students to look at the illustrations for *Actividad 4* in this section; ask them questions such as *¿Qué cuesta $18,49?* (la falda) This activity will provide input on numbers. Then, write on the board: *hay* = there is / there are. Count as many categories of people and descriptions as you can, then ask *sí/no* questions to verify. For example, first count aloud the number of men, then ask: *¿Cuántos hombres hay en la clase? ¿Hay quince? ¿Hay dieciséis?* Count categories: *¿Cuántos hombres de pelo castaño hay? ¿Cuántas mujeres llevan falda?* Students may try to say the numbers, but do not force them to do so. Instead, follow your questions immediately with a choice: *¿Hay cinco? ¿Hay diez?*
- Distribute 10 to 15 numbers between 0 and 49 on construction paper at random to students in the class. Then call out numbers and have students point to the correct number or say the name of the person holding it.

Los colores y la ropa, **Notes:**

- **Note:** Many of the words in the vocabulary displays and activities will be new to students. Write unfamiliar vocabulary on the board. Be sure to verify class comprehension of all vocabulary in the display and in the activities as you proceed through the chapter: *¿Comprenden el vocabulario?* or *¿Hay palabras que no comprenden?*
- **Suggestion:** Use pictures from your personal PF or a PP presentation to introduce words for items of clothing and colors. Ask *sí/no* questions about the illustrations in the text. Then ask a volunteer to stand up. Ask the class *sí/no* questions about the clothes he/she is wearing: *¿Lleva una falda azul Lisa? ¿Es roja su blusa?*
- **Note:** The articles *un* and *una* appear here for the first time. If you have already assigned *Infórmate 1.2C,* this should not be a problem. If not, merely explain that they are the equivalent of *a/an* in English.
- **Note:** Native speakers use both *pantalón* and *pantalones.*

Actividad 4 Descripciones

Habla con tu compañero/a sobre la ropa que aparece en los dibujos. Di qué es, de qué color es y cuánto cuesta.

MODELO:
- E1: ¿Qué es?
- E2: Es *una chaqueta*.
- E1: ¿De qué color es?
- E2: Es *morada*.
- E1: ¿Cuánto cuesta?
- E2: Cuesta *treinta y cuatro* (*dólares*) *y cuarenta y ocho centavos*.

Vocabulario útil

aparece	appears
los dibujos	drawings
—¿Qué es? —Es…	What is it? It is . . .
—¿De qué color es? —Es…	What color is it? It is . . .
—¿Cuánto cuesta? —Cuesta…	How much is it / does it cost? It is/costs . . .

Entérate[a]

- En Cuba **la falda** es **la saya** y **los pantalones vaqueros** son **el bluyín.**
- En México **la camiseta** es **la playera** y en Argentina es **la remera.**
- **El suéter** es **el jersey** en España y **la chompa** en Ecuador, Colombia y Perú.

[a]*Find Out (for Yourself)*

This **Entérate** feature, found throughout *Tu mundo*, will help you get acquainted with cultural and linguistic similarities and differences across the Spanish-speaking world.

La ropa, los colores y los números del 0 al 49

Actividad 5 ¿Qué ropa llevan mis compañeros de clase?

Mira a cuatro de tus compañeros de clase. Escribe el nombre de cada estudiante, la ropa que lleva y el color de la ropa que lleva.

MODELO: *Claudia* lleva *una camiseta blanca.*

NOMBRE	ROPA	COLOR
1. _____	lleva _____	_____ .
2. _____	lleva _____	_____ .
3. _____	lleva _____	_____ .
4. _____	lleva _____	_____ .

Vocabulario útil

Mira	Look
Escribe	Write
lleva	is wearing

Infórmate

The verb **llevar** (*to wear*) is often used with clothing.

Act. 5, Notes:
- **Note:** Whole class
- **Suggestion:** Ask students to write the names of four classmates on a separate sheet of paper, following the format in the activity. Write on the board a list of clothing and colors from which to choose, then have students fill in the chart individually, while you circulate to help. You may ask for volunteers to read their charts. You repeat student's answer, correcting any mistakes without pointing out the mistakes: (*Terry lleva chaqueta negro.*) *Sí, Terry lleva una chaqueta negra.* Please note that the first sentence is what students often say (incorrectly) at this stage. The second one is our suggestion for correcting the mistake without raising the affective filter.
- **Follow-up:** Ask *sí/no* questions about each student: *¿Lleva falda Brianna? ¿Es blanca? ¿Es larga? ¿Lleva pantalones cortos John? ¿Son azules?*

Actividad 6 ¿Qué ropa llevan los miembros del club Amigos sin Fronteras?

Trabaja con otro/a estudiante. Mira los dibujos y describe la ropa que lleva cada persona. Di de qué color es y cómo es.

Xiomara Asencio Elías

Claudia Cuéllar Arapí   Eloy Ramírez Ovando

Camila Piatelli de la Fuente

Rodrigo Yassín Lara

Omar Acosta Luna

Act. 6, Notes:
- **Note:** Pair
- **Suggestion:** Begin by describing what your students are wearing, elaborating on and correcting student responses of simple words and phrases: *¿Qué lleva Sandy? (Falda azul, corto.) Sí, Sandy lleva una falda azul, corta y muy bonita. ¿Y Mark?*
- **Suggestion:** Before students begin to work in pairs, go over the art for this activity. Write some of the nouns and the corresponding adjectives on the board so students do not have problems with gender-number agreement.
- **Variation:** Ask students to write down their answers.
- **Follow-up:** Ask questions of the whole class: *En la clase, ¿cuántos estudiantes llevan pantalones azules? ¿Cuántos llevan pantalones cortos? ¿Cuántos llevan zapatos de tenis?*
- **Expansion:** Review the *Entérate* box next to *Actividad 4* in this section and then ask: *Rodrigo es de Colombia, ¿no? ¿Cómo se llama el suéter en Colombia?*

MODELO: E1: ¿Qué lleva Eloy?
E2: Eloy lleva *unos vaqueros azules, una camiseta azul y unas sandalias color café.*

1. ¿Qué ropa lleva Xiomara? (Xiomara lleva…)
2. ¿Qué ropa lleva Rodrigo? ¿De qué color son los pantalones y la camiseta? ¿Es vieja la sudadera?
3. ¿Quién lleva una falda blanca? ¿Cómo es, corta o larga? Y la blusa, ¿de qué color es? ¿Es bonita o fea? ¿Es elegante?
4. Describe la ropa de Camila. (Camila lleva un[a]…)
5. Probablemente Omar lleva un traje gris. ¿De qué color es el saco? ¿Y la camisa? ¿Y la corbata?

Vocabulario útil

Trabaja	Work (*command*)
¿Qué (ropa) lleva… ?	What (clothing) is . . . wearing?
Lleva…	He/She is wearing . . .
¿Cómo es?	What is it like?
Es…	It's . . .
bonito/a	pretty; nice
corto/a	short
feo/a	ugly
largo/a	long
viejo/a	old

La descripción de las personas

Lee *Infórmate* 1.3–1.4

alto, delgado, moreno

atlético, fuerte

Roberto, un chico

alto, guapo, el pelo ondulado

el señor López, un hombre

rubio
el pelo corto, lacio

bonita
el pelo largo, rizado

Raulito   Mónica

gordo, elegante, el pelo canoso

el bigote   **la barba**

el señor Rosales, un hombre

de estatura mediana, vieja

los lentes

la señora Mendoza, una mujer

joven, alta

el pelo castaño, largo, lacio

Ximena, una joven

La descripción de las personas, Notes:

- **Note:** Many of the words in this display and in subsequent activities will be new to students. Verify class comprehension of all vocabulary in the display and in the activities of this section as you proceed through these materials.
- **Note:** This vocabulary display does not include adjectives that describe personality since students do not know the characters yet. However, adjectives to describe personality are presented in a chart in *Actividad 9* in this section. If you wish to introduce unfamiliar, noncognate descriptive adjectives at this time, use pantomime, simple drawings on the board, or your personal PF or PP presentation for describing famous people.
- **Suggestion:** See corresponding IRK section related to this vocabulary for additional activities.
- **Suggestion:** Use your personal PF or a PP presentation to show photos of people of various heights, sizes, and ages. Make affirmative and negative statements about the people in the pictures. For example, refer to a photo of a girl with long hair and say: *Es bonita. Es una muchacha (chica) bonita. No es fea. Tiene el pelo largo; no tiene el pelo corto.* Introduce/Review: *joven, viejo/a, alto/a, de estatura mediana, bajo/a, bonito/a (guapo/a), feo/a, gordo/a, delgado/a, elegante, grande, pequeño/a; tiene el pelo negro/castaño/rubio/canoso/ondulado, lleva lentes*. Ask sí/no and either/or questions using adjectives from the illustration: *¿Cómo se llama el niño? ¿Es gordo Marcos? ¿Tiene el pelo rubio o castaño? ¿Cómo se llama la niña? ¿Es bonita o fea Cristina? ¿Tiene el pelo rizado o lacio?*

Comunícate La descripción de las personas

Antonella Piatelli de la Fuente

Actividad 7 ¿Cómo son estas personas?

Describe a las personas de los dibujos con tu compañero/a.

MODELO: E1: ¿Cómo es Antonella?

E2: Antonella es una niña, pero no es muy pequeña. Tiene* el pelo rubio, largo y lacio.

Act. 7, Notes:
- **Note:** Whole class; pair
- **Suggestion:** Describe a couple of the people in the drawing with the students' help before they work in pairs: *Antonio es alto y delgado. No es joven. Tiene bigote y lleva lentes. Lleva una camisa azul y pantalones color café.*
- **Suggestion:** To make this activity more interesting, use your personal PF or a PP presentation to integrate famous people and your own students as quickly as possible.

Vocabulario útil	
¿Cómo son estas personas?	What are these people like?
¿Cómo es…?	What is… like?
es	(he/she) is
tiene*	(he/she) has

Antonio Ramírez del Valle · Patricia Ramírez Ovando · Eloy Ramírez Ovando · Ricardo Alberto Ramírez Ovando · Eduardo Antonio Ramírez Ovando · Estela Ovando Hernández

Ángela McNeil-Mendivil · Antonella Piatelli de la Fuente · Camila Piatelli de la Fuente

- **Expansion:** Have students describe the clothes the characters are wearing: *¿Qué ropa lleva Antonella? Lleva una falda gris, una camisa blanca, un abrigo gris y un gorro gris.*

Act. 8, Notes:
- **Note:** Whole class; pair
- **Suggestion:** Use your personal PF or a PP presentation to show these and other famous people. Describe some of them as an example. Ask questions about the appearance of some, then have your students describe others before pairing them to do the activity.

Actividad 8 Los famosos y tú

Contesta las preguntas con tu compañero/a.

1. ¿Es alto o bajo Kobe Bryant (6′6″)? ¿Y Yao Ming (7′6″)?
2. ¿Es gordo o delgado Jack Black? ¿Es alto él (5′5″)?
3. ¿Es joven o vieja Dakota Fanning? ¿Y Joan Rivers?
4. ¿Cómo es Penélope Cruz? ¿Es fea o bonita ella? Y Benicio del Toro, ¿es feo o guapo? ¿Cómo es él?
5. ¿Cómo eres tú?

Vocabulario útil	
Contesta	Answer
preguntas	questions
él/ella	he/she
¿Cómo eres tú?	What are you like?
Soy (alto/a, delgado/a,…)	I am (tall, slim,…)

Act. 9, Notes:
- **Note:** Whole class; pair
- **Suggestion:** Before assigning the activity, use the box to introduce a good number of adjectives to describe personality. Ask questions about celebrities and then about the students. Examples: *¿Cómo es Ellen DeGeneres? Es cómica, ¿verdad? ¿Hay alguien en la clase que también es cómico? ¿Y quién en la clase es muy serio?*

Actividad 9 Estereotipos y generalizaciones

Palabras para describir la personalidad

agresivo/a	difícil	impulsivo/a	simpático/a
antipático/a	egoísta	inteligente	sincero/a
callado/a	entusiasta	materialista	tacaño/a
cómico/a	estudioso/a	mentiroso/a	temperamental
conservador(a)	filosófico/a	perezoso/a	tímido/a
considerado/a	generoso/a	práctico/a	tonto/a
creativo/a	idealista	serio/a	trabajador(a)

- **Suggestion:** This activity allows students to use descriptive adjectives and negative constructions. Introduce the new words *todos/as* and *algunos/as* by pantomiming and pointing to all or some of the students in the class. Remind students that there are many cognates in this activity. Warm up by creating some of your own generalizations and stereotypes and have the class react to them. Keep the mood light; these statements should not be taken seriously.
- **Suggestion:** Write some of these adjectives on the board and ask students to match the opposites. For example: *antipático/simpático, perezoso/trabajador, tonto/inteligente, tacaño/generoso, sincero/mentiroso.*

*You will learn more about the verb **tener** in **Infórmate 2.1** and **4.1**.

Reacciona a las siguientes afirmaciones. ¡Algunas están basadas en estereotipos tontos!

MODELOS: Todas las mujeres son impulsivas.
No, no todas las mujeres son impulsivas.

Los niños pequeños son cómicos.
Sí, los niños pequeños son cómicos y simpáticos.

1. Muchos jóvenes son materialistas.
2. Los republicanos son tacaños.
3. Mis compañeros de clase son estudiosos.
4. Todas las (mujeres) rubias son tontas.
5. Todos los mexicanos son trabajadores.
6. Los hombres viejos son conservadores.
7. Los políticos son mentirosos.
8. Todos los chicos son perezosos.
9. Muchas personas tímidas son calladas.
10. Las mujeres son temperamentales.

Vocabulario útil

Palabras	Words	**perezoso/a**	lazy
Reacciona	React	**simpático/a**	pleasant, friendly
están basadas	are based	**tacaño/a**	cheap
pequeños	small	**tonto/a(s)**	stupid
antipático/a	unpleasant, unfriendly	**trabajador(a)**	hardworking
callado/a	quiet	**algunos/as**	some
difícil	difficult	**todos/as**	all
mentiroso/a	lying; liar		

Entérate

Para expresar que una persona es tacaña (que no es generosa), los hispanos se tocan el codo con la mano.

En España y México **tacaño** es **codo duro** (*stiff, hard elbow*), en Chile es **manito de guagua** (*baby's hand*) y en Argentina es **amarrete**.

Actividad 10 Tu personalidad

¿Cómo eres tú? Da una descripción de tu personalidad. Usa palabras de la lista que aparece en la **Actividad 9**.

E1: ¿Cómo eres tú?
E2: Soy _____, _____ y _____.
    No soy _____ ni _____.
E1: ¿Cómo es tu mejor amigo/a?
E2: Él/Ella es _____, _____ y _____.
    No es _____ ni _____.

Vocabulario útil

Da	Give
Usa	Use
ni	neither, nor
mejor amigo/a	best friend

Hablando de° la descripción de las personas

Hablando... Speaking of

LOS HISPANOS EN EL MUNDO

La mayoría[a] de los hispanos vive[b] en países[c] hispanos grandes y pequeños, por ejemplo[d] España, Nicaragua, Chile, Argentina y México. Pero muchos viven en otros[e] países como Estados Unidos,[f] Italia, Reino Unido, Alemania, Francia[g] y Canadá, unos con documentos legales, otros sin ellos.[h] Los hispanos emigran de su país por muchas razones;[i] la más común:[j] oportunidades económicas. También, algunos estudian[k] en las universidades de otros países y después trabajan allí.[l] Muchos inmigrantes son trabajadores y responsables. Algunos países aprecian[m] sus contribuciones y otros no, especialmente cuando ellos mismos tienen[n] problemas económicos. ¡Así es la situación[ñ] de todos los inmigrantes!

[a]*majority* [b]*live* [c]*countries* [d]*por... for example* [e]*other* [f]*Estados... United States* [g]*Reino... United Kingdom, Germany, France* [h]*sin... without them* [i]*reasons* [j]*la... the most common (one)* [k]*También... Also, some study* [l]*después... afterwards they work there* [m]*value* [n]*especialmente... especially when they themselves have* [ñ]*Así... That is (what) the situation (is like)*

Los saludos

ELOY: Hola, Claudia. ¿Qué tal?
CLAUDIA: Regular, Eloy, ¿y tú?
ELOY: Muy bien, gracias.
CLAUDIA: Oye…

PROFESOR GONZÁLEZ: Buenos días. ¿Cómo estás hoy, Martha?
PROFESORA BRIZUELA: Muy bien. ¿Y tú, Ricardo?
PROFESOR GONZÁLEZ: No muy bien, un poco cansado.
PROFESORA BRIZUELA: ¡Lo siento!

ELOY: Buenas tardes, profesora Ávila. ¿Cómo está usted?
PROFESORA ÁVILA: Bien, bien, gracias. ¿Y usted?
ELOY: Muy bien, profesora, gracias. Nos vemos más tarde en clase.
PROFESORA ÁVILA: Sí, Eloy, hasta luego.

Entérate

Para los hispanos, los saludos son muy importantes. En situaciones informales, es normal dar un abrazo (*hug*) y un beso (*kiss*), pero en España y Paraguay son ¡dos besos! En situaciones formales se da la mano (*hand*), como (*like*) en Estados Unidos. También es importante preguntar (*to ask*) cómo está la familia.

Actividad 11 Los saludos

A. Saluda a un compañero / una compañera.

E1: Buenas tardes, _____. ¿Qué tal?
E2: Bien, bien, gracias. ¿Y tú?
E1: _____. Gusto de verte.

B. Saluda a un profesor / una profesora.

ESTUDIANTE: Buenos días, profesor(a). ¿_____ está _____?
PROFESOR(A): _____. ¿Y usted?
ESTUDIANTE: _____, gracias.
PROFESOR(A): Hasta luego.
ESTUDIANTE: _____, profesor(a).

¿Recuerdas?

Use **tú** to speak with a classmate, but use **usted** to speak with a professor.

Vocabulario útil

| Saluda | Greet |
| Gusto de verte. | Nice to see you. |

Actividad 12 Los saludos y las presentaciones

A. Saluda a un compañero nuevo / una compañera nueva y preséntate.

MODELO:
ELOY: Hola, ¿cómo te llamas?
CLAUDIA: Me llamo *Claudia Cuéllar Arapí*, ¿y tú?
ELOY: Me llamo *Eloy Ramírez Ovando*. Mucho gusto.
CLAUDIA: Igualmente.

Ahora tú.

E1: Hola (Buenos días, Buenas tardes/noches), ¿cómo te llamas?
E2: Me llamo _____, ¿y tú?
E1: Me llamo _____. Mucho gusto.
E2: Igualmente.

Vocabulario útil

nuevo/a	new
preséntate	introduce yourself
Mucho gusto	Pleased to meet you
Igualmente	Likewise

B. Mira los dibujos y lee los diálogos.

Ahora presenta tú a dos de tus compañeros/as.

E1: _____, te presento a un amigo nuevo / una amiga nueva, _____.

E2: Mucho gusto, _____.

E1: Encantado/a (Igualmente), _____.

Vocabulario útil	
lee	read
presenta	introduce
te presento a...	this is . . .
Encantado/a.	Pleased to meet you.

Actividad integral, Notes:
- **Note:** Whole class; small group
- **Note:** This is the first *Actividad integral* in the text. (See IM *Actividad integral*.) These activities were created to recapitulate and integrate the concepts presented in each chapter. New vocabulary from these activities will be minimal and usually will not be included in the end-of-chapter vocabulary list (*Vocabulario*).

Actividad integral

Mi mejor amigo/a y yo

- **Suggestion:** Assign this two-part activity for homework. Students are to prepare two descriptions: one of themselves (part A) and one of their best friend (part B). For part B, explain the new words *trae* and *muestra* and remind them to have a photo ready to show in class. In the next class, describe yourself by adapting Rodrigo's description of himself in the *modelo*. Also, show a photo and describe your best friend using the same pattern. Give students a few minutes to polish the two descriptions they prepared before forming groups of 3 or 4 students.

A. Mira el modelo y luego preséntate a tu grupo. Usa el **Vocabulario útil**.

MODELO: Buenos días. Me llamo Rodrigo Yassín Lara. Hoy llevo una camisa blanca, vaqueros y zapatos de tenis negros. No soy ni alto ni bajo; soy de estatura mediana y gordito (un poco gordo). Tengo el pelo negro. Soy serio, estudioso y trabajador. No soy tonto ni perezoso.

Ahora tú.

Buenos días (Buenas tardes/noches, Hola). Me llamo...

Vocabulario útil	
luego	then, later
Me llamo...	
Llevo...	I'm wearing . . .
Soy (alto/a, delgado/a, ...)	
Soy (trabajador[a], estudioso/a, ...)	

B. Trae a clase una foto de tu mejor amigo/a o usa una de tu móvil. Muestra la foto y descríbela con tres de tus compañeros. Contesta estas preguntas para describir a la persona en la foto.

- ¿Cómo se llama (él/ella)?
- ¿Qué ropa lleva en la foto y de qué color es?
- ¿Cómo es (físicamente)?
- ¿Cómo es su personalidad?

Ahora prepara tu descripción.

Es mi mejor amigo/a. Se llama _____. En la foto lleva _____.
Es _____. Tiene _____. Es _____.

Vocabulario útil

Muestra	Show	**descríbela**	describe it
Trae	Bring		

Se llama…

En la foto lleva…

Es (alto/a, bajo/a, delgado/a, lleva lentes, tiene el pelo…)

Es (entusiasta, tímido/a, conservador[a], …)

Un chicano típico

Antonio González es historiador, presidente del Southwest Voter Registration Education Project y presidente del Instituto William C. Velásquez.

"Soy un chicano típico. Vengo de una familia de herencia mexicana que ya cuenta con más de seis generaciones en los Estados Unidos."

Más de veinte millones de latinos en EE.UU. son de origen mexicano.

"Como chicano, yo tengo raíces en este país y tengo lazos con México. Por eso hablo inglés y hablo español. Me gustan los tacos, burritos y demás platos de la cocina mexicana, pero también me gustan los Dodger-dogs."

Rock mexicano en las calles de Nueva York

Express Yourself

ESCRÍBELO TÚ° *(You) Write It*

¿Cómo eres?

Escribe una composición corta en cuatro partes: 1) saluda, 2) di cómo te llamas, 3) da una buena descripción de tu apariencia física y de tu personalidad y finalmente 4) describe la ropa que llevas frecuentemente. Usa la información de las **Actividades 3, 5, 7, 10** y **Actividad integral** como modelos. Prepara la información y luego escribe tu composición en el *Cuaderno de actividades* o en Connect Spanish.

Vocabulario útil

This is the last time the **Vocabulario útil** box will appear with any English translations. From **Capítulo 2** onward your instructor will present unfamiliar vocabulary in the **Vocabulario útil** boxes, and/or you can look up any vocabulary items that you don't know in the **Vocabulario** section at the end of the chapter or in the Spanish–English Vocabulary at the very back of the book.

hola

me llamo

soy

llevo — I'm wearing

frecuentemente — frequently

Escríbelo tú, **Note:** This activity is presented here to allow the instructor to preview it and give the students some guidance. The actual writing is to be done in the *Escríbelo tú* section of the print *Cuaderno de actividades* or in Connect Spanish. This is the first time your students will write a formal (though short) composition. By now they have already completed similar tasks in several activities and should be able accomplish this one as well. Even so, helping students to create a sample composition as a group will allow them to feel more confident in the writing process.

CUÉNTANOS° *Tell Us*

Tu ropa favorita

Describe dos prendas (*articles*) de ropa. Habla de tu falda, blusa, camisa o corbata favorita o tu(s) vestido (pantalón, abrigo, sombrero o zapatos) favorito(s). Di de qué color es/son, y cómo es/son: largo/a(s), corto/a(s), nuevo/a(s), viejo/a(s), etcétera. ¡Es una buena idea mostrar (*to show*) las prendas de ropa en clase!

Cuéntanos, **Notes:**

- **Note:** This oral activity will help students integrate chapter topics, grammar concepts, and vocabulary in a personalized form of communication that students can share in the classroom.

- **Suggestion:** Because this is the first of these oral activities, you may wish to prepare a sample response using your own information. Write this model on the board: *Llevo unos pantalones azules nuevos y una camisa roja y vieja. También llevo zapatos de tenis blancos.* If you have students prepare this activity in class, give them at least 5 minutes to jot down ideas. Let them know that they may describe the clothing they are wearing. Alternatively you may ask students to prepare this activity as homework and they may bring in favorite items of clothing. Divide students into groups of 3 or 4. Have each group draw numbers to decide who goes first.

Entérate°

Find Out (for Yourself)

Mundopedia

1. **Los nombres en el mundo hispano**
2. El arpa paraguaya
3. El cine argentino
4. Quito y Mitad del Mundo
5. ¡Grandes fiestas!
6. La escritora chilena Isabel Allende
7. El Carnaval de Barranquilla
8. El Cinco de Mayo
9. La Diablada de Oruro
10. La música de Cuba
11. Los paradores de España
12. Mérida, ciudad en la montaña
13. Los festivales dominicanos
14. El misterio de las ciudades mayas
15. Los logros de Costa Rica

Los nombres en el mundo hispano

En los Estados Unidos muchas personas **tienen** dos nombres, **pero** usan uno **solamente**. Muchos hispanos tienen y usan dos nombres: María Cristina, Ana Sofía, Juan Fernando, José Luis, Miguel Ángel.

Los apellidos en el mundo hispano

Los hispanos también usan dos apellidos, el de su padre (papá) y el de su madre (mamá). Por ejemplo, Omar Acosta Luna y Marcela Arellano Macías tienen dos **hijos**. Los hijos **se llaman** Carlos Antonio Acosta Arellano y Maritza Acosta Arellano. El **primer** apellido de **cada** hijo es el primer apellido de su padre (Acosta); el **segundo** es el primer apellido de su madre (Arellano). **Si** la persona usa uno o dos nombres no es importante, pero en los documentos legales es necesario usar los dos apellidos.

COMPRENSIÓN

¿Cierto o falso?

1. En este país muchas personas usan dos nombres y dos apellidos. **F**
2. En el mundo hispano muchas personas tienen dos nombres. **C**
3. Los apellidos de Manuel Luis, hijo de Luis Mario Ramos Solís y Martha Lucía Ruiz Vega son: Ramos Ruiz. **C**
4. En documentos legales, los hijos solamente usan los apellidos de su padre. **F**
5. Es importante usar siempre los dos nombres. **F**

Vocabulario de consulta

tienen	have
pero	but
solamente	only
hijos	children
se llaman	are named
primer	first
cada	each
segundo	second
Si	If

Omar **Acosta** Luna — Marcela **Arellano** Macías

Maritza **Acosta Arellano** — Carlos Antonio **Acosta Arellano**

○ = casados

CONEXIÓN CULTURAL

Muchos hispanos —¡cincuenta millones!— viven (*live*) en Estados Unidos. Viven en Texas y California, en Florida y Nueva Jersey, en Nueva York y otros estados. Son trabajadores y creativos. Lee la lectura (*reading*) **La presencia vital de los hispanos** en el *Cuaderno de actividades* o en Connect Spanish y… ¡entérate de las contribuciones culturales de los hispanos!

diecisiete . 17

Videoteca

Amigos sin Fronteras°
Episodio 1: Los nuevos amigos

Amigos... *Friends without Borders*

Note: Both video clips can be seen on the DVD to accompany *Tu mundo* or in Connect Spanish.

Resumen *(Summary)*

In the student lounge, Mexican-American student Eloy Ramírez Ovando is watching a soccer match on TV while he studies and does his homework. He is cheering for the Spanish national team. Claudia Cuéllar Arapí, a student from Paraguay, passes by. They meet, exchange personal information, and come up with the idea of starting the **Amigos sin Fronteras** club.

Preparación para el video

A. ¡Comencemos! Contesta las preguntas antes de ver *(before watching)* el video.

1. Mira la foto. ¿Cuántas personas hay? dos
2. ¿Cuáles son los deportes *(sports)* favoritos de los hispanos? Indica las respuestas correctas.
   a. el rugby
   b. el fútbol *(soccer)*
   c. el béisbol
   d. el karate
3. ¿Llevas la camiseta de tu equipo favorito cuando juega *(when it plays)*? ¿De qué color es?
4. ¿Qué información le das a un amigo nuevo? Indica las respuestas correctas.
   a. el nombre
   b. el número de teléfono
   c. el correo electrónico *(e-mail)*

Vocabulario de consulta	
Vamos	Let's go
¡Qué nervios!	It's nerve-racking!
No te preocupes, no hay problema.	Don't worry, there's no problem.
vos*	you *(sing. inf.)*
tienes	you have
equipo	team
economía	economics [*class*]
biología	biology
Tu turno.	Your turn.
Mañana te llamo.	I'll call you tomorrow.

*****Vos** is an informal form of address in Paraguay and other Latin American countries, similar to the pronoun **tú**. **Vos hablás** means **tú hablas** and **vos sos** means **tú eres**.

Comprensión del video

B. La idea principal (*main*) ¿Cuál es la idea principal del video?
1. Reciclar (*Recycling*) es importante.
2. Dos estudiantes se hacen (*become*) amigos y deciden formar un club. ✓
3. El fútbol es el deporte favorito de los hispanos.

C. ¿Cierto o falso? Lee las oraciones (*sentences*) y decide si son ciertas (*true*, C) o falsas (*false*, F).
1. Hay dos personajes (*characters*) en este video. C
2. El equipo favorito de Eloy lleva una camiseta verde. F
3. La chica estudia biología. C
4. El chico habla español pero la chica no. F
5. Los dos estudiantes intercambian (*exchange*) información personal. C

D. Detalles. Contesta estas preguntas según el video.
1. ¿Cómo se llaman las personas del video? Eloy Ramírez y Claudia Cuéllar
2. ¿Qué deciden formar estos estudiantes? un club de estudiantes hispanos
3. ¿Cuál es el número de teléfono de la chica? ¿y del chico? (510) 555-1764 / (510) 555-3932
4. ¿Cuál es el correo electrónico del chico? eramo@berkeley.edu

Mi país ESTADOS UNIDOS

En la Placita Olvera, Los Ángeles, California

Comprensión

1. ¿Cuál es uno de los sitios favoritos de Eloy? la Placita Olvera en Los Ángeles
2. ¿Cuántos millones de hispanos hay en los Estados Unidos? cuarenta y cinco
3. Algunos deliciosos platos mexicanos incluyen tacos, enchiladas y _____. tamales
4. ¿En qué estado se celebra la cultura cubana en el Festival de la Calle Ocho? Florida
5. ¿Qué famosa celebración mexicana menciona Eloy? Cinco de Mayo
6. ¿Cierto o falso? Los hispanos son una parte importante de la cultura de los Estados Unidos. cierto

La Parada, Nueva York

Infórmate°
Get Informed

Introduction

The **Infórmate** section of this book is designed for your use outside of class. It contains grammar explanations and exercises. The explanations present concepts in nontechnical language, so it should not be necessary to go over all of them in class.

In every chapter, at the beginning of most new topics in the **Comunícate** section there are notes that mention the grammar (**Infórmate**) points you should read at that time. Study the specified grammar points, then do the exercises and check your answers. If you have little or no trouble with the exercises, you have probably understood the explanation. Remember, it is not necessary to memorize these grammar rules.

Keep in mind that successful completion of a grammar exercise means only that you have understood the explanation. It does not mean that you have *acquired* the rule. True acquisition comes not from the study of grammar but from hearing and reading a great deal of meaningful Spanish. Learning the rules of grammar through study will allow you to use those rules when you have time to think about correctness, as during careful writing. It can also help you understand what you read.

The grammar explanations in the **Infórmate** sections of *Tu mundo* contain basic information about Spanish grammar. If you find an exercise too challenging or if you don't understand the explanation, ask your instructor for assistance. In difficult cases, your instructor will go over the material in class to be sure everyone has understood but probably will not spend too much time on the explanation, in order to save class time for real communication experiences.

Some Useful Grammatical Terms

You may recall from your study of grammar in your native language that sentences can be broken down into parts. All sentences have at least a subject (noun or pronoun) and a verb.

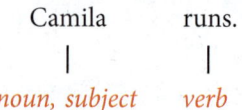

      Camila   runs.
        | |
noun, subject *verb*

In addition, sentences may have objects (nouns and pronouns), modifiers (adjectives and adverbs), prepositions, conjunctions, and/or articles.

Camila is tall.
         |
    adjective

Camila runs gracefully.
            |
      adverb

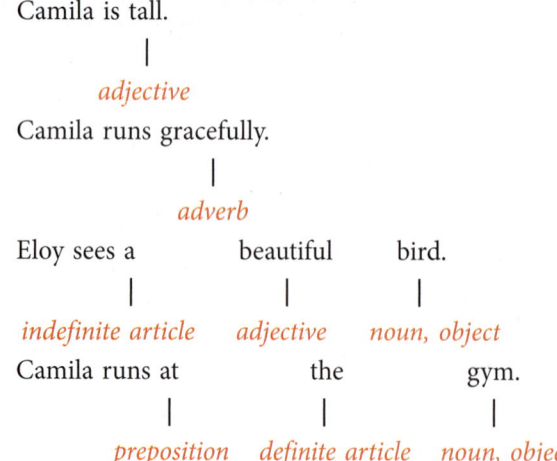

Eloy sees a   beautiful   bird.
       | | |
indefinite article *adjective* *noun, object*

Camila runs at   the   gym.
         | | |
preposition *definite article* *noun, object*

    She runs.
       |
    subject, pronoun

    Eloy and Camila run.
            |
       conjunction

1.1 Subject Pronouns and the Verb ser

> **ser** = *to be* (identification)
> **Soy** estudiante.
> *I am a student.*

A. Spanish uses the verb **ser** (*to be*) to identify people and things.

—¿Quién **es** ese chico? Who is that young man?
—**Es** Eloy. It's Eloy.

—¿Qué **es** esto? What is this?
—**Es** una camisa. It is a shirt.

B. Personal pronouns are used to refer to a person without mentioning the person's name. Here are the personal pronouns that can serve as the subject of a sentence. They appear with the corresponding forms of the verb **ser.**

ser (*to be*)			
(yo)	soy	I	am
(tú)*	eres	you (*informal singular*)	are
usted*	es	you (*polite singular*)	are
él†/ella	es	he/she	is
(nosotros/nosotras)	somos	we	are
(vosotros/vosotras††)	sois	you (*informal plural*)	are
ustedes	son	you (*polite plural*)	are
ellos/ellas	son	they	are

***Tú** is an informal singular form of *you*, whereas **usted** is a polite singular form of *you*. See **Infórmate 4.2** for more information. Alternate form for recognition only: **vos sos.**
†The pronoun **él** (*he*) is written with an accent to distinguish it in writing from the definite article **el** (*the*).
††The pronouns **vosotros/vosotras** are informal plural forms of *you* and are used only in Spain. Latin America uses **ustedes** for both polite and informal plural *you*.

—¿Usted es profesor? *Are you a professor?*
—Sí, soy profesor de biología. *Yes, I am a biology professor.*

C. Spanish-speakers do not use subject pronouns as often as English-speakers do. In most cases there is no confusion since the verb forms tell native speakers what the subject is. The personal pronouns that are used most of the time are: **usted, ustedes, él, ella, ellos,** and **ellas.** These subject pronouns share verb forms, so it is important to clarify. For example, **Soy inteligente** can only mean *I am intelligent* but **Es inteligente** can mean *You* (pol. sing.) *are intelligent* or *He is intelligent* or *She is intelligent.* When the other subject pronouns (**yo, tú, nosotros/as, vosotros/as**) are used in Spanish, they often express emphasis.

Yo soy de Nuevo México. *I am from New Mexico.*

> **¿Recuerdas?**
>
> Remember that most subject pronouns in Spanish are used only when there is a possibility of confusion:
>
> **Él es estudiante.**
> *He is a student.*
>
> **(Yo) Soy estudiante.**
> *I am a student.*

An important fact to remember: Spanish does not have a subject pronoun for *it* or for *they*, referring to things.

¿Mi automóvil? Sí, es nuevo.   *My car? Yes, it is new.*

¿Las faldas de Chanel? Son caras.   *Chanel skirts? They are expensive.*

D. The pronouns **ellos** (*they*), **nosotros** (*we*), and **vosotros** (*you,* inf. pl.) can refer to groups of people that consist of males only or of males and females. On the other hand, **ellas** (*they,* fem.), **nosotras** (*we,* pl. fem.), **vosotras** (*you,* inf. pl. fem.) can refer only to two or more females.

—¿Quiénes son **ellos**?   *Who are those guys?*

—¿Eloy y Claudia? Son amigos de Camila.   *Eloy and Claudia? They are Camila's friends.*

—¿Y **ellas**? ¿Son compañeras de clase?   *What about them (fem.)? Are they classmates?*

—No, Estefanía y Xiomara son amigas.   *No, Estefanía and Xiomara are friends.*

—¿Y Eloy y Xiomara son amigos también?   *And are Eloy and Xiomara friends too?*

—Sí, **ellos** son amigos también.   *Yes, they are friends too.*

Ejercicio 1

Choose the correct pronoun.

MODELO: —¿*Ella* lleva pantalones?

—¿Camila? No, lleva una falda color café.

1. —¿_____ es profesor en esta universidad?
   —¿Quién, Eloy? No, es estudiante.
2. —¿_____ son argentinas?
   —Sí, Camila y Antonella son argentinas.
3. —¡¿Viejas, _____?!
   —No, Ángela y yo somos muy jóvenes.
4. —Señor Ramírez, ¿_____ no tiene bigote, verdad?
5. —¿Y _____? ¿Son estudiantes aquí en Berkeley?
   —No, Omar y su amigo son estudiantes en Ecuador.

a. ellos
b. nosotras
c. él
d. ellas
e. usted

Ejercicio 2

Complete the dialogues with the correct form of the verb **ser: soy, eres, es, somos, son.**

1. —¿Es usted Omar?
   —Sí, _____ Omar Acosta Luna.
2. —¿Quién _____ ella?
   —¿La chica rubia de falda blanca? Se llama Camila. Ella y Omar _____ amigos.
3. —¿_____ profesores ustedes?
   —No, Omar y yo (nosotros) _____ estudiantes de la universidad.

1.2 Gender and Number of Nouns

> Masculine nouns usually end in **-o**. Feminine nouns usually end in **-a**.

A. Nouns (words that represent people and things) in Spanish are classified as either masculine or feminine. Masculine nouns often end in **-o (el sombrero)**; feminine nouns often end in **-a (la falda)**. In addition, words ending in **-ción, -sión,** or **-dad** are also feminine.

Madrid es una ciu**dad** muy bonit**a**. *Madrid is a beautiful city.*
La civiliza**ción** maya fue *The Mayan civilization was*
muy avanzad**a**. *very advanced.*

But the terms *masculine* and *feminine* are grammatical classifications only; Spanish speakers do not perceive things such as notebooks or doors as being "male" or "female." On the other hand, words that refer to males are usually masculine (**el amigo**), and words that refer to females are usually feminine (**la amiga**).

Eloy es mi **amigo** y Claudia *Eloy is my friend and Claudia is*
es **amiga** de él. *a friend of his.*

> You will acquire these endings later. For now, don't worry about them as you speak. You can refer to your text if you have any doubts when you are editing your writing.

B. Because Spanish nouns have gender, adjectives (words that describe nouns) also have gender, to agree with the corresponding noun: **camisa negra; sombrero negro**. They end in **-o** or **-a** according to the gender of the nouns they modify. (See **Infórmate 1.3B** for information on adjectives that end in -**e,** -**ista,** or a consonant.)

C. Like English, Spanish has definite articles (to express *the*) and indefinite articles (to express *a, an*). Articles in Spanish also change form according to the gender of the nouns they accompany.

	DEFINITE (*the*)	INDEFINITE (*a, an*)
masculine	**el** suéter, **el** sombrero	**un** suéter, **un** sombrero
feminine	**la** blusa, **la** chaqueta	**una** blusa, **una** chaqueta

> The words **el** and **la** both mean *the*. **El** is used with masculine nouns and **la** is used with feminine nouns.

Hoy Claudia lleva **un** vestido nuevo. *Claudia is wearing a new dress today.*
La chaqueta de Omar es roja. *Omar's jacket is red.*

> The words **un** and **una** both mean *a* or *an*. **Un** is used with masculine nouns and **una** is used with feminine nouns.

D. How can you determine the gender of a noun? The gender of the article and/or adjective that modifies the noun will usually tell you whether the noun is masculine or feminine. In addition, the following two simple rules will help you determine the gender of a noun most of the time.

> Spanish nouns are classified as either masculine or feminine. The articles change according to grammatical gender and agree with the nouns they modify.
> **un** abrigo = *a coat*
> **una** blusa = *a blouse*
> **una** universidad = *a university*
> **el** libro = *the book*
> **la** casa = *the house*

Rule 1: A noun that refers to a male is masculine; a noun that refers to a female is feminine. Sometimes they are a pair distinguished by the endings **-o/-a;** other times they are completely different words.

un muchacho	una muchacha	*boy / girl*
un niño	una niña	(*male*) *child* / (*female*) *child*
un amigo	una amiga	(*male*) *friend* / (*female*) *friend*
un hombre	una mujer	*man / woman*

For some nouns referring to people, the masculine form ends in a consonant and the feminine form adds **-a** to the masculine noun.

un profesor	una profesora	(*male*) *professor* / (*female*) *professor*
un señor	una señora	*a man* (*Mr.*) / *a woman* (*Mrs., Ms.*)

Other nouns do not change at all; only the accompanying article changes.

un elefante	(*male*) *elephant*	una elefante	(*female*) *elephant*
un estudiante	(*male*) *student*	una estudiante	(*female*) *student*
un joven	*young man*	una joven	*young woman*
un recepcionista	(*male*) *receptionist*	una recepcionista	(*female*) *receptionist*

Rule 2: For most nouns that refer to things (rather than to people or animals), the gender is reflected in the last letter of the word. Nouns that end in **-o** are usually grammatically masculine (**un/el vestido**) and nouns that end in **-a** are usually grammatically feminine (**una/la puerta**).*

Nouns that end in **-dad** (**una/la universidad**) or in the letter combinations **-ción** or **-sión** (**una/la nación; una/la división**) are usually feminine.

> Don't worry if you can't remember all these rules! Note where they are in this book so you can refer to them when you are editing your writing and when you are unsure of which gender a noun is.

MASCULINE: -o	FEMININE: -a, -ción, -sión, -dad
un/el zapat**o**	una/la camis**a**
un/el sombrer**o**	una/la fald**a**
un/el abrig**o**	una/la descrip**ción**
un/el vestid**o**	una/la universi**dad**

Words that refer to things may also end in **-e** or in consonants other than **-d** and **-ión**. Most of these words that you have heard so far are masculine but some are feminine.

un/el automóvil	*automobile*	un/el color	*color*
una/la clase	*class*	un/el lápiz	*pencil*
una/la luz	*light*	un/el reloj	*clock*
una/la mujer	*woman*	un/el traje	*suit*

E. Spanish and English nouns may be singular (**la camisa** [*shirt*]) or plural (**las camisas** [*shirts*]). Almost all plural words in Spanish end in **-s** or **-es**: **blusas** (*blouses*), **suéteres** (*seaters*), **zapatos** (*shoes*), **niñas** (*little girls*), and so on. In Spanish, unlike English, articles before plural nouns and adjectives that describe plural nouns must also be plural. Here are some basic rules for forming plurals in Spanish.

---

*Three common exceptions are **la mano** (*hand*), **el día** (*day*), and **el mapa** (*map*).

1. Words that end in a vowel (**a, e, i, o, u**) form their plural by adding **-s**.

Singular	Plural
un/el muchach**o**	unos/los muchacho**s**
un/el traj**e**	unos/los traje**s**
una/la corbat**a**	unas/las corbata**s**

2. Words that end in a consonant add **-es**.

Singular	Plural
la pare**d**	las pared**es**
la muje**r**	las mujer**es**
el suéte**r**	los suéter**es**

3. If the consonant at the end of a word is **-z**, it changes to **-c** and adds **-es**.

Singular	Plural
el lápi**z**	los lápic**es**
la lu**z**	las luc**es**

Ejercicio 3

Complete the sentences with **El** or **La.** Use **La** if the noun is feminine; use **El** if it is masculine. Sometimes the noun will help you, sometimes the adjective, so look at the entire sentence before deciding which article to use.

1. _____ estudiante es rubia.
2. _____ profesor de español es guapo.
3. _____ clase de biología es buena.
4. _____ señorita Asencio es baja.
5. _____ automóvil es negro.
6. _____ universidad no es pequeña.
7. _____ muchacho es joven.
8. _____ sudadera es amarilla.
9. _____ abrigo es muy feo.
10. _____ niño es cómico.

1.3 Adjective–Noun Agreement

A. Adjectives must agree in gender and number with the nouns they describe; that is, if the noun is singular and masculine, the adjective must also be singular and masculine. Adjectives that end in **-o** in the masculine form and **-a** in the feminine form will appear in the vocabulary lists in *Tu mundo* like this: **bonito/a.** Such adjectives have four possible forms.

> A singular adjective is used to describe a singular noun. A plural adjective is used to describe a plural noun.

	Singular	Plural
masculine	viej**o**	viej**os**
feminine	viej**a**	viej**as**

Claudia lleva un suéter **bonito** y una falda **larga** y **roja**.

Claudia is wearing a pretty sweater and a long red skirt.

Mis zapatos de tenis **negros** son **viejos**.

My black tennis shoes are old.

Infórmate 1.3 Adjective–Noun Agreement

> Adjectives that describe plural words must also be plural: ojo**s** azul**es** (*blue eyes*), niño**s** cómico**s** (*funny boys*).

B. Adjectives that end in a consonant, the vowel **-e**, or the ending **-ista** have only two forms because the masculine and feminine forms are the same.*

Singular	Plural
azu**l**	azul**es**
jove**n**	jóven**es**
pesim**ista**	pesimista**s**
interesant**e**	interesante**s**

Xiomara lleva una blusa **azul** y un sombrero **azul.**	*Xiomara is wearing a blue blouse and a blue hat.*
Mi amigo Franklin es **pesimista,** pero mi amiga Estefanía es **optimista.**	*My friend Franklin is pessimistic, but my friend Estefanía is optimistic.*
Yo no soy **joven,** pero todos mis amigos son **jóvenes.**	*I am not young, but all my friends are young.*

C. If an adjective modifies a masculine and a feminine noun at the same time, the adjective will take the masculine form.

Claudia es creativ**a** y filosófic**a.**
Eloy y Claudia son creativ**os** y filosófic**os.**
Mi blusa y mi falda son blanc**as.**
Mi blusa y mi vestido son blanc**os.**

D. In Spanish adjectives generally follow the noun they modify: **zapatos nuevos, camisas blancas, corbatas bonitas, sombreros negros.** In a few cases, adjectives that express inherent characteristics may precede the noun: **la blanca nieve.**† You will learn more about adjective placement in **Infórmate 2.3**; for now, you should remember the main rule: place descriptive adjectives after the noun.

> Pay attention to the drawings and to the ending of each adjective.

Ejercicio 4

Look at the drawings on the next page and select all the possible descriptions from the list.

alto	creativo	hombre	mujer
amigos	(no) delgada	inteligentes	rubias
bonita	guapos	moreno	vieja
chicas			

MODELO: el profesor de arte → hombre, creativo, alto, moreno

1. Camila y Antonella
2. Eloy
3. Omar
4. el profesor de arte
5. Ana Sofía y Claudia
6. Rodrigo y Sebastián
7. Xiomara
8. Lucía
9. Ángela

---

*An exception to this are words that end in **-r**, which have four forms: **conservador, conservadora, conservadores, conservadoras.**
†Limiting adjectives (numerals, possessives, demonstratives, and indefinite adjectives) also precede the noun: **dos amigos, mis zapatos, esta mesa, otro ejemplo.**

Ángela Antonella Camila   Eloy   Marcela Omar   Ana Sofía Claudia Rodrigo Sebastián   Xiomara Lucía el profesor de arte

Ejercicio 5

Write correct sentences in Spanish by adding the necessary verb and changing the endings of the adjectives appropriately. Use plural for two or more people; use feminine forms for women. Remember that if the sentence is about a man and a woman (a masculine and a feminine noun), you must use masculine forms for the adjectives.

MODELOS: el gato Garfield: agresivo, perezoso → El gato Garfield es agresivo y perezoso.

Hillary Clinton: inteligente, rubio → Hillary Clinton es inteligente y rubia.

1. Javier Bardem: alto, guapo
2. Penélope Cruz: bajo, delgado, moreno
3. Kirstie Alley: simpático, famoso
4. Justin Bieber y Dakota Fanning: trabajador, famoso, joven
5. Amanda Seyfried y Scarlett Johansson: rico, rubio, bonito

Ejercicio 6

Use the information to create complete sentences. Remember to use the correct form: masculine or feminine, singular or/plural depending on the subject of the sentence. If there are three adjectives, place the first one before the verb (as in the second **MODELO**).

MODELOS: automóvil: nuevo, pequeño → El automóvil es nuevo y pequeño.
blusas: rojo, viejo, feo → Las blusas rojas son viejas y feas.

1. mujeres: conservador, tacaño
2. chicos: perezoso, creativo
3. robots: fuerte, trabajador
4. zapatos: blanco, nuevo, pequeño
5. amiga: impulsivo, sincero
6. casa: amarillo, viejo, bonito
7. parque: grande, moderno, feo
8. faldas: negro, corto, elegante

Infórmate 1.3 Adjective–Noun Agreement

1.4 Negation

A. Statements in Spanish are normally formed by using a subject, then the verb, and then an object and/or description.

Las blusas son bonitas.
   subject verb adjective

Jorge tiene un traje gris.
   subject verb object adjective

B. In a negative sentence, the word **no** precedes the verb.

Las blusas **no** son bonitas.	*The blouses are not pretty.*
Jorge **no** tiene un traje gris.	*Jorge does not have a gray suit.*
Xiomara es una chica muy entusiasta. **No** es tímida.	*Xiomara is a very enthusiastic girl. She is not shy.*
Franklin **no** es mi novio. Es el novio de Estefanía.	*Franklin is not my boyfriend. He is Estefanía's boyfriend.*

There are no additional words in Spanish that correspond to the English negatives *don't* and *doesn't*.

Eloy **no** tiene el pelo largo ahora.	*Eloy doesn't have long hair now.*
Yo soy hombre; **no** llevo vestidos.	*I am a man; I don't wear dresses.*

Spanish, like many other languages, often uses more than one negative in a sentence. (You will learn more about negative words and their placement in **Infórmate 9.2.**)

No hay **nada** en este salón de clase.	*There is nothing in this classroom.*

When answering a question affirmatively, start your answer with **Sí**, but if you want to answer negatively, you may start your sentence with **No, no.** Make sure to place both **no** words before the verb.

—Rodrigo, ¿eres estudiante?	*Rodrigo, are you a student?*
—Sí, soy estudiante aquí en la universidad. / No, no soy estudiante. Soy profesor.	*Yes, I am a student here at the university. / No, I am not a student. I am a professor.*
—¿Lleva falda hoy Camila?	*Is Camila wearing a skirt today?*
—No, no lleva falda. Hoy lleva pantalones.	*No, she is not wearing a skirt. Today she is wearing pants.*

If you do not wish to repeat the entire question, you may also answer using **no** just once, then provide additional information.

—Omar, ¿eres de México?	*Omar, are you from México?*
—No, soy de Ecuador.	*No, I am from Ecuador.*
—¿Cuesta $40,00 (dólares) este vestido?	*Does this dress cost 40 dollars?*
—No, cuesta $36,49.	*No, it costs $36.49.*

Ejercicio 7

Rewrite these affirmative statements in the negative form.

MODELO: Eloy es gordo. → Eloy no es gordo.

1. El presidente Obama es muy cómico.
2. Justin Bieber es muy feo.
3. Los estudiantes son millonarios.
4. Tú eres muy materialista.
5. Nosotros somos tontos.
6. Penélope Cruz es vieja.

Lo que aprendí*

At the end of this chapter, I can:

- [ ] say my name when asked in Spanish.
- [ ] ask other people their names, politely and informally.
- [ ] spell in Spanish.
- [ ] describe people: clothing and color, physical characteristics, and personality.
- [ ] say and use numbers 0–49.
- [ ] greet people and say good-bye to them.
- [ ] introduce myself and others formally and informally.

Now I also know a lot more about:

- [ ] places in the United States where many Hispanics live.
- [ ] some of the members of the club **Amigos sin Fronteras.**

I also know this information:

- [ ] Hispanics have and use two last names.
- [ ] Hispanics greet people by kissing one or more times on the cheeks.

**Lo...* What I Learned*

Ejercicio 8

Answer the following questions in the negative form, using the information in parentheses. The **modelos** show the three possible answers.

MODELOS: —¿Son unos vaqueros? (pantalones cortos)

—No, no son unos vaqueros. / No, son unos pantalones cortos. / No, no son unos vaqueros. Son unos pantalones cortos.

—¿Es una niña? (niño)

—No, no es una niña. / No, es un niño. / No, no es una niña. Es un niño.

1. ¿Qué es? ¿Es una falda? (vestido)
2. ¿Meryl Streep es hombre? (mujer)
3. ¿Es muy alto Jack Black? (bajo)
4. ¿Es la Pequeña Habana una zona de Nueva York? (de Florida)
5. ¿Son zapatos de mujer? (de hombre)
6. ¿La corbata cuesta $40,00? ($25,00)
7. ¿Es Madrid la capital de México? (de España)
8. ¿Es la Placita Olvera una zona de Florida? (de California)

Vocabulario

Keep in mind that not every word that you use nor every word in the communicative activities will be in the end-of-chapter **Vocabulario**. The chapter **Vocabulario** includes thematic and comprehension vocabulary that will help you understand and converse with native speakers.

Las preguntas y las respuestas	Questions and Answers
¿Cómo es usted / eres?	What are you (*polite/familiar sing.*) like?
Soy…	I am . . .
¿Cómo es él/ella?	What is he/she like?
Es…	He/She is . . .
¿Cómo son ellos/ellas?	What are they like?
Son…	They are . . .
¿Cómo está usted / estás tú?	How are you (*polite/familiar, sing.*)?
(Muy) Bien, gracias.	(Very) Well, thanks.
Estoy bien (regular).	I'm fine (OK).
Estoy (un poco) cansado/a.	I'm a (little) tired.
¿Y usted/tú?	And you (*polite/familiar, sing.*)?
¿Cómo se escribe tu apellido?	How do you spell your (*familiar sing.*) last name?
Se escribe ele-o-pe-e-zeta.	It's spelled l-o-p-e-z.
Se escribe así…	It's written (spelled) like this . . .
¿Cómo se llama?	What is his/her name?
Se llama…	Her/His name is . . .
¿Cómo se llaman?	What are their names?
Se llaman…	Their names are . . .
¿Cómo se llama usted / te llamas (tú)?	What is your (*polite/familiar, sing.*) name?
Me llamo…	My name is . . .
¿Cuál es su/tu nombre?	What is your (*polite/familiar, sing.*) name?
Mi nombre es…	My name is . . .

Las preguntas y las respuestas	Questions and Answers
¿Cuántos/as hay?	How many are there?
¿Qué es?	What is it?
¿Qué tal?	How's it going? / What´s up?

La ropa	Clothing
¿Qué ropa lleva?	What is he/she/are you (*polite sing.*) wearing?
¿Qué ropa llevas tú?	What clothes are you (*familiar sing.*) wearing?
Llevo…	I'm wearing . . .
¿Quién lleva… ?	Who's wearing . . . ?
abrigo	an overcoat
blusa	a blouse
botas	boots
bufanda	a scarf
camisa	a shirt
camiseta	a tee shirt
chaqueta	a jacket
corbata	a tie
falda	a skirt
gorro	a cap
pantalón (*m.*) / pantalones	pants
saco	a coat
sandalias	sandals
sombrero	a hat

La ropa	Clothing
sudadera	a sweatshirt
suéter (m.)	a sweater
traje (m.)	a suit
vaqueros	jeans
vestido	a dress
zapatos (de tenis)	(tennis) shoes

Los colores	Colors
¿De qué color es?	What color is it?
amarillo/a	yellow
anaranjado/a	orange
azul	blue
blanco/a	white
color café (claro)	(light) brown
gris	gray
morado/a	purple
negro/a	black
rojo/a	red
rosado/a	pink
verde	green

Las personas	
el (mejor) amigo / la (mejor) amiga	(best) friend
el chico / la chica	boy / girl
el compañero / la compañera de clase	classmate
el hombre	man
el/la joven	the young man/woman
el miembro	member
el muchacho / la muchacha	boy/girl
la mujer	woman
el niño / la niña	boy/girl
el señor	man; Mr.
la señora	woman; Mrs.
la señorita	young lady; Miss
yo, tú, usted, él/ella	I, you (familiar sing.), you (polite sing.), he/she
nosotros/as, vosotros/as, ustedes, ellos/ellas	we, you (familiar pl., Spain), you (pl.), they

Palabras semejantes: el/la estudiante, el/la político, el profesor / la profesora

La descripción de las personas	Describing people
Es…	He /She is …
alto/a	tall
antipático/a	unpleasant
bajo/a	short
bonito/a	pretty
callado/a	quiet
canoso/a	white-haired

La descripción de las personas	Describing people
de estatura mediana	medium height
delgado/a	thin
egoísta	selfish
feo/a	ugly
fuerte	strong
gordo/a	fat
guapo/a	handsome, good-looking
joven	young
mentiroso/a	liar
moreno/a	brunette; dark-skinned
perezoso/a	lazy
rubio/a	blond
serio/a	serious
simpático/a	nice
tacaño/a	cheap
tonto/a	silly, dumb
trabajador(a)	hardworking
viejo/a	old

Palabras semejantes: entusiasta, estudioso/a

Tiene…	He/She has …
barba	a beard
bigote	a moustache
Tiene el pelo…	His/Her hair is … / He/She has … hair
castaño (negro, rubio)	brown (black, blond)
corto	short
largo	long
lacio	straight
ondulado	wavy
rizado	curly
Tiene los ojos…	His/Her eyes are …
azules	blue
castaños	brown
negros	dark brown (black)
verdes	green

Más adjetivos	More Adjectives
alguno/a	some
basado/a	based
bueno/a	good
difícil	difficult
grande	big
nuevo/a	new
otro/a	other
pequeño/a	small, little
siguiente	following
todo/a	all
útil	useful

Palabras semejantes: agresivo/a, atlético/a, cómico/a, conservador(a), considerado/a, creativo/a, elegante, famoso/a, favorito/a, filosófico/a, generoso/a, idealista, impulsivo/a, inteligente, materialista, mediano/a, mexicano/a, práctico, republicano/a, sincero/a, temperamental, tímido/a

Las cosas	Things
el abecedario	alphabet
el dibujo	drawing
(los) Estados Unidos	United States
los lentes	glasses
el mundo	world
el número	number
el país	country
la verdad	truth

Palabras semejantes: la clase, el club, el diálogo, el estereotipo, la generalización, la lista, el modelo, la personalidad

Los verbos	Verbs
conversar	to talk, to chat
describir	to describe
eres	you (*familiar sing.*) are
es	is
hay	there is; there are
llevar	to wear
mirar	to look
miren	you (*pl.*) look (*command*)
ser	to be
son	they are
soy	I am

Los mandatos	Commands
Contesta	Answer
Da	Give
Di	Say
Escribe	Write
Habla	Talk
Lee	Read
Mira	Look
Muestra	Show
Oye	Hey! Listen!
Saluda	Say hello, Greet
Trabaja	Work
Trae	Bring

Palabras semejantes: conversa, describe, reacciona, usa

Palabras del texto	Words from the Textbook
¡A conversar!	Let's talk!
actividad	activity
el capítulo	chapter
¿Comprenden?	Do you all understand?
el español	Spanish
Miren	Look (you all)

Los saludos y las despedidas	Greetings and Good-byes
Adiós.	Good-bye.
Buenas noches.	Good night.
Buenas tardes.	Good afternoon.
Buenos días.	Good morning.
Gusto de verte.	Nice to see you (*familiar sing.*).
Hasta luego.	See you later.
Hola.	Hello., Hi.
Nos vemos.	See you later.

Las presentaciones	Introductions
Encantado/a.	Pleased to meet you. / Delighted.
Igualmente.	Likewise.
Mucho gusto.	Nice to meet you.
Preséntate.	Introduce yourself (*familiar sing.*).
Te presento a…	Let me introduce you (*familiar sing.*) to …

Palabras y expresiones útiles	Useful Words and Expressions
a	to
ahora	now
aparece	it appears
cada	each
con	with
¿Cuánto cuesta?	How much does it cost?
de	of, from, by
el, los, la, las	the
en	in, on
este/esta	this
estos/estas	these
frecuentemente	frequently
hoy	today
Lo siento.	I'm sorry.
luego	then
más tarde	later
mi(s)	my (*singular and plural, possessive pronouns*)
no	no
No soy… ni…	I am not/neither … nor …
o	or
para	for
probablemente	probably
sí	yes
sin	without
sobre	about
su(s)	his/her, their (*singular and plural, possessive pronouns*)
tu(s)	your (*familiar, singular and plural, possessive pronouns*)
un (una) / unos (unas)	a, an / some
y	and

Los números del 0 al 49	Numbers from 0 to 49

cero, uno, dos, tres, cuatro, cinco, seis, siete, ocho, nueve, diez, once, doce, trece, catorce, quince, dieciséis, diecisiete, dieciocho, diecinueve, veinte, veintiuno, veintidós, veintitrés, veinticuatro, veinticinco, veintiséis, veintisiete, veintiocho, veintinueve, treinta, treinta y uno, treinta y dos… cuarenta, cuarenta y uno… cuarenta y nueve

Vocabulario

Amigos y compañeros 2

Capítulo 2 **Pre-Text Oral Activities**

See the Instructor's Resource Kit (IRK) for supplemental activities and the Power Point™ Presentations (PP) for detailed lesson plans. You will also find helpful information for teaching with these activities in the Instructor's Manual (IM)

1. **Days of the week.** Use a large calendar or write the days of the week on the board. Introduce *semana*, days of the week, *hoy, ayer, mañana, anteayer, pasado mañana,* and *fin de semana.* Pointing to the calendar or words on the board, ask: *¿Qué día es hoy? Sí, hoy es martes. Entonces, ¿qué día es mañana? Sí, mañana es miércoles. ¿Y ayer? Sí, lunes.* Provide more input: *Si hoy es lunes, ¿qué día es pasado mañana? ¿Y anteayer?*

¿Dónde te gusta pasar tiempo con tus amigos?

Upon successful completion of **Capítulo 2** you will know your classmates better as you converse with them in Spanish. You will recognize and use practical vocabulary for a variety of topics: days of the week, months of the year, people's ages, the classroom, and the human body. Additionally, you will have learned some interesting things about the people and places of Paraguay.

Comunícate

Los cumpleaños y la edad

Las cosas en el salón de clase y los mandatos

El cuerpo humano

Amigos sin Fronteras

Hablando de los Amigos sin Fronteras El árabe y los idiomas indígenas

Actividad integral Una reunión del club

Exprésate

Escríbelo tú Amigos hispanos

Cuéntanos ¡Describe a tus padres!

Entérate

Mundopedia El arpa paraguaya

Voces paraguayas

Conexión cultural Paraguay, corazón de América

Videoteca Amigos sin Fronteras, Episodio 2: ¡Buenos días, profesor!

Mi país: Paraguay

Infórmate

2.1 Expressing Age: The Verb **tener**

2.2 Expressing Location: The Verb **estar**

2.3 Forms and Placement of Adjectives

2.4 Origin: **ser de**

www.connectspanish.com

PARAGUAY

2. **Numbers 50–99.** Use a large number chart to review numbers from 0 to 49. Then use the *Vocabulario útil* box presented with *Act. 3* to have students listen to and look at numbers from 50 to 99 as you pronounce them. Write various numbers on the board. Point to a number (e.g., 64) and ask: *¿Es el sesenta y cuatro o el cincuenta y cuatro?* Bring in numbers written on sheets of construction paper and pass them out. Ask: *¿Quién tiene el número _____?* You may also write number sequences (such as: 46, 51, 56, ___ , 66) on the board and ask students which number is missing.

3. **Age.** Write on the board: *¿Cuántos años tiene usted?* Ask the question and respond with your own age (if you are comfortable with that): *Yo tengo 45 años.* Ask for volunteers to tell their age; they need to respond only with a number, and you can expand the response: *Usted tiene 24 años; es joven.* Write on the board: *Lan tiene 24 años.* After writing several names and ages, ask: *¿Cuántos años tiene David?* Introduce *mayor/menor* by comparing ages of people in the class: *David es menor que Lan. ¿Quién es mayor, Shelly o Nathan?* Now say how old your parents are, then ask volunteers: *¿Cuántos años tiene su mamá? ¿Y su papá?*

4. **Classroom objects and parts of the body.** Introduce names of several classroom items. Distribute items to students. As you distribute them, ask: *Ahora, ¿quién tiene _____?* Have a student with an item give it to a student who doesn't have an item: *Michael, dele el lápiz a Kayla.* After several items have been exchanged, ask: *Y ahora, ¿quién tiene _____?* Vary the activity by omitting names: *Michael, dele el lápiz a la persona que lleva una blusa azul.* Use *muéstreme* to introduce words like *escritorio, pared, puerta, ventana,* and *celular/móvil.* Use Total Physical Response (TPR) to introduce classroom commands and parts of the body and to review classroom items. This TPR activity provides brief exposure to the vocabulary but is not intended for students to develop productive mastery of these words. Address your whole class, using the *ustedes* form. Sample sequence: *Pónganse de pie, tóquense los pies, dense una vuelta, muéstrenme el reloj, bailen, hablen, levanten los brazos, bájenlos, busquen un lápiz, escriban su nombre en el papel, saquen su libro, ábranlo, ciérrenlo, digan "¿Cómo estás?", contesten "Muy bien, gracias."* Repeat and recombine commands during the sequence. Reduce the participating group by giving selective commands: *Los estudiantes que llevan camisa azul, pónganse de pie y bailen.* See the IRK for additional TPR sequences.

5. **Origin: Association activity.** (See IM, Association Activities.) Introduce your own birthplace (state or country) with *Soy de ...* Write *¿De dónde es usted? Soy de __* on the board. Ask each student: *¿De dónde es?* The objective is to associate state and possibly a country with the name of each student. Use review questions: *¿De dónde es Mike? Susan es de Canadá, ¿verdad? Steve es de Texas.* Make the sequence as conversational as possible by adding basic comments about states and countries (*un estado grande/pequeño/bonito*). Now have students look at the map on the opener page and ask: *¿De dónde es Claudia? Sí, ella es de Paraguay.* Do this association activity with *Tu mundo* characters; the objective is to associate each character with his/her country of origin.

In this episode, Eloy and Claudia meet to discuss the club. They also meet a new club member. What is the idea that she explains to Eloy and Claudia?

- el Gran Chaco
- el río Paraguay
- **PARAGUAY**
- Estación de trenes
- la Misión Jesuítica de la Santísima Trinidad
- **ASUNCIÓN**
- Salto de Cristal
- el Palacio de Gobierno
- el Panteón Nacional de los Héroes
- el río Paraná

Conócenos

Claudia Cuéllar Arapí es paraguaya. Tiene diecinueve años y estudia economía. Claudia nació en Asunción y su cumpleaños es el veintiuno de junio. Sus actividades favoritas son pasar tiempo con los amigos y andar en bicicleta.

Claudia Cuéllar Arapí

Mi país

Mi país, Notes:
- **Note:** Whole class
- **Suggestion:** We encourage you to show this video segment to the class as you introduce *Capítulo 2* (it is available on DVD and in Connect Spanish). You may also show or assign this segment again toward the end of the chapter in the *Videoteca* section when students will have a larger vocabulary and will comprehend more of the narrative.
- **Suggestion:** You may want to use the previous *Mi país* segment as a review.
- **Point out:** Make it clear to students that they are not expected to understand every word at this point. In the first viewing, students should focus on the places and images as a virtual tour of Paraguay.

Comunícate

Los cumpleaños y la edad

Lee *Infórmate 2.1*

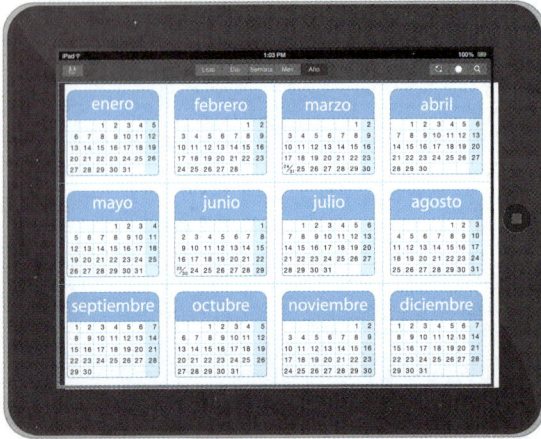

JORGE: ¿Cuándo naciste?
CLAUDIA: Nací el veintiuno de junio.
JORGE: ¡Hoy es el veintiuno de junio!
¡Feliz cumpleaños, Claudia!

Entérate

In Hispanic countries, the week begins on Monday, not Sunday. Also, the words for days and months are not capitalized.

lunes Monday
abril April

When writing the date in Spanish, the order is day, month, and year.

06/11/13 = el seis de noviembre de 2013

When writing the date in Spanish, the month can be written with Roman numerals.

3-III = el tres de marzo
21-VI = el veintiuno de junio

Actividades de comunicación

Actividad 1 ¿Cuándo naciste?

Pregúntales a tus compañeros sobre sus cumpleaños. Busca una firma para cada mes del año.

MODELO: E1: ¿Cuándo naciste?
E2: Nací *el veintinueve de septiembre*.
E1: Firma aquí (en *septiembre*), por favor.

MES	FIRMA	MES	FIRMA
enero	_____	julio	_____
febrero	_____	agosto	_____
marzo	_____	septiembre	_____
abril	_____	octubre	_____
mayo	_____	noviembre	_____
junio	_____	diciembre	_____

Infórmate

To ask a classmate or a friend for his/her birthdate, use **naciste**.

Cory, ¿cuándo **naciste**?
When were you born, Cory?

To ask your professor, use **nació**.

Profesor(a), ¿cuándo **nació** usted?
When were you born, professor?

To say when you were born, use **nací**.

Nací el doce de octubre.
I was born on October 12.

Entérate

Note that October 12 is an important holiday in Hispanic countries and also in the United States: **el Día de la Raza.** Do you know its name in English?

Entérate

Some Hispanics celebrate their birthdays and also their saint's day (**el día de su santo**). For example, if your name is José, you would celebrate el día de San José, March 19.

In English, Friday the 13th is considered a day of bad luck. But in Spanish, Tuesdays are what to watch out for, especially if they fall on the 13th. A popular Spanish saying warns not to get married or travel on Tuesdays: **El martes ni te cases ni te embarques.**

Actividad 2 ¡Feliz cumpleaños!

Habla con tu compañero/a sobre los dibujos.

MODELOS:
- E1: ¿Cuándo es el cumpleaños de Claudia?
- E2: Es el *veintiuno de junio*.
- E1: ¿Quién nació *el trece de junio*?
- E2: *Lucía Molina Serrano*.

Claudia Cuéllar Arapí

Ana Sofía Torroja Méndez

Antonella Piatelli de la Fuente

Sebastián Saldívar Calvo

Camila Piatelli de la Fuente

Jorge Navón Rojas

Rodrigo Yassín Lara

Lucía Molina Serrano

Radamés Fernández Saborit

Comunícate Los cumpleaños y la edad

Actividad 3 ¿Cuántos años tienes?

Conversa con tu compañero/a.

MODELO:
- E1: ¿Cuántos años tienes?
- E2: Tengo _____ años.
- E1: ¿Y tu mamá?
- E2: Mi mamá tiene _____ años.
- E1: ¿Cuántos años tiene tu papá?
- E2: Él tiene _____ años.
- E1: ¿Cómo es tu papá/mamá?
- E2: Es *alto/a, delgado/a y muy cómico/a*.

Vocabulario útil

Los números del 50 al 99			
cincuenta	50	setenta y cinco	75
cincuenta y uno	51	ochenta	80
sesenta	60	ochenta y seis	86
sesenta y dos	62	ochenta y siete	87
sesenta y tres	63	noventa	90
setenta	70	noventa y ocho	98
setenta y cuatro	74	noventa y nueve	99

Actividad 4 La edad de las personas famosas

En grupos, decidan cuántos años tienen estas personas famosas. Luego pongan a las personas en orden de edad, de menor a mayor.

1. __b__ a. Taylor Swift nació el trece de diciembre de 1989. **edad:** _____
2. __j__ b. Cher nació el veinte de mayo de 1946. **edad:** _____
3. __l__ c. Betty White nació el diecisiete de enero de 1922. **edad:** _____
4. __i__ d. Meryl Streep nació el veintidós de junio de 1949. **edad:** _____
5. __h__ e. John Travolta nació el dieciocho de febrero de 1954. **edad:** _____
6. __d__ f. Shakira nació el dos de febrero de 1977. **edad:** _____
7. __a__ g. Justin Bieber nació el primero de marzo de 1994. **edad:** _____
8. __k__ h. La reina Isabel de Inglaterra nació el veintiuno de abril de 1926. **edad:** _____
9. __f__ i. Javier Bardem nació el primero de marzo de 1969. **edad:** _____
10. __c__ j. Mark Zuckerberg nació el catorce de mayo de 1984. **edad:** _____
11. __g__ k. El presidente Barack Obama nació el cuatro de agosto de 1961. **edad:** _____
12. __e__ l. Penélope Cruz nació el veintiocho de abril de 1974. **edad:** _____

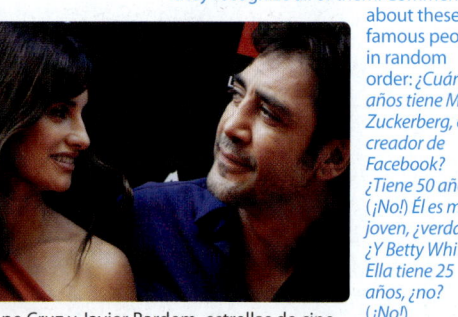

Penélope Cruz y Javier Bardem, estrellas de cine (*movie stars*) de España.

Vocabulario útil

menor

mayor

la misma edad

Las cosas en el salón de clase y los mandatos

Lee Infórmate 2.2–2.3

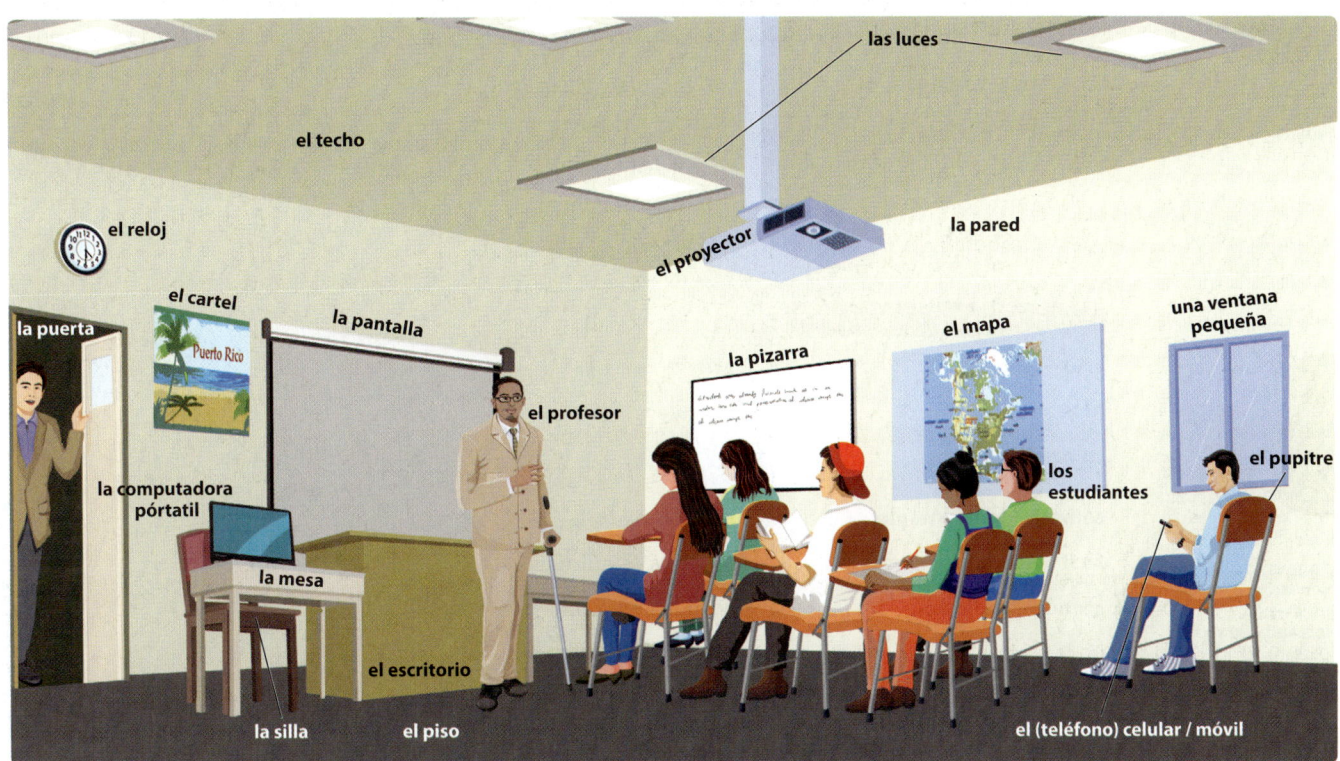

El salón de clase del profesor Franklin Sotomayor Sosa

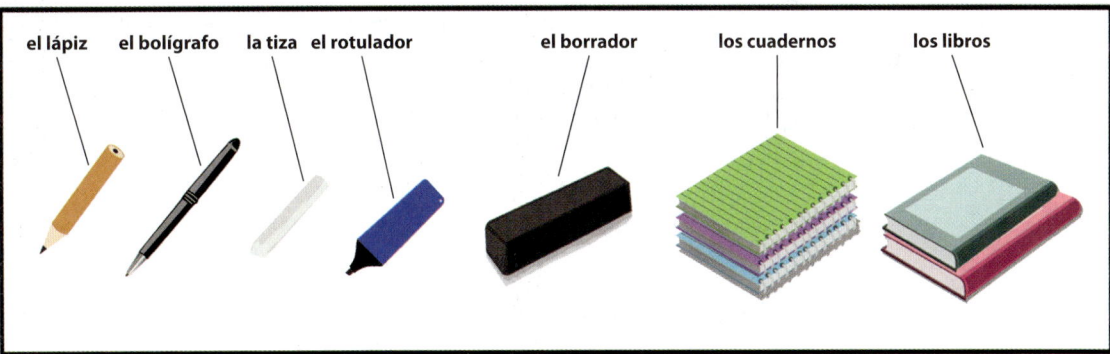

Entérate

Some classroom objects have other names as well. For example, **bolígrafo** is also called **pluma** and **lapicero**. The standard word for poster in Spanish is **cartel**, but there is also **afiche** and the borrowed word, **póster**. There are three words for whiteboard: **pizarra** (the most common), **pizarrón**, and **tablero**. And **tiza** can also be **gis, yeso,** and **tizate**.

Act. 5, Notes:
- **Note:** Individual; whole class
- **Suggestion:** Do part A with your class before you assign it, picking adjectives to describe the items listed. Remind students that they may choose more than one adjective. Focus on the description of items in the classroom and add others as you work through the activity. Students will acquire gender agreement as they hear more input. Example: *En mi clase hay una pizarra…* (*viejo*) *Sí, la pizarra es vieja. Hay una pizarra vieja y…* (*negro*) *Sí, es vieja y negra.* (See IM, Using the Communicative Activities.)
- **Suggestion:** Before you assign part B, review *estar* + location. Use your personal PF, a PP presentation, and/or realia to give more input. Place classroom objects throughout the room, describe their location, and have students guess what they are. Examples: *Es negro y está encima del cuaderno de Julie. ¿Qué es?* (*bolígrafo*) *Es blanca y está detrás del escritorio.* (*pizarra*) *Sí, la pizarra está detrás del escritorio y al lado de la ventana.* After students complete part B, go over answers with the class.
- **Follow-up:** Give commands such as: *Los estudiantes que tienen lápices, pónganlos en el piso* (*debajo de su pupitre, …*). *Pongan sus libros detrás del pupitre* (*al lado de los lápices, encima del cuaderno, …*). You may also want to introduce *sobre*, *cerca*, and *lejos*: *El libro está sobre la mesa. La mesa del profesor / de la profesora está cerca de la puerta, ¿verdad? Y la pizarra está lejos del libro.*

Actividad 5 ¿Qué hay en el salón de clase?

A. Describe los objetos de tu salón de clase.

MODELOS: En el salón de clase hay *un lápiz amarillo*.
En el salón de clase hay *una computadora pequeña*.

1. una ventana
2. una pizarra
3. una computadora
4. un reloj
5. un bolígrafo
6. una pantalla
7. un libro
8. un mapa
9. un celular
10. un cartel

Vocabulario útil

azul	gris
blanco/a	negro/a
color café	
complicado/a—simple	largo/a—corto/a
fácil—difícil	moderno/a—antiguo/a
grande—pequeño/a	viejo/a—nuevo/a
interesante—aburrido/a	

B. Ahora mira el dibujo del salón de clase del profesor Franklin Sotomayor Sosa que está en esta sección. ¿Dónde están las cosas? Marca las respuestas correctas.

1. La computadora está __b__ .
   a. debajo de la mesa.   b. encima de la mesa.   c. al lado de la mesa.
2. El cartel está __a, c__ .
   a. al lado de la pizarra.   b. detrás de la pizarra.
   c. entre la pizarra y la puerta.
3. La pizarra está __b__ .
   a. al lado de la ventana pequeña.   b. detrás del escritorio.
   c. delante de la puerta.

Infórmate

In Spanish, the following words are used for saying where things are located. Try to identify them as your professor uses them.

al lado (de)	next to, beside
debajo (de)	below
delante (de)	in front (of)
detrás (de)	behind
encima (de)	on top (of)
entre	between

—¿Dónde está el lápiz amarillo?   *Where is the yellow pencil?*
—Está **encima de** la mesa.   *It's on top of the table.*

Actividad 6 Los mandatos

Escucha los mandatos de tu profesor(a) e indica el dibujo correcto.

1.
2.
3.
4.
5.

6.
7.
8.
9.
10.

a. Dense una vuelta.   2
b. Abran el libro.   6
c. Escriban su nombre en la pizarra.   8
d. Caminen.   4
e. Saquen el bolígrafo.   1
f. Salten.   7
g. Corran.   5
h. Miren hacia arriba.   3
i. Muéstrenme el reloj.   9
j. Muéstrenme la pizarra.   10

Act. 7, Notes:
- **Note:** Whole class; pair
- **Suggestion:** Ask questions to introduce prices and new vocabulary: *cuesta(n), precio, caro/a, barato/a,* and *dinero. ¿Qué cosa cuesta $89,99? (el celular) Sí, el celular. ¿Y qué cuesta $34,50? (la mochila) Sí, la mochila.* Continue until students have heard all the prices in the activity. Then have them look at the model and ask: *¿Cuánto cuesta la mochila?* Let the whole class respond. Add, gesturing for emphasis: *La mochila no cuesta mucho dinero, ¿verdad? Es barata. Y el móvil (celular) es caro, ¿no? (no) ¿No? ¡Para mí, cuesta mucho!* Then pair students to ask each other questions about the remaining items.
- **Variation:** Have students "buy" classroom items from each other. Make up price tags and set them on items whose names they know in Spanish. You can use play money for this activity and, if you wish, a currency other than *dólares: guaraníes, euros, pesos, soles, quetzales,* etc.
- **Follow-up:** Play *lotería* using the blank grid from the IRK or do other activities from the IRK and the *Tu mundo* PP presentations.

Actividad 7 ¡Las cosas cuestan mucho!

Conversa con tu compañero/a sobre el precio de las cosas en la clase del profesor Sotomayor Sosa. ¡Da tu opinión!

MODELO:
E1: ¿Cuánto cuesta *el diccionario*?
E2: Cuesta $59,49 (*cincuenta y nueve dólares y cuarenta y nueve centavos*).
E1: Tiene buen precio. / Es barato.
E2: No. ¡Cuesta mucho! / Es caro.

el diccionario

el cuaderno

la calculadora

la mochila

el celular/móvil

el cartel

el reloj

la mesa

Vocabulario útil

¿Cuánto cuesta?
  Cuesta…
Tiene buen precio. / Es barato.
¡Cuesta mucho! / Es caro.

La librería y papelería Maita está en Asunción, Paraguay.

Capítulo 2 Amigos y compañeros

El cuerpo humano

Lee *Infórmate 2.3*

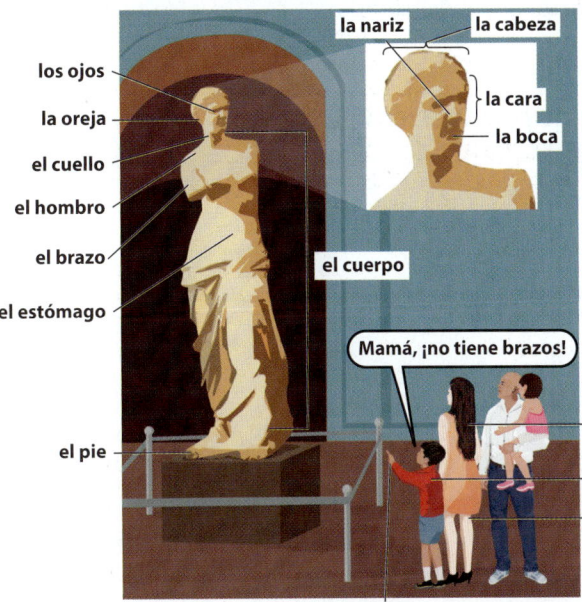

Actividad 8 ¿Quién es?

Mira los dibujos. Escucha la descripción que da tu profesor(a) y di cómo se llama cada figura.

Juan Fernando   Camila   el extraterrestre   Franklin   Nayeli   Lucía

Actividad 9 ¡Hay un extraterrestre en *Tu mundo*!

Con tu compañero/a, inventen un extraterrestre raro o fantástico. ¿Cómo se llama el extraterrestre? ¿Cuántos años tiene? ¿Cómo se llama su planeta? Describan su cuerpo y su personalidad.

MODELO:
- E1: El extraterrestre se llama…
- E2: Sí, y tiene tres brazos largos, la cabeza pequeña…
- E1: ¡Y cuatro ojos azules, muy grandes!
- E2: Su planeta se llama…

Amigos sin Fronteras

Lee *Infórmate 2.4*

¿De dónde son los miembros del club?

Act. 10, Notes:
- **Note:** Part A: individual; part B: pairs
- **Note:** Make sure you have students look at a map of the Spanish-speaking world while they work on part A of this activity. Maps are also provided in the *Tu mundo* PP presentations. You can provide a map or direct students to the maps on the inside back cover of their text.
- **Suggestion:** You may want to provide more oral practice with capital cities: *¿La capital de Costa Rica es San José o San Juan? ¿Cuál es la capital de Colombia: Bogotá o Montevideo? ¿La capital de España es Barcelona o Madrid? ¿Cuál es la capital de Bolivia: La Paz o Santo Domingo?*

Actividad 10   Las capitales del mundo hispano

A. Consulta los mapas en el texto para completar las frases.
1. La capital de Paraguay es __c__.
   a. La Habana   **b.** Santo Domingo   **c.** Asunción   **d.** Buenos Aires
2. La capital de Venezuela es __c__.
   a. Bogotá   **b.** Tegucigalpa   **c.** Caracas   **d.** La Paz
3. __a__ es la capital de Ecuador.
   a. Quito   **b.** La Habana   **c.** Montevideo   **d.** Lima
4. La capital de Chile es __c__.
   a. Asunción   **b.** Bogotá   **c.** Santiago   **d.** San José
5. __a__ es la capital de Nicaragua.
   a. Managua   **b.** Buenos Aires   **c.** Guatemala   **d.** Panamá
6. La capital de la República Dominicana es __d__.
   a. San Salvador   **b.** Madrid   **c.** Lima   **d.** Santo Domingo

B. Ahora conversa con un compañero / una compañera de clase. Miren los miembros del club Amigos sin Fronteras en el mapa de esta sección y digan quiénes son de los países en la parte **A** de esta actividad.

MODELO: E1: ¿Hay un estudiante de *Paraguay*?
   E2: Sí, *Claudia* nació en Paraguay. (Sí, *Claudia* es paraguaya.)

Actividad 11   ¿De dónde... ?

Mira los miembros del club Amigos sin Fronteras en el mapa de esta sección y conversa con tu compañero/a.

1. E1: ¿De dónde es Nayeli?
   E2: Es de ____México____.
2. E1: Y Camila, ¿de dónde es ella?
   E2: Camila es de ____Argentina____.
3. E1: ¿Cuál es la nacionalidad de Ana Sofía?
   E2: Ella es ____española____.
4. E1: ¿Tienes un amigo de algún país hispano?
   E2: Sí, tengo un amigo (una amiga) de _____. (o No, no tengo amigos de países hispanos.)
5. E1: ¿Cómo se llama tu amigo/a?
   E2: Se llama _____.

Act. 11, Notes:
- **Note:** Pair
- **Suggestion:** Provide more input related to talking about place of origin, focusing on those of the *Tu mundo* characters. First, use the following pattern: *Si una persona es de _____, ¿cuál es su nacionalidad?* Now elaborate: *Claudia es paraguaya, ¿verdad? ¿Cuál es la capital de Paraguay? Sí, es Asunción.* Review *norte, sur, este,* and *oeste.* For example: *¿Buenos Aires está al sur o al norte de Asunción?* Students may give one-word answers.

Entérate

In Spanish, the names of countries are capitalized, as in English, but adjectives of nationality are not.

argentino/a	Argentinean
mexicano/a	Mexican
paraguayo/a	Paraguayan

Claudia Cuéllar Arapí es de **Paraguay.** Ella es **paraguaya.**
Claudia Cuéllar Arapí is from Paraguay. She is Paraguayan.

Comunícate   Amigos sin Fronteras

Actividad 12 El mapa de Sudamérica: ¿Dónde están los países?

> **Entérate**
> In the Hispanic world the word OJO is used to indicate that something is particularly important.

Trabajen en grupos. Un estudiante lee las instrucciones y los otros escuchan y escriben los nombres de los países en el mapa que les da su profesor(a). **OJO:** ¡Los estudiantes que escuchan deben (*must*) cerrar sus libros!

INSTRUCCIONES

1. Brasil es el país más grande de Sudamérica. Está al lado derecho del mapa. Venezuela está al norte de Brasil, a la izquierda de Guyana. Escriban *Venezuela* en el lugar apropiado.
2. Ahora vamos a Colombia. Está a la izquierda de Venezuela. Escriban *Colombia*.
3. Ahora escriban Ecuador en el país pequeño que está al sur, debajo de Colombia y al lado del océano Pacífico.
4. A la izquierda de Brasil, en medio del mapa, está Bolivia. Está lejos del mar. Escriban *Bolivia*.
5. A la izquierda de Brasil y debajo de Ecuador y Colombia, escriban *Perú*.
6. Debajo de Perú, al sur, está Chile. Este es un país largo y estrecho. Está al lado del océano Pacífico. Escriban *Chile*.
7. A la derecha de Chile está otro país muy grande, Argentina. Escriban *Argentina*.
8. A la derecha de Argentina y a la izquierda del océano Atlántico está Uruguay. Es un país muy pequeño. Escriban *Uruguay*.
9. Arriba de Argentina, al norte, y debajo de Bolivia y Brasil está otro país pequeño, Paraguay. No está cerca del mar. Escriban *Paraguay*.
10. Ahora, comparen sus mapas con el mapa que aparece en el texto.

Vocabulario útil

estrecho/a

a la derecha/izquierda (de)

al lado (de)

al lado derecho/izquierdo (de)

arriba (de)

cerca (de)

debajo (de)

entre

lejos (de)

Act. 12, Notes:
- **Note:** Group
- **Suggestion:** Before beginning this activity, review the prepositions in the *Infórmate* box in *Act. 5*. Students should be able to produce these prepositions now. Then refer students to the *Vocabulario útil* box in *Act. 12* and point out any new prepositions of location. Verify class comprehension of these new words prior to continuing. Demonstrate with classroom objects. For example: *El libro está encima de la mesa, ¿verdad?* Move the book and ask: *Y ahora, ¿dónde está el libro? Está debajo de la silla. ¡Y también está lejos de la puerta!* On the board, write *de + el = del*. Now have students look over a labeled map of South America while you describe the location of some of the countries. For example: *Uruguay está entre Brasil y Argentina, ¿verdad? Pero Chile está al lado de Argentina.*
- **Note:** Use the map in the IRK for the activity, with only *Guyana* labeled. Review activity directions together, then circulate to help with vocabulary and pronunciation.
- **Follow-up:** Review map with whole class, adding in capital cities as time permits.

Hablando de los Amigos sin Fronteras

EL ÁRABE Y LOS IDIOMAS INDÍGENAS

Los países hispanos tienen un idioma[a] en común: el español. Pero en el español hay palabras de idiomas indígenas y del árabe. La influencia del idioma árabe en España es muy fuerte. Los árabes ocuparon[b] España por ocho siglos[c] y en el español hay muchas palabras de su idioma, como *álgebra, barrio* y *café*. En Latinoamérica hay un gran número de idiomas indígenas. En la región del Caribe está el taíno o arahuaco, con muchas palabras que hoy usamos, como *canoa* y *tabaco*. El idioma indígena que más se habla en México es el náhuatl, la lengua[d] del imperio azteca. ¡Pero en México hay 300 (trescientos) idiomas indígenas! En Guatemala y El Salvador muchas personas hablan dialectos del idioma maya. La palabra *cigarro*,[e] por ejemplo, viene de la palabra maya *siyar*. El quechua es el idioma del imperio inca y se habla en Colombia, Ecuador, Bolivia y Perú. Las palabras *cóndor, puma* y *papa*[f] son del quechua. Y del idioma guaraní —que hablan los bolivianos y los paraguayos— son las palabras *petunia, tapir, tapioca* y *maraca*. En Paraguay el guaraní es un idioma oficial.

Una mujer indígena (Quito, Ecuador)

---

[a]*language* [b]*occupied* [c]*centuries* [d]*language* [e]*cigar* [f]*potato*

*Note that words for languages in Spanish are not capitalized: **árabe** (Arabic), **maya** (Mayan). You may recall that this same rule applies to days, months, and nationalities: **lunes** (Monday), **febrero** (February), **paraguayo** (Paraguayan).

Hablando de los Amigos sin Fronteras: El árabe y los idiomas indígenas, **Notes:**
- **Note:** This reading introduces the notion of linguistic variation in the Hispanic world.
- **Suggestion:** If you have slides or photos of the areas mentioned, show them in class. If students want more information, direct them to the many websites that deal specifically with the languages mentioned. Particularly helpful is the Latin American Network Information Center (LANIC) of the University of Texas at Austin and the Ethnologue Language Base site of the Summer Institute of Linguistics.
- **Expansion:** Assign groups of students one of the indigenous languages mentioned and have them search online for 3–5 common words in Spanish that come from the language. Alternatively, have them research how the Spanish word for a particular concept (such as: *bus, sandwich, baby, grapefruit*) varies in different regions.

Actividad integral

Una reunión del club

Algunos miembros del club Amigos sin Fronteras visitan a Franklin en su salón de clase. Con un compañero / una compañera, crea una lista de información sobre estos estudiantes. Dividan una hoja de papel en tres columnas y escriban estos títulos para las columnas: **NOMBRE, NACIONALIDAD** y **CUMPLEAÑOS**. Busquen la información sobre cada miembro en otras secciones del **Capítulo 2** y escriban la información apropiada. Luego usen el modelo para conversar sobre los miembros del club.

MODELO:
E1: ¿Cómo se llama *la chica* que está *al lado de la puerta*?
E2: *Camila.*
E1: Ah, sí, ¿es *paraguaya*?
E2: No, es *argentina.*
E1: ¿Cuándo nació? / ¿Cuándo es su cumpleaños?
E2: Nació *el tres de marzo.* / Su cumpleaños es *el tres de marzo.*

Actividad integral, Notes:
- **Note:** Whole class; pair
- **Note:** Students should refer to the art for the *Amigos sin Fronteras* section of this chapter to find needed information.
- **Suggestion:** Before beginning the activity, you may want to review the style for writing dates in Spanish (see the *Entérate* box next to the *Los cumpleaños y la edad* vocabulary display).
- **Suggestion:** Before beginning the activity, place some students and objects in position to mimic the illustration and ask questions like, *¿Dónde está Sean? Está entre Laura y Mike, ¿verdad? ¿Dónde está el bolígrafo? Está debajo del pupitre, ¿no?* Then ask students questions about the illustration: *¿Dónde está Camila? Está al lado de la puerta, ¿verdad? ¿Cuál es la nacionalidad de Camila? ¿Recuerdan? Sí, es argentina. ¿Y quién está delante de la computadora? Es Jorge, ¿no?*
- **Suggestion:** Have students take turns asking the questions. Circulate to help with vocabulary and pronunciation.
- **Point out:** Explain that *n.* after the character's name means *nació.*

Exprésate

Escríbelo tú,
Variation: If there are students who don't have Hispanic friends or even acquaintances, they can invent one or base their descriptions on Hispanic celebrities. They can look up the celebrities' actual birthdates or make them up. Some suggestions: Jessica Alba, Alexis Bledel, America Ferrera, Enrique Iglesias, Eva Longoria, George Lopez, Jennifer Lopez, Demi Lovato, Cheech Marin, Ricky Martin, Cesar Millán, James Roday, Shakira.

Cuéntanos, **Notes:**
- **Note:** This oral activity will help students integrate chapter topics, grammar concepts, and vocabulary in a personalized communication that students can share in the classroom. You may wish to provide a model using your own information.
- **Point out:** You may want to tell students that the plural *padres* means *parents*; Write on the board: *padres = padre/papá, madre/mamá*.

ESCRÍBELO TÚ

Amigos hispanos

Describe a un amigo hispano o a una amiga hispana. ¿Cómo se llama? ¿De dónde es? ¿Cuántos años tiene? Incluye cinco características físicas y tres características de su personalidad. ¿Es hombre o mujer? ¿Es alto/a, delgado/a, creativo/a, entusiasta, talentoso/a? Si no tienes amigos hispanos, inventa uno. Escribe tu composición en el *Cuaderno de actividades* o en Connect Spanish.

CUÉNTANOS

¡Describe a tus padres!

Cuéntanos sobre tus padres. Describe su apariencia física y un poco de su personalidad. ¿Cómo se llaman? ¿Qué edad tienen? ¿Cómo son ellos? ¿Tu papá es joven? Y tu mamá, ¿es alta o baja? Puedes usar el vocabulario del **Capítulo 1** también para tu descripción. ¿Tienen tus padres un amigo hispano / una amiga hispana? ¿De qué país es esta persona? ¿Cómo se llama? Usa la siguiente tabla para organizar tus ideas y luego… ¡a conversar!

Mis padres se llaman _____ **y** _____.

	MI PADRE	MI MADRE
¿De dónde es?	Es de… (*país*).	Es de… (*país*).
¿Cuándo es su cumpleaños?	Su cumpleaños es el… de… (*día y mes*).	Su cumpleaños es el… de… (*día y mes*).
¿Cuántos años tiene?	Tiene … años.	Tiene … años.
Descripción física	Es…	Es…
Descripción de su personalidad	Es…	Es…
¿Tiene amigos hispanos?	(No) Tiene amigos hispanos.	(No) Tiene amigos hispanos.

Entérate

Mundopedia

1. Los nombres en el mundo hispano
2. **El arpa paraguaya**
3. El cine argentino
4. Quito y Mitad del Mundo
5. ¡Grandes fiestas!
6. La escritora chilena Isabel Allende
7. El Carnaval de Barranquilla
8. El Cinco de Mayo
9. La Diablada de Oruro
10. La música de Cuba
11. Los paradores de España
12. Mérida, ciudad en la montaña
13. Los festivales dominicanos
14. El misterio de las ciudades mayas
15. Los logros de Costa Rica

El arpa paraguaya

El arpa paraguaya

El arpa

El **arpa** es un instrumento musical muy **antiguo**: ¡es el instrumento que **toca** el **rey** David en la Biblia! Los españoles **traen** el arpa a las Américas durante la colonización y hoy es parte del repertorio musical de muchos países: México, Venezuela, Ecuador, Perú y Argentina, **entre otros**. Pero en Paraguay el arpa es un símbolo nacional.

EL ARPA PARAGUAYA

El arpa paraguaya es más pequeña que el arpa clásica; tiene entre treinta y dos y treinta y seis **cuerdas** y produce una música clara y bonita. Como es pequeña, es posible **ponerla** sobre el hombro para **tocarla** en procesiones y **desfiles**. Hay países hispanoamericanos donde el arpa se toca como acompañamiento con otros instrumentos, pero en Paraguay el arpa es el instrumento más importante de un **conjunto**.

CANCIONES POPULARES

Hay muchas **canciones** populares que usan el arpa, como «Cascada», «Melodía para ti», «Guyra pu», «Llegada» y «Pájaro Campana». La más representativa de todas estas canciones es «Pájaro Campana». Muchos arpistas **tocan** esta **bella** composición folclórica.

Mundopedia: **Notes:**

- **Suggestion:** Play harp music from Paraguay or other countries. We especially recommend the song "Pájaro Campana," a lively piece known to most Paraguayans and performed by all the great harp players. There are videos of Paraguayan harp performances available online. Have your students watch a performance by one or more of the musicians mentioned in the reading.
- **Point out:** The harp is such an integral part of Paraguayan culture that it appears in many colloquial expressions. One riddle (*adivinanza*) goes like this: *Maravilla, maravilla, es una mula castaña con treinta y dos riendas. ¿Qué será? ¡Es el arpa!*

Vocabulario de consulta	
arpa	harp
antiguo	old
toca(n)	play(s)
rey	king
traen	they bring
entre otros	among others
cuerdas	strings
ponerla	place it
tocarla	play it
desfiles	parades
conjunto	band
canciones	songs
bella	beautiful
además	additionally
intérpretes	performers
Te recomendamos	We recommend to you
alegre	happy

ARPISTAS FAMOSOS

El arpista paraguayo más famoso es Félix Pérez Cardozo. Pero Paraguay también tiene otros excelentes músicos del arpa, como Silvio Diarte, Clelia Carolina Sanabria, Ismael Ledesma y Rito Pedersen. **Además** hay **intérpretes** del arpa en otros países; por ejemplo en Japón están Lucía Shiomitsu y Toshiko Nezu Sandoval; en Uruguay, Anibal Sampayo; en Chile, los Hermanos Silva. **Te recomendamos** la música de estos intérpretes, especialmente la canción «Pájaro Campana». ¡Es bonita y **alegre**!

COMPRENSIÓN

Indica las respuestas correctas.

1. El arpa es un instrumento __b__.
    a. nuevo   b. antiguo   c. francés
2. El arpa paraguaya es __b, c__.
    a. grande   b. un instrumento importante   c. pequeña
3. La canción más popular que usa el arpa es __b__.
    a. «Melodía para ti»   b. «Pájaro Campana»   c. «Guyra pu»
4. El arpista paraguayo más famoso es __c__.
    a. Ismael Ledesma   b. Toshiko Nezu Sandoval   c. Félix Pérez Cardozo

Voces paraguayas, Note: This is the first of many *Voces* boxes that highlight specific regional vocabulary from the featured country. If you know other regional terms from the country, you may want to share those also with your students. The aim of this section is to introduce students to the linguistic variety within the Spanish-speaking world; we do not expect students to use this vocabulary in their own production.

Voces paraguayas

acarasy*	hangover
boletear	to lie
julepe	a big scare
llavear	to lock
ñembo	fake, false
pororó*	popcorn
yiyi	girl, young woman

*palabras de origen guaraní

CONEXIÓN CULTURAL

PARAGUAY, CORAZÓN[a] DE AMÉRICA

Hay muchos datos interesantes sobre Paraguay. Por ejemplo, ¿sabías que el noventa por ciento de los paraguayos son mestizos? Los mestizos son personas de raza[b] indígena y raza blanca. Lee la lectura «Paraguay, corazón de América» en el *Cuaderno de actividades* o en Connect Spanish y… ¡descubre muchos datos más!

[a]heart [b]race

Videoteca

Amigos sin Fronteras
Episodio 2: ¡Buenos días, profesor!

Note: Both video clips can be seen on the DVD to accompany *Tu mundo* or in Connect Spanish.

Resumen

Claudia and Eloy are reading e-mail messages from students who want to join the **Amigos sin Fronteras** club. Two days later, they meet new member Ana Sofía Torroja, who is from Spain. Ana Sofía tells Claudia and Eloy about her Puerto Rican friend Franklin Sotomayor, a professor at the College of Alameda who wants to join the club. Ana Sofía has a surprise in mind for Franklin…

Preparación para el video

A. ¡Comencemos! Contesta estas preguntas antes de ver el video.
1. Mira la foto. ¿Cuántas personas hay en el primer plano (*foreground*)? tres
2. ¿Qué hacen las personas de la foto?
   a. Caminan por el parque.   b. Toman un examen.
   c. Charlan (*They chat*) en un café.
3. ¿Qué países son del Caribe (son caribeños)? Indica todos las respuestas correctas.
   a. Cuba   b. Paraguay   c. España   **d.** Puerto Rico
4. ¿Dónde hablan los amigos, por lo general? Indica todas las respuestas correctas.
   a. en la universidad   **b.** en línea   c. en el hospital
   d. en una cafetería

Vocabulario de consulta	
Buen día	Buenos días
paciencia	patience
Mirá (vos)	Look
historia	history
músico	musician
ciencias	sciences
miembros	members (*of a club*)
vosotros	you (*pl. inf. Sp.*)
bienvenida	welcome
A propósito, ¡escuchad!	By the way, listen up!
quiere estar	he wants to be
sorpresa	surprise
español de primer año	first-year Spanish
no aparecen en mi lista	(they) don't appear on my roster
¿Saben…?	Do you know…?
hermoso	beautiful

Comprensión del video

B. La idea principal. Indica la idea principal del video.
1. Eloy y Claudia están en la clase de Franklin.
2. Ana Sofía toma café con Eloy y Claudia en un café de la universidad.
3. (✓) El club tiene nuevos miembros, y Eloy y Claudia le dan un nombre (*give a name*) al club.

C. ¿Cierto o falso? Indica cierto (C) o falso (F), según el video.
1. Nayeli es mexicana. C
2. Radamés es de Perú. F
3. Sebastián tiene dieciocho años. C
4. Franklin es caribeño (del Caribe). C
5. Claudia, Eloy y Ana Sofía planean una sorpresa para Franklin. C

D. Detalles. Contesta estas preguntas, según el video.
1. ¿Cuántos años tiene Nayeli? dieciocho
2. ¿De dónde es Sebastián? Perú
3. ¿De dónde es Ana Sofía? España
4. ¿De dónde es el profesor Franklin? Puerto Rico
5. ¿De dónde es Claudia? Paraguay

Mi país PARAGUAY

Mi país, **Notes:**
- **Note:** Whole class
- **Suggestions:** Show this video segment to the class again when you cover the Comunícate and Exprésate sections, as students will have a larger vocabulary and will comprehend more of the narrative than they did at the beginning of the chapter. Remind them that they can watch this segment on DVD or in Connect Spanish.
- If you wish to provide more information about the *Mi país* photos to your class, here are some interesting details.
- *Salto Cristal:* Paraguay offers tourists many possibilities for experiencing nature.
- *Estación de trenes/ ferrocarril (Asunción):* The architecture of this train station, which currently functions primarily as a museum, evokes the past. You can ride in a steam train that has been in use since 1867!

Comprensión

1. ¿De qué ciudad es Claudia? Asunción, la capital de Paraguay
2. ¿Dónde hay menos personas, en el norte o en el sur de Paraguay? en el norte
3. ¿Qué materias enseñan en las escuelas jesuíticas durante el siglo dieciséis? religión, español, matemáticas
4. ¿Las Cataratas del Iguazú están en la frontera de cuáles países? Brasil, Argentina y Paraguay.
5. ¿Cómo se llama el centro hidroeléctrico muy grande en el Río Paraná? Itaipú
6. ¿Cuál es el lugar favorito de Claudia? Salto Cristal

Estación Central del Ferrocarril

Salto Cristal

Entérate Videoteca

Infórmate

> In **Infórmate 4.1** you will learn more uses of the verb **tener**.

2.1 Expressing Age: The Verb **tener**

In English, the verb *to be* (*am, is, are*) is used for telling age (*I am 21 years old*), but in Spanish the verb **tener** (*to have*) is used. To ask about age, use the question **¿Cuántos años… ?** (*How many years . . . ?*) with a form of the verb **tener**.

> **¿Recuerdas?**
> In **Infórmate 1.1** you learned the forms of **ser**.
> La falda **es** roja.
> Los zapatos **son** nuevos.

—Profesor Sotomayor, **¿cuántos años tiene** usted?   *Professor Sotomayor, how old are you?*

—**Tengo** veintiocho (años).   *I'm 28 (years old).*

Like the verb **ser, tener** is classified as an irregular verb because of changes in its stem. However, the endings that attach to the stem are regular.*

tener (*to have*)	
(yo) ten**g**o	*I have*
(tú) t**ie**nes†	*you (inf. sing.) have*
(usted, él/ella) t**ie**ne	*you (pol. sing.) have; he/she has*
(nosotros/as) tenemos	*we have*
(vosotros/as) tenéis	*you (inf. pl., Sp.) have*
(ustedes, ellos/as) t**ie**nen	*you (pl.) have; they have*

Ejercicio 1

Escribe la edad de estas personas.

MODELO: Claudia Cuéllar Arapí / diecinueve → Claudia *tiene diecinueve años.*

> The number **uno** shortens to **un** before masculine nouns.
> En el salón de clase hay cuarenta y **un** pupitres.
> Mi madre tiene cincuenta y **un** años.
> Mi amigo tiene veinti**ún** años.

1. Eloy Ramírez Ovando / veintiún
2. Rodrigo Yassín Lara / veintisiete
3. Yolanda Lara (mamá de Rodrigo) / cincuenta y cuatro
4. Sebastián Saldívar Calvo / dieciocho
5. Eduardo Saldívar (papá de Sebastián) / cuarenta y cinco
6. Omar Acosta Luna / veintinueve
7. Mi papá y el amigo de mi papá / cincuenta y uno (cincuenta y un)
8. Mi amigo y yo / veintitrés
9. Mi profesor / sesenta y dos

---

*See **Infórmate 3.2** for more information on verb stems.
†Alternative form for recognition only: **vos tenés**. **Vos** is a regional variant of informal singular address used in Argentina, Uruguay, Paraguay, and some parts of Chile, as well as most of Central America. Other Spanish-speaking countries use **tú**. Spanish speakers from regions that use **vos** understand the use of **tú**, and if you travel to or live in areas where **vos** is used, you will soon acquire this form.

Ejercicio 2

Mira los dibujos y escribe la edad de estas personas.

MODELO: Alfredo Cuéllar tiene _____ años.

Alfredo Cuéllar, papá de Claudia (n. 1965)

1. Teresa Arapí, mamá de Claudia (n. 1968)
2. Claudia Cuéllar Arapí (n. 1994)
3. Franklin Sotomayor Sosa (n. 1985)
4. don Rafael Sotomayor, abuelo (*grandfather*) de Franklin (n. 1934)
5. Ángela McNeil Mendívil, club Amigos sin Fronteras (n. 1972)

> You will learn other uses of the verb **estar** in **Capítulo 5**.

2.2 Expressing Location: The Verb **estar**

You already know the verb **estar** (*to be*) when used in greetings.

—¿Cómo estás?   *How are you?*
—Estoy bien, gracias.   *I'm fine, thank you.*

You can also use **estar** to locate people and objects.

—¿Dónde está el profesor Sotomayor?   *Where is Professor Sotomayor?*
—Está en clase.   *He's in class.*

—Eloy, ¿dónde está tu celular?   *Eloy, where is your cell phone?*
—Está en mi carro.   *It's in my car.*

Here are the present tense forms of the irregular verb **estar**.

estar (*to be*)	
(yo) est**oy**	*I am*
(tú) est**ás***	*you (inf. sing.) are*
(usted, él/ella) est**á**	*you (pol. sing.) are; he/she is***
(nosotros/as) est**amos**	*we are*
(vosotros/as) est**áis**	*you (inf. pl., Sp.) are*
(ustedes, ellos/as) est**án**	*you (pl.) are; they are*

For recognition only:* **vos estás
**Remember that there is no Spanish equivalent for the English subject pronoun *it*. The third-person verb form coveys the meaning of *it* as well as of *he* or *she*.

Ejercicio 3

Di dónde están los objetos y las personas.

MODELO: El profesor *está* en el salón de clase.

1. Yo _____ en la universidad.
2. Los estudiantes _____ en su clase de español.
3. Eloy _____ al lado de Claudia.
4. El teléfono _____ encima de la mesa.
5. Xiomara y Camila _____ detrás de Rodrigo.
6. Ángela y yo _____ en la fiesta del club Amigos sin Fronteras.
7. ¿Por qué (tú) no _____ en tu pupitre?
8. Los libros _____ debajo de la silla.

2.3 Forms and Placement of Adjectives

A. In Spanish adjectives generally follow the nouns they modify: **sombrero negro, zapatos nuevos, camisa blanca, faldas bonitas.** There are some exceptions to this rule,* but for now you may place descriptive adjectives after the noun.

B. If an adjective modifies two nouns, one masculine and one feminine, the adjective will take the masculine form.

Nayeli es simpátic**a** y considerad**a.**	Nayeli is pleasant and considerate.
Nayeli y Sebastián son simpátic**os** y considerad**os.**	Nayeli and Sebastián are pleasant and considerate.
Mi camisa y mi abrigo son negr**os.**	My shirt and my coat are black.

C. Adjectives of nationality that end in **-o/-a**, like other adjectives that end in **-o/-a,** have four forms.

	Singular	Plural
Masculine	paraguay**o**	paraguay**os**
Feminine	paraguay**a**	paraguay**as**

Radamés no es paraguayo, pero tiene una amiga paraguaya.   *Radamés isn't Paraguayan, but he has a Paraguayan friend.*

D. Adjectives of nationality that end in **-e** have only two forms: singular and plural.

	Singular	Plural
Masculine/Feminine	costarricens**e**	costarricens**es**

---

*Adjectives that express inherent characteristics may precede the noun: **la blanca nieve** (*the white snow*). Limiting adjectives (numerals, possessives, demonstratives, and indefinite adjectives) also precede the noun: **dos amigos, mis zapatos, esta mesa, otro ejemplo.**

E. In Spanish, adjectives of nationality (**argentino, chilena, colombianos, panameñas**) and the names of languages (**español, inglés**) are not capitalized. However, names of countries are capitalized: **Colombia, Panamá, Chile, Argentina.**

Ejercicio 4

Escribe frases completas con la información. Usa las formas femeninas para las mujeres.

MODELO: Dwayne Johnson: alto, fuerte → Dwayne Johnson es alto y fuerte.

Oprah Winfrey: simpático, rico → Oprah Winfrey es simpática y rica.

1. Kristen Stewart: talentoso, bonito
2. Will Smith: delgado, elegante
3. Gloria Estefan: cubano, bajo
4. Pau Gasol: alto, fuerte
5. Mark Zuckerberg: rico, creativo
6. Hillary Clinton: inteligente, rubio
7. Beyoncé y Lady Gaga: rico, famoso
8. Jack Black y Kathy Griffin: bajo, cómico
9. Sofía Vergara: colombiano, alto

Ejercicio 5

Escribe oraciones completas con la información. Usa la forma correcta: masculina o femenina, singular o plural.

MODELOS: la casa: nuevo, pequeño → La casa es nueva y pequeña. / La casa nueva es pequeña.

los lápices: amarillo, viejo → Los lápices son amarillos y viejos. / Los lápices amarillos son viejos.

1. los libros: difícil, divertido
2. la chica: bajo, tímido
3. las mujeres: simpático, trabajador
4. las amigas: estudioso, considerado
5. el extraterrestre: fuerte, pacífico

2.4 Origin: **ser de**

A. A form of the verb **ser** (*to be*) followed by **de** (*from, of*) can specify origin. The following questions show you how to ask where someone is from.

—Nayeli, **¿de dónde es** Camila Piatelli de la Fuente? *Nayeli, where is Camila Piatelli de la Fuente from?*
—**Es de** Argentina. *She is from Argentina.*
—Y tú, **¿de dónde eres**? *And where are you from?*
—**Soy de** México. *I am from Mexico.*

As you know, **ser** can be followed directly by an adjective of nationality (see **Infórmate 2.3**).

—Sr. Sotomayor, **¿es** usted dominicano? *Mr. Sotomayor, are you Dominican?*
—No, **soy** puertorriqueño. *No, I am Puerto Rican.*

B. Two verbs in Spanish correspond to the English verb *to be*. **Estar** can be used to express location, while **ser** is used with **de** to tell where someone is from.

Ana Sofía **es de** España, pero este año **está en** los Estados Unidos.	Ana Sofía is from Spain, but this year she is in the United States.
Omar y Marcela **son de** Ecuador, pero ahora **están en** California.	Omar y Marcela are from Ecuador, but now they are in California.

Ejercicio 6

Di de dónde son las siguientes personas y dónde están ahora.

MODELO: Nayeli Rivas Orozco: México (Berkeley) →
Nayeli es de México, pero ahora está en Berkeley.

1. Omar Acosta Luna y Marcela Arellano Macías: Ecuador (Los Ángeles)
2. Juan Fernando Chen Gallegos: Costa Rica (Nueva York)
3. Estefanía Rosales Tum: Guatemala (Santo Domingo)
4. Claudia Cuéllar Arapí: Paraguay (España)
5. Sebastián Saldívar Calvo: Perú (México)

> **¿Recuerdas?**
>
> In **Infórmate 1.1** you saw how the verb **ser** is used to identify people and things, whereas the verb **estar** is used to locate people and objects (**Infórmate 2.2**). Review these verbs and their conjugations now, if necessary.

Lo que aprendí

At the end of this chapter, I can:
- ☐ ask questions about birthdays and age in Spanish.
- ☐ describe classroom objects and say where they are located.
- ☐ describe people's physical characteristics, personality, and nationality.
- ☐ talk about parts of the body.
- ☐ follow directions in Spanish to find things.
- ☐ understand some classroom commands.
- ☐ ask for the price of objects.

Now I also know a lot more about:
- ☐ Paraguay.
- ☐ indigenous languages of the Hispanic world.
- ☐ birthday and saint's day celebrations in Spanish-speaking countries.

Vocabulario

Los cumpleaños y los meses del año	Birthdays and Months of the Year
¿Cuándo es su/tu cumpleaños?	When is your (*pol./inf. sing.*) birthday?
¿Cuándo nació usted / naciste?	When were you (*pol./inf.*) born?
Nací el ocho de enero.	I was born on January 8.
Naciste/Nació…	You (*inf. sing*) were/You (*pol. sing.*) were/he/she was born …
Es mayor/menor que…	He/she is older/younger than …
¡Feliz cumpleaños!	Happy birthday!

Los meses del año: enero, febrero, marzo, abril, mayo, junio, julio, agosto, septiembre, octubre, noviembre, diciembre

La edad	Age
¿Cuántos años tiene?	How old is he/she?
¿Cuántos años tiene usted / tienes?	How old are you (*pol./inf.*)?
Tengo/Tiene… años.	I am / He/She is … years old.

Los días de la semana	Days of the Week
lunes	Monday
martes	Tuesday
miércoles	Wednesday
jueves	Thursday
viernes	Friday
sábado	Saturday
domingo	Sunday

¿Cuándo?	When?
¿Qué día es hoy?	What day is today?
Hoy es el quince de febrero.	Today is February 15th.
¿Qué día es mañana?	What day is tomorrow?
Mañana es martes.	Tomorrow is Tuesday.
anteayer	day before yesterday
ayer	yesterday
pasado mañana	day after tomorrow

¿Dónde está…?	Where is…?
a la derecha/izquierda (de)	to the right/left (of)
al lado (derecho/izquierdo) (de)	to the (right/left) side (of)
arriba (de)	above
cerca (de)	close; close to

¿Dónde está…?	Where is…?
debajo (de)	below, under, underneath
delante (de)	in front; in front of
derecho	straight ahead, forward
detrás (de)	behind
¿Dónde está(n)?	Where is he/she/it / are they?
en medio (de)	in the middle; in the middle of
encima (de)	on top; on top of
entre	between
lejos (de)	far; far from
oeste	west
sobre	on
sur	south

Palabras semejantes: este, norte

Las cosas en el salón de clase	Things in the Classroom
el bolígrafo	pen
el borrador	eraser
el cartel	poster
el cuaderno	workbook; notebook
el escritorio	desk
el lápiz	pencil
el libro	book
la luz (*pl.* las luces)	light
la mesa	table
la mochila	backpack
la pantalla	screen
el papel	paper
la pared	wall
el piso	floor
la pizarra	(chalk)board; whiteboard
la puerta	door
el pupitre	(student) desk
el reloj	clock; watch
el rotulador	felt-tip pen
el salón	classroom
la silla	chair
el techo	ceiling; roof
la tiza	chalk
la ventana	window

Palabras semejantes: la calculadora, la computadora, el diccionario, el mapa, el proyector, el texto, el teléfono

El cuerpo humano	The Human Body
la boca	mouth
el brazo	arm
la cabeza	head
la cara	face
el cuello	neck
el dedo	finger
el estómago	stomach
el hombro	shoulder
la mano	hand
la nariz	nose
el ojo	eye
la oreja	ear
el pie	foot
la pierna	leg

El origen y las nacionalidades	Origin and Nationalities
¿De dónde es usted / eres (tú)?	Where are you (*pol./inf.*) from?
Soy de España.	I am from Spain.
¿De dónde es/son?	Where is he/she/are they /you (*pl.*) from?
Es/Son de…	He/She is / They are from…

Las nacionalidades: argentino/a, boliviano/a, brasileño/a, chileno/a, colombiano/a, costarricense, cubano/a, dominicano/a, ecuatoriano/a, español(a), guatemalteco/a, hondureño/a, nicaragüense, panameño/a, paraguayo/a, peruano/a, puertorriqueño/a, salvadoreño/a, uruguayo/a, venezolano/a

Los lugares	Places

Palabras semejantes: Centroamérica, la capital, el Caribe, la costa, el estado, Europa, el océano (Atlántico/Pacífico), la república, Sudamérica

Las personas	People
el extraterrestre	alien, extraterrestrial
los padres	parents

Palabras semejantes: la mamá, el papá

La descripción	Description
aburrido/a	bored
algún, alguno/a	some; any
antiguo/a	old; ancient
apropiado/a	appropriate; suitable
barato/a	cheap
caro/a	expensive
estrecho/a	narrow
fácil	easy
feliz	happy
medio/a	half
mismo/a	same
mucho/a(s)	much (*pl.* many)
otro/a	other, another
pequeño/a	small
raro/a	strange
rico/a	rich

Palabras semejantes: complicado/a, correcto/a, fantástico/a, interesante, moderno/a, simple

Los verbos	Verbs
completar	to complete
estar (*irreg.*)	to be
tener (*irreg.*)	to have

Las cosas	Things
el centavo	cent
el dinero	money
el fin de semana	weekend
la firma	signature
las instrucciones	directions
el mar	sea
el precio	price

Palabras semejantes: el celular, el dólar, la figura, la frase, el grupo, el objeto, la opinión, el orden, la página, el planeta

Los mandatos	Commands
Tú:	You (*inf. sing.*):
busca	look for
da	give
di	say
escucha	listen
firma	sign (your name)
habla	talk
pregunta	ask
Palabras semejantes: consulta, indica, marca	
Ustedes:	You (*pl.*):
abran	open
bailen	dance
bajen	lower
busquen	look for
caminen	walk
cierren	close
contesten	answer
corran	run
dense una vuelta	turn around
digan	say
díganle	tell him/her
escriban	write
hablen	talk
levanten	lift, raise; pick up
miren hacia abajo/arriba	look down/up
muéstrenme	show me
muevan	move
pongan	put
pónganse de pie	stand up
salten	jump
saquen	take out
siéntense	sit down
tóquense…	touch your …
trabajen	work
Palabras semejantes: comparen, decidan, describan, inventen	

Palabras del texto	Words from the Textbook
¡Ojo!	Pay attention!
la página	page
mí	(to) me

Palabras y expresiones útiles	Words and Useful Expressions
aquí	here
De nada.	You're welcome.
entonces	then
lentamente	slowly
más	more
más o menos	more or less
mucho	a lot
por favor	please
si	if
un poco	a little
¿verdad?	right?

Los números del 50 al 99	Numbers from 50 to 99

cincuenta, cincuenta y uno… sesenta, sesenta y dos… setenta, ochenta, noventa, noventa y nueve

Capítulo 3 Pre-Text Oral Activities
See the *Capítulo 3* PP presentations, the IRK, and the IM for detailed lesson plans and additional resources.

1. **Input with infinitives.** Use an association activity (see IM Association Activities) to introduce students to a large number of infinitives, based on their interests. Write the Spanish verbs that come up on the board and have students write down all infinitives that you write. Students can recognize *me/le gusta* + infinitive without grammatical analysis. They will also use *te gusta* later in the chapter. The goal of these introductory activities is to use 15–30 infinitives in the input in about 20 minutes. This introduces concentrated listening practice with infinitives. At first, ask only *sí/no* questions. Later on you will ask questions that require students to produce infinitives. Spend 5–10 minutes on *gustar* + infinitive in association activities during each class period devoted to this chapter.

Las actividades y el tiempo libre 3

La Plaza Dorrego, barrio San Telmo, Buenos Aires, Argentina

Upon successful completion of **Capítulo 3** you will be able to: talk about sports, leisure activities, and daily routines; tell time; and talk about the weather and seasons. Additionally, you will have learned about some interesting places and people from Argentina and Uruguay.

Comunícate

Las actividades favoritas
La hora
Las actividades diarias
El tiempo
Hablando del tiempo Las estaciones del año en el mundo
Actividad integral Amigos sin Fronteras

Exprésate

Escríbelo tú Actividades típicas
Cuéntanos Un fin de semana perfecto

Entérate

Mundopedia El cine argentino
Voces argentinas y uruguayas
Conexión cultural Deportes todo el año
Videoteca Amigos sin Fronteras, Episodio 3: Una noche de juegos
Mi país: Argentina y Uruguay

Infórmate

3.1 Using **gustar** to Express Likes and Dislikes
3.2 Telling Time: ¿Qué hora es? ¿A qué hora... ?
3.3 Present Tense of Regular **-ar**, **-er,** and **-ir** Verbs
3.4 Demonstratives

www.connectspanish.com

ARGENTINA Y URUGUAY

2. **Sports vocabulary.** Use photos from your personal PF or a PP presentation of people playing various sports. Ask questions such as: *¿A esta mujer, qué le gusta jugar/hacer/practicar?* You may want to include associated vocabulary: *bate, campeón/campeona, equipo, partido, ganar, perder,* etc.

3. **La hora.** Use a PP presentation, a cardboard clock, or draw a circle on the board and add numbers 1–12, as on a clock. Then draw a line vertically from 12 to 6. To start, teach only the right side. Put this on the right side: *Es la… /Son las… ; (la hora) y (minutos); (la hora) y cuarto; (la hora) y media; (la hora) en punto.* Give a few examples with the time showing appropriately so students understand the drawing: 12:00 = *Son las doce en punto.* 1:20 = *Es la una y veinte.* 5:30 = *Son las cinco y media.* Continue with the clock hands on the right side of your clock in different positions and asking *¿Qué hora es?* The following class session, create the same drawing, but now teach the left side. Write *(la próxima hora) menos (minutos),* then give examples: 9:45 = *Son las diez menos cuarto/quince.* 11:35 = *Son las doce menos veinticinco.* Keep changing the hands of the clock and asking *¿Qué hora es?* You may want to introduce *(el) mediodía* and *(la) medianoche.*

4. **Daily activities: Present tense.** (See IM Association Activities.) Use an association activity to introduce third-person singular present-tense forms in your input. Introduce about 15 verbs in the third-person singular form, emphasizing daytime activities at school or weekend activities. (If reflexive verbs come up in the list of daily activities, point out briefly that *se* is approximately equivalent to English *self* and must be used with verbs that convey the subject doing something to himself/herself.) Most daily activity verbs are regular (*lee, estudia, come,* etc.), or regular in the third-person singular form. Supply the correct form for irregular/stem-changing verbs that come up: *él/ella oye, va, almuerza, juega.*

5. **El tiempo.** Use your personal PF or a PP presentation to introduce vocabulary for the weather and the four seasons as you review vocabulary and structures from previous lessons: *¿Qué hay en la foto? (mujer) Sí, hay una mujer. ¿Qué le gusta hacer? (nadar) Sí, le gusta nadar. ¿Hace frío?* (use gestures) *(no) No, no hace frío, ¿verdad? ¡Hace calor!* (use gestures) *¿Hace frío en enero? (sí) Sí, en el hemisferio norte sí, porque es invierno.* Put the four seasons and the months traditionally associated with them on the board. Use the same type of questions while you show images with rain, snow, wind, etc.

In this episode, the friends meet at Sebastián's house for a night of games. We also learn about some things that Sebastián does well—and about one thing he does *not* do so well!

Mi país, Notes:
- **Note:** Whole class
- **Suggestion:** We encourage you to show this video segment to the class as you introduce *Capítulo 3* (it is available on DVD and in Connect Spanish). You may also show or assign this segment again toward the end of the chapter in the *Videoteca* section when students will have a larger vocabulary.
- **Suggestion:** You may want to use the previous *Mi país* segment as a review.
- **Point out:** Make it clear to students that they are not expected to understand every word at this point.

Conócenos

Camila Piatelli de la Fuente es argentina. Tiene dieciocho años y es estudiante de psicología. Su cumpleaños es el tres de marzo. Sus actividades favoritas son salir a bailar, jugar al tenis, cocinar y textear a sus amigos.

Camila Piatelli de la Fuente

Mi país

Comunícate
Las actividades favoritas

Lee *Infórmate 3.1*

A Sebastián le gusta ver videos en YouTube.

A Xiomara le gusta salir a bailar.

A Omar le gusta jugar al fútbol.

A Camila le gusta mucho ir de compras y textear a sus amigos.

A Franklin le gusta leer las noticias en línea.

A Eloy le gusta andar en patineta.

A Juan Fernando le gusta levantar pesas en el gimnasio.

Actividades de comunicación

Actividad 1 Mis actividades favoritas

¿Qué te gusta hacer? Responde con **sí, no, mucho** o **¡para nada!**

MODELOS: Generalmente, por la noche, me gusta ver la televisión. → Sí.
Durante las vacaciones, me gusta acampar en la montaña. → ¡Para nada!

1. Generalmente, por la noche, me gusta…
   a. ver la televisión. b. leer un libro. c. mirar videos musicales.
2. Durante las vacaciones, me gusta…
   a. nadar en una piscina. b. acampar en la montaña. c. ir al teatro.
3. Los fines de semana, me gusta…
   a. cenar en restaurantes. b. bailar en un club. c. ir al cine.
4. Cuando estoy con mis amigos, me gusta…
   a. cocinar. b. jugar al fútbol. c. pasear / dar un paseo.
5. En la universidad, me gusta…
   a. escuchar a mis profesores. b. tomar apuntes.
   c. escuchar música en mi iPod.

Act. 2 (Whole class; pair), **Notes:** Warm up with questions such as ¿Cuántos años tiene Eloy? ¿De dónde es Xiomara? ¿A quién le gusta mucho textear? ¿Qué le gusta hacer a Ángela los domingos? Go over the model and the table with the whole class before pairing students to do the activity. Also, go over any unfamiliar vocabulary, such as *playa*.

Point out: *Libros de autoayuda* (Self-help books) are also known as *libros de superación personal*.

Actividad 2 Las actividades de los estudiantes

Conversa con tu compañero/a sobre las actividades de estos estudiantes.

MODELOS:
- E1: ¿A quién le gusta *jugar al fútbol con sus hijos en el parque*?
- E2: A *Omar*.
- E1: ¿Cuándo?
- E2: *Los domingos*.
- E1: ¿A quién le gusta *leer novelas todos los días*?
- E2: A *Xiomara*.

Nombre	Todos los días le gusta…	Los domingos le gusta…
Sebastián Saldívar Calvo, dieciocho años, Lima, Perú	mirar videos en YouTube, ¡especialmente los de Shakira!	ir al cine
Xiomara Asencio Elías, veinte años, Langley Park, Maryland	leer novelas latinoamericanas	salir a bailar con un grupo de amigos
Omar Acosta Luna, veintinueve años, Quito, Ecuador	escuchar música ecuatoriana, especialmente de Paulina Tamayo y Claudia Oñate	jugar al fútbol con sus hijos en el parque
Eloy Ramírez Ovando, veintiún años, Los Ángeles, California	ver la televisión, programas de misterio y detectives	andar en patineta cerca de la playa
Camila Piatelli de la Fuente, dieciocho años, Buenos Aires, Argentina	textear	ir de compras y jugar al tenis
Ángela McNeil-Mendívil, cuarenta y dos años, Oakland, California	nadar en la piscina y leer libros de autoayuda	cocinar para la familia

Realia, Notes: This ad from the tourist magazine *Destino Córdoba siempre* shows Río Ceballos, a town in the province of Córdoba, Argentina.
Suggestion: Use the ad to provide input having to do with leisure-time activities. Have students look at the photos as you describe some of the activities illustrated: *andar en bicicleta, nadar, pasear en carro, navegar, volar en globo*.

Comunícate Las actividades favoritas

Act. 3 (Whole class; pair). **Notes:** This chart simulates program information from the Spanish-speaking world about the Pan-American Games, which are held every four years, the summer before the Olympic Games. The games were first held in Buenos Aires in 1952 and have also been held in Guadalajara, Río de Janeiro, Santo Domingo, Winnipeg, Buenos Aires, Cali, Sao Paulo, Chicago, Caracas, Indianapolis, San Juan, La Habana, Mar del Plata, and México, D.F. Have students scan the chart and answer any questions they have about vocabulary or pronunciation. Model the interaction before pairing students. Circulate around the classroom, making comments and helping students find information or phrase questions.

Actividad 3 Los Juegos Panamericanos

Infórmate
del... al... = from ... to ...

Conversa con tu compañero/a sobre las competiciones de los Juegos Panamericanos. Di qué día y cuándo son (**por la mañana, por la tarde** y **por la noche**).

MODELOS: E1: ¿Qué días hay competición de *básquetbol*?
E2: Del *once* al *diecinueve* de julio.

E1: ¿Cuándo son las competiciones de *béisbol* el *dieciséis* de julio?
E2: Por *la mañana*, por *la tarde* y por *la noche*.

Infórmate

To say whether something is happening during the morning, afternoon, or nighttime in Spanish, use **por + la mañana/tarde/noche**.

Me gusta hacer ejercicio por la mañana.   *I like to exercise in the morning.*

XVI Juegos Panamericanos, Toronto, Canadá
Julio de 2015, Calendario de competencias

Evento	V 10	S 11	D 12	L 13	M 14	M 15	J 16	V 17	S 18	D 19	L 20	M 21	M 22	J 23	V 24	S 25	D 26
Acto de inauguración	●																
Natación		●●	●●	●●	●●	●●	●										
Básquetbol		●●	●●	●	●	●	●	●●	●	●							
Béisbol			●●	●●	●●	●●	●●	●			●	●					
Boxeo						●	●	●	●	●	●	●	●				
Ciclismo							●	●	●	●	●	●	●	●	●		
Fútbol					●	●	●		●	●							
Gimnasia							●	●	●	●	●	●	●●	●●			
Maratón				●	●												
Tenis						●	●	●	●	●	●	●					
Voleibol							●	●	●	●	●	●	●	●			

Leyenda: ● Mañana   ● Tarde   ● Noche

Capítulo 3 Las actividades y el tiempo libre

Medallero de los países hispanos en los Juegos Olímpicos de verano

País	🥇	🥈	🥉	Total
Cuba	65	53	52	170
España	29	39	27	95
Argentina	15	23	22	60
México	10	19	23	52
Chile	2	6	4	12
Uruguay	2	2	6	10
Perú	1	3	0	4
Venezuela	1	2	7	10
Colombia	1	2	6	9
Costa Rica	1	1	2	4
República Dominicana	1	0	1	2
Ecuador	1	0	0	1
Puerto Rico	0	1	5	6
Paraguay	0	1	0	1
Panamá	0	0	2	2

Medallero: Use the chart showing the total number of Olympic medals of various Spanish-speaking countries to review numbers. Ask questions such as: *¿Cuántas medallas de oro tiene Cuba? ¿Cuántas medallas de plata tiene Perú? ¿Tiene medallas de oro Paraguay? ¿Qué país tiene más medallas, Venezuela o Uruguay?*

Act. 4 (Whole class; pair), **Notes:** This is one of the first activities of this type. They are designed for students to speak to each other without worrying about anything other than communicating their ideas. Encourage them to answer truthfully and to expand on their answers. Go over any unfamiliar vocabulary, such as *comer, comida rápida, peligroso,* and *deportes*. Have students do part A. Circulate while they work on their conversation and provide new vocabulary when needed. Teach them to ask, *¿Cómo se dice… en español?*, whenever they need a word.

Expansion: Ask the same questions using *¿A quién le gusta…?* Have students raise their hands; count them and make comments such as: *¡A 20 estudiantes les gusta ver la televisión! ¿Son aburridos o divertidos los programas? ¡A 10 estudiantes les gusta manejar y textear! ¡Pero es muy peligroso!* After students have finished part A, do part B with your class. Let volunteers ask you questions from *Ahora… ¡conversa con tu profe!* to practice using *usted* forms. Answer as honestly as possible. Some instructors may prefer to do part B first to give students sample answers.

Actividad 4 Una conversación

A. Conversa con tu compañero/a.

1. ¿Te gusta ver la televisión? ¿Cuáles son tus programas favoritos?
2. ¿Te gusta cenar en restaurantes? ¿Con quién? ¿En qué tipo de restaurante te gusta comer, en los restaurantes elegantes o en los restaurantes de comida rápida (por ejemplo, McDonald's y Burger King)? ¿Por qué?
3. ¿Te gusta viajar? ¿Adónde? ¿Con quién?
4. ¿Te gusta escuchar música? ¿Qué tipo de música te gusta (la música clásica, rock, popular, jazz, folclórica, etcétera)?
5. ¿Te gusta textear? ¿Te gusta textear y manejar? ¿Es peligroso?

B. Ahora… ¡conversa con tu profe!

1. ¿Le gusta ver la televisión? ¿Cuáles son sus programas favoritos?
2. ¿Le gusta jugar al tenis (fútbol, voleibol, básquetbol)? ¿Le gusta ver deportes en la televisión?
3. ¿Le gusta cenar en restaurantes? ¿Con quién? ¿En qué tipo de restaurante le gusta comer, en los restaurantes elegantes o en los restaurantes de comida rápida? ¿Por qué?
4. ¿Le gusta viajar? ¿Adónde? ¿Con quién?
5. ¿Le gusta escuchar música? ¿Qué tipo de música le gusta?

Entérate

¿Te gusta textear? Mira este código de texteo que usan muchos jóvenes argentinos y úsalo con tus amigos de la clase de español.

bn	bien	**simos sa?**	¿Salimos el sábado?
rml	remal (muy mal)	**nc**	No sé.
Salu2	Saludos	**grcs**	Gracias.
q tal?	¿Qué tal?	**xam!**	¡Hay examen!
q tpasa?	¿Qué te pasa?	**TKI**	Tengo que irme.
tb	también	**flz qmple!**	¡Feliz cumpleaños!
xq?	¿Por qué?	**NPH**	No puedo hablar ahora.
NT1P	No tengo un peso. (No tengo dinero.)	**M1M**	Mandame (Mándame) un mensaje.
QS?	¿Querés (Quieres) salir?	**ymam pf!**	¡Llamame (Llámame) por favor!

Entérate (Whole class; individual), **Notes:** This glossary features some of the most common texting codes used by Argentinean youths. David Crystal's book *Txtng, The gr8 db8* has a list of text abbreviations in many languages, including Spanish.

Suggestion: Use the glossary to elicit conversation about your students' Internet usage and habits. Students could also try the Argentinean texting code with each other and then invent new codes in Spanish.

Comunícate Las actividades favoritas

La hora

Lee *Infórmate 3.2*

¿Qué hora es?

Son las tres.

Es medianoche.

Son las once menos veinte de la noche.

Son las tres menos veinticinco.

Son las siete y seis.

Es la una y media.

Es mediodía.

Son las once y cuarto de la mañana.

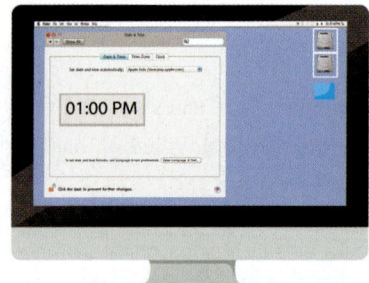
Es la una de la tarde.

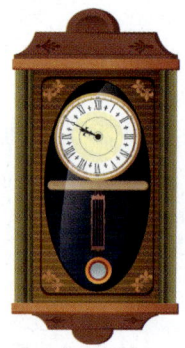
Son las diez menos diez.

—Oye, Franklin, ¿qué hora es?
—Es casi medianoche.
—¡Ya es tarde!

Act. 5 (Whole class; individual),
Suggestion: Have students do this simple matching activity individually, then go over the activity with the whole class, asking for volunteers.

Actividad 5 ¿Qué hora es?

Indica la hora que corresponde a cada reloj.

1. 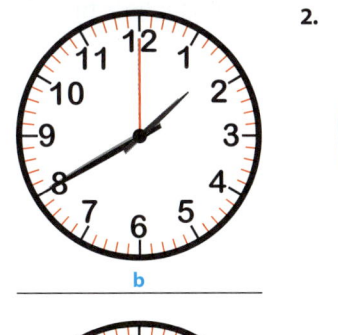 b
2.  c
3. 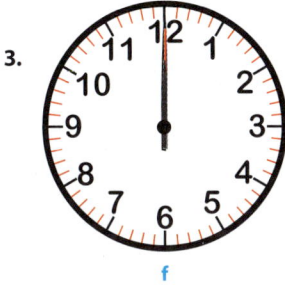 f
4.  a
5.  d
6. e

a. Son las cinco y cuarto.
b. Son las dos menos veinte.
c. Son las seis menos cuarto.
d. Es la una y cinco.
e. Son las once y veinte.
f. Son las doce en punto.

Realia: The Argentinean comic strip *Mafalda*, by Joaquín Salvador Lavado, pen name QUINO, features a character similar to Charlie Brown. Mafalda is a serious child who worries about social issues such as poverty, climate change, war, and world peace. She offers a point of view wiser than that of most adults and is known for "telling it like it is." Mafalda has several friends. Here Mafalda's friend Felipe, who is bright, responsible, and the oldest member of the gang, is showing off his new watch, only to be brought down by the frivolous Susanita. Poor Felipe! (Vocabulary from realia is not included in the end-of-chapter vocabulary list.)

Comunícate La hora

Act. 6 (Whole class; pair), **Suggestions:** Have students look at the illustration while you mention the time in each of the cities. Make sure students understand the words *alrededor* and *loco*. Note that the world here is particularly crazy because the minutes are also different (to provide more practice). Ask questions such as: *En La Habana son las tres y diez, ¿verdad?* (*¡No!*) *No, en La Habana son las dos y veinticuatro.* Also: *Son las seis menos cinco. ¿Dónde estoy?* (*México, D.F.*) After providing plenty of input, have students tell you the time: *¿Qué hora es en Madrid?* (Students can answer with just the time: *nueve menos cuarto.*) *¡Sí! En Madrid son las nueve menos cuarto.* See the IRK for additional activities.

Actividad 6 La hora alrededor del mundo

La hora es diferente en cada país porque… ¡el mundo está loco! Di qué hora es en la ciudad que menciona tu profesor(a). Luego, hazle preguntas a tu compañero/a según el modelo.

MODELO: E1: ¿Qué hora es en _____?
E2: Es la _____. / Son las _____.

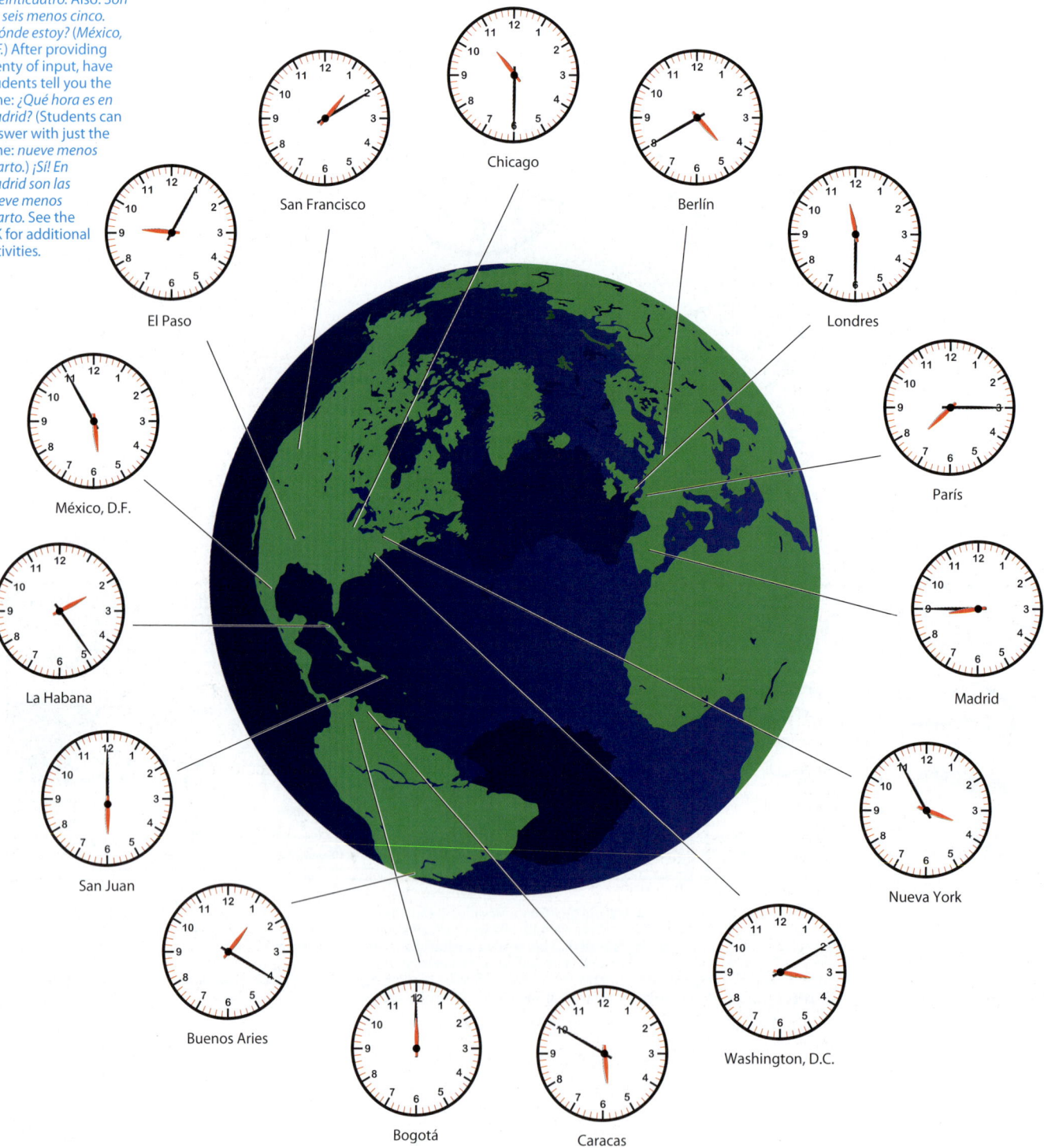

La hora alrededor del mundo

68 . sesenta y ocho

Capítulo 3 Las actividades y el tiempo libre

Actividad 7 — El canal TNU de Uruguay

Mira la programación del Canal de Televisión Nacional Uruguay (TNU) para el viernes y contesta las preguntas.

1. ¿Hay un programa para los niños? ¿Cómo se llama? ¿A qué hora es? *sí, El canal de los niños, a las 11.*
2. ¿Y cómo se llama el programa sobre arte? ¿A qué hora es? *El mundo del arte, a las 5:30*
3. ¿A qué hora es el programa *Buscadores*? ¿Se presenta también a otra hora? ¿Cuántas veces se presenta? En tu opinión, ¿cómo es este programa, posiblemente? ¿Es de aventuras? ¿Es una serie de acción? *a las 5 de la mañana y a la 1 de la tarde, 2 veces*
4. ¿Cuántas veces se presenta el programa *TNU Noticias*? *3 veces*
5. ¿A qué hora es *Sonia entrevista*? ¿Probablemente qué le gusta hacer a Sonia en este programa? *a las 11*
6. ¿A qué hora termina la transmisión del Canal TNU? *no termina*

Entérate

En muchos países hispanos se usa el reloj de veinticuatro horas. Después del mediodía (12:00), la una es las 13:00, las dos son las 14:00, las tres son las 15:00, etcétera. La medianoche (00:00), comienza el día. (Lee la explicación en **Infórmate 3.2B**.)

Las actividades diarias

Lee *Infórmate* 3.3

Un día en la vida de la familia Acosta

Omar lee el periódico todos los días.

Por la mañana los Acosta desayunan juntos.

Omar y los niños salen de la casa a las ocho menos cuarto.

Marcela limpia la casa por la mañana.

Omar y sus hijos juegan al fútbol por la tarde.

Por la noche Marcela descansa y lee una novela.

Actividad 8 — Las actividades diarias

Di quién hace las actividades y cuándo.

MODELOS:
E1: ¿Quién trabaja en una librería?
E2: Juan Fernando.
E1: ¿Cuándo sale a cenar Marcela?
E2: Los viernes por la noche.

¿Cuándo?	Juan Fernando Chen Gallegos; San José, Costa Rica	Marcela Arellano Macías; Quito, Ecuador	Radamés Fernández Saborit; Berkeley, California
los lunes por la mañana	Asiste a clases en la Universidad de Costa Rica.	Corre cuatro kilómetros en el club de atletismo Ruta 44.	Desayuna con sus compañeros del club Amigos sin Fronteras.
los miércoles por la tarde	Trabaja en la librería de la universidad.	Prepara la cena.	Va a la biblioteca para estudiar.
los viernes por la noche	Sale a bailar con su novia y sus amigos.	Sale a cenar con su esposo.	Canta con el grupo (musical) Cumbancha.
los sábados por la mañana	Levanta pesas en el gimnasio.	Anda en bicicleta con sus hijos.	Toca la guitarra.
los domingos por la tarde	Va al cine con su novia.	Almuerza con toda la familia.	Hace su tarea en casa.

Entérate

En algunos países hispanos muchas familias se reúnen (*get together*) los domingos a la hora del almuerzo, generalmente en casa de los abuelos.

Act. 9 (Whole class; pair), **Suggestion:** Go over *Vocabulario útil* and narrate Camila's day, writing the verbs on the board as you narrate. You may want to remind students to take notes so they can refer to these verbs when they work in pairs. Then pair students to repeat the narrative. As you narrate, stop to ask at what time the characters do the activity mentioned.

Suggested narration: 1. *Primero, Camila lee el periódico en línea y desayuna en su casa.* **2.** *Luego, lava los platos.* **3.** *Después, recoge sus cosas.* **4.** *Camila sale de su casa.* **5.** *Camina a la parada del autobús de la universidad.* **6.** *Espera el autobús con otros estudiantes.* **7.** *Más tarde, Camila asiste a clase.* **8.** *Después de la clase, pasa tiempo con Nayeli, su compañera de apartamento. Camila escribe en su computadora y Nayeli charla por teléfono.* **9.** *Luego, Camila asiste a su clase de francés.* **10.** *Después de clase, Camila bebe agua.* **11.** *Camina con Nayeli. Llega al restaurante Taquería Señor Pancho y saluda a Eloy.* **12.** *Almuerza / Come con sus amigos. Come un burrito delicioso y bebe horchata. Sus amigos beben jamaica.* **13.** *Más tarde, busca un libro en la biblioteca.* **14.** *Camila regresa a casa y descansa / lee un libro a las 3:15 de la tarde.* **15.** *Luego, anda en bicicleta con Nayeli por dos horas y media.* **16.** *Por último… ¿qué más hace Camila?*

Actividad 9 — Un día en la vida de Camila

Narra el día típico de Camila, primero con tu profesor(a) y después con tu compañero/a.

Vocabulario útil

¿A qué hora… ?	primero	luego
A la(s)…	después	finalmente
por la mañana/tarde/noche	más tarde	por último

Comunícate — Las actividades diarias

Actividad 10 ¿Con qué frecuencia?

Di con qué frecuencia haces estas actividades durante la semana. Usa **siempre, con frecuencia, a veces, de vez en cuando** y **(casi) nunca.**

MODELO: E1: *Casi nunca* lavo el carro. ¿Y tú?

E2: Lavo el carro *de vez en cuando*.

1. Veo la televisión por la noche.
2. Ceno con amigos o con la familia.
3. Texteo cuando manejo el carro.
4. Como algo en el carro, un sándwich, por ejemplo.
5. Voy al cine.
6. Lavo el carro.
7. Hago ejercicio aeróbico o yoga.
8. Preparo la cena.
9. Escucho música en el iPod mientras estudio.
10. Visito sitios Web en el móvil.

Actividad 11 ¿Qué hacen estas personas?

Empareja los dibujos con las actividades de la lista. **OJO:** Hay más actividades que dibujos.

MODELO: Eloy, Rodrigo y Sebastián *hacen snowboard*.

1. Claudia...

Eloy, Rodrigo y Sebastián...

¡Hoy es sábado!

2. Camila y Antonella...
4. Omar...
6. Ana Sofía...

3. Xiomara...
5. Rodrigo, Nayeli y Lucía...
7. Eloy y su novia...

Actividades posibles

| anda(n) en patineta |
| baila(n) en las fiestas |
| hace(n) snowboard |
| juega(n) a videojuegos |
| lava(n) el carro |
| lee(n) una novela por la noche |
| nada(n) en el verano |
| trabaja(n) los sábados |
| va(n) a la playa en verano |
| va(n) al cine los sábados |
| ve(n)/mira(n) la televisión |
| viaja(n) a España en vacaciones |

El tiempo

Lee Infórmate 3.4

El tiempo, Notes: Many of the words in the vocabulary displays and activities will be new to students. Be sure to verify class comprehension of all vocabulary as you proceed through the chapter.

Use your personal PF or a PP presentation to provide comprehensible input related to the weather. Go over all the weather illustrations, then associate them with the seasons. Write the four seasons on the board, each one with the months traditionally associated with it. Ask questions such as *¿Hace frío o calor en invierno? ¿Y en verano? ¿Cuándo hace fresco, en verano o en otoño?* You can vary by using months instead of seasons: *En esta ciudad, ¿hace buen tiempo o mal tiempo en enero? ¿Llueve en primavera o en* (rainy season in your area) *aquí?*

Expansion: You may want to associate the weather with clothing and favorite activities. *¿Qué ropa llevamos en el invierno / cuando hace frío? ¿Y cuando hace calor/fresco? ¿Les gusta (a ustedes) ir a la playa cuando llueve?*

Hace mucho frío.

Hace fresco.

Hace mucho calor.

Hace viento.

Hace mal tiempo.

Hace sol. / Hace buen tiempo.

Está nublado.

Llueve.

Nieva.

Comunícate El tiempo

Act. 12 (Whole class; pair), **Notes:** This table of temperatures can provide additional input with numbers and can be used to introduce the words and use of *grados, centígrados,* and *bajo cero*. Refer students to a map of Latin America and Spain and locate cities. Preview with questions like *¿Cuál es la temperatura máxima (mínima) en Quito en febrero? ¿En qué ciudades hace calor en agosto?* Point out the use of *de* in the model answer (*La temperatura es de…*). Refer students to thermometer and ask questions such as: *¿Qué tiempo hace en Barcelona en agosto?* You may also share conversion formulas with students: $F = C \times 1.8 + 32$ and $C = F - 32 \times 0.556$.

Actividad 12 El clima en varias ciudades

Mira la tabla y hazle preguntas a tu compañero/a sobre la temperatura y el tiempo en estas ciudades del mundo hispano.

MODELOS:
E1: ¿Cuál es la temperatura *mínima* en *Bariloche* en *agosto*?
E2: La temperatura *mínima* en *Bariloche* en *agosto* es *de un grado centígrado bajo cero* ($-1°C$).
E1: Entonces, ¿qué tiempo hace en *Bariloche* en *agosto*?
E2: Hace *mucho frío*.

hace mucho calor
hace calor
hace fresco
hace frío
hace mucho frío

Ciudad	Temperatura	febrero	agosto
Asunción, Paraguay	temperatura máxima	34°C	26°C
	temperatura mínima	22°C	14°C
Quito, Ecuador	temperatura máxima	18°C	19°C
	temperatura mínima	14°C	6°C
Bariloche, Argentina	temperatura máxima	22°C	18°C
	temperatura mínima	5.7°C	−1°C
Nueva York, Estados Unidos	temperatura máxima	6°C	28°C
	temperatura mínima	−2°C	20°C
Montevideo, Uruguay	temperatura máxima	24°C	15°C
	temperatura mínima	16°C	6°C
Barcelona, España	temperatura máxima	14°C	28°C
	temperatura mínima	5°C	19°C

Entérate

Para hablar de la temperatura en español usamos grados (°): 12°C = doce grados (centígrados). Si (*If*) hace mucho frío, lo expresamos así: −7°C = siete grados (centígrados) bajo cero.

¿Cuándo te gusta ir a las montañas: en verano o en invierno? (San Carlos de Bariloche, Argentina)

Hablando del tiempo

LAS ESTACIONES DEL AÑO EN EL MUNDO

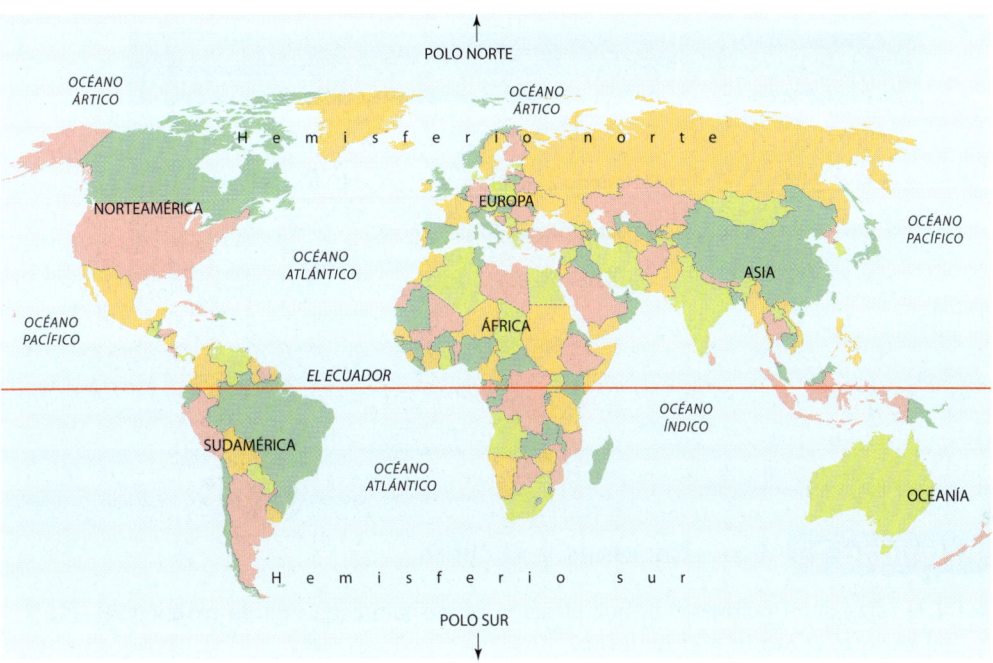

En el hemisferio norte de la Tierra[a] tenemos cuatro estaciones: la primavera empieza[b] aproximadamente el 21 de marzo, el verano el 21 de junio, el otoño el 21 de septiembre y el invierno el 21 de diciembre. Pero cuando es verano en Estados Unidos, ¡es invierno en los países del hemisferio sur, como Argentina y Uruguay! En septiembre, nosotros regresamos a la escuela, llevamos suéteres o chaquetas ligeras[c] y admiramos los colores rojo, anaranjado y amarillo de las hojas[d] de los árboles[e] en otoño. Pero los argentinos y los uruguayos disfrutan del clima agradable[f] de la primavera. Pues sí, en las zonas templadas[g] de los dos hemisferios hay cuatro estaciones; son las mismas pero en fechas diferentes, según[h] el hemisferio.

Por el contrario, en los países ecuatoriales y tropicales hay solamente dos estaciones. En lugares como Panamá, Colombia, Ecuador y Guinea Ecuatorial la temperatura varía[i] muy poco y el clima tropical mantiene una temperatura uniforme la mayor parte[j] del año; solamente cambia[k] el régimen[l] de lluvias, pues hay una estación lluviosa (llueve mucho) y una seca[m] (no llueve).

(Continúa.)

[a]la… Earth [b]begins [c]light [d]leaves [e]trees [f]disfrutan… enjoy the pleasant climate [g]temperate [h]depending on [i]varies [j]la… most [k]changes [l]system [m]una… a dry one

En muchos países hispanos el clima varía bastante.ⁿ En la costa caribeña de México hace calor y hay mucha humedad, pero en las montañas de la Sierra Madre Orientalñ hace calor en verano y mucho frío en invierno por los vientos del norte. El desierto de Atacama, en el norte de Chile, es el más árido del planeta; casi nunca llueve allí. Sin embargo, en el sur de ese país, hay muchos árboles y lagos.º La Patagonia, en el sur de Argentina, es una región muy fría y seca donde hay una gran variedad de animales.

ESTACIONES: HEMISFERIO NORTE	MESES/ FECHAS	ESTACIONES: HEMISFERIO SUR
primavera	21-marzo a 21-junio	otoño
verano	21-junio a 21-septiembre	invierno
otoño	21-septiembre a 21-diciembre	primavera
invierno	21-diciembre a 21-marzo	verano

ⁿquite a bit ñEastern ºlakes

Actividad 13 Las estaciones y el clima

A. Lee estas descripciones y di qué estación representa cada una: **la primavera, el verano, el otoño** o **el invierno.**

1. Muchos estudiantes tienen vacaciones. La gente viaja. Hace calor y buen tiempo para ir a la playa.   el verano
2. Hace frío y en algunos lugares nieva. Mucha gente esquía o hace snowboard.   el invierno
3. En algunos lugares llueve y a veces hace viento. Las montañas están verdes; hay muchas flores y plantas nuevas en los jardines.   la primavera
4. Hace fresco. En algunos lugares los árboles cambian de verde a anaranjado, rojo y amarillo. Las clases empiezan en esta estación. También es la temporada del fútbol americano.   el otoño

B. Ahora di qué estación tiene cada ciudad en estos meses. Recuerda la diferencia entre el hemisferio norte y el hemisferio sur.

1. Asunción, Paraguay: diciembre, enero, febrero   el verano
2. Guadalajara, México: junio, julio, agosto   el verano
3. Santiago, Chile: septiembre, octubre, noviembre   la primavera
4. Montevideo, Uruguay: marzo, abril, mayo   el otoño
5. Barcelona, España: marzo, abril, mayo   la primavera
6. Madrid, España: diciembre, enero, febrero   el invierno

Entérate

Una teoría (theory) dice que la palabra **Montevideo** tiene este origen:

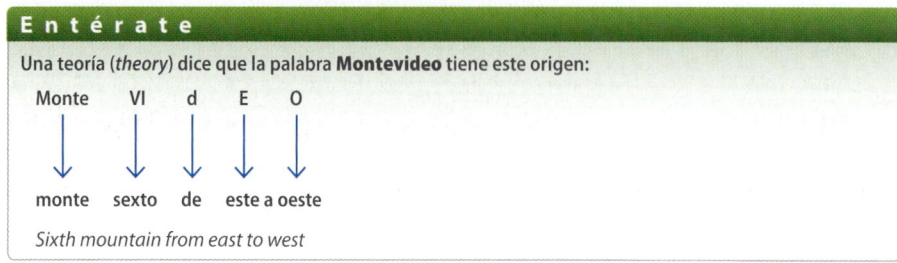

Monte   VI   d   E   O
  ↓   ↓   ↓   ↓   ↓
monte sexto de este a oeste

Sixth mountain from east to west

Actividad 14 La tienda El Campeón Olímpico

A. Mira el dibujo de la tienda El Campeón Olímpico y di qué compran Claudia, Eloy y Camila, considerando sus deportes favoritos.

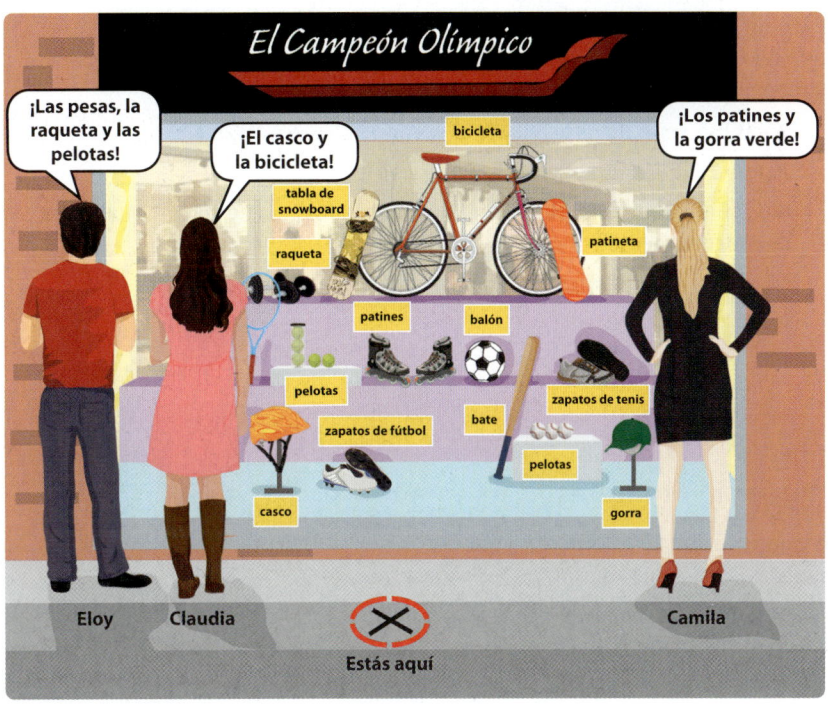

MODELO: E1: ¿Qué compra *Claudia*?

E2: Claudia compra *aquella bicicleta roja y este casco*.

¿Qué compran Camila, Eloy y Claudia?

1. A Camila le gusta patinar y jugar al tenis en verano. Camila compra…
2. A Eloy le gusta levantar pesas, jugar al tenis y al béisbol en otoño. Eloy compra…
3. A Claudia le gusta andar en bicicleta en primavera. Claudia compra…

B. Ahora charla con tu compañero/a sobre los objetos que ustedes compran en El Campeón Olímpico, considerando sus deportes favoritos. Háganse varias preguntas.

MODELO: E1: Y tú, ¿qué compras en la tienda?

E2: Pues, me gusta andar en bicicleta, entonces compro *este casco y aquella bicicleta*. ¿Y tú?

E1: Yo compro *ese balón de fútbol* porque me gusta jugar al fútbol.

Actividad 15 Las actividades y el tiempo

A. Conversa con tu compañero/a sobre la ropa y las actividades relacionadas con el clima.

1. ¿Qué te gusta hacer cuando hace frío? ¿Y qué ropa llevas en el invierno?
2. ¿Qué ropa llevas en el verano? ¿Y qué te gusta hacer cuando hace calor?
3. ¿Llevas suéter o abrigo cuando hace fresco? ¿Qué te gusta hacer cuando hace fresco?

(Continúa.)

4. ¿Qué haces cuando llueve? ¿Y cuando hace viento?
5. ¿Te gusta ir a la playa cuando está nublado? ¿Por qué? ¿Qué haces normalmente en la playa? ¿Nadas? ¿Surfeas? ¿Tomas el sol? ¿Comes algo?
6. ¿Qué ropa llevas cuando nieva y hace mucho frío? ¿Esquías durante el invierno? ¿Haces snowboard?

B. Ahora… ¡conversa con tu profe!

1. ¿Qué le gusta hacer cuando hace frío?
2. ¿Qué ropa lleva usted en el verano?
3. ¿Qué le gusta hacer cuando llueve?
4. ¿Le gusta ir a la playa cuando hace calor? ¿Qué hace en la playa normalmente?
5. ¿Esquía en la nieve o practica otro deporte de invierno?

Actividad integral

Amigos sin Fronteras

Lee esta información sobre los miembros del club Amigos sin Fronteras y hazle preguntas a tu compañero/a sobre cada uno.

MODELO:
E1: ¿Cuántos años tiene *Camila*?
E2: Tiene *dieciocho*.
E1: ¿Cuándo es su cumpleaños?
E2: Es *el tres de marzo*.
E1: ¿Cuál es su dirección electrónica?
E2: Es *piatelli@mail.com*.
E1: ¿Cuál es su número de móvil?
E2: Es el *cinco diez, cinco cincuenta y cinco, noventa y uno cero tres*.
E1: ¿Qué le gusta hacer a *Camila*?
E2: Le gusta *salir a bailar, jugar al tenis, cocinar, textear a sus amigos y patinar*.
E1: ¿Qué tipo de música escucha Camila?
E2: *El rock en español y la música folclórica de América Latina.*
E1: ¿Qué libros lee?
E2: *Todos los libros de Carlos Ruiz Zafón.*

Actividad integral (Whole class, pair), **Notes:** This is falsalia featuring the *Amigos sin Fronteras* characters. Remind students that they don't have to understand every word. Have them scan the social networking pages first and then ask you questions about the vocabulary. Write new words on the board. You might want to point out that *pasar tiempo con la familia* means *to spend time with family* and doesn't have anything to do with the weather). Remind students to use *a* (+ name) when using *gustar*, or *a él* for the men and *a ella* for the women. Briefly explain patterns for saying phone numbers in Spanish using the model: 5-10-5-55-91-03. Model both parts of the dialogue, then pair students. Write these additional questions about the characters on the board to encourage practice with present tense forms: *¿Qué deporte practica/juega? ¿Qué (tipo de) películas mira?* Circulate to help with vocabulary and pronunciation or to find information.

Point out: Students should say *arroba* for @ in e-mail addresses and *punto* for *dot*.

Camila Piatelli de la Fuente

4 fotos

Edad: 18 años
Cumpleaños: el 3 de marzo
Dirección electrónica: piatelli@mail.com
Móvil: (510) 555-9103
Actividades favoritas: salir a bailar, jugar al tenis, cocinar, textear a mis amigos, patinar
Música favorita: el rock en español y la música folclórica de América Latina
Deporte favorito: el tenis
Libros favoritos: los libros que combinan magia y misterio y todos los libros de Carlos Ruiz Zafón, especialmente *El juego del ángel*

2 fotos

Omar Acosta Luna

Edad: 29 años
Cumpleaños: el 31 de octubre
Dirección electrónica: oacostal@puce.edu.ec
Móvil: (593 9) 8705312
Actividades favoritas: escuchar música, pasar tiempo con la familia, jugar al fútbol
Música favorita: la música de Claudia Oñate y la de Paulina Tamayo
Deporte favorito: el fútbol
Películas favoritas: las películas de ciencia ficción con mucha acción, como *Viaje a las estrellas* (*Star Trek*), *La guerra de las galaxias* (*Star Wars*), *Origen* (*Inception*) y *Avatar*

12 fotos

Eloy Ramírez Ovando

Edad: 21 años
Cumpleaños: el 15 de enero
Dirección electrónica: eramo@berkeley.edu
Móvil: (510) 555-3932
Actividades favoritas: leer blogs, ver partidos de fútbol, ir al cine, andar en patineta, jugar al tenis y levantar pesas
Música favorita: el hip hop
Películas favoritas: películas con tema de los deportes, como *Invictus*
Libros favoritos: las novelas de escritores latinos de Estados Unidos, como Junot Díaz y Sandra Cisneros

2 fotos

Marcela Arellano Macías

Edad: 28 años
Cumpleaños: el 15 de agosto
Dirección electrónica: marce22@hotmail.com
Móvil: (593 9) 8604201
Actividades favoritas: leer, jugar con mis hijos, nadar
Deporte favorito: el fútbol
Música favorita: la música de jazz, especialmente de guitarra
Películas favoritas: las películas viejas de mucho suspenso, especialmente las de Alfred Hitchcock y las películas de *film noir*

23 fotos

Claudia Cuéllar Arapí

Edad: 19 años
Cumpleaños: el 21 de junio
Dirección electrónica: econclau@berkeley.edu
Móvil: (510) 555-1764
Actividades favoritas: pasar tiempo con los amigos, leer libros de economía, dormir, andar en bicicleta
Deporte favorito: el básquetbol
Música favorita: la música pop y rock bailable, por ejemplo, todas las canciones de Lady Gaga y Katy Perry
Libros favoritos: novelas sobre vampiros y otros personajes fantásticos, como las novelas de Stephanie Meyer; también novelas de fantasía futurista y aventuras, como *Los juegos de hambre* de Suzanne Collins

4 fotos

Xiomara Asencio Elías

Edad: 20 años
Cumpleaños: el 16 de septiembre
Dirección electrónica: xiomara@berkeley.edu
Móvil: (510) 555-8209
Actividades favoritas: leer novelas, viajar por la América Latina, escribir ficción, bailar, jugar al tenis
Deporte favorito: el tenis
Películas favoritas: las comedias románticas, como las películas de Reese Witherspoon y Sandra Bullock
Libros favoritos: las novelas latinoamericanas con realismo mágico, por ejemplo, las clásicas *Cien años de soledad* de Gabriel García Márquez y *La casa de los espíritus* de Isabel Allende

Exprésate

ESCRÍBELO TÚ

Actividades típicas

Escribe una composición sobre las actividades típicas de los jóvenes de tu edad (tus amigos y tú, los miembros del club Amigos sin Fronteras) y las actividades de los adultos como tus padres. Primero, haz una lista de cinco actividades de los jóvenes y luego haz otra lista con cinco actividades de los adultos. Puedes usar el vocabulario de las **Actividades 8, 9, 10 y 11** para expresar qué hacen los jóvenes. También puedes entrevistar (*interview*) a tus padres y a los amigos de tus padres para saber qué hacen los adultos. Después, escribe dos párrafos en el *Cuaderno de actividades* o en Connect Spanish con la información de tu lista y agrega (*add*) detalles importantes e interesantes.

CUÉNTANOS

Un fin de semana perfecto

Cuéntanos sobre un fin de semana de verano perfecto o sobre un fin de semana de invierno perfecto. ¿Qué te gusta hacer el viernes por la noche? Generalmente, ¿qué haces el sábado por la mañana? ¿Qué haces el domingo por la mañana? Y el domingo por la tarde, ¿qué te gusta hacer?

A muchas personas les gusta ir a la playa. (Punta del Este, Uruguay)

Entérate

Mundopedia, Notes: Although the focus here is Argentinean cinema, our goal is to get students interested in watching films from Spanish-speaking countries. Many Hispanic films, such as *La historia oficial* and *También la lluvia* (Spain, 2010), focus on controversial episodes of a country's history. If your students show interest in any of the films described here, encourage them to watch them on their own, or show one in class. If they are not available at the college library, many are likely available through the public library. Other films considered part of *el nuevo cine argentino: Rapado* (Martín Rejtman, 1991), *Picado fino* (Esteban Sapir, 1994), *Pizza, birra, faso* (Bruno Stagnaro and Israel Adrián Caetano, 1998), and *Mundo Grúa* (Pablo Trapero, 1999).

Mundopedia

1. Los nombres en el mundo hispano
2. El arpa paraguaya
3. **El cine argentino**
4. Quito y Mitad del Mundo
5. ¡Grandes fiestas!
6. La escritora chilena Isabel Allende
7. El Carnaval de Barranquilla
8. El Cinco de Mayo
9. La Diablada de Oruro
10. La música de Cuba
11. Los paradores de España
12. Mérida, ciudad en la montaña
13. Los festivales dominicanos
14. El misterio de las ciudades mayas
15. Los logros de Costa Rica

El cine argentino

La directora argentina Lucrecia Martel

Vocabulario de consulta

calidad	quality
data de	dates back to
corto	short (film)
bandera	flag
comienza con fuerza	begins with force
el cine sonoro	sound films (films with sound)
se conoce	is known
extranjera	foreign
el filme más taquillero	the biggest box-office hit
se estrena	premieres

Muchas de las películas que miran los hispanos son de Hollywood. Pero hay países hispanos con una fuerte industria cinematográfica; entre ellos están México, España, Cuba y Argentina.

EL CINE ARGENTINO

El cine argentino tiene excelentes directores y actores. Muchas películas de ese país son populares y también de gran **calidad**.

La primera película argentina **data del** año 1897 y es un **corto** sobre la **bandera** del país. Pero la historia de la industria del cine en Argentina **comienza con fuerza** en 1933, cuando se inventa **el cine sonoro**. De ese año es *Tango*, una película que explora la forma musical más popular en el país: el tango.

PELÍCULAS ARGENTINAS FAMOSAS

En los años 80, el cine argentino **se conoce** internacionalmente con películas como *Camila, El exilio de Gardel, La historia oficial y Hombre mirando al sudeste*. La más representativa de la época es *La historia oficial*, del director Luis Puenzo. *La historia oficial* gana el Premio Óscar en 1985 como mejor película **extranjera**. Las mujeres directoras también ganan fama con sus películas. Una famosa es *La mujer sin cabeza* (2008) de Lucrecia Martel, una directora de estilo visual muy original.

Hay películas argentinas muy populares, como *Nueve reinas* (2000) del director Fabián Bielinski y *Carancho* (2011) de Pablo Trapero. Pero **el filme más taquillero** en toda la historia cinematográfica de Argentina es *El secreto de sus ojos* de Juan José Campanella. Esta película cuenta un caso de crimen y misterio; **se estrena** en 2009 y gana el Premio Óscar en 2010.

Infórmate

1897: mil ochocientos noventa y siete	2000: dos mil
1933: mil novecientos treinta y tres	2009: dos mil nueve
1985: mil novecientos ochenta y cinco	2011: dos mil once

COMPRENSIÓN

Escoge la respuesta correcta.

1. La primera película argentina es del año __c__.
   a. 1933   b. 1985   c. 1897
2. La industria cinematográfica argentina comienza con fuerza en el año __b__.
   a. 1985   b. 1933   c. 2000
3. La película argentina que gana el premio Óscar en 1985 es __c__.
   a. *El exilio de Gardel*   b. *Camila*   c. *La historia oficial*
4. La película argentina que gana el Premio Óscar en 2010 es __b__.
   a. *La historia oficial*   b. *El secreto de sus ojos*   c. *Carancho*

Voces, Notes: This box highlights specific regional vocabulary from the featured countries. If you know other regional terms from these countries, you may want to share those with your students. The aim of this section is to introduce students to the linguistic variety within the Spanish-speaking world; we do not expect students to use this vocabulary in their own production.

Voces argentinas		Voces uruguayas	
amarrete/a	tacaño/a	tá	está bien, de acuerdo
che	hey; buddy	estar de tomate	to be crazy
el bife/bistec	steak	una pila de	mucho
la campera	la chaqueta	el bondi	el autobús
ni a ganchos	¡No!	el/la pibe	el/la chico/a

CONEXIÓN CULTURAL

DEPORTES TODO EL AÑO

¿Te gustan los deportes? ¿Cuáles te gustan más, los deportes de verano o los de invierno? En Argentina y Uruguay hay un deporte que se juega especialmente en el verano y otro que es muy popular en el invierno. Lee la lectura «Deportes todo el año» en el *Cuaderno de actividades* o en Connect Spanish y ¡descubre cuáles son!

Videoteca

Amigos sin Fronteras
Episodio 3: Una noche de juegos

Note: Both video clips can be seen on the DVD to accompany *Tu mundo* or in Connect Spanish.

Resumen

Claudia invita a algunos amigos del club Amigos sin Fronteras a una reunión en casa de Sebastián Saldívar, estudiante de Perú. Allí están Claudia, Ana Sofía y Radamés Fernández, estudiante cubanoamericano. Estos cuatro amigos juegan al Cranium. Después… ¡Sebastián ordena pizza para todos!

Preparación para el video

Answers, A:
1. Ana Sofía, Claudia, Radamés y Sebastián
2. Claudia lleva una blusa/camisa morada. Radamés lleva una camiseta gris. Ana Sofía lleva una blusa anaranjada. Sebastián lleva una camisa verde.
3. Juegan al Cranium.

A. ¡Comencemos! Mira la foto y responde a estas preguntas antes de ver el video.
1. ¿Cómo se llaman estos estudiantes?
2. ¿Qué ropa llevan los chicos en la foto?
3. ¿Qué hacen los chicos en la foto?

Comprensión del video

B. La idea principal. Indica la idea principal del video.
1. (✓) A estos chicos les gusta pasar tiempo juntos.
2. Sebastián no sabe cocinar.
3. A Radamés no le gusta el café instantáneo.

Vocabulario de consulta

prácticas de laboratorio	lab practical (exam)
Nos quedamos aquí	We'll stay here
es la verdad	it's true
refrescos	soft drinks
taza	cup
contra	against
lo opuesto	the opposite
Tiren el dado.	Throw the die.
¡Socorro!	Help!
tranquilos	relax
queso	cheese
lo máximo	the best

C. ¿Cierto (C) o falso (F)?

1. Eloy no está con sus amigos porque está en la universidad. **C**
2. Claudia y Ana Sofía quieren salir a bailar; los chicos no quieren. **F**
3. Ana Sofía y Radamés dicen que Claudia es muy mandona. **C**
4. A Radamés le gusta mucho el café cubano que Sebastián prepara. **F**
5. Según Radamés, Sebastián cocina muy bien. **F**

D. Detalles. Usa el **Vocabulario útil** para completar las oraciones. **OJO:** No se usan todas las palabras.

Vocabulario útil	
bailar	hace frío
café	jugar al fútbol
cinco	limonada
cuatro	Sebastián
Eloy	texto
hace calor	

1. Para comunicarse con sus amigos, Claudia manda (*sends*) mensajes de ___texto___.
2. Los chicos van a casa de Sebastián el viernes a las ___cinco / 5:00___.
3. Ana Sofía prefiere ir a ___bailar___.
4. Se quedan en casa de Sebastián porque afuera ___hace frío___.
5. Sebastián les ofrece ___limonada___, refrescos y ___café___ cubano a sus amigos.
6. Según Radamés, ___Sebastián___ no sabe cocinar bien.

Mi país ARGENTINA Y URUGUAY

Comprensión

1. Selecciona las características comunes que tienen Argentina y Uruguay.
   - **(a.)** el mate
   - **(b.)** el tango
   - **(c.)** los gauchos
   - d. el fútbol
2. ¿Qué recomienda Camila hacer en el Café Tortoni de Buenos Aires?
   - a. ver espectáculos de gauchos
   - **(b.)** tomar café
   - **(c.)** ver espectáculos de tango

Glaciar Perito Moreno, Patagonia, Argentina

3. ¿De qué comidas típicas argentinas habla Camila?
   - **(a.)** empanadas
   - **(b.)** choripanes
   - c. tamales
   - **(d.)** parrillada
4. ¿Cómo se llama la avenida muy grande en el centro de Buenos Aires? Avenida 9 de Julio
5. ¿Cómo se llama el lugar donde trabaja el presidente de Argentina, que está al lado de la Plaza de Mayo? la Casa Rosada
6. ¿Qué tienen en común el Barrio de La Boca de Buenos Aires (Argentina) y el Barrio Reus, de Montevideo (Uruguay)? Tienen casas de colores.
7. A Camila y a su familia les gusta ir de vacaciones a estos lugares de Argentina. las Cataratas del Iguazú Patagonia, Glaciar Perito Moreno
8. ¿Dónde prefiere ir Camila de vacaciones? a las playas de Punta del Este, Uruguay

Punta del Este, Uruguay

Infórmate

3.1 Using **gustar** to Express Likes and Dislikes

A. *Gustar* + infinitive

The Spanish verb **gustar** expresses the meaning of the English verb *to like*. Its direct translation is *to be pleasing*. Just as in English, you can express liking a thing (noun) or an activity (verbal form). The verb form that follows **gustar** is always an infinitive, such as **hablar, aprender** (*to learn*), or **vivir** (*to live*).

Me gusta estudiar español.   *I like to study Spanish. (Studying Spanish is pleasing to me.)*

You may have noticed that in this structure with **gustar** the subject is the person, object, or action, that is pleasing to someone. **Gustar** requires a pronoun so we can tell *to whom* something is pleasing. Here are the pronouns which always precede **gusta(n)**.

me	*to me*	nos	*to us*
te	*to you* (**tú; vos**)	os	*to you* (**vosotros**, Sp.)
le	*to you* (**usted**), to him/her	les	*to you* (**ustedes**); *to them*

—¿Qué **te** gusta hacer en el verano?   *What do you (inf. sing.) like to do in the summer?*

—**Me** gusta nadar en el mar.   *I like to swim in the ocean.*

—¿Qué **les** gusta hacer por la noche?   *What do you (pl.) like to do at night?*

—**Nos** gusta mucho leer.   *We really like to read.*

Since the pronouns **le** and **les** can have multiple meanings, where **le** can refer to *you* (**usted**), *him,* or *her,* and **les** can refer to *you* (**ustedes**) or *them,* it is often necessary to specify the person the pronouns are referring to. In order to specify the person or persons being referred to, use phrases with the preposition **a** (*to*) (**a mi papá, a Juan, a los estudiantes, a ellos**) in addition to the pronoun **le** or **les.**

A Omar le gusta pasar tiempo con la familia.   *Omar likes to spend time with his family.*

—¿**A usted le** gusta ver telenovelas?   *Do you like to watch soap operas?*
—No, no me gusta.   *No, I don't like to.*

—¿**Les** gusta escuchar música a los estudiantes?   *Do students like to listen to music?*
—Sí, **a ellos les** gusta mucho.   *Yes, they like it very much.*

B. *Gustar* + **noun**

Gustar can also be used with nouns to express likes and dislikes when referring to people, places, or things.

Me gusta el té pero no me gusta el café.	*I like tea, but I don't like coffee.*
A mis hijos les gustan mucho los perros.	*My sons like dogs a lot.*
A ellos no les gustan los gatos.	*They don't like cats.*
Me gusta mucho esta piscina.	*I really like this (swimming) pool.*
¿Te gusta la música de Shakira?	*Do you like Shakira's music?*

When **gustar** is used with nouns, if the noun (the grammatical subject of the sentence) is plural, the verb has to be plural as well (**gustan**).

Me gusta esa bicicleta roja.	*I like that red bicycle.* (Lit., *That red bicycle is pleasing to me.*)
Me gusta**n** esas dos bicicletas.	*I like those two bicycles.* (Lit., *Those two bicycles are pleasing to me.*)
A Omar le gusta el té verde.	*Omar likes green tea.* (Lit., *Green tea is pleasing to Omar.*)
A Camila le gusta**n** los vinos argentinos.	*Camila likes Argentinean wines.* (Lit., *Argentinean wines are pleasing to Camila.*)

Ejercicio 1

Completa estas oraciones con los pronombres **me, te, le, nos** o **les**.

MODELO: —Omar, ¿qué *les* gusta hacer **a tu esposa y a ti**?

—*Nos* gusta mucho jugar con nuestros hijos.

1. —Camila, ¿_____ gusta jugar al ráquetbol?
   —No, Radamés. No _____ gusta mucho.
2. —Xiomara, ¿_____ gusta viajar?
   —Sí, Jorge. _____ gusta mucho pero no tengo dinero.
3. —Eloy y Claudia, a ustedes ¿_____ gusta dar fiestas?
   —Sí, _____ gusta mucho dar fiestas para el club Amigos sin Fronteras.
4. —Omar, ¿a tu esposa _____ gusta cocinar?
   —Sí, a ella _____ gusta cocinar pero solamente para la familia.
5. —Claudia, ¿qué _____ gusta hacer a tus amigos y a ti (a ustedes)?
   —A nosotros _____ gusta mucho bailar y escuchar música.
6. —Ángela, ¿a tus hijos _____ gusta jugar al fútbol americano?
   —A ellos _____ gusta jugar un poco.

Ejercicio 2

A. Mira los dibujos y di qué (no) les gusta hacer a los amigos del club Amigos sin Fronteras.

1. A Eloy _____ mucho _____ blogs.
2. A Claudia y a su amigo _____.
3. A los hijos de Omar _____ con su perro Jefe.
4. A Camila no _____ los platos.
5. A Xiomara _____ novelas.

B. Ahora completa las oraciones para decir qué cosas les gustan a estos amigos. Usa **le gusta(n)** o **les gusta(n)**.

1. A Claudia _____ mucho las canciones de Lady Gaga.
2. A Omar y a Eloy _____ el gimnasio de la universidad.
3. A Camila _____ las películas de Gael García Bernal.
4. ¿_____ el fútbol a Eloy?
5. A Ángela _____ mucho todas sus clases.

3.2 Telling Time: ¿Qué hora es? ¿A qué hora?

A. The phrase **¿Qué hora es?** is often used in Spanish to ask what time it is.* In both cases, the answer usually begins with **son**.

—¿Qué hora es?   *What time is it?*
—Son las tres.   *It's three o'clock.*

---

*Another common way to ask the time is: **¿Qué hora tiene usted?** or **¿Qué hora tienes?** (*What time do you have?*)

Es (not **son**) is used to tell the time with one o'clock, depending on whether it is before or after one-thirty (1:30).

—¿**Es** la una?	*Is it one o'clock?*
—No, **es** la una y veinte.	*No, it's one twenty.*

Use **y** (*and*) to express minutes (up to 29) after the hour.

—¿Son las seis **y** diez?	*Is it ten after six (six ten)?*
—No, son las seis **y** veinte.	*No, it's twenty after six (six twenty).*

Use **menos** (*less*), **para** (*to, till*) or **faltan… para** (. . . [*minutes left*] *before*) to express minutes before the hour.

Son las siete **menos** veinte.	*It's twenty to seven.* (Lit., *It's seven less/minus twenty.*)
Son veinte **para** las siete.	*It's twenty to seven.*
Faltan veinte **para** las siete.	*It's twenty to seven.* (Lit., *There are twenty* [*minutes*] *missing before seven.*)

Use **cuarto** (*quarter*) and **media** (*half*) for fifteen and thirty minutes, respectively.

—¿Son las ocho y **cuarto**?	*Is it (a) quarter past eight (eight fifteen)?*
—No, ya son las ocho y media.	*No, it's eight thirty already.*
—¿Qué hora tiene usted?	*What time do you have?*
—Las tres y **media**.	*Half past three.*
Son las cuatro menos **cuarto** y Claudia toma un café.	*It's (a) quarter till four and Claudia is drinking a cup of coffee.*

Use **a** to express *when* (*at what time*) an event occurs: **a** la una (*at one o' clock*), **a** las cuatro y media (*at four thirty*).

Tengo clase **a** las nueve.	*I have a class at nine.*
El concierto es **a** las ocho.	*The concert is at eight.*

B. Many Hispanic countries use the 24-hour clock to tell time after the noon hour, especially for television programs, movies, and events. The 24-hour clock is also the standard system for telling time in the United States Armed Forces and in many world organizations. Using this system, noon is **12:00 (las doce [horas])**, 1:00 p.m. is **13:00 (las trece [horas])**, 2:00 p.m. is **14:00 (las catorce [horas])**, 3:00 p.m. is **15:00 (las quince [horas])**, and so on, with midnight being **00:00 (las cero cero [horas])** or **24:00 (las veinticuatro [horas])**, depending on whether the speaker is making reference to the beginning or the end of a day. To refer to times using the 24-hour clock, speakers don't use **y/menos** or **cuarto/media**, and the use of **a.m.** or **p.m.** is redundant: 8:30 p.m. = **las veinte treinta**; 7:40 p.m. = **las diecinueve cuarenta**. While speakers also don't use **de la noche/tarde**, as this information is clear by the use of the 24-hour clock hour, a speaker might clarify that an event takes place in the morning by including **de la mañana**. In addition, the word **horas** is often used after the hour, especially with times that don't include minutes: **las trece horas.**

—¿A qué hora es la película?	*What time is the movie?*
—A las **dieciocho treinta**.	*At six thirty p.m.*

—¿Cuándo llega el autobús? *When does the bus arrive?*
—A las **veinte cuarenta y cinco**. *At eight forty-five p.m.*

—¿A qué hora es la fiesta de tu hija? *What time is your daughter's party?*
—Es a las **diez** de la mañana / a las **diez** horas. *It's at ten in the morning.*

Ejercicio 3

¿Qué hora es?

MODELOS: 2:20 → Son las dos y veinte.
2:15 → Son las dos y cuarto. / Son las dos y quince.
2:40 → Son las tres menos veinte. / Son veinte para las tres. / Faltan veinte para las tres.

1. 4:20
2. 6:15
3. 8:13
4. 1:10
5. 7:07
6. 5:30
7. 3:35
8. 1:49
9. 12:30
10. 5:15

Ejercicio 4

¿A qué hora es… ?

MODELO: ¿A qué hora es *el concierto*? (8:30) →
El concierto es *a las ocho y media.*

1. ¿A qué hora es la clase de español? (11:00)
2. ¿A qué hora es el baile? (9:30)
3. ¿A qué hora es la conferencia? (10:00)
4. ¿A qué hora es la clase de álgebra? (1:00)
5. ¿A qué hora es la fiesta del club Amigos sin Fronteras? (7:30)

Ejercicio 5

Expresa estas horas con el reloj de 24 horas.

MODELOS: 7:15 p.m. → Son las diecinueve quince.
6:00 a.m. → Son las seis (de la mañana).

1. 5:05 p.m.
2. 3:12 p.m.
3. 7:30 a.m.
4. 1:15 p.m.
5. 2:50 a.m.
6. 4:00 p.m.

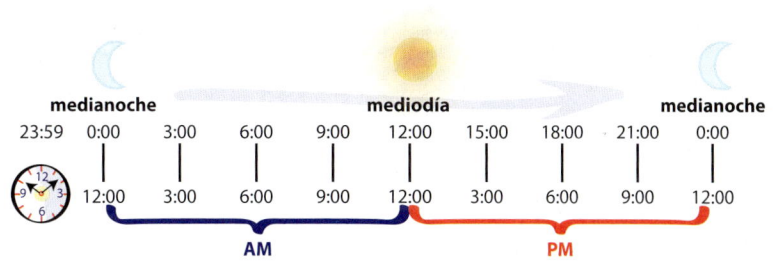

> **Entérate**
>
> En inglés, se puede escribir la hora con A.M./P.M., AM/PM o a.m./p.m. En español, generalmente se escriben con minúscula (*lower case*) y puntos (*periods*): a.m./p.m.
>
> a.m. = antemeridiano o ante merídiem, de la mañana, antes del mediodía
>
> p.m. = postmeridiano o post merídiem, de la tarde, después del mediodía

Infórmate 3.2 Telling Time: **¿Qué hora es? ¿A qué hora?**

3.3 Present Tense of Regular -ar, -er, and -ir Verbs

> *infinitive* = verb form ending in -ar, -er, -ir
>
> You will not find the conjugated forms of a verb (**hablo, hablas, habla,** and so forth) as main entries in the dictionary. You must know the infinitive in order to look up a verb.

A. The verb form listed in the dictionary and in most vocabulary lists is the *infinitive*. In Spanish many infinitives end in -**ar** (**llamar, llevar**), but some end in -**er** (**tener**) or in -**ir** (**vivir**). The forms of the verb in a particular verb tense (such as present, future, and so on) are its *conjugation*. Below is the present-tense conjugation of the regular -**ar** verb **hablar.** Regular verbs are classified as such because their stem (the infinitive minus the endings -**ar,** -**er,** or -**ir**) remains the same in all forms. The only change is in the endings, which are added to the stem.

hablar (*to speak*)		
(yo)	habl**o**	*I speak*
(tú)	habl**as***	*you (inf. sing.) speak*
usted, él, ella	habl**a**	*you (pol. sing.) speak; he/she speaks*
(nosotros/as)	habl**amos**	*we speak*
(vosotros/as)	habl**áis**	*you (inf. pl., Sp.) speak*
ustedes, ellos/ellas	habl**an**	*you (pl.) speak; they speak*

*Alternative form for recognition only: **vos hablás**

Infórmate 3.3,
Suggestion: You may want to present the following joke to students, to keep the mood light when they are first introduced to verb conjugation.

PROFESOR: Luis, diga el presente del indicativo del verbo caminar.
ALUMNO: Yo camino, ... eh... tú..., tú... caminas, mmm... él... camina...
PROFESOR: ¡Más rápido, por favor!
ALUMNO: Nosotros corremos, mmm... vosotros... vosotros... corréis, eh... ellos... ¡corren!

¿Recuerdas?

In Spanish, the forms of a verb change to show who is performing the action. You have already seen conjugated forms of many verbs, including **llevar (Capítulo 1), ser (Infórmate 1.1), estar (Infórmate 2.2),** and **tener (Infórmate 2.1).**

Note that in many cases Spanish verb endings indicate who or what the subject is, so it is not always necessary to mention the subject explicitly. That is why most of the pronouns are in parentheses in the verb tables in this text.

—¿Hablas español?   *Do you (inf. sing.) speak Spanish?*
—Sí, y hablo inglés también.   *Yes, and I speak English too.*

These endings take time to acquire. You can understand and communicate having an incomplete knowledge of them, but they are important. Make sure you use them properly when you write.

B. Following are the present-tense conjugations of the regular -**er** and -**ir** verbs **leer** and **vivir.**

leer (*to read*)		
(yo)	le**o**	*I read*
(tú)	le**es***	*you (inf. sing.) read*
usted, él, ella	le**e**	*you (pol. sing.) read; he/she reads*
(nosotros/as)	le**emos**	*we read*
(vosotros/as)	le**éis**	*you (inf. pl., Sp.) read*
ustedes, ellos/ellas	le**en**	*you (pl.) read; they read*

*Alternative form for recognition only: **vos leés.**

vivir (to live)			
(yo)	viv**o**	I live
(tú)	viv**es***	you (inf. sing.) live
usted, él, ella	viv**e**	you (pol. sing.) live; he/she lives
(nosotros/as)	viv**imos**	we live
(vosotros/as)	viv**ís**	you (inf. pl., Sp.) live
ustedes, ellos/ellas	viv**en**	you (pl.) live; they live

*Alternative form for recognition only: **vos vivís.**

> Use **tú** and its corresponding verb forms only when speaking *to* someone, *not* when speaking *about* someone.
> Omar, ¿(tú) vives en Ecuador?
> *but:* Omar vive en Ecuador.

By now, you must have noticed that there are two pronouns (**tú, usted**) that both mean *you* and they have different verb forms.

Usted habl**a** inglés. / **Tú** habl**as** inglés.

Usted le**e**. / **Tú** le**es**.

Usted viv**e** aquí en Berkeley. / **Tú** viv**es** aquí en Berkeley.

Use the pronoun **usted** (when necessary for clarification or emphasis) and the verb form that corresponds to it when addressing professionals (doctors, lawyers, professors), older people, strangers, or people you don't know well. This form shows respect. Use the pronoun **tú** (when necessary for clarification or emphasis) and its corresponding forms when addressing children, young people, your family, friends, and classmates. Remember to use **él** or **ella** (and the corresponding verb forms) to speak *about* someone else and **ellos** or **ellas** (and the corresponding verb forms) to speak *about* other people.

> You have already seen the familiar pronoun **tú** in activities and exercises. In some Spanish-speaking countries speakers use a different pronoun and verb form to interact with friends and family: **vos. Vos** is used in Argentina, Uruguay, Paraguay, and Costa Rica, so when speakers from those countries talk with friends you will hear them use **vos** forms. For example, Claudia Cuéllar from the **Amigos sin Fronteras** club uses **vos** in the **Amigos sin Fronteras** video, since she is Paraguayan. This same verb form is also used in Guatemala, Honduras, El Salvador, and Nicaragua, although speakers in these countries may also use **tú** and usually do so when talking with their friends from other Spanish-speaking countries. Do not worry about learning the forms for **vos** since in conversation the context will make the meaning clear, and Spanish speakers from countries that use **vos** always understand **tú** verb forms. For more on the forms of **tú** and **vos** see the **¿Sabías que... ?** reading in the *Cuaderno de actividades* and in Connect Spanish.

Ejercicio 6

Estamos en una fiesta del club Amigos sin Fronteras. Completa estas oraciones con la forma correcta del verbo **hablar**.

1. **RADAMÉS:** Eloy, las dos chicas rubias _____ alemán, ¿verdad?
2. **CLAUDIA:** Camila, ¿_____ italiano tu padre?
3. **ANA SOFÍA:** Xiomara y Lucía, ¿vosotras _____ francés?
4. **SEBASTIÁN:** Juan Fernando, ¿tú _____ chino y español?
5. **JUAN FERNANDO:** Sí, yo _____ bien los dos idiomas.
6. **ELOY:** Ángela, ¡usted _____ español muy bien!

Ejercicio 7

Completa estas oraciones con la forma correcta de los verbos indicados.

leer
1. Muchos españoles _____ el periódico *El País*.
2. ¿_____ (tú) muchas novelas?
3. Mi amigo _____ la Biblia todos los días.
4. (Yo) _____ revistas en español.
5. Profesora, ¿_____ usted todas las composiciones de los estudiantes? ¿Es aburrido?

vivir
6. —Juan Fernando, ¿(tú) _____ en México? ¿_____ con tus padres?
7. —No, mis padres y yo _____ en Costa Rica. ¿Y tú?
8. Omar, su esposa y sus hijos _____ en Quito, la capital de Ecuador.
9. (Yo) _____ en casa, con mis padres.
10. ¿Ustedes son primos de Xiomara? ¿_____ ustedes en El Salvador?

> **Entérate**
>
> En los países hispanos, es común que los jóvenes (*young people*) vivan con sus padres mientras (*while*) asisten a la universidad y hasta que (*until*) se casen (*they get married*).

Ejercicio 8

Estas son las actividades de Lucía y algunos miembros del club Amigos sin Fronteras. Escribe las formas correctas del verbo que está entre paréntesis.

1. Estefanía y yo _____ (escribir) muchos mensajes electrónicos.
2. La novia de Eloy siempre _____ (llevar) ropa muy bonita.
3. Mi mamá y yo _____ (limpiar) la casa los sábados.
4. Mis padres _____ (desayunar) juntos por la mañana.
5. Antonella, la hermanita de Camila, _____ (leer) las tiras cómicas todos los domingos.
6. Omar y Marcela no _____ (comer) juntos al mediodía.
7. Yo _____ (hablar) por teléfono con mis padres en Chile. ¡Uso Skype!
8. Carlitos y Maritza _____ (andar) en bicicleta los sábados.
9. Eloy, Camila y Ángela _____ (asistir) a clases de lunes a jueves.
10. Mis amigos, Eloy y Franklin, y yo _____ (escuchar) música hispana en la radio.

3.4 Demonstratives

A. Demonstrative adjectives are normally used to point out nouns (persons, places, or things).

Prefiero terminar **esta tarea** primero.   *I prefer to (I'd rather) finish this homework first.*

Mi hijo quiere leer **estos dos libros.**   *My son wants to read these two books.*

Demonstrative adjectives are placed before the noun that they modify and must agree in gender (masculine or feminine) and number (singular or plural) with the noun. They are frequently used with words like **aquí/acá** (*here,* close to the person speaking), **allí** (*there,* at a short distance from the person speaking), and **allá** (*over there,* further from the person speaking and the person listening).

DEMONSTRATIVE ADJECTIVES			
Singular		**Plural**	
aquí/acá (*here* [close to the speaker])			
est**e** libro	*this book*	est**os** libros	*these books*
est**a** chica	*this girl*	est**as** chicas	*these girls*
allí (*there* [at a short distance from the speaker])			
es**e** libro	*that book*	es**os** libros	*those books*
es**a** chica	*that girl*	es**as** chicas	*those girls*
allá (*over there* [further from the speaker and the listener])			
aquel libro	*that book*	aquell**os** libros	*those books*
aquell**a** chica	*that girl*	aquell**as** chicas	*those girls*

B. These demonstrative forms can be used as pronouns as well. They are considered pronouns when they are used instead of the noun. The equivalents of the demonstrative pronouns in English are: *this one, that one* (*there*), *that one* (*over there*); *these, those* (*there*), and *those* (*over there*).

Adjective: Mira, **este** vestido es mi favorito.

Look, this dress is my favorite.

Pronoun: **Este** (or **Éste***) me gusta mucho también, pero no me gustan **aquellos** (or **aquéllos***) de allá.

I like this one a lot too, but I don't like those over there.

Ejercicio 9

En la fiesta del club Amigos sin Fronteras, los miembros preguntan sobre las otras personas que están en la fiesta. Llena los espacios en blanco con adjetivos y pronombres demostrativos.

Singular: **este, ese, aquel; esta, esa, aquella**

Plural: **estos, esos, aquellos; estas, esas, aquellas**

1. —Claudia, ¿cómo se llama _____ chica que está allí con Camila?
   —¿_____ del vestido rojo? Se llama Xiomara y es de El Salvador.
2. —Oye, Eloy, ¿quién es _____ chica tan bonita que está allá en la puerta?
   —¿La chica de pantalones negros? Es mi amiga Claudia. Es muy inteligente. Estudia economía.
3. —¿Y _____ chico que está aquí al lado de los refrescos?
   —Mmm… _____ es Rodrigo, un colombiano que quiere ser miembro del club.

---

*In the past a demonstrative pronoun could be easily recognized because it had a written accent and was not followed by a noun. Today an accent mark is not necessary, and the style of *Tu mundo* is not to include accents on demonstrative pronouns. However, be aware that you will still see accents on these pronouns in many reading sources.

4. —¿Y _____ chicos que están allá en el jardín?
   —¿_____ de pelo rubio? No sé, tal vez son amigos de Camila.
5. —Mira _____ chicas que están allí con Eloy. Son bonitas, ¿no?
   —¿Cuáles? ¿_____ que llevan pantalones cortos o _____ que llevan vestido?
6. —¿Es amiga de Claudia o de Eloy _____ señora que está aquí con Rodrigo?
   —¿_____ de aquí? Es amiga de los dos. Se llama Ángela.

Ejercicio 10

Mira el dibujo y completa las oraciones usando los adjetivos demostrativos correctos, según el dibujo.

1. _____ zapatos son buenos para una mujer que trabaja en una oficina.
2. _____ sandalias son muy cómodas (confortables).
3. _____ zapatos son para un señor que trabaja en una oficina.
4. _____ zapatos son bonitos y muy elegantes.
5. _____ botas son para la lluvia.
6. _____ zapatos de tenis son buenos para caminar y para correr.

Lo que aprendí

After completing this chapter, I can:
- ☐ ask and answer questions regarding likes and dislikes, as well as various activities.
- ☐ tell time and say at what time events are scheduled.
- ☐ find information in schedules and TV guides, and ask or answer questions about this information.
- ☐ narrate and converse (formally and informally) about daily activities (in the present) and incorporate expressions of frequency.
- ☐ discuss weather, temperature, and seasons.
- ☐ name some sports.

Now I also know more about:
- ☐ Argentina and Uruguay.
- ☐ the members of the **Amigos sin Fronteras** club.
- ☐ the 24-hour clock system used in some Hispanic countries.
- ☐ the use of **vos** instead of **tú** in some Hispanic countries.
- ☐ the different seasons around the world.
- ☐ Argentinean cinema.

Vocabulario

Los deportes	Sports
el balón	ball
el casco	helmet
el equipo	team
el fútbol	soccer
el fútbol americano	football
la gimnasia	gymnastics
la gorra	cap
la natación	swimming
el partido	game (*in sports*); match
el patín (*pl.* los patines)	skate(s)
la patineta	skateboard
la pelota	ball
el senderismo	backpacking, hiking
la temporada	sports season

Palabras semejantes: el básquetbol, el bate, el béisbol, el boxeo, el campeón, el ciclismo, la competición, el ejercicio (aeróbico), el maratón, la raqueta, el tenis, el voleibol, el yoga

Las actividades favoritas	Favorite Activities
andar en bicicleta/patineta	to ride a bicycle/skateboard
bailar	to dance
cantar	to sing
comprar	to buy
correr	to run
dar (*irreg.*) un paseo	to go for a walk/stroll
escribir	to write
escuchar (música)	to listen (to music)
hacer (*irreg.*)	to do; to make
hacer ejercicio	to exercise
hacer snowboard	to snowboard
ir (*irreg.*)	to go
ir a casa	to go home
ir a fiestas	to go to parties
ir al cine	to go to the movies
ir de compras	to go shopping
jugar (ue)*	to play
jugar al tenis	to play tennis
jugar (a) videojuegos	to play video games
levantar pesas	to lift weights
nadar	to swim
pasar tiempo	to spend time
pasear	to go for a walk/ride
patinar	to skate
practicar un deporte	to play a sport
salir (*irreg.*) (a bailar)	to go out (dancing)
tocar la guitarra	to play the guitar
tomar el sol	to sunbathe
tomar una siesta	to take a nap
ver (*irreg.*) la televisión / una película	to see; to watch television / a movie
viajar	to travel

Palabras semejantes: acampar, esquiar, surfear

La hora	Time; Hour
¿Qué hora es?	What time is it?
Es la una y media.	It's one thirty.
Son las nueve menos cuarto.	It's eight forty-five / (a) quarter to nine.
Son diez para las siete.	It's ten to seven.
de la mañana/tarde/ noche	in the morning/afternoon/evening
Es medianoche.	It's midnight.
Es mediodía.	It's noon.
y cuarto / menos cuarto	quarter after / quarter till
y media	half past
¿A qué hora (es)?	At what time (is it)?
Es a las once (en punto).	It's at eleven o'clock (sharp).

Palabras semejantes: el minuto

Las actividades diarias	Daily Activities
almorzar (ue)*	to have lunch
asistir (a clases)	to attend (classes)
beber	to drink
caminar	to walk
cenar	to have dinner
charlar	to chat
cocinar	to cook
comer	to eat
desayunar	to have breakfast
descansar	to rest
dormir (ue)*	to sleep
estudiar	to study
lavar (los platos)	to wash (dishes)
leer (el periódico)	to read (the newspaper)
limpiar	to clean
llegar	to arrive
manejar	to drive
mirar (videos)	to look at; to watch (videos)
tomar	to take; to drink
tomar apuntes	to take notes

Las estaciones	Seasons
el invierno	winter
el otoño	fall
la primavera	spring
el verano	summer

El tiempo	Weather
¿Qué tiempo hace?	What is the weather like?
Hace buen/mal tiempo.	The weather is nice/bad.
Hace calor.	It's hot.
Hace fresco.	It's cool.
Hace frío.	It's cold.
Hace sol.	It's sunny.
Hace viento.	It's windy.
Está nublado.	It's overcast (cloudy)
bajo cero	below zero, minus
grado centígrado	degree centigrade
Llueve.	It rains. / It's raining.
Nieva.	It snows. / It's snowing.
la nieve	snow

Palabras semejantes: el clima, la temperatura

La descripción	Description
aquel/aquella	that (over there)
aquellos/as	those (over there)
ese/a	that (there)
esos/as	those (there)
juntos/as	together
loco/a	crazy
peligroso/a	dangerous
primero/a	first
relacionado/a	related
varios/as	several

Palabras semejantes: clásico/a, delicioso/a, diferente, folclórico/a, latinoamericano/a, máximo/a, mínimo/a, musical, nacional, olímpico/a, panamericano/a, popular, posible, típico/a

Repaso: este/a, estos/as

¿Cuándo?	When?
después	after
durante	during
los domingos/lunes/martes…	on Sundays/Mondays/Tuesdays…
mientras	while
por la mañana/tarde/noche	in the morning/afternoon/evening
por último	lastly
¿Con qué frecuencia? ¿Cuántas veces?	How often? How many times?
a veces	sometimes
(casi) nunca	(almost) never
con frecuencia	frequently
de vez en cuando	once in a while
diario	daily
siempre	always
todos los días	every day

Los verbos	Verbs
buscar	to look for
cambiar	to change
empezar (ie)*	to begin
esperar	to wait
ganar	to win
narrar	to tell a story; to narrate
perder (ie)*	to lose
recoger (recojo)	to pick up
regresar	to return; to come back
saludar	to greet
terminar	to finish
trabajar	to work
ver (irreg.)	to see; to watch

Palabras semejantes: considerar, corresponder, mencionar, practicar, preparar, presentar, representar, textear, visitar

Las personas	People
el esposo / la esposa	husband/wife
la gente	people
el hijo / la hija	son/daughter
el novio / la novia	boyfriend/girlfriend

Palabras semejantes: el/la detective

Los adverbios	Adverbs
alrededor	around
especialmente	especially
finalmente	finally
generalmente	generally
normalmente	normally
posiblemente	possibly
rápido	fast
también	also
tarde	late

---

*Verbs marked with vowels in parentheses indicate that these verbs have stem vowel changes when conjugated. You will learn more about stem-changing verbs in **Infórmate 5.2**.

Los lugares	Places
allí/allá	there
aquí/acá	here
la biblioteca	library
la ciudad	city
el gimnasio	gymnasium; gym
el jardín	garden
la librería	bookstore
la montaña	mountain
la parada del autobús	bus stop
la playa	beach
la piscina	pool
la taquería	taco stand
el teatro	theater
la tienda	store

Los sustantivos	Nouns
el agua	water
el árbol	tree
la arroba	@, "at" sign
el canal	channel
la cena	dinner
la comida	food
la dirección (electrónica)	(e-mail) address
la flor	flower
el francés	French
la horchata	rice drink
la jamaica	tropical drink made from hibiscus petals
el juego	game
las noticias	news
la serie	series
la tabla de snowboard	snowboard
la tarea	homework
el tiempo libre	free time
el tipo	type
la vida	life
Palabras semejantes: la acción, el apartamento, el arte, la aventura, la bicicleta (bici), el carro, la conversación, la diferencia, la foto, el hemisferio, la información, el jazz, el kilómetro, la lista, el misterio, la motocicleta (moto), la novela, el parque, la planta, el programa, la programación, el restaurante, el rock, el sándwich, el sitio Web, la transmisión, la universidad, las vacaciones	

Los mandatos	Commands
haz	make; do
recuerda	remember

Palabras y expresiones del texto	Words and Expressions from the Text
emparejar	to pair up, match
hacer (*irreg.*) preguntas	to ask questions
Háganse preguntas.	Ask each other questions.
por ejemplo	for example

Palabras y expresiones útiles	Words and Useful Expressions
¿adónde?	where to?
algo	something
en casa	at home
en línea	online
para nada	not at all
pero	but
¿por qué?	why?
por teléfono	on the phone
porque	because
pues	well
¿Qué te gusta hacer?	What do you (*inf. sing.*) like to do?
me/nos/les gusta (+ *infin.*)	I/we/they like to (*do something*)
¿Qué le gusta hacer?	What do you (*pol. sing.*) / does he/she like to do?
le gusta (+ *infin.*)	you (*pol. sing.*)/ he/she likes to (*do something*)
según	according to
ya es tarde	it's already late

Vocabulario

La familia y los amigos 4

Capítulo 4 Pre-Text Oral Activities
See the *Chapter 4* PP presentations, the IRK, and the IM for detailed lesson plans and additional resources.

1. **Family vocabulary.** Draw your own family tree on the board, use the *Tu mundo* PP presentation and/or prepare a PP presentation to introduce family vocabulary. Use the symbol ♂ for male and ♀ for female, a ring for married, and a broken heart for divorced. Teach *soltero/a, casado/a,* and *divorciado/a*. Label with names, then ask questions such as *¿Cómo se llama el/la ___ de ___? ¿Quién es el/la ___ de ___?*
2. **Possessives.** Put possessive adjectives on the board then provide comprehensible input by pointing to your clothing or some of your things and saying: *¿Les gusta mi blusa? Mi bolígrafo es viejo. Mis zapatos son grandes.* Point to and comment on students' clothing and belongings: *Su móvil es moderno, ¿cuesta mucho? Nuestro salón de clase es grande. Chicos, ¿sus libros son nuevos?* The next class session, put *tener* and *ser de (es/son de)* on the board and provide comprehensible input. Point to personal belongings: *Tengo muchos lápices. Usted tiene un diccionario muy grande. ¿De quién es el sombrero rojo? ¿Es de Mary?* Write on the board: Mary's hat = *el sombrero de Mary*; John's book = *el libro de John*.

Una familia ecuatoriana en Quito, Ecuador

Upon successful completion of **Capítulo 4,** you will be able to converse about your family, things you own, your daily activities, languages and nationalities of the world, and your plans for the future. You will also be able to express dates and personal information, such as birthdays, addresses, and phone numbers. Additionally, you will have learned about some interesting places and people from Ecuador.

Comunícate

En familia

Las preferencias y los deseos

Hablando de las preferencias y las actividades Hispanos famosos y en forma

Datos personales

Los planes

Actividad integral De vacaciones en Ecuador

Exprésate

Escríbelo tú Planes para el verano próximo

Cuéntanos Mi familia

Entérate

Mundopedia Quito y Mitad del Mundo

Voces ecuatorianas

Conexión cultural Las islas Galápagos, tesoro de la naturaleza

Videoteca
Amigos sin Fronteras, Episodio 4: El nuevo equipo de fútbol

Mi país: Ecuador

Infórmate

4.1 Possession: **tener, ser de,** and Possessive Adjectives

4.2 The Verbs **preferir** and **querer** + Infinitive

4.3 Question Formation

4.4 Making Plans: **pensar, tener ganas de,** and **ir a** with Activities and Places

www.connectspanish.com

ECUADOR

3. **Numbers 100 to 2,000+.** Write and label the hundreds from 100 to 1,000 (see *Infórmate* box with *Comunícate* display for *Datos personales*.). Write 100 = *cien*, then point to the 2 in 200 and ask what number it is. Write 2, point to the zeros and add *cien* (preferably in a different color) and finally add -*tos* in a third color. Do the same for the rest of the numbers except 500, 700, and 900. Go back and add 700 and 900 with the same process, making sure students realize it is "*sete*" and "*nove*." Then go to 500 and write *quinientos*, then go on to 1,000 and 2,000. Practice counting by hundreds first, then add other numbers. To help students interpret numbers, dictate some. Start with ones and tens, have the students read those, then add the hundreds: 7 (*siete*), add a 5 to the left—57 (*cincuenta y siete*) then add a 6 to the left—657 (*seiscientos cincuenta y siete*). Do this with the thousands as well: add a 1 to the left—1.657 (*mil seiscientos cincuenta y siete*), so students feel comfortable expressing dates. Write and say each number: *mil, quinientos, cuarenta y ocho*. Write one number under the other and as you write each one, circle the first number of each quantity so students see it is 1.548. Write various dates on the board. Point to a date (1964) and ask: *¿Es mil novecientos sesenta y cuatro?* (*Sí*) *Sí, es mil novecientos sesenta y cuatro*. Once students have heard several of these numbers answering *sí/no* questions, you can ask either/or questions: *¿Es mil novecientos sesenta y cuatro o mil setecientos noventa y cuatro?* On another day, you can dictate some dates and check each one as soon as they have written the number.

4. **Los planes.** Use an association activity to introduce *ir* in the "informal future" construction (*ir + a* + infinitive) as well as *pensar* and *tener ganas de* + infinitive. Ask students to think about something they are going to do during the weekend. Write on the board: *El próximo fin de semana (yo) voy a _____. También pienso _____ y tengo ganas de _____.* Encourage students to name the activity in English so that you can give the Spanish equivalent and introduce new infinitives. Expand each response. Sample input: *Michael, ¿qué va a hacer el próximo fin de semana?* (go to a party) *Se dice: «Voy a ir a una fiesta.» ¡Qué bien, una fiesta! ¿Piensa ir solo o con sus amigos? ¿Tiene ganas de bailar en la fiesta?*

Mi país (Whole class), **Suggestions:** We encourage you to show this video segment to the class as you introduce *Capítulo 4*. (It is available on DVD and in Connect Spanish.) You may also show or assign this segment again toward the end of the chapter in the *Videoteca* section when students will have a larger vocabulary. Note that all video segments are presented in the text and in Connect Spanish with pre-viewing activities that will help students with listening comprehension. There you will also find post-viewing activities, which will enhance the students' appreciation of the video. You may want to use the previous *Mi país* segment as a review.

Point out: Make it clear to students that they are not expected to understand every word at this point.

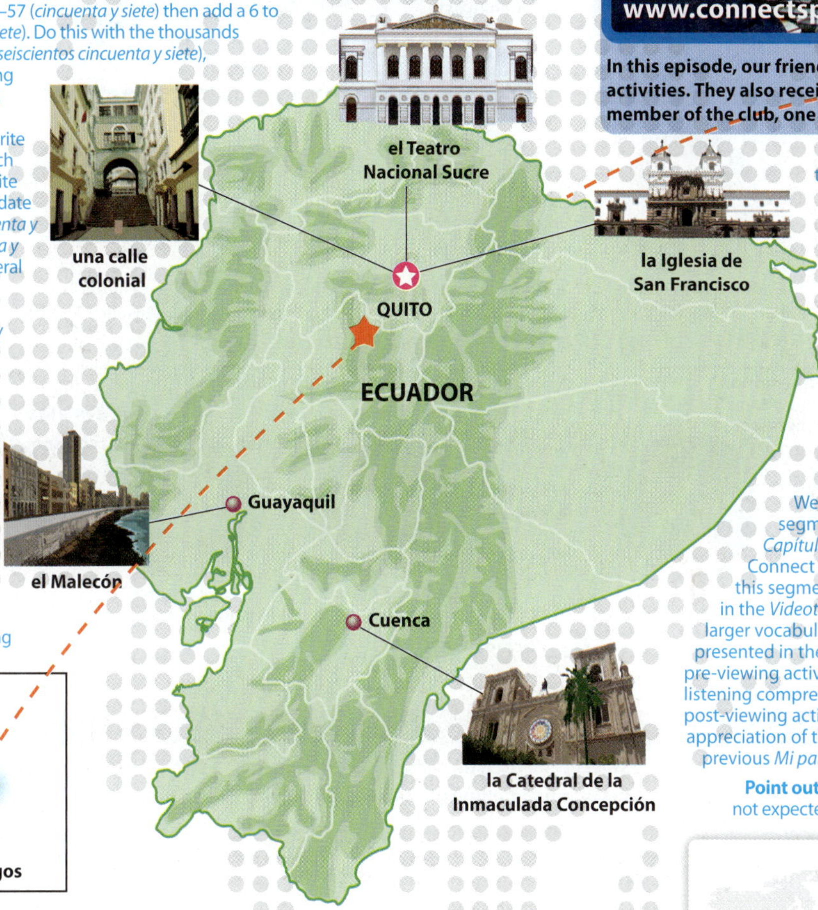

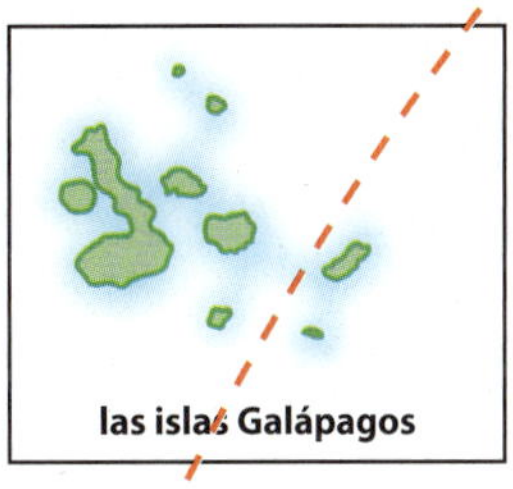

Amigos sin Fronteras
www.connectspanish.com

In this episode, our friends enjoy some of their favorite activities. They also receive a surprise from another member of the club, one who lives far away.

- el Teatro Nacional Sucre
- una calle colonial
- la Iglesia de San Francisco
- QUITO
- ECUADOR
- Guayaquil
- el Malecón
- Cuenca
- la Catedral de la Inmaculada Concepción
- las islas Galápagos

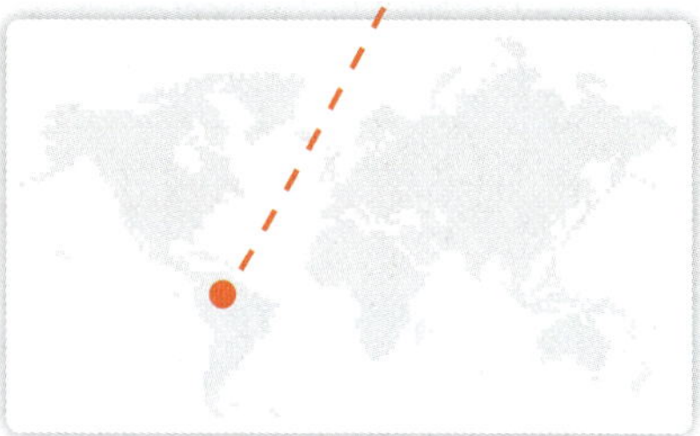

Conócenos

Omar Acosta Luna

Omar Acosta Luna es ecuatoriano, tiene veintinueve años y estudia en Ecuador. Le gusta escuchar música, pasar tiempo con la familia y jugar al fútbol. Su esposa se llama Marcela Arellano Macías y sus hijos se llaman Carlos Antonio (Carlitos) y Maritza.

Mi país

En familia, **Note:** Many of the words in the vocabulary displays and activities will be new to students. Be sure to verify class comprehension of all vocabulary as you proceed through the chapter.

Comunícate

En familia

Lee *Infórmate* 4.1–4.3

Remind students that it is common in some Spanish-speaking countries to have two first names (*Mundopedia, Cap. 1*). Point out that parents often give one of their names to their children: Daniela Acosta Luna has a daughter named Daniela: Daniela Aguilera Acosta. Miguel Luis Aguilera Tejada named his son Juan Miguel (Aguilera Acosta).

See IRK for additional activities.

Suggestions: Use this display to talk about family relationships: *padres, hijos, hermanos, abuelos, nietos, tíos, sobrinos, primos,* and *gemelos*. Ask questions that students can answer with names from the family tree: *¿Cómo se llama la abuela de Maritza Acosta Arellano?* Make sure that students have heard all relevant family terms in your input before they proceed to *Act. 1*.

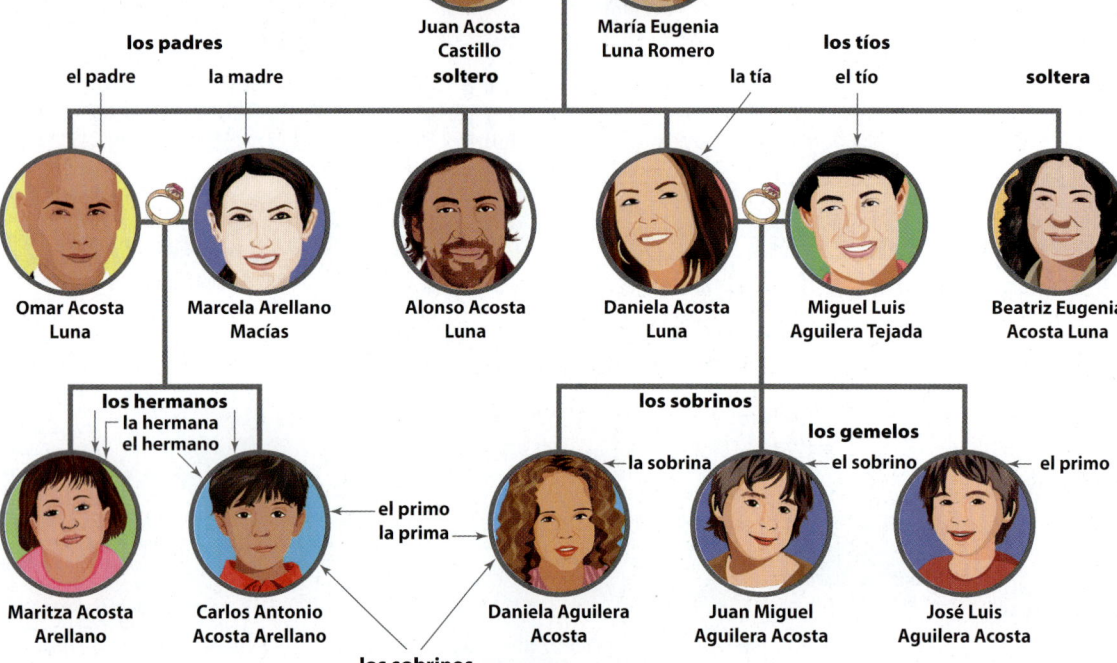

La familia Acosta

💍 = casados

Infórmate

The plural **hermanos** can include sisters as well. It is the same with all members of the family: **padres** (padre/papá, madre/mamá), abuelos (abuelo, abuela), tíos (tío, tía), primos (primo, prima), sobrinos (sobrino, sobrina).

Actividades de comunicación

Entérate

¿Recuerdas la información sobre los nombres hispanos en **Mundopedia, Capítulo 1?** Muchos hispanos usan dos nombres y también usan dos apellidos, el de su padre primero y después el de su madre. En los documentos legales, es necesario usar los dos apellidos.

Actividad 1   La familia Acosta

A. ¿Cierto o falso? Contesta según el dibujo.

1. La esposa de Miguel Luis se llama Daniela. **C**
2. Juan y María Eugenia tienen cuatro hijos: tres hijos y una hija. **F**
3. Marcela es hermana de Omar. **F**
4. Alonso es soltero, pero su hermano Omar es casado. **C**
5. Daniela y Juan Miguel Aguilera Acosta son idénticos porque son hermanos gemelos. **F**
6. Beatriz Eugenia y Alonso son tíos; tienen cinco sobrinos. **C**
7. María Eugenia tiene cinco nietos en total, tres nietos y dos nietas. **C**
8. Maritza no tiene primas. **F**
9. Omar y Marcela son los padres de Maritza y Carlos Antonio. **C**
10. Los abuelos de Juan Miguel se llaman Juan Acosta Castillo y Daniela Aguilera Acosta. **F**

Act. 1, Part A (Whole class; pair), **Suggestions:** Have students look at the family tree. Read the names of the family members and comment on their relationship: *Juan Acosta Castillo y María Eugenia Luna Romero tienen cuatro hijos. Tienen nietos también; Juan y María Eugenia son abuelos. Juan Miguel Aguilera Acosta y José Luis Aguilera Acosta son hermanos gemelos, son idénticos.* Ask a few questions: *¿Cómo se llaman las nietas de Juan Acosta Castillo? ¿Cuántos hermanos tiene Daniela Aguilera Acosta?* Once the students are familiar with the family members, read the statements aloud and have the whole class answer *cierto* or *falso*. **Variation:** Complete the first four items as suggested above and then pair students to do the rest, with one student reading the statement and the other answering *cierto* or *falso*. **Expansion:** Have students correct the false statements.

Familia&Familia es una fundación que trabaja con familias vulnerables en Ecuador.

B. Con tu compañero/a, hagan y contesten preguntas según el dibujo de la familia Acosta Luna.

MODELO:
E1: ¿Cómo se llama *el hermano de Omar, Daniela y Beatriz Eugenia*?
E2: Se llama *Alonso*.
E1: ¿Cuántos *hermanos* tiene *Maritza*?
E2: Tiene *uno*.

Actividad 2 Una conversación sobre tu familia

Habla con tu compañero/a sobre tu familia.

La familia es muy importante en Ecuador.

Entérate

En general, las familias hispanas son grandes y muy unidas (*close*). A veces, en una casa viven varios miembros de la familia: los padres con sus hijos, los abuelos y —en algunos casos— también los tíos.

1. —¿Cómo te llamas?
   —Me llamo _____.
2. —¿Cómo se llama tu padre (madre, hermano/a, abuelo/a)?
   —Mi _____ se llama _____.
3. —¿Cuántos hermanos (primos, tíos, abuelos, nietos) tienes?
   —Tengo _____ hermano(s) (primo[s], abuelo[s], nieto[s]).
4. —¿Eres casado/a o soltero/a? ¿Tienes hijos?
   —Soy _____. Tengo _____ hijos. (No tengo hijos.)

Infórmate

Notice that Spanish does not express possession by adding an apostrophe (').

Mary's father
El padre **de** Mary

Mary's father
(El) padre **de** Mary

Actividad 3 ¿De quién es... ?

Contesta las preguntas según los dibujos.

Nayeli

Ángela Andrés

MODELOS:
¿De quién es *el libro*?
Es de *Ángela*.

¿Quién tiene *dos gatos*? ¿Cómo son?
Andrés. Un gato es anaranjado y perezoso, uno es gris y negro y simpático.

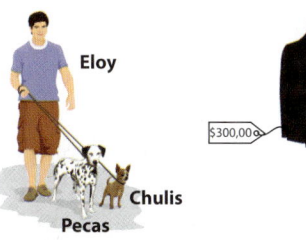
Franklin   Eloy   Pecas   Chulis

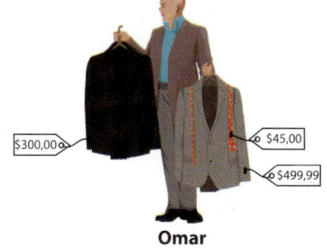
Omar

Carlitos   Maritza

Lucía

1. ¿De quién son los trajes nuevos? ¿De qué color son? *de Omar; negro, gris*
2. ¿Quién tiene dos libros? ¿Cómo son (los libros)? *Lucía; viejo, nuevo*
3. ¿Quiénes tienen bicicletas nuevas? *Carlitos y Maritza*
4. ¿De quién son los perros? ¿Cómo son? *de Eloy; Pecas es grande, Chulis es pequeño*
5. ¿De quién es el coche nuevo? Descríbelo. *de Franklin; es verde*
6. ¿Quién tiene un vestido de fiesta? ¿Cómo es? *Nayeli; es nuevo, rosado, femenino*

Comunícate En familia

Actividad 4 ¿Qué tengo?

Charla con tu compañero/a sobre tus mascotas, tu carro y otras cosas que tienes.

1. —¿Tienes mascota(s)?
   —Sí, tengo un(a) _____ perro (gato, pájaro, pez, tortuga). (No, no tengo mascota.)

2. —¿Cómo se llama(n) tu(s) mascota(s)?
   —Se llama(n) _____.

3. —¿Cómo es? (¿Cómo son?)
   —Mi _____ es _____. (Mis _____ son _____.)

4. —¿Tienes carro? (*motocicleta, bicicleta, patineta*)
   —Sí, tengo un _____ (*Ford, Toyota, Volvo*). / No, no tengo *carro*. Tengo una _____. (*motocicleta, bicicleta*)

5. —¿Cómo es tu *carro*? (*motocicleta, bicicleta*)
   —Mi *carro* (*motocicleta, bicicleta*) es _____.

Las preferencias y los deseos

Lee *Infórmate 4.2*

Los planes para el sábado

Eloy quiere salir a cenar, pero Susan, su novia, prefiere ir a un concierto.   Claudia quiere ir al cine, pero Xiomara prefiere ver videos en YouTube.

Omar y su esposa quieren descansar, pero sus hijos prefieren jugar en el parque.

Actividad 5 Mis preferencias

A. Escribe tus preferencias en la siguiente tabla.

¿Prefieres... ?	NINGUNA ACTIVIDAD No me gusta... *ninguna de las dos actividades.*	UNA ACTIVIDAD Prefiero... *nadar en el mar.*	LAS DOS ACTIVIDADES Me gustan mucho... *las dos actividades* pero prefiero *nadar en el mar.*
1. ¿hacer ejercicio en un gimnasio o correr al aire libre?			
2. ¿pasear o estar en casa?			
3. ¿textear o tuitear (*tweet*)?			
4. ¿leer el periódico en línea o ver las noticias en televisión?			
5. ¿escuchar música en tu iPod o ir a un concierto?			
6. ¿salir de vacaciones en tu país o en otro?			
7. ¿leer un libro electrónico o uno tradicional?			
8. ¿cocinar o salir a cenar?			
9. ¿ir al cine o ver películas en casa?			
10. ¿ver fotos en tu iPhone o en una página de Facebook?			

B. Ahora conversa con tu compañero/a sobre tus preferencias.

MODELO: E1: ¿Prefieres *nadar en la piscina o en el mar*? →

E2: Prefiero *nadar en el mar.* (Me gustan mucho las dos actividades pero prefiero *nadar en el mar.* / No me gusta ninguna de las dos actividades.)

Actividad 6 Situaciones

¿Qué quieres hacer en las siguientes situaciones? Conecta cada situación con una actividad o inventa una actividad original.

SITUACIONES

1. Esta noche hay una fiesta del club Amigos sin Fronteras.
2. Hay una nueva película de mi actor favorito.
3. Mañana hay un examen muy difícil en mi clase de español.
4. El fin de semana próximo es el cumpleaños de mi mamá.
5. ¡Necesito unas vacaciones!
6. Hoy es mi cumpleaños.
7. Necesito hacer un poco de ejercicio.
8. Hay mucha tarea en mis clases.
9. ¡Mi (teléfono) móvil es muy viejo!
10. Hoy es un día muy bonito y estoy con mis amigos en el parque.

QUIERO...

a. comprar un regalo especial para ella.
b. celebrarlo con mi familia.
c. nadar en el mar (la piscina).
d. ir al gimnasio.
e. comprar ropa nueva para la fiesta.
f. ir al cine para ver su película.
g. hacer mi tarea todos los días.
h. comprar un modelo nuevo.
i. hacer un picnic (tener una merienda).
j. viajar a Argentina.
k. estudiar mucho esta noche.
l. ¿ ?

Infórmate

In Spanish, **este** and **esta** are used with upcoming time periods.

este fin de semana
this (coming) weekend

esta primavera
this (coming) spring

To say *tonight* in Spanish, follow the same rule: **esta noche**. See section B of **Infórmate 4.4** for more examples.

Comunícate   Las preferencias y los deseos

Infórmate

Numbers that tell order are called *ordinal numbers*.

primero/a first
segundo/a second
tercero/a third
cuarto/a fourth
quinto/a fifth
sexto/a sixth
séptimo/a seventh
octavo/a eighth
noveno/a ninth
décimo/a tenth

Ordinal numbers are adjectives. In Spanish they typically precede the noun they modify and they must agree with the noun.

el segund**o** grupo / la primer**a** preferencia

Note that **primero** and **tercero** drop the final **-o** when they are in front of a masculine noun.

el **primer** chico / el **tercer** lugar

Actividad 7   Los gustos diarios

A. Conversa con tu compañero/a sobre los gustos diarios de los adolescentes y los adultos en Ecuador.

MODELO:
E1: ¿Cuál es la *cuarta* preferencia de los *jóvenes* ecuatorianos?
E2: *Textear a los amigos.*
E1: ¿Y de los *adultos*?
E2: Los adultos *prefieren leer libros y revistas.*

B. Ahora, decide qué actividades prefieres tú. En una hoja de papel, escribe seis actividades o más que te gusta hacer **en casa,** seis o más que te gusta hacer **fuera de casa,** y otras seis o más que te gusta hacer **en línea.** Escribe **primera, segunda, tercera,** etcétera, para indicar el orden de tus preferencias. Luego, conversa con tu compañero/a y pregúntale cuáles son sus preferencias en cada situación.

MODELO:
E1: ¿Qué prefieres hacer *en casa (fuera de casa / en línea): cocinar, hablar por teléfono, leer libros, tocar la guitarra, pasar tiempo con tus amigos o ver la televisión?*
E2: Prefiero *ver la televisión.*
E1: ¿Es tu primera preferencia?
E2: Sí.
E1: ¡Es mi primera preferencia también! / Yo prefiero leer libros. ¿Y tu segunda preferencia?

ACTIVIDADES

andar en bicicleta/monopatín/ motocicleta	hacer ejercicio	subir fotos a mi Instagram
	ir al cine	textear
bailar	ir de compras	tocar la guitarra / el piano
cocinar	leer el correo electrónico	tuitear
comentar en Facebook	leer el periódico	ver fotos
correr al aire libre	leer libros	ver la televisión
dormir	leer revistas y blogs	ver videos
escuchar música	mandar mensajes	¿ ?
hablar por teléfono	pasar tiempo con los amigos	

Act. 8 (Whole class; pair), **Notes:** This activity provides practice using *querer* and *te/me gusta*, and also reviews telling time (*Infórmate 3.2*). **Suggestions:** Go over the *Vocabulario útil* and explain the difference between *Es/Son la(s)* and (*Es*) *A las*. Present an additional model with *se presenta a* (it starts at): E1: ¿Te gusta ir al cine? E2: Sí, me gusta mucho. E1: ¿Quieres ver una película el sábado? E2: ¿A qué hora se presenta la película? E1: A las siete y media de la tarde. E2: Perfecto. ¡Nos vemos el sábado! Remind them that the same activity (in the model, *nadar*, here *ir al cine*) will appear in the first line and repeat in the third. Have students work in pairs. They should change activity, time, and place for variation.

Actividad 8 Una invitación

Conecta frases de las cuatro columnas para formar preguntas. Luego conversa con tu compañero/a.

MODELO: E1: ¿Te gusta *nadar*?

E2: Sí, me gusta mucho.

E1: ¿Quieres *nadar* en la piscina pública *el domingo*?

E2: ¿A qué hora?

E1: A *las cuatro de la tarde.*

E2: Perfecto. Nos vemos *el domingo* a *las cuatro de la tarde.*

Vocabulario útil

A las…

Es a la(s)…

Se presenta a la(s)…

Actividades	¿Dónde?	Día	Hora
acampar	en el centro		a las 9:00 de la mañana
correr	en el Cine Ocho y Medio	el lunes	a las 10:00 de la mañana
ir a conciertos (ir a un concierto)	en el club Seseribó	el martes	a las 2:00 de la tarde
	en el parque Alameda	el miércoles	a las 4:00 de la tarde
ir a fiestas	en el restaurante Hasta la Vuelta Señor	el jueves	a las 7:30 de la tarde
ir de compras		el viernes	a las 8:00 de la noche
nadar	en el Teatro Nacional Sucre	el sábado	a las 8:30 de la noche
salir a bailar	en la casa de un amigo	el domingo	a las 10:00 de la noche
salir a cenar	en la montaña		¿?
ver una película	en la piscina pública		
¿?	¿?		

Entérate

El Teatro Nacional Sucre, el Cine Ocho y Medio, el club Seseribó, el Parque Alameda y el restaurante Hasta la Vuelta Señor son lugares en la ciudad de Quito, capital de Ecuador.

Actividad 9 El fin de semana

A. Conversa con tu compañero/a.

GENERALMENTE LOS FINES DE SEMANA…

1. ¿Sales con tus amigos? ¿Prefieres ir al cine o ir a un club?
2. ¿Trabajas? ¿Hasta qué hora?
3. ¿Cenas en un restaurante? ¿Prefieres cenar en un restaurante familiar o en uno elegante? ¿Cuál es tu favorito?
4. ¿Lees un libro o prefieres visitar páginas de Facebook? ¿Juegas a las cartas?
5. ¿Te gusta ir a fiestas o dar fiestas? ¿Por qué?

ESTE FIN DE SEMANA…

1. ¿Quieres practicar algún deporte? ¿Cuál prefieres?
2. ¿Quieres ver la televisión? ¿Qué programas te gustan?
3. ¿Quieres ir de compras? ¿Adónde? ¿Qué quieres comprar?
4. ¿Quieres ir a una fiesta? ¿Con quién(es)?
5. ¿Quieres estudiar? ¿Dónde prefieres estudiar? ¿Con quién(es)?

B. Ahora… ¡conversa con tu profe!

1. ¿Quiere usted practicar algún deporte este fin de semana? ¿Cuál prefiere?
2. ¿Quiere ver la televisión? ¿Qué programas le gustan?
3. ¿Quiere ir de compras? ¿Adónde?
4. ¿Prefiere salir a cenar o comer en casa? ¿Cuál es su restaurante favorito?
5. ¿Prefiere leer o ver una película? ¿Qué tipo de libros prefiere leer? ¿Qué tipo de películas le gustan?

Act. 9 (Pair), **Notes:** This activity may be split over two class sessions. **Suggestions:** Remind students that verbs ending in -s indicate the familiar **tú** form. Tell students to answer each question then add ¿Y tú… ? plus the question again so it is more like a conversation and not like an interview. Once students have had time to finish Part A, let volunteers ask you questions from Part B. Doing this will allow them to practice using *usted* forms. Answer as honestly as possible. **Suggested input:** Introduce vocabulary for types of books and movies: *novela, comedia, de (ciencia) ficción, de misterio, de suspenso, dramático/a, romántico/a.*

Comunícate Las preferencias y los deseos

Hablando de las preferencias y las actividades

HISPANOS FAMOSOS Y EN FORMA[a]

Muchos tenemos curiosidad cuando vemos a la gente famosa en la televisión y en el cine. ¿Cómo se mantiene delgada y en buena forma? ¿Qué hace todos los días? ¿Hace ejercicio? ¿Qué prefiere comer? ¿Tienes curiosidad por saber la respuesta? Entre los hispanos de fama internacional, algunos —como Jennifer López, Penélope Cruz y Shakira— tienen un régimen bastante estricto que obviamente da buenos resultados. ¡Lee y entérate!

Jennifer López es famosa por su figura… y por estar en tan[b] buena forma pocos meses después de tener gemelos. ¿Cuál es su secreto? Es una mujer muy atlética: baila, corre, boxea, levanta pesas y hace ciclismo[c] casi todos los días. En el gimnasio prefiere hacer ejercicios específicos para cada parte del cuerpo y hace cada uno solamente por cinco minutos. Claro que tiene una dieta balanceada de fruta fresca, verduras,[d] proteínas magras[e] y grasas saludables;[f] también come otras cosas pero con moderación y bebe ocho vasos de agua todos los días. Dice que parte de su secreto es que no fuma,[g] no bebe alcohol ni consume drogas.

Shakira también tiene un cuerpo muy bien formado pero su rutina es muy diferente: tiene sesiones de entrenamiento[h] seis días por semana: sesenta minutos de pesas y cuarenta de danza cardio, con una nueva rutina cada diez días. También es aficionada[i] a la danza del vientre,[j] que es parte de su cultura libanesa. Su entrenadora[k] dice que no es suficiente hacer ejercicio; es necesario comer bien. Shakira prefiere comer proteínas magras, frutas y legumbres. Muy importante, come porciones pequeñas durante todo el día para mantener el metabolismo activo. Y, finalmente, en su dieta no está permitido beber alcohol ni café con cafeína, ni fumar, ni comer dulces.

La cantante colombiana Shakira

Penélope Cruz es otra actriz famosa que vemos delgada meses después de tener un hijo. Ella dice que prefiere comer comida[l] saludable y hacer ejercicio, que ese es su secreto. En su opinión, es suficiente comer con prudencia; no cree en[m] las dietas para nada. Recomienda, sí, comidas bajas en (con pocas) calorías y, al igual que otras estrellas de Hollywood, no cocina; prefiere pedir los alimentos al servicio de provisión de comida[n] *NutriFit*. Este servicio provee tres comidas balanceadas y tres tentempiés[ñ] saludables al día. Penélope también tiene una rutina de ejercicio muy similar a la de Shakira: pesas y baile cardio. Es más, cuando es posible, Cruz prefiere entrenarse con baile porque es su pasión. Hay días que no pasa tiempo en el gimnasio pero asiste a clases de pilates y yoga.

¿Qué opinas tú? ¿Prefieres hacer ejercicio o tener una dieta saludable o las dos cosas?

---

[a]*shape* [b]*such* [c]*cycling* [d]*vegetables* [e]*lean* [f]*grasas… healthy fats* [g]*smoke* [h]*training* [i]*fan* [j]*la… belly dancing* [k]*trainer* [l]*food* [m]*no… she doesn't believe in* [n]*provisión… catering* [ñ]*snacks*

Datos personales

Lee *Infórmate 4.3*

Infórmate

100 **cien**	600 seis**cientos**
101 **ciento** uno	700 se**tecientos**
133 **ciento** treinta y tres	800 ocho**cientos**
200 dos**cientos**	900 no**vecientos**
300 tres**cientos**	1.000 mil
400 cuatro**cientos**	2.000 dos mil
500 **quinientos**	2.014 dos mil catorce

Act. 10 (Whole class). **Note:** The purpose of this activity is to introduce the names of some countries, the languages spoken there, and adjectives of nationality. **Suggestions:** Before beginning this activity, you may want to first review the *Comunícate* section *Amigos sin Fronteras,* in *Cap. 2.* Begin the activity by pointing out the different countries on a map, using a PP presentation for full class participation. Then direct students to the chart and give input that includes relevant vocabulary, with short-answer questions mixed in. *Una mujer de Canadá es canadiense, ¿verdad? Y, ¿cuál es la nacionalidad de un hombre de Francia? Sí, un hombre de Francia es francés; pero una mujer es francesa. ¿Hablan ruso en Alemania? No, claro, hablan alemán.* For the activity, ask simple questions in random order. *¿Habla japonés Mariela Castro? ¿Es mexicana Salma Hayek? ¿De qué país es Vladimir Putin?* Comment about each person mentioned: *Mariela es la hija de Raúl Castro, el presidente actual de Cuba.* You may also want to introduce *¿Qué idioma se habla en ___? Se habla ___.* You may want to add other countries, nationalities and languages depending on students in your class, suggestions: *Israel, israelí, hebreo; Vietnam, vietnamita,* etc.

Actividad 10 Los famosos del mundo

Di cuál es la nacionalidad de estas personas famosas y qué idioma(s) hablan.

MODELO: Antonio Valencia / Ecuador →
Antonio Valencia es ecuatoriano y habla español.

PERSONA	PAÍS
1. Mariela Castro	Cuba
2. Dilma Rousseff	Brasil
3. David Beckham	Inglaterra
4. Vladimir Putin	Rusia
5. François Hollande	Francia
6. Salma Hayek	México
7. Helen Caldicott	Australia
8. Heidi Klum	Alemania
9. Yao Ming	China
10. Shirin Ebadi	Irán
11. El rey Juan Carlos de Borbón	España

Dieter Schmidt es alemán y habla alemán.

Gina Magnani es italiana y habla italiano.

Masato Yamaguchi y Sadao Nakamura son japoneses y hablan japonés.

País	Nacionalidad	Idioma
Alemania	alemán, alemana	alemán
Australia	australiano/a	inglés
Brasil	brasileño/a	portugués
Canadá	canadiense	inglés, francés
China	chino/a	chino
Estados Unidos	estadounidense	inglés
Francia	francés, francesa	francés
Inglaterra	inglés, inglesa	inglés
Irak	iraquí	árabe
Irán	iraní	persa
Italia	italiano/a	italiano
Japón	japonés, japonesa	japonés
Rusia	ruso/a	ruso

Entérate

En español los nombres de los países llevan mayúscula (**I**talia, **R**usia), pero las nacionalidades y los idiomas no (**i**taliano/a, **i**taliano; **r**uso/a, **r**uso).

Actividad 11 El pasaporte

A. Mira el pasaporte de Omar y contesta las preguntas de tu profesor(a).

B. Eres turista y tu compañero/a es agente de inmigración. Contesta las preguntas que el «agente» te hace.
OJO: En el aeropuerto, el agente usa las formas de **usted** por respeto.

1. ¿Cómo se llama usted?
2. ¿De qué país es?
3. ¿Qué idioma(s) habla usted? (inglés, español, etcétera)
4. ¿Cuál es su fecha de nacimiento? (¿Cuándo nació?)
5. ¿Cuál es su lugar de nacimiento? (¿Dónde nació?)
6. ¿Cuál es su estado civil? (¿Es usted soltero/a, casado/a, divorciado/a o viudo/a?)
7. ¿Cuál es su dirección? (¿Dónde vive?)
8. ¿Cuál es su número de teléfono móvil?

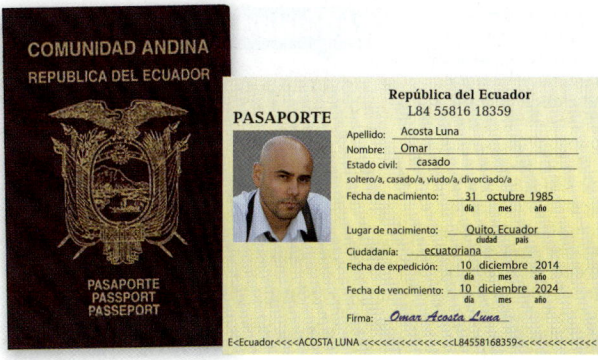

Actividad 12 Las fechas de nacimiento

Di cuándo y dónde nacieron estas personas.

MODELO: E1: ¿Cuándo nació *Nayeli Rivas Orozco*?
E2: Nació *el veintiséis de julio de 1996 (mil novecientos noventa y seis)*.
E1: ¿Dónde nació?
E2: Nació en *México, D.F., México*.

Vocabulario útil

año

década

siglo

Infórmate

Remember that the date in Spanish is ordered as follows: day-month-year.

2-1-1971 / 2-I-1971 = **el dos de enero de 1971 (mil novecientos setenta y uno)**

12-10-2009 / 12-X-2009 = **el doce de octubre de 2009 (dos mil nueve)**

NOMBRE	FECHA DE NACIMIENTO	LUGAR DE NACIMIENTO
Eloy Ramírez Ovando	el quince de enero de 1993	Los Ángeles, California
Franklin Sotomayor Sosa	el dos de mayo de 1986	Quebradillas, Puerto Rico
Nayeli Rivas Orozco	el veintiséis de julio de 1996	México D.F., México
Lucía Molina Serrano	el trece de junio de 1991	Valparaíso, Chile
Xiomara Asencio Elías	el dieciséis de septiembre de 1994	Langley Park, Maryland, EE.UU.
Jorge Navón Rojas	el quince de abril de 1993	Mérida, Venezuela

Act. 13 (Pair), Notes: Tell students that they do not have to give out their real information; they may create fake numbers and addresses for this activity. Show students how to say phone numbers: (455) 731-4283: *cuatro, cincuenta y cinco, siete, treinta y uno, cuarenta y dos, ochenta y tres.* Remind them that it is important to say the zero in a phone number: (716) 213-5509 = *siete, dieciséis, dos, trece, cincuenta y cinco, cero nueve.* Write several authentic street names and some numbers on the board for students to use. If students need help saying numbers in the hundreds or thousands, review at this time.

Actividad 13 Los datos personales

Conversa con tu compañero/a sobre sus datos personales.

- **E1:** Hola, _____ ¿cómo estás?
- **E2:** Muy bien, ¿y tú?
- **E1:** Bien, bien. Oye, necesito tu dirección y otros datos personales.
- **E2:** Sí, claro. Yo también.
- **E1:** ¿Dónde vives?
- **E2:** Vivo en la calle _____, número _____. ¿Y tú?
- **E1:** Vivo en la calle _____, número _____. ¿Cuál es tu dirección electrónica?
- **E2:** Es _____ @ _____. ¿Y la tuya (tu dirección electrónica)?
- **E1:** Es _____ @ _____. ¿Y tu número de móvil (teléfono celular)?
- **E2:** Es el _____. ¿Y el tuyo (tu número)?
- **E1:** Es el _____.
- **E2:** ¿Estás en Facebook?
- **E1:** Claro, más tarde te invito. Prefiero estar en contacto así.

Entérate

En el mundo hispano las palabras para *e-mail* varían: **correo electrónico, correo e, email, mail, emilio.**
El símbolo @ es **arroba** en español, y el « . » es **punto.**

Infórmate

tuyo/a(s)   *yours*
mío/a(s)   *mine*

Los planes, **Notes:** Although some of this vocabulary may have come up in Pre-Text Oral Activity 4 or other association activities, many of the words in the vocabulary displays and activities will be new to students. Be sure to verify class comprehension of all vocabulary as you proceed through the chapter.

Los planes

Lee *Infórmate* 4.4

Please note that there are three structures to express plans in this section: *ir a, pensar,* and *tener ganas de.* Make sure your students understand all three. Ask questions such as: ¿Qué van a hacer Omar y Marcela el viernes por la noche? ¿Qué van a hacer más tarde? Then ask students the same questions: Y ustedes, ¿van a ir al cine también? ¿Qué película tienen ganas de ver? ¿Qué piensan hacer después?

See IRK for additional activities.

Entérate

Gabriela Alemán (1968–) es una escritora (*writer*) ecuatoriana, autora de varios libros de cuentos y de la novela *Poso Wells* (2007).

Marcela habla de los planes de su familia para el fin de semana

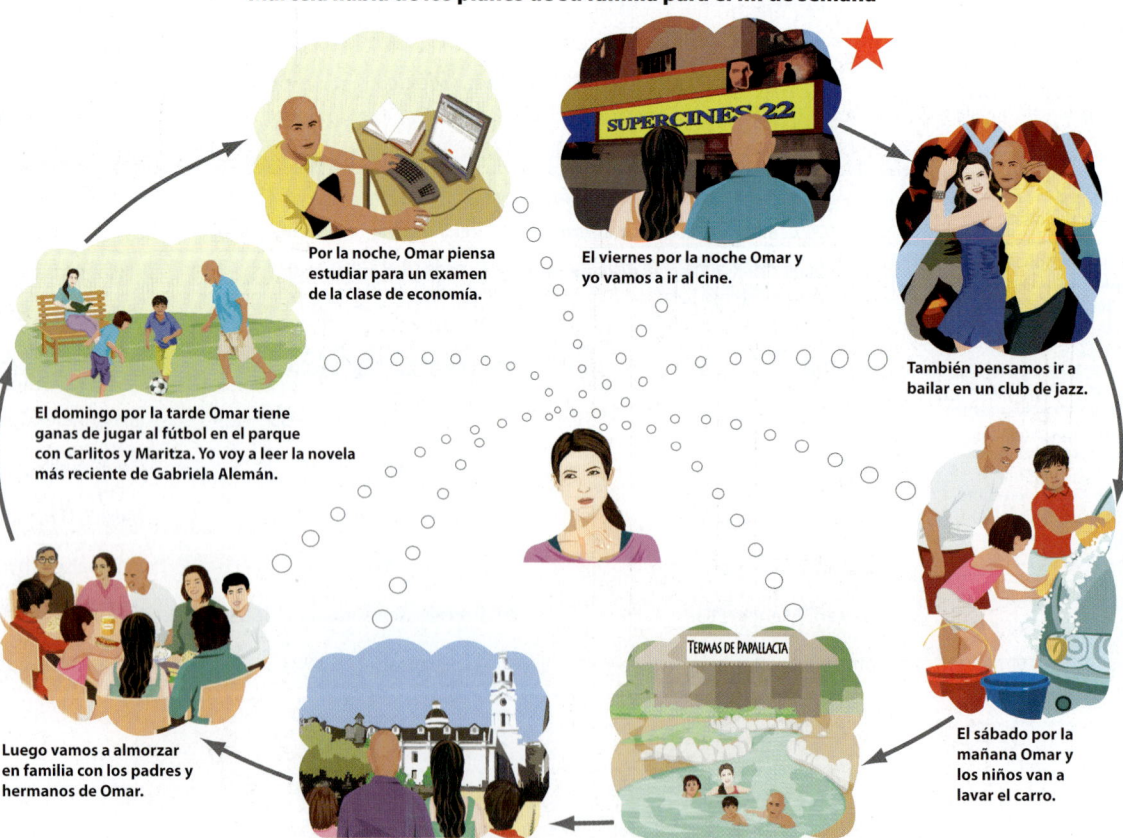

Por la noche, Omar piensa estudiar para un examen de la clase de economía.

El viernes por la noche Omar y yo vamos a ir al cine.

También pensamos ir a bailar en un club de jazz.

El domingo por la tarde Omar tiene ganas de jugar al fútbol en el parque con Carlitos y Maritza. Yo voy a leer la novela más reciente de Gabriela Alemán.

El sábado por la mañana Omar y los niños van a lavar el carro.

Luego vamos a almorzar en familia con los padres y hermanos de Omar.

El domingo por la mañana pensamos ir a misa con los niños.

El sábado tenemos ganas de relajarnos en las Termas de Papallacta.

Actividad 14 Conversación sobre los planes

Conversa con tu compañero/a sobre lo que ustedes van a hacer en las siguientes ocasiones.

MODELO: E1: ¿Qué vas a hacer *en tu próximo cumpleaños*?
E2: Voy a *salir a cenar con mi familia*. ¿Y tú?
E1: ¿Yo? Pienso / Tengo ganas de / Voy a…

Ocasiones	Actividades	
durante las próximas vacaciones	acampar	ir de compras
el próximo fin de semana	bucear	leer un buen libro
el próximo verano/mes/año	descansar	nadar en un lago/río
el viernes por la noche	dormir	salir a cenar
en tu próximo cumpleaños	escribir emails	subir fotos a Facebook
hoy, después de clase,	estudiar	trabajar
mañana por la noche	ir a la playa	ver la televisión
	ir al cine	¿ ?
	ir a muchas fiestas	

Act. 14 (Pair), **Notes:** Have students scan the activity for unfamiliar vocabulary. Note *subir fotos* for upload/post photos. Model both parts several times with your own information and then divide students into pairs. Emphasize that this is not an exercise but rather a conversation. Encourage students to ask their partner other pertinent questions and to add details to their answers.

¿Recuerdas?

mañana	tomorrow
la mañana	(the) morning
por la mañana	in the morning
mañana por la mañana	tomorrow morning

Actividad 15 Los planes

Habla con tu compañero/a de tus planes, los planes de tus amigos y los de tu familia. Usa las frases de **Y tú, ¿qué dices?** para reaccionar.

MODELO: E1: Durante las vacaciones, pienso *viajar*.
E2: ¿Con quién?
E1: Con mi mejor amiga.
E2: ¡Qué divertido! Yo voy a *pasar tiempo con mis abuelos*.

1. Mañana por la mañana (yo) voy a…
2. El viernes por la noche mis amigos y yo pensamos…
3. El domingo por la tarde (yo) tengo ganas de…
4. La semana próxima mis hermanos van a…
5. Durante las vacaciones (yo) pienso…
6. El día de su cumpleaños mi madre tiene ganas de…
7. Este invierno/verano mi novio/a va a…
8. Hoy después de clase los estudiantes tienen ganas de…

Act. 15 (Whole class; pair), **Suggestions:** Read the model, then do activity with your own information. Have students react to sentences using expressions from *Y tú, ¿qué dices?* You may want to help students write their own personal variants at the end of *Vocabulario útil*. Then divide students into pairs to share activities and use expressions from *Vocabulario útil*. **Follow-up:** Conduct whole-class discussion of personal variants.

Y tú, ¿qué dices?

¿A qué hora?	¿Dónde?	¡Qué divertido!
¿Con quién?	¡Qué aburrido!	Yo también.
¿Cuándo?	¡Qué buena idea!	Yo no.

Vocabulario útil

bailar en un club
bucear
dar una fiesta
descansar
dormir
esquiar/hacer snowboard
estudiar mucho
ir al cine
jugar a las cartas
jugar al tenis
leer una novela
levantar pesas
limpiar la casa
pasar tiempo con…
patinar en el hielo
practicar un deporte
reparar el carro
salir a cenar
salir de vacaciones
trabajar en el jardín
viajar
¿ ?

Comunícate Los planes

Actividad integral (Whole class; pair), **Suggestions:** Have students scan the activity first and allow them to ask questions about vocabulary. Let them know that many of the words in this guide are cognates, and remind them that they don't need to understand every word. The following new words from this activity are included in the end-of-chapter vocabulary: *artesanía, calendario, desfile, entrada, horario, solamente, tal vez.*

Actividad integral

Point out: How prices are given (USD 24) and that many ads give a *precio promedio* (average price). If you have not done so yet, tell students that Ecuador adopted the U.S. dollar as its official currency in 2000. **Suggestions:** Go over the possible questions so students know there are more possibilities other than just the ones offered in the *modelo*. Model the interaction by playing both parts several times. You may wish to put another model on the board with different questions, one about a restaurant, for example. Pair students and circulate to answer any questions they may have. **Expansion:** Have students explore online to find out more about these and other places and events in Ecuador.

De vacaciones en Ecuador

Imagínate que tú y tu compañero/a están de vacaciones en Ecuador. Omar les manda algunas recomendaciones de una guía turística. Mira las recomendaciones y el modelo y luego conversa con tu compañero sobre lo que quieren hacer.

MODELO:
- **E1:** ¿Qué vas a hacer hoy?
- **E2:** *Esta mañana* pienso visitar *el Museo de Ciencias Naturales*.
- **E1:** Tal vez voy a ir también. ¿Cuánto cuesta la entrada?
- **E2:** Cuesta *cuatro dólares solamente*.
- **E1:** ¿Cuál es la dirección?
- **E2:** *Rumipamba sin número, Parque La Carolina*.

PREGUNTAS	RESPUESTAS
¿Dónde?	En *el Parque El Ejido*. / En *el restaurante Marcus*.
¿Cuánto cuesta la entrada?	Cuesta *cuatro dólares*. / No dice.
¿Cuál es el precio promedio?	Es *veinticuatro dólares*. / No dice.
¿Cuál es la dirección?	Calle/Avenida…
¿Cuál es la especialidad?	Es *el ceviche arcoiris*.
¿Cuál es la fecha de su fundación/construcción?	Se funda/construye en el *2008*.
¿Cuándo es?	Es en *marzo o en abril*. / Es del *veintidós al veinticinco de junio*.
¿Qué cosas interesantes hay?	Hay *música, danza, poesía, comedia y artesanía*.

Actividades posibles

almorzar (en), andar en bicicleta, cenar (en)…, comprar artesanías, escuchar la música de, ir al carnaval, ir al parque, ver el desfile de… (la Mama Negra, Inti Raymi), ver un volcán activo, visitar un museo / la catedral

La catedral y los museos

La Catedral de Quito: Construida entre 1562 y 1572, es la catedral más antigua de Sudamérica pero tiene muchas reparaciones a causa de los terremotos.

Museo Convento de San Diego: Escuela quiteña del siglo XVIII; arte religioso
Dirección: Calicuchima 117 y Farfán
Horario: todos los días de 9:30 a 13:00
Teléfono: 2 95 25 16
Costo: Gratuito

Museo de Ciencias Naturales: Investiga la diversidad de la flora y la fauna para su conservación.
Dirección: Rumipamba s/n* Parque La Carolina
Horario: lunes a viernes de 9:00 a 13:00 y de 14:00 a 16:30 horas
Sábados: De 9:00 a 13:00 horas
Teléfono: 244 98 24
Costo: USD 4

Festivales

Carnaval en Quito: desfile con danzantes, música, poetas. Es tiempo para festividades y diversión (y una dosis de descontrol). Festividades en marzo y abril; va con el calendario religioso católico.

La Mama Negra: en Latacunga a ochenta kilómetros de Quito, a veinticinco kilómetros del volcán Cotopaxi. Fiesta de influencias indígenas (maya, inca y aymara), españolas y africanas en homenaje a la Virgen de las Mercedes. Desfiles, música, danza, poesía, comedia y artesanía.

Inti Raymi: en quechua (idioma de los incas); es la resurrección del sol (en español): tres días de fiesta en junio (22–24), durante el solsticio de invierno. La gente celebra con desfiles, música tradicional y lleva ropa de colores vivos, tradicional de los incas. Se celebra en la provincia de Imbabura.

*Read **s/n** as **sin número**: the building does not have a street number.

Parques y giras (*tours*)	Restaurantes
Valle de Guayllabamba: Tiene especies animales de las diversas zonas del Ecuador: por ejemplo, una variedad de pájaros como el cóndor, símbolo de la nacionalidad ecuatoriana.	**Hasta la Vuelta Señor… Fonda quiteña:** Fundado en 2003. Especialidades: churrasco del padre, gallo de la catedral *Dirección:* Calle Chile OE-422 y Venezuela, en el centro histórico. *Horario:* lunes a jueves y sábado: 11:00 a 23:00; viernes 11:00 a 24:00; domingo 11:00 a 16:00 *Teléfonos:* 290 12 14, 223 64 47 *Precio promedio:* USD 15
Parque La Carolina: juegos infantiles, botes y pistas de *bicicross*	
Parque El Ejido: Los fines de semana: exposición artesanal y mercado de artesanías. Está en el centro de la ciudad.	
Volcán Cotopaxi con Giras Mágicas: gira de un día al volcán activo más alto del mundo, 5.897 metros (19.347 pies) sobre el nivel del mar. Sale de Quito. *Costo:* USD 225, incluye transporte, guía y dos comidas *Teléfono:* 293 19 47	**Marcus:** Fundado en 2008. Comida fusión e internacional; especialidades: ensalada del Che, ceviche arcoiris, carpaccio de portobello, wonton Marcus *Dirección:* Diego de Robles y Pampite s/n* *Horario:* lunes a sábado 12:00 a 23:00; domingo 12:30 a 15:30 *Teléfonos:* 297 18 48, 297 18 47 *Precio promedio:* USD 24

Exprésate

ESCRÍBELO TÚ

Planes para el verano próximo

Escribe sobre tus preferencias y planes para el verano próximo. Primero, haz una lista de las actividades que vas a hacer. Luego, escoge las dos actividades más importantes o más divertidas. Tu composición va a tener cuatro párrafos (*paragraphs*). El primer párrafo va a ser una introducción general con todas las actividades que quieres hacer. Al final de este párrafo, menciona las dos más importantes o divertidas. Los próximos dos párrafos van a tener una descripción de esas dos actividades. Después, el cuarto párrafo va a ser tu conclusión: un resumen (*summary*) de tus planes. Lee y completa la actividad entera en el *Cuaderno de actividades* o en Connect Spanish.

CUÉNTANOS

Mi familia

Cuéntanos sobre dos de tus hermanos, primos o amigos. Di brevemente cómo son (su físico y su personalidad). ¿Estudian? ¿Tienen muchos amigos? Luego habla de lo que hace cada uno todos los días o los fines de semana para divertirse. ¿Va(n) al cine? ¿Juega(n) al tenis/fútbol/béisbol? ¿Actualiza(n) su página de Facebook? Finalmente, cuéntanos sobre sus planes. ¿Qué va(n) a hacer el verano próximo? ¡A conversar!

Entérate

Mundopedia

1. Los nombres en el mundo hispano
2. El arpa paraguaya
3. El cine argentino
4. **Quito y Mitad del Mundo**
5. ¡Grandes fiestas!
6. La escritora chilena Isabel Allende
7. El Carnaval de Barranquilla
8. El Cinco de Mayo
9. La Diablada de Oruro
10. La música de Cuba
11. Los paradores de España
12. Mérida, ciudad en la montaña
13. Los festivales dominicanos
14. El misterio de las ciudades mayas
15. Los logros de Costa Rica

Point out: In colonial times, Quito had the reputation as a renowned political and cultural center in all of Latin America. It has been an artistic, architectural and literary center for many years. The name of the beautiful neo-Gothic basilica—*Basílica del Voto* (Vow) *Nacional*—reflects the fact that the country's leaders vowed to dedicate the country to the Sacred Heart, which is not very surprising in a country that is predominantly Catholic (approx. 75%). The basilica's construction began around 1883 and is still unfinished.

Mundopedia, **Suggestions:** Prior to having students do the reading, go over the *Vocabulario de consulta* as well as any other words your students may not know, then have them scan the reading for cognates. While reading and discussing the section, you may want to explain Quito's nickname: *Luz de América* (the "Light" or "Beacon" of America). It refers to the fact that the city council of Quito was the first in Latin America to declare its independence from Spain. If time permits, show additional pictures from the web: Quito's churches, the cable car, *teleférico,* and the volcanoes.

Quito y Mitad del Mundo°

Mitad… *Middle of the World*

En Ecuador hay **lugares** muy hermosos. Hay varios volcanes —el Pichincha, el Chimborazo y el Cotopaxi— entre ellos, todos cerca de la capital. También hay lugares naturales en la costa y en las montañas donde hay una gran biodiversidad. Las ciudades de Ecuador son **bellas** e interesantes. Dos de ellas son ahora sitios que la UNESCO declara Patrimonio Cultural de la Humanidad[a]: Quito en 1978 y Cuenca en 1999.[b]

QUITO, LA CAPITAL

Quito, la capital, es una ciudad colonial. Los españoles la fundan en el siglo XVI en las ruinas de una ciudad inca. Está en los Andes, a una altitud de 2.850 metros (9.200 pies) **sobre el nivel del mar**. Tiene solamente dos **estaciones**, una **seca** y una **lluviosa**. Su clima es agradable, no hace ni mucho frío ni mucho calor.

La UNESCO nombra a Quito Patrimonio de la Humanidad porque su arquitectura es la mejor conservada de las Américas. **A pesar de** un fuerte **terremoto** en 1917 y otros más recientes, esta ciudad tiene el centro histórico menos alterado de toda Latinoamérica. También ofrece un gran número de atractivos turísticos: naturaleza, cultura, gastronomía muy variada y, sobre todo, la **calidez** de su gente.

Vocabulario de consulta	
lugares	places
bellas	bonitas
sobre el nivel del mar	above sea level
estaciones	seasons; stations
seca	dry
lluviosa	rainy
A pesar de	In spite of
terremoto	earthquake
calidez	warmth
desde… hasta	from . . . to
alrededores	outskirts
sentir	to feel

EL TELEFÉRICO

Para apreciar la ciudad y sus alrededores, Quito tiene un teleférico que sube **desde** la falda del volcán Pichincha, a 2.950 metros sobre el nivel del mar, **hasta** Cruz Loma a 4.050 metros. Durante el viaje de aproximadamente diez minutos, se pueden ver la ciudad, los valles y los volcanes cubiertos de nieve. En las **estaciones** del teleférico hay restaurantes, artesanías, áreas para el arte y la cultura, un parque de atracciones y mucho más.

Vista de Quito desde el TelefériQo (combinación de **teleférico** y **Quito**)

[a]*Patrimonio… World Heritage* [b]En Ecuador, además de Quito y Cuenca, otros dos lugares son declarados también Patrimonio Cultural de la Humanidad: el Parque Nacional Sangay (1983) y las islas Galápagos (1978 y 2001).

MITAD DEL MUNDO

Muy cerca de Quito, al norte, está la ciudad Mitad del Mundo. Ecuador, como su nombre lo indica, está sobre la línea del ecuador, que cruza al norte de Quito. En Mitad del Mundo puedes poner un pie en el hemisferio norte y otro en el hemisferio sur. Fantástico, ¿no?

Vale la pena visitar Quito y sus **alrededores**. En esa bella ciudad hay muchas cosas que hacer y lugares que visitar. Además, como dice la UNESCO, la comida es excelente y los ecuatorianos son personas cálidas y amistosas. En Ecuador te vas a **sentir** como en tu casa.

COMPRENSIÓN

¿Cierto o falso?

1. En Quito hay dos estaciones, la estación seca y la estación lluviosa. C
2. No hay atractivos turísticos en Quito. F
3. No es posible comer en las estaciones del TeleféricQo. F
4. Mitad del Mundo está cerca de la capital de Ecuador. C
5. Mitad del Mundo está en el hemisferio sur. F

Voces, Notes: *The aim of this section is to introduce students to the linguistic variety within the Spanish-speaking world; we do not expect students to use this vocabulary in their own production.*

You may want to expand the list with these other words from the Quechua language in Ecuador: ***¡ananay!****: exclamación de gusto o placer;* ***¡achachay!****: exclamación para expresar frío;* ***¡arrarray!****: exclamación para expresar calor excesivo;* ***¡atatay!****: exclamación para expresar aversión;* ***¡ayayay!****: exclamación para expresar dolor intenso.* If you know other regional terms from this country, you may want to share these also with your students.

Voces ecuatorianas

andar chiro/a = no tener dinero	**un(a) guambra*** = un(a) joven
la caleta = la casa	**shunsho*** = tonto/a
camellar = trabajar	**el taita*** = el padre
un(a) gato/a = una persona de ojos verdes o azules	**la tutuma** = la cabeza

*palabras de origen quechua

CONEXIÓN CULTURAL

LAS ISLAS GALÁPAGOS, TESORO DE LA NATURALEZA

Las islas Galápagos, la inspiración para la teoría de la evolución de Charles Darwin y para su famoso libro *El origen de las especies,* forman un archipiélago de islas volcánicas a 972 kilómetros al oeste de Ecuador. Son parte de este país sudamericano desde 1832. Están sobre el ecuador y en la zona hay una gran variedad de flora y fauna terrestre y marina. Lee la lectura «Las Galápagos, tesoro de la naturaleza» en el *Cuaderno* de *actividades* o en Connect Spanish y ¡descubre mucho más sobre este fascinante lugar!

Videoteca

Amigos sin Fronteras
Episodio 4: El nuevo equipo de fútbol

Note: Both video clips can be seen on the DVD to accompany *Tu mundo* or in Connect Spanish.

Resumen

En el centro estudiantil, Ana Sofía y Eloy juegan al tenis con el programa Wii. Radamés y Claudia animan a (*cheer*) los jugadores. Reciben una llamada de Omar Acosta, nuevo miembro del club, por Skype. Omar es de Ecuador y les anuncia que va a viajar a Berkeley en marzo. Al final, los cuatro amigos del club deciden jugar al fútbol.

Preparación para el video

A. ¡Comencemos! Mira la foto y contesta las preguntas.
1. ¿Cómo se llaman las personas que juegan al tenis con el Wii?
2. ¿Cómo se llaman las otras dos personas?
3. ¿Son jóvenes todas estas personas?

Comprensión del video

B. La idea principal Indica la idea principal del video.
   a. Claudia es dominante.
   b. Eloy es un buen tenista.
   c. Los amigos del club hacen muchas actividades juntos: juegan al Wii y al fútbol, y hablan por Skype con otros miembros.

Vocabulario de consulta	
¡Dale!	Go on!
¡Fuera de aquí!	Get out of here!
Piensa	She thinks
dominante	domineering
¡Ándale, chamaca!	Go for it, girl!
buena gente	a good person
¡Por fin voy a conocerlo!	I'm finally going to meet him!
ciudad	city
va ganando	(she) is winning
asistir a un congreso	attend a conference
Se fue la luz	The lights went out
perdimos	we lost

C. **¿Cierto (C) o falso (F)?**
   1. Para Eloy y Ana Sofía es divertido jugar al tenis con el Wii.   C
   2. Claudia dice que Radamés distrae a los tenistas.   C
   3. Radamés dice que Claudia es mandona (*bossy*).   C
   4. A Carlitos, el hijo de Omar, le gusta jugar con el Wii en la casa de sus amigos.   C
   5. Ana Sofía dice que ella es excelente en el fútbol.   F
   6. Los chicos van a formar un equipo de fútbol con los otros miembros del club.   C

D. **Detalles** Contesta las preguntas según el video.
   1. ¿De qué país son los padres de Radamés?   de Cuba
   2. ¿Cómo se llama el hijo de Omar?   Carlitos
   3. ¿Qué deporte prefiere jugar Ana Sofía en el Wii?   el tenis
   4. Cuando se apagan las luces, ¿los chicos siguen charlando (*keep talking*) con Omar o salen del centro estudiantil?   salen para jugar al fútbol
   5. ¿Qué van a hacer los miembros del club los viernes por la tarde, antes de cenar en Picante?   jugar al fútbol

Mi país ECUADOR

Mi país, **Suggestion:** Before showing or assigning the clip, ask students the following previewing questions to help activate prior knowledge of Ecuador, much of which has been presented in this chapter. *¿En qué continente está Ecuador?* (Sudamérica) *¿Cuál es la capital de Ecuador?* (Quito) *¿Qué significa la palabra ecuador?* (mitad, "equator" en inglés) *¿Cierto o falso? Hay muchos grupos indígenas en Ecuador.* (cierto)

Comprensión
1. ¿En qué ciudad vive Omar?   Quito
2. ¿Qué país está al sur y al este de Ecuador?   Perú
3. ¿Cuántos grupos indígenas viven en Ecuador?   diecisiete
4. ¿En qué ciudad hay un mercado indígena, que a Marcela le gusta visitar?   Otavalo
5. ¿Cuál es la ciudad favorita de Carlitos, el hijo de Omar?   Mitad de Mundo
6. ¿Qué son Quilotoa y Cotopaxi?   volcanes
7. ¿Adónde piensa llevar a sus hijos en octubre?   a las islas Galápagos
8. ¿Qué deporte le gusta mucho a Omar?   el fútbol

Otavalo

Las islas Galápagos

Entérate   Videoteca

Infórmate

4.1 Possession: **tener, ser de,** and Possessive Adjectives

Just like English, Spanish has several ways of expressing possession. Unlike English, however, Spanish does not add an apostrophe + *-s* to words.

A. The simplest way of expressing possession is to use the verb **tener** (*to have*). Like the verb **ser, tener** is classified as an irregular verb because of changes in its stem.* The endings that attach to the stem, however, are regular. The forms of **tener** are: **tengo, tienes, tiene, tenemos, tenéis, tienen.**** See **Infórmate 2.1** for a chart of the verb **tener**.

—Profesor Sotomayor, ¿**tiene** usted un automóvil nuevo?	*Professor Sotomayor, do you have a new automobile?*
—Sí, **tengo** un Prius verde.	*Yes, I have a green Prius.*

B. The verb **ser** (*to be*) followed by the preposition **de** (*of*) can also be used to express possession. The equivalent of the English word *whose* is **¿de quién?** (literally, *of whom?* or *to whom?*)

—¿**De quién es** el cuaderno?	*To whom does the notebook belong?*
—**Es de** Claudia.	*It's Claudia's. / It belongs to Claudia.*

> English: 's
>   Miguel**'s** new car
>   Juana**'s** friends
> Spanish: **de** + person
>   el carro nuevo **de Miguel**
>   los amigos **de Juana**
>   *Mary's father*
>   (El) padre **de** Mary

> de + el = del
> de + la remains de la

C. The preposition **de** (*of*) followed by the masculine article **el** (*the*) contracts to **del** (*of the*).

—¿**De quién es** el suéter?	*Whose sweater is this?*
—**Es del** profesor.	*It's the professor's.*

The other combinations of **de** + article do not contract: **de la, de los, de las.**

Los ojos **de la** niña son bonitos.	*The girl's eyes are pretty.*
Los libros **de los** estudiantes son nuevos.	*The students' books are new.*

D. Possession can also be indicated by using possessive adjectives. The particular adjective you choose depends on the owner. However the adjective itself, like other Spanish adjectives, agrees in gender and number with the word it describes, that is, with the *object owned*, not with the owner.

¿**Mi** padre? Tiene los ojos castaños.	*My father? He has brown eyes.*
Camila, **tu** hermana pequeña es bonita.	*Camila, your little sister is pretty.*
Nuestra casa nueva es muy grande.	*Our new house is very large.*
Mi falda es vieja, pero **mis** zapatos son nuevos.	*My skirt is old but my shoes are new.*
Carlitos y Maritza tienen una casa grande. **Su** casa es grande.	*Carlitos and Maritza have a big house. Their house is big.*
Eloy, ¿**tus** hermanos son gemelos?	*Eloy, are your siblings twins?*
Carlitos y Maritza tienen dos tías y un tío. **Sus** tías son muy divertidas.	*Carlitos y Maritza have two aunts and one uncle. Their aunts are a lot of fun.*

> Remember that you will acquire much of this material in time as you listen to and read Spanish.

---

*See **Infórmate 3.3** for more information on verb stems.
Alternative form for recognition only: **vos tenés.

SINGULAR POSSESSION (One Item)				PLURAL POSSESSION (Multiple Items)			
Singular Owner		**Plural Owner**		**Singular Owner**		**Plural Owner**	
mi	abrigo	nuestro	abrigo	mis	abrigos	nuestros	abrigos
	camisa	nuestra	camisa		camisas	nuestras	camisas
tu	abrigo	vuestro	abrigo	tus	abrigos	vuestros	abrigos
	camisa	vuestra	camisa		camisas	vuestras	camisas
su	abrigo	su	abrigo	sus	abrigos	sus	abrigos
	camisa		camisa		camisas		camisas

su = *his, her, your, their* (one item/person)

sus = *his, her, your, their* (multiple items/people)

Keep in mind that the pronoun **su(s)** can have various meanings: *your* (polite, singular or plural), *his, her, its,* or *their*. The context normally clarifies to whom **su(s)** refers.

Camila no vive con **sus** padres.   *Camila doesn't live with her parents.*

> In Spanish, when we say **(los) señores** plus a last name it usually means *Mr. and Mrs.* Use **los** when talking *about* the couple.
> Buenos días, señores Acosta.   *Good morning, Mr. and Mrs. Acosta.*
> Los señores Acosta van a la fiesta.   *Mr. and Mrs. Acosta are going to the party.*

Los señores Acosta no tienen **su** carro aquí.   *Mr. and Mrs. Acosta don't have their car here.*

Generally speaking, use **usted** and **su(s)** when addressing a person by his or her last name.

Señor Rodríguez, ¿es usted mexicano? ¿Y **sus** padres?   *Mr. Rodríguez, are you Mexican? And your parents?*

When using a first name to address someone, use **tú** and **tu(s)**.

Omar, **tu** amiga es chilena, pero **tú** y **tus** padres son ecuatorianos, ¿no?   *Omar, your friend is Chilean but you and your parents are Ecuadorian, aren't you?*

Ejercicio 1

Di qué tienen estas personas. Usa las formas del verbo **tener.**

MODELO: Omar **tiene** un traje negro muy elegante.

1. Mi esposo y yo _____ un coche viejo.
2. Camila _____ una falda blanca muy bonita.
3. Claudia, tú no _____ hermanos, ¿verdad?
4. (Yo) _____ muchos amigos generosos.
5. Eloy y Claudia no _____ hijos, ¿verdad?

Ejercicio 2

Di de quién son estas cosas.

MODELO: Eloy / sombrero → El sombrero *es de* Eloy.

1. Franklin / carro
2. Marcela / blusa
3. Eloy / perros
4. Xiomara / lentes
5. Rodrigo / saco
6. Carlitos y Maritza / bicicletas

Ejercicio 3

Completa estas oraciones con la forma apropiada del adjetivo posesivo: **mis(s)**, **tu(s)**, **su(s)** o **nuestro(s)/nuestra(s)**.

MODELO: Omar, ¿dónde están *tus* hijos ahora?

1. **MARITZA:** Carlitos, esa es mi bicicleta. ¿Dónde está _____ bicicleta?
   CARLITOS: ¿_____ bicicleta? Está en casa de los abuelos.
2. —Señores Piatelli, ¿dónde están _____ hijas?
   —_____ hijas, Camila y Antonella, están en casa.
3. **ELOY:** Sebastián, _____ reloj es muy elegante. ¿Es nuevo?
   SEBASTIÁN: Sí es nuevo pero es de Daniel. _____ reloj es muy viejo y feo.
4. Un amigo de mis padres trabaja en _____ jardín los sábados porque ¡nosotros somos muy perezosos!
5. **ÁNGELA:** Claudia, ¿no tienes _____ móvil aquí? ¿Quieres usar mi iPhone?
   CLAUDIA: Gracias, Ángela, eres muy generosa. _____ móvil está en casa de Eloy.
6. Mírame los pies, ¿te gustan _____ nuevos zapatos de tenis?
7. Claudia, me gustan mucho _____ ojos; son grandes y bonitos.
8. Cuando necesita más espacio, papá usa el coche de mamá porque _____ carro es pequeño.
9. Franklin, quiero conocer a _____ amigos del club Amigos sin Fronteras.
10. Mi hermano menor prefiere jugar conmigo y con _____ amigos pero a nosotros no nos gusta porque (él) es muy joven.

conmigo	with me
contigo	with you

Ejercicio 4

Completa los diálogos con la forma apropiada del adjetivo posesivo.

MODELO: **RODRIGO:** Eloy, ¡qué bonita es *tu* amiga!
ELOY: Sí, y es muy inteligente también.

1. **RODRIGO:** Eloy, _____ perro, Popi, es muy inteligente.
   ELOY: Gracias, pero no es mi perro. Es el perro de mi primo. _____ perros se llaman Chulis y Pecas y son muy inteligentes también.

2. **ESTEFANÍA:** Ana Sofía, ¿tienen auto _____ padres?
   ANA SOFÍA: Sí, _____ padres tienen un Seat rojo.
3. **ELOY:** ¿Cómo se llama _____ esposa?
   OMAR: _____ esposa se llama Marcela.
4. **ABUELA:** Camila y Antonella, ¡qué bonitas son _____ faldas! ¿Son nuevas?
   CAMILA: Sí, abuelita. Y _____ blusas son nuevas también.

4.2 The Verbs **preferir** and **querer** + Infinitive

The verbs **preferir** (*to prefer*) and **querer** (*to want*) are used to express preferences and desires. When used to express a preference or desire to do something, they are followed by an infinitive, that is, a verb form that ends in **-ar** (for example, **hablar**), **-er** (**comer**), or **-ir** (**vivir**). As in English, infinitives tell you what the action is but not who does it or when. When **preferir** is followed by an infinitive, the meaning is often *would rather*.

Omar quiere hablar por teléfono pero yo prefiero textear. *Omar wants to talk on the phone but I would rather text.*

	preferir (*to prefer*) STEMS: **prefer-, prefier-***	
(yo)	pref**ie**ro	I prefer
(tú)	pref**ie**res**	you (inf. sing.) prefer
usted, él/ella	pref**ie**re	you (pol. sing.) prefer; he/she prefers
nosotros	preferimos	we prefer
vosotros	preferís	you (inf. pl., Spain) prefer
ustedes, ellos/ellas	pref**ie**ren	you (pl.) prefer; they prefer

	querer (*to want*) STEMS: **quer-, quier-***	
(yo)	**quie**ro	I want
(tú)	**quie**res†	you (inf. sing.) want
usted, él/ella	**quie**re	you (pol. sing.) want; he/she wants
(nosotros/as)	queremos	we want
(vosotros/as)	queréis	you (inf. pl., Spain) want
ustedes, ellos/ellas	**quie**ren	you (pl.) want; they want

*Note that these verbs have two stems. (Recall that the stem of the verb is what is left after you remove the endings **-ar**, **-er**, and **-ir**.) One stem, **quier-/prefier-**, is used for four forms (**yo, tú, usted/él/ella**, and **ustedes/ellos/ellas**) and the other one, **quer-/prefer-**, for two (**nosotros** and **vosotros**).
Alternative form for recognition only: **vos preferís.
†Alternative form for recognition only: **vos querés**.

You can also use **querer** and **preferir** followed by infinitives to talk about future actions in Spanish.

Quiero ir a casa de mi abuela. *I want to go to my grandma's house.*
Prefiero ir mañana por la tarde. *I prefer to go tomorrow afternoon.*

Ejercicio 5

Di qué quieren o prefieren hacer estas personas. Sigue el modelo.

MODELO: En las fiestas Claudia y Lucía *prefieren* bailar, pero esta noche Lucía *quiere* escuchar música.

1. Mis amigos _____ jugar al golf los fines de semana, pero yo _____ jugar al fútbol ahora.
2. Los estudiantes _____ escuchar música en clase y no estudiar, pero la profesora _____ mostrar (*show*) un video sobre Manuela Cañizares, una heroína de la independencia de Ecuador.

3. Omar _____ descansar después de trabajar un día largo, pero sus hijos y su esposa _____ ir al parque La Carolina.
4. ¡Qué problema! Tú _____ ver una película pero yo _____ dormir porque estoy cansado.
5. Xiomara y Camila _____ salir a cenar esta noche pero Eloy y Rodrigo _____ quedarse en casa para ver un partido de fútbol.

Ejercicio 6

Completa los deseos y preferencias que expresan estas personas en las siguientes oraciones. Usa las formas correctas de los verbos **querer** y **preferir**. Usa primero el verbo **querer** y luego el verbo **preferir**.

1. **CLAUDIA Y CAMILA:** Nosotras _____ ir al cine esta noche, ¿y ustedes?
   ELOY Y RODRIGO: No, nosotros _____ salir a bailar salsa.
2. **EL ABUELO DE XIOMARA:** Nieta querida, yo _____ viajar a Berkeley para visitarte.
   XIOMARA: Ay, no abuelo, yo _____ viajar a El Salvador para estar con la familia.
3. —Camila, ¿_____ (tú) hacer la tarea de matemáticas en mi casa esta noche?
   —No, gracias, Claudia, (yo) _____ quedarme en casa porque hace mal tiempo.
4. —Omar, ¿qué _____ hacer el domingo, ver la televisión o jugar al golf?
   —Pues no me gusta ninguna de las dos actividades. _____ dormir hasta las nueve.
5. —Chicos, ¿_____ ustedes tener el examen hoy o el lunes?
   —Profesora, (nosotros) _____ tener el examen el lunes, gracias.

4.3 Question Formation

You have already seen and heard many questions in Spanish.

¿Cómo se llama usted?   ¿Es alto Eloy?
¿Dónde vives?   ¿Habla usted español?
¿Cuándo nació Lucía?   ¿Tienes hijos?
¿Eres (tú) sincera?   ¿Qué día es hoy?
¿Cuánto cuesta el vestido?   ¿Cuántos años tienes?

A. As you learned in **Capítulo 1**, statements in Spanish are normally formed by using a subject, then the verb, and then an object and/or description.

Omar tiene dos hijos muy activos.
| | | |
subject verb object adjective

Camila es rubia.
| | |
subject verb adjective

Negative statements are formed by using a negative immediately before the verb.

Ana Sofía **no** tiene hijos.   *Ana Sofía doesn't have kids.*
Juan Fernando **no** es muy alto.   *Juan Fernando isn't very tall.*

> **¿Recuerdas?**
>
> Spanish verb endings usually indicate who the subject is, so it is generally not necessary to use subject pronouns (**yo, tú, nosotros/as, vosotros/as**). On the other hand, it is often necessary to use **usted, él/ella**, as well as **ustedes, ellos/ellas** since they share the same verb endings and there is a possibility of confusion.
>
> ¿Tienes (tú) un iPod nuevo?
> ¿Dónde vive ella?
> ¿Qué idiomas hablan ustedes?

B. Questions are usually formed by placing the subject after the verb. The object and/or any description can either follow or precede the subject.*

¿Es joven Jorge?	*Is Jorge young?*
¿Eres (tú) trabajadora, Estefanía?	*Estefanía, are you (a) hardworking (person)?*
¿Tienes (tú) hermanos, Ana Sofía?	*Ana Sofía, do you have brothers and sisters?*
¿Quieres (tú) un nuevo móvil para el día de tu cumpleaños?	*Do you want a new cell phone for your birthday?*
¿Nació en julio Radamés?	*Was Radamés born in July?*

> **¿Recuerdas?**
>
> When asking a question of a friend, family member or classmate, use the corresponding verb form for **tú**.
> Xiomara, **¿tienes** los ojos castaños **(tú)**?
>
> When asking a question of an older person, a person of respect such as a doctor, professor, lawyer, or a stranger, use **usted** and the corresponding verb form.
>
> Profesora Johnson-Muñoz, **¿es usted** casada?

C. Another way to ask questions is to use interrogative words: **¿Qué?, ¿Cuándo?, ¿(De) Quién?, ¿Dónde?, ¿Cuántos/as?, ¿Cómo?, ¿Cuál?, ¿Por qué?** These words are placed before the verb to create questions.

¿**Cuántos** hermanos tienes, Eloy?	*How many brothers and sisters do you have, Eloy?*
¿**Dónde** vive Ana Sofía?	*Where does Ana Sofía live?*
¿**Cuándo** nació usted?	*When were you born?*
¿**Por qué** no hablamos inglés en clase?	*Why don't we speak English in class?*
¿**Qué** prefieres hacer esta noche?	*What do you prefer to do tonight?*
¿**Cuál** es más bonito?	*Which one is prettier?*
¿**De quién** es este libro?	*Whose book is this?*

> ¿Qué? = *What?*
> ¿Cuándo? = *When?*
> ¿Quién(es)? = *Who?*
> ¿De quién? = *Whose?*
> ¿Dónde? = *Where?*
> ¿Cuánto/a/os/as? = *How much? / How many?*
> ¿Cómo? = *How?/What?*
> ¿Cuál(es)? = *Which?/What?*
> ¿Por qué? = *Why?*
>
> Note that question words always have a written accent.

> Note that additional words, such as *does* or *do*, are not used when turning a statement into a question in Spanish.

D. As you learned in **Capítulo 1** (**Infórmate 1.4**), answers to yes/no questions are regular statements preceded by the word **sí** or the word **no**. A negative answer can have one or two negative words, depending on whether you are simply answering the question or offering the correct information as well.

Q: ¿Vive Omar en Ecuador?	*Does Omar live in Ecuador?*
A: **Sí**, Omar vive en Ecuador.	*Yes, Omar lives in Ecuador.*
Q: ¿Tiene un Prius negro Franklin?	*Does Franklin have a black Prius?*
A: **No**, Franklin **no** tiene un Prius negro. / **No**, tiene un Prius verde.	*No, Franklin does not have a black Prius. / No, he has a green Prius.*

---

*Questions with the verb **gustar** (see **Infórmate 3.1**) are slightly different. The question starts with a pronoun and then the verb **gustar** and places a phrase at the end: **A Lucía le gusta cantar.** → **¿Le gusta cantar a Lucía?**; **A los estudiantes les gustan las fiestas.** → **¿Les gustan las fiestas a los estudiantes?**

Infórmate 4.3 Question Formation

Q: ¿Es delgada Lucía?	*Is Lucía thin?*
A: **Sí,** Lucía es delgada.	*Yes, Lucía is thin.*
Q: ¿Hablan español ellas?	*Do they speak Spanish?*
A: **No,** (ellas) **no** hablan español. /	*No, they do not speak Spanish. /*
No, (ellas) hablan portugués.	*No, they speak Portuguese.*

Ejercicio 7

Convierte las siguientes oraciones en preguntas de **sí** o **no**.

MODELO: Claudia y Camila son amigas. → ¿Son amigas Claudia y Camila?

1. Ángela es una estudiante muy buena.
2. Juan Fernando Chen Gallegos habla chino.
3. Estefanía y Ana Sofía son amigas.
4. Eloy tiene dos perros.
5. Nosotros somos amigos en Facebook.

> **Entérate**
>
> En español, para indicar respeto para una persona mayor, con frecuencia se usan los títulos **don** y **doña** delante de su nombre.
>
> **Don** Antonio y **doña** Estela son los padres de Eloy.
>
> **Doña** Estela es la madre y **don** Antonio es el padre.

Ejercicio 8

Imagínate que vas a conocer a algunos miembros del club Amigos sin Fronteras y a sus padres, pero no sabes qué preguntarles. Usa las sugerencias de Omar para formar preguntas. Usa las formas correctas de **tú, usted** o **ustedes**.

MODELOS: Pregúntale a don Antonio Ramírez si *va en coche al trabajo.* →
Don Antonio, ¿va (usted) en coche al trabajo?
Pregúntales a Juan Fernando y a Eloy si *estudian medicina.* →
Juan Fernando, Eloy, ¿estudian medicina ustedes? / ¿estudian ustedes medicina?

1. Pregúntales a Claudia y Camila si toman mucho café cuando estudian.
2. Pregúntale a doña Estela Ovando Hernández si cocina todos los días.
3. Pregúntale a Jorge si hace ejercicio en un gimnasio.
4. Pregúntale a Franklin si trabaja por la noche.
5. Pregúntale al señor Calvo (el padre de Sebastián) si ve la televisión durante el día.

> Remember to place the question words before the verb and the object.

Ejercicio 9

Convierte las siguientes oraciones en preguntas. Usa **¿Qué?, ¿Cuándo?, ¿Dónde?, ¿Cuántos/as?,** o **¿Cómo?**

MODELO: Jorge tiene veintiún años. → ¿Cuántos años tiene Jorge?

1. Juan Fernando y su familia viven en Costa Rica.
2. Juan Fernando habla chino y español. (idiomas)
3. La fiesta es el viernes.
4. Omar y Marcela tienen dos hijos.
5. Radamés nació el veintiséis de julio de 1990.
6. El padre de Eloy se llama Antonio Ramírez del Valle.

> **¿Recuerdas?**
>
> You already know that the verbs **querer** and **preferir**, followed by infinitives, are commonly used to talk about future actions in Spanish (**Infórmate 4.2**).

4.4 Making Plans: pensar, tener ganas de, and ir a with Activities and Places

A. The most common way of expressing future plans is to use the verb **ir** (*to go*) plus the preposition **a** (*to*) followed by an infinitive (for example, **hablar, leer, vivir**). **Pensar** and **tener ganas de,** followed by an infinitive, are also used to express plans. These constructions are commonly referred to as the *informal future*, because Spanish has another future tense, generally reserved for talking about longer-term future plans.*

—¿Qué **vas a hacer** (tú) mañana? — *What are you going to do tomorrow?*
—**Voy a esquiar.** — *I am going to ski.*

—¿Qué **piensan hacer** ustedes este fin de semana? — *What are you planning to do this weekend?*
—**Pensamos ir** al cine. — *We're planning to go to the movies.*

—¿Qué **tienen ganas de hacer** Rodrigo y Sebastián después de la clase? — *What do Rodrigo and Sebastián feel like doing after class?*
—**Tienen ganas de jugar** al básquetbol. — *They feel like playing basketball.*

---

tener ganas de + infinitivo = *to feel like* (*doing something*)

—¿Qué tienes ganas de hacer el viernes por la noche? — *What do you feel like doing Friday night?*
—Tengo ganas de ir al cine contigo. — *I feel like going to the movies with you.*

You have already seen the forms of the verb **tener** (**Infórmate 2.1**). Here are the forms of the verbs **pensar** and **ir.**

	pensar (*to think about, plan on doing something*)	
(yo)	p**ie**nso	*I am planning to*
(tú)	p**ie**nsas**	*you (inf. sing) are planning to*
usted, él/ella	p**ie**nsa	*you (pol. sing.) are planning to; he/she is planning to*
(nosotros/as)	pensamos	*we are planning to*
(vosotros/as)	pensáis	*you (inf. pl., Sp.) are planning to*
ustedes, ellos/ellas	p**ie**nsan	*you (pl.) are planning to; they are planning to*

---

pensar = *to think*

pensar + infinitive = *to think about, plan on doing* (*something*)

¿Qué piensas hacer después de clases? — *What are you planning to do after school?*
Pienso ir a la biblioteca y luego voy a trabajar. — *I'm planning to go to the library, and then I'm going to work.*

---

*You will learn how to form the future tense in **Infórmate 15.1**.
Alternative form for recognition only: **vos pensás.

ir (*to go*)		
(yo)	**voy**	*I am going, I go*
(tú)	**vas***	*you (inf. sing.) are going, you go*
usted, él/ella	**va**	*you (pol. sing.) are going, you go; he/she is going, he/she goes*
(nosotros/as)	**vamos**	*we are going, we go*
(vosotros/as)	**vais**	*you (inf. pl., Sp.) are going, you go*
ustedes, ellos/ellas	**van**	*you (pl.) are going, you go; they are going, they go*

> **ir** = *to go*
> **ir a** + *infinitivo* = *to be going to do something (in the future)*
>
> **¿Qué vas a hacer esta noche?**   *What are you going to do tonight?*
> **Voy a estudiar.**   *I'm going to study.*

*The present-tense forms of **ir** are: **voy, vas, va, vamos, vais, van**. These verb forms can mean* going *or simply* go(es).

B. **¿Adónde?** (*[To] Where?*) is used to ask where someone is going. The verb **ir** (*to go*), followed by the preposition **a** (*to*), is used to express the idea of movement toward a location. Note that **a** + **el** contracts to **al** (*to the*). There is no similar contraction with the other articles: **a la, a los, a las**.

—**¿Adónde vas?**   *Where are you going?*
—**Voy a la** piscina.   *I am going to the (swimming) pool.*

—**¿Adónde van** ustedes los sábados?   *Where do you go on Saturdays?*
—**Vamos al** trabajo y luego **vamos a la** biblioteca para estudiar.   *We go to work and then we go to the library to study.*

The expression **ir** + **a** + location, when used with an expression of time, which indicates when you are going. Here are some ways to express future time. (Remember that the days of the week are masculine.)

esta noche	*tonight*	**el sábado próximo**	*next Saturday*
este viernes	*this Friday*	**la semana próxima**	*next week*
este fin de semana	*this weekend*	**el mes próximo**	*next month*
esta primavera	*this spring*	**el año próximo**	*next year*

Vamos al restaurante Hasta la Vuelta Señor **la semana próxima.**   *We're going to the restaurant Hasta la Vuelta Señor next week.*

Ellas **van a** Europa **esta primavera.**   *They are going to Europe this spring.*

Ejercicio 10

Lee las conversaciones de algunos miembros del club Amigos sin Fronteras y completa las oraciones con las formas correctas del verbo **ir** + la preposición **a**.

MODELO: —¿Qué *va a* hacer Sebastián mañana?
—Sebastián *va a* hacer ejercicio en el parque.

---

*Alternative form for recognition only: **vos vas**.

> When using **ir** to refer to future events, don't forget to include the preposition **a**.

1. —Ángela, ¿qué _____ hacer tú después de la clase?
   —(Yo) _____ ir de compras con una amiga.
2. —¿Y qué _____ hacer Franklin y Estefanía?
   —Franklin _____ trabajar y Estefanía _____ estudiar.
3. —¿Y qué _____ hacer ustedes?
   —Nosotros _____ ir al cine.
4. —Jorge, ¿cuándo _____ estudiar tú?
   —¿Yo? _____ estudiar más tarde, probablemente esta noche.
5. —Y tú Eloy, ¿cuándo _____ hacer la tarea para la clase de biología?
   —(Yo) _____ hacer mi tarea mañana por la mañana.

Ejercicio 11

Completa las oraciones con las formas correctas de **pensar** y **tener ganas de**.

pensar

1. Juan Fernando _____ viajar a México este verano.
2. Xiomara y Lucía _____ asistir a clases durante la mañana y trabajar durante la tarde.
3. —¿Qué _____ hacer tú esta noche?
4. —Yo _____ ir al cine con mi novio.

tener ganas de

5. Eloy y su novia _____ salir a bailar este fin de semana.
6. —En Año Nuevo, ¿_____ dar una fiesta tú?
7. —Sí, mi familia y yo _____ dar una fiesta muy grande. ¿Y tú?
8. —¿Yo? ¡_____ ir a una fiesta! No me gusta dar fiestas; soy perezosa.

ir a + *infinitivo*	Voy a esquiar.
pensar + *infinitivo*	Pensamos ir al cine.
tener ganas de + *infinitivo*	Tienen ganas de jugar al básquetbol.

Ejercicio 12

¿Adónde van estas personas? Completa las oraciones con la forma apropiada del verbo **ir** + **al** o **a la**.

MODELO: (Tú) *vas al* trabajo después de las clases.

1. Mis hermanos siempre _____ cine los sábados.
2. (Yo) Siempre _____ biblioteca a estudiar.
3. Claudia, (tú) ¿_____ playa para tomar el sol y nadar?
4. Juan Fernando y sus amigos siempre _____ restaurante que está cerca de su casa a cenar.
5. (Nosotros) _____ librería para comprar el nuevo Kindle.
6. Ángela _____ supermercado a comprar fruta todos los días.
7. Mi abuelo _____ discoteca para bailar los sábados por la noche.
8. El profesor Sotomayor _____ oficina de su amigo a trabajar.

Lo que aprendí

After completing this chapter, I can:

☐ ask and answer questions to express the date and personal information.
☐ describe family relationships.
☐ express ownership in different ways.
☐ ask and answer questions regarding preferences and desires.
☐ list the order of things using ordinal numbers.
☐ express numbers up to 2,000 and beyond.
☐ talk about future plans.

Now I also know more about:

☐ Ecuador
☐ some famous Hispanics.

Infórmate 4.4 Making Plans: **pensar, tener ganas de,** and **ir a** with Activities and Places

Vocabulario

La familia	Family
el abuelo / la abuela	grandfather/grandmother
el gemelo / la gemela	twin
el hermano / la hermana	brother/sister
la madre	mother
el nieto / la nieta	grandson/granddaughter
el padre	father
los padres	parents
el primo / la prima	cousin
el sobrino / la sobrina	nephew/niece
el tío / la tía	uncle/aunt
Repaso: la mamá, el papá	

La posesión	Possession
¿De quién(es)?	Whose?
mi (s)	my
nuestro/a, nuestros/as	our
su(s)	his/her; your (*sing pol.; plural*)
tu(s)	your (*inf. sing.*)
vuestro/a, vuestros/as	your (*inf. plural, Spain*)

Los datos personales	Personal Data
casado/a	married
¿Dónde vives?	Where do you live?
Vivo en la Calle Quinta, número 856.	I live at 856 Fifth Street.
soltero/a	single, unmarried
viudo/a	widowed
¿Cuál es su dirección?	What is your address?
¿Cuál es tu dirección electrónica?	What is your e-mail address?
Es eramo arroba berkeley punto edu.	It's eramo@berkeley.edu.
el estado civil	marital status
la fecha de nacimiento	date of birth
el lugar de nacimiento	place of birth
Palabras semejantes: divorciado/a, el pasaporte	
Repaso: ¿Cuándo es su/tu cumpleaños?, Mi cumpleaños es el (*número*) de (*mes*), ¿Cuándo nació usted? ¿Cuándo naciste?, Nací el (*número*) de (*mes*), ¿De dónde es usted? ¿De dónde eres? Soy de…	

Los países	Countries
Alemania	Germany
Inglaterra	England
Palabras semejantes: Australia, Canadá, China, Francia, Irak, Irán, Italia, Japón, Rusia	

Las nacionalidades	Nationalities
canadiense	Canadian
chino/a	Chinese
español(a)	Spaniard
estadounidense	American (U.S. citizen)
inglés/inglesa	English
Palabras semejantes: alemán/alemana, árabe, australiano/a, iraní, iraquí, italiano/a, japonés/japonesa, ruso/a	

Los idiomas	Languages
el alemán	German
el chino	Chinese
el francés	French
el inglés	English
la lengua	language
el persa	Persian
el ruso	Russian
Palabras semejantes: el árabe, el italiano, el japonés, el portugués	

¿Cuándo?	When?
mañana por la mañana	tomorrow morning
reciente	recently
la semana próxima	next week

La descripción	Description
cierto/a	certain; true
ninguno/a	none, neither
próximo/a	next
Palabras semejantes: especial, falso/a, familiar, idéntico/a, perfecto/a, tradicional	
Repaso: mejor	

Los verbos	Verbs
bucear	to skin/scuba dive
comentar	to talk about; to discuss
dar (*irreg.*)	to give
indicar	to point out
ir (*irreg.*) a + infinitive	to be going to (*do something*)
voy a	I'm going to
vas	you're (*inf. sing.*) going to
va a	you (*pol. sing*) are going to; he/she is going to
van	they are going to

Los verbos	Verbs
ir (irreg.) de visita	to visit
jugar a las cartas	to play cards
mandar	to send
necesitar	to need
pensar (ie)	to think
preferir (ie)	to prefer
prefiero	I prefer
prefieres	you (inf. sing.) prefer
querer (ie)	to want
quiero	I want
quieres	you (inf. sing.) want
reaccionar	to react
relajarse	to relax
subir fotos	to upload pictures
tener (irreg.) ganas de + infinitive	to feel like (doing something)
tomar	to drink
vivir	to live

Palabras semejantes: celebrar, conectar, decidir, describir, formar, indicar, invitar, marcar, reparar, tuitear, usar

Los lugares	Places
el centro	center, downtown
el lago	lake
el río	river

Palabras semejantes: el aeropuerto, el cibercafé

Los sustantivos	Nouns
la artesanía	handicrafts
el coche	car
el deseo	wish
el desfile	parade
la entrada	ticket, entrance
el fin	end
el hielo	ice
el horario	schedule
el mensaje	message
la merienda	snack
la misa	Mass (religious)
el refresco	soft drink
el regalo	present, gift
la revista	magazine
el siglo	century
la tabla	table; graph

Palabras semejantes: el actor / la actriz, el/la adolescente, el adulto, el/la agente, el calendario, la columna, el concierto, la economía, la década, el dólar, el examen, la forma, la idea, la inmigración, la invitación, la ocasión, el picnic, el plan, la preferencia, el público, el respeto, la situación, el total, el/la turista

Las mascotas	Pets
el gato	cat
el pájaro	bird
el perro	dog
el pez (pl. los peces)	fish; fish (plural)
la tortuga	turtle

Palabras y expresiones útiles	Words and Useful Expressions
al aire libre	outdoors
así	thus, so, this way
claro	of course
en familia	as a family
en línea	online
estar (irreg.) de vacaciones	to be on vacation
estar (irreg.) en contacto	to be in touch
fuera de	outside of
el gusto	pleasure
los dos	both
ninguno de los dos	neither one
¡Qué aburrido!	How boring!
¡Qué buena idea!	What a good idea!
¿Qué dices?	What do you say?
¡Qué divertido!	How fun!
solamente	only
tal vez	perhaps
yo también	me too

Los números ordinales	Ordinal Numbers
primer, primero/a	first
segundo/a	second
tercer, tercero/a	third
cuarto/a	fourth
quinto/a	fifth
sexto/a	sixth
séptimo/a	seventh
octavo/a	eighth
noveno/a	ninth
décimo/a	tenth

Los números del 100 al 2.000	Numbers from 100 to 2,000

cien, ciento cincuenta, doscientos/as, trescientos/as, cuatrocientos/as, quinientos/as, seiscientos/as, setecientos/as, ochocientos/as, novecientos/as, mil, dos mil

La rutina diaria 5

Estas niñas salvadoreñas llevan uniforme para ir a la escuela.

Capítulo 5 Pre-Text Oral Activities
See the *Cap. 5* PP presentations, IM, and IRK for detailed lesson plans and additional resources.

1. **La rutina diaria.** Introduce some morning grooming activities by describing your routine: *Me levanto a las… , me ducho, me lavo el pelo, me seco con una toalla, me maquillo, me afeito…* Write each verb phrase on the board as you use gestures to clarify the meaning of the verb. Explain that the pronoun *me* means "myself" and that you use it because these are all things you do to yourself. In the next class session, follow up with an expanded list of activities. Write each verb phrase on the board and ask: *¿A qué hora se levanta(n) usted(es)?* As you develop the topic of *La rutina diaria*, use questions to present more activities: *¿A qué hora se despierta usted durante la semana? ¿Se despierta a esa hora los fines de semana también? ¿Se ducha (se baña) por la mañana o por la noche? ¿Se afeita con navaja (maquinilla de afeitar) o con afeitadora eléctrica? ¿Se maquilla todos los días o prefiere maquillarse solo cuando sale de noche? ¿Le gusta leer antes de acostarse o prefiere ver la televisión?* Make sure you allow time for students to ask you questions too.

2. **Las tres comidas.** Use your PF or a PP presentation to teach foods and beverages (*la leche, el jugo de naranja, el café, el té, los huevos, el cereal, la cerveza, el vino, el agua , la hamburguesa, los tacos, la sopa, el sandwich, la fruta, las verduras, el pan, la papa, el pescado, la carne, los espaquetis, el pollo, los postres.*) for breakfast, lunch, and dinner. Introduce words from the illustration on pages 138–139 so that when it comes time to do the communicative activities there will be only a few new words to present. Generate student input about what they consider typical breakfast, lunch, and dinner foods.

Upon successful completion of **Capítulo 5** you will be able to discuss daily activities, the three daily meals, important holidays in the Hispanic world, and your own family's holiday traditions. You will also be able to express how you feel in certain situations. Additionally, you will have learned about some interesting places and people from El Salvador, Honduras, and Nicaragua.

Comunícate
La rutina
Las tres comidas
Los días feriados
Hablando de los días feriados El Día de los Muertos
Los estados físicos y anímicos
Actividad integral: Los días especiales de Xiomara

Exprésate
Escríbelo tú Tu presentación para el club
Cuéntanos Mi día feriado favorito

Entérate
Mundopedia ¡Grandes fiestas!
Voces salvadoreñas, nicaragüenses y hondureñas
Conexión cultural Círculo de amigas
Videoteca Amigos sin Fronteras, Episodio 5: ¡Música, maestro!
Mi país: El Salvador, Honduras y Nicaragua

Infórmate
5.1 Present Tense of Reflexive Verbs
5.2 Verbs with Stem Vowel Changes (**ie, ue**) in the Present Tense
5.3 Impersonal Direct Object Pronouns: **lo, la, los, las**
5.4 Irregular Verbs

www.connectspanish.com

EL SALVADOR, NICARAGUA Y HONDURAS

Amigos sin Fronteras
www.connectspanish.com

Hoy hay una fiesta sorpresa para Nayeli Rivas Orozco. Claudia, Eloy y Radamés conversan sobre (*about*) las cosas que van a llevar a la fiesta.

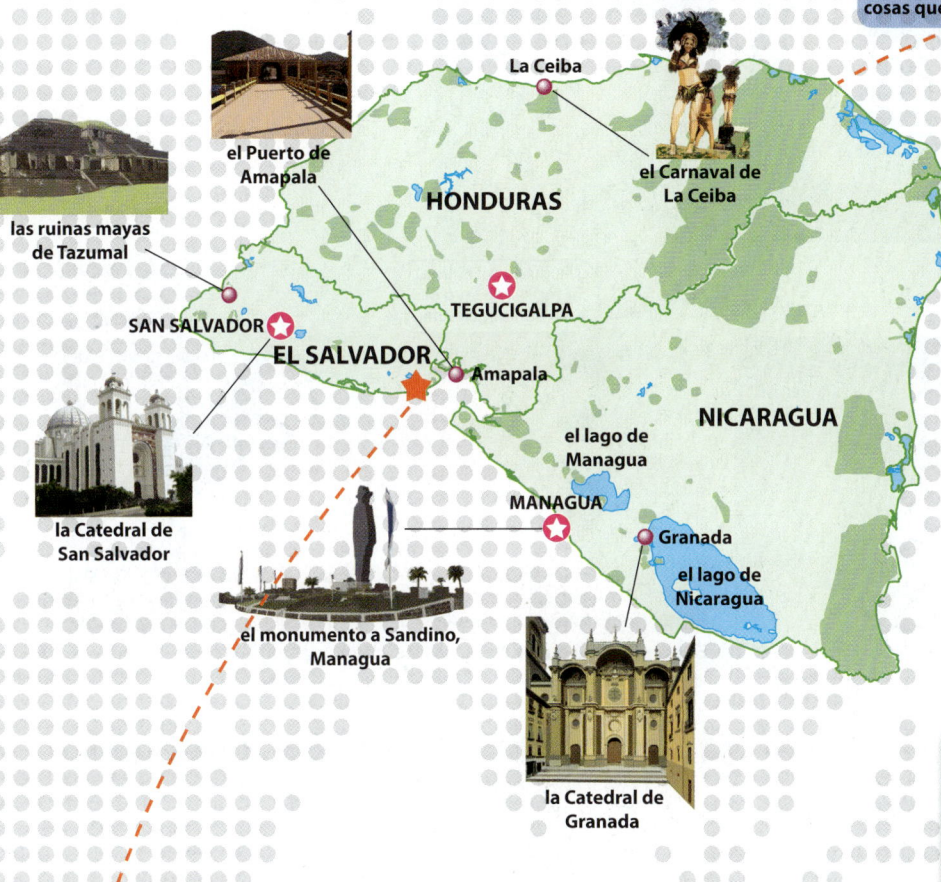

Conócenos

Xiomara Asencio Elías

Xiomara Asencio Elías es estadounidense de padres salvadoreños y nació en Maryland. Su cumpleaños es el dieciséis de septiembre y tiene veinte años. Estudia literatura latinoamericana. Sus actividades favoritas son leer novelas, viajar por Latinoamérica, bailar y jugar al tenis.

Mi país

Mi país **(Whole class), Suggestions:** We encourage you to show this video segment to the class as you introduce *Capítulo 5*. (It is available on DVD and in Connect Spanish.) You may also show or assign this segment again towards the end of the chapter in the *Videoteca* section when students will have a larger vocabulary. You may want to use the previous *Mi país* segment as a review.

Point out: Make it clear to students that they are not expected to understand every word at this point.

Comunícate

La rutina

Lee *Infórmate 5.1–5.2*

Esta noche hay una fiesta del club Amigos sin Fronteras. Los estudiantes se preparan…

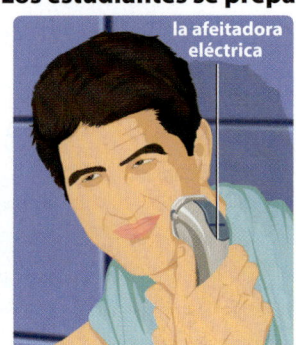

Eloy se ducha, se seca y después se afeita.

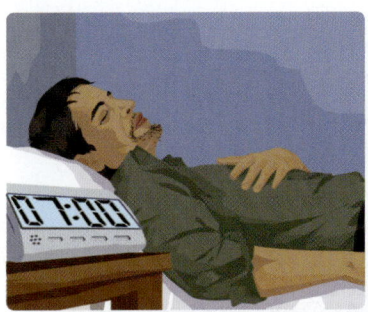

Jorge se acuesta para descansar antes de la fiesta. / ¡Por fin se despierta!

Estefanía se lava el pelo con agua tibia, champú y acondicionador. Después se seca el pelo.

Camila se maquilla y después se cepilla el pelo. ¡Le gusta arreglarse bien!

Xiomara se pone ropa elegante pero cómoda.

Entérate

¿Notas el pájaro en el cuadro (*picture*) del cuarto de Xiomara? Pues es el **torogoz** (*turquoise-browed Motmot*), el pájaro nacional de El Salvador.

Franklin se lava (se cepilla) los dientes.

Radamés se viste rápidamente. ¡Ya es muy tarde!

Actividades de comunicación

Act. 1 (Individual; pair), **Suggestions:** Tell students to think about their daily routines. Ask: *¿Qué significa «rutina diaria»?* (Write *rutina diaria* on the board.) *Son actividades que hacemos todos los días o con mucha frecuencia, ¿verdad?* Use your PF or a PP presentation to show examples and ask questions based on statements in activity: *¿Quién en la clase se levanta tarde los fines de semana?* (Carla) *Muy bien, Carla se levanta tarde el sábado y el domingo. ¿Y el lunes también?* Always react with your own routine: *Yo también me levanto tarde los fines de semana a veces.* Make sure students understand *a veces, siempre,* and *nunca* before working on the activity individually. Now pair them off to ask each other questions about their daily routines.

Actividad 1   Mi rutina

¿Es así tu rutina? Responde usando **siempre, nunca** o **a veces.** Luego conversa con tu compañero/a sobre su rutina.

1. Por la mañana…
   a. me baño con agua tibia.   **b.** desayuno mucho.   **c.** me visto rápidamente.
2. Cuando voy a una fiesta…
   a. me ducho y me lavo el pelo.   **b.** me pongo ropa elegante.
   c. me maquillo.
3. Los fines de semana…
   a. me levanto temprano.   **b.** me acuesto tarde.   **c.** me afeito.
4. Por la noche, antes de acostarme…
   a. me cepillo los dientes.   **b.** escucho música.   **c.** me pongo el pijama.
5. De lunes a viernes…
   a. me levanto tarde.   **b.** me pongo ropa cómoda.   **d.** me ducho con agua fría.

Entérate

Las palabras para referirse a la rutina diaria pueden variar entre hablantes (*speakers*).

cepillarse los dientes = lavarse los dientes, lavarse la boca

la pasta dental = la pasta dentífrica, la pasta de dientes

lavarse el pelo = lavarse la cabeza

el secador = la secadora

la afeitadora = la rasuradora

la maquinilla de afeitar = navaja

Act. 2 (Whole class; pair), **Suggestions:** Have students put these activities in order in pairs or as a whole-class activity. Read the three actions in the model and then read the sentence, emphasizing *primero, luego,* and *después*. Encourage students to use this model. To emphasize *por último*, read some of the sequences and add one more action at the end. Encourage whole-class participation by discussing possible variations in sequences and differences in routines.

Actividad 2   El orden lógico

Di el orden en que tú haces estas acciones. Usa las palabras **primero, luego** y **después.**

MODELO: **a.** Me lavo el pelo.   **b.** Me quito la ropa.   **c.** Me seco el pelo. →
Primero *me quito la ropa,* luego *me lavo el pelo* y después *me seco el pelo.*

1. **a.** Me seco.   **b.** Me lavo los dientes.   **c.** Me baño.
2. **a.** Me maquillo.   **b.** Me levanto.   **c.** Me pongo la ropa.
3. **a.** Me peino.   **b.** Me afeito.   **c.** Me ducho.
4. **a.** Me baño.   **b.** Me levanto.   **c.** Me despierto.
5. **a.** Me lavo los dientes.   **b.** Desayuno.   **c.** Preparo el desayuno.
6. **a.** Me pongo el pijama.   **b.** Me acuesto.   **c.** Me quito la ropa.

Vocabulario útil
primero
luego
después
por último

Comunícate   La rutina

Act. 3 (Whole class; pair).
Note: The time in each frame is included to give more input with *la hora*, but its use is optional.
Suggestions: Introduce *antes de* and *después de* + infinitive as you narrate the sequence with the class. Point out the *Infórmate* box and include words from the *Vocabulario útil* box as much as possible in your narration: *Después de ducharse, Xiomara se seca y se pone la ropa. ¿Y qué hace antes de salir de su casa?* You may want to introduce *cancha (de tenis)*. After narrating Xiomara's day, have students work in pairs to narrate the sequence to each other.

Suggested input:
Xiomara se despierta a las 8:00. (A las 8:10) Se levanta. A las 8:15, después de levantarse, se ducha. (A las 8:20) Se lava el pelo. (A las 8:30) Se seca el pelo. (A las 8:35) Se cepilla el pelo. Después de maquillarse (a las 8:50), se pone los lentes. (A las 9:00) Se pone la ropa de tenis. (A las 9:10) Desayuna café con leche. Después de desayunar (a las 9:25), va a la cancha de tenis para jugar al tenis. (Desde las 9:40 hasta las 11:00) Juega al tenis con un amigo. (A las 12:10) Almuerza en su apartamento. (Desde las 12:30 hasta las 3:30) Lee el blog de los Amigos sin Fronteras y estudia. (A las 4:30) Se arregla para salir. (A las 5:00) Se encuentra con varios amigos en la Avenida Telegraph de Berkeley. Por último, Xiomara se acuesta (a las 11:15).

Actividad 3 Un sábado en la vida de Xiomara

En grupos, describan las actividades de Xiomara durante un sábado típico.

A la cancha de tenis

Infórmate

To express *before/after* (*doing something*), Spanish speakers use **antes/después de** + infinitive.

Después de levantarse, Xiomara se ducha.   *After getting up, Xiomara takes a shower.*
Se pone los lentes antes de maquillarse.   *She puts on her glasses before putting on her makeup.*

If the infinitive that follows **antes de** or **después de** is reflexive, then the reflexive pronoun must agree with the subject of the sentence.

Antes de acostar**me**, me cepillo los dientes.
¿Te bañas antes de afeitar**te**?
Después de levantar**nos**, corremos en el parque.

Vocabulario útil

antes de
después de
más tarde
a la(s)…
desde la(s)… hasta la(s)
finalmente

Actividad 4   De lunes a domingo

Act. 4, Part A (Whole class), **Notes:** Describe all four strips in random order and ask the class to identify them by number or title. Introduce *tiras* (strips). You will also need to teach *iglesia* (church) in order to describe Nayeli's Sunday morning activity. Sample description for strip 3: *En esta tira de dibujos, Claudia y Xiomara trotan (corren), Jorge se ducha (se baña), Radamés duerme y Nayeli mira fotos en su iPad.*

Part B (Pair), **Suggestion:** To conclude, go over part B with the whole class. Students may make mistakes, but keep in mind that the goal is to be able to express the activities depicted.

A. Escucha mientras tu profesor(a) describe cada uno de los dibujos. Luego di el número del dibujo que corresponde a la descripción.

1. **Un lunes a las seis y media con la familia de Omar Acosta Luna**

2. **Un jueves a las seis y media con la familia de Omar Acosta Luna**

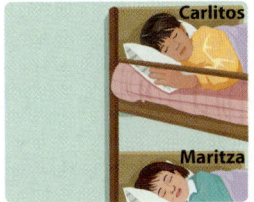   

3. **Un sábado a las nueve de la mañana con los estudiantes**

  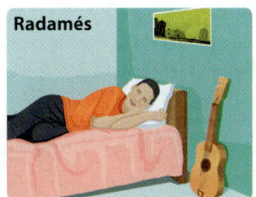 

4. **Un domingo a las nueve de la mañana con los estudiantes**

B. Ahora con tu compañero/a, describan las diferencias entre los dibujos.

Entérate

Para el desayuno, la familia Acosta Luna y muchos ecuatorianos comen empanadas (*small, deep-fried pastries stuffed with cheese, meat, or potatoes*), un plato típico de Ecuador.

Comunícate   La rutina

Las tres comidas

Lee *Infórmate 5.3*

Las bebidas

¿Los refrescos? No los bebo con frecuencia.

El desayuno

¿El cereal? Lo como todas las mañanas.

El almuerzo

¿Las papas fritas? No las como casi nunca.

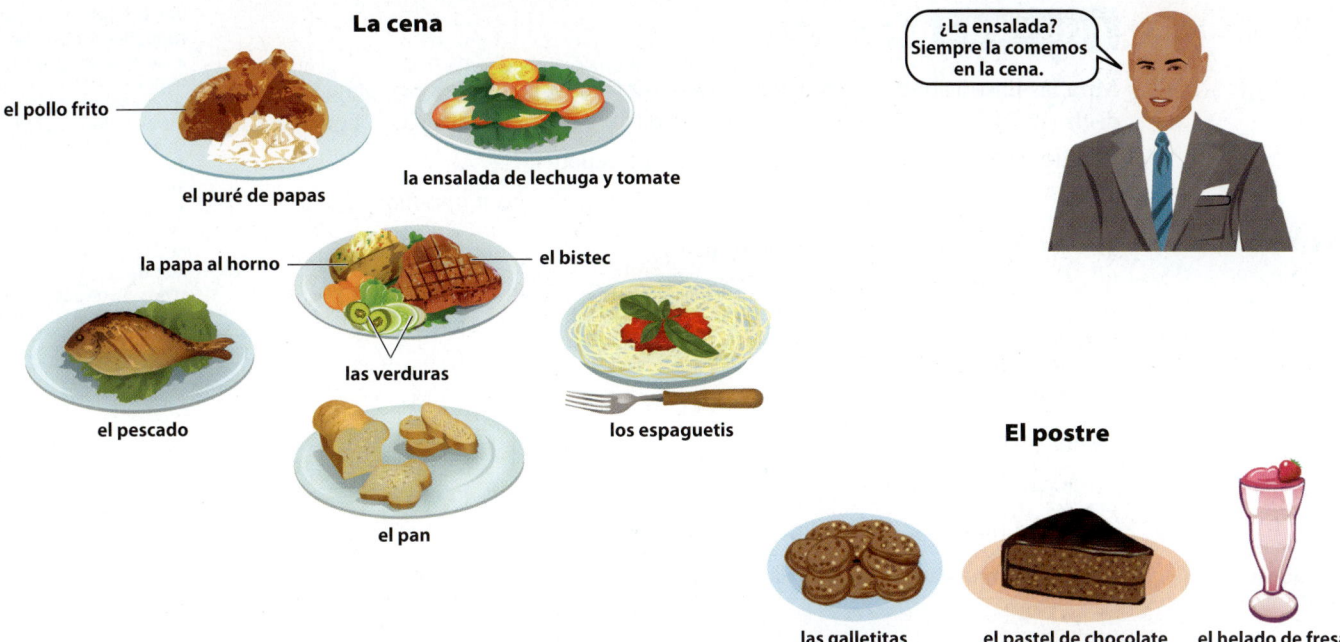

Entérate

Hay diferentes horas para las comidas en los países del mundo hispano. Por ejemplo, en Centroamérica, el desayuno es entre las siete y las nueve de la mañana, como en Estados Unidos. El almuerzo es al mediodía y la cena se sirve entre las cinco y media y las siete. Pero en México, el almuerzo normalmente es a las dos de la tarde y es la comida más grande del día. Los argentinos desayunan algo ligero (*light*) a media mañana (*midmorning*) y almuerzan a la una o una y media; su cena es abundante, a las nueve de la noche. En España, la hora de cenar también es a las nueve, un poco tarde en comparación con Estados Unidos, ¿verdad?

Actividad 5 Las comidas y las bebidas

Di si te gustan estas comidas y bebidas. Luego di con qué frecuencia las comes o las bebes.

MODELOS: la leche → Sí, me gusta. La bebo todos los días (en la cena).
No, no me gusta. No la bebo (casi) nunca.

¿Te gusta(n)… ? ¿Con qué frecuencia lo/la/los/las comes/bebes?

1. el café/té
2. los huevos fritos
3. la fruta
4. las hamburguesas
5. las papas fritas
6. el pollo (frito)
7. los tacos
8. la ensalada
9. el pescado
10. las verduras

Vocabulario útil

nunca	a veces	con frecuencia
casi nunca	de vez en cuando	casi todos los días
raras veces	siempre	todos los días

Comunícate Las tres comidas

Actividad 6   La dieta diaria

Mira las ilustraciones en las páginas 138–139 y conversa con tu compañero/a para decir con qué frecuencia comen esas comidas o beben esas bebidas y por qué.

MODELO: E1: ¿Comes las verduras con frecuencia?
 E2: Sí, las como todos los días *porque son muy saludables*.
 E1: ¿Te gusta el pollo frito?
 E2: Sí pero no lo como casi nunca porque *tiene mucha grasa*.

Infórmate

Use the pronouns **lo, la, los, las** instead of repeating the names for foods and beverages.

—¿Comes mucha **fruta**?
—Sí, **la** como todos los días porque tiene muchas vitaminas.

Vocabulario útil

es/son (muy/poco) saludable(s)
(no) engorda(n) mucho
(no) me llena(n) mucho
tiene(n) (mucho/a / poco/a) grasa/azúcar/fibra/colesterol
tiene(n) (muchas/pocas) calorías/vitaminas

Actividad 7   Tus preferencias

A. Conversa con tu compañero/a sobre sus preferencias con respecto a las comidas.

1. ¿Prefieres desayunar yogur o cereal? ¿Qué desayunas todos los días? ¿Desayunas algo diferente los fines de semana? ¿Qué?
2. ¿Qué te gusta almorzar? ¿Dónde almuerzas de lunes a viernes: en la universidad, en un restaurante, en tu trabajo o en casa? ¿Con quién almuerzas?
3. ¿Dónde almuerzas los fines de semana? ¿Almuerzas solo/a o con tus amigos? ¿A qué hora almuerzas?
4. ¿Qué prefieres para la cena: bistec, pescado o sopa de verduras? ¿Cuál es el más saludable? ¿Sales a cenar los fines de semana? ¿Con quién sales a cenar?
5. ¿Prefieres cenar en familia, solo/a o con tus amigos? ¿Por qué?
6. ¿Te gusta cocinar o prefieres salir a cenar? ¿Cuál es tu restaurante favorito? ¿Por qué te gusta?

B. Ahora… ¡conversa con tu profe!

1. ¿Qué desayuna usted todos los días? ¿Desayuna algo diferente los fines de semana? ¿Qué?
2. ¿Qué le gusta almorzar? ¿Dónde almuerza de lunes a viernes, en la universidad o en su casa?
3. ¿Dónde almuerza los fines de semana? ¿Con quién? ¿Solo/a? ¿A qué hora?
4. ¿Sale usted a cenar los fines de semana? ¿Con quién?
5. ¿Prefiere cenar en familia, solo/a o con sus amigos? ¿Por qué?
6. ¿Le gusta cocinar o prefiere salir a comer? ¿Cuál es su restaurante favorito? ¿Por qué?

Entérate

Cuando Xiomara está en San Salvador con sus abuelos, varios días a la semana come pupusas para el almuerzo. Es su comida salvadoreña favorita, especialmente cuando su abuela las prepara. A Xiomara también le gusta mucho el pastel de tres leches, un postre típico de Nicaragua y muy popular en todo el mundo hispano. Es rico. ¡Te lo recomendamos!

Vamos a Ver es un restaurante muy popular en Copán, Honduras.

Los días feriados

Lee *Infórmate 5.4*

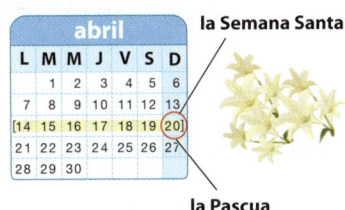

la Semana Santa

la Pascua
el domingo de Pascua

La Pascua y la Semana Santa son días feriados muy importantes en el mundo hispano.

el disfraz de fantasma
los dulces

En Estados Unidos, muchos niños se ponen disfraces y piden dulces el Día de las Brujas.

Es el dos de noviembre, Día de los Muertos en México y América Central

la tumba
la calavera

El dos de noviembre muchos mexicanos y centroamericanos visitan las tumbas de sus familiares difuntos en el cementerio. Les llevan comida, flores y dulces.

En los países hispanos, los Reyes Magos les traen regalos a los niños el seis de enero.

el nacimiento

la Nochebuena   la Navidad

el arbolito de Navidad

las velas

el candelabro

En El Salvador, Honduras y Nicaragua se celebra el Día de la Independencia el quince de septiembre. Los centroamericanos celebran este día con desfiles y muchos otros eventos.

Muchas familias hispanas celebran la Navidad con un arbolito. Otras celebran este día con un nacimiento.

Jorge Navón Rojas es judío y celebra el Jánuca durante ocho días en diciembre.

Entérate

- **El Día de la Independencia** se celebra en la misma fecha en El Salvador, Honduras y Nicaragua porque todos los países centroamericanos eran (*used to be*) un solo país: la República Federal de Centroamérica.

- Hay diferentes fechas para **el Día de la Madre** en América Central. Este día se celebra el segundo domingo de mayo en Honduras, el diez de mayo en El Salvador, y el treinta de mayo en Nicaragua. Para **el Día del Padre** también hay varias fechas: el diecinueve de marzo en Honduras, el diecisiete de junio en El Salvador, y el veintitrés de junio en Nicaragua.

- **El Día de Acción de Gracias** no se celebra en los países hispanos, pero sí en las comunidades (*communities*) hispanas de Estados Unidos.

- En Guatemala, España y otros países hispanos, muchas personas celebran **la Nochevieja** (*New Year's Eve*) comiendo doce uvas (*grapes*) a medianoche. Además, los guatemaltecos se ponen ropa nueva. Buena idea, ¿no? ¡Año nuevo, ropa nueva!

Act. 8, **Suggestion:** Make sure that students are familiar with the vocabulary and can recognize all the holidays before they start working on this activity. **Note:** In Spain, el *Día de los Enamorados* is celebrated only by people who are involved in a romantic relationship. Most Hispanic countries celebrate this day on February 14, but in Colombia it is celebrated on September 14.

Actividad 8 ¿Qué día es?

Con tu compañero/a, lea la descripción y escoja el día feriado que corresponde a la descripción.

1. __a__ Una persona celebra el día en que nació con un pastel y regalos.
   a. el cumpleaños   **b.** el Año Nuevo   **c.** el Día de los Enamorados (♥)
2. __c__ Tres hombres en camellos les traen regalos a los niños el seis de enero.
   a. la Navidad   **b.** el Jánuca   **c.** el Día de Reyes (los Reyes Magos)
3. __a__ La gente celebra el fin de un año y el comienzo de otro año.
   a. la Nochevieja   **b.** el Día de la Independencia
   c. el Día de los Muertos
4. __c__ Los niños se visten de Drácula o de Frankestein y piden dulces.
   a. el Día de la Madre   **b.** el cumpleaños   **c.** el Día de las Brujas
5. __b__ Se celebra durante ocho días en diciembre. Cada día se enciende una vela más y a veces los niños reciben pequeños regalos.
   a. el Día (de Acción) de Gracias   **b.** el Jánuca   **c.** la Semana Santa
6. __c__ Este día es para recordar a los parientes difuntos.
   a. el Año Nuevo   **b.** el Día del Padre   **c.** el Día de los Muertos

> **Entérate**
> En El Salvador, Honduras y Nicaragua, el **Día de los Enamorados** la gente celebra el amor (*love*), la familia y la amistad (*friendship*). Por eso en Centroamérica este día se llama **el Día del Amor y la Amistad** y **el Día del Cariño** (*affection*).

> **Entérate**
> En algunos países hispanos, las personas celebran su cumpleaños y también celebran el día de su santo. Por ejemplo, si un hombre se llama José, entonces celebra el día de San José, el diecinueve de marzo. Si una mujer se llama Natalia, entonces celebra su santo el día de Santa Natalia, el veintisiete de julio.

Actividad 9 En las fiestas

Conversa con tu compañero/a sobre tus preferencias durante las fiestas.

MODELO: E1: ¿Qué prefieres hacer para celebrar *tu cumpleaños*?

E2: Durante el día, prefiero *quedarme en casa y actualizar mi página de Facebook*. Por la noche, me gusta *salir a cenar con mis amigos*.

¿Qué prefieres hacer para celebrar...

1. tu cumpleaños?
2. el Día de la Independencia?
3. la Navidad u otro día feriado? (el Jánuca, la Pascua, la Pascua Judía, el Ramadán)
4. tu aniversario de boda u otro aniversario importante?
5. el Día de la Madre o el Día del Padre?
6. la Nochevieja o el Año Nuevo?

Act. 9 (Whole class; pair), **Suggestions:** Before pairing students, use a calendar to review the holidays mentioned in the activity. You may also want to describe/illustrate *Jánuca, Ramadán,* and any other religious holiday that is relevant to your students. Go through interview questions and answer each with your own information, writing pertinent vocabulary from your answers on the board. Make sure students understand *actualizar* (to update).

> **Vocabulario útil**
>
> **Actividades posibles:** celebrar con mi familia, cenar en casa, cocinar comida rica, comer pastel, conversar con mis amigos, dar una fiesta, ir a la iglesia, ir a la playa (para nadar), ir a un club para bailar, ir de compras, leer/actualizar mi página de Facebook, merendar en el parque, mirar videos en YouTube, quedarme en casa, recibir regalos, salir a cenar en un restaurante, textear a mis amigos, tomar algo en un café, ver la televisión

Actividad 10 Los días feriados en Estados Unidos

Empareja el día feriado con la descripción que corresponde. Luego di en qué mes se celebran estos días feriados en Estados Unidos. ¿Hay otros días feriados nacionales que celebras tú? ¿Cuáles?

DÍAS FERIADOS

__e__ 1. el Día de San Valentín
Se celebra en *febrero*.

__a__ 2. el Día de las Brujas
Se celebra en… octubre

__d__ 3. el Día de Acción de Gracias
Se celebra en… noviembre

__b__ 4. el Día del Trabajo
Se celebra en… septiembre

__g__ 5. la Nochevieja y el Año Nuevo
Se celebran en… diciembre y enero

__c__ 6. el Día de los Presidentes
Se celebra en… febrero

__f__ 7. el Día de la Independencia
Se celebra en… julio

__h__ 8. ¿ ?
Se celebra en…

DESCRIPCIÓN

a. Los niños van de casa en casa y piden dulces.

b. La gente hace picnics.

c. Celebramos los cumpleaños de Lincoln y Washington.

d. Mucha gente cena pavo este día y lo pasa con parientes y amigos.

e. Les damos flores y tarjetas a las personas que queremos.

f. Es una celebración de verano con fuegos artificiales.

g. Muchas personas van a fiestas y toman champaña. Al día siguiente ven partidos de fútbol en televisión.

h. ¿ ?

Meses: enero, febrero, marzo, abril, mayo, junio, julio, agosto, septiembre, octubre, noviembre, diciembre.

Actividad 11 Tus celebraciones

A. Conversa con tu compañero/a sobre cómo celebra los días de fiesta.

1. ¿Cómo te gusta celebrar tu cumpleaños?
2. ¿Qué haces el Día de Acción de Gracias? ¿Celebras esta fiesta en casa con tu familia o vas a la casa de otros parientes o amigos? ¿Qué comen?
3. ¿Qué aspecto de la Navidad o Jánuca te gusta más? ¿Qué aspecto te gusta menos?
4. ¿Celebras el Año Nuevo con tu familia o con tus amigos? ¿Qué hacen ustedes para celebrarlo?
5. ¿Con quién celebras el Día de la Independencia: con tu familia o con tus amigos? ¿Van a un parque o se quedan en casa? ¿Miran los fuegos artificiales?
6. ¿Qué otras fiestas celebras con tu familia o tus amigos? ¿Qué hacen para celebrar estas fiestas? ¿Dan muchos regalos? ¿Ponen decoraciones en casa?

B. Ahora… ¡conversa con tu profe!

1. ¿Cómo celebra usted su cumpleaños?
2. ¿Qué hace el Día de Acción de Gracias?
3. ¿Qué aspecto de la Navidad o Jánuca le gusta más? ¿Qué aspecto le gusta menos?
4. ¿Qué fiestas celebra con su familia o sus amigos? ¿Qué hacen ustedes para celebrar esas fiestas?

Hablando de los días feriados

EL DÍA DE LOS MUERTOS

La celebración del Día de los Muertos en Oaxaca, México

Hablando de los días feriados, **Notes:** *El Día de los Muertos* is celebrated throughout Mexico and most of Central America and is a blend of indigenous and Catholic traditions. Rather than macabre, it is both solemn and joyful and allows people to honor deceased loved ones and celebrate life. You may want to show a PP presentation or bring in realia about this holiday. You can also construct a class *ofrenda* that uses the traditional elements: candles, marigold petals, *papel picado*, *pan de muerto*, a glass of water (it is believed that the dead get thirsty on their long journey), and a few relevant items, such as a photo, a book, a favorite food, or a musical instrument, relating to someone famous who has passed away.

¿Una fiesta que celebra la muerte[a]? ¡Así es! En México y América Central, el primero y el segundo día de noviembre son días dedicados al recuerdo[b] de los familiares[c] y amigos fallecidos.[d] El primero de noviembre es el Día de Todos los Santos y se dedica a los niños muertos. El dos de noviembre es el Día de los Muertos y ese día la gente honra[e] a sus familiares.

Los mexicanos hacen muchos preparativos para el Día de los Muertos: compran calaveras y ataúdes de azúcar,[f] esqueletos de papel maché y un pan especial que se llama «pan de muerto». En las casas y edificios públicos, la gente construye ofrendas[g] para los amigos y familiares muertos. Las ofrendas se adornan con velas,[h] papel picado,[i] flores de cempasúchil,[j] pan de muerto y algún objeto especial —un libro, una foto, alguna ropa— del difunto. En muchos pueblos,[k] por la mañana las familias van al cementerio y limpian las tumbas de sus seres queridos[l] en preparación para la celebración de esa noche. De noche encienden[m] velas y comen comidas tradicionales en honor a los difuntos. Y por las calles hay muchos desfiles.

Como puedes ver, el Día de los Muertos es un día especial para honrar a las personas que ya no están con nosotros pero que existen en el recuerdo.

[a]*death* [b]*memory* [c]*family members* [d]*deceased* [e]*la… people honor* [f]*calaveras… skulls and coffins made of sugar* [g]*construye… build altars* [h]*candles* [i]*decorative cut paper* [j]*flores… marigold flowers* [k]*towns* [l]*seres… loved ones* [m]*they light*

Los estados físicos y anímicos

Después de correr, Juan Fernando siempre **está cansado** y **tiene sed**.

Maritza **está triste**. ¡Su pobre muñeca!

Radamés **está enojado**. ¡Su guitarra no funciona!

Franklin y Estefanía **tienen hambre.** Pero van a comer pronto.

De lunes a viernes, Jorge siempre **está ocupado.**

Omar y Marcela van a salir de vacaciones. ¡**Están contentos**!

Durante el invierno en Maryland, Xiomara siempre **tiene frío.**

A Lucía y Claudia les gusta trabajar en el jardín de la universidad. Pero ahora **tienen calor.**

¡Ay, no! Carlitos y Maritza **tienen miedo.**

Ana Sofía **tiene prisa.** ¡Va a llegar tarde a su clase!

Camila **tiene sueño.**

Infórmate

Estar (*To be*) and **tener** (*to have*) can be used to describe states: how someone is at a particular time.

Estoy contento/a.	*I am happy.*
Estoy enojado/a.	*I am angry.*
Tengo hambre.	*I am hungry.* (Literally, *I have hunger.*)
Tengo prisa.	*I am in a hurry.* (Literally, *I have a rush/hurry.*)

Note that **tener** always takes a noun as an object. Thus English *to be* + adjective often corresponds to Spanish **tener** + noun. Look at the expressions literally: **tener calor/frío** = *to have heat/coldness*, **tener miedo** = *to have fear*, **tener sed** = *to have thirst*, and **tener sueño** = *to have sleep*.

Los estados físicos y anímicos, **Notes:** Many of the words in the vocabulary displays and activities will be new to students. Be sure to verify class comprehension of all vocabulary as you proceed through the chapter.

Except for fixed phrases such as *¿Cómo estás?*, the only form of "to be" presented so far is the *ser* + adjective construction to describe inherent characteristics of things and people. This is the first formal introduction of *estar* used with adjectives to describe how someone is feeling.

Suggestions: Use your PF or a PP presentation to teach adjectives that describe physical and mental states. Include a variety of adjectives, gesturing as needed to clarify meaning: *aburrido/a, contento/a, de mal/buen humor, deprimido/a, enamorado/a, enfermo/a, enojado/a, interesado/a, ocupado/a, preocupado/a, triste.* Ask: *¿Cómo está la niña* (*la muchacha, el hombre*)? Then introduce states used with *tener: calor, frío, hambre, miedo, prisa, sed, sueño.* You may want to provide the literal English translations for these nouns (hunger, sleep, thirst, hurry, etc.), which is helpful to some students.

Act. 12 (Whole class; pair), **Suggestions:** Review activities in the right-hand column and go over the expressions in the *Y tú, ¿qué dices?* box, adding others you wish to teach. Then ask students to finish each sentence with an activity from the list or one of their own choosing. Encourage them to elaborate when they respond to their partner, offering details. Example: *E1: Cuando estoy aburrido, actualizo/leo mi página de Facebook. E2: ¡Yo también! ¿Tienes muchos amigos en tu página? E1: Sí, tengo...* Now pair students to make personal statements and comments. Another model you can provide: *E1: Cuando tengo prisa, no doy un paseo. E2: Yo tampoco. ¡Ni pensarlo!* Follow up with a whole-class discussion.

Actividad 12 Situaciones

Conversa con tu compañero/a. ¿Qué hacen ustedes en estas situaciones? Expresen una reacción con las frases de **Y tú, ¿qué dices?**

MODELO: E1: Cuando tengo calor, tomo café caliente.
  E2: Yo no. ¡Qué ocurrencia!

1. Cuando estoy triste… (no) actualizo/leo mi página de Facebook.
2. Cuando estoy contento/a… (no) camino rápidamente.
3. Cuando estoy cansado/a… (no) como hamburguesas y papas fritas.
4. Cuando estoy aburrido/a… (no) doy un paseo.
5. Cuando estoy enojado/a… (no) duermo una siesta.
6. Cuando tengo hambre… (no) escucho música.
7. Cuando tengo frío… (no) leo un libro.
8. Cuando tengo calor… (no) me baño (con agua caliente/tibia/fría).
9. Cuando tengo prisa… (no) me pongo un suéter.
10. Cuando tengo miedo… (no) prefiero estar solo/a.
    (no) salgo a pasear en el carro.
    (no) texteo a un(a) amigo/a.
    (no) tomo un vaso de leche.
    (no) tomo café (chocolate, té) caliente.
    (no) voy de compras.
    ¿ ?

Y tú, ¿qué dices?

¡Ni pensarlo!	¡Qué divertido!	Yo tampoco.
¡Qué aburrido!	¡Qué ocurrencia!	Yo sí. / Yo no.
¡Qué buena/mala idea!	Sí, yo también.	

Act. 13 (Individual; whole class). Have students read through situations first. Explain unfamiliar vocabulary and then work with whole class, writing conclusions on the board and expanding the conversation when natural. Example: **1.** *¡Marcela tiene miedo! Sí, por supuesto. Ella va a llamar a la policía, ¿no?*

Actividad 13 Los estados anímicos

Di cómo están o qué tienen las personas en estas situaciones.

1. Es medianoche y Marcela ve a una persona extraña en el patio de su casa.
2. Juan Fernando tiene un examen muy difícil en cinco minutos.
3. Es un sábado de verano y hace calor. Sebastián y su amigo Daniel quieren ir a la playa, pero tienen mucha tarea.
4. Es la Nochevieja y Xiomara está en una fiesta con sus amigos.
5. Claudia tiene una entrevista para un trabajo en diez minutos y recibe una llamada de su mamá.
6. Rodrigo recibe una mala nota en un examen de su clase más difícil.
7. Es la una de la tarde y Omar está en una reunión de trabajo.
8. Ana Sofía está enferma y piensa en su familia, que está muy lejos… ¡en España!
9. Es muy tarde en la noche y Estefanía quiere acostarse.
10. Radamés corre por el campus porque su clase empieza en tres minutos.

¿Recuerdas?
Recall from **Infórmate 2.1** the forms of **tener**: tengo, tienes, tiene, tenemos, tenéis, tienen.
Recall from **Infórmate 2.2** the forms of **estar**: estoy, estás, está, estamos, estáis, están.

Actividad 14 Acciones, deseos y preferencias

Conecta las tres columnas con flechas: los dibujos de la columna **A** con las descripciones de la columna **B** y con las acciones o deseos de la columna **C**.

A   B   C

   Tiene sueño.   Les gusta pasar tiempo juntos.

   Están enamorados. ♥   Se ponen abrigo y guantes.

   Está enferma. ¡Pobrecita!   Va a tomar toda su medicina.

   Tienen mucho calor porque hace calor en julio.   Quiere acostarse y dormir muchas horas.

   Están aburridos.   Prefieren jugar con sus juguetes.

   Tienen frío porque hace mucho frío en invierno.   Van a nadar en una piscina.

Infórmate

With the words **calor, frío** (*heat, cold*), and **caliente** (*hot*), several combinations are possible.

To describe people, use **tener + calor/frío**.

Xiomara **tiene frío**.
Xiomara is (feels) cold.

To describe things, use **estar + caliente/frío**.

La estufa **está caliente**.
The stove is hot.

To describe the weather, use **hacer + calor/frío**.

Hoy **hace mucho frío**.
It's really cold today.

Actividad 15 ¿Qué haces?

Conversa con tu compañero/a sobre lo que haces en estas situaciones.

1. ¿Qué haces cuando estás *triste* (*nervioso/a, de buen/mal humor, enamorado/a, preocupado/a, contento/a, deprimido/a*)?
2. ¿Qué haces cuando tienes *frío* (*calor, miedo, sueño, sed, prisa, hambre*)?

Vocabulario útil

beber: bebo	**dormir:** duermo	**ponerse:** me pongo
bostezar: bostezo	**esconderse:** me escondo	**sonreír:** sonrío
comerse las uñas: me como las uñas	**gritar:** grito	**soñar (despierto):** sueño (despierto)
	llorar: lloro	

Comunicación en línea

:-] alegre, contento/a
:-e desilusionado/a
>:-<. enojado/a
:-I indiferente
:-D me da risa
:-O sorprendido/a
:-(triste

Actividad integral

Los días especiales de Xiomara

Xiomara escribe en el blog Amigos sin Fronteras sobre sus días especiales.

A. Mira los dibujos y lee las descripciones. Decide qué descripción corresponde a cada dibujo.

1.
d

2.
g

3.
e

4.
b

5.
h

6.
a

7.
c

8.
f

DESCRIPCIONES

a. Bebo un poquito de champaña y espero impaciente para luego decir… ¡feliz Año Nuevo!
b. El Día de Acción de Gracias en el apartamento de Camila. ¡Pero no hay pavo!
c. Este es uno de mis días favoritos. Me gusta mucho vestirme de bruja y gritar «¡¡BUUUU!!»
d. Es el día de mi cumpleaños. Pero no estoy muy contenta porque extraño a mis abuelos. Ellos viven en El Salvador y están lejos.
e. ¡Hay una fiesta del club! Quiero ponerme un vestido bonito.
f. Siempre le doy un regalo a mi hermanita Leticia este día. Pero solamente uno porque… ¡los Reyes Magos también le dan muchos regalos!
g. El cuatro de julio en Berkeley. ¡Me fascinan los fuegos artificiales!
h. Es el cinco de agosto. Aquí estoy con mi familia en la fiesta religiosa del santo patrono de mi país, San Salvador del Mundo. Casi todos los veranos mis padres, mi hermana y yo viajamos a El Salvador para celebrar este día especial con mis abuelos.

B. Ahora trabaja con tu compañero/a. Describan los dibujos. (¿Cómo está Xiomara y por qué? ¿Qué hace? ¿Qué celebra? ¿Con quién está? ¿Qué come?) Usen su imaginación y… ¡den muchos detalles!

MODELO: E1: En el primer dibujo Xiomara está triste.
E2: ¡Pero es su cumpleaños! ¿Por qué está triste?
E1: Porque está sola y sus abuelos están lejos.
E2: Sí, es verdad. Están en El Salvador.

Exprésate

ESCRÍBELO TÚ

Tu presentación para el club

Imagínate que vas a ser miembro del club Amigos sin Fronteras. Escribe una descripción de ti mismo/a (*yourself*) como presentación para los miembros del club. La descripción debe incluir algunos datos personales, como por ejemplo: ¿Cómo te llamas? ¿Cuántos años tienes? ¿Dónde vives? Habla también de tus gustos y preferencias y de tu rutina diaria: ¿A qué hora te levantas todos los días y durante el fin de semana? ¿Qué haces después de tus clases / del trabajo? ¿Qué haces cuando estás aburrido/a? ¿Qué prefieres hacer para celebrar un día feriado favorito? ¿Qué te gusta hacer los sábados por la noche? Usa la tabla en el *Cuaderno de actividades* o en Connect Spanish para organizar tus ideas y escribe allí tu composición.

CUÉNTANOS

Mi día feriado favorito

Cuéntanos sobre tu día feriado favorito. ¿Cómo se llama esta celebración? ¿Es un día feriado religioso para ti? ¿Lo celebras con amigos o familiares? ¿Viajas durante este día feriado? ¿Esta fiesta se celebra de día, de noche o durante varios días? ¿Se celebra con comidas típicas o tradicionales? Y tú, ¿comes estas comidas? ¿Cocinas o sales a cenar? ¡Los detalles son importantes! ¡A conversar!

Entérate

Mundopedia

1. Los nombres en el mundo hispano
2. El arpa paraguaya
3. El cine argentino
4. Quito y Mitad del Mundo
5. ¡Grandes fiestas!
6. La escritora chilena Isabel Allende
7. El Carnaval de Barranquilla
8. El Cinco de Mayo
9. La Diablada de Oruro
10. La música de Cuba
11. Los paradores de España
12. Mérida, ciudad en la montaña
13. Los festivales dominicanos
14. El misterio de las ciudades mayas
15. Los logros de Costa Rica

¡Grandes fiestas!

El Carnaval de La Ceiba

Los días feriados más importantes de El Salvador, Honduras y Nicaragua representan diferentes culturas y tradiciones. Algunas tienen su origen en la religión católica, otras en tradiciones indígenas y otras más celebran eventos históricos. Pero todas estas grandes fiestas tienen varios elementos en común: la **alegría**, la música y la comida.

EL SALVADOR

Uno de los días feriados que se celebra con mucho entusiasmo en El Salvador es el Día del Niño, el primero de octubre. Los salvadoreños también celebran su **plato** nacional, la pupusa, del siete al trece de noviembre. La pupusa es una tortilla **gruesa** y **rellena** de **queso** o **carne**. Durante el Festival de la Pupusa hay muchas celebraciones y **concursos**: ¡el **ganador** de uno de estos concursos es la persona que come más pupusas!

Muchas de las fiestas salvadoreñas son religiosas. La más popular es la del **santo patrono** del país, El Salvador del Mundo, que se celebra en la capital con eventos religiosos y muchas actividades divertidas. El cinco de agosto hay un **desfile** que representa el comienzo de la festividad. En este desfile los salvadoreños **cargan** una **efigie** de su santo patrono para expresar su devoción.

Vocabulario de consulta	
alegría	joy
plato	dish
gruesa	thick
rellena	filled
queso	cheese
carne	meat
concursos	contests
ganador	winner
santo patrono	patron saint
desfile	parade
cargan	they carry
efigie	effigy
tiene lugar	(it) takes place
mar	sea
comienzan	begin
duran	they last
carrozas	floats
reina	queen
poesía	poetry
lago	lake
ferias de artesanía	craft fairs
obras de teatro	plays

Estimado/a _____:
Mis dos fiestas favoritas son _____ y _____. Me gustan porque _____. Estas fiestas se celebran con varias actividades. Por ejemplo, yo _____, _____ y _____. Normalmente, celebro estas fiestas con _____.

HONDURAS

El evento más grande de Honduras —¡y de toda América Central!— es el Carnaval de La Ceiba, que **tiene lugar** en La Ceiba, una hermosa ciudad del **mar** Caribe. Este carnaval se celebra en honor a San Isidro, el santo patrono de La Ceiba. El día oficial de San Isidro es el catorce de mayo, pero las celebraciones **comienzan** antes del día catorce y **duran** varias semanas. Hay un desfile, lindas **carrozas** y una **reina**. Además, hay muchos carnavales pequeños o «carnavalitos» en los barrios de esta ciudad caribeña.

NICARAGUA

Una celebración nicaragüense muy popular es el Festival Internacional de **Poesía**, que se celebra en la ciudad de Granada durante una semana de febrero todos los años. Granada está cerca de la costa del océano Pacífico y al lado del **lago** de Nicaragua. Durante el festival, los nicaragüenses leen poesía en los parques, las escuelas, las plazas y otros lugares públicos. Hay muchos eventos: **ferias de artesanía**, presentaciones de libros, conciertos, danzas y **obras de teatro**. ¡Toda la ciudad de Granada participa!

COMPRENSIÓN

Empareja la descripción de la fiesta con el nombre de la fiesta a la que corresponde.

1. __c__ Muchas personas comen el plato típico del país.
2. __a__ Se celebra este día el primero de octubre.
3. __d__ Esta celebración comienza con un desfile.
4. __e__ Es el evento más grande de toda América Central.
5. __b__ Durante esta fiesta hay ferias, conciertos y danzas.

a. el Día del Niño
b. el Festival Internacional de Poesía
c. el Festival de la Pupusa
d. Fiestas de El Salvador del Mundo
e. el Carnaval de La Ceiba

Voces salvadoreñas	Voces nicaragüenses	Voces hondureñas
agüitado/a sad, depressed	**el bojazo** smack, blow (*hitting*)	**azorrar** to frighten, scare
la broza group of friends	**hacer la guatusa** to pretend	**de fay** in vain
fufurufo/a vain, conceited	**íngrimo/a** alone	**fúrico/a** angry, furious
la lica movie	**la jupa** = **la cabeza (de una persona)**	**el pipirín** food, meal
el tata padre, papá	**roco/a** = **viejo/a** (*para personas*)	**el tanate** pile, lots

CONEXIÓN CULTURAL

CÍRCULO DE AMIGAS

En Jinotega, un pequeño pueblo nicaragüense, hay una organización que se llama Círculo de Amigas. El objetivo de este grupo es ayudar a las personas pobres de Nicaragua. El grupo construye casas modestas, consigue agua limpia y hace mucho más. Lee la lectura «Círculo de Amigas» en el *Cuaderno de actividades* o en Connect Spanish y ¡descubre esta importante organización!

Voces, **Notes:** The aim of this section is to introduce students to the linguistic variety within the Spanish-speaking world; we do not expect students to use this vocabulary in their own production. If you know other regional terms from the featured countries, you may want to share those also with your students.

Videoteca

Amigos sin Fronteras
Episodio 5: ¡Música, maestro!

Note: Both video clips can be seen on the DVD to accompany *Tu mundo* or in Connect Spanish.

Resumen

Claudia le dice a Radamés que hoy hay una fiesta sorpresa de cumpleaños para Nayeli Rivas Orozco, estudiante mexicana que ahora es miembro del club Amigos sin Fronteras. Más tarde, Claudia, Eloy y Radamés conversan sobre su familia y sobre las cosas que van a llevar a la fiesta. Finalmente, todos le dan una sorpresa muy divertida a Nayeli y le cantan «Las mañanitas».

Preparación para el video

A. ¡Comencemos! Mira la foto y marca la respuesta correcta.
1. ¿Qué hace Radamés en la foto?
   a. Se afeita. b. Limpia su casa. (c.) Toca la guitarra.
2. ¿Dónde están Claudia y Radamés? Probablemente están…
   a. en la universidad. (b.) en casa de Radamés.
   c. en una cafetería.

Comprensión del video

B. La idea principal. Indica la idea principal del video.
1. Radamés invita a Claudia a escuchar su nueva canción.
(2.) Por la tarde los chicos le van a dar una fiesta de cumpleaños a Nayeli.
3. Cumbancha tiene un concierto el sábado.

Vocabulario de consulta	
te podemos pasar a buscar	we can come get you
juntos	together
regalo	gift
listo	ready
llaves	keys
extraña	(she) misses
Es la costumbre	It's the custom
de vez en cuando	once in a while
la joven festejada	the party girl
«Las mañanitas»	*popular birthday song in Mexico*

C. ¿Cierto o falso?

1. Claudia va a cantar una canción para Nayeli por la tarde. **F**
2. La fiesta es para Radamés. **F**
3. Claudia quiere escuchar la nueva canción pero Radamés dice: «mejor en la fiesta». **C**
4. Los chicos van a llevar pastel y comida a la fiesta. **C**
5. La mamá de Radamés lo llama casi todos los días. **C**

D. Detalles. Contesta las preguntas correctamente.

1. ¿Para quién es la fiesta? ¿Por qué? Es para Nayeli porque es su cumpleaños.
2. ¿Por qué necesita practicar con la guitarra Radamés? Porque Cumbancha tiene un concierto el sábado.
3. ¿Quién es la compañera de Radamés cuando hay fiesta? la guitarra
4. ¿Sabe Nayeli que hay una fiesta para ella por la tarde? ¿Por qué? No, porque es una sorpresa.
5. ¿Quién ve a sus padres con más frecuencia, Radamés o Eloy? ¿Por qué? Eloy, porque sus padres viven más cerca, en Los Ángeles.

Mi país EL SALVADOR, HONDURAS Y NICARAGUA

Comprensión

1. ¿Cómo se llama el volcán más joven de El Salvador? Volcán Izalco
2. ¿Qué lugar es perfecto para hacer surf? la costa del Pacífico
3. ¿Quién cocina atol, tamales y pupusas? Aura, la abuela de Xiomara
4. ¿Qué lago hay cerca de Granada? el lago Nicaragua
5. ¿En qué costa de Nicaragua hablan inglés por la influencia británica? en el Mar Caribe / en el océano Atlántico
6. ¿Qué país de Centroamérica no tiene volcanes? Honduras
7. ¿Dónde se encuentra una famosa escalinata jeroglífica? Copán
8. ¿Qué comunidad indígena vive en la Isla de Roatán?
    a. maya-quiché
    (b.) garífuna
    c. kuna
    d. bribri

En el océano Pacífico, cerca de la costa de El Salvador

Las ruinas mayas de Copán, Honduras

Infórmate

5.1, Notes: Reflexive pronouns are introduced in this chapter because they are indispensable for understanding and discussing daily or habitual activities, the primary function of the present tense.
Point out: What is expressed as a reflexive action in Spanish often does not translate to a reflexive action in English, as with *levantarse* (*to get up*) and *ponerse la ropa* (*to put on clothes*).

5.1 Present Tense of Reflexive Verbs

A. You have already seen verb conjugations in Spanish. Reflexive verbs follow the same pattern as those conjugations with one small difference. Look at the following examples.

Lucía **lava** la ropa.

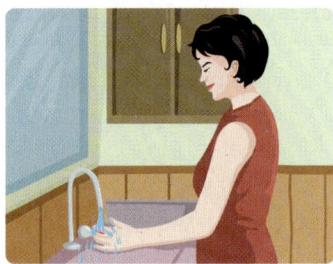

Lucía **se lava** las manos.

Sebastián **pone** el libro en la mesa.

Sebastián **se pone** la ropa.

> Actions done to oneself are expressed using reflexive words.
>
> **Me afeito.**   *I shave (myself).*
> **Nos ponemos** la ropa.   *We put on our clothes.*
>
> Note that in Spanish possessives generally are not used with clothing or body parts.
>
> Me lavo **las** manos.   *I wash my hands.*
> Te cepillas **los** dientes.   *You (fam. sing.) brush your teeth.*

The conjugation of **lavar** and **poner** is exactly like those you learned about in **Capítulo 4**. However, **lavarse** and **ponerse** have the pronoun **se** at the end, which indicates that they are reflexive verbs. Reflexive verbs usually refer to actions a person does to himself/herself. When conjugating a verb with **se** (*self*) at the end, you will need to add a reflexive pronoun before the conjugated form.

English also has reflexive pronouns that indicate that the subject of a sentence does something to himself or herself; these pronouns end in *-self* or *-selves*.

He cut *himself*.   Babies often talk to *themselves*.
She looked at *herself* in the mirror.   We didn't blame *ourselves*.

Note that some actions that are expressed as reflexive in Spanish are not expressed with *-self* or *-selves* in English.

Yo **me levanto** a las siete. **Me baño**   *I get up at 7:00. I take a bath*
y luego **me pongo** la ropa.   *and then get dressed.*

B. Here is the present tense of the verb **levantarse** (*to get up*) with reflexive pronouns.

levantarse (*to get up*)	
(yo) me levanto	I get up
(tú) te levantas*	you (*inf. sing.*) get up
(usted, él/ella) se levanta	you (*pol. sing.*) get up; he/she gets up
(nosotros/as) nos levantamos	we get up
(vosotros/as) os levantáis	you (*inf. pl., Sp.*) get up
(ustedes, ellos/ellas) se levantan	you (*pl.*) get up; they get up

*Alternative form for recognition only: **vos te levantás.**

C. Following is a list of verbs with the reflexive pronouns **me** (*myself*), **te** (*yourself* [*inf. sing*]), and **se** (*yourself* [*pol. sing.*], *himself/herself*) that you can use to describe your daily routine or that of someone else. Notice that reflexive infinitives end in -**se**.

Infinitives	Conjugated Verb Forms	Translation
*acostarse**	Me acuesto.	*I go to bed.*
afeitarse	Te afeitas.	*You (inf. sing.) shave.*
bañarse	Se baña.	*You (pol. sing.) take a bath. / He/She takes a bath.*
*despertarse**	Me despierto.	*I wake up.*
ducharse	Te duchas.	*You (inf. sing.) take a shower.*
lavarse el pelo	Se lava el pelo.	*You (pol. sing.) wash your hair. / He/She washes his/her hair.*
lavarse los dientes	Me lavo los dientes.	*I brush my teeth.*
levantarse	Te levantas.	*You (inf. sing.) get up.*
maquillarse	Se maquilla.	*You (pol. sing.) put on makeup. / He/She puts on makeup.*
peinarse	Me peino.	*I comb my hair.*
*ponerse**	Te pones la ropa.	*You (inf. sing.) put on your clothes.*
quitarse	Se quita la ropa.	*You (pol. sing.) take off your clothes. / He/She takes off his/her clothes.*
secarse	Me seco.	*I dry off.*
*(des)vestirse**	Te (des)vistes.	*You (inf. sing.) get (un)dressed.*

Me levanto temprano y **me ducho** enseguida. Generalmente **me lavo** el pelo. Luego **me seco** y **me peino**.

I get up early, and I take a shower right away. Generally I wash my hair. Afterward I dry off and comb my hair.

*****Acostarse, despertarse, ponerse, vestirse**, and **desvestirse** are all stem-changing verbs. In **acostarse**, the stem vowel **o** changes to **ue** in all but the **nosotros/as** and **vosotros/as** forms. In **despertarse**, the stem vowel **e** changes to **ie** in all but the **nosotros/as** and **vosotros/as** forms. The verb **ponerse** is irregular only in the **yo** form, adding a **g**: **pongo**. And **vestirse** and **desvestirse** change the stem vowel **e** to **i** in all but the **nosotros/as** and **vosotros/as** forms. You will learn more about stem-changing verbs in **Infórmate 5.2** and irregular verbs in **Infórmate 5.4**.

Infórmate 5.1 Present Tense of Reflexive Verbs

Eloy, ¿tú **te afeitas** todos los días?   *Eloy, do you shave everyday?*

Jorge **se levanta** tarde. Se **ducha** rápidamente, pero no **se afeita**. **Se pone la ropa** y **se peina**.   *Jorge gets up late. He showers quickly, but he doesn't shave. He gets dressed and combs his hair.*

D. Reflexive pronouns are normally placed directly before the conjugated verb (**me seco**), but they may be attached to the end of infinitives (**secarme**) and present participles (**secándome**).*

Me gusta **afeitarme** primero y luego **bañarme**.   *I like to shave first and then take a bath.*

Omar va a **levantarse** y **bañarse** inmediatamente.   *Omar is going to get up and take a bath immediately.*

—Estefanía, ¿qué estás haciendo?   *Estefanía, what are you doing?*
—Estoy **lavándome** los dientes.   *I'm brushing my teeth.*

Ejercicio 1

¿Cuál es la oración que mejor describe cada dibujo?

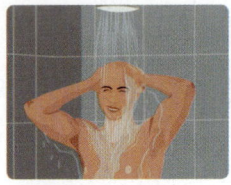    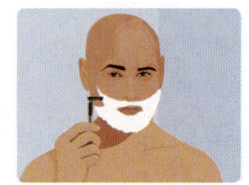 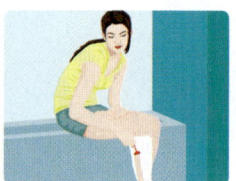

1. _____   4. _____

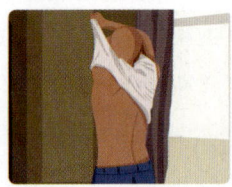     

2. _____   5. _____

3. _____   6. _____

a. A él no le gusta bañarse, pero le gusta bañar al perro.
b. Él se quita la camisa, pero ella se pone los zapatos de tenis.
c. La muchacha se maquilla y después se cepilla el pelo.
d. Este hombre se ducha por la mañana, pero la niña se baña por la noche.
e. Él se afeita la cara, pero su esposa se afeita las piernas.
f. Se acuesta a las once y media y se levanta a las seis.

---

*You will learn about the present participle (or present progressive) verb forms in **Infórmate 6.2.**

Ejercicio 2

Mira los dibujos y decide qué hace la persona en cada dibujo.

1.
   a. Marcela se baña por la mañana.
   b. Marcela baña a su hija por la noche.

2.
   a. Maritza se viste sola todos los días.
   b. Maritza viste a su muñeca.

3.
   a. Eloy pone sus libros en el escritorio.
   b. Eloy se pone el pijama para dormir.

4.
   a. Xiomara se maquilla un poco por la mañana.
   b. La asistente maquilla a la diva.

5.
   a. A veces Omar peina a Carlitos.
   b. A Carlitos le gusta peinarse solo.

Ejercicio 3

Imagínate que tu hermanito de tres años te hace estas preguntas. Contéstale correctamente.

MODELO: ¿Te lavas los dientes con jabón? →
No, me lavo los dientes con pasta dental.

1. ¿Te bañas a las cuatro de la mañana?
2. ¿Te lavas el pelo con detergente?
3. ¿Te afeitas en tu clase de español?
4. ¿Te levantas temprano los domingos?
5. ¿Te duchas en el patio de la casa?
6. ¿Te acuestas tarde de lunes a viernes?
7. ¿Te cepillas el pelo con una afeitadora eléctrica?

5.2 Verbs with Stem Vowel Changes (ie, ue) in the Present Tense

A. Here are the present-tense forms of several commonly used verbs that follow the same pattern of stem vowel changes as **preferir** and **querer** (from -e- to -ie-): **cerrar** (*to close*), **empezar** (*to begin*), **encender** (*to light; to turn on*), **pensar** (*to think*), and **perder** (*to lose*). Note that the change does not occur in the **nosotros** and **vosotros** forms.

¿Recuerdas?

Recall from **Infórmate 4.2** that the verbs **preferir** (**prefiero, prefieres, prefiere, preferimos, preferís, prefieren**) and **querer** (**quiero, quieres, quiere, queremos, queréis, quieren**) use two stems in their present-tense conjugations. The stem containing the vowel -e- appears only in the infinitive and in the **nosotros/as** and **vosotros/as** forms. The stem containing **ie** occurs in the rest of the forms.

5.2, Notes: The stem vowel change e → ie was introduced briefly in *Infórmate 4.2* for *querer* and *preferir*. Since students have heard and used mostly singular forms, they are not likely to be proficient in using the *nosotros/as* form. Some students benefit from knowing the "stress rule" (e → ie and o → ue when the syllable is stressed.

Verbs with the e → i alteration (*freír, pedir, seguir, servir, vestirse,* etc.) will be formally introduced in *Infórmate 9.4*.

	cerrar	pensar	empezar	perder	encender
(yo)	cierro	pienso	empiezo	pierdo	enciendo
(tú)	cierras*	piensas*	empiezas*	pierdes*	enciendes*
usted, él/ella	cierra	piensa	empieza	pierde	enciende
(nosotros/as)	cerramos	pensamos	empezamos	perdemos	encendemos
(vosotros/as)	cerráis	pensáis	empezáis	perdéis	encendéis
ustedes, ellos/ellas	cierran	piensan	empiezan	pierden	encienden

*Alternative forms for recognition only: **vos cerrás, vos empezás, vos encendés, vos pensás, vos perdés**.

—¿A qué hora **cierran** ustedes el fin de semana? — *What time do you close on the weekend?*

—**Cerramos** a las cinco de la tarde. — *We close at 5:00 p.m.*

—¿Qué **piensan** hacer este verano? — *What are you planning to do (thinking of doing) this summer?*

—**Pensamos** viajar y descansar. — *We're planning to travel and rest. (We're thinking of traveling and resting.)*

B. The verbs **almorzar** (*to have lunch*), **jugar** (*to play*), **dormir** (*to sleep*), and **volver** (*to return / go back*) follow a similar pattern. In this case, the change is from -o- or -u- to -ue-. Note that this change does not occur in the **nosotros** and **vosotros** forms.

	almorzar	jugar	dormir	volver
(yo)	almuerzo	juego	duermo	vuelvo
(tú)	almuerzas*	juegas*	duermes*	vuelves*
usted, él/ella	almuerza	juega	duerme	vuelve
(nosotros/as)	almorzamos	jugamos	dormimos	volvemos
(vosotros/as)	almorzáis	jugáis	dormís	volvéis
ustedes, ellos/ellas	almuerzan	juegan	duermen	vuelven

*Alternative form for recognition only: **vos jugás, dormís, volvés, almorzás**.

Ejercicio 4

Estefanía comenta cómo celebra la Nochevieja y el Año Nuevo con su familia. Ordena las actividades de la forma más lógica.

Vocabulario útil	
el deseo	wish
las campanadas	chimes (clock)
las uvas	grapes

a. _____ En la Nochevieja, toda la familia cena en la casa de mis abuelos.
b. _____ Antes de comer mis uvas, pienso en un deseo.
c. _____ Después de cenar, juego a las cartas con mi familia.
d. _____ Después de comer las doce uvas, ¡empieza el Año Nuevo!
e. _____ El Día de Año Nuevo almuerzo con mi familia.
f. _____ Esa noche yo duermo dos horas y me levanto temprano.
g. _____ Mis padres se duermen a la una, pero yo no.
h. _____ Luego, todos miramos la televisión y esperamos oír las doce campanadas para comer las doce uvas.

Ejercicio 5

¿Qué hacen tú y tus amigos? Completa estas oraciones con la forma correcta del verbo entre paréntesis.

¿MODELO: —¿*Cierran* ustedes los ojos en clase? (cerrar) →
—No, no *cerramos* los ojos en clase.

1. —¿_____ ustedes en su clase de español? (dormir)
   —¡Claro que no! Nunca _____ en clase, porque la clase es divertida.
2. —¿_____ ustedes en casa o en el trabajo? (almorzar)
   —Generalmente _____ en casa con la familia.
3. —¿_____ ustedes al trabajo después de almorzar? (volver)
   —Sí, _____ a las 2:00.
4. —¿_____ ustedes al tenis los fines de semana? (jugar)
   —A veces _____, a veces no.
5. —Antes de un examen, ¿_____ ustedes los libros? (cerrar)
   —Claro. Siempre _____ los libros cuando hay un examen.
6. —¿_____ ustedes frecuentemente cuando _____ al básquetbol? (perder, jugar)
   —No, casi nunca _____ cuando _____ al básquetbol.
7. —¿_____ ustedes ir al cine por la tarde? (preferir)
   —No, _____ ir por la mañana con los niños.
8. —¿_____ ustedes las vacaciones en mayo o en junio? (empezar)
   —Normalmente _____ las vacaciones en junio.

cierro = *I close*
cerramos = *we close*
cierran = *you (pl.) / they close*
empiezo = *I begin*
empezamos = *we begin*
empiezan = *you (pl.) / they begin*
juego = *I play*
jugamos = *we play*
juegan = *you (pl.) / they play*
vuelvo = *I return*
volvemos = *we return*
vuelven = *you (pl.) / they return*

Infórmate 5.2 Verbs with Stem Vowel Changes (**ie, ue**) in the Present Tense

5.3 Impersonal Direct Object Pronouns: **lo, la, los, las**

When referring to things already mentioned, Spanish speakers use the direct object pronouns **lo** and **la,** which correspond to the English object pronoun *it*. The pronoun **lo** refers to masculine words and **la** refers to feminine words. In Spanish, **los** and **las** correspond to the English *them*. The pronoun **los** refers to plural masculine words and **las** refers to plural feminine words.

—Profesor Sotomayor, ¿toma usted **café**?	*Professor Sotomayor, do you drink coffee?*
—Sí, **lo** tomo todas las mañanas.	*Yes, I drink it every morning.*
—Claudia, ¿quién prepara **la comida** en tu casa?	*Claudia, who prepares the food at your house?*
—Yo **la** preparo.	*I prepare it.*
—Eloy, ¿te gustan **los huevos fritos**?	*Eloy, do you like fried eggs?*
—No, y no **los** como nunca.	*No, and I never eat them.*
—¿Quién quiere estas **papas fritas**?	*Who wants these french fries?*
—Yo **las** quiero. Me gustan mucho.	*I want them. I like them a lot.*

	DIRECT OBJECT PRONOUNS	
	Singular (*it*)	**Plural (*them*)**
Masculino	lo	los
Femenino	la	las

Like other pronouns in Spanish, direct object pronouns are usually placed before the verb.

—¿**La leche**? Mis hijos **la** beben todos los días.   *Milk? My children drink it every day.*

You will learn more about direct object pronouns in **Infórmate 9.1** and **14.2,** and **14.3.**

Ejercicio 6

Algunos miembros del club Amigos sin Fronteras van a tener una fiesta. ¿Qué va a preparar cada miembro? Llena los espacios en blanco con el pronombre apropiado: **lo, la, los** o **las.**

1. —¿Quién va a preparar la ensalada?
   —Xiomara _____ va a preparar.
2. —Y las hamburguesas, ¿_____ va a preparar Eloy?
   —No, a Eloy no le gustan. _____ va a preparar Claudia.
3. —¿Y las papas fritas y la salsa?
   —Las papas fritas, _____ va a preparar Camila pero la salsa, _____ va a preparar Eloy.
4. —¿Eloy va a preparar los tacos también?
   —Sí, él _____ va a preparar.
5. —¿Vamos a servir café y refrescos?
   —Sí. El café, _____ va a preparar Rodrigo. ¡Café de Colombia! Los refrescos, _____ vas a comprar tú.

Ejercicio 7

Los miembros del club Amigos sin Fronteras quieren conocerse bien. Tienen muchas preguntas. Completa sus respuestas con el pronombre apropiado: **lo, la, los** o **las**.

1. —¿Te gustan los huevos revueltos para el desayuno?
   —No, no me gustan y no _____ como nunca.

2. —¿Bebes té con el desayuno?
   —Ay, sí, _____ bebo todas las mañanas. El té verde me gusta mucho y es muy saludable.

3. —Xiomara, ¿en tu casa comen fruta con el desayuno?
   —No, pero _____ comemos en la cena porque a todos nos gusta mucho.

4. —Omar, ¿les gustan las galletitas a tus hijos?
   —Sí, les gustan mucho. _____ quieren comer todo el día.

5. —¿Desayunas cereal, Eloy?
   —No, el cereal no me gusta mucho. Casi nunca _____ como.

5.4 Irregular Verbs

A. As you know, an irregular verb is one that uses more than one stem to form its conjugation. In many cases verbs are only irregular in the **yo** form; other verbs might have an irregular **yo** form and a stem vowel change (such as **e → ie**) as well. Here are some common verbs that add a **-g-** in the **yo** form: **poner** (*to put*), **salir** (*to leave; to go out*), **tener** (*to have*), and **venir** (*to come*).

	poner	salir	tener	venir
(yo)	pongo	salgo	tengo	vengo
(tú)	pones*	sales*	tienes*	vienes*
usted, él/ella	pone	sale	tiene	viene
(nosotros/as)	ponemos	salimos	tenemos	venimos
(vosotros/as)	ponéis	salís	tenéis	venís
ustedes, ellos/ellas	ponen	salen	tienen	vienen

*Alternative forms for recognition only: **vos ponés, vos salís, vos tenés, vos venís.**

vengo = *I come*
viene = *you (pol. sing.) come; he/she comes*
venimos = *we come*

—¿Siempre **viene** usted temprano?   *Do you always come early?*
—Sí, casi siempre **vengo** a las ocho.   *Yes, I almost always come at 8:00.*

—¿Dónde **pongo** mi ropa?   *Where do I put my clothes?*
—Aquí mismo, encima de esta silla.   *Right here, on this chair.*

B. The verbs **traer** (*to bring*) and **oír** (*to hear*) insert **ig** in the **yo** form. In addition, **oír** adds a **y** in all but the **yo, nosotros/as**, and **vosotros/as** forms. The verbs **hacer** (*to do; to make*) and **decir** (*to say; to tell*) change the **c** to **g** in the **yo** form. **Decir** also changes the stem vowel **e** to **i** in all but the **nosotros/as** and **vosotros/as** forms.

	hacer	traer	oír	decir
(yo)	hago	traigo	oigo	digo
(tú)	haces*	traes*	oyes*	dices*
usted, él/ella	hace	trae	oye	dice
(nosotros/as)	hacemos	traemos	oímos	decimos
(vosotros/as)	hacéis	traéis	oís	decís
ustedes, ellos/ellas	hacen	traen	oyen	dicen

*Alternative forms for recognition only: **vos hacés, vos traés, vos oís, vos decís.**

> **digo** = *I say*
> **dice** = *you (pol. sing.) say; he/she says*
> **decimos** = *we say*

—¿Qué **traes** a la universidad? *What do you bring to the university?*
—**Traigo** mis libros y mi almuerzo. *I bring my books and my lunch.*

—¿No **oyes** un ruido extraño? *Don't you hear a strange noise?*
—No, no **oigo** nada. *No, I don't hear anything.*

Ejercicio 8

Contesta las preguntas que un amigo te hace sobre tu clase de español.

MODELO: —En general, ¿vienes temprano a la clase de español?
—Sí, *vengo* temprano todos los días.

1. —¿Traes tu perro a la clase de español?
   —¡Claro que no! _____ solamente el libro y el cuaderno.
2. —¿Pones tu libro de español debajo de la mesa?
   —No, lo _____ encima de la mesa.
3. —¿Le dices «Buenos días» en español al profesor / a la profesora?
   —¡Qué va! A las dos de la tarde le _____ «Buenas tardes».
4. —¿Oyes música en tu clase?
   —Sí, _____ canciones en español, naturalmente.
5. —¿Sales de tu clase a las tres?
   —No, _____ a las tres menos diez.
6. —¿Siempre vienes a la clase preparado/a?
   —Sí, casi siempre _____ preparado/a.
7. —¿Tienes mucha tarea?
   —Sí, _____ tarea todos los días, excepto el domingo.
8. —¿Qué haces en tu clase?
   —_____ un poco de todo: converso, leo, escribo. ¡Pero no texteo!

Lo que aprendí

After completing this chapter, I can…
- ☐ describe my daily activities.
- ☐ talk about basic foods and the three daily meals.
- ☐ discuss my food preferences.
- ☐ identify and describe important holidays in Hispanic countries and in the U.S.
- ☐ express my feelings and talk about activities associated with those feelings.

Now I also know more about…
- ☐ El Salvador, Honduras, and Nicaragua.

Vocabulario

La rutina diaria	Daily Routine
acostarse (ue) me acuesto / se acuesta	to go to bed
afeitarse	to shave
arreglarse	to get ready
bañarse	to bathe
cepillarse el pelo / los dientes	to brush one's hair/teeth
despertarse (ie) me despierto / se despierta	to wake up
ducharse	to take a shower
lavarse el pelo / la cara	to wash one's hair/face
lavarse los dientes	to brush one's teeth
levantarse	to get up
maquillarse	to put on makeup
peinarse	to comb one's hair
ponerse (*irreg.*) (la ropa) me pongo / se pone	to put on (clothes)
quitarse (la ropa)	to take off (clothes)
secarse	to dry
vestirse (i) me visto / se viste	to get dressed

Repaso: almorzar (ue), cenar, cocinar, comer, desayunar, descansar, dormir (ue)

Las comidas	Foods
el almuerzo	lunch
el azúcar	sugar
la cena	dinner
la comida	food; meal
el desayuno	breakfast
los dulces	candy
la ensalada	salad
la fibra	fiber
la galleta	cracker, cookie
la galletita	cookie
la grasa	fat
el helado (de fresa)	(strawberry) ice cream
el huevo	egg
los huevos fritos	fried eggs
los huevos revueltos	scrambled eggs
el jamón	ham
la lechuga	lettuce
la mantequilla	butter
el pan	bread
el pan tostado	toast

Las comidas	Foods
la papa	potato
la papa al horno	baked potato
las papas fritas	french fries
el pastel	pastry; cake
el pavo	turkey
el pescado	fish
el pollo	chicken
el pollo frito	fried chicken
el postre	dessert
el puré de papas	mashed potatoes
el queso	cheese
el tocino	bacon
las verduras	vegetables

Palabras semejantes: el bistec, el cereal, el chocolate, el colesterol, la dieta, los espaguetis, la fruta, la hamburguesa, la sopa, el taco, el tomate, la vitamina, el yogur

Las bebidas	Drinks
la cerveza	beer
la champaña	champagne
el chocolate caliente	hot chocolate
el jugo de naranja	orange juice
la leche	milk
el vino (tinto)	(red) wine

Palabras semejantes: el café, el té

Los días feriados	Holidays
el Año Nuevo	New Year's Day
¡Feliz Año Nuevo!	Happy New Year!
el arbolito de Navidad	Christmas tree
el Día de Acción de Gracias	Thanksgiving
el Día de la Independencia	Independence Day
el Día de la Madre	Mother's Day
el Día de las Brujas	Halloween
el Día de los Enamorados	Valentine's Day
el Día de los Muertos	Day of the Dead (All Souls' Day)
el Día de Reyes / de los Reyes Magos	Day of the Magi (Epiphany)
el Día de San Valentín	Valentine's Day
el Día del Padre	Father's Day
la Navidad	Christmas
¡Feliz Navidad!	Merry Christmas!
la Nochebuena	Christmas Eve
la Nochevieja	New Year's Eve
la Pascua	Easter
la Pascua Judía	Passover
los Reyes Magos	Wise Men, Magi
la Semana Santa	Holy Week (Easter Week)

Palabras semejantes: el Jánuca, el Ramadán

Los estados físicos y anímicos	Physical and Mental States
estar (irreg.) de buen (mal) humor	to be in a good (bad) mood
estar (irreg.)…	to be …
cómodo/a	comfortable
contento/a	happy
deprimido/a	depressed
enamorado/a	in love
enfermo/a	sick
enojado/a	angry
ocupado/a	busy
preocupado/a	worried
triste	sad
tener (irreg.)…	to be …
calor	hot
frío	cold
hambre	hungry
miedo	afraid
prisa	in a hurry
sed	thirsty
sueño	sleepy
Palabras semejantes: (estar) nervioso/a	

¿Cuándo?	When?
al día siguiente	the next day, the following day
antes (de)	before
esta mañana	this morning
pronto	soon
raras veces	rarely
temprano	early
Repaso: a veces, con frecuencia, de vez en cuando, después (de), (casi) nunca, siempre, todos los días	

La descripción	Description
caliente	hot
centroamericano/a	Central American
diario/a	daily
difunto/a	deceased
extraño/a	strange, odd
frito/a	fried
judío/a	Jewish
malo/a	bad
pobre	poor
pobrecito/a	poor thing
poquito/a	small amount
querido/a	dear
rico/a	rich (tasty)
saludable	healthy
seco/a	dry
solo/a	alone
tibio/a	(luke)warm
todos/as	all
Palabras semejantes: físico/a, impaciente, importante, lógico/a, religioso/a	

Los verbos	Verbs
actualizar	to update
bostezar	to yawn
comerse las uñas	to bite one's nails
decir (irreg.)	to say
encender (ie)	to light
encontrarse (ue) con	to meet (with)
engordar	to gain weight
esconderse	to hide (oneself)
extrañar	to miss (someone or something)
funcionar	to function, work
gritar	to shout
llenar	to fill
llorar	to cry
llevar	to take
merendar (ie)	to have a snack; to picnic
pedir (i)	to ask for
poner (irreg.)	to put
ponerse (irreg.)	to put on (clothing)
preparar(se)	to prepare (yourself)
quedarse	to stay
querer (irreg.)	to love
recibir	to receive
recordar (ue)	to remember
responder	to answer, to respond
soñar (ue) (despierto/a)	to (day)dream
sonreír (i)	to smile
traer (irreg.)	to bring
volver (ue)	to come back

Los mandatos	Commands
Mandatos formales (ustedes)	
den	give
escojan	pick
expresen	express
lean	read
Mandatos informales (tú)	
pon	put
responde	answer
une	connect

Las personas	People
el brujo / la bruja	wizard / witch
el/la familiar	relative
el fantasma	ghost
el hermanito	little brother
el/la pariente	relative
Palabras semejantes: el presidente	

Los sustantivos	Nouns
el acondicionador	conditioner
la afeitadora eléctrica	electric razor
la boda	wedding
la calavera	skull
el camello	camel
la cancha	court, field (*sports*)
el candelabro	candelabra; menorah
el cepillo (de dientes)	(tooth)brush
el comienzo	beginning
el detalle	detail
el disfraz (*pl.* **los disfraces**)	costume
la entrevista	interview
el espejo	mirror
la flecha	arrow
los fuegos artificiales	fireworks
la iglesia	church
el jabón	soap
el juguete	toy
la llamada	call
la muñeca	doll
la navaja	razor
la nota	grade; note
la pasta dental	toothpaste
el secador	hairdryer
la tarjeta	card
la toalla	towel
el trabajo	work
la tumba	grave; tomb
el vaso	drinking glass
la vela	candle

Palabras semejantes: el aniversario, el aspecto, la avenida, la caloría, el campus, la celebración, el cementerio, el champú, la decoración, el evento, la ilustración, la imaginación, la medicina, el patio, el pijama, la reacción, la reunión

Palabras y expresiones útiles	Useful Words and Expressions
de casa en casa	from house to house
de lunes a viernes	from Monday to Friday
desde	from; since
desde la(s)… hasta la(s)…	from (*time*) to (*time*)
después de	after
menos	less
¡Ni pensarlo!	Don't even think about it!
¡Qué ocurrencia!	What a silly idea!
rápidamente	quickly, rapidly
tampoco	neither, not either
Ya es (muy) tarde.	It's already (very) late.
¡Yo no!	I don't! / Not me!
¡Yo sí!	I do! / Me too!

Las carreras y los oficios 6

Nicanor Parra, poeta, matemático y físico chileno

Capítulo 6 Pre-Text Oral Activities

See the *Cap. 6* PP presentations, IM, and IRK for detailed lesson plans and additional resources.

1. **Las materias y las asignaturas.** This chapter presents *materias* for "school subjects" and *asignaturas* for "classes/courses." Use an association activity to introduce the name of classes students are taking. You may use, *¿Qué asignaturas lleva usted este semestre (trimestre/cuatrimestre)?*, or use verbs *llevar/tener/tomar* with *clases/cursos/asignaturas/materias/ramos*. Have each student name one class; then supply the Spanish equivalent. Point out that curricula in Hispanic countries are not exactly equivalent to ours, so some subjects do not correspond exactly. Include common core subjects: *anatomía, biología, sociología, antropología, química, literatura, matemáticas,* etc. Note: Some subjects, especially cognates, do not appear in the vocabulary presentation. You may want to expand your questions to be more communicative by adding *¿Cuál es su favorita?* Introduce the word *nota* to inquire *¿Tiene buenas notas en esa asignatura?*

2. **Las habilidades.** Write *¿Qué sabe usted hacer?* on the board. Underneath *sabe*, write "know how," then list in sentence form several of your skills: *Sé hablar inglés y español. Sé cocinar. Sé andar en motocicleta,* etc. Include the skills of famous people: [name of actor/actress] *sabe actuar* ; [name of singer] *sabe cantar muy bien;* [name of professional athlete] *sabe jugar al* [sport] *muy bien*. Do an association activity in which students volunteer their own abilities: *Sé hablar coreano*. Expand on student responses by asking questions when natural and feasible. *¿Es usted de Corea? ¿Habla coreano en casa con sus padres? ¿con sus amigos? ¿Sabe leer y escribir en coreano?*

Upon successful completion of **Capítulo 6** you will be able to talk about school subjects, classroom activities, careers, and duties and obligations at work, to express what people are doing at a particular moment, and to discuss peoples' abilities, likes, and dislikes. Additionally, you will have learned about some interesting places and people from Chile.

Comunícate
Las materias

Hablando de la educación El importante trabajo de los voluntarios

Las actividades en la clase

Las habilidades

El empleo

Actividad integral La profesión ideal

Exprésate
Escríbelo tú Tu empleo

Cuéntanos Un día típico en tus clases favoritas

Entérate
Mundopedia La escritora chilena Isabel Allende

Voces chilenas

Conexión cultural Las peñas chilenas

Videoteca
Amigos sin Fronteras, Episodio 6: Un disfraz para Halloween

Mi país: Chile

Infórmate
6.1 Indirect Object Pronouns

6.2 Present Progressive

6.3 **Saber** and **poder** + Infinitive

6.4 Obligations: **tener que, deber, necesitar; hay que, es necesario** + Infinitive

www.connectspanish.com

CHILE

Algunos de los amigos están en casa de Sebastián donde seleccionan y se ponen disfraces (*costumes*) para Halloween. ¡Cada uno termina con el disfraz perfecto!

3. **Las obligaciones.** Write *Las obligaciones* on the board. Over two class periods, introduce the following matrices of obligation as association activities. Write: *¿Qué tiene que hacer usted este fin de semana? Tengo que ___.* Underneath *tiene que* and *tengo que* write "have to." *¿Qué necesita hacer para su clase de ___? Para mi clase de ___ necesito ___.* Underneath *necesita* and *necesito* write "need to." *¿Qué debe hacer después de la clase de hoy? Después de la clase de hoy debo ___.* Underneath *debe* and *debo* write "ought to (should)." Then list in sentence form several of your own obligations using these structures: *Tengo que limpiar la casa y hacer la compra. Necesito calificar sus tareas y escribir un examen. Debo trabajar en mi oficina y asistir a una reunión.* Do an association activity in which students volunteer their obligations and duties. Expand on student responses by asking questions when natural and feasible: (*Tengo que trabajar.*) *¿Tiene que trabajar el sábado y el domingo? Yo también tengo que trabajar el sábado. ¿Dónde trabaja usted? ¿Le gusta su trabajo?*

Conócenos

Lucía Molina Serrano

Lucía Molina Serrano es chilena. Tiene veintitrés años y estudia mercadotecnia. Nació el trece de junio en Valparaíso, Chile. Le gusta viajar, ir al cine, jugar al Monopolio con sus amigos y leer revistas de mercadotecnia en inglés.

Mi país

Mi país (Whole class), **Suggestions:** We encourage you to show this video segment to the class as you introduce *Capítulo 6*. (It is available on DVD and in Connect Spanish.) You may also show or assign this segment again toward the end of the chapter in the *Videoteca* section when students will have a larger vocabulary. You may want to use the previous *Mi país* segment as a review. **Point out:** Students are not expected to understand every word at this point.

Comunícate
Las materias

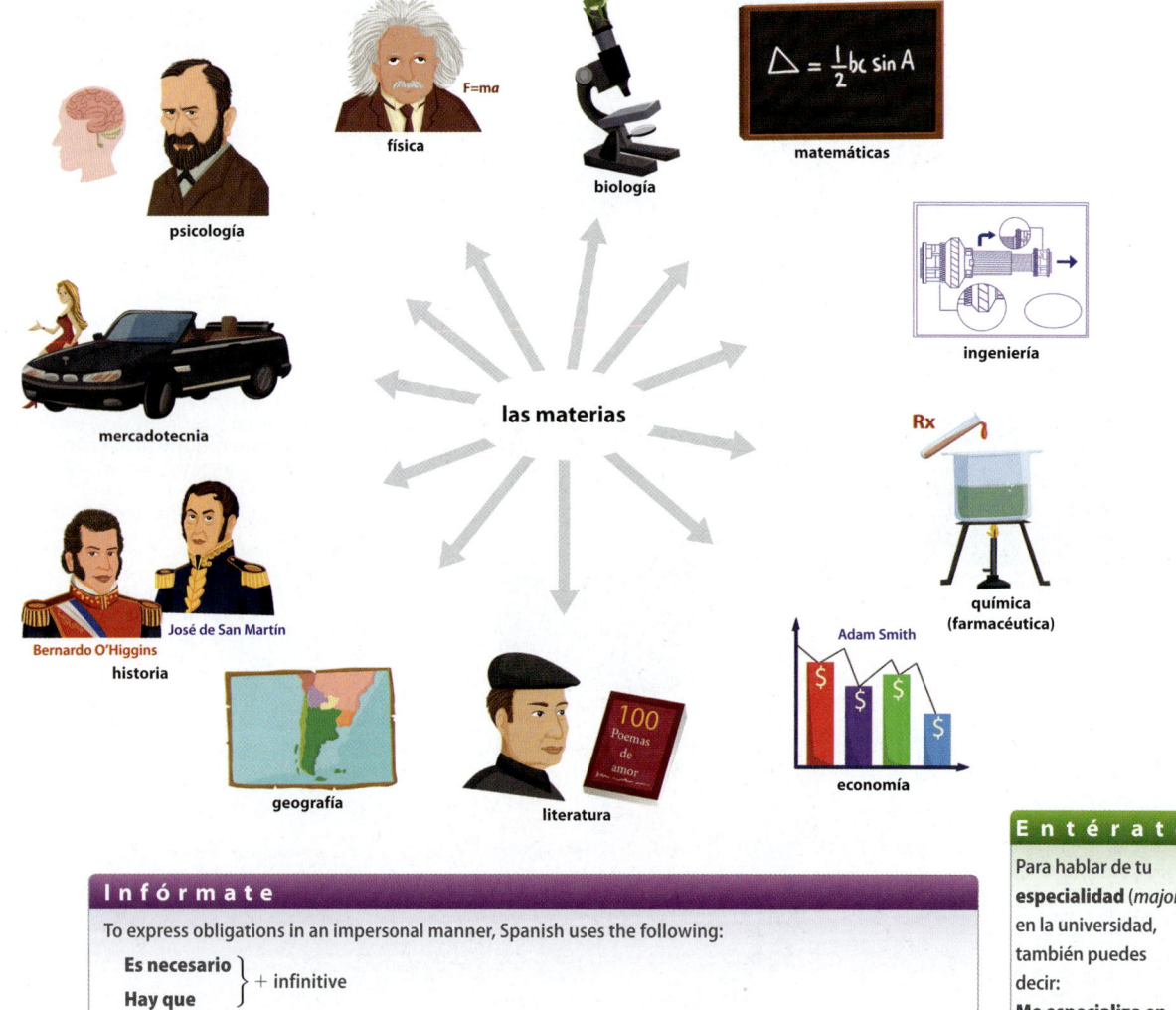

Infórmate

To express obligations in an impersonal manner, Spanish uses the following:

Es necesario } + infinitive
Hay que

Para recibir buenas notas, **es necesario estudiar** mucho.

También, **hay que hacer** la tarea todos los días.

Entérate

Para hablar de tu **especialidad** (*major*) en la universidad, también puedes decir:

Me especializo en…
I am majoring (specializing) in…

Actividades de comunicación

Actividad 1 El horario de Pablo

Este es el horario de Pablo Molina Serrano, el hermano menor de Lucía. Pablo tiene dieciocho años y este semestre está en el cuarto año de Educación Media* en el Colegio de los Sagrados Corazones. Charla con tu compañero/a sobre las clases de Pablo. Háganse preguntas sobre las horas de clase, el número del salón de clase y sus profesores.

*See **Actividad 3** for an explanation of the education system in Chile.

> **¿Recuerdas?**
> Necesitas usar los números ordinales en esta actividad. Repásalos en el **Capítulo 4, Actividad 7**.

MODELO:
E1: ¿Cuál es la *primera* clase de Pablo?
E2: Su primera clase es la clase de *inglés*.
E1: ¿A qué hora es?
E2: Es de *las siete y media* a *las ocho y cuarto*.
E1: ¿En qué salón de clase es y quién es su profesor(a)?
E2: Es en *el salón 505* y su profesor se llama *Juan Ahumada Villa*.

Vocabulario útil
de la(s)… a la(s)…
último/a

> **Entérate**
> Hay escuelas y colegios que les permiten a los estudiantes salir para almorzar en casa. En otras instituciones, los estudiantes no salen a almorzar. En las escuelas públicas, el almuerzo es gratuito. En los colegios existe la opción de llevar la comida o pagar en la cafetería, que en Chile se llama «el casino».

LICEO DE VALPARAÍSO

NOMBRE: PABLO MOLINA SERRANO		GRADO: CUARTO MEDIO	
Asignatura	**L–V: hora**	**Salón**	**Profesor(a)**
inglés	7:30–8:15	505	Juan Ahumada Villa
matemáticas	8:25–9:10	101	Claudia Díaz Aguilar
ciencias sociales	9:20–10:05	220	Pedro Alonso Jiménez
psicología	10:15–11:00	345	Verónica Roldán Sosa
biología	11:10–11:55	110	Rosa Vázquez Rojo
almuerzo	11:55–13:00		
artes musicales	13:00–13:45	400	Miguel Bravo Lepe
educación física	13:55–14:40	gimnasio	Patricia Ortega Brito
lenguaje y comunicación	14:50–15:35	515	Luis Cornejo Cruz

> **Entérate**
> La palabra **colegio** no es lo mismo (*same*) que *college* en inglés. El significado (*meaning*) de esta palabra depende de la región, en muchas partes es el equivalente de *high school* en los Estados Unidos pero en otras equivale a *private school*. Para hablar de *college*, usa la palabra **universidad**. Y para *school* usa las palabras **escuela** o **liceo**.

> **Act. 2, Part A** (Individual, whole class, pair), **Suggestions:** Allow a few minutes for students to jot down their schedule. Point out *alumno/a* as another word for *estudiante*. Tell them that if they only have one or two classes, they should invent a few more. Ask several questions: *John, ¿cuántas asignaturas lleva usted este semestre/trimestre? ¿A qué hora es su primera clase? Mary, ¿tiene clases todos los días de la semana? ¿Quién tiene clases los viernes? ¿Qué asignaturas tiene?*, etc. Go over the model so students are clear on the questions to ask. Give students 5–7 minutes to work in pairs before continuing with part B.

Actividad 2 Tus asignaturas

A. Completa la tabla con tus asignaturas de este semestre/trimestre/cuatrimestre y la hora y el día de cada asignatura. Si quieres, incluye el almuerzo también. Luego habla con tu compañero/a sobre tu horario en la universidad.

MODELO:
E1: ¿Cuál es tu *primera* asignatura?
E2: Es *historia de los Estados Unidos*.
E1: ¿Qué días es y a qué hora?
E2: Es los *martes* y los *jueves* a *las once*.

UNIVERSIDAD: _____ ALUMNO/A: _____					
Asignatura	**lunes**	**martes**	**miércoles**	**jueves**	**viernes**

Comunícate Las materias

B. Ahora conversa con tu compañero/a usando estas preguntas.

1. **E1:** ¿Cuál es tu asignatura más fácil/difícil?
   E2: Mi asignatura más fácil/difícil es _____.
2. **E1:** ¿Cuál es tu asignatura más interesante? ¿Por qué es interesante?
   E2: Mi asignatura más interesante es _____. Es interesante porque…
3. **E1:** ¿Tienes una asignatura favorita este semestre? ¿Cuál es? ¿Por qué?
   E2: Mi asignatura favorita es _____ porque…
4. **E1:** ¿Tienes buenas notas en tu asignatura favorita? ¿Y en las otras?
   E2: En mi asignatura favorita tengo _____ (A, B, C, …). En las otras tengo (muy) buenas/malas notas. / Tengo buenas/malas notas, más o menos.
5. **E1:** ¿Es importante para ti tener buenas notas en todas las asignaturas?
   E2: Sí, (No, no) es importante porque…
6. **E1:** ¿Es este tu primer año en la universidad?
   E2: Sí, es el primero. / No, es el _____ (segundo, tercero, cuarto, último).
7. **E1:** ¿Cuál es tu especialidad en la universidad? ¿Por qué te gusta?
   E2: (Mi especialidad) Es _____. Me gusta porque… / No sé todavía.

Vocabulario útil
la especialidad
tener buenas/malas notas
difícil
fácil

Entérate
En muchos países hispanos, las notas no son A, B, C, D, o F como en los Estados Unidos. Se usan notas de 10 a 0 y frecuentemente son más exactas porque se usan decimales (con coma), por ejemplo, 9,3 en vez de (*instead of*) A-.

Actividad 3 La educación en Chile

Lee la información sobre la educación en Chile. Luego contesta las preguntas con tu profesor(a) y/o con tu compañero/a.

Vocabulario útil
enseñanza básica/ media/superior	nivel	se imparte
formación	gratuito	en adelante

LA EDUCACIÓN EN CHILE

Niveles	Edades	Comentarios
Preescolar/Parvulario	de los tres meses a los cinco o seis años	No es obligatorio; gratuito en las escuelas públicas pero no en las escuelas privadas
Enseñanza básica	de los seis a los catorce años	Gratuito y obligatorio dos ciclos de cuatro años cada uno
Enseñanza media	de los quince a los dieciocho años	Gratuito y obligatorio dos años de educación general + dos años de educación especializada, que se imparte en liceos o colegios especializados
Educación superior	de los dieciocho años en adelante	Se imparte en: * centros de formación técnica * institutos profesionales * universidades

1. ¿Tenemos en los Estados Unidos algo semejante (similar) al nivel parvulario en Chile? ¿Crees que es una buena idea? ¿Por qué?
2. ¿Qué niveles de educación son obligatorios en Chile? ¿Son los mismos en los Estados Unidos?
3. ¿Qué niveles de educación son gratuitos en Chile? ¿Son los mismos en los Estados Unidos?
4. ¿De cuántos años es el nivel secundario (enseñanza media)? ¿Ves diferencias entre este nivel (enseñanza media) en Chile y el de los Estados Unidos (*high school*)?
5. Describe la educación superior en Chile.

Entérate

Casi el 99,7 por ciento (*percent*) de los niños chilenos entre los seis y catorce años termina la enseñanza básica. El 87,7 por ciento termina la enseñanza media.

Entérate

En la educación superior en Chile los títulos (*degrees*) que se otorgan (*they give out*) dependen del lugar donde se estudia.

- en los centros de formación técnica: solamente títulos de Técnico de Nivel Superior
- en los institutos profesionales: títulos de Técnico de Nivel Superior y títulos profesionales (Licenciatura)
- en las universidades: títulos profesionales y los grados académicos de Licenciatura/Licenciado (*bachelor's degree*), Maestría/Magíster (*master's*) y Doctorado/Doctor

La enseñanza básica en Chile es gratuita y obligatoria.

Hablando de la educación

EL IMPORTANTE TRABAJO DE LOS VOLUNTARIOS

Hannah Kelley, becaria[a] de La Fundación Rotary y voluntaria en Chile del grupo Scholars for Schools

La educación es importante para conseguir[b] un buen trabajo. Desafortunadamente,[c] hay niños en todos los países del mundo que no tienen esa oportunidad por muchas razones.[d] Algunas de ellas son la economía del país y la pobreza[e] de su familia y de su comunidad, otras son una falta de[f] escuelas, maestros[g] o libros.

Hay muchos grupos que se dedican a construir escuelas,[h] a proveer[i] libros y a darles a los niños acceso a la educación primaria y secundaria. Además del Cuerpo de Paz,[j] hay muchas organizaciones formadas totalmente por voluntarios. Los grupos trabajan para promover[k] la educación en regiones de América Latina. La misión de Círculo de Amigas es proveer fondos[l] para educar a las niñas de Jinotega, un pequeño pueblo[m] de Nicaragua, pero también ayuda[n] con otras necesidades de la comunidad. Construye viviendas,[ñ] provee tanques para el agua, estufas y máquinas de coser.[o] La misión del grupo Scholars for Schools, fundado por[p] tres personas jóvenes, es construir bibliotecas y conseguir computadoras y así asegurarles a todos los niños de la región central de Chile acceso a los libros que necesitan. Hay otros grupos, como International Student Volunteers, que combinan el trabajo de voluntarios en Costa Rica con eventos divertidos. Los participantes pagan por la casa, la comida, las excursiones y el entrenamiento[q] que necesitan para trabajar en los proyectos del

---

[a] *scholarship recipient* [b] *obtain, get* [c] *Unfortunately* [d] *reasons* [e] *poverty* [f] *falta… lack of* [g] *teachers* [h] *construir… building schools* [i] *providing* [j] *Cuerpo… Peace Corps* [k] *para… in order to promote* [l] *funds* [m] *town, village* [n] *it helps* [ñ] *Construye… It builds housing* [o] *estufas… stoves and sewing machines* [p] *fundado… founded by* [q] *training*

grupo. Escalera[r] es otro grupo interesante. Su nombre es simbólico: una escalera nos ayuda a subir,[s] como la educación ayuda a los niños a salir de[t] la pobreza. Escalera se dedica a construir escuelas primarias y a ofrecer becas[u] para la educación secundaria en Chiapas, uno de los estados más pobres[v] de México.

Estos grupos utilizan la energía, los talentos y la preparación profesional de sus voluntarios. Carpinteros, pintores, maestros, expertos en informática, ingenieros, arquitectos, médicos, enfermeras… ¡todos podemos contribuir algo!

---

[r]*Ladder, Step* [s]*climb, go up* [t]*salir… get out of* [u]*scholarships* [v]*estados… poorest states*

Las actividades en la clase

Lee *Infórmate 6.1–6.2*

El profesor les dice «Buenos días» a mis compañeros.

El profesor nos habla en español siempre.

Le ponemos atención al profesor.

El profesor me hace preguntas (a mí).

Le contestamos al profesor.

Tomamos apuntes cuando el profesor nos explica el examen.

Yo te hago una pregunta y tú me contestas.

Act. 4 (Whole class), **Suggestions:** Introduce the following verbs as you describe in-class activities: *aprender, comprender, enseñar, entender, opinar, preguntar, terminar.* Ask questions such as *¿Qué aprenden ustedes en esta clase? ¿Qué tipo de cosas les enseño a ustedes?* Incorporate indirect object pronouns in your speech whenever possible. Then read each sentence aloud, polling students on frequency. Ask for additional statements that describe class activities.

Actividad 4 En la clase de español

¿Con qué frecuencia hacen tus compañeros y tú estas actividades en la clase de español?

MODELOS: Escribimos las palabras nuevas en el cuaderno *todos los días*.

El profesor *siempre* nos hace preguntas y nosotros *siempre* le contestamos en español.

1. Le decimos «Hola» al profesor / a la profesora.
2. Dormimos una siesta.
3. Tomamos apuntes cuando el profesor / la profesora nos explica algo.
4. Entendemos casi todo cuando el profesor / la profesora nos habla en español.
5. Le contestamos al profesor / a la profesora cuando nos hace preguntas.
6. Le ponemos atención al profesor / a la profesora.
7. Usamos el celular.
8. Aprendemos muchas palabras nuevas.
9. Le hacemos preguntas al profesor / a la profesora.
10. Hacemos la tarea en clase.
11. Les decimos «Hasta mañana» a los compañeros de clase.
12. Terminamos la clase temprano.

Vocabulario útil

(casi) nunca
raras veces
de vez en cuando
a veces
muchas veces
con frecuencia
(casi) siempre
todos los días

Act. 5 (Individual; whole class), **Suggestions:** Give students time to order activities according to their preferences. Then poll the whole class: Write all activities on the board and ask for a show of hands for all the 1s for a given activity, all the 2s, etc. You may want to do only *En el salón de clase* on one day and leave *Fuera del salón de clase* for the following class.

Follow-up: Make statements about how many people prefer certain activities: *En nuestra clase hay 23 personas que prefieren participar en conversaciones en español.* Make a sad face: *Solo hay dos personas que prefieren tomar exámenes.*

Actividad 5 Mis preferencias

Pon las actividades de cada situación en orden del número 1 (**¡Me gusta mucho!**) al número 7 (**¡No me gusta para nada!**). Después, compara tus respuestas con las de tus compañeros de clase.

1. **En el salón de clase**
   _____ tomar exámenes
   _____ trabajar en grupo
   _____ escuchar al profesor / a la profesora cuando nos habla en español
   _____ hablarles a mis compañeros / participar en conversaciones en español
   _____ ver videos en español
   _____ escuchar canciones hispanas o cantar en español
   _____ escuchar explicaciones de gramática en inglés
2. **Fuera del salón de clase**
   _____ estudiar para los exámenes
   _____ escribir composiciones en el *Cuaderno*/Connect Spanish
   _____ hacer la tarea en Connect Spanish
   _____ contestar las preguntas del segmento de video **Amigos sin Fronteras**
   _____ charlar con mis amigos hispanos en español
   _____ visitar sitios Web en español
   _____ leer las lecturas en el libro de texto / en Connect Spanish

Vocabulario útil

las canciones
las explicaciones
las lecturas
fuera (de)

Actividad 6 ¡A conversar!

A. Habla con tu compañero/a sobre la clase de español.

1. En tu opinión, ¿es interesante o aburrida la clase de español?
2. ¿Crees que nuestro/a profesor(a) nos asigna mucha tarea? ¿Haces toda la tarea? ¿Dónde y cuándo la haces? ¿Te gusta hacer la tarea en Connect Spanish? ¿Por qué?
3. ¿Haces la tarea del **Enlace auditivo** en tu casa o en el laboratorio de idiomas? ¿Qué sección de la **Videoteca** te gusta más: el segmento de **Mi país** o el video de **Amigos sin Fronteras?** ¿Por qué?
4. ¿Quién te explica la gramática cuando no la comprendes, tu profesor(a) o uno de tus compañeros? ¿Te hacen preguntas a ti los compañeros?
5. En tu opinión, ¿nos hace muchas preguntas nuestro/a profesor(a)? ¿Te gusta contestar las preguntas? ¿Por qué? ¿Siempre le contestas en español al profesor / a la profesora? ¿Piensas en español cuando hablas español?
6. ¿Te gusta la clase de español? ¿Qué cosas te gusta hacer en la clase? ¿Qué cosas no te gusta hacer?

B. Ahora… ¡conversa con tu profe!

1. ¿Le gusta corregir (hacer correcciones en) nuestras tareas? ¿Es aburrido? ¿Por qué?
2. ¿Cree usted que le hacemos muchas preguntas tontas? ¿Le gusta contestar nuestras preguntas?
3. ¿Es divertido para usted leer las cosas que escribimos?
4. Cuando nos hace preguntas, ¿prefiere las respuestas en español o en inglés? ¿Por qué?
5. ¿Qué parte de la clase de español le gusta más a usted?

¿Prefiere usted las preguntas en español o en inglés?

Actividad 7 La clase del profesor Ralph A. Burrido

El profesor Ralph A. Burrido y sus estudiantes

Ralph A. Burrido

Elena

Dora

Alba

Andrés

Claudio

Felipe

A. Escucha las descripciones de tu profesor(a) sobre las actividades de los estudiantes en la clase del profesor Ralph A. Burrido. Di el número del dibujo que corresponde a cada descripción.

En la clase del profesor Ralph A. Burrido

1.

2.

El último día de clase

3.

4.

Vocabulario útil
bailar
beber
cantar
charlar
comer
decir
descansar
devolverle(s) el examen a
dibujar
dormir
escribir
hablar por el móvil
leer en voz alta
llorar
maquillarse
mostrar
ponerse perfume
repetir
saltar
tocar la guitarra

Act. 7, Part A (Whole class; pair), **Suggestions:** First, introduce present progressive forms (*Infórmate 6.2*). Point out the *Vocabulario útil*, and if necessary, review reflexive verbs using *maquillarse* and *ponerse*. Begin by going over the images of the professor and students so that in part B students can describe scenes using the names. Have students scan the classroom scenes as you describe what everyone is doing in each one; then have the class say the number: *Dos personas están descansando. Tres personas están cantando. Una persona está llorando. Dora y Andrés están saltando. Cuatro personas están charlando. ¿Qué dibujo es?* (Mention a few names, but not all.) Describe all scenes to provide input. Then pair students to find differences, both in activities and clothing, between numbers 1 and 2, and between 3 and 4. **Follow-up:** Ask for volunteers to point out the differences. Then ask: *¿Son típicas de una clase de español todas estas actividades? ¿Hay alguna que sí es típica?*

B. Ahora trabaja con tu compañero/a para comparar los dibujos 1 y 2 y luego los dibujos 3 y 4. ¿Qué está haciendo el profesor? ¿Qué están haciendo los estudiantes? Di qué diferencias hay entre lo que están haciendo. También puedes mencionar las diferencias en su ropa: **En el dibujo número 1 Elena lleva… , pero en el dibujo 2 lleva…** ¡Sé creativo/a!

Las habilidades

Lee *Infórmate 6.3*

XIOMARA: Lucía, ¿**sabes** cocinar?
LUCÍA: Sí, sí **sé**, pero prefiero no hacerlo todos los días. **Sé** preparar algunos platos chilenos típicos como paila marina y asado chileno que a todos les gustan. ¡Mmm! ¿Y tú?
XIOMARA: Pues sí **sé** cocinar pero no lo hago con frecuencia. No tengo tiempo. Ya **sabes**, estudio y trabajo.

ELOY: Nayeli, Claudia y yo vamos a ir a Tahoe a esquiar mañana. ¿**Sabes** esquiar? ¿Quieres ir con nosotros?
NAYELI: Eloy, lo siento, no **sé** esquiar en la nieve. Y otra mala noticia: ¡Claudia no **puede** esquiar ahora porque tiene la pierna derecha fracturada! Un pequeño accidente en su bicicleta anoche…

Actividad 8 ¿Qué saben hacer estas personas?

Escucha las descripciones de tu profesor(a) sobre los talentos de los estudiantes del club Amigos sin Fronteras y di el nombre de la persona a la que describe. Luego, pregúntale a tu compañero/a qué sabe hacer cada persona.

Eloy

Lucía / Rodrigo

Radamés

Daniel, el compañero de Sebastián

Nayeli

Ana Sofía / Carlitos, el hijo de Omar

Camila

Actividad 9 ¿Qué sabes hacer? ¿Qué puedes hacer?

A. Charla con tu compañero/a sobre las habilidades de cada uno.

MODELO: E1: ¿Sabes *bailar*?
E2: Sí, sé *bailar* muy bien. / No, no sé *bailar*. / Sí sé, pero solamente un poco. ¿Y tú?

1. cocinar
2. hablar otro idioma (¿Cuál?)
3. crear sitios Web
4. bucear con tanque
5. nadar
6. andar en patineta
7. componer música
8. tomar buenas fotos
9. jugar al póker
10. pintar acuarelas
11. montar a caballo
12. reparar carros o motocicletas

El chileno Humberto Suazo sabe jugar muy bien al fútbol. ¡Es un goleador impresionante!

B. Di si puedes hacer estas actividades sin problema en tu casa o en la residencia estudiantil.

MODELO: E1: ¿Puedes *tener perro* donde vives? ¿Puedes *tener gato*?
E2: No, no puedo *tener mascotas*. Vivo en una residencia estudiantil.

1. regresar muy tarde en la noche, como a las dos o tres de la mañana
2. invitar a tus amigos a cenar
3. dormir hasta las once de la mañana los domingos
4. ver la televisión o escuchar música a todo volumen a cualquier hora del día o de la noche
5. hacer fiestas ruidosas y con licor

Actividad 10 ¡Quiero bañar a Chulis!

Vocabulario útil
todo lo que necesitas
lo necesario

Ricky, el hermano menor de Eloy, quiere bañar a Chulis, uno de los perros de Eloy. Lee el diálogo entre los hermanos y trabaja con tu compañero/a para ponerlo en orden lógico con los números del 1 al 9. Después, léanlo en voz alta.

__8__ ELOY: Bueno, sí, pero también tienes que…
__2__ ELOY: Claro, Ricky, pero primero debes preparar todo lo que necesitas.
__5__ RICKY: Sí, Eloy, ya lo tengo todo, todo, todo.
__9__ RICKY: ¡Ay Eloy! Sé bañar perros muy bien; ¡no soy un bebé!
__3__ RICKY: Sí, ya tengo todo lo necesario aquí; ahora voy a traer a Chulis.
__7__ RICKY: Ya sé, hermano, ya sé.
__1__ RICKY: Oye Eloy, ¿puedo bañar a Chulis? ¡Tiene muchas pulgas!
__6__ ELOY: Perfecto. Recuerda que debes secarlo muy bien después de…
__4__ ELOY: ¿Seguro? ¿Tienes ya el champú para pulgas? ¿El agua, el cepillo y una toalla?

El empleo

Lee Infórmate 6.2 y 6.4

El plomero necesita reparar la tubería del fregadero.

El mecánico debe reparar el coche híbrido con cuidado.

Los peluqueros (el peluquero y la peluquera) les cortan el pelo a los clientes.

El mesero sirve la comida en el restaurante.

Los obreros tienen que trabajar muchas horas en la fábrica.

Los bomberos están apagando el incendio en un edificio de varios pisos.

El electricista debe tener mucho cuidado con los cables eléctricos.

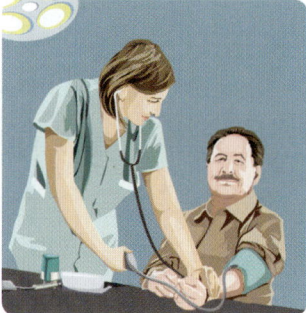
La enfermera le está tomando la presión al paciente.

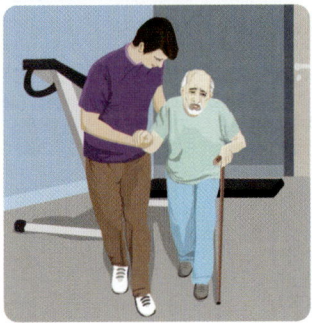
El terapeuta necesita ayudar al paciente a caminar.

El abogado debe defender a su cliente en el tribunal.

La juez está dictando la sentencia.

El dependiente debe arreglar la ropa.

El empleo, **Note:** Many of the words in the vocabulary displays and activities will be new to students. Be sure to verify class comprehension of all vocabulary as you proceed through the chapter. **Suggestions:** Select photos from your personal PF or PP presentation to introduce the most common careers/jobs, especially those not in the display. Some examples are: *ama de casa, arquitecto/a, cajero/a, cantante, carpintero, chofer, cocinero/a, contador(a), dentista, empleado/a, escritor(a), gerente, ingeniero/a, jefe, maestro/a, piloto, policía, mujer policía, programador(a), veterinario/a.* (Use symbols when photos are not available, such as a plane for *el piloto.*) Warm up by asking general questions about each photo (*¿Cómo es esta persona?*) and recycling vocabulary from previous chapters, such as descriptive adjectives. To introduce job-related activities, as well as words to express obligations, use your PF or PP presentation to ask questions such as: *¿Qué tiene que hacer la enfermera? ¿Qué debe hacer el mesero?* You may also review present progressive forms: *¿Qué está haciendo esta persona?* (*trabajando*) *Sí, está trabajando en una fábrica.* Then use the display to introduce/review other professions, teach words related to where people work (*fábrica, banco, escuela,* etc.), and words that express obligations. **Note:** You may want to point out that females are relative newcomers to many professions in Hispanic countries and some native speakers disagree about the use of some feminine forms, such as *la piloto / la pilota, la juez / la jueza,* and *la jefe / la jefa.*

Actividad 11 Profesiones y oficios

Completa las oraciones para crear una lista completa de profesiones y oficios con información sobre cada uno.

MODELO: ¿? canta en un club nocturno →
Un cantante canta en un club nocturno.

1. ¿? corta el pelo y peina en una peluquería el peluquero / la peluquera
2. Un(a) cajero/a cambia cheques y recibe dinero ¿? en el banco
3. ¿? atiende a los clientes en una tienda de ropa el/la dependiente
4. Un(a) (mujer) bombero ¿? en cualquier lugar apaga los incendios
5. Un(a) maestro/a enseña a los niños ¿? en la escuela
6. Un(a) chofer maneja (conduce) ¿? el carro / el autobús
7. ¿? dicta sentencias en los tribunales (juzgados) el/la juez
8. Un(a) mesero/a sirve la comida ¿? en el restaurante
9. ¿? da masajes y enseña a caminar a clientes en un hospital o una clínica el/la terapeuta
10. ¿? repara coches en un taller de reparaciones el/la mecánico
11. Una(a) obrero(a) industrial trabaja ¿? en la fábrica
12. Un(a) (mujer) plomero ¿? en una oficina o residencia repara la tubería
13. ¿? prepara los impuestos en un negocio o en su oficina el contador / la contadora
14. ¿? resuelve problemas con los clientes o los empleados en una tienda o un restaurante el/la gerente
15. ¿? aconseja a la gente que tiene problemas familiares en una oficina particular o en la casa de los clientes el trabajador / la trabajadora social

Actividad 12 ¡Cuántas obligaciones!

Mira los dibujos y habla sobre las obligaciones de cada persona. Si necesitas, usa la lista de obligaciones que aparece abajo.

MODELO: La abogada tiene que escuchar a su cliente y tomar apuntes. También debe…

Vocabulario útil

debe

necesita

tiene que

El ama de casa…

  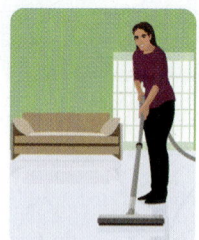 

La abogada…

El enfermero...

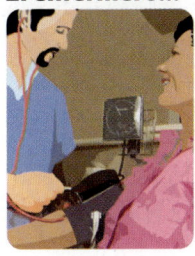   

El asistente de veterinario...

OBLIGACIONES

atender a los pacientes cuando llaman	lavar y secar la ropa
bañar a los perros	pasar la aspiradora
darle la medicina a una paciente	pasear a los perros
escoger el jurado	preparar el desayuno
escuchar al cliente y tomar apuntes	preparar la defensa
informar al médico	presentarle el caso al jurado
lavar los platos	tomarle la presión al paciente

Infórmate

El ama de casa (*homemaker, housewife*) literally means *mistress of the house*. Just like **el agua**, it takes the definite article **el**, although it is a feminine noun and refers to a woman (because **ama** begins with a stressed **a** sound). Note that because housework has been traditionally considered a woman's job, the phrase **amo de casa** is very rare, just like *househusband* in English.

Actividad 13 Anuncios de Craigslist

Imagínate que vas a pasar un año en Chile, estudiando. Decides que quieres un empleo para tener un poco de dinero extra. Ve a Craigslist de Chile y busca uno o dos empleos buenos para ti. Copia la información para hablar con tus compañeros en clase. Deben hacerse preguntas como: ¿Qué tipo de empleo es? ¿Es un empleo de jornada completa o de media jornada? ¿Cuántas horas vas a trabajar por día/semana? ¿Cuál es el sueldo por hora/día/semana? ¿Qué tipo de persona buscan? (¿Cómo debe ser la persona?) ¿Cuáles son las responsabilidades? ¿Qué debes hacer para contestar el anuncio? ¿Por qué te gusta?

Vocabulario útil

los anuncios

el sueldo

(de) jornada completa

(de) media jornada

por hora/día/semana

Actividad 14 Una encuesta

A. Lee la lista de profesiones y oficios y contesta las preguntas con varios compañeros.

_____ el abogado / la abogada
_____ el/la agente de seguros
_____ el ama (*f.*) de casa
_____ el bombero / la mujer bombero
_____ el contador / la contadora
_____ el/la electricista
_____ el hombre de negocios / la mujer de negocios
_____ el médico / la médica
_____ el cocinero / la cocinera
_____ el policía / la mujer policía
_____ el/la gerente de una tienda
_____ el/la periodista
_____ el/la terapeuta
_____ el trabajador social / la trabajadora social

Infórmate

el/la + más/menos + adj. = *the most/least + adj.*

el (oficio) más peligroso de todos = *the most dangerous (trade) of them all*

la (profesión) menos prestigiosa = *the least prestigious profession*

See section **B** of **Infórmate 7.2** for more examples.

1. ¿Para qué profesión se necesitan más años de estudio? ¿Para cuál se necesitan menos?
2. ¿Para qué oficio se necesita ser muy paciente? ¿Para cuál se necesita ser agresivo/a? ¿Para cuál se necesita ser muy valiente?
3. De todos estos oficios y profesiones, ¿cuál exige más horas de trabajo? ¿Cuántas, más o menos?
4. ¿Cuál de todos, profesiones y oficios, es el empleo ideal para una mujer? ¿Y para un hombre? En el siglo veintiuno, ¿hay profesiones u oficios que son solamente para hombres? ¿para mujeres? ¿Cuál(es)? ¿Qué es mejor, tener jefe o jefa? Expliquen su opinión en todos los casos.
5. ¿Qué profesión u oficio de la lista tiene la peor reputación de todos? ¿Por qué? ¿Cuál tiene la mejor reputación? ¿Por qué?

B. Ahora lee la lista de nuevo y, con tu grupo, determina qué profesión u oficio es: el más peligroso de todos (= 1); el más necesario (= 2); el más interesante (= 3); el más aburrido (= 4); o el más prestigioso (= 5). **OJO:** Escojan solamente cinco profesiones y expliquen por qué tienen esa opinión.

Actividad integral

La profesión ideal

Juan Fernando Chen Gallegos

Lucía Molina Serrano

A. Lee los perfiles (descripciones personales) de algunos miembros del club Amigos sin Fronteras y di qué profesión o carrera es ideal para cada uno.

1. La química es la asignatura favorita de Juan Fernando. Sabe mucho sobre las medicinas que hay en las farmacias, su fórmula y para qué se debe tomar cada una. Le gusta hacer experimentos e inventar remedios. farmacéutico

2. Lucía es muy sociable; tiene muchos amigos. Le gusta mucho ver los anuncios comerciales de la televisión y analizarlos. Su materia favorita desde la escuela secundaria es psicología. Este semestre tiene dos asignaturas que le fascinan, Comunicación y Análisis de Mercados. especialista en mercadotecnia

Vocabulario útil

no ser nada + adj.
ser bueno/a para
los anuncios
los deportistas
la gente
los remedios
los síntomas
relacionado con
bastante

Eloy Ramírez Ovando

Rodrigo Yassín Lara

Ana Sofía Torroja Méndez

3. Eloy tiene varias asignaturas favoritas: la biología, la anatomía y la psicología. Le gusta ayudar a la gente enferma. Le tiene mucha paciencia y escucha bien sus síntomas. Es muy activo y no necesita dormir más de cuatro o cinco horas. Ahora es voluntario en una clínica para niños. médico o enfermero

4. Rodrigo no es nada tímido. Sabe expresarse muy bien. Nunca está nervioso cuando habla en público. Tiene un gran interés por la justicia. Su especialidad es ciencias sociales y le gustan mucho todas sus asignaturas. En clase, les hace muchas preguntas a sus profesores y fuera de clase a sus amigos. También es bueno para los debates. abogado o juez

5. Ana Sofía no quiere ser médica pero quiere estudiar algo relacionado con la medicina. Sabe usar las manos para dar masajes y tiene mucha experiencia. Le gusta ayudar a los deportistas con la rehabilitación después de un accidente; les tiene mucha paciencia. También, tiene muy buenas notas en anatomía. terapeuta o enfermera

B. **Un juego:** Usa las pistas (la información) para adivinar las profesiones de estas seis personas: los Castillo (Isabel y Gabriel), los Delgado (Alejandra y Andrés), los Rivera (Marina y Javier). Las posibilidades son **abogado/a, dentista, doctor(a), ingeniero/a, maestro/a,** y **secretario/a.** OJO: ¡Es necesario leer todas las pistas antes de adivinar!

1. Isabel trabaja en un hospital, pero no es doctora.
2. El esposo de la abogada es ingeniero.
3. La secretaria está casada con un doctor.
4. El esposo de la dentista trabaja en una escuela.
5. Gabriel trabaja con enfermeras.
6. Javier enseña matemáticas.

Exprésate

ESCRÍBELO TÚ

Tu empleo

Ahora vas a escribir una composición sobre tu empleo. Si no tienes empleo ahora, describe tu empleo ideal. Usa la tabla en el *Cuaderno de actividades* o en Connect Spanish para organizar tus ideas y escribe allí tu composición.

CUÉNTANOS

Un día típico en tus clases favoritas

Cuéntanos sobre dos o tres de tus asignaturas favoritas en la universidad. ¿Cuáles son? ¿Por qué te gustan? ¿Tienes buenas notas en cada una? ¿Por qué? ¿Te asignan mucha tarea los profesores? ¿Cuáles asignan más tarea y cuáles asignan menos? ¿Estudias mucho o son asignaturas fáciles para ti? Describe un día típico en cada clase. ¿Cómo empieza la clase? ¿Qué hace el profesor durante la clase? ¿Y los estudiantes? ¿Cómo termina la clase? ¡Los detalles son importantes! ¡A conversar!

Entérate

Mundopedia

1. Los nombres en el mundo hispano
2. El arpa paraguaya
3. El cine argentino
4. Quito y Mitad del Mundo
5. ¡Grandes fiestas!
6. **La escritora chilena Isabel Allende**
7. El Carnaval de Barranquilla
8. El Cinco de Mayo
9. La Diablada de Oruro
10. La música de Cuba
11. Los paradores de España
12. Mérida, ciudad en la montaña
13. Los festivales dominicanos
14. El misterio de las ciudades mayas
15. Los logros de Costa Rica

La escritora chilena Isabel Allende

Vocabulario de consulta	
pasa de	goes from
morir	to die
las mentiras	lies
sugiere	suggests
virtudes	virtues
cuentos	stories
consejo	advice
publica	publishes
a través de	through
rencores	grudges, resentment
venganzas	revenge
exitosa	successful
isla	island
enfrentarse a	to confront
sí misma	herself
golpe de estado	coup d'état
temas	topics
fiebre del oro	gold fever
selva	jungle

Esta famosa escritora **pasa de** periodista a novelista después de una conversación con el gran poeta chileno, Pablo Neruda.* En 1973, poco antes de **morir**, Neruda invita a Allende a almorzar en su casa. Durante el almuerzo, Neruda le dice que es una periodista mala, que dice **mentiras** siempre y que si no tiene la historia, ella la inventa. Luego, como amigo, le **sugiere** escribir literatura, pues en la literatura esos defectos de periodista son **virtudes**.

LA TRILOGÍA Y OTRAS NOVELAS

Aunque desde muy niña le gusta inventar **cuentos**, Allende no acepta el **consejo** de Pablo Neruda por mucho tiempo. **Publica** su primera novela, *La casa de los espíritus,* en 1982. La novela narra la vida de la familia Trueba **a través de** cuatro generaciones. Es una historia complicada de **rencores** y **venganzas**, con muchos elementos de realismo mágico.† Después de esa primera obra **exitosa**, publica dieciocho más. Algunas, como *La ciudad de las bestias* y *El reino del dragón de oro,* son libros para jóvenes. *Hija de la fortuna* (1999) y *Retrato en sepia* (2000) vienen mucho después y son parte de una trilogía, pero la primera novela de

---

*Pablo Neruda (1904–1973) was the pen name of Chilean poet Neftalí Ricardo Reyes Basoalto, which he later changed legally. His poetry is famous throughout the world; in 1971 he received the Nobel Prize in Literature.

†**Realismo mágico** is a term used to describe an "altered reality," a setting where strange, magical elements blend in subtly, especially in some works of Latin American literature of the twentieth century, such as those of the Colombian Gabriel García Márquez and the Mexican Laura Esquivel.

Allende, *La casa de los espíritus,* es realmente el final de la trilogía. Una de las publicaciones más interesantes de Allende, *La isla bajo el mar* (2009), es una novela histórica sobre la revolución en Haití. Otro libro reciente, *El cuaderno de Maya* (2011), cuenta una historia muy contemporánea para un público joven. En este libro, Maya, una chica drogadicta de diecinueve años, encuentra en la **isla** chilena de Chiloé la oportunidad de **enfrentarse a** su pasado y a **sí misma**.

DATOS BIOGRÁFICOS

Allende nació en Perú y vivió en Chile desde los tres años hasta 1974, un año después del **golpe de estado** de Augusto Pinochet. Esta prolífica autora escribe sobre **temas** muy variados: una mujer en la conquista española, la vida en California durante la **fiebre del oro**, narrativas personales sobre la muerte de su hija Paula y ficciones en la **selva** del Amazonas. Ahora vive y escribe en el norte de California.

COMPRENSIÓN

Contesta las preguntas.

1. ¿Por qué dice Pablo Neruda que Isabel Allende es una periodista muy mala?
   Porque dice mentiras e inventa historias cuando no las tiene.
2. ¿Qué cosas son defectos en el periodismo pero son una virtud en la ficción?
   Decir mentiras e inventar historias que no existen
3. ¿Qué novelas mencionadas aquí son para adolescentes? *La ciudad de las bestias, El reino del dragón de oro y El cuaderno de Maya*
4. ¿Cuáles son los títulos de las novelas que forman una trilogía? ¿Qué es extraño (*strange*) en esta trilogía? Mira las fechas de publicación. *Hija de la fortuna (1999), Retrato en sepia (2000) y La casa de los espíritus (1982). Lo extraño es que la primera novela de Allende es la última de esta trilogía.*
5. ¿Cuáles son tres temas de las novelas de Allende que te gustan?
   Any three: varias generaciones de familias en Chile, la revolución de los esclavos de Haití, una mujer en la conquista española, la vida en California durante la fiebre del oro, la enfermedad y muerte de su hija Paula, ficciones en la selva del Amazonas

Voces chilenas

bacán (bacana)	cool, great	la guagua	el/la bebé
choro/a	cool	el/la pololo/a	el/la novio/a
estar chocho/a	to be proud (*of something*)	el taco	traffic jam

CONEXIÓN CULTURAL

LAS PEÑAS CHILENAS

Una peña es una reunión social que incluye un público, cantantes, poetas, bailarines y orquestas folclóricas. Las peñas chilenas todavía existen dentro y fuera de Chile, pero fueron muy comunes e importantes en los turbulentos años sesenta y setenta. Lee la lectura «Las peñas chilenas» en el *Cuaderno de actividades* o en Connect Spanish y ¡descubre la fuerza social de estas reuniones!

Voces, Notes: The aim of this section is to introduce students to the linguistic variety within the Spanish-speaking world; we do not expect students to use this vocabulary in their own production. If you know other regional terms from the featured country, you may want to share those also with your students.

Videoteca

Amigos sin Fronteras
Episodio 6: Un disfraz° para Halloween

°costume

Note: Both video clips can be seen on the DVD to accompany *Tu mundo* or in Connect Spanish.

Resumen

Ana Sofía, Radamés y Claudia están de visita en casa de Sebastián. Allí seleccionan y se ponen disfraces para Halloween. Los disfraces son de Daniel, el compañero de Sebastián. Hay varios disfraces de profesiones y oficios: policía, deportista, cocinero, enfermera… ¡y también de Elvis Presley! Al final, cada uno termina con el disfraz perfecto.

Preparación para el video

A. ¡Comencemos! Mira la foto y marca la respuesta correcta.

1. Los chicos están en __a__.
   a. la casa de uno de sus amigos
   b. el teatro de la universidad
   c. una tienda de disfraces
2. __a__ les está mostrando los disfraces a sus amigos.
   a. Sebastián
   b. Claudia
   c. Radamés
3. ¿Cuándo te pones disfraces tú? Selecciona todas las respuestas ciertas.
   a. para ir a clase
   b. para ir a una fiesta de carnaval
   c. para celebrar Halloween

Vocabulario de consulta	
¿Estás seguro…?	Are you sure…?
disfrazarse	to dress up (in a costume/disguise)
chévere	great, cool (*Cuba*)
recuerden	remember
¿Dónde tengo la cabeza?	What was I thinking? (*lit.* Where is my head?)
aprendiendo	learning
loco	crazy
voy / vas de	I'm / you're going (dressed) as (a)
acha	girlfriend (*Sp.*, short for **muchacha**)
culpable	guilty
¡Qué guay!	That's cool! (*Sp.*)
te queda genial	it looks fantastic on you
misión cumplida	mission accomplished
darle las gracias	to thank him

Comprensión del video

B. La idea principal. Indica la idea principal del video.
1. Según Claudia, el disfraz de enfermera no es creativo.
2. (Gracias a la generosidad de Daniel, todos tienen disfraces que les gustan.) ✓
3. Sebastián quiere ir de *Iron Chef* pero no sabe cocinar.

C. ¿Cierto o falso?
1. Los disfraces están en la tienda del tío de Daniel, el compañero de Sebastián.   F
2. No van a ir de hawaianos porque a Radamés no le gusta la idea.   F
3. Sebastián dice que está aprendiendo a ser un buen cocinero.   C
4. Ana Sofía no quiere ir de princesa porque princesa no es una profesión.   C
5. Claudia va a ir de abogada y todos dicen que es buena idea porque ella tiene personalidad de abogada.   F

D. Detalles. Contesta las preguntas.
1. ¿Qué disfraz va a llevar Radamés a la fiesta? (un disfraz de) Elvis Presley
2. ¿Va de policía Claudia? Si no va de policía, ¿de qué va? No, ella va de juez.
3. Y Sebastián, ¿qué disfraz prefiere? ¿por qué? el disfraz de *Iron Chef*, porque le gusta cocinar
4. ¿Por qué dice Claudia que el disfraz de Elvis es perfecto para Radamés? ¿Qué sabe hacer él? Porque sabe tocar la guitarra.
5. ¿Por qué dice Claudia que hay un problema con el disfraz de *Iron Chef* que quiere Sebastián? Porque Sebastián no es un buen cocinero.

Mi país CHILE

Mi país (Whole class), **Suggestion:** Show this video segment to the class again when you cover the *Videoteca* section. Remind students that they can watch the segment on DVD or in Connect Spanish.

la Isla de Pascua

Comprensión

1. ¿En qué parte de Chile están San Pedro de Atacama y el Valle de la Luna? en el norte
2. ¿A qué hora quiere Lucía visitar el Valle de la Luna? por la tarde/noche
3. ¿De qué baile, música tradicional y folklore habla Lucía? cueca
4. ¿Qué ciudad celebra el Festival Internacional de la Canción más famoso del mundo hispano? Viña del Mar
5. ¿Qué ciudad dice Lucía que tienen que visitar Brian y ella? ¿Por qué? Valparaíso, porque su familia vive allí
6. ¿Qué actividad le gusta hacer al papá de Lucía? pescar
7. ¿En qué isla se encuentran los moáis? la Isla de Pascua
8. ¿Cuál es la mejor estación para visitar la Patagonia o la Antártica Chilena, según Lucía? el verano

el Valle de la Luna

Infórmate

6.1 Indirect Object Pronouns

Indirect object pronouns (**los pronombres de complemento indirecto**) are used to tell *to whom* something is said, explained, given, sent, and so on.

me	to me	**nos**	to us
te*	to you (*inf. sing.*)	**os**	to you (*inf. pl., Sp.*)
le	to you (*pol. sing.*); to him/her	**les**	to you (*pl.*); to them

¿Recuerdas?

In **Infórmate 3.1**, you learned to use indirect object pronouns with the verb **gustar** to say to whom something is pleasing (who likes something). Review that construction now, if necessary.

—¿Qué **les** explica el profesor Sotomayor?

—**Nos** explica la pronunciación en español.

Mi novio ya no **me** da flores.

¡Pobre Carlitos! Su mamá siempre **le** dice que no.

What does Professor Sotomayor explain to you?

He explains Spanish pronunciation to us.

My boyfriend doesn't give me flowers anymore.

Poor Carlitos! His mother always says no to him.

As you read and listen to more Spanish, you will get a feel for these pronouns and how to use them.

---

*For recognition only: The indirect object pronoun for **vos** is **te**.

Indirect object pronouns	Indirect object pronouns are placed before the conjugated verb or attached to the infinitive or present participle.
me, te, le, nos, os, les	Mi novia ya no { **me** puede ayudar con la tarea. / puede ayudar**me** con la tarea. }
	(My girlfriend can't help me with my homework anymore.)
	Mi novia ya no { **me** está ayudando con la tarea. / está ayudándo**me** con la tarea. }
	(My girlfriend is not helping me with my homework anymore.)

Ejercicio 1

Mira los dibujos y completa las siguientes oraciones con **me, te, le, nos** o **les**.

MODELO: Estefanía *les* dice «¡Hola!» **a tres estudiantes.**

1. El profesor Sotomayor _____ va a explicar (va a explicar_____) la lección **a los estudiantes.**

2. Nosotros _____ hacemos muchas preguntas **al profesor.** El profesor _____ contesta (**a nosotros**).

3. La novia del profesor _____ habla **a los estudiantes** sobre Guatemala, su país.

4. —Lucía, ¿puedes decir_____ qué tenemos de tarea? —Sí, Martín, ahora _____ digo cuál es la tarea para mañana.

5. Estefanía _____ escribe un correo electrónico **a sus padres.**

6. El profesor Sotomayor _____ dice qué día va a ser el examen y nosotros _____ decimos «Gracias».

7. —Martín, ¿_____ dices la respuesta número 7, por favor? —Sí, Lucía, en un momento voy a decir_____ (_____ voy a decir) todas las respuestas.

8. _____ decimos «Adiós» **al profesor** y él _____ dice «Hasta mañana».

Infórmate 6.1 Indirect Object Pronouns

Ejercicio 2

Completa este diálogo entre Rosa, una chica muy tonta y egoísta, y Lola, una chica muy inteligente y lógica. Usa **me, te, le, nos** o **les.**

6.2 Present Progressive

To describe an action that is taking place at the moment, Spanish uses a form of the verb **estar** (*to be*) and an **-ndo** form called a present participle. This combination is called the present progressive.

prestar	to lend
si	if
esperas	wait
mientras	while
contigo	with you

> The present progressive (**estar** + verb ending in **-ndo**) is used to express actions in progress.
> **Estoy comiendo una empanada.** *I am eating an empanada.*

estar + -ndo		
(yo) estoy		jug**ando** (*playing*)
(tú) estás*		camin**ando** (*walking*)
usted, él/ella está	**+**	fum**ando** (*smoking*)
(nosotros) estamos		escuch**ando** (*listening*)
(vosotros) estáis		com**iendo** (*eating*)
ustedes, ellos/ellas están		escrib**iendo** (*writing*)

—¿Qué **está haciendo** el médico? — *What is the doctor doing?*
—**Está examinando** a un paciente. — *He is examining a patient.*

—Camila, ¿qué **estás haciendo**? — *Camila, what are you doing?*
—**Estoy escribiendo.** — *I am writing.*

The present participle is formed by removing the **-ar, -er,** or **-ir** from the end of the infinitive and replacing it with **-ando** for **-ar** infinitives and **-iendo** for **-er** and **-ir** infinitives.

jug**ar**: jug**ando**   com**er**: com**iendo**
habl**ar**: habl**ando**   viv**ir**: viv**iendo**

ar → -ando	
hablar	hablando
er/-ir → -iendo (or -yendo)	
comer	comiendo
escribir	escribiendo
leer	leyendo

In some cases, the present participle is irregular. In this book, irregular present participles will be noted in parentheses in vocabulary lists, as follows: **dormir (durmiendo), leer (leyendo)**.

—¿**Está durmiendo** el juez ahora? — *Is the judge sleeping now?*
—¡Claro que no! **Está hablando** con un abogado. — *Of course not! He's speaking with a lawyer.*

—Xiomara, ¿qué **estás haciendo**? — *Xiomara, what are you doing?*
—**Estoy leyendo** una novela. — *I'm reading a novel.*

---

*Alternative form for recognition only: **vos estás (hablando, comiendo)**

> **6.2, Notes:** The progressive structure is easy for English speakers to acquire and begin using very quickly. We believe that although the Spanish progressive is not as common as the English progressive, especially in written language, it is very common in informal conversation. **Point out:** The progressive is never used in Spanish to express future actions, as is commonly done in English: I am vacuuming tomorrow. = *Mañana paso (voy a pasar) la aspiradora.* Contrast ¿Qué vas a hacer? with ¿Qué estás haciendo?

Ejercicio 3

Mira los dibujos y contesta las preguntas.

1. ¿Qué está haciendo Claudia?
2. ¿Qué están haciendo los estudiantes?
3. ¿Qué está haciendo el profesor?

4. ¿Qué está haciendo Marcela?
5. ¿Qué están haciendo Marcela y Omar?
6. ¿Qué están haciendo Eloy y Ricky?

Ejercicio 4

Lee las situaciones y luego completa las frases para decir qué están haciendo las personas mencionadas. Usa los siguientes verbos: **ayudar, calificar** (*to grade*), **estudiar, explicar, hablar, lavar.**

MODELO: —Carlitos, tengo hambre. ¿Dónde está mamá?
—Está en la cocina; nos *está preparando* el almuerzo.

1. —¿Dónde está el profesor Sotomayor?
   —Está en el salón de clase; _____ los exámenes.
2. —¿Qué está haciendo Estefanía?
   —_____ de Guatemala en la clase de Franklin Sotomayor, su novio.
3. —Quiero hablar con el profesor.
   —Pues está ocupado. Les _____ la gramática a dos estudiantes.
4. —¿Qué están haciendo tu mamá y tu hermana es este momento, Ricky?
   —_____ la ropa sucia.
5. —¿Y Eloy dónde está?
   —Eloy está en su dormitorio. _____ para un examen de su clase de química.
6. —¿Quiénes son esas muchachas que están en la sala?
   —Son amigas de Patricia, mi hermana. Me _____ con mi tarea de ciencias naturales.

6.3, Point out: *Saber*, not *poder* or *conocer*, is used to express knowing how to do something. Remind students <u>not</u> to use *cómo*, as in the incorrect phrase *saber cómo nadar*, a word-for-word translation of the English "to know how to swim."

6.3 Saber and poder + Infinitive

A. In the present tense, the verb **saber** (to know facts, information) is irregular only in the *yo* form: **sé, sabes,* sabe, sabemos, sabéis, saben.**

—¿**Sabes** cuándo va a llegar Eloy?   *Do you know when Eloy is going to arrive?*
—No, no lo **sé.**   *No, I don't know.*

Saber followed by an infinitive means to know how to do something. Note that there is no separate word added to convey the English *how to*.

—¿Sabes hablar italiano, Rodrigo?   *Do you know how to speak Italian, Rodrigo?*
—No, pero sé hablar un poco de árabe.   *No, but I know how to speak a little Arabic.*

—¿Quién sabe jugar al ajedrez?   *Who knows how to play chess?*
—Yo no sé jugar al ajedrez pero Estefanía sí sabe.   *I don't know how to play chess, but Estefanía does know.*

saber = *to know (facts, information)*

saber + infinitive = *to know how (to do something)*

¿Sabes bucear, Jorge?
Do you know how to scuba dive, Jorge?

No, no sé bucear, pero sé nadar.
No, I don't know how to scuba dive, but I know how to swim.

B. The verb **poder** followed by an infinitive usually indicates potential (*can, to be able to do something*) or permission (*may*). **Poder** is a stem-changing verb, so it uses two stems: **pod-** for the infinitive and the **nosotros/as** and **vosotros/as** forms, and **pued-** for all other present-tense forms: **puedo, puedes,† puede, podemos, podéis, pueden.**

—¿Van a dar una vuelta más Lucía y Xiomara?   *Are Lucía and Xiomara going to run another lap?*
—No, no **pueden.** Ya están cansadas.   *No, they can't. They are tired already.*

—Omar, ¿vas a jugar al fútbol el domingo?   *Omar, are you going to play soccer on Sunday?*
—No **puedo.** Tengo un examen el lunes.   *I can't. I have an exam on Monday.*

poder = *can, to be able to*

¿Puedes salir esta noche, Lucía?   *Can you go out tonight, Lucía?*
No, no puedo. Mañana tengo un examen de matemáticas.   *No, I can't. Tomorrow I have a math test.*

¿Recuerdas?

In **Infórmate 5.2** you learned that a verb that uses more than one stem in its conjugation is considered irregular. Some verbs, such as **hacer** (*to do; to make*), use a different stem only in the **yo** form; other verbs, such as **jugar** (*to play*), use the different stem in all but the infinitive and the **nosotros/as** and the **vosotros/as** forms. Review those conjugations now, if necessary.

Ejercicio 5

Los miembros del club Amigos sin Fronteras hablan de lo que saben hacer o no. Completa las oraciones con la forma apropiada de **saber.**

1. Juan Fernando Chen dice: —Yo _____ hablar chino.
2. Lucía le pregunta a Estefanía: —¿_____ montar a caballo?
3. Maritza, la hija de Omar no _____ andar en bicicleta todavía porque es muy pequeña.
4. Franklin y Estefanía dicen: —No _____ esquiar pero queremos aprender.
5. Jorge y sus amigos _____ escribir programas muy buenos para las computadoras.

---

*Alternative form for recognition only: **vos sabés.**
†Alternative form for recognition only: **vos podés.**

Ejercicio 6

El club Amigos sin Fronteras va a tener una fiesta. Completa las oraciones con la forma apropiada de **poder.**

tocar = *to play (music); to perform*

1. Ana Sofía le pregunta a Estefanía: «¿_____ tú y Franklin asistir a la fiesta del club mañana?»
2. Radamés no _____ asistir a la fiesta del club porque su banda, Cumbancha, va a tocar en otra fiesta.
3. Sebastián dice: «Yo sí _____ ir a la fiesta y voy a llevar mucha comida. Daniel prepara comida deliciosa.»
4. Sebastián le pregunta a Nayeli: «¿_____ tú comprar bebidas para la fiesta?»
5. Eloy y su novia quieren asistir a la fiesta pero ella dice: «No _____ porque Ricky, el hermanito de Eloy, está en el hospital. Estamos muy preocupados.»

¿Recuerdas? Ana Sofía es española. ¿Qué forma usa ella para expresar *can you* en plural?

6.4 Obligations: **tener que, deber, necesitar; hay que, es necesario** + Infinitive

Hay que llegar a tiempo al trabajo.
One must (We have to) arrive on time to work.

The verbs **tener que** (*to have to*), **deber** (*should, ought to*), and **necesitar** (*to need to*), as well as the impersonal expressions **hay que** (*one must*) and **es necesario** (*it is necessary to*), are always followed by infinitives.

¿Qué tienes que hacer este fin de semana?
What do you have to do this weekend?

—¿A qué hora **tenemos que estar** en el teatro?
—A las ocho. **Hay que llegar** un poco antes para recoger los boletos.
—¡Pero **necesito** estudiar una hora más!
—Está bien, pero **debemos** salir pronto.

What time do we have to be at the theater?
At 8:00. We have to (One must) get there a little early to pick up the tickets.
But I need to study one more hour!
OK, but we should leave soon.

Ejercicio 7

Lucía cuenta lo que ella y sus amigos del club Amigos sin Fronteras tienen que hacer hoy. Completa las oraciones con la forma apropiada de **tener que.**

1. Eloy _____ trabajar hasta las doce.
2. Estefanía y Franklin _____ preparar la cena para una reunión familiar.
3. Yo _____ hacer mi tarea para la clase de matemáticas.
4. Claudia y yo _____ hablar con nuestros profesores.
5. Xiomara, ¿qué _____ hacer tú esta noche?

¿Recuerdas? You have already seen and used many times the combination of conjugated verb + infinitive. You may wish to review **preferir** and **querer** + infinitive (Infórmate 4.2) and **saber** and **poder** + infinitive (Infórmate 6.3).

Ejercicio 8

Marcela Arellano, la esposa de Omar, está hablando de lo que ella y su familia deben hacer mañana. Completa las oraciones con la forma apropiada de **deber.**

1. Omar _____ llevar el auto al mecánico.
2. Yo _____ limpiar la cocina pero ¡no me gusta!
3. Carlitos y Maritza, ustedes _____ recoger sus libros y sus juguetes.
4. Carlitos, tú _____ hacer la tarea para la escuela.
5. Omar, más tarde tú y yo _____ llevar a los niños al parque a jugar.

llevar = *to take*
recoger = *to pick up*

Lo que aprendí
After completing this chapter, I can . . .
☐ talk about school subjects and classroom activities.
☐ discuss my abilities and those of my classmates.
☐ express what is going on at a particular moment.
☐ discuss careers in general, and duties and obligations in the workplace.
☐ describe and speak about some beautiful places in Chile.

Now I also know more about . . .
☐ many places in Chile.
☐ the Chilean school system.

Vocabulario

Las materias	School Subjects
las artes musicales	music appreciation
la asignatura	subject, class
la educación física	physical education, P.E.
la especialidad	major
la formación	education, training
la mercadotecnia	marketing
la química	chemistry

Palabras semejantes: la anatomía, la antropología, la biología, las ciencias, las ciencias sociales, la geografía, la historia, la ingeniería, el lenguaje, la literatura, las matemáticas, la psicología, la sociología

Las actividades en clase	Class Activities
aprender	to learn
calificar	to grade
contestar	to answer
corregir (i) (corrigiendo)	to correct
dictar	to dictate
enseñar	to teach; to show
entender (ie)	to understand
especializarse en	to specialize (major) in
impartir clases	to teach
poner (*irreg.*) atención	pay attention
preguntar	to ask
repetir (i) (repitiendo)	to repeat
tener (*irreg.*) buenas/malas notas	to have good/bad grades

Palabras semejantes: asignar, comparar, completar, comprender, determinar, explicar, participar, resolver

Repaso: charlar, conversar, hacer (*irreg.*) preguntas, tomar apuntes

Las habilidades	Abilities
componer (*irreg.*) música	to compose music
dibujar	to draw
montar a caballo	to ride a horse
pintar	to paint
poder (ue) + infinitive	to be able to (*do something*)
saber (*irreg.*) + infinitive	to know how to (*do something*)
tomar fotos	to take pictures

Las profesiones y los oficios	Professions and Jobs
el abogado / la abogada	lawyer
el/la agente de seguros	insurance agent
el ama (*f.*) de casa	housewife
el bombero, la mujer bombero	firefighter
el cajero / la cajera	cashier
el/la cantante	singer
la carrera	career
el cocinero / la cocinera	cook
el contador / la contadora	accountant
el dependiente / la dependienta	salesclerk
el/la electricista	electrician
el empleado / la empleada	employee
el empleo de jornada completa / de media jornada	full-time / part-time employment
el enfermero / la enfermera	nurse
el farmacéutico / la farmacéutica	pharmacist
el/la gerente	business manager
el hombre (la mujer) de negocios	businessman (businesswoman)
el/la ingeniero	engineer
el/la jefe	boss
el/la juez	judge
el jurado	jury
el maestro / la maestra	teacher
el médico / la médica	doctor
el mesero / la mesera	waiter/waitress
el obrero / la obrera	worker
el peluquero / la peluquera	hairdresser, hair stylist
el/la periodista	reporter
el/la piloto	pilot
el plomero, la mujer plomero	plumber
el policía, la mujer policía	police officer
el sueldo	salary
el trabajador / la trabajadora social	social worker

Palabras semejantes: el/la asistente, el/la chofer, el/la cliente, el/la dentista, el/la doctor(a), el/la mecánico, el/la secretario/a, el/la terapeuta, el/la veterinario/a

Los lugares del trabajo	Workplaces
el club nocturno	nightclub
el colegio	private school; high school
la escuela	school
la fábrica	factory
el juzgado	court
el negocio	business
la oficina (particular)	(private) office
el parvulario	nursery school
la peluquería	hair salon, hairdresser's
el salón de clase	classroom
el taller de reparaciones	repair shop
el tribunal	court
Palabras semejantes: el banco, la clínica, el hospital, el laboratorio	

Las actividades en el trabajo	Work Activities
apagar	to turn off
apagar incendios	to put out fires
arreglar	to fix, to arrange
atender (ie) a	to attend to
ayudar	to help
conducir (conduzco)	to drive
cortar	to cut
dar (*irreg.*) masajes	to give massages
pasar la aspiradora	to vacuum
servir (i) (sirviendo)	to serve
Palabras semejantes: defender (ie)	
Repaso: reparar	

¿Cuándo?	When?
anoche	last night
de ahora en adelante	from now on
Repaso: a veces, casi nunca, con frecuencia, de vez en cuando, muchas veces, nunca, raras veces, siempre, todos los días	

La descripción	Description
extranjero/a	foreign
fracturado/a	fractured
gratuito/a	free
particular	individual
peor	worse
ruidoso/a	noisy
último/a	last
valiente	brave
Palabras semejantes: básico/a, completo/a, eléctrico/a, experto/a, físico/a, futuro/a, híbrido/a, ideal, industrial, obligatorio/a, paciente, prestigioso/a, principal, privado/a, secundario/a, similar, superior	

Las obligaciones	Obligations
deber + infinitive	must, ought to (*do something*)
es necesario + infinitive	it's necessary to (*do something*)
hay que + infinitive	one has to (*do something*)
tener (*irreg.*) **que** + infinitive	to have to (*do something*)
Repaso: necesitar + infinitive	

Los verbos	Verbs
aconsejar	to advise
actuar (actúo)	to act
crear	to create
creer (creyendo)	to believe
devolver (ue)	to return (*something*)
enviar (envío)	to send
escoger	to choose
exigir	to demand
graduarse (me gradúo)	to graduate
hacer (*irreg.*) la compra	to do the (grocery) shopping
incluir (incluyendo)	to include
llamar	to call
mostrar (ue)	to show
saltar	to jump
subir	to go up, to upload

Palabras semejantes: copiar, decidir, informar

Repaso: bañar, peinar, secar

Las cosas	Things
la acuarela	watercolor
el anuncio	announcement
la canción	song
el caso	case
la encuesta	survey
el enlace (auditivo)	(listening) link
el espacio en blanco	blank space
el estudio	(a course of) study
el fregadero	kitchen sink
el gobierno	government
los impuestos	taxes
la lectura	reading
el mensaje electrónico	e-mail

Las cosas	Things
el nivel	level
la presión	pressure
la pulga	flea
la residencia estudiantil	dormitory
la sentencia	ruling, judgment
la tubería	plumbing

Palabras semejantes: el accidente, el bebé, el cable, el cheque, la composición, la comunicación, la corrección, el curso, la defensa, la educación, la explicación, la gramática, el licor, el/la paciente, el perfume, el póker, el problema, la reputación, la responsabilidad, la sección, el segmento, el semestre, el talento, el tanque, el trimestre

Palabras y expresiones útiles	Useful Words and Expressions
a todo volumen	at full volume
¡ay!	ouch! oh!
bueno…	well . . .
con cuidado	carefully
cualquier	any
a cualquier hora	at any time
en cualquier parte	any place
¡cuidado!	be careful!
de nuevo	again, once more
en voz alta	aloud, out loud
fuera	outside
imagínate	imagine
lo que	that which
por día/hora/semana	per day/hour/week
¿seguro/a?	are you sure?
todavía	still

Los lugares y la residencia 7

Pre-Text Oral Activities
See *Cap. 7* PP presentations, the IRK, and the IM for detailed lesson plans and additional resources.

1. **Los lugares en la ciudad.** Use your personal PF or a PP presentation to talk about community locations and activities associated with them. Use the structure *ir + a +* location. Point out the contraction *al*. **Suggested input:** *¿Adónde van ustedes los sábados por la noche? (cine) ¿Van al cine? ¿Qué hacen en el cine? (películas) ¿Ven películas? Mi esposo/a (novio/a, amigo/a) y yo también vamos al cine. Por lo general vemos películas románticas o cómicas.*
2. **Las actividades domésticas.** Use your personal PF or a PP presentation to talk about names of buildings and community locations, the rooms of a house, and activities associated with these places. Ask questions such as: *¿Qué hacemos en la sala? ¿Qué está haciendo esta señora?* Integrate some of the words and structures of the new vocabulary in the first three sections of this chapter into your input.

Una calle residencial en el Casco Viejo, Ciudad de Panamá, Panamá

Upon successful completion of **Capítulo 7** you will be able to talk about places in the city, including where you live and activities you do there; household chores and recreational activities; and activities in the past. Additionally, you will have learned about some interesting places and people from Colombia and Panama.

Comunícate

Los lugares en la ciudad

La casa y el vecindario

Hablando de la casa y el vecindario «Cuadrados y ángulos» de Alfonsina Storni

Las actividades domésticas

Actividades en casa y en otros lugares

Actividad integral El lugar donde vives y la casa ideal

Exprésate

Escríbelo tú Eres agente de bienes raíces

Cuéntanos Tu cuarto o lugar favorito

Entérate

Mundopedia El Carnaval de Barranquilla

Voces colombianas y panameñas

Conexión cultural Los kuna

Videoteca
Amigos sin Fronteras, Episodio 7: Hogar, dulce hogar

Mi país: Colombia y Panamá

Infórmate

7.1 Knowing People, Places, and Facts: **conocer** and **saber**

7.2 Comparisons of Inequality: **más/menos**

7.3 Comparisons of Equality: **tan/tanto**

7.4 The Preterite Tense of Regular Verbs

www.connectspanish.com

COLOMBIA Y PANAMÁ

Amigos sin Fronteras
www.connectspanish.com

Claudia y Nayeli dan un largo paseo en bicicleta. Seis horas después, cuando Claudia regresa a su casa, ¡descubre que no tiene las llaves! ¿Qué debe hacer?

- el Carnaval de Panamá
- Barranquilla
- Balboa
- CIUDAD DE PANAMÁ
- PANAMÁ
- la Universidad de Antioquia
- Medellín
- el río Pance
- BOGOTÁ
- el canal Interamericano de Panamá
- Cali
- COLOMBIA
- el Palacio de Nariño, Bogotá

3. **En el pasado.** Use association techniques to introduce singular forms of regular preterite verbs in the narration of simple events. (See IM, Pre-Text Oral and Written Activities: Preterite.) You may start with the first- or third-person singular and introduce common irregular verbs when necessary. Write verb forms on the board to draw attention to the stressed final syllable. Describe what you did yesterday or last weekend: *Ayer* (*El fin de semana pasado*) *yo jugué al tenis con una amiga; luego regresé a mi casa y me bañé*, etc. Encourage students to write preterite forms in their notebooks as you introduce them. Use your personal PF or a PP presentation to talk about what others have done: *¿Qué hizo este hombre ayer?* Answer your own question, then line up 10 pictures on the board. Number each picture and ask true/false questions: *La señora en la lámina número cinco manejó su carro al supermercado. ¿Es cierto?* Repeat this and similar activities each day for 10–15 minutes, giving input with past forms. Have students produce past forms only after they have heard you use a large number of them. See notes on *Cap. 7* in the IM.

Conócenos

Rodrigo Yassín Lara

Rodrigo Yassín Lara es colombiano. Tiene veintisiete años y estudia ciencias políticas. Nació en Cali, Colombia, y su cumpleaños es el treinta de septiembre. Sus actividades favoritas son acampar, jugar al fútbol y al ráquetbol, leer y pasar tiempo con los buenos amigos. Rodrigo es divorciado. Su hijo Ricardito tiene seis años y vive en Cali con su mamá. Los hermanos de Rodrigo (Leyton, de veintiún años e Isabel, de dieciséis) y sus padres también viven en Colombia.

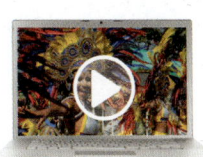

Mi país

Mi país (Whole class), **Suggestion:** We encourage you to show this video segment to the class as you introduce *Cap. 7*. (It is available on DVD and in Connect Spanish.) You may also show or assign this segment again toward the end of the chapter in the *Videoteca* section when students will have a larger vocabulary. You may want to use the previous *Mi país* segments as a review. **Point out:** Students are not expected to understand every word at this point.

Comunícate

Los lugares en la ciudad

Lee *Infórmate 7.1*

***Los lugares en la ciudad*, Note:** Many of the words in the vocabulary displays and activities will be new to students. Be sure to verify class comprehension of all vocabulary as you proceed through the chapter. **Suggestions:** Use the display and photos from your personal PF or a PP presentation to introduce places in the city. Talk about products, services, and activities associated with each place. Review adverbs of location in *Infórmate* box as you describe places in the vocabulary, emphasizing the new phrases: *a la derecha/izquierda (de), adentro (de), afuera (de), alrededor de, arriba (de), cerca (de), en medio (de), enfrente (de),* and *lejos (de).* Ask questions such as: *¿Qué hacemos en el cine?* (*Vemos películas, comemos palomitas.*) *¿Para qué vamos a la playa?* (*Para nadar, tomar el sol,* etc.) Point out the word *vuelos* and ask: *¿Hay un aeropuerto en nuestra ciudad/pueblo? ¿Tiene vuelos internacionales o solamente nacionales?* **Additional questions:** *¿Cuáles son sus tiendas favoritas? De todos los lugares en la ilustración, ¿cuáles les gustan y cuáles no? ¿Por qué?*

See IRK for additional activities.

Expansion: Point out that a GPS (Global Positioning System) device is called *un navegador* (or *sistema de navegación*) in Spanish. Introduce this word and the verb *manejar* (to drive) and ask: *¿Quién de ustedes tiene navegador en su carro? ¿Lo usan mucho para encontrar lugares cuando manejan o prefieren un plano tradicional? ¿Es fácil para ustedes encontrar lugares cuando manejan?*

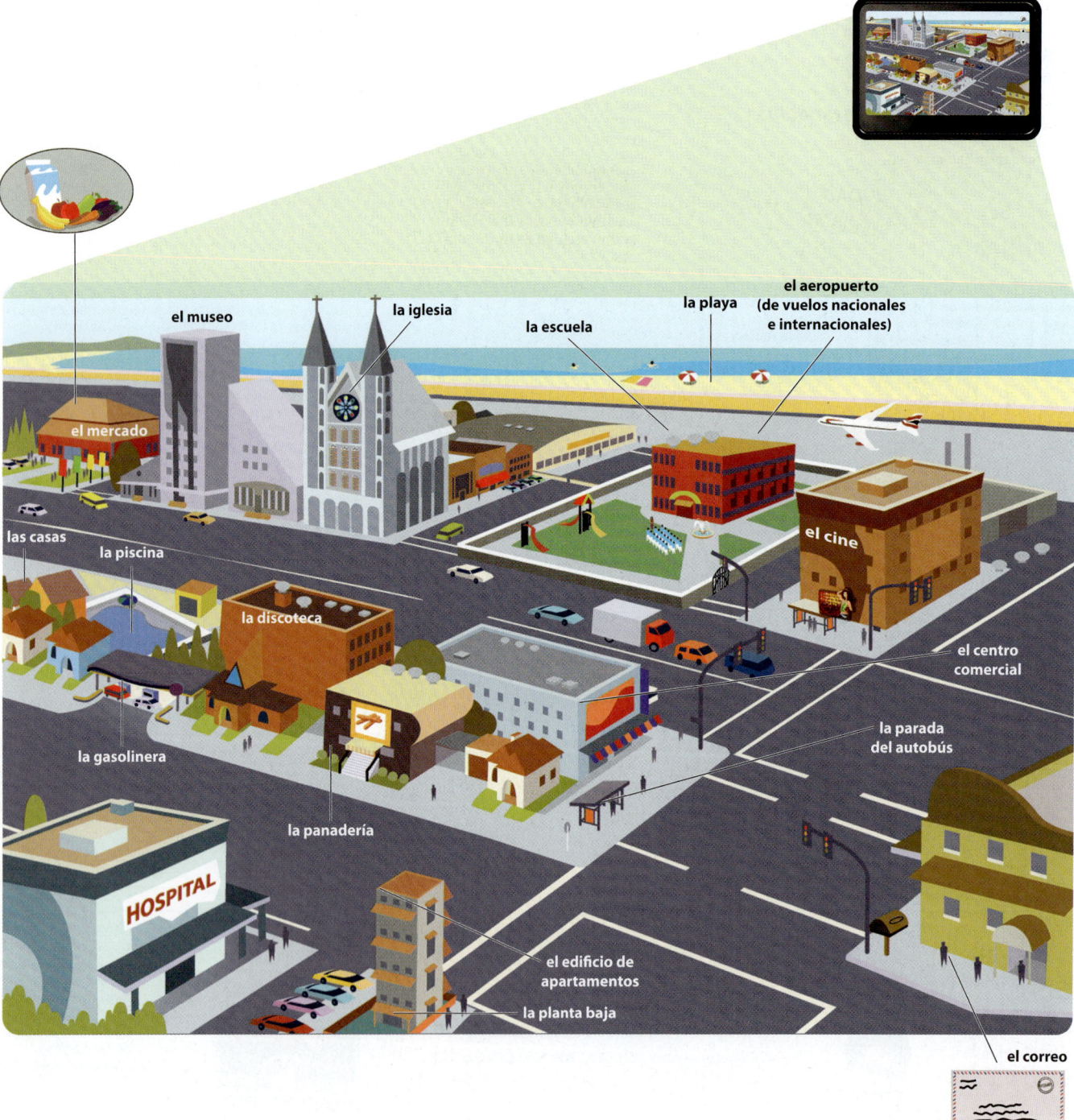

Capítulo 7 Los lugares y la residencia

Infórmate

When talking about buildings, use **el** + ordinal number + **piso**.

el primer piso the first floor

In Spanish-speaking countries, the first (or ground) floor is called **la planta baja**, the second floor is **el primer piso**, the third floor is **el segundo piso**, and so on. (You may want to review **Capítulo 4, Actividad 7** for a presentation of ordinal numbers.)

Remember to use the verb **estar** when talking about where things are located. (Review **Infórmate 2.2.**) Here are some useful words for saying where things are located.

a la derecha de	to the right of	delante de	in front of
a la izquierda de	to the left of	detrás de	behind
adentro de	inside of	en medio de	in the middle of
afuera de	outside of	encima de	on top of
al lado de	next to	enfrente de	opposite, across from
alrededor de	around, surrounding	entre	between
arriba de	on top of, above	lejos de	far from
cerca de	near		

Actividad 1 Las actividades y los lugares

¿Para qué vamos a estos lugares? Empareja el lugar con las actividades.

MODELOS: el parque →
Vamos al parque *para pasear y merendar con nuestros amigos.*
la biblioteca →
Vamos a la biblioteca *para leer, sacar libros y estudiar.*

LUGAR

1. __e__ el cine
2. __f__ la playa
3. __n__ el mercado
4. __j__ la panadería
5. __ñ__ el museo
6. __d__ la iglesia
7. __c__ el correo
8. __i__ el hospital
9. __k__ el centro comercial
10. __l__ el aeropuerto
11. __m__ el gimnasio
12. __a__ la discoteca
13. __h__ la gasolinera
14. __g__ el restaurante
15. __b__ el banco

ACTIVIDADES

a. bailar y conversar
b. sacar o depositar dinero
c. comprar estampillas y mandar cartas o paquetes
d. participar en una ceremonia religiosa
e. ver una película
f. tomar el sol y nadar
g. desayunar, almorzar o cenar
h. ponerle gasolina al carro
i. recibir atención médica
j. comprar pan o pasteles
k. pasear o ir de compras
l. salir de viaje o recibir a alguna persona
m. hacer ejercicio
n. comprar comida y bebidas
ñ. ver las exhibiciones de arte

Actividad 2 Lugares en el centro

Escucha a tu profesor(a) y di el número del plano que corresponde a estos lugares en el centro de Cartagena, una ciudad caribeña en Colombia.

- Gasolinera ColGas
- Hotel Cartagena de Indias
- CiberCafé
- Peluquería La Estrella
- Edificio del Gobierno
- Farmacia Familiar
- Museo Nacional
- Biblioteca Municipal

Entérate

Vas a ver estas abreviaturas en muchas ciudades hispanas y también en las direcciones.

Avda.	avenida
No./ nº / Núm.	número
apto.	apartamento
dpto.	departamento (*Méx.*)
ZP	zona postal
CP	código postal

El centro de Cartagena

Actividad 3 Los lugares en tu ciudad o pueblo

Conversa con tu compañero/a.

1. ¿Hay un parque en tu ciudad o pueblo? ¿Sabes cómo se llama?
2. ¿Sabes nadar? ¿Nadas bien o mal? ¿Hay una piscina pública cerca de tu casa o apartamento? ¿Nadas allí con frecuencia?
3. ¿Hay buenos restaurantes en el centro de tu ciudad o pueblo? ¿Hay uno cerca de tu casa? ¿Sabes si preparan buena comida? ¿Conoces a los meseros?
4. ¿Sabes el nombre de una escuela cerca de tu casa o apartamento? ¿Conoces a un maestro o una maestra de esa escuela? ¿Conoces a alguien que se graduó de esa escuela?
5. ¿Sabes dónde hay un hospital cerca de tu barrio?
6. ¿Sabes si hay cines donde ponen películas hispanas o extranjeras en tu ciudad o pueblo? ¿Te gustan las películas extranjeras o prefieres las estadounidenses?
7. ¿Hay un aeropuerto en tu ciudad o pueblo? ¿Es grande o pequeño? ¿Sabes si tiene vuelos internacionales?

La casa y el vecindario

Lee *Infórmate 7.2–7.3*

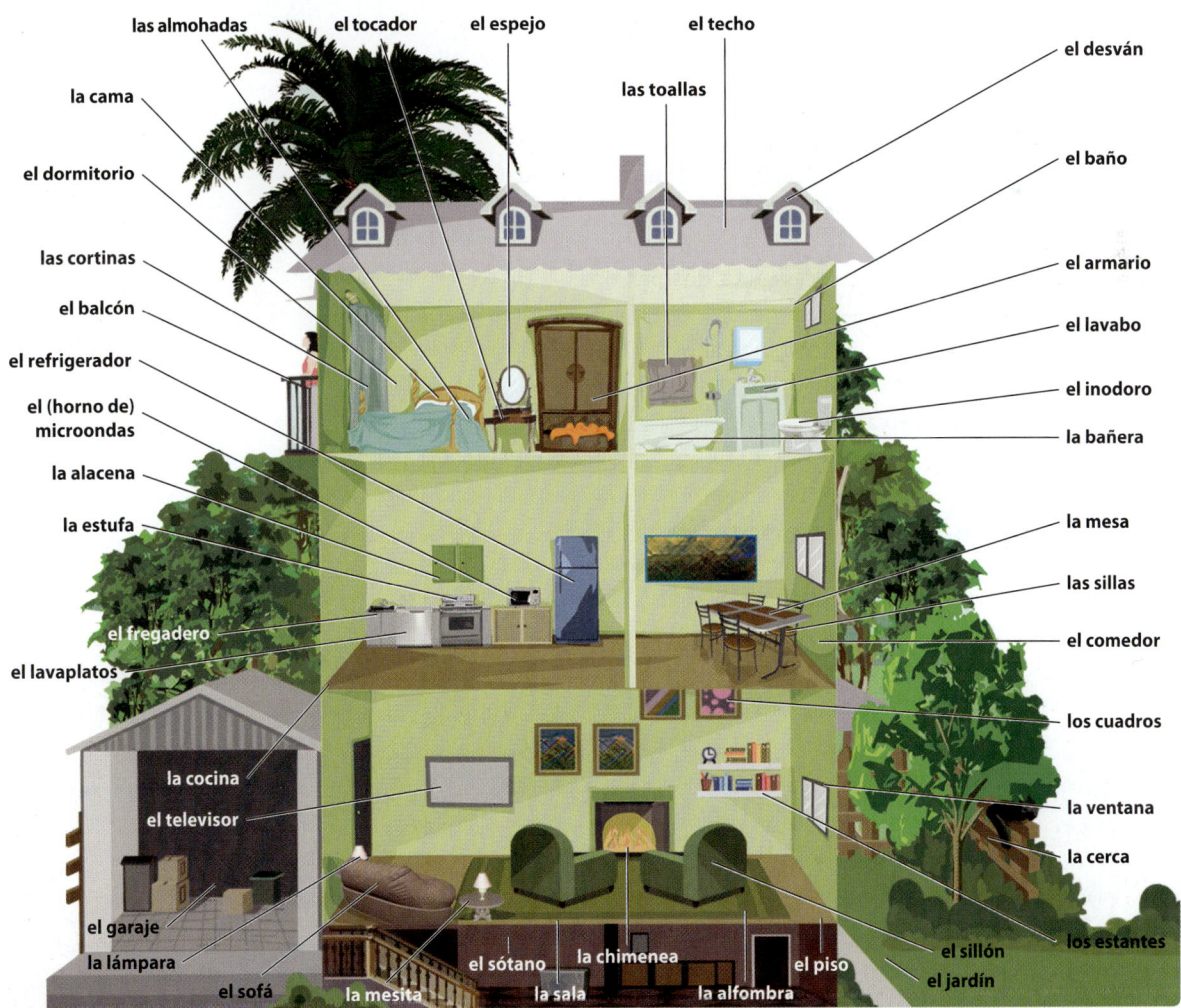

Comunícate La casa y el vecindario

Entérate

En español hay varias palabras para algunas cosas. Por ejemplo, **apartamento** es **departamento** en México y **piso** en España. Y la palabra que se usa para **dormitorio** es **alcoba** en Colombia, **recámara** en México, y también se usan **cuarto** y **cuarto de dormir** en algunos lugares. La **ducha** para los mexicanos es la **regadera**. Y la **piscina** es **pileta** en Argentina y **alberca** en México. ¡Todo depende del país!

Actividad 4 Mi casa y mi vecindario

Selecciona las respuestas apropiadas según tu experiencia.

1. Vivo en…
   a. una casa   b. un edificio de apartamentos   c. un condominio   d. ¿?
2. Mi casa/edificio tiene…
   a. un solo piso   b. dos pisos   c. varios pisos   d. ¿?
3. Mi casa/apartamento tiene…
   a. dos dormitorios   b. un patio   c. un jardín   d. ¿?
4. En la sala de mi casa hay…
   a. una mesa   b. un televisor   c. un sofá   d. ¿?
5. En la cocina de mi casa hay…
   a. una estufa   b. un lavaplatos   c. un microondas   d. ¿?
6. En mi dormitorio hay…
   a. muchas almohadas   b. una cómoda
   c. una cama matrimonial (para dos personas)   d. ¿?
7. En mi vecindario hay…
   a. una biblioteca   b. edificios altos
   c. un parque con árboles y bancos   d. ¿?
8. Mi casa está cerca de…
   a. una piscina   b. un restaurante   c. una gasolinera   d. ¿?

Entérate

- Los botones en los ascensores de los países hispanos con frecuencia indican el piso a nivel (*level*) de calle con la letra **B** (**bajo**) o **PB** (**planta baja**).
- En muchas casas hispanas hay una **despensa** (*pantry*) en la cocina.

Actividad 5 Comparación de casas

A. Escucha las preguntas que te hace tu profesor(a) y contéstalas según los dibujos.

la casa de los Rozo   la casa de los Londoño   la casa de los Yassín

la casa de los Rozo	la casa de los Londoño	la casa de los Yassín
tres dormitorios	dos dormitorios	cinco dormitorios
dos baños	un baño	tres baños
dos balcones	un patio	una biblioteca
dos patios		tres balcones
		un garaje

B. Conversa con tu compañero/a para comparar las tres casas. Hazle preguntas sobre el número de **árboles, arbustos, balcones, baños, bibliotecas, dormitorios, patios, pisos, puertas** o **ventanas**.

MODELOS:
- E1: ¿Cuántos *balcones* tiene la casa de los *Rozo*?
- E2: Tiene *dos*. Tiene *menos* (balcones) *que* la casa de los *Yassín*.

- E1: ¿Cuántos *árboles* tiene la casa de los *Londoño*?
- E2: Tiene *cuatro*. Tiene *tantos* (árboles) *como* la casa de los *Rozo*. Tiene *más* (árboles) *que* la casa de los *Yassín*.

Hablando de la casa y el vecindario

«CUADRADOS Y ÁNGULOS°» DE ALFONSINA STORNI

Cuadrados… *Squares and Angles*

Alfonsina Storni (1892–1938) es una poeta argentina muy famosa. En **«Cuadrados y ángulos»**, poema de su libro *El dulce daño*[a] (1918), Storni critica un lugar donde todo —las casas, la gente— tiene la misma forma. ¿Es así el barrio donde tú vives? ¿O hay edificios y personas diferentes?

Alfonsina Storni

Cuadrados y ángulos

Casas enfiladas,[b] casas enfiladas,
casas enfiladas.
Cuadrados, cuadrados, cuadrados.
Casas enfiladas.
Las gentes ya tienen el alma cuadrada,[c]
ideas en fila[d]
y ángulos en la espalda.
Yo misma he vertido ayer una lágrima,[e]
Dios mío, cuadrada.[f]

Ahora escribe tú un poema sobre las casas de tu barrio. Por ejemplo, ¿son grandes, pequeñas, feas, bonitas, nuevas, viejas? Describe también otros lugares en tu vecindario.

---

[a]*dulce…Sweet Injury* [b]*in a row* [c]*el… square souls* [d]*en… in a line* [e]*Yo… I myself shed a tear yesterday* [f]*Dios… my God, (my tear was) square*

Actividad 6 Los aparatos domésticos

Compara los precios de estos aparatos.

MODELOS:
- **E1:** ¿Cuál cuesta más, *el cepillo de dientes eléctrico* o *el secador de pelo*?
- **E2:** *El secador de pelo* cuesta más (que *el cepillo de dientes*).
- **E1:** ¿Cuál de estas cosas es la más cara, *el cepillo de dientes eléctrico*, *el secador de pelo* o *la afeitadora eléctrica*?
- **E2:** *La afeitadora eléctrica* es la (cosa) más cara.

el microondas $149,89 — la tostadora $36,99 — la cafetera $21,59 — la tetera $18,94

el ventilador $27,99 — el cepillo de dientes eléctrico $16,69 — el secador de pelo $19,88 — la aspiradora $229,99 — la afeitadora eléctrica $42,89

el lavaplatos $459,95 — el calentador $68,89 — la lavadora $459,64 — la secadora $464,88

1. ¿Cuál cuesta más, el microondas o la cafetera? ¿el ventilador o el secador de pelo?
2. ¿Cuál cuesta menos, la cafetera o el cepillo de dientes eléctrico? ¿la aspiradora o la tostadora?
3. ¿Cuál de estos objetos es el más caro: la tostadora, la tetera o la cafetera?
4. ¿Cuál de estas cosas es la más cara: el lavaplatos, la afeitadora eléctrica o la aspiradora?
5. ¿Cuál de estas cosas cuesta menos: el secador de pelo, el calentador o el cepillo de dientes?
6. ¿Cuál cuesta más, el ventilador o la tostadora?
7. ¿Cuál cuesta menos, la afeitadora eléctrica o el cepillo de dientes eléctrico?
8. ¿Cuál es más cara, la lavadora o la secadora?
9. ¿Cuáles de estos aparatos tienes en tu casa o apartamento? ¿Cuáles consideras más utiles?

Actividad 7 Apartamentos en Bogotá

Leyton, el hermano de Rodrigo, va a estudiar en la Universidad Nacional de Bogotá por un semestre. Quiere alquilar un apartamento o un cuarto y estas son sus preferencias. Primero mira los anuncios y contesta las preguntas. Luego conversa con tu compañero/a. Decidan cuál de estos lugares les gustaría más a ustedes y por qué.

> **Entérate**
>
> *El Espectador* es el periódico más antiguo (*oldest*) de Colombia. Se fundó (*It was founded*) en 1887.

1. SE ARRIENDA habitación grande, amueblada, en el centro de Bogotá, cerca a la Universidad Nacional. Con todos los servicios: internet, parabólica, administración, tel. local limitado.
Celular de contacto 3003876562

2. SE ALQUILA apartaestudio en el norte de Bogotá, cerca de parada de transmilenio, edificio camino de Santa Helena 2, Barrio Prado Pinzón. Tiene cocina, estudio, una habitación, salacomedor. Incluye garaje. Excelente ventilación e iluminación natural, cuarto piso. Informes 3005585262.

3. ARRIENDO apartamento en Bogotá, cerca al Centro Comercial Mazurén, amplio y cómodo. Tiene 2 alcobas con closet, 1 baño, cocina integral, patio de lavandería, parqueadero. Muy bien ubicado. El barrio es residencial, tranquilo y seguro. Hay varios parques alrededor y fácil acceso por la Calle 150. Edificio Limonar Piso 6º. Por favor concertar cita previa al número celular 3005555235 o al número fijo 8010337.

4. MAGNÍFICO apartamento con balcón en el exclusivo barrio de La Calleja, en el norte de Bogotá. Tiene "club house" con gimnasio, senderos peatonales, zonas verdes, seguridad 24 horas y garaje cubierto. El apartamento es de una habitación con baño y vista espectacular de la naturaleza.
Contacto: Carlos Suárez 3003610792

1. ¿Qué ventajas tiene la primera preferencia de Leyton?
   es amueblada, está cerca de la universidad, tiene todos los servicios
2. De estas cuatro preferencias, ¿cuál describe un barrio muy tranquilo?
   la tercera
3. Para vivir en un lugar donde puedes hacer ejercicio y estar cerca de la naturaleza, ¿a quién debes contactar? *a Carlos Suárez*
4. Si prefieres vivir cerca de los medios de transporte, ¿a qué número hay que llamar? *al 3005585262*
5. ¿Qué lugar ofrece servicio telefónico y de Internet? *el primero*
6. ¿Cuál es el número de contacto si quieres alquilar una habitación amueblada? *3003876562*

Comunícate Hablando de la casa y el vecindario

Las actividades domésticas

Rodrigo **tiene que** lavar los platos. ¡Hay muchos porque no le gusta hacer este trabajo doméstico!

Lucía **va a** sacar la basura.

Sebastián **tiene que** pasar la aspiradora. ¡El piso está muy sucio! Y Daniel, su compañero de casa, **va a** desempolvar los muebles.

Nayeli **debe** limpiar el piso. Pero eso no es un problema para ella porque… ¡le gusta hacerlo!

Jorge **debe** apagar el televisor para estudiar.

Radamés **no tiene ganas de** limpiar el inodoro. ¡Pero es muy necesario!

Entérate

Todos los idiomas tienen expresiones coloquiales (*sayings*). En español, se llaman **refranes** (*sing.* **refrán**). Mira el siguiente refrán, que habla de una escoba (*broom*):

> **Escoba nueva siempre barre bien.**

¿Qué significa (*means*) este refrán, posiblemente? ¿Hay una expresión similar en inglés?

Actividad 8 Actividades en casa

¿Qué hacemos en la casa? Pregúntale a tu compañero/a.

MODELO: E1: ¿Qué hacemos en *la cocina*?
E2: En la cocina *cocinamos*.
E1: Sí, y a veces *comemos y conversamos*.

Vocabulario útil

LUGARES POSIBLES

el baño, la cocina, el comedor, el dormitorio, el garaje, el jardín, el patio, la sala

Actividades posibles

barrer, cenar, comer, conversar con amigos, darles de comer a las mascotas, desempolvar, dormir, ducharse, estudiar, hacer la tarea, jugar a las cartas, jugar juegos de mesa, guardar los objetos y muebles viejos, lavar los platos, lavarse el pelo, leer, limpiar, mirar la televisión, planchar, poner la mesa, pasar la aspiradora, preparar la cena, regar las plantas, tender las camas, trabajar en línea

¿Recuerdas?

In **Capítulo 6** you learned about verbs that express obligation: **tener que, necesitar,** and **deber.** Try using those verbs with some of the **Actividades posibles.**

E1: ¿Qué **tenemos que** hacer en la cocina?
E2: En la cocina **tenemos que** lavar los platos.

Actividad 9 ¡Qué desorden!

Este es el cuarto de Radamés Fernández Saborit. ¡El lugar está muy desordenado! Con tu compañero/a, decidan qué debe hacer Radamés para arreglar su cuarto.

MODELO: Él debe guardar la ropa y necesita apagar el televisor. También tiene que…

Actividad 10 Los quehaceres y las actividades divertidas

A. Conversa con tu compañero/a.

1. ¿Vives en una residencia estudiantil (de estudiantes), en una casa o en un apartamento? ¿Tienes tu propio dormitorio o compartes tu dormitorio con alguien? ¿Con quién?
2. ¿Cuáles son tus obligaciones en el lugar donde vives? ¿Hay quehaceres que son tu responsabilidad? ¿Cuáles? Por ejemplo, ¿tienes que cocinar, lavar los platos, barrer o pasar la aspiradora? ¿Debes darles de comer a las mascotas o cortar el césped?
3. ¿Tienes lavadora en tu casa o vas a una lavandería automática para lavar tu ropa?
4. De todos los quehaceres, ¿cuál te gusta más y cuál te gusta menos?
5. Si tienes compañero/a de cuarto/casa/apartamento, ¿cuáles son sus quehaceres? ¿Haces actividades divertidas con esta persona? ¿Son amigos o amigas ustedes?
6. ¿Qué aspecto de tu casa o apartamento (por ejemplo, el tamaño del lugar [grande/pequeño], el color, los cuartos, el jardín, si tiene buena iluminación, si tiene piscina, etcétera) te gusta más? ¿Por qué?
7. ¿Qué te gusta hacer en tu casa o apartamento para divertirte? ¿Te gusta leer? ¿jugar a las cartas? ¿surfear en línea? ¿actualizar tu página de Facebook? ¿invitar a tus amigos a comer o escuchar música? ¿mirar la televisión? ¿dar fiestas?

B. Ahora… ¡conversa con tu profe!

1. ¿Cuáles son sus obligaciones en su casa o apartamento?
2. De todos sus quehaceres, ¿cuál le gusta más y cuál le gusta menos?
3. ¿Qué aspecto de su casa o apartamento le gusta más? ¿Por qué?
4. ¿Hace actividades divertidas en su casa o apartamento? Dé algunos ejemplos.

Actividades en casa y en otros lugares

Lee Infórmate 7.4

Claudia y la profesora Johnson-Muñoz hablan del fin de semana

1. —¿**Vio** usted la televisión este fin de semana?
   —Sí, **vi** las noticias con mi esposo.

2. —¿**Escribió** muchos exámenes?
   —Bueno, ¡no muchos! **Escribí** dos anoche.

3. —¿**Visitó** a sus amigos este fin de semana?
   —Sí, **visité** a mis nuevos vecinos, que son muy simpáticos.

Eloy y Claudia hablan del fin de semana

1. —¿**Estudiaste** mucho el fin de semana?
   —¡Claro que sí! **Estudié** para un examen de economía.

2. —¿**Limpiaste** tu apartamento el sábado?
   —Pues sí, **limpié** la sala y mi cuarto.

3. —¿**Saliste** a comer en algún restaurante?
   —¡Sí! **Almorcé** en un restaurante cerca de mi apartamento.

Act. 11 (Whole class), **Suggestion:** Have students use the words *primero, luego, más tarde, después,* and *por último* to connect events. Write each answer on the board in short paragraph format. Example: *Primero, me desperté y luego corrí dos millas. Después me lavé el pelo y desayuné*. **Expansion:** Have students suggest 1 or 2 other activities for each item.

Actividad 11 Las actividades recientes

Pon las siguientes actividades en orden cronológico. Usa **primero, luego, más tarde, después** y **por último.**

1. Esta mañana (yo)…
   - **a.** me lavé el pelo. **b.** desayuné. **c.** me desperté.
   - **d.** corrí dos millas. **e.** ¿ ?
2. Ayer por la tarde (yo)…
   - **a.** volví a casa. **b.** asistí a una clase. **c.** preparé el almuerzo.
   - **d.** salí para el trabajo. **e.** ¿ ?
3. Anoche, antes de acostarme, (yo)…
   - **a.** vi la televisión. **b.** cené. **c.** lavé los platos.
   - **d.** cociné. **e.** ¿ ?
4. El sábado pasado (yo)…
   - **a.** invité a mis vecinos a cenar. **b.** cené con mis amigos.
   - **c.** limpié la casa. **d.** preparé la cena. **e.** ¿ ?
5. Anoche…
   - **a.** me acosté. **b.** preparé la cena. **c.** lavé los platos. **d.** cené. **e.** ¿ ?

Act. 12 (Pair), **Note:** This activity allows students to read, hear, and produce third-person singular preterite forms. **Suggestions:** Model with questions such as: *¿Quién se levantó tarde el sábado? ¿Qué hizo Sebastián el domingo? ¿Cenó don Rafael con su esposa el viernes o asistió a misa?* Although *hacer* and *ir* are irregular in the preterite, use them if they come up naturally in class. Write on the board *fue* = went. Then ask: *¿Adónde fue Rodrigo el sábado?* You may want to tell students that they will learn the conjugation of *ir* and other irregular preterite forms in *Cap. 8* (*Infórmate 8.1*). **Point out:** *Dormir la mañana* = to sleep in.

Actividad 12 El fin de semana

Aquí tienes algunas de las actividades del fin de semana pasado de Radamés, Marcela, Sebastián, don Rafael y Rodrigo. Coméntalas con tu compañero/a.

MODELOS:
E1: ¿Quién *compró comida el domingo*?
E2: *Sebastián*.
E1: ¿Cuándo *sacó fotos don Rafael*?
E2: *El domingo*.
E1: ¿Qué hizo *Marcela el sábado*?
E2: *Desayunó con su familia y charló con su esposo*.

Entérate

Las palabras **don** y **doña** se usan con personas mayores, por respeto: **don** Rafael, que tiene ochenta años, y **doña** Ignacia, que tiene setenta y cuatro años.

Nombre	el viernes	el sábado	el domingo
Radamés Fernández Saborit	Practicó la guitarra y escribió una canción. Estudió un poco y leyó sus e-mails.	Almorzó con su novia. Tocó la guitarra con su grupo Cumbancha en una fiesta. Se acostó tarde.	Habló con sus padres por teléfono. Salió a cenar con su novia y los miembros de su grupo.
Marcela Arellano Macías	Nadó en una piscina. Jugó con sus hijos. Miró la televisión.	Desayunó con su familia. Charló con su esposo.	Visitó a sus vecinos. Vio a sus amigos por Skype. Descansó toda la tarde.
Sebastián Saldívar Calvo	Leyó las páginas de sus amigos en Facebook. Preparó la cena para él y su compañero de casa, Daniel.	Se levantó tarde. Salió a bailar con Daniel y un grupo de amigos.	Texteó a su madre. Compró comida. Lavó la ropa.
don Rafael Sotomayor (abuelo de Franklin)	Le escribió una carta a su amigo don Carlos. Cenó con su esposa, doña Ignacia.	Barrió el patio y regó las plantas del jardín. Jugó al dominó con su amigo don Luis.	Asistió a misa con su esposa. Sacó unas fotos en el parque.
Rodrigo Yassín Lara	Fue al cine con una amiga. Le compró un regalo de cumpleaños a su hijo.	Llamó a su hijo por teléfono y conversó con él por una hora. Estudió un poco.	Durmió la mañana. Jugó al ráquetbol con su amigo Jorge por la tarde.

Comunícate Actividades en casa y en otros lugares

Act. 13 (Whole class; pair), **Suggestions:** Narrate Rodrigo's weekend activities to the class, adding many details. Then pair students. Encourage them to narrate the illustrations, alternating with their partner every drawing or every row. This may also be done as a group activity.
Possible answers:
El viernes Se duchó con agua muy caliente. Asistió a sus clases. Se encontró/ reunió con unos amigos en un café. Escuchó música en su iPod antes de acostarse. *El sábado* Recogió la ropa y limpió su cuarto. Lavó su ropa en una lavandería. Jugó al ráquetbol con su amigo Jorge. Buscó información en línea para un proyecto de clase. *El domingo* Se levantó tarde. Leyó un libro sobre la familia de un presidente. Habló por teléfono con su hermano Leyton. Estudió para un examen difícil.

Actividad 13 El fin de semana de Rodrigo

Esto es lo que hizo Rodrigo Yassín Lara el fin de semana pasado. ¡Narra sus actividades!

El viernes

El sábado

El domingo

Actividad 14 El verano pasado

A. Estas son las actividades de Rodrigo con sus familiares y amigos un fin de semana del verano pasado en Cali, donde vive la familia Yassín. Indica el orden más lógico de las actividades.

El sábado por la noche, ¿qué hicieron Rodrigo, su hermano Leyton y varios amigos?

- __3__ Volvieron a casa en un autobús de MIO.*
- __1__ Bailaron salsa en la discoteca Agapito.†
- __2__ Después de bailar, poco antes de regresar a casa, pasearon por la Plaza de Cayzedo.
- __4__ Conversaron durante el viaje de regreso a casa.

El domingo, ¿qué hicieron Rodrigo, su hijo y sus hermanos?

- __3__ Almorzaron en Pance y después manejaron a un estadio para ver un partido de fútbol.§
- __5__ Después de comer cholado, manejaron al Cerro (*Hill*) de las Tres Cruces para hacer un poco de ejercicio. ¡Subieron el cerro a pie!
- __2__ Después de desayunar, jugaron al fútbol en Pance.
- __1__ Desayunaron en Pance, lugar de paseo en Cali, cerca de un río.
- __4__ Comieron cholado en la Plaza de Jamundí después de ver el partido.
- __6__ En casa cenaron chuleta valluna y bebieron champús.

Entérate

¡Cuidado! En Cali, **el champús** no es el líquido que usas para lavarte el pelo. Allí el champús es una bebida que se hace con melao (*molasses*), fruta y canela (*cinnamon*). La palabra siempre tiene **s**, en singular y también en plural: **el/los champús**. El **cholado** es un postre de frutas, helado, jugo y leche. Y la **chuleta valluna** es un bistec de puerco empanizado (*breaded*).

Muchos caleños (colombianos de Cali) usan el sistema de transporte MIO.

B. Ahora piensa en un fin de semana del verano pasado. ¿Qué actividades hicieron tú y tus amigos o parientes (los miembros de tu familia)? Menciona seis actividades.

MODELO: **E1:** ¿Qué hicieron tú y tus amigos o parientes?

E2: Mis amigos y yo escuchamos música y almorzamos en un restaurante.

---

*MIO (Masivo Integrado de Oriente) es un sistema de transporte en Cali.
†Esta discoteca está en un distrito de Cali que se llama Juanchito, donde hay muchos lugares para bailar salsa.
§Hay dos equipos (*teams*) de fútbol muy populares en Cali: el Deportivo Cali y el América.

Actividad 15 ¿Qué hiciste?

A. Conversa con tu compañero/a.

El fin de semana pasado…
1. ¿Limpiaste tu cuarto/casa/apartamento?
2. ¿Saliste con amigos? ¿Adónde? (A la discoteca / Al parque, …)
3. ¿Comiste en un restaurante? ¿Cuál? ¿Con quién(es)?
4. ¿Jugaste a algún deporte? ¿Jugaste solo/a o con otras personas? ¿Dónde?
5. ¿Fuiste al cine? ¿Qué película viste? ¿Te gustó? ¿Por qué?

Anoche…
1. ¿Trabajaste? ¿A qué hora volviste a casa?
2. ¿Estudiaste? ¿Qué estudiaste?
3. ¿Actualizaste tu página de Facebook?
4. ¿Hablaste por teléfono con tus amigos?
5. ¿A qué hora te acostaste?

Esta mañana…
1. ¿Surfeaste en línea?
2. ¿A qué hora te levantaste? ¿Te bañaste después de levantarte?
3. ¿Desayunaste? ¿Qué tomaste?
4. ¿A qué hora saliste para la universidad? ¿A qué hora llegaste?
5. ¿A qué clase asististe primero?

B. Ahora… ¡conversa con tu profe!

El fin de semana pasado…
1. ¿Comió en un restaurante? ¿Cuál? ¿Le gustó la comida?
2. ¿Jugó a algún deporte? ¿Jugó solo/a o con otras personas?
3. ¿Fue al cine? ¿Qué película vio? ¿Le gustó? ¿Por qué?

Anoche…
1. ¿Trabajó? ¿A qué hora volvió a casa?
2. ¿Habló por teléfono con alguien?
3. ¿Vio la televisión? ¿Qué programa?

Esta mañana…
1. ¿A qué hora se levantó?
2. ¿Qué desayunó?
3. ¿Leyó el periódico?

Actividad integral

El lugar donde vives y la casa ideal

A. Usa las dos tablas para tomar apuntes y luego conversa con tu compañero/a sobre estos temas.

DESCRIPCIÓN DE MI CASA Y MI VECINDARIO

MI CASA/APARTAMENTO	
Los cuartos de mi casa (¿Qué cuartos hay en tu casa/apartamento? ¿Qué mueble es el más importante en cada cuarto y por qué? ¿Cuántos dormitorios hay? ¿Cuántos baños?)	
Mi cuarto favorito (color, número de ventanas/puertas, qué ves desde la ventana, mueble favorito; ¿por qué es tu cuarto favorito?)	
Los quehaceres en mi casa (limpiar la cocina, limpiar los baños, pasar la aspiradora, sacar la basura, etcétera)	
MI VECINDARIO	
Edificios y lugares interesantes	En mi calle hay…
	En mi barrio hay…
MI CIUDAD	
Edificios y lugares interesantes	
Comparación entre mi casa y las otras casas de mi vecindario/ciudad (aspecto exterior, tamaño, color; ¿por qué tu casa es más bonita/más fea/igual que las otras?)	

B. Ahora imagínate que puedes construir tu casa ideal. Dibújala y luego descríbesela a tu compañero/a. ¿Dónde está la casa? ¿Cómo es el vecindario? ¿Cuántos pisos tiene? ¿Cómo es la cocina? ¿Qué aparatos tiene? ¿La sala es grande? ¿pequeña? ¿espaciosa? ¿Tu casa ideal tiene terraza? ¿patio o jardín? ¿una cancha de tenis? ¿una piscina? ¡Sueña en grande!

¿Cómo es tu casa ideal?

Exprésate

ESCRÍBELO TÚ

Eres agente de bienes raíces

Imagínate que eres agente de bienes raíces (*real estate*). Busca una foto como la del ejemplo de abajo o haz un dibujo de una casa. Luego, escribe un anuncio de venta (*sales ad*) para una revista o sitio Web de bienes raíces en el que describes esa casa. Debes incluir muchos detalles en tu descripción. Por ejemplo, ¿la casa tiene un piso, dos o más? ¿Cuántos cuartos tiene? ¿Qué aparatos domésticos se incluyen en la venta? Escribe tu composición en el *Cuaderno de actividades* o en Connect Spanish y recuerda incluir la foto o el dibujo.

CUÉNTANOS

Tu cuarto o lugar favorito

Cuéntanos sobre tu cuarto o lugar favorito en tu casa. ¿Cómo es? ¿Es un lugar tranquilo o de mucha actividad? ¿Prefieres estar en ese lugar solo/a, con un amigo / una amiga o con muchas personas? ¿Qué haces cuando estás allí? ¿Duermes? ¿Escuchas música? ¿Lees? ¿Miras la televisión? Si no tienes un lugar favorito en tu casa, imagínate ese lugar y luego descríbelo en detalle. ¡Los detalles son importantes! ¡A conversar!

Entérate

Mundopedia

1. Los nombres en el mundo hispano
2. El arpa paraguaya
3. El cine argentino
4. Quito y Mitad del Mundo
5. ¡Grandes fiestas!
6. La escritora chilena Isabel Allende
7. **El Carnaval de Barranquilla**
8. El Cinco de Mayo
9. La Diablada de Oruro
10. La música de Cuba
11. Los paradores de España
12. Mérida, ciudad en la montaña
13. Los festivales dominicanos
14. El misterio de las ciudades mayas
15. Los logros de Costa Rica

El Carnaval de Barranquilla

El Carnaval de Barranquilla: ¡Quien lo vive es quien lo goza! (*Whoever lives it, enjoys it!*)

Vocabulario de consulta

miles	thousands
entera	whole
carrozas	floats
junto con	along with
a lo largo de	throughout
adquiere	acquires
Cuaresma	Lent
descubrir	discover
río	river
vital	lively
se encuentra	is located
transitada	traveled
sin duda	without a doubt
mayor atractivo	major attraction
reina	queen
impresionantes	impressive
barranquilleros	people from Barranquilla
festejo	celebración
lema	motto

Imagina una fiesta con **miles** de personas. El lugar de esta fiesta es una ciudad **entera**, sus calles, casas, parques y plazas. Hay música y baile, desfiles y **carrozas**. Así es el carnaval, la festividad más popular en los países del Caribe y América Central. El carnaval de Barranquilla, Colombia, es uno de los más famosos, **junto con** los carnavales de Panamá y de Oruro, en Bolivia.

ORIGEN Y EVOLUCIÓN

La fiesta del carnaval tiene su origen en España y gradualmente, **a lo largo de** su historia, **adquiere** elementos de la cultura africana. Se celebra durante cuatro días en febrero o marzo, cuatro días de total diversión antes de la celebración religiosa de la **Cuaresma**. Si conoces la celebración de Mardi Gras de Nueva Orleans, en Estados Unidos, tienes una buena idea del espíritu festivo del carnaval, pues el Mardi Gras tiene mucho en común con el carnaval latinoamericano. El carnaval se celebra con pasión y entusiasmo en varios países como Venezuela, Puerto Rico, Cuba, Panamá y Colombia.

LA CIUDAD

Barranquilla es una de las cuatro ciudades más grandes de Colombia; las otras tres son Bogotá, Medellín y Cali. La ciudad de Barranquilla está en el norte del país, cerca del mar Caribe. Si te gusta la playa, cerca de Barranquilla vas a encontrar algunas playas muy lindas, como la de Solinilla. También vas a **descubrir** un **río** importante, el río Magdalena.* La ciudad se divide en vecindarios —¡más de 150 barrios!— que están en zonas más grandes. La zona del Centro Histórico es la más **vital** y comercial; allí están los mejores restaurantes, tiendas y clubes de la ciudad. Y allí también **se encuentra** su avenida más **transitada**, el Paseo de Bolívar. En Barranquilla hay plazas bonitas, como la Plaza de Bolívar y la Plaza de la Paz, entre muchas otras. Pero **sin duda** el **mayor atractivo** de Barranquilla es su carnaval, uno de los más grandes del mundo.

CARACTERÍSTICAS PRINCIPALES

Como otros carnavales, esta fiesta colombiana tiene una **reina**, grupos de bailes folclóricos, disfraces **impresionantes** y comida deliciosa. La cumbia, música típica de Colombia, se escucha en todas partes. Los **barranquilleros** celebran este **festejo** nacional con baile, música y diversión. El **lema** del Carnaval de Barranquilla expresa la actitud de las personas que participan en esta festividad: *Quien lo vive es quien lo goza*. Te invitamos a visitar algún día esta maravillosa ciudad colombiana y a participar en su carnaval… ¡Que lo goces!†

*El río Magdalena es tema de novelas importantes, como por ejemplo, *El amor en los tiempos del cólera* (1985), del famoso escritor colombiano Gabriel García Márquez.
†¡Que… *Enjoy it!*

COMPRENSIÓN

Contesta las preguntas.

1. ¿En qué país tiene su origen el carnaval? en España
2. ¿Cuáles son algunos de los países hispanos donde se celebra el carnaval?
   Venezuela, Puerto Rico, Cuba, Panamá, Bolivia y Colombia
3. ¿Cuál es la zona más comercial de Barranquilla? el Centro Histórico
4. ¿Cómo se llama la avenida más transitada en Barranquilla y dónde está?
   el Paseo de Bolívar, que se encuentra en el Centro Histórico
5. ¿Cuáles son tres características del Carnaval de Barranquilla? Answers may vary.
   Some options: los desfiles, las carrozas, la reina, los bailes, los disfraces, la comida, la música (cumbia)

Voces, Notes: The aim of this section is to introduce students to the linguistic variety within the Spanish-speaking world; we do not expect students to use this vocabulary in their own production. If you know other regional terms from the featured countries, you may want to share those also with your students.

Voces colombianas		Voces panameñas	
a la guachapanga	carelessly	acabangado/a	triste, nostálgico
aletoso/a	agresivo/a	las burundangas	junk food
desplomado/a	distracted	dar frulo	to frighten
miti y miti	evenly, fairly	de adelante-adelante	bonito/a, atractivo/a
pantallar	to show off, to boast	guapachoso/a	alegre
peye	de mal gusto	la lana	dinero

CONEXIÓN CULTURAL

LOS KUNA

Los kuna (o cuna) son miembros de una población indígena en Panamá y Colombia. Tienen su propio idioma, que ellos llaman *dulegaya* (significa **lengua del pueblo**). Para referirse a sí mismos (*themselves*), los kuna usan la palabra *dule*. Por ejemplo, *andule* quiere decir **yo.** Más de 50.000 personas hablan la lengua kuna. Para estos amerindios* es muy importante la danza y la música. Se consideran *olo tule* (**gente de oro**) y se ven como parte fundamental de la naturaleza (*nature*). Lee la lectura «Los kuna, gente de oro» en el *Cuaderno de actividades* o en Connect Spanish y ¡descubre esta comunidad!

Una mujer kuna toca la zampoña, un tipo de flauta.

*los primeros habitantes de las Américas

Videoteca

Amigos sin Fronteras
Episodio 7: Hogar, dulce hogar

Note: Both video clips can be seen on the DVD to accompany *Tu mundo* or in Connect Spanish.

Resumen

Claudia se prepara para andar en bicicleta con Nayeli. Las dos amigas dan un largo paseo. Seis horas después, cuando Claudia regresa a su casa, ¡descubre que no tiene las llaves! Ana Sofía llega y las dos hablan de todos los lugares que Claudia visitó ese día: un parque, el correo, un café. Por fin Ana Sofía encuentra las llaves de Claudia…

Preparación para el video

A. ¡Comencemos! Indica todas las respuestas lógicas.

1. ¿Qué tipo de actividades hacen los estudiantes universitarios los fines de semana, durante el día?
   a. estudian
   b. hacen ejercicio
   c. van a la universidad
   d. se reúnen con sus amigos y almuerzan, toman café, charlan…
2. ¿Qué situaciones producen estrés normalmente?
   a. ver a tus amigos
   b. hacer ejercicio
   c. los exámenes
   d. el trabajo
3. Normalmente, ¿qué les pasa a las personas cuando tienen estrés?
   a. Están enojadas.
   b. Pierden cosas.
   c. No prestan atención.
   d. Duermen bien.

Vocabulario de consulta

estar de vuelta	to be back
un rato	a while
vida	life
se caen	(they) fall
las patea y se mueven	(one) kicks them and they get moved
llaves	keys
Se me perdieron las llaves.	I lost my keys.
chiflada	nuts, crazy (*col.*)

Comprensión del video

B. La idea principal. Indica la idea principal del video.
1. Hacer ejercicio y andar en bicicleta ayudan a Claudia con el estrés.
2. Limpiar la casa, andar en bicicleta y tomar café con los amigos ayudan con el estrés.
3. ⓘ Claudia pierde cosas importantes porque tiene mucho estrés.

C. ¿Cierto o falso?
1. Nayeli necesita estudiar para un examen que tiene el lunes. F
2. La bicicleta de Claudia está en su dormitorio. F
3. Claudia fue al correo ese día. C
4. Claudia piensa que es una buena idea buscar sus llaves en el patio. F
5. Claudia encuentra las llaves en el café donde vio a Sebastián. F

D. Detalles. Contesta las preguntas según la información en el video.
1. ¿Dónde encontraron Nayeli y Claudia el libro de Claudia? debajo del sofá
2. ¿Qué hizo Nayeli después de pasar un rato en el parque? se fue a su apartamento
3. ¿Qué hizo Claudia en el correo? compró estampillas
4. Según Ana Sofía, ¿por qué perdió Claudia su libro y las llaves? porque está estresada
5. ¿Qué hicieron Ana Sofía y Claudia cuando entraron a la casa? tomaron café

Mi país COLOMBIA Y PANAMÁ

Comprensión

1. Dos museos importantes de Bogotá son _____. el Museo del Oro y el Museo Botero
2. Alrededor de _____ están el Palacio de Nariño, el Palacio de Justicia y la Catedral Primada. la Plaza de Bolívar
3. ¿Qué comercio es importante en Medellín? el comercio de las flores
4. ¿Qué se cultiva entre Medellín y Bogotá? café
5. ¿Qué usa Rodrigo en Berkeley para mostrar que es de Colombia? el sombrero vueltiao
6. ¿Cómo se llama la capital de Panamá? Ciudad de Panamá
7. ¿Cómo se llama el grupo indígena que vive en las Islas de San Blas y en el Parque Darién? los kuna
8. ¿Qué *no* hay en Panamá?
   a. molas
   ⓑ. Carnavales de Barranquilla
   c. catorce parques nacionales
   d. un canal

Algunos indígenas kuna de Panamá

El escritor colombiano Gabriel García Márquez

Infórmate

> **¿Recuerdas?**
>
> Spanish uses two different verbs to express the English verb *to know*. You have already seen and practiced the forms of one of these verbs, **saber**, which is used to indicate *knowing facts or information*. When followed by an infinitive, **saber** expresses the idea *to know how to (do something)*. Return to **Infórmate 6.3** to review **saber** in more detail.

7.1 Knowing People, Places, and Facts: **conocer** and **saber**

A. **Conocer** (*to know*) is used in the sense of *to be acquainted* or *familiar with*; it is normally used with people and places. **Saber** (*to know*) is used in the sense of *to know facts, information*, or, when followed by an infinitive, *to know how to (do something)*. Here are the present-tense forms of **conocer** and **saber**.

	conocer	**saber**	
(yo)	cono**zc**o	s**é**	*I know*
(tú*)	conoces	sabes	*you (inf. sing.) know*
usted, él/ella	conoce	sabe	*you (pol. sing.) know; he/she knows*
(nosotros/as)	conocemos	sabemos	*we know*
(vosotros/as)	conocéis	sabéis	*you (inf. pl., Sp.) know*
ustedes, ellos/ellas	conocen	saben	*you (pl.) know; they know*

*Alternative forms for recognition only: **vos conocés, vos sabés.**

—¿**Conoces** muy bien la Ciudad de México?   *Do you know Mexico City well?*
—Todavía no.   *Not yet.*

—¿**Conoces** a Juan Fernando Chen?   *Do you know Juan Fernando Chen?*
—Sí, y **sé** que vive en Costa Rica.   *Yes, and I know that he lives in Costa Rica.*

—¿**Sabes** nadar?   *Do you know how to swim?*
—No, no **sé** nadar.   *No, I don't know how to swim.*

—¿**Sabes** dónde está el restaurante?   *Do you know where the restaurant is?*
—No, no lo **sé**.   *No, I don't know.*

—¿**Sabes** si hay una biblioteca cerca?   *Do you know if there is a library nearby?*
—Sí, **sé** que hay una en esta zona, pero no **sé** dónde.   *Yes, I know there is one in this area, but, I don't know where.*

Note that with **conocer**, the preposition **a** precedes a direct object noun when that noun is a person. This use of **a** is called the *personal a*.

—¿**Conoces a** Camila Piatelli?   *Do you know Camila Piatelli?*
—Sí, y **conozco** también **a** su hermana.   *Yes, and I also know her sister.*

—¿Y **conoces** también **a** su amigo Eloy?   *And do you also know her friend Eloy?*
—No, **a** él no lo **conozco**.   *No, I don't know him.*

Ejercicio 1

El señor Rafael Londoño llegó la semana pasada a su nueva casa en el Barrio San Fernando de Cali. Completa las preguntas que le hace a su vecino, Imad Yassín, con la forma apropiada de **conocer** o **saber.**

1. ¿_____ usted si hay una farmacia cerca?
2. ¿_____ usted al vecino que se llama Bernardo?
3. ¿_____ usted si hay una piscina pública cerca?
4. ¿_____ usted al director de la escuela que está en la esquina (*corner*)?
5. ¿_____ usted un buen restaurante de comida italiana?
6. ¿_____ usted dónde está el Parque del Perro?
7. ¿_____ usted si hay un cine en el centro comercial?
8. ¿_____ usted cuánto cuesta la entrada al Museo de Arte Moderno?
9. ¿_____ usted a los vecinos del edificio de apartamentos?

7.2 Comparisons of Inequality: **más/menos**

> **más/menos** + *adjective/noun* + **que**
>
> Radamés es **más alto que** Jorge.
> Franklin tiene **menos tiempo que** Estefanía.
>
> *verb* + **más/ menos que**
>
> Camila **viaja más que** Xiomara.

A. Use the words **más… que** (*more . . . than*) and **menos… que** (*less . . . than*) to make unequal comparisons in Spanish. English often uses pairs of adjectives with the ending *-er* (for example, *taller/shorter, bigger/smaller*) in such comparisons, but Spanish uses **más/menos** + adjective.

Radamés es **más** alto **que** Jorge.	*Radamés is taller than Jorge (is).*
Nayeli es **menos** seria **que** Ana Sofía.	*Nayeli is less serious than Ana Sofía (is).*
La casa de mis padres es **más** grande **que** mi apartamento.	*My parents' house is bigger than my apartment (is).*
Estos zapatos son **menos** cómodos **que** los otros.	*These shoes are less comfortable than the other ones (are).*

The words **más/menos** can also be followed by a noun.

Yo tengo **más** experiencia **que** Eloy.	*I have more experience than Eloy (does).*
Franklin hace **menos** preguntas **que** Estefanía.	*Franklin asks fewer questions than Estefanía (does).*

To compare actions (of people or things), you can place **más/menos que** after a verb.

Camila viaja **más que** Xiomara.	*Camila travels more than Xiomara (does).*
Este suéter cuesta **menos que** el otro.	*This sweater costs less than the other one (does).*

B. To single out a member of a group as *the most* or *the least*, add an article (**el/la/los/las**) to the construction **más/menos** + adjective: **el más gordo** (*the fattest* [*one*]), **las menos caras** (*the least expensive* [*ones*]), This construction is called the superlative (**el superlativo**) and is the equivalent of English expressions using *the least/most* + adjective or adding the ending

-est to an adjective: *the biggest (one)* (**la más grande**), *the least useful (ones)* (**los menos útiles**). Note that to express *of/in* + group, Spanish uses **de**.

Xiomara es **la más** simpática (**de** las tres que conozco).	Xiomara is the nicest (of the three I know).
Estas son **las** casas **más** modernas **del** vecindario.	These are the most modern houses in the neighborhood.
Aquí tiene usted **el** cuarto **más** grande **de** la casa.	Here you have the largest room in the house.

> **El superlativo**
>
> **el/la/los/las** (+ *noun*) + **más/menos** + *adjective* + **de**
>
> El dormitorio es **el** (cuarto) **menos** frío **de** la casa.
> Ana Sofía es **la** (chica) **más** simpática **de** su familia.
> Estos carros son **los** (carros) **menos** viejos **de** su vecindario.
> Estas casas son **las** (casas) **más** coloridas **de** la calle.

Note: You may want to reassure students having trouble with *mejor/peor, mayor/menor*, telling them that just as English-speaking children have trouble using these superlative (saying "more good/bad/old/young" or "gooder/worser"), Spanish-speaking children have trouble with them, sometimes producing *más bueno/más mejor/más malo/más peor* and other variations.

C. There are special comparative and superlative forms for **bueno** and **malo**.

bueno (*good*) → **mejor** (*better*)   **el/la mejor** (*the best [one]*), **los/las mejores** (*the best [ones]*)

malo (*bad*) → **peor** (*worse*)   **el/la peor** (*the worst [one]*), **los/las peores** (*the worst [ones]*)

No hay nada **peor** que el ruido de los coches cuando uno quiere dormir.	There is nothing worse than traffic noise when you want to sleep.
En mi opinión, la cocina es **el mejor** cuarto de la casa.	In my opinion, the kitchen is the best room in the house.
Todas las películas de Harry Potter son buenas, pero la última es **la mejor.**	All of the Harry Potter movies are good, but the last one is the best (one).

D. There are special forms used to compare ages in Spanish.

joven (*young*) → **menor** (*younger*)   **el/la menor** (*the youngest [one]*), **los/las menores** (*the youngest [ones]*)

viejo (*old*) → **mayor** (*older*)   **el/la mayor** (*the oldest [one]*), **los/las mayores** (*the oldest [ones]*)

Mi hermano **mayor** se llama Eduardo y mi hermana **menor** se llama Patricia.	My oldest brother's name is Eduardo, and my younger sister's is Patricia.
Roberto es **el mayor** de todos nuestros primos.	Roberto is the oldest of all of our cousins.

Ejercicio 2

Haz comparaciones según las indicaciones. Usa **más/menos que.**

MODELO: El sofá cuesta $150. El sofá-cama cuesta $500. (cuesta) →
El sofá-cama cuesta *más que* el sofá. / El sofá cuesta *menos que* el sofá-cama.

1. La mesa pesa veinticinco kilos. El sillón pesa cuarenta y ocho. (pesa)
2. En mi casa viven ocho personas. En la casa de los vecinos viven cinco. (viven)
3. La casa de los Chen tiene cuatro dormitorios. La casa de los vecinos tiene dos. (tiene)
4. En el patio de mis abuelos hay tres árboles. En nuestro patio hay cinco. (hay)
5. Eloy tiene dos perros. Omar tiene un perro. (tiene)

Ejercicio 3

Expresa tu opinión. Usa **mejor, peor, mayor, menor** o **el/la más… de todos/as.**

MODELOS: el Volkswagen; el Jaguar (mejor) →

(En mi opinión,) El Jaguar es *mejor que* el Volkswagen.

el Mercedes-Benz; el Porsche; el Lexus (barato) →

(En mi opinión,) El Lexus es el más barato de todos.

1. vivir en un barrio residencial; vivir en el centro de la ciudad (peor)
2. vivir en una casa; vivir en un apartamento (mejor)
3. un ventilador; un microondas; un refrigerador (útil)
4. Mi hermano Eduardo tiene veinticuatro años. Mi hermana Patricia tiene dieciséis. (mayor)
5. Mi hijo tiene seis meses. Tu hija tiene un año. (menor)
6. un iPad que cuesta $699; un iPhone que cuesta $229.99; un iPod que cuesta $159.59 (caro)

7.3 Comparisons of Equality: **tan/tanto**

A. When stating that qualities are (or are not) equal or identical (*as pretty as / not as pretty as*), use **(no) ser tan** + adjective + **como. Tan** never changes form in comparisons or constrasts of qualities.

Antonella es **tan** inteligente **como** Camila.	Antonella is as intelligent as Camila.
Nayeli **no** es **tan** alta **como** Claudia.	Nayeli is not as tall as Claudia.

To compare what something or someone does (or doesn't do), always use **(no)** + verb + **tanto como.**

Rodrigo estudia **tanto como** Jorge.	Rodrigo studies as much as Jorge (does/studies).
Sebastián **no** come **tanto como** Daniel.	Sebastián doesn't eat as much as Daniel (does/eats).

B. When equating quantities (*as much/many as*), use **tanto/a/os/as… como,** where **tanto/a/os/as** agrees with the noun that follows.

Rodrigo no tiene **tanta tarea como** su hermano.	Rodrigo doesn't have as much homework as his brother.
Ustedes tienen **tantos amigos** de Facebook **como** nosotros.	You (pl.) have as many Facebook friends as we do.

---

tan + *adjective* + **como**

Antonella es tan inteligente como Camila.

tanto/a/os/as + *noun* + **como**

Tiene **tantos** amigos **como** nosotros.

verb + **tanto como**

Rodrigo estudia **tanto como** Jorge.

> **Entérate**
>
> Si visitas Cartagena, en Colombia, vas a encontrar la **Calle de los Estribos** en el centro de la ciudad. En Cali debes pasear por el **Parque del Perro.** Y si vas a Bogotá, visita el **Parque San Cristóbal,** que tiene grandes estatuas de animales. ¡Son lugares muy pintorescos!

Ejercicio 4

Haz comparaciones usando **(no) tan… como,** según las indicaciones.

MODELO: El Parque San Cristóbal es muy grande. El Parque del Perro es pequeño. (grande) →

El Parque del Perro *no* es *tan grande como* el Parque San Cristóbal.

1. La piscina de la familia Montes es muy bonita. La piscina de la familia Lugo es muy bonita también. (bonita)
2. El edificio de la Avenida de la Media Luna tiene seis pisos. El edificio nuevo de la Avenida de Bolívar tiene diez. (alto)
3. La lavandería nueva de la Calle de los Estribos es muy limpia. La lavandería vieja de la Avenida Almendros no es muy limpia. (limpia)
4. Los condominios Vista del Mar son muy modernos. Los condominios La Estrella tienen ya veinte años. (modernos)

Ejercicio 5

Haz comparaciones usando **(no) tantos/as… como.**

MODELO: Mi casa tiene dos dormitorios. Su casa tiene cuatro. →

Mi casa *no* tiene *tantos* dormitorios *como* su casa.

1. La sala de nuestra casa tiene cuatro lámparas. La sala de su casa tiene solo dos lámparas.
2. La casa de los Rozo tiene tres cuartos. La casa de los Londoño tiene dos cuartos.
3. La casa de mis padres tiene dos baños. La casa de los vecinos también tiene dos baños.
4. El patio de la señora Márquez tiene muchas flores y plantas. El patio del señor Londoño tiene pocas flores y plantas.

7.4 The Preterite Tense of Regular Verbs*

A. The Spanish past tense (preterite), like the present tense, is formed by adding a set of endings to the stem. Here are the preterite endings of the regular verbs **cocinar** (*to cook*), **barrer** (*to sweep*), and **abrir** (*to open*). Note the written accent marks. They tell you where to put the stress when you speak. Also note that the preterite endings for **-er** and **-ir** verbs are the same.

	-ar *verbs*: cocinar	-er *verbs*: barrer	-ir *verbs*: abrir
(yo)	cociné	barrí	abrí
(tú)†	cocinaste	barriste	abriste
usted, él/ella	cocinó	barrió	abrió
(nosotros/as)	cocinamos	barrimos	abrimos
(vosotros/as)	cocinasteis	barristeis	abristeis
ustedes, ellos/ellas	cocinaron	barrieron	abrieron

*You will learn about the verbs that are irregular in the preterite in **Capítulo 8**.
†Preterite forms for **vos** are the same as for **tú**.

There are time expressions that often act as clues to help us recognize the preterite. You can use them to talk about the past. Some of these expressions are **ya** (*already*), **esta mañana** (*this morning*), **anoche** (*last night*), **ayer** (*yesterday*), **ayer por la mañana/tarde/noche, anteayer** (*day before yesterday*), **la semana pasada** (*last week*), **el lunes** (**martes, miércoles, …**) **pasado, el mes/año pasado.**

—¿**Ya comiste?**	*Did you eat already?*
—Sí, **comí** en casa.	*Yes, I ate at home.*
Hablé con la nueva vecina **ayer.**	*I spoke with the new neighbor yesterday.*
Mi esposa **habló** con su mamá **esta mañana.**	*My wife spoke with her mother this morning.*

B. There are some clear differences to help you differentiate present and preterite forms. In regular preterites, for example, the stress is always on the final syllable of the **yo** and **usted/él/ella** forms.

Generalmente me levanto a las ocho, pero **ayer me levanté** a las siete.	*Usually I get up at 8:00, but yesterday I got up at 7:00.*

Tú forms in the preterite do not end in **-s.**

Normalmente me llamas por la noche, pero anoche no me **llamaste.**	*Normally you call me at night, but last night you didn't call me.*

Although both present and preterite third-person plural (**ustedes/ellos/ellas**) forms end in **-n,** it is always **-ron** in the preterite.

Por lo general mis padres **salen** poco, pero la semana pasada **salieron** cinco veces.	*Generally my parents go out very little, but last week they went out five times.*

Notice that the present and preterite **nosotros/as** forms for **-er** verbs are different.

Por lo general **comemos** mucha carne, pero ayer **comimos** pescado.	*Usually we eat a lot of meat, but yesterday we ate fish.*

In **-ar** and **-ir** verbs, however, the **nosotros/as** form is the same in the preterite and the present tense (**hoy hablamos, ayer hablamos; hoy escribimos, ayer escribimos**). The context of the sentence clarifies whether the speaker refers to the present or the past.

Normalmente **salimos** temprano para la universidad, pero ayer **salimos** un poco tarde.	*We normally leave early for the university, but yesterday we left a little late.*

C. If the stem of an **-er/-ir** verb ends in a vowel (such as **le-** from **leer** or **o-** from **oír**), the **i** of the **-ió** and **-ieron** endings changes to **y** in the preterite.

leer: leí, leíste, le**y**ó, leímos, leísteis, le**y**eron

oír: oí, oíste, o**y**ó, oímos, oísteis, o**y**eron

Yo **leí** el libro, pero Jorge no lo **leyó.**	*I read the book, but Jorge didn't read it.*

Infórmate   7.4 The Preterite Tense of Regular Verbs

D. Regular verbs that end in **-car, -gar,** and **-zar** change the spelling of the preterite **yo** form in order to preserve the same sound as the infinitive when an **-é** is added.

buscar (qu): bus**qu**é, buscaste, buscó, buscamos, buscasteis, buscaron
llegar (gu): lle**gu**é, llegaste, llegó, llegamos, llegasteis, llegaron
almorzar (c): almor**c**é, almorzaste, almorzó, almorzamos, almorzasteis, almorzaron

Llegué al centro a las cuatro. *I arrived downtown at 4:00.*

Ejercicio 6

¿Hiciste estas actividades ayer? Contesta sí o no.

MODELO: trabajar → Sí, *trabajé* siete horas. (No, *no trabajé*.)

1. comprar un móvil
2. comer en un restaurante
3. hablar por teléfono
4. escribir un e-mail
5. estudiar por cuatro horas
6. abrir la ventana
7. visitar a un amigo / una amiga
8. correr por la mañana
9. tomar un refresco
10. lavar los platos

Ejercicio 7

¿Qué hizo Rodrigo ayer por la mañana? Busca el orden más lógico.

_____ **a.** Lavó los platos del desayuno y leyó las noticias en línea.
_____ **b.** Llegó a la universidad a las ocho y media.
_____ **c.** Desayunó cereal con leche y fruta.
_____ **d.** Antes de desayunar, se bañó.
_____ **e.** Asistió a su primera clase a las diez.
_____ **f.** Estudió para su primera clase en la biblioteca.
_____ **g.** Comió una hamburguesa.
_____ **h.** Se levantó a las siete de la mañana.
_____ **i.** Caminó a un restaurante para almorzar con su amigo Jorge.

Ejercicio 8

Di si cada una de las siguientes personas hizo las actividades indicadas.

MODELO: Taylor Swift / cantar en la ducha esta mañana →
Taylor Swift (no) *cantó* en la ducha esta mañana.

1. mi madre / charlar con el presidente la semana pasada
2. el presidente de México / comer tacos en la calle ayer
3. la profesora de español / salir con Javier Bardem anoche
4. el rey Juan Carlos / visitar los Estados Unidos el mes pasado
5. yo / cantar con Shakira ayer a medianoche

Ejercicio 9

Lucía conversa con una compañera de su clase de astronomía. Completa los diálogos con formas de **llegar** y **leer**.

CARLA: Hola, Lucía. ¿A qué hora _____¹ (tú) a la universidad esta mañana?
LUCÍA: Hola. _____² a las ocho y media. ¿Y tú?
CARLA: Mi compañera de apartamento y yo no _____³ hasta las nueve y media porque el autobús _____⁴ tarde.
LUCÍA: ¡Ay, qué mala suerte! Oye, ¿(tú) _____⁵ el artículo sobre el nuevo planeta para la clase de astronomía?
CARLA: Sí, lo _____⁶ anoche. (**Lo** refers to **el artículo**).
LUCÍA: ¿Lo _____⁷ tus amigos que están en esa clase?
CARLA: No sé si mi amigo Freddie lo _____,⁸ pero lo _____⁹ tú y yo ¿no?
LUCÍA: ¡Claro que sí!

Lo que aprendí

At the end of this chapter I can . . .
- ☐ talk about places in a city.
- ☐ describe my house or apartment.
- ☐ discuss household chores and other activities that take place at home.
- ☐ narrate some past experiences.

Now I also know more about . . .
- ☐ many places in Colombia and Panama.
- ☐ Colombian family activities during a typical summer weekend.
- ☐ *carnaval* in Barranquilla, Colombia.

Infórmate 7.4 The Preterite Tense of Regular Verbs

Vocabulario

Los lugares en la ciudad	Places in the City
el almacén	department store
el correo	post office
el estadio	stadium
la fuente	fountain
la gasolinera	gas station
la lavandería	laundromat
el mercado	market
la panadería	bakery
la papelería	stationery store
la zapatería	shoe store

Palabras semejantes: el banco, la discoteca, la farmacia, el museo

Repaso: el aeropuerto, la biblioteca, el centro (comercial), el cine, la clínica, la escuela, la fábrica, el gimnasio, el hospital, la iglesia, la librería, la peluquería, la playa, el restaurante, la universidad

El vecindario y la casa	Neighborhood and Home
el arbusto	bush
el barrio	neighborhood
la cerca	fence
el césped	lawn, grass
el compañero / la compañera de cuarto	roommate
el edificio	building
la estatua	statue
los medios de transporte	means of transportation
la planta baja	first floor
el vecino / la vecina	neighbor
Se alquila	For rent
Se arrienda	For rent; For lease

Palabras semejantes: el condominio, el hotel, la plaza

Repaso: el apartamento, el árbol, la avenida, la calle, el jardín, la parada del autobús, el parque, el patio, la piscina, el piso, la residencia estudiantil

Los cuartos y otras dependencias	Rooms and Other Parts of the House
el ascensor	elevator
el balcón	balcony
el baño	bathroom
la chimenea	fireplace
la cocina	kitchen
el comedor	dining room
el desván	attic
el dormitorio	bedroom
la sala	living room
el sótano	basement

Palabras semejantes: el garaje, la terraza

Los muebles y los aparatos domésticos	Furniture and Household Appliances
la alacena	kitchen cupboard
el armario	closet
la aspiradora	vacuum cleaner
la bañera	bathtub
la cafetera	coffeepot; coffee maker
el calentador	heater
la cama (matrimonial)	(double) bed
la cómoda	chest of drawers
la cortina	curtain; pl. curtains, drapes
el estante	shelf
la estufa	stove, range
el horno	oven
el (horno de) microondas	microwave (oven)
el inodoro	toilet
el lavabo	bathroom sink
la lavadora	washing machine
el lavaplatos	dishwasher
la mesita	coffee table
el secador de pelo	hair dryer
la secadora	clothes dryer
el sillón	easy chair
el televisor	television (set)
la tetera	teapot
el tocador	dresser
el ventilador	fan

Palabras semejantes: la lámpara, el refrigerador, el sofá, la tostadora

Repaso: la afeitadora (eléctrica), el cepillo de dientes, el espejo, el fregadero, la silla, la toalla

Los quehaceres domésticos	Household Chores
barrer	to sweep
cortar el césped	to cut/mow the grass
dar (irreg.) de comer	to feed
desempolvar	to dust
guardar (algo)	to put (something) away
poner (irreg.) la mesa	to set the table
regar (ie) (gu)	to water
sacar (qu) la basura	to take out the trash
tender (ie) la cama	to make the bed

Repaso: arreglar, cocinar, hacer (irreg.) la compra, lavar los platos, limpiar

La descripción	Description
amueblado/a	furnished
bueno/a	good
caribeño/a	Caribbean
cercano/a	nearby, neighboring
desordenado/a	messy
propio/a	own
sucio/a	dirty
tranquilo/a	quiet
ubicado/a	located
Palabras semejantes: automático/a, central, comercial, cronológico/a, digital, doméstico/a, espacioso/a, internacional, municipal, religioso/a, telefónico/a	

Los verbos	Verbs
alquilar	to rent
arrendar (ie)	to rent; to lease
compartir	to share
conocer (conozco)	to meet; to know people or places
construir (y) (construyendo)	to build
costar (ue)	to cost
divertirse (ie, i)* (divirtiéndose)	to have fun
dormir (ue, u)* (durmiendo) la mañana	to sleep in
emparejar	to pair up
gustaría	would like
jugar (ue) juegos de mesa / al dominó	to play board games / dominoes
ofrecer (ofrezco)	to offer
poner (*irreg.*) (una) película	to show a movie
reunirse (me reúno)	to get together
sacar (qu) fotos	to take pictures
Palabras semejantes: contactar, depositar	
Repaso: apagar (gu), encender (ie)	

Los sustantivos	Nouns
la alfombra	carpet
la almohada	pillow
el banco	bench
la carta	letter
la cita	appointment; date
el cuadro	picture (*on the wall*)
el desorden	untidiness, mess
la escoba	broom
la estampilla	stamp

Los sustantivos	Nouns
la milla	mile
la naturaleza	nature
los platos	dishes
el paquete	package
el paseo	walk
el plano	street map
el pueblo	town
el regreso	return
el tamaño	size
el tema	topic; theme
la (des)ventaja	(dis)advantage
el viaje	trip
el vuelo	flight
Palabras semejantes: la ceremonia, el disco, la emergencia, la exhibición, la experiencia, el exterior, la gasolina, la iluminación, el Internet, el proyecto, el ráquetbol, el servicio, el sistema	

Las comparaciones	Comparisons
bueno, mejor, el/la mejor	good, better, (the) best
malo, peor, el/la peor	bad, worse, (the) worst
más/menos que	more/less than
tan… como	as … as
tanto/a / tantos/as… como	as much / as many … as
Repaso: mayor (que), menor (que)	

Palabras y expresiones útiles	Useful Words and Expressions
adentro (de)	inside
afuera (de)	outside
alguien	someone
allí	there
alrededor de	around
a pie	on (by) foot
don, doña	*respectful title used with the first or first and last name of the person:* don Rafael, doña Omara Saborit
enfrente (de)	in front (of)
en medio (de)	in the middle (of)
eso	that
esto	this
pasado	past
el sábado (mes, año) pasado	last Saturday (month, year)
la semana pasada	last week
solo	only

*You will now begin to see a second vowel change listed with some stem-changing verbs. This indicates third-person vowel changes when conjugated in the preterite tense: **divertirse** (-ie, -ie) and **dormir** (-ue, -u) (se divierte, se div*i*rtió; duerme la mañana, d*u*rmió la mañana).

Hablando del pasado 8

Pre-Text Oral Activities
See the *Cap. 8* PP presentations, the IRK, and the IM for detailed lesson plans and additional resources.

1. **Las noticias de ayer.** Use your personal PF or a PP presentation to talk about community locations and activities associated with them. As you begin this chapter, continue to spend 5 minutes or so each class describing what you did the previous day. (See PTOA #3 in *Cap. 7* for details.) As you narrate, write verb forms on the board in a column. Expand on your narration and focus on telling an interesting story. Students should continue to write these preterite forms in their notebooks. Each day, have students work in pairs reacting to verbs you have used, asking each other if they did the same activity the day before.

Un baile folclórico en el Zócalo, México, D.F.

Upon successful completion of **Capítulo 8** you will be able to recognize most regular and irregular preterite (past) verb forms, talk about past experiences, and express how long ago something happened. Additionally, you will have learned about some interesting places and people from Mexico.

Comunícate

Mis experiencias

Las experiencias con los demás

Hablando del pasado
«Cuando salimos de El Salvador» de Jorge Argueta

Hechos memorables

Actividad integral: ¿Quién lo hizo?

Exprésate

Escríbelo tú El fin de semana pasado

Cuéntanos Una noche perfecta

Entérate

Mundopedia El Cinco de Mayo

Voces mexicanas

Conexión cultural
Barrancas del Cobre

Videoteca
Amigos sin Fronteras, Episodio 8: La fiesta de despedida

Mi país: México

Infórmate

8.1 Verbs with Irregular Preterite Forms

8.2 Stem-Changing Verbs in the Preterite

8.3 Verbs with Special Meaning in the Preterite: **conocer, poder, querer, saber, tener**

8.4 Expressing *ago*: **hace** + Time

www.connectspanish.com

MÉXICO

2. **Narrar acciones en el pasado.** It is important for students to hear comprehensible input with as many preterite forms as possible in context. Whenever you have a few free minutes, you may want to retell a popular fairy tale or legend in Spanish: *Three Little Pigs* (*Los tres cerditos*), *Goldilocks* (*Ricitos de oro*), *Snow White* (*Blancanieves*), *Cinderella* (*Cenicienta*), *Johnny Appleseed*, etc. Concentrate on the action to use the preterite as much as possible and avoid descriptions and background information, which would require the imperfect. Make narratives brief, with simple language and an anecdotal tone (as if describing what happened to a friend), then ask students if they recognize the story.

Amigos sin Fronteras

www.connectspanish.com

Claudia tiene planes de visitar a su familia en Paraguay. Los amigos del club piensan darle una fiesta de sorpresa para celebrar. Pero Claudia sospecha que algo anda muy mal.

- Barrancas del Cobre, Chihuahua
- Loreto
- MÉXICO
- la Pirámide del Sol
- Guadalajara
- Teotihuacán
- MÉXICO, D.F.
- la Catedral de la Asunción de María Santísima
- el Ángel de la Independencia
- Cataratas Agua Azul, Tumbalá, Chiapas

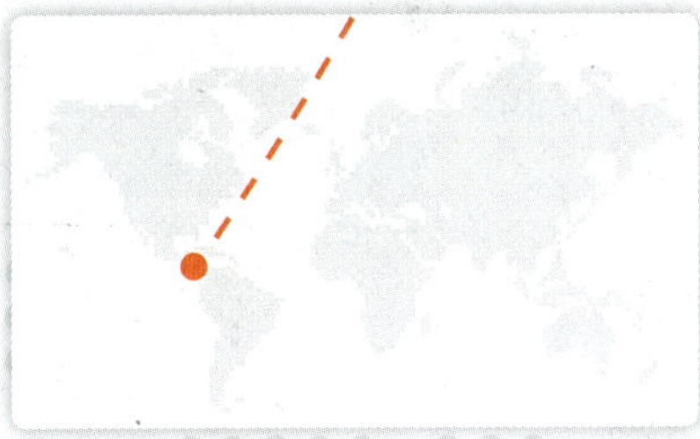

Conócenos

Nayeli Rivas Orozco es mexicana. Tiene dieciocho años y estudia historia. Nació en México, D.F., y su cumpleaños es el veintiséis de julio. Sus actividades favoritas son leer novelas históricas y ver películas basadas en la historia. También le gusta montar a caballo, salir a bailar con sus amigos, jugar al voleibol y nadar.

Nayeli Rivas Orozco

Mi país

Mi país (Whole class), **Suggestion:** We encourage you to show this video segment to the class as you introduce *Cap. 8*. (It is available on DVD and in Connect Spanish.) You may also show or assign this segment again toward the end of the chapter in the *Videoteca* section when students will have a larger vocabulary. You may want to use the previous *Mi país* segments as a review. **Point out:** Students are not expected to understand every word at this point.

Comunícate

Mis experiencias

Lee *Infórmate 8.1*

¡Estoy muy cansada! Ayer hice muchas cosas.

Por la mañana...

Me duché y me lavé el pelo.

Desayuné y luego leí el periódico.

Salí del apartamento y caminé a la universidad.

Entérate
En México, Cuba y algunos otros países hispanos, algunas personas dicen **lavarse la cabeza** en vez de (*instead of*) **lavarse el pelo** y **lavarse la boca** en vez de **lavarse** o **cepillarse los dientes**.

Asistí a la clase de filosofía.

Tomé café y charlé con Camila y Eloy.

Escribí parte de mi informe para la clase de historia. Luego asistí a la clase de química.

Por la tarde...

Volví a casa con Camila a la una.

Almorcé en casa con Camila.

Trabajé en la biblioteca por cuatro horas.

Anoche...

Cené en un restaurante con Eloy y su novia.

Leí un poco antes de acostarme.

Me acosté muy tarde, ¡a medianoche!

Act. 1 (Whole class; pair), **Note:** This activity was designed to provide input with first-person preterite. **Suggestions:** Begin with the model, then model answers to additional items using your own information. Use your responses to show students that they only have to add the word *no*: *No asistí a clase. No me levanté temprano.* Have them first construct the negative form, then they may add more information if they want to: *No me levanté temprano; me levanté tarde.* You may want to go over verb forms, especially irregular forms such as *poner* (*Infórmate 8.1*). Remind students that reflexive pronouns in the preterite, both regular and irregular, follow the same pattern as they do in the present (*me baño, me bañé; me pongo / me puse el pijama*).

Actividad 1 ¡Yo no hice estas actividades!

Di cuál de estas actividades **no** hiciste tú.

MODELO: El viernes pasado asistí a clases y almorcé en la cafetería. Después hice la tarea en la biblioteca. Más tarde, volví a casa y dormí una siesta. Me duché a las ocho de la noche y salí a bailar con mi novio/a. →

Yo no asistí a clases, no almorcé en la cafetería, no hice la tarea en la biblioteca. Me duché por la mañana, no a las ocho de la noche. No salí a bailar.

1. Esta mañana me desperté tarde, me levanté rápido, me bañé, me sequé y me vestí. Desayuné en un restaurante elegante a las ocho de la mañana.
2. Ayer me levanté temprano y estudié para mis clases. Asistí a cuatro clases y después descansé y bebí un poco de agua. Luego manejé a mi trabajo.
3. Anoche volví a mi casa a las once de la noche y cené solo/a. Después me quité la ropa, me puse el pijama, me lavé la cara y los dientes. Antes de dormir, leí el periódico y escuché música. Me acosté a la una.
4. El sábado pasado me levanté temprano. Me puse unos vaqueros, una camisa blanca y unas botas y salí para el establo. Monté a caballo por dos horas y luego volví a casa. Almorcé con mi novio/a. Después, estudié toda la tarde. Hice la tarea de la clase de español.

> **Infórmate**
> Remember that in Spanish, it is not necessary to use personal pronouns (**yo**, in this case) if the subject of the sentence is already clear. However, personal pronouns are often used to show contrast or create emphasis.

Act. 2 (Individual, pair, whole class), **Suggestions:** Prior to doing this activity, write five actions in logical order on the board but leave something out. Example: *Me duché, me sequé, _____, desayuné, me lavé los dientes y salí para la universidad.* Ask what is missing. (*me vestí / me puse la ropa*) Review *antes de* and *después de* + infinitive and ask questions such as: *¿Qué hacemos después de ducharnos? ¿Qué hacemos antes de acostarnos? ¿Qué hacemos antes de levantarnos por la mañana?* Do the model with the class, then have students work individually or in pairs to come up with the missing activity. Circulate to give suggestions and hints.

Actividad 2 La rutina

Lee cada secuencia y complétala lógicamente.

MODELO: Anoche cené, lavé los platos, luego me quité la ropa, <u>*me puse el pijama*</u>, me lavé los dientes y me acosté.

1. Hoy me desperté, me levanté inmediatamente, me duché, me lavé el pelo y _____. Después me puse ropa limpia y salí para la universidad. *me sequé*
2. Anoche llegué del trabajo, me quité la ropa, me puse el pijama, cené y lavé los platos. Luego _____ y me acosté. *me lavé la cara / los dientes*
3. Esta mañana me desperté tarde, me quité el pijama rápidamente, me duché, me sequé y me peiné. _____. Luego tomé un vaso de leche (no tuve tiempo para desayunar) y salí para el trabajo. *Me vestí. / Me puse la ropa.*
4. El sábado pasado mi novio me invitó al cine. Primero me quité la ropa y entonces _____, me sequé y me puse ropa limpia. Un poco más tarde me maquillé y me peiné. Finalmente, salí para el cine con mi novio. *me duché/bañé*
5. El domingo pasado me desperté, me levanté, desayuné, me quité el pijama, me duché, me sequé, me vestí y _____. Llegué a la cancha de tenis y jugué dos partidos con un amigo. *salí de mi casa*

Follow-up: Go over the answers with the whole class. Accept any answers that seem logical to you. **Expansion:** Ask students (individually or in groups) to invent sequences with a missing activity. Example: *Me duché, me puse la ropa, desayuné, me lavé los dientes y salí para la universidad.* Have the whole class guess what is missing. (*me sequé*)

Comunícate Mis experiencias

Actividad 3 Mis actividades de ayer

Ayúdale a Nayeli a narrar lo que hizo el fin de semana pasado. Primero, completa las oraciones con la forma correcta del verbo entre paréntesis. **OJO:** Usa la primera persona (**yo**) para narrar desde el punto de vista de Nayeli. Luego, pon las actividades en un orden lógico.

ORDEN		ACTIVIDAD
3	Me vestí	y me puse los zapatos. (vestirse)
14	Leí	una novela antes de acostarme. (leer)
2	Me duché	con agua muy caliente. (ducharse)
11	Me maquillé	y me puse un vestido después de bañarme. (maquillarse)
6	Asistí	a varias clases primero. (asistir)
15	Me acosté	muy tarde, ¡a medianoche! (acostarse)
7	Hice	la tarea de física en la biblioteca. (hacer)
12	Cené	en un restaurante a las siete de la noche. (cenar)
5	Salí	para la universidad. (salir)
1	Me levanté	muy temprano, a las cinco de la mañana. (levantarse)
9	Volví	a casa para almorzar. (volver)
8	Monté	a caballo después de hacer la tarea. (montar)
10	Me bañé	a las seis antes de salir a cenar con un amigo. (bañarse)
4	Desayuné	yogur con fruta solamente. (desayunar)
13	Volví	a casa a las once de la noche. (volver)

Actividad 4 ¿Cuándo... ?

A. Lee la lista de posibilidades. Luego conversa con tu compañero/a sobre la última vez que tú hiciste o él/ella hizo las siguientes actividades.

MODELO: E1: ¿Cuándo recibiste una multa por manejar a exceso de velocidad?
         E2: (Recibí una multa) El año pasado. ¿Y tú?
         E1: ¡Nunca! Soy muy responsable. / El verano pasado.

1. ¿Cuándo bajaste una canción de tu cantante favorito a tu iPod?
2. ¿Cuándo tuiteaste en clase?
3. ¿Cuándo actualizaste tu página de Facebook?
4. ¿Cuándo hablaste con tu novio/a?
5. ¿Cuándo estudiaste por más de una hora sin descansar?
6. ¿Cuándo viste una película que te gustó mucho?
7. ¿Cuándo leíste el periódico en línea?
8. ¿Cuándo sacaste (recibiste) una mala nota en una asignatura?
9. ¿Cuándo saliste a bailar con tu novio/a?
10. ¿Cuándo recibiste una multa por manejar a exceso de velocidad?

Posibilidades

anoche
ayer (por la mañana/tarde/noche)
anteayer
el lunes (martes, ...) pasado
la semana pasada
el mes/año pasado
hace ___ minutos/horas/días
hace ___ semanas/meses/años

B. Ahora… ¡conversa con tu profe!
1. ¿Cuándo leyó usted un periódico en línea?
2. ¿Cuándo vio una película que le gustó mucho?
3. ¿Cuándo salió a cenar en un buen restaurante?
4. ¿Cuándo compró ropa nueva para ir a una fiesta?
5. ¿Cuándo recibió una multa por manejar a exceso de velocidad?

Vocabulario útil
primero
luego
más tarde
(poco) después
también
por último

Actividad 5   El sábado pasado

Trabaja con tu compañero/a para narrar el fin de semana de Nayeli.

¿Qué hizo después?

Act. 6, Suggestions: Read over questions with students to check comprehension. Allow 10–15 minutes for students to choose the famous person, answer the questions, then write the interview in dialogue form. Circulate to help with vocabulary and grammar and encourage students to work together to come up with interesting responses. Remind them to create an original question for the interview (#10). When time is up, allow a few more minutes for practicing the interview, then ask for volunteers to read aloud. **Variation:** Tell students not to reveal the identity of the famous person and have the class guess. Encourage students to include details in their responses that would help the class guess correctly.

Actividad 6 Una entrevista con una persona famosa

A. Imagínate que tu compañero/a es alguien famoso/a y vas a hacerle una entrevista sobre lo que hizo en Nochevieja (el treinta y uno de diciembre). Primero escojan a la persona famosa (por ejemplo, un actor / una actriz, el presidente, una estrella de la música pop o un(a) deportista profesional) y luego trabajen juntos para leer las preguntas y preparar respuestas apropiadas. ¡Tomen buenos apuntes!

1. ¿Se levantó tarde el treinta y uno de diciembre? ¿A qué hora se levantó?
2. ¿Leyó el periódico? ¿Cuál? ¿Desayunó? ¿Qué desayunó?
3. ¿Hizo ejercicio? ¿Practicó algún deporte?
4. ¿Dónde almorzó? ¿Con quién? ¿Qué almorzó usted?
5. Por la tarde, ¿salió con un amigo / una amiga? ¿Adónde fue/fueron? ¿Se divirtió/divirtieron?
6. Esa noche, ¿dio una fiesta en su casa? ¿Quién asistió?
7. Si no dio una fiesta, ¿salió a algún lugar divertido por la noche?
8. Si no salió ni dio una fiesta, ¿qué hizo? ¿Vio la televisión? ¿Leyó una novela?
9. ¿A qué hora se acostó? ¿Por qué?
10. ¿ ?

B. Ahora, lean sus apuntes y escriban el diálogo entre el entrevistador y la persona famosa para presentarlo en clase. No es necesario usar todas las preguntas y respuestas en el diálogo final.

Las experiencias con los demás, **Note:** Many of the words in the vocabulary displays and activities will be new to students. Be sure to verify class comprehension of all vocabulary as you proceed through the chapter. Some of the preterite forms in this display will also be new to students. **Suggestions:** Use the illustrations and vocabulary to ask the whole class questions about the characters' experiences: *¿Qué hicieron Nayeli y Claudia antes de ir al parque en bicicleta? Y entonces, ¿qué pasó en el parque? Y luego, ¿qué hicieron?* **Expansion:** Ask students if their experiences the previous weekend were more like the first or second sequence, or both.

Las experiencias con los demás

Lee Infórmate 8.2–8.3

See IRK for additional activities.

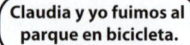
Claudia y yo fuimos al parque en bicicleta.

Primero nos pusimos ropa cómoda y un buen casco.

En el parque anduvimos en bici alrededor de un pequeño lago y saludamos a otros chicos.

De repente Claudia y yo nos caímos. ¡Qué susto! Pero no fue nada serio.

Yo me levanté al momento y ayudé a Claudia. Nosotras dos volvimos a casa después del pequeño accidente.

Rodrigo y Jorge fueron al centro cultural para escuchar a Radamés.

Primero se afeitaron y se vistieron. Se pusieron ropa cómoda.

Llegaron al café, se sentaron y pidieron una cerveza.

Bebieron, cantaron y bailaron con la música de Cumbancha.

Casi a medianoche salieron del centro cultural.

Actividad 7 El fin de semana en varios países

Aquí tienes algunas de las actividades del fin de semana pasado de los Piatelli, los Rivas y los Torroja. Coméntalas con tu compañero/a.

MODELOS:
- E1: ¿Qué hicieron *los Torroja el viernes*?
- E2: *Fueron al teatro Romea y vieron una obra dramática.*
- E1: ¿Quiénes *limpiaron la casa el sábado*?
- E2: *Los Rivas.*

	Los Piatelli, Argentina	Los Rivas, México	Los Torroja, España
el viernes	Dieron una fiesta y se divirtieron mucho.	Cenaron tlayudas (una comida oaxaqueña).	Fueron al teatro Romea y vieron una obra dramática.
el sábado	Invitaron a un amigo de Camila a bailar tango.	Limpiaron la casa y lavaron el carro.	Viajaron a La Manga y pasaron el día en la playa.
el domingo	Durmieron hasta las diez y luego hicieron churrasco.	Asistieron a misa de once en la catedral.	Visitaron las ruinas romanas en Cartagena.

Actividad 8 Un viaje a Loreto, Baja California Sur

Eloy, Nayeli, Ana Sofía, Franklin y Estefanía pasaron la Semana Santa en la ciudad de Loreto en el estado mexicano de Baja California Sur. Salieron de Berkeley un sábado temprano y llegaron a Loreto el domingo por la noche. Mira los dibujos y di qué hicieron.

Eloy · Nayeli · Ana Sofía · Franklin · Estefanía

1.
domingo: llegada a Loreto

2.
lunes y martes: Loreto

3. miércoles y jueves: pinturas rupestres en las cuevas de la Sierra de Guadalupe

4.
miércoles y jueves: el Museo de las Misiones Jesuitas

5.
viernes: ballenas en el Parque Nacional Bahía de Loreto

6.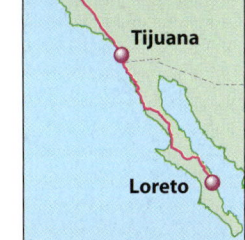
sábado y domingo: el regreso

De Berkeley a Loreto en coche

Entérate

Berkeley está a 1.210 millas de Loreto, o 1.947,3 kilómetros. El viaje toma más o menos veintiuna horas en coche… ¡sin parar!

Comunícate Las experiencias con los demás

Act. 9 (Pairs; whole class).
Suggestions: Before dividing the students to do the activity, answer some of the interview questions with your own information and write some of your answers on the board. Then have students read the questions and pair them to interview each other. Allow time for students to interview you; answer honestly and enthusiastically.
Variation: Transpose the order of parts A and B. Have students read the questions in part B first, then ask if there are volunteers to interview you. Write some of your answers on the board. After students have heard and seen your answers, have them read the questions in part A before interviewing each other.

Actividad 9 El fin de semana pasado

A. Conversa con tu compañero/a sobre sus actividades del fin de semana pasado.

1. ¿A qué hora te levantaste el sábado? ¿Te levantaste temprano el domingo? ¿Por qué?
2. ¿Tuviste que trabajar el sábado o el domingo? ¿Ganas más dinero cuando trabajas los fines de semana?
3. ¿Te gusta limpiar la casa? ¿La limpiaste el sábado? ¿Por qué? ¿Tuviste que hacer algo que no te gusta hacer? ¿Qué tuviste que hacer?
4. ¿Hiciste algo con amigos el sábado por la noche? ¿Qué hicieron? ¿Fueron a una fiesta? ¿Se divirtieron? ¿Fueron al cine? ¿Qué película vieron? ¿Les gustó? ¿Asistieron a un concierto? ¿Cómo se llama(n) el artista (los artistas)? ¿Es/Son tu(s) favorito(s)?
5. ¿Hiciste la tarea el sábado o el domingo? ¿Para qué asignaturas hiciste la tarea? ¿Te gusta hacer la tarea los fines de semana? ¿Por qué?
6. ¿Adónde fuiste el domingo? ¿Con quién fuiste? ¿Qué cosas interesantes o aburridas hicieron? Describe una o dos de esas actividades.

B. Ahora, ¡conversa con tu profe!

1. ¿A qué hora se levantó el sábado? ¿Se levantó temprano el domingo? ¿Por qué?
2. ¿Le gusta limpiar la casa? ¿La limpió el sábado o el domingo? ¿Por qué? ¿Tuvo que hacer algo que no le gusta hacer? ¿Qué tuvo que hacer?
3. ¿Hizo algo con sus amigos el sábado por la noche? ¿Fueron a una fiesta? ¿Se divirtieron? ¿Fueron al cine o al teatro? ¿Qué vieron? ¿Les gustó? ¿Por qué?
4. ¿Preparó sus clases el sábado o el domingo? ¿Le gusta hacerlo los fines de semana? ¿Por qué?
5. ¿Con quién pasó el domingo? ¿Qué cosas interesantes o aburridas hizo? Describa una o dos.

Act. 10 (Individual; pair).
Suggestions: Write some time words on the board: *ayer, anteayer, la semana pasada, el fin de semana pasado, el verano/invierno pasado*, etc. Go over reaction phrases in *Y tú, ¿qué dices?* box, then create a few sentences about what you did with a friend or family member and have students react using the words and phrases given there. Tell them to select 6–8 activities and write them down before working with their partner. Pair off students after doing the model with them.

Actividad 10 El tiempo libre

Habla con tu compañero/a sobre las siguientes actividades. ¿Con quién las hiciste? (Si nunca hiciste la actividad con otra persona, di: [*persona*] **y yo nunca** [*actividad*].) Para reaccionar a lo que dice tu compañero/a, usa las frases de **Y tú, ¿qué dices?**

MODELO: E1: *Mi novio y yo esquiamos en el agua* ayer.
E2: ¡Qué divertido! El año pasado, *mi hermano y yo esquiamos en el agua* también, pero nunca *corrimos* un maratón.
E1: ¿De veras? ¿No te gusta correr?

Algunas personas
mi(s) amigo/a(s)
mi(s) compañero/a(s) de cuarto/casa/apartamento
mi esposo/a
mi familia
mi(s) hermano/a(s)
mi(s) hijo/a(s)
mi novio/a
mi(s) primo/a(s)

ACTIVIDADES

1. acampar en... *acampamos*
2. celebrar (el Año Nuevo, un cumpleaños, el Día de la Independencia, ...) *celebramos*
3. comer en un restaurante elegante *comimos*
4. correr un (medio) maratón *corrimos*
5. esquiar en el agua / la nieve *esquiamos*
6. dar una fiesta *dimos*
7. jugar al (*deporte*) *jugamos*
8. salir a bailar *salimos*
9. subir una montaña *subimos*
10. ver una película *vimos*
11. viajar a (*lugar*) *viajamos*
12. ¿ ?

Y tú, ¿qué dices?

¿Adónde?	¿De veras?
¿Cuándo?	¡Qué aburrido!
¿Cuál?	¡Qué divertido!
¿Dónde?	¡Qué envidia!

Actividad 11 Los héroes y el ladrón

Mira los dibujos que representan la aventura de Eloy y su hermanito Ricky y lee las oraciones que describen los dibujos. Luego, con tu compañero/a, usa los dibujos para poner las oraciones en orden lógico.

_____7_____ Eloy le ató las manos al ladrón y Ricky llamó a la policía.
_____10____ Los chicos se pusieron rojos pero se sintieron muy bien porque hicieron algo heroico.
_____1_____ Eloy y Ricky oyeron unos gritos desesperados.
_____5_____ Eloy y Ricky corrieron detrás del ladrón.
_____2_____ Miraron por la ventana y vieron a dos hermosas chicas asustadas.
_____6_____ Lo atraparon y le quitaron las bolsas de las chicas.
_____4_____ Ellas les dijeron: «¡Ayúdennos, por favor! ¡Aquel hombre nos robó las bolsas!»
_____9_____ Las chicas les dijeron: «¡Muchísimas gracias!» y les dieron un beso.
_____8_____ El policía arrestó al ladrón.
_____3_____ Salieron y les preguntaron: «¿Qué les pasa?»

Comunícate Las experiencias con los demás

Actividad 12 Los recuerdos

Lee la descripción de cada situación y di lo que hiciste. Si nunca te pasó algo similar, invéntalo.

Vocabulario útil

Busqué al dueño.	Lo/La castigué.	Me quejé.
Compré…	Lo(s)/La(s) llamé y…	No pude manejar.
Grité «¡Auxilio!»	Me enfermé.	Pedí otra sopa.
Llamé a la policía.	Me enojé.	Salí sin pagar.
Lloré mucho.	Me puse furioso/a.	Tuve miedo.

1. Un día encontré cincuenta dólares en la calle. (Yo)…
2. Una vez en un restaurante encontré una mosca en la sopa. (Yo)…
3. Una noche bebí mucho en una fiesta.
4. Un día mi perro arruinó uno de mis zapatos más caros.
5. Una noche cuando estaba solo/a en mi casa escuché ruidos y vi a un hombre cerca de la ventana de mi dormitorio.
6. Una vez invité a mis amigos a una fiesta. Todos dijeron que sí pero no asistieron.
7. Un día me caí en un sitio (lugar) público. Muchas personas me miraron.
8. Una vez un amigo / una amiga me eliminó de su grupo de amigos de Facebook.
9. ¿ ?

Hablando del pasado

«CUANDO SALIMOS DE EL SALVADOR» DE JORGE ARGUETA

Jorge Tetl Argueta es un poeta indígena salvadoreño. Pasó su niñez[a] en El Salvador y llegó a Estados Unidos en 1980. Desde entonces[b] vive en San Francisco, California. Es autor de muchos libros bilingües para niños. También escribe poemas y cuentos,[c] y ha recibido[d] muchos premios[e] por sus libros. Es maestro y viaja por este país para leer sus obras[f] y ofrecer[g] clases de escritura[h] creativa para niños y jóvenes.[i] Una de sus muchas publicaciones es *Xóchitl, la niña de las flores* (2003), una tierna[j] historia para niños. El conmovedor[k] poema que aparece abajo es una selección de su libro *Una película en mi almohada* (2001). En esta obra, Argueta describe la traumática experiencia de un niño que abandona su país natal.[l]

[a]childhood [b]Desde… Since then [c]short stories [d]ha… he has received [e]awards [f]works (of art, fiction) [g]offer [h]writing [i]young people [j]tender, sweet [k]moving [l]of birth

Cuando salimos de El Salvador

Cuando salimos de El Salvador
para venir a los Estados Unidos
mi papá y yo salimos huyendo[m]
una madrugada[n] de diciembre
Salimos sin decirles adiós
a parientes, amigos o vecinos
No me despedí de[ñ] Neto
mi mejor amigo
No me despedí de Koki
mi periquito parlanchín[o]
ni de la señorita
Sha-She-Sha-Sha
mi perrita[p] favorita
Cuando salimos de El Salvador
en el autobús yo no dejaba de llorar[q]
porque allá se habían
quedado[r] mi mamá
mis hermanitos y mi abuela.

A. Comenta con tu compañero/a el poema de Jorge Argueta: ¿Qué quiso hacer el niño del poema, pero no pudo?

B. Ahora, piensa en dos de las siguientes situaciones y conversa con tu compañero/a. ¿Qué quisiste hacer en cada situación, pero no pudiste? ¿Qué otras cosas sí pudiste hacer?

Situaciones:
- Viste a una persona famosa.
- Obtuviste malas notas en una clase / un examen.
- Tuviste un problema en un restaurante (un aeropuerto, una tienda, …).
- Viste una situación de discriminación.
- Viste una situación de abuso de un animal o de una persona.

---

[m]*fleeing* [n]*dawn* [ñ]*No… I didn't say goodbye to* [o]*periquito… talkative parakeet* [p]*little dog* [q]*no… couldn't stop crying*
[r]*allá… had remained behind*

Hechos memorables

Lee *Infórmate* 8.4

20.000 a.C.
Los indígenas que hoy viven en el continente americano llegaron de Asia hace más de 20.000 años.

doce de octubre de 1492
Cristóbal Colón llegó a América hace más de cinco siglos (hace más de 520 años).

verano de 1521
Hernán Cortés conquistó Tenochtitlán hace más de 490 años.

quince de septiembre de 1810
Con el Grito de Dolores, don Miguel Hidalgo declaró la independencia de México hace más de 200 años.

cinco de mayo de 1862
Los mexicanos ganaron la batalla de Puebla contra los franceses hace más de 150 años.

veinte de noviembre de 1910
La Revolución mexicana terminó hace más de un siglo.

primero de diciembre de 2000
El Partido Revolucionario Institucional (PRI) gobernó México por muchos años (desde el año 1929 hasta el año 2000). El Partido Acción Nacional (PAN) triunfó sobre el PRI hace más de diez años.

Entérate

Durante la Revolución mexicana (1910–1920) muchas mujeres, «las soldaderas», acompañaron a los soldados y pelearon a su lado. También cocinaron e hicieron lo que hacen siempre las amas de casa pero… ¡en el campo de batalla!

Actividad 13 Unas vacaciones memorables

Lee sobre los viajes de estas personas y decide cuál de sus actividades no es lógica. Explica tu respuesta.

1. __c__ Soy Juan Fernando Chen Gallegos. Hace unos meses fui a México.
   a. Visité el estado de Chiapas en la frontera con Guatemala.
   b. Comí comida mexicana deliciosa.
   c. Vi la Torre Eiffel.
   d. Aprendí mucho sobre la medicina natural en la selva Lacandona.

2. __b__ Soy Nayeli Rivas Orozco. Hace un año hice un viaje a Oaxaca.
   a. Practiqué el español en todas partes.
   b. Nadé en el río Misisipí.
   c. Visité algunas ruinas de culturas indígenas de México.
   d. Compré artesanías mexicanas, especialmente las de barro negro.

Infórmate

Spanish uses **más/menos de** to express *more / less than* with numbers.

Hace **más de** cincuenta años que murió John F. Kennedy.

Barro negro de San Bartolo Coyotepec, Oaxaca

3. __c__ Hace unos días Eloy, Nayeli, Claudia y Ángela y su esposo acamparon en Lake Tahoe.
   a. Todos tomaron el sol y se bañaron.
   b. Ángela y su esposo escalaron parte de Mount Rose.
   c. Todos subieron las pirámides de Teotihuacán.
   d. Desayunaron, comieron y cenaron al aire libre todos los días.

4. __b__ Hace tres años Rodrigo y su familia fueron a Europa.
   a. Visitaron el Museo del Prado en Madrid.
   b. Pasaron por el Canal de Panamá.
   c. Anduvieron en barco por el río Rhin.
   d. Comieron en restaurantes franceses muy buenos.

Act. 14 (Whole class; pair), **Suggestions:** Start by having students describe what the characters did. Ask for the date and comment casually on how long ago that was, without too much emphasis. For example: *Sí, Nayeli compitió. ¿Creen que ella ganó el primer lugar? ¿Cuándo compitió? Mmm, hace más de un año. Tal vez ahora no compite porque tiene mucha tarea.* After doing all of the items in this manner, write this formula on the board: *Hace _____ que +* preterite/past. Then have students do the activity in pairs. **Note:** The model gives an example, but all answers will depend on the date when you do the activity.

Actividad 14 Momentos importantes

Estas son algunas actividades de los amigos del club. Trabaja con tu compañero/a y decidan cuánto tiempo hace que los amigos hicieron estas cosas. Usen la construcción: **Hace** + (días/meses/años) + **que** + (verbo en el pasado).

MODELO: Hace *más de un año* que *Nayeli compitió con Kamal, su caballo favorito.*

el cuatro de octubre de 2012

1.
el treinta y uno de julio de 1999

Possible Answers: 1. *Hace _____ que Juan Fernando y un amigo tuvieron un pequeño accidente en el parque.* **2.** *Hace _____ que Antonella visitó a su hermana Camila en Berkeley.* **3.** *Hace _____ que Jorge fue a la sinagoga.* **4.** *Hace _____ que el club Amigos sin Fronteras dio una fiesta para Omar y Marcela.* **5.** *Hace _____ que Xiomara visitó las cataratas del Iguazú.* **6.** *Hace _____ que Radamés y su banda Cumbancha tocaron en el parque.*

2.
el diez de julio de 2013

3.
el cinco de enero de 2013

4.
el veinte de septiembre de 2013

5.
del diez al doce de enero de 2013

6.
el trece de octubre del 2012

Actividad 15 Una entrevista indiscreta

A. Tu compañero/a y tú deben usar estas preguntas para entrevistarse. Algunas de las preguntas son indiscretas, pero digan la verdad al contestar si pueden.

MODELO: E1: ¿Cuánto (tiempo) hace que empezaste a estudiar español?
E2: Hace un año y medio que empecé a estudiar español. ¿Y tú?
E1: Hace tres años. Empecé en la escuela secundaria.

1. ¿Cuánto (tiempo) hace que cumpliste años? ¿Cuántos años cumpliste?
2. ¿Cuánto (tiempo) hace que saliste solo/a con tu novio/a por primera vez?
3. ¿Cuánto (tiempo) hace que recibiste tu primer beso romántico?
4. ¿Cuánto (tiempo) hace que te graduaste en la escuela secundaria? ¿Cuánto hace que te matriculaste en la universidad?
5. ¿Cuánto (tiempo) hace que un policía te puso una multa por manejar a exceso de velocidad? ¿De cuánto fue la multa? ¿Quién la pagó?
6. ¿Cuánto (tiempo) hace que tuviste un día fabuloso? ¿Cuánto hace que tuviste un día horrible? Cuéntame sobre uno u otro. ¿Por qué te pareció fabuloso u horrible? ¿Qué pasó?

B. Ahora… ¡conversa con tu profe!

1. ¿Es casado/a? ¿Cuánto (tiempo) hace que usted se casó? ¿Cuánto hace que tuvo su primer hijo / primera hija?
2. ¿Cuánto (tiempo) hace que compró su primera casa? ¿y su primer coche?
3. ¿Cuánto (tiempo) hace que trabaja en esta universidad?
4. ¿Cuánto (tiempo) hace que un policía le puso una multa? ¿Por qué le puso la multa?
5. ¿Cuánto (tiempo) hace que tuvo un día fabuloso? ¿Cuánto hace que tuvo un día horrible? Cuéntenos sobre uno u otro. ¿Por qué le pareció fabuloso u horrible? ¿Qué pasó?

Infórmate

Spanish uses a **u** instead of an **o** to say *or* when the word that follows begins with an **o-** or **ho-**.

Omar **o** Marcela pueden hablarte de Ecuador.

Marcela **u** Omar pueden hablarte de Ecuador.

Actividad integral

¿Quién lo hizo?

A. Lee las oraciones y decide quién hizo estas cosas.

1. __f__ Descubrió la penicilina hace más o menos ochenta y cinco años.
2. __h__ Ganó la guerra en México contra los franceses en 1867.
3. __g__ Escribió *Cien años de soledad* y *El amor en los tiempos del cólera*. Ganó el Premio Nobel de Literatura en 1982, ¡hace más de tres décadas!
4. __a__ Invadió Panamá en el año 1989, hace más o menos veinticinco años.
5. __b__ Llegó a América en 1492, hace más de 500 años.
6. __c__ Ganó el *Tour de Francia* en 2009. ¡Hace varios años!

a. George H. W. Bush
b. Cristóbal Colón
c. Alberto Contador
d. Penélope Cruz
e. Alfonso Cuarón
f. Alexander Fleming
g. Gabriel García Márquez
h. Benito Juárez
i. Evo Morales
j. Pablo Picasso

7. __i__ Ganó las elecciones presidenciales de Bolivia en 2005.
8. __e__ Nació en México. Dirigió las películas *Y tu mamá también* y *Harry Potter y el prisionero de Azkaban*.
9. __j__ Nació en España y vivió muchos años en Francia. Pintó el famoso cuadro *Guernica*.
10. __d__ Actuó en las películas *Volver*, *Vicky Cristina Barcelona*, *Los piratas del Caribe* y en muchas más.

B. Ahora, vas a hacer una actividad muy divertida. Escucha las instrucciones de tu profesor(a) con cuidado.

Exprésate

ESCRÍBELO TÚ

El fin de semana pasado

Escribe una narración sobre el fin de semana pasado con muchos detalles. ¿Qué hiciste? ¿Adónde fuiste? ¿Qué comiste? ¡OJO! Debes usar la primera persona (**me quedé en casa, descansé, vi televisión...**) y las siguientes palabras: **primero, después, más tarde, finalmente.** Mira la tabla en el *Cuaderno de actividades* o en Connect Spanish, donde hay más preguntas de guía.

CUÉNTANOS

Una noche perfecta

Cuéntanos sobre una noche perfecta. ¿Te quedaste en casa o saliste? ¿Qué hiciste? ¿Fuiste a algún lugar fabuloso? ¿Cómo se llama el lugar? ¿Pasaste tiempo con una persona especial? ¿Con quién? ¿Cómo es esa persona? ¿Qué hicieron? ¿Por qué fue perfecta esa noche? Si nunca tuviste una noche perfecta, imagínate esa noche y describe lo que pasó en detalle. ¡Cuéntanos y explícanos todo lo que hiciste! ¡A conversar!

Escríbelo tú, Suggestions: Use Connect Spanish to go over the list of questions with students; make sure they understand that they only need to choose some activities and expand. Allow time for students to use the list to start their composition in class while you circulate to answer questions. Provide a model for how to begin: *El fin de semana pasado hice muchas cosas. Fue un buen fin de semana; me divertí mucho. El viernes por la tarde fui al cine con mi amigo y vimos una película de acción muy buena.* Remind students to look up preterite first-person (*yo*) forms in their notes and in the first section of this chapter. Tell students how long the composition should be; you may want them to write one paragraph for each of the three weekend days.

Cuéntanos, Note: This oral summary activity is intended to help students narrate their own lives and stories in an informal setting. **Suggestions:** Give students 5 minutes to jot down ideas or assign this preparation as homework. Remind students that they can refer to the lists of first-person preterite verb forms they have studied already. Before students start, you may want to share a personal experience with them, either orally or with a sample response written on the board. Divide students into groups of 3 or 4 and circulate to help with vocabulary. If you hear an especially interesting story, ask the student if he or she wants to share it with the class.

Entérate

Mundopedia

1. Los nombres en el mundo hispano
2. El arpa paraguaya
3. El cine argentino
4. Quito y Mitad del Mundo
5. ¡Grandes fiestas!
6. La escritora chilena Isabel Allende
7. El Carnaval de Barranquilla
8. **El Cinco de Mayo**
9. La Diablada de Oruro
10. La música de Cuba
11. Los paradores de España
12. Mérida, ciudad en la montaña
13. Los festivales dominicanos
14. El misterio de las ciudades mayas
15. Los logros de Costa Rica

El Cinco de Mayo

Entre 1867 y 1869, el francés, Edouard Manet, pintó una serie de cuadros sobre la ejecución de Maximiliano, Emperador de México.

Vocabulario de consulta	
ejército	army
Batalla	battle
tenía	had
pago	payment
deuda externa	foreign debt
se retiraron	removed themselves
por otra parte	on the other hand
imperio	empire
detener	to stop, detain (*something*)
poder creciente	growing power
esperando	expecting, hoping for
se enfrentó	stood up
sin armas	without weapons
derrotaron	defeated
desafortunadamente	unfortunately
regresaron	returned
príncipe	prince
triunfalmente	triumphantly
apresó	imprisoned
fusilar	to execute
fieles	loyal
cuadro	painting

El Cinco de Mayo no es el Día de la Independencia en México, pero es una fecha importante. En esta fecha los mexicanos celebran la victoria sobre el **ejército** francés en la **Batalla** de Puebla.

LA SITUACIÓN ECONÓMICA DE MÉXICO

En 1861 México **tenía** problemas económicos muy serios. Para resolverlos, el presidente Benito Juárez suspendió el **pago** de la **deuda externa**. Tres países —Francia, España e Inglaterra— no aceptaron esa decisión y decidieron invadir México. Después de algunas negociaciones, Inglaterra y España **se retiraron** de la alianza. Francia, **por otra parte**, decidió invadir sin esos países. Su idea: establecer un **imperio** controlado por Europa y así **detener** el **poder creciente** de Estados Unidos.

¡VICTORIA!

El cinco de mayo de 1862 el ejército francés atacó la ciudad de Puebla, **esperando** una victoria fácil. Pero no fue así. México, una república nueva con muchos problemas políticos y económicos, **se enfrentó** a Francia, entonces el país más fuerte y poderoso del mundo. Con el general Ignacio Zaragoza, muchos ciudadanos mexicanos **sin armas** convencionales participaron en la batalla ¡y **derrotaron** a los franceses! La Batalla de Puebla es una batalla histórica, ¡y una buena excusa para celebrar!

¡DERROTA!

Desafortunadamente, un año después los franceses **regresaron** a México y derrotaron a los mexicanos. Victoriosos, y con ayuda de algunos mexicanos reaccionarios (muy conservadores), los franceses pusieron a un **príncipe** del Imperio austrohúngaro, Maximiliano de Habsburgo, como Emperador de México. Maximiliano entró **triunfalmente** a la Ciudad de México el siete de junio de 1863. Gobernó de 1864 a 1867.

BENITO JUÁREZ REGRESA

Benito Juárez, el presidente de México antes de la invasión francesa, volvió a México en 1867. Después de muchas batallas, Juárez, con el pueblo mexicano de su lado, derrotó al ejército de Maximiliano en 1867 e inmediatamente **apresó** a Maximiliano. Una corte militar dictó la sentencia de **fusilar** a Maximiliano y a sus dos **fieles** generales mexicanos* el diecinueve de junio de 1867, como se ve en el famoso **cuadro** de Edouard Manet. Y así terminó esta aventura trágica de Francia en México.

*Tomás Mejía y Miguel Miramón

COMPRENSIÓN

Contesta las preguntas.

1. ¿Por qué suspendió Benito Juárez el pago de la deuda externa?
   porque México tenía problemas económicos muy serios
2. De los tres países que no aceptaron la decisión de Juárez, ¿cuál invadió México? Francia
3. ¿Qué ejército ganó la Batalla de Puebla en 1862? el ejército mexicano
4. ¿Qué pasó un año después? Los franceses invadieron otra vez y derrotaron a los mexicanos.
5. ¿Quiénes derrotaron a los franceses en 1867? los mexicanos (Benito Juárez y el ejército mexicano)
6. ¿Qué hizo el presidente de México con Maximiliano y sus dos generales? los fusiló

CONEXIÓN CULTURAL

BARRANCAS DEL COBRE°   Barrancas… *Copper Canyon*

El cañón del Colorado (*Grand Canyon*), en Arizona, es grande y espectacular. ¡Es una maravilla de la naturaleza! ¿Sabes que hay otro muy similar pero más grande y profundo (*deep*)? Pues es cierto; ese cañón se llama Barrancas del Cobre y está en la Sierra Tarahumara del estado mexicano de Chihuahua. ¿Quieres saber más de este fascinante lugar? ¿de la gente *ráramuri* que vive allí? Lee la lectura «Barrancas del Cobre» en el *Cuaderno de actividades* o en Connect Spanish y ¡descubre todo esto y mucho más!

Voces, Notes: The aim of this section is to introduce students to the linguistic variety within the Spanish-speaking world; we do not expect students to use this vocabulary in their own production. If you know other regional terms from the featured country, you may want to share those also with your students.

Voces mexicanas

un(a) güero/a	un(a) gringo/a, un(a) rubio/a
el güey	dude, guy
¡Híjole!	Wow! Gosh!
¡Qué chido!	Cool!
¡Qué padre!	Cool!
¡Padrísimo!	Very cool!
¿Qué onda?	¿Qué pasa? ¿Cómo estás?
¡Qué curada!	¡Qué divertido!

Videoteca

Amigos sin Fronteras
Episodio 8: La fiesta de despedida

Note: Both video clips can be seen on the DVD to accompany *Tu mundo* or in Connect Spanish.

Resumen

Claudia les informa a Nayeli y a Radamés que va a pasar el verano en Paraguay con sus abuelos. Así que sus amigos deciden darle una fiesta sorpresa de despedida. Ana Sofía invita a Claudia al cine y Claudia cree ver (*thinks she sees*) a varios de sus amigos en la calle con bolsas del supermercado. ¡Piensa que pasa algo raro! Por fin las dos amigas regresan a la casa de Claudia…

Preparación para el video

A. ¡Comencemos! Indica todas las respuestas apropiadas.
1. Una fiesta para una persona, cuando esa persona no sabe nada, es una fiesta _____.
   a. de cumpleaños c. aburrida
   b. sorpresa d. larga
2. ¿Qué necesita hacer una persona que quiere dar una fiesta?
   a. decorar el lugar de la fiesta
   b. preparar comida y comprar bebidas
   c. comprar mucha ropa
   d. invitar a los amigos
3. ¿Qué aspectos son importantes para una buena fiesta sorpresa?
   a. invitar a muy pocos amigos
   b. tener buena música
   c. guardar (*keep*) el secreto
   d. bailar pero no cantar

Vocabulario de consulta	
noticia	news
¡Qué padre!	That's awesome! (*Mex., col.*)
boleto	ticket
bienvenida	welcome (*n.*)
acogedora	cozy, welcoming
reunirnos	to get together
quita	delete
sabrá	(she) will know
caíste del cielo	you're an angel (*lit.,* you fell from heaven)
perderme el principio	to miss the beginning
tenés razón	you're right
algo anda mal	something's not right
me dejaron pensando	you (*pl.*) left me thinking
los perdono	I'll forgive you

Comprensión del video

B. La idea principal. Indica la idea principal del video.
1. Hace más de cinco años que Claudia no ve a sus abuelos en Paraguay.
2. A Claudia le gustan las películas de vampiros y quiere ver una.
3. Los amigos de Claudia quieren darle una fiesta sorpresa. ✓

C. ¿Cierto o falso?
1. Hoy Nayeli textea a los amigos del club pero generalmente Claudia es la que los textea a todos. **C**
2. La fiesta va a ser en casa de Nayeli. **F**
3. Claudia está de mal humor y no acepta la invitación de Ana Sofía. **F**
4. Antes de entrar en el cine, Claudia dice que ve a Nayeli con bolsas. **C**
5. Claudia invita a Ana Sofía a cenar en su apartamento. **C**

D. Detalles. Contesta las preguntas.
1. ¿Qué quiere hacer Claudia esa noche? *bailar*
2. ¿Qué dicen Nayeli y Radamés para salir del apartamento de Claudia? *Nayeli dice que tiene que estudiar, Radamés dice que tiene que practicar con Cumbancha*
3. ¿Para qué es la reunión en casa de Radamés esa tarde? *para planear la fiesta sorpresa*
4. ¿Por qué piensa Claudia que Nayeli hizo otra cosa y que no estudió? *porque la vio en la calle*
5. ¿Por qué sospecha Claudia que algo anda mal? *porque ve a dos de sus amigos entrando en su apartamento*

Mi país MÉXICO

Comprensión

1. ¿Dónde viven normalmente los jóvenes universitarios mexicanos? *en casa de sus padres*
2. ¿Qué pasa los domingos por la mañana en el Paseo de la Reforma? *No hay carros y así las personas pueden pasear, andar en patineta, en bicicleta,...*
3. ¿Qué hay en el Parque de Chapultepec? *el Museo Nacional de Antropología e Historia*
4. ¿Qué otro nombre le dan las personas a la famosa Piedra del Sol? *el calendario azteca*
5. ¿Cómo se llama la pirámide más grande de Teotihuacán? *la Pirámide del Sol*
6. ¿Cuáles son las ruinas mayas que se encuentran en la Península Yucatán? *Chichén Itzá*
7. ¿Dónde se celebra el Festival Internacional Cervantino? *el Teatro Juárez, Guanajuato*
8. ¿Cuáles son los eventos de Oaxaca que menciona Nayeli? *la Guelaguetza y el Día de los Muertos*

El Teatro Juárez en Guanajuato

Chichén Itzá

Infórmate

> For a review of regular forms and uses of the preterite in Spanish see **Infórmate 7.4.**

8.1 Verbs with Irregular Preterite Forms

A. Some verbs have a different stem in the preterite and a slightly different set of endings.

	tener (tuv-)	estar (estuv-)	poder (pud-)	poner (pus-)	saber (sup-)	hacer (hic-)
(yo)	tuve	estuve	pude	puse	supe	hice
(tú)*	tuviste	estuviste	pudiste	pusiste	supiste	hiciste
usted, él/ella	tuvo	estuvo	pudo	puso	supo	hizo
(nosotros/as)	tuvimos	estuvimos	pudimos	pusimos	supimos	hicimos
(vosotros/as)	tuvisteis	estuvisteis	pudisteis	pusisteis	supisteis	hicisteis
ustedes, ellos/ellas	tuvieron	estuvieron	pudieron	pusieron	supieron	hicieron

	venir (vin-)	querer (quis-)	decir (dij-)	traer (traj-)	conducir (conduj-)	traducir (traduj-)
(yo)	vine	quise	dije	traje	conduje	traduje
(tú)*	viniste	quisiste	dijiste	trajiste	condujiste	tradujiste
usted, él/ella	vino	quiso	dijo	trajo	condujo	tradujo
(nosotros/as)	vinimos	quisimos	dijimos	trajimos	condujimos	tradujimos
(vosotros/as)	vinisteis	quisisteis	dijisteis	trajisteis	condujisteis	tradujisteis
ustedes, ellos/ellas	vinieron	quisieron	dijeron	trajeron	condujeron	tradujeron

*Recognition: In the preterite, the **vos** forms (regular and irregular) are identical to the **tú** forms: **vos tuviste, vos estuviste, vos pudiste, vos pusiste,** and so forth.

B. The preceding tables provide the preterite forms of the most common irregular verbs. Look at the tables and you will notice the most important differences between regular and irregular verbs in the preterite.

- Unlike regular preterite verb endings, the endings of the **yo** and **usted/él/ella** forms of verbs that are irregular in the preterite are not stressed in the last syllable.

    —¿Dónde **pusiste** mi chaqueta? *Where did you put my jacket?*
    —La **puse** encima de la cama.   *I put it on the bed.*

    —¿Quién **vino** contigo? *Who came with you?*
    —Nadie. **Vine** solo.   *Nobody. I came alone.*

- The verb **hacer** has spelling changes from **c** to **z** in the **usted/él/ella** form.

    Ayer en el gimnasio Ricky **hizo** su tarea y yo **hice** ejercicio. *Yesterday at the gym Ricky did his homework and I exercised.*

- The verbs **conducir, decir, traducir,** and **traer** drop the **i** from the **-ieron** ending in the **ustedes/ellos/ellas** form.

    —¿Qué te **dijeron** de mí? *What did they tell you about me?*
    —Me **dijeron** que estás locamente *They told me that you are madly*
      enamorado de Estefanía.   *in love with Estefanía.*

    —¿Qué **trajeron** ustedes de comer? *What did you bring to eat?*
    —**Trajimos** refrescos y empanadas. *We brought sodas and empanadas.*

- The verbs **dar** and **ver** take the **-er/-ir** endings, but with no written accents.

    —¿Qué te **dieron** para tu *What did they give you for*
      cumpleaños? *your birthday?*
    —Mi tío me **dio** dinero; mi madre *My uncle gave me money;*
      me **dio** ropa. *my mother gave me clothes.*

    —¿**Viste** una película ayer? *Did you see a movie yesterday?*
    —Sí, **vi** la nueva película de Spielberg, *Yes, I saw the new Spielberg*
      en 3D. *movie, in 3D.*

C. The verbs **ser** and **ir** share the same stem in the past tense. Their forms are thus identical, so the meaning must be inferred from context.

ser/ir (*to be / to go*)		
(yo)	**fui**	*I was/went*
(tú)*	**fuiste**	*you (inf. sing.) were/went*
usted, él/ella	**fue**	*you (pol. sing.) were/went; he/she was/went*
(nosotros/as)	**fuimos**	*we were/went*
(vosotros/as)	**fuisteis**	*you (inf. pl., Sp.) were/went*
ustedes, ellos/ellas	**fueron**	*You (pl.) were/went; they were/went*

*Recognition: In the preterite, the **vos** forms (regular and irregular) are identical to the **tú** forms: **vos fuiste.**

fui = I went/was

fue { you (*pol. sing.*) went/were
       he/she went/was }

—¿Adónde **fue** Sebastián anoche? *Where did Sebastián go last night?*
—**Fue** al cine. *He went to the movies.*

—¿Qué **fue** ese ruido? *What was that noise?*
—No **fue** nada. ¡Estás *It wasn't anything. You are*
  imaginando cosas! *imagining things!*

Infórmate 8.1 Verbs with Irregular Preterite Forms

Ejercicio 1

Estas son las actividades del sábado pasado de los miembros de club Amigos sin Fronteras. Completa las oraciones con la forma correcta del pretérito de **dar, decir, hacer, ir, poner, traer, venir** o **ver**. Cada verbo se usa solo una vez.

1. Omar y Marcela Acosta _____ aquí a Estados Unidos para visitar a sus amigos; ellos son de Ecuador.
2. Eloy _____ al aeropuerto para recibirlos.
3. En el aeropuerto, Eloy los saludó y les _____ «¡Bienvenidos a California!»
4. Omar y Marcela les _____ unos deliciosos chocolates de la cooperativa Kallari en Ecuador.
5. Los Amigos sin Fronteras _____ una fiesta para Omar y Marcela en el Parque Codornices.
6. El sábado _____ sol y buen tiempo. ¡Un día perfecto para la fiesta!
7. Todos los invitados llevaron diferentes platos de comida y los _____ en la mesa.
8. Todos _____ fotos de la cooperativa Kallari que Omar y Marcela les mostraron.

> traer = to bring (here)
> llevar = to take (there)
> venir = to come (here)
> ir = to go (there)

Ejercicio 2

Lee sobre las vacaciones de Nayeli y Juan Fernando el verano pasado y luego cambia los verbos de la primera persona (**yo**) a la tercera (**él/ella**) para contar lo que cada uno hizo en su viaje.

MODELO: Me llamo Nayeli. El verano pasado (yo) <u>fui</u> a México para visitar a mis abuelos. <u>Pasé</u> tiempo con toda la familia, <u>comí</u> comida mexicana auténtica y <u>monté</u> a caballo. <u>Descansé</u> y <u>me divertí</u> mucho.

Se llama Nayeli. El verano pasado *ella fue* a México para visitar a sus abuelos. *Pasó* tiempo con toda la familia, *comió* comida mexicana auténtica y *montó* a caballo. *Descansó* y *se divirtió* mucho.

1. Me llamo Nayeli. El año pasado <u>fui</u> a Oaxaca (México) para el Día de los Muertos. <u>Estuve</u> allí una semana… ¡Ay! ¡No <u>asistí</u> a clases por varios días! Pero… ¡<u>hice</u> muchas cosas interesantes y divertidas! <u>Visité</u> varios cementerios y <u>vi</u> muchos altares con ofrendas. <u>Asistí</u> a misa el día dos de noviembre y <u>comí</u> comidas típicas como mole oaxaqueño y tlayudas. Luego <u>compré</u> artesanías. <u>Tomé</u> fotos del Teatro Macedonio Alcalá, de la iglesia de Santo Domingo y de las ruinas de Mitla y Monte Albán. ¡<u>Caminé</u> mucho en Mitla y Monte Albán! <u>Regresé</u> muy contenta.

   Se llama Nayeli. El año pasado (ella)…

2. Me llamo Juan Fernando. El verano pasado, en julio, <u>fui</u> de vacaciones al sur de México. <u>Visité</u> San Cristóbal de las Casas y Tzicao en Chiapas. En San Cristóbal <u>tomé</u> muchas fotos de la catedral y de edificios coloniales. <u>Estuve</u> varias horas en el museo Casa Na Bolom (Casa del Jaguar). Allí <u>vi</u> ropa y artefactos de los lacandones, la gente de la selva (*jungle*) de Chiapas. Luego <u>pasé</u> muchas horas en el Herbario Ecosur y en el Museo de Medicina Maya. ¡Qué emocionante! <u>Llamé a mi familia</u> por Skype para contarles sobre las plantas antes de salir para Tzicao. Por Skype también <u>hablé con mis amigos</u> de UC Berkeley. Dos días después, <u>llegué</u> a Tzicao, un pueblo muy cerca de la frontera con Guatemala. En ese pueblo no <u>hice</u> muchas cosas diferentes. Solamente <u>hablé</u> con varios médicos que curan con medicina tradicional. Los <u>escuché</u> con atención porque ¡es fascinante!

   Se llama Juan Fernando. El verano pasado, en julio, (él)…

Ejercicio 3

Di qué hacen las siguientes personas generalmente (el presente), qué hicieron ayer por la tarde (el pretérito) y qué van a hacer mañana (el futuro: **ir a** + *infinitivo*).

MODELO: Estefanía / despertarse a las diez / levantarse temprano / estudiar toda la mañana.

Generalmente *Estefanía se despierta a las diez,* pero ayer *se levantó temprano* y mañana *va a estudiar toda la mañana.*

	Generalmente	Ayer	Mañana
Lucía	asistir a clase por la tarde	leer en la biblioteca	hacer la tarea en casa
Omar y Marcela	cenar con amigos	estar en casa todo el día	ir al cine
Xiomara	estudiar en la biblioteca	tomar café con Eloy	visitar a una amiga
Ángela	quedarse en casa	salir a almorzar	leer en el parque
Eloy y Ricky	barrer el patio temprano	ir a la playa	lavar el carro

8.2 Stem-Changing Verbs in the Preterite

A. In most cases, the vowels of verbs that have a stem change in the present do not change in the preterite forms. Here is a comparison of present-tense and preterite forms of the verbs **cerrar** (*to close*) and **contar** (*to tell; to count*).

	cerrar (ie)		contar (ue)	
	Present	**Past**	**Present**	**Past**
(yo)	cierro	cerré	cuento	conté
(tú)*	cierras	cerraste	cuentas	contaste
usted, él/ella	cierra	cerró	cuenta	contó
(nosotros/as)	cerramos	cerramos	contamos	contamos
(vosotros/as)	cerráis	cerrasteis	contáis	contasteis
ustedes, ellos/ellas	cierran	cerraron	cuentan	contaron

*Recognition: In the preterite, the **vos** forms (regular and irregular) are identical to the **tú** forms: **vos cerraste, vos contaste.**

B. However, a few verbs in the **-ir** group that have a stem change in the present also change their stem vowel in the **usted/él/ella** and **ustedes/ellos/ellas** forms of the preterite. There are two possible stem changes in the preterite: **e → i** and **o → u.**

The present and preterite forms of the verb **divertirse** (*to have fun*) and **dormir** (*to sleep*) are given below. Other common **-ir** verbs with the **e → i** change in the preterite are **sentir** (*to feel*), **sugerir** (*to suggest*), **preferir** (*to prefer*), and **mentir** (*to lie*). A common **-ir** verb with the **o → u** change in the preterite is **morir** (*to die*).

	divertirse (ie, i)		dormir (ue, u)	
	Present	Past	Present	Past
(yo)	me divierto	me divertí	duermo	dormí
(tú)*	te diviertes	te divertiste	duermes	dormiste
usted, él/ella	se divierte	se div**i**rtió†	duerme	d**u**rmió†
(nosotros/as)	nos divertimos	nos divertimos	dormimos	dormimos
(vosotros/as)	os divertís	os divertisteis	dormís	dormisteis
ustedes, ellos/ellas	se divierten	se div**i**rtieron	duermen	d**u**rmieron

*Recognition: In the preterite, the **vos** forms (regular and irregular) are identical to the **tú** forms: **vos te divertiste, vos dormiste.**

†The same stem vowel change also occurs in the present participle: **div**i**rtiéndose** (*having fun*), **d**u**rmiendo** (*sleeping*).

Yo **dormí** bien. Omar **durmió** mal.   *I slept well. Omar slept poorly.*

—¿**Se divirtió** usted anoche?   *Did you have fun (a good time) last night?*

—Sí, **me divertí** mucho.   *Yes, I had a great time.*

Ejercicio 4

Completa las oraciones con la forma apropiada del pretérito del verbo entre paréntesis.

1. Cuando tengo frío cierro la ventana pero anoche (yo) no la _____ (cerrar) y tuve mucho frío.
2. Estoy enojada con mi novio porque ayer no me dijo la verdad. ¡(Él) Me _____ (mentir)!
3. El lunes pasado Xiomara tuvo dolor de estómago y no asistió a clases; _____ (preferir) quedarse en casa.
4. Después de ir al banco, yo siempre cuento mi dinero pero ayer no lo _____ (contar).
5. Yo dormí muy bien anoche pero mi esposo no _____ (dormir) casi nada. ¡El pobre!
6. Estoy muy triste porque mi actor favorito _____ (morir) la semana pasada.
7. Bebí mucho vino el sábado pasado y me _____ (sentirse) muy mal el domingo.
8. ¿Te _____ (divertirse) tú en la fiesta anoche? ¡Yo me _____ (divertirse) mucho!

Ejercicio 5

Completa los siguientes diálogos con la forma correcta de los verbos, en presente o en pretérito.

dormir

—¿Cuántas horas _____¹ tú anoche?
—_____² solamente cinco.
—¿Generalmente _____³ tan pocas horas?
—No, generalmente _____⁴ por lo menos siete horas, a veces ocho.

Present
me div**ie**rto / se div**ie**rte
d**ue**rmo / d**ue**rme

PAST
me divertí / se div**i**rtió
dormí / d**u**rmió

sentir(se)

—¿Tú te _____⁵ mal ahora?
—No, hoy (yo) me _____⁶ bastante bien.
—Pero anoche te _____⁷ muy mal, ¿verdad?
—Sí, anoche me _____⁸ muy mal; tuve dolor de estómago (*stomachache*).

divertir(se)

—¿Te _____⁹ anoche en la fiesta?
—Sí, me _____¹⁰ muchísimo. ¿Se _____¹¹ tu esposa?
—No, ella no se _____¹² porque no le gustó la música.

mentir

—Tú me _____¹³ ayer, ¿verdad?
—No, no te _____.¹⁴ Te dije la verdad.
—Pues, alguien me _____.¹⁵
—¡No fui yo!

> In time, through listening and reading, you will acquire these preterite forms.

8.3 Verbs with Special Meaning in the Preterite: conocer, poder, querer, saber, tener

When Spanish speakers use verbs such as **conocer, poder, querer, saber,** and **tener** in the preterite, they do not use them to refer to an action as such but more to a mental state, and they usually do so to convey that a certain state came to an end. English speakers often use completely different verbs to express that meaning. Compare the English equivalents of the following verbs in the preterite.

CHANGES IN MEANING IN THE PRETERITE			
saber	found out	**supimos**	we found out
no saber	never found out	**no supieron**	they never found out
conocer	met (for the first time)	**conoció**	you (*pol. sing.*) / he / she / met
tener	got; received	**tuviste**	you got; you received
querer	wanted to (and tried)	**quisimos**	we wanted to (and tried)
no querer	refused	**no quiso**	you (*pol. sing.*) / he / she / refused
poder	could (and did)	**pudieron**	they could (and did)
no poder	(tried and) couldn't	**no pudo**	you (*pol. sing.*) / he / she (tried and) couldn't

—¿**Supiste** lo que les pasó a Daniel y a Sebastián?
—No, no **supe** nada. ¿Qué les pasó?

Did you find out (hear) what happened to Daniel and Sebastián?
No, I didn't find out (hear) anything. What happened to them?

—¿Por qué no **pudiste** terminar?
—No **quise** terminar porque me cansé mucho.

Why weren't you able to finish?
I refused to finish because I got really tired.

> The preterite of **conocer** (**conocí, conociste, conoció, conocimos, conocisteis, conocieron**) expresses the meaning *met* (*for the first time*) in English.
> **Conocí a Xiomara la semana pasada.**   *I met Xiomara last week.*

Ejercicio 6

> **tuve visita ayer** = *I had company yesterday*
> **tuve un dolor de estómago** = *I got a stomachache*
> **tuve miedo** = *I got scared*

Completa las oraciones con la forma apropiada de estos verbos en el pretérito: **conocer, poder, querer, saber** y **tener**.

1. Ayer (yo) _____ que Marcela, la esposa de Omar, tiene una licenciatura en economía.
2. Nayeli no fue a trabajar hoy; _____ dolor de cabeza toda la noche y no _____ dormir.
3. ¡Qué simpática es la novia de Franklin! La _____ el miércoles pasado en la fiesta.
4. Sí, yo fui a la fiesta pero mi novio se quedó en casa. No _____ asistir porque él no habla español.
   —¿Él no _____ asistir? ¡Pero todos hablamos inglés también!
5. Ayer fui al parque con mis hermanos menores; traté de patinar con ellos pero no _____. ¡Me estoy poniendo viejo!
   —¿No _____ patinar tú? Hmm … viejo no, solamente tienes veinte años. ¡Tal vez no sabes patinar!

8.4 Expressing *ago*: **hace** + Time

The verb form **hace** followed by an amount of time is equivalent to English expressions of time with *ago*.

hace cinco minutos	*five minutes ago*
hace una hora	*one hour ago*
hace dos años	*two years ago.*

—¿Cuándo salió Rodrigo? — *When did Rodrigo leave?*
—**Hace una hora.** — *An hour ago.*

There are two ways to formulate the question *How long ago did . . . ?*

> **¿Cuánto (tiempo) hace que** + preterite**?** / **¿Hace cuánto (tiempo) que** + preterite**?**

—Srta. Rivas, **¿cuánto (tiempo) hace que** usted **fue** a México? — *Miss Rivas, how long ago did you go to Mexico?*
—Fui hace tres meses. — *I went three months ago.*
—¿Y **hace cuánto (tiempo) que viajó** a España? — *And how long ago did you travel to Spain?*
—Hace dos años. — *Two years ago.*

> —¿Cuánto (tiempo) hace que llegaste?
> *How long ago did you arrive?*
> —Hace una hora.
> *An hour ago.*
> —¿Cuánto (tiempo) hace que usted se graduó?
> *How long ago did you graduate?*
> —Hace diez años.
> *Ten years ago.*

Ejercicio 7

Marcela está de mal humor hoy y acusa a Omar de no hacer nada para ayudarla. ¿Cómo puede defenderse Omar?

MODELO: Omar, ¡tú nunca *lavas los platos*! (una hora)
Pero Marcela, *lavé los platos* hace *una hora*. / Pero Marcela, *los lavé* hace *una hora*.

1. Omar, ¡tú nunca limpias el baño! (hace una semana)
2. Omar, ¡tú nunca barres el patio! (hace un mes)
3. Omar, ¡nunca bañas a los niños! (hace dos horas)
4. Omar, ¡la alfombra está sucia porque tú nunca pasas la aspiradora! (hace cinco minutos)
5. Estoy cansada de cocinar todos los días, Omar. ¡Tú nunca me ayudas! (hace dos días)

Ejercicio 8

¿Sabes mucho de historia? Di cuánto tiempo hace que ocurrieron estos eventos. Usa las frases **casi** o **más/menos de.**

MODELO: ¿Cuánto (tiempo) hace que terminó la Segunda Guerra Mundial? (1945)

Hace más de sesenta años. (Hace casi setenta años.)

La historia de México

1. ¿Cuánto (tiempo) hace que Cortés invadió México? (1521)
2. ¿Cuánto (tiempo) hace que terminó la Revolución mexicana? (1920)
3. ¿Cuánto (tiempo) hace que murió Pancho Villa? (1923)
4. ¿Cuánto (tiempo) hace que el mexicano Alfonso García Robles ganó el Premio Nobel de la Paz? (1982)
5. ¿Cuánto (tiempo) hace que el poeta mexicano Octavio Paz ganó el Premio Nobel de literatura? (1990)
6. ¿Cuánto (tiempo) hace que otro mexicano Mario Molina ganó el Premio Nobel de química? (1995)

La historia mundial

7. ¿Cuánto (tiempo) hace que Alexander G. Bell inventó el teléfono? (1876)
8. ¿Cuánto (tiempo) hace que Gustave Eiffel construyó la Torre Eiffel en París? (1889)
9. ¿Cuánto (tiempo) hace que murió Francisco Franco, el dictador de España? (1975)
10. ¿Cuánto (tiempo) hace que los países de la antigua Unión Soviética se independizaron? (1991)

Lo que aprendí

Al final de este capítulo, ya puedo …

☐ narrar mis experiencias pasadas.
☐ hablar de las experiencias pasadas de otras personas.
☐ hablar de cuánto tiempo hace que pasó algo.

Además, ahora conozco …

☐ muchos lugares bellos de México.
☐ el origen de la celebración del Cinco de Mayo.
☐ algunos hechos históricos (de México y del mundo).

Vocabulario

Los verbos irregulares en el pasado	Irregular Verbs in the Past
almorzar	to eat lunch
almorcé / almorzaste / almorzó	
buscar	to look for
busqué / buscaste / buscó	
caerse	to fall
me caí / te caíste / se cayó	
conducir	to drive
conduje / condujiste / condujo	
decir	to say
dije / dijiste / dijo	
divertirse	to have a good time
me divertí / te divertiste / se divirtió	
dormir	to sleep
dormí / dormiste / durmió	
estar	to be
estuve / estuviste / estuvo	
hacer	to do; to make
hice / hiciste / hizo	
ir	to go
fui / fuiste / fue	
oír	to hear
oí / oíste / oyó	
pedir	to ask (for); to order
pedí / pediste / pidió	
poner	to put
puse / pusiste / puso	
sentir(se)	to feel
(me) sentí / (te) sentiste / (se) sintió	
traducir	to translate
traduje / tradujiste / tradujo	
traer	to bring
traje / trajiste / trajo	
venir	to come
vine / viniste / vino	
ver	to see
vi / viste / vio	

Verbos que cambian de significado en el pasado	
conocer	to know
conocí/conociste/conoció	met (for the first time)
poder	to be able, can
pude / pudiste / pudo	could and did
no pude / no pudiste / no pudo	tried and couldn't
querer	to want
quise / quisiste / quiso	wanted to and tried
no quise / no quisiste / no quiso	refused
saber	to know
supe / supiste / supo	found out
no supe / no supiste / no supo	never found out
tener	to have
tuve / tuviste / tuvo	got, received

Más verbos	More Verbs
atar	to tie
atrapar	to catch
bajar	to lower; to download
bañarse	to bathe (*oneself*), take a bath; to go in the water
cambiarse de ropa	to change clothes
casarse	to get married
castigar (gu)	to punish
cumplir años	to have a birthday
dirigir (j)	to direct
encontrar (ue)	to find
enfermarse	to get sick
enojarse	to get angry
ganar (dinero)	to win; to earn (money)
gobernar (ie)	to govern
matricularse	to enroll
pagar (gu)	to pay
pasar	to happen
pescar (qu)	to fish
ponerse (*irreg.*) (+ adjective)	to get; to become
ponerse rojo	to turn red, get embarrassed
ponerle (*irreg.*) **una multa**	to give a traffic ticket to someone
quejarse	to complain
quitar	to take away
robar	to steal
sacar (qu) una nota	to get a grade
sentarse (ie)	to sit (down)

Palabras semejantes: arrestar, arruinar, conquistar, declarar, eliminar, escalar, invadir, inventar, triunfar

Repaso: gustaría, tomar apuntes

Los sustantivos	Nouns
la ballena	whale
el barco	boat
el barro negro	black clay (*Oaxacan pottery*)
la batalla	battle
el beso	kiss
la bienvenida	welcome
la bolsa	purse; bag
el churrasco	barbecued meat
la cueva	cave
el/la deportista	athlete
el dueño / la dueña	owner
el entrevistador / la entrevistadora	interviewer
la (escuela) secundaria	high school
el establo	stable
la estrella	star
la frontera	border; frontier
los gritos	shouts
la guerra	war
el hecho	event
el/la indígena	native, indigenous person
el informe	report
el ladrón / la ladrona	thief
la mosca	fly
el / la músico	musician
la obra dramática	play
la oración	sentence; prayer
el partido	political party
el pasado	past
la pintura (rupestre)	(cave) painting
el punto de vista	point of view
el recuerdo	memory
el ruido	noise
la selva	jungle
la torre	tower
la velocidad	speed

Palabras semejantes: el artefacto, el/la artista, Asia, la banda, la cafetería, la catedral, el continente, la cultura, la elección, el exceso, la filosofía, el final, el héroe, la misión, el paréntesis, la penicilina, la pirámide, la posibilidad, el Premio Nobel, la revolución, la ruina, la secuencia, la sinagoga, el tango

Repaso: la década, el siglo

¿Cuándo?	When?
¿Cuánto (tiempo) hace que... ?	How long has it been since... ?
Hace... (+ *time*) que	(*Time*) ago...
Hace (mucho) tiempo que...	It's been a long time since...

Los adjetivos	Adjectives
asustado/a	scared, frightened
desesperado/a	desperate
hermoso/a	beautiful, lovely
limpio/a	clean
muchísimo/a (muchísimos/as)	very much (very many)

Palabras semejantes: americano/a, arqueológico/a, cristalino/a, cultural, fabuloso/a, famoso/a, furioso/a, heroico/a, histórico/a, horrible, indiscreto/a, institucional, memorable, natural, presidencial, profesional, responsable, revolucionario/a, romano/a

Los adverbios	Adverbs
de repente	suddenly

Palabras semejantes: inmediatamente, lógicamente, realmente

Palabras y expresiones útiles	Useful Words and Expressions
al momento	instantly
¡Auxilio!	Help!
contra	against
¿De veras?	Really?
en todas partes	everywhere
los demás	the others
Me gustó/gustaron...	I liked (+ *sing./pl. noun*).
nada	nothing
otra vez	once more
¡Qué (+ *adjective*)!	How... !
¡Qué envidia!	I'm so envious! How lucky!
¿Qué pasa?	What's wrong?
¿Qué le pasa?	What is wrong with you/him/her?
¿Qué pasó?	What happened?
¡Qué susto!	How scary!
¿Te gustó/gustaron... ?	Did you like (+ *sing./pl. noun*)?

¡Buen provecho! 9

Pre-Text Oral Activities
See the *Cap. 9 Tu mundo* PowerPoint (PP) presentations, the IRK, and the IM for detailed lesson plans and additional resources.

1. **La comida y las bebidas.** Use your personal PF or a PP presentation to review foods and beverages that typically go with breakfast, lunch, and dinner. There is no need to present every word; focus on presenting the most common words students need to be familiar with when doing oral activities in class.

Un mercado en Chinchero, Perú

Upon successful completion of **Capítulo 9** you will be able to talk about typical dishes of the Hispanic world. You will be able to use vocabulary to discuss food, nutrition, and to shop for and prepare food. You will also learn to order meals in a restaurant. Additionally, you will have seen photos of places, art, and famous people from Bolivia and Peru and learned interesting information about these places.

Comunícate
La cocina del mundo hispano
Hablando de la cocina hispana Los platos andinos
La nutrición
La preparación de la comida
En el restaurante
Actividad integral ¡Tienes un restaurante!

Exprésate
Escríbelo tú Una cena ideal
Cuéntanos Las comidas que se sirven en tu casa

Entérate
Mundopedia La Diablada de Oruro
Voces bolivianas y peruanas
Conexión cultural El misterio de Machu Picchu
Videoteca
Amigos sin Fronteras, Episodio 9: ¡Buen provecho!
Mi país: Perú y Bolivia

Infórmate
9.1 Personal and Impersonal Direct Object Pronouns: **lo, la, los,** and **las**
9.2 Using Affirmative and Negative Words: **alguien/nadie, algo/nada**
9.3 Expressing *one* or *you*: The Impersonal **se**
9.4 Stem-Changing Verbs: **pedir** and **servir**

www.connectspanish.com

PERÚ Y BOLIVIA

2. **La gastronomía regional.** Use your personal PF or a PP presentation to talk about differences between foods in the Spanish-speaking world and the U.S. Include Peruvian dishes such as *ceviche, lomo saltado, ají de gallina,* and *papa a la huancaína;* Bolivian foods such as *pastel de quinoa, anticucho, salteñas (empanadas), pan de huevo,* and *bolitas de plátano;* Mexican dishes such as *tacos, tamales, frijoles refritos, guacamole, totopos* (chips); Caribbean dishes such as *arroz con pollo, frijoles negros, tostones, arepas;* Spanish dishes such as *tortilla española, paella valenciana,* and a variety of *tapas;* Central American *gallo pinto* or *pupusas;* Chilean *empanadas;* the Argentinean *parrillada;* and any others with which you are acquainted.

Amigos sin Fronteras

www.connectspanish.com

Sebastián invita a Nayeli y Eloy a cenar en un restaurante peruano. Nayeli no conoce la comida peruana pero tiene muchas ganas de probarla. ¿Crees que le va a gustar?

Mention to students that food names vary regionally and are often influenced by indigenous languages (see the *¿Sabías que…?* reading in this chapter of the *Cuaderno* or in Connect Spanish). Present regional variants and ask if any students are familiar with particular words. Spain: *las alubias* (beans), *el bocadillo* (sandwich), *los cacahuetes* (peanuts), *las patatas* (potatoes), *la torta* (cake), *el zumo* (juice). Mexico: *la torta* (sandwich), *los cacahuates* (peanuts), *el chabacano* (apricot), *los chícharos* (peas), *los ejotes* (green beans), *el elote* (corn on the cob). Peru and other Andean countries: *el choclo* (corn on the cob), *la palta* (avocado). Argentina: *el ananá* (pineapple). Caribbean / Central America: *el maní* (peanuts). Puerto Rico: *el jugo de china* (orange juice), *la tocineta* (bacon), *el bizcocho* (cake). Cuba: *el quey* (cake).

3. **La comida de las Américas.** As a cultural activity, tell students about foods that originated in the Americas: *calabaza, calabacita (calabacín), chiles, chocolate, frijoles, habichuelas (ejotes), maíz, mangos, papas, papayas, pavo (guajolote), piña, tomate (jitomate), vainilla, marañón.* Point out that the potato comes from the Andean region, not Ireland, and that Italian food didn't use tomatoes until they were brought back from the Americas. The *marañón (semilla [seed] de marañón =* cashew) was native to Central and South America; the Portuguese who colonized Brazil brought it to Goa, India (former Portuguese colony), and introduced it into Indian cuisine. Note that food words that end in *-ate, -ete, -ote* are of Náhuatl origin. See also the *¿Sabías que…?* reading in this chapter of the *Cuaderno* or in Connect Spanish.

Conócenos

Sebastián Saldívar Calvo

Sebastián Saldívar Calvo es peruano. Tiene dieciocho años. Sebastián estudia ciencias sociales. Nació el veintitrés de octubre en Lima, Perú, donde todavía vive su familia. Sus actividades favoritas son salir a bailar y a comer, ir de compras, mirar videos musicales y cocinar (¡aunque tiene fama de ser mal cocinero!). Sebastián vive con Daniel Kidman, joven estadounidense de Georgia que estudia gastronomía en Berkeley.

Mi país

Mi país (Whole class), **Suggestion:** We encourage you to show this video segment to the class as you introduce *Cap. 9.* (It is available on DVD and in Connect Spanish.) You may also show or assign this segment again toward the end of the chapter in the *Videoteca* section. You may want to use the previous *Mi país* segments as a review. **Point out:** Students are not expected to understand every word as this point.

Comunícate

La cocina del mundo hispano

el ceviche

SEBASTIÁN: En Perú hay muchos platos ricos que se preparan con papa. A mí me gusta **la papa a la huancaína.** Muchos platos peruanos llevan carne de res, como **el lomo saltado.** Otros se preparan con pollo, como **el ají de gallina.** Mi plato favorito es **el ceviche:** pescado crudo que se cocina en jugo de limón.

la horchata

NAYELI: **El guacamole** es una salsa cremosa típica de México. Se prepara con aguacate, cebolla, tomate y chile y se origina en la cultura azteca. Es muy rico con cualquier plato, especialmente con **totopos.** Pero para mí un almuerzo ideal tiene que incluir unos **tacos de pescado.** Y para beber, me encanta **la horchata,** una bebida dulce que lleva arroz, leche, vainilla, canela y azúcar.

las tapas

ANA SOFÍA: ¿La cocina de España? **La paella valenciana** es un plato típico español que se prepara con arroz, mariscos, pollo y verduras. ¡Mi madre hace unas paellas exquisitas! Y **las tapas** son pequeñas porciones de comida que se sirven en los bares con vino o cerveza. Las tapas pueden ser aceitunas, cacahuetes, calamares, boquerones fritos, tortilla española, ensaladilla y más.

el picadillo con arroz y plátanos fritos

RADAMÉS: Uno de los platos tradicionales de Cuba es **el picadillo,** que se hace con carne molida, pasta de tomate, cebolla y otros ingredientes. Es mi plato cubano favorito. Me gusta comerlo con **arroz blanco** y **plátanos fritos.**

el gallo pinto con yuca frita

JUAN FERNANDO: La comida costarricense no es tan famosa como la peruana o la mexicana, pero para mí… ¡es la mejor del mundo! En mi casa todos los días comemos **gallo pinto.** Es arroz que se cocina con frijoles y muchas especias. Y nos gusta acompañarlo con **yuca frita** y un rico **batido de maracuyá.** ¿Conoces la fruta maracuyá? Alguna gente la llama «fruta de la pasión».

la parrillada

CAMILA: La cocina argentina tiene gran influencia de la italiana. En mi país se comen muchos platos italianos: los ravioles, la lasaña, los espaguetis… ¡Me encantan los espaguetis! También es muy popular **la parrillada,** que es carne —cerdo, cordero, ternera— que se cocina en una parrilla.

Infórmate

probar = *to taste; to try* (*food*)
Debes probar la paella. ¿Quieres probarla? ¡Pruébala!
You should try paella. Do you want to taste it? Try it!

pesado/a = *rich, heavy*   **rico/a** = *good, tasty*   **riquísimo/a** = *delicious*
No me gusta la pasta con salsa cremosa; es demasiado pesada.
I don't like pasta with cream sauce; it's too rich.
Los tacos de pescado son ricos, ¡pero con guacamole son riquísimos!
Fish tacos are good (tasty), but with guacamole they are delicious!

Entérate

Las **tapas** son **entremeses** (*sing.* **el entremés**) en muchos países hispanos y **botanas** en México. En España, **el bocadillo** es un sándwich, pero en Colombia ¡es **pasta de guayaba** (*guava paste*)!

Actividad 1 Los platos favoritos

Conversa con tu compañero/a sobre los platos favoritos de los estudiantes hispanos.

MODELOS: E1: ¿Qué plato *le gusta* a Camila?
E2: Le gusta *la lasaña*. ¿Y qué comida *le encanta* a ella?
E1: A ella le encantan *los espaguetis*.

A…	le gusta(n)…	le encanta(n)…
Claudia	las albóndigas con arroz.	la sopa paraguaya.
Sebastián	la papa a la huancaína.	el ceviche.
Franklin	el flan.	el pudín de pan.
Eloy	los tacos.	las enchiladas.
Ana Sofía	la tortilla española.	la paella.
Rodrigo	el arroz con coco.	las arepas.
Camila	la lasaña.	los espaguetis.
Xiomara	el plátano frito.	las pupusas.

Infórmate

As you learned in **Infórmate 3.1**, **gustar** + infinitive is the Spanish equivalent of *to like* (*to do something*). **Gustar** can also be followed by a noun. When **gustar** is followed by a singular noun, use the singular form: **gusta**. When the noun is plural, use **gustan**. The verb **encantar** means *to love / like very much* (*to do something*) and follows the same pattern.

gustar/encantar + infinitive
Me **gusta** cocinar.
(A él) Le **encanta** comer.

gustar/encantar + sing. noun
Nos **gusta** la comida peruana.
A Ana Sofía le **encanta** la paella.

gustar/encantar + pl. noun
—¿Te **gustan** los platos mexicanos?
—No todos, pero me **encantan** las enchiladas.

Actividad 2 ¡Una fiesta en clase!

A. El cocinero de un restaurante hispano va a preparar los platos para una fiesta en tu clase de español. ¿Qué quieren servir ustedes en la fiesta? Con tu compañero/a, prepara una carta con cuatro platos y también dos bebidas. Para cada plato/bebida, digan por qué quieren servirlo/la.

Vocabulario útil

es fácil de preparar.	es saludable.
(no) es muy dulce / salado/a.	nos gusta el pescado / la carne / la sopa…
es muy sabroso/a.	tiene poca grasa.
(no) es picante.	tiene verduras.
es rico/a.	

EL MENÚ PARA LA FIESTA

cuatro platos   Queremos servir este plato porque…
dos bebidas   Queremos servir esta bebida porque…

B. Ahora tu compañero/a y tú deben hablar sobre sus selecciones con otros dos estudiantes. Digan qué platos y bebidas escogieron y por qué.

Comunícate   La cocina del mundo hispano

Hablando de la cocina hispana

LOS PLATOS ANDINOS

La región andina se refiere a los países en la cordillera de los Andes: Venezuela, Colombia, Ecuador, Perú, Bolivia y Chile. Esa región tiene una rica tradición indígena y allí predomina la cultura de los incas.[a] El maíz, o **choclo** en el idioma quechua, es un ingrediente básico de varios platos de esta región. Los colombianos y los venezolanos lo comen en forma de **arepa,** una masa[b] de maíz tostada o frita y rellena de[c] queso. Y en varios países andinos el **choclo tostado** se vende[d] en muchos puestos[e]. Otra comida muy popular es el **tamal,*** una masa de maíz que puede ser dulce o salada[f] y lleva un relleno[g] de carne de res o pollo; el tamal siempre se cocina envuelto[h] con hojas de mazorca o de plátano.[i]

el anticucho, plato típico de Bolivia

El alimento principal[j] en Perú es la papa, ¡que allí tiene más de 1.000 variedades! Los indígenas andinos han cultivado[k] esta verdura por miles de años. Se prepara de muchas formas, por ejemplo con salsa de queso en el rico plato de **papa a la huancaína.** Pero el plato peruano más conocido[l] es sin duda[m] **el ceviche:** pescado crudo que se cocina en jugo de limón. Al pescado se le pone también cilantro, ajo, cebolla, choclo tostado, ají y camote.[n]

Una de las comidas rápidas más populares en Bolivia es **el anticucho:** carne de corazón[ñ] de res al estilo brocheta,[o] a veces con salsa de maní picante[p] que se cocina en parrillas[q] en las esquinas[r] de las ciudades bolivianas. En Ecuador las especialidades son sus deliciosas sopas, como **el locro,** una sopa espesa[s] de papas, pescado y queso. Por último, una especialidad chilena es **el caldillo de congrio,** un plato de pescado fresco, papas, tomate y hierbas.

En la cocina andina, hay gran abundancia de platos deliciosos. ¡Pruébalos todos!

---

[a]*predomina… it is (a) predominantly Incan culture* [b]*dough* [c]*rellena… filled with* [d]*se… is sold* [e]*(food) stands* [f]*savory (not sweet)* [g]*filling* [h]*wrapped* [i]*hojas… corn husks or banana leaves* [j]*alimento… main/staple food* [k]*han… have grown (cultivated)* [l]*más… most well-known* [m]*sin… without a doubt* [n]*ají… chile and sweet potato* [ñ]*heart* [o]*al… kabob-style* [p]*spicy* [q]*grills* [r]*(street) corners* [s]*thick*

***Tamal** is the correct singluar form of **tamales** in Spanish (although English-speakers say *tamale*). A similar food in Ecuador, Bolivia, and Chile is called **humitas,** and in Venezuela and Colombia they are called **hallacas.**

La nutrición

Lee *Infórmate 9.1–9.2*

Las bebidas

- la leche
- el café con leche
- el té caliente
- el jugo de naranja
- el agua

Nadie de mi familia bebe leche. ¡Pero yo sí! Siempre la bebo para el desayuno.

La leche contiene calcio y proteína.
En el jugo de naranja hay mucha vitamina C.
Algunas personas prefieren el té porque tiene menos cafeína que el café.

Las verduras y las legumbres

- las habichuelas
- las calabacitas
- las mazorcas de maíz
- los tomates
- los guisantes
- el ajo
- el apio
- la cebolla
- el pepino
- las zanahorias
- los rábanos

- los frijoles
- el arroz

Las legumbres son muy nutritivas. Muchas contienen vitamina A.

El arroz y los frijoles contienen muchos carbohidratos, pero los frijoles también tienen proteína y fibra.

Las frutas

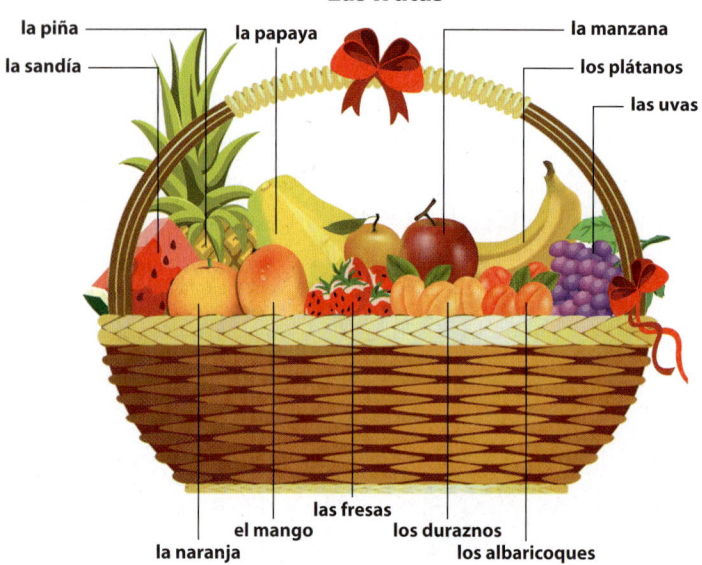

La naranja y la toronja contienen mucha vitamina C.
La sandía y las uvas tienen mucho azúcar.
Los albaricoques y los plátanos tienen potasio y calcio.

Las carnes, las aves, el pescado y los mariscos

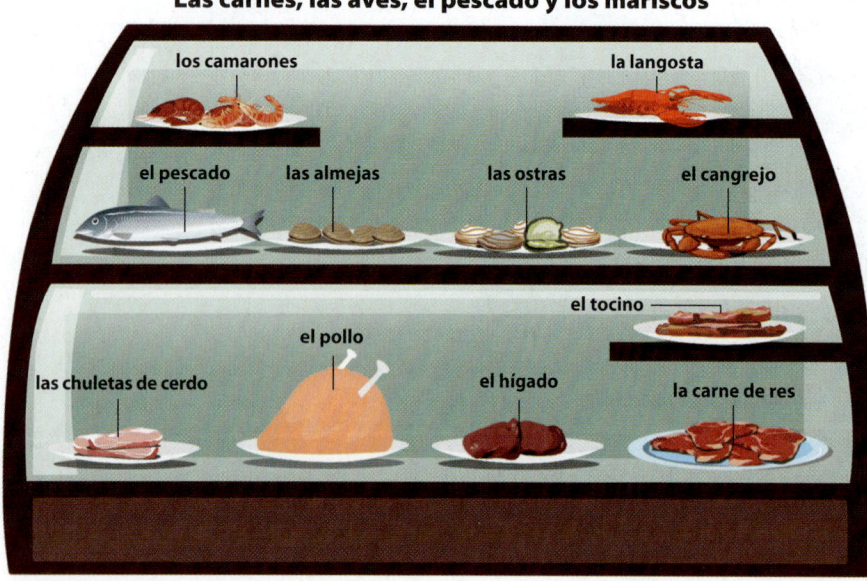

La carne, el pollo y los mariscos tienen mucha proteína.
El tocino contiene mucha grasa.

Entérate

El agua es la bebida más importante en la nutrición del ser humano, ¿verdad? Pues, si quieres ver una película fascinante sobre una crisis de agua que ocurrió en Bolivia en el año 2000, puedes ver *También la lluvia* (2010).

La palabra que se usa en Uruguay y Argentina para la fresa es **frutilla** y en Argentina las habichuelas se llaman **chauchas**. Los españoles llaman **patata** a la papa y **zumo** al jugo de fruta. La palabra **batata** (*sweet potato*) es **camote** en los países andinos y en México, **ñame** en Colombia y **boniato** en Cuba y España.

Act. 3 (Individual; whole class), **Notes:** Impersonal direct object pronouns were introduced in *Infórmate 5.3*. In *Infórmate 9.1*, students review impersonal direct object pronouns and are introduced to personal direct object pronouns. For this activity, students should be able to recognize and understand their meaning (referent) in context; some students may also begin to use them in writing and speech. Point out *jalea* (jelly); you may want to add *mermelada* and/or *miel*. **Part A, Suggestion:** Go over the foods listed while students mark which ones they eat for specific meals. **Part B, Suggestion:** Go over *Y tú, ¿qué dices?* and the model, then have students work in pairs to talk about how often they eat these foods and whether they like them or not. **Point out:** The expressions *Me cae(n) mal* and *Me hace(n) daño* work like *gustar* and describe food that upsets your stomach or makes you sick.

Actividad 3 Las comidas del día

A. Di si típicamente comemos estas comidas para el desayuno, para el almuerzo o para la cena.

MODELOS: ¿Los huevos fritos? *Los comemos para el desayuno.*

¿La sopa? *La comemos para el almuerzo o la cena.*

los huevos fritos	el pollo frito	la ensalada de lechuga y tomate
los guisantes	las enchiladas	el tocino
las verduras	la coliflor	el yogur
la sopa	los tacos	las chuletas de cerdo
el pan tostado con jalea	los panqueques	las papas fritas
las hamburguesas	el cereal	el arroz
un sándwich de queso	los espárragos	el maíz
el salmón	el sushi	la pizza con peperoni

B. Ahora mira la lista de comidas otra vez y dile a tu compañero/a con qué frecuencia las comes y si te gustan o no. Para reaccionar a lo que dice tu compañero/a, usa las frases de **Y tú, ¿qué dices?**

MODELOS: **E1:** ¿El yogur? Nunca lo como; no me gusta.

E2: A mí tampoco me gusta. Pero las papas fritas ¡me encantan! Siempre las como.

E1: A mí no. Casi nunca las como. Prefiero la ensalada.

Y tú, ¿qué dices?

Me encanta(n). / Me gusta(n).	A mí también. / A mí, no.
No me gusta(n).	A mí tampoco. / A mí, sí.
Me cae(n) mal. / Me hace(n) daño.	Prefiero…
Siempre… / (Casi) Nunca…	A veces… / De vez en cuando…

Act. 4 (Whole class; pair). Give students a minute or so to look over the table and the words related to the nutritional content. Make sure they understand *calcio* and *vitaminas*. Pair students to complete the table then talk about the food. Circulate to help place food into categories and to help with pronunciation.

Actividad 4 La nutrición

Mira la lista de comidas en la **Actividad 3**. ¿Qué comidas son más ricas en proteína, en carbohidratos, en calcio y en vitaminas A y C? ¿Cuáles contienen más grasa? Con tu compañero/a, primero ponlas en uno (o más) de los cinco grupos en una tabla como la siguiente. Luego, conversen sobre el contenido nutritivo de las comidas.

MODELO: **E1:** El arroz tiene muchos carbohidratos.

E2: Sí, y el tocino contiene proteína y mucha grasa.

la proteína	los carbohidratos	el calcio	las vitaminas A y/o C	la grasa
la carne de res	el arroz			el tocino

Comunícate La nutrición

Act. 5 (Individual; whole class; pair), **Suggestions:** Read the foods in the three columns aloud while students follow along. Describe any new words. Note *pan tostado a la francesa* for French toast, although *torreja* (also spelled *torrija*) is a similar breakfast dish in Spain and other Hispanic countries. Then have students select foods and plan two menus, each covering all three meals: one menu that is completely healthy and one that includes their favorite foods (which may or may not be healthy). Pair students and have them ask each other the questions in the model. Point out the use of *escoger* in the preterite if students aren't familiar with it.

Actividad 5 Dos menús

Usa esta lista de comidas para preparar dos menús completos: un menú con comida saludable y otro con tus comidas y bebidas favoritas. Después conversa con tu compañero/a sobre los dos menús.

Desayuno	Almuerzo	Cena
avena	agua mineral	bistec
café/té caliente	ensalada: de tomate, de fruta fresca, verde	camarones
cereal frío		cerveza / vino
donas	hamburguesa	chiles rellenos
fruta: durazno, naranja, piña, toronja, uvas	jugos naturales	enchiladas
	limonada	ensalada verde
huevos: cocidos, fritos, rancheros, revueltos	papas fritas	galletitas de chocolate
	refresco	helado
jugos naturales	sándwich: de atún, de jamón y queso, de pavo, de pollo	langosta
leche (descremada)		verduras y legumbres: brócoli, coliflor, habichuelas
pan tostado (a la francesa)	sopa: de cebolla, de frijoles, de verduras, de pollo, de tomate	
panqueques		pastel o flan
salchichas/tocino	tacos	pescado: a la parrilla, al horno, empanizado, frito
yogur	té caliente/helado	tamales

MODELO: **E1:** ¿Qué comidas saludables escogiste?

E2: Escogí *toronja y yogur* para el desayuno. Para el almuerzo, escogí *ensalada de frutas y agua mineral*. Para la cena, escogí *ensalada verde y pescado a la parrilla*.

E1: ¿Y qué prefieres desayunar/almorzar/cenar?

E2: Prefiero…

Actividad 6 La comida en casa

A. Conversa con tu compañero/a.

1. ¿Qué desayunas por lo general? ¿Qué comiste esta mañana antes de salir de casa? ¿Qué almuerzas normalmente? ¿Qué almorzaste hoy? (¿Qué vas a almorzar hoy?)
2. ¿Qué bebidas prefieres para el desayuno? ¿Y para el almuerzo? ¿Para la cena?
3. ¿Prefieres comer más al mediodía o por la noche? ¿Por qué? ¿Comes entre comidas? ¿Qué comes?
4. ¿Qué prefieres comer de postre? ¿Tienes algún postre favorito que preparas en casa? ¿Cuál?
5. Generalmente, ¿comes mientras miras la televisión? ¿Te gustan las palomitas de maíz? ¿Les pones mantequilla y sal?
6. ¿Eres vegetariano/a o vegano/a? ¿Hay alguien vegetariano o vegano en tu familia?
7. ¿Eres alérgico/a a alguna comida? ¿A cuál?

Act. 6 (Whole class; pair), **Suggestions:** Read the questions one by one to the class. Note *palomitas de maíz* (popcorn), *alérgico/a* (ser alérgico/a a [algo]), and *vegano/a* for vegan (a diet and lifestyle that exclude all animal-derived foods and products). **Variation:** Have students interview you first; write some of your answers on the board for reference. Now pair students for Part A of the activity. **Expansion:** Ask the class more questions: **1.** *Si eres vegetariano/a o vegano/a, ¿es difícil tener una dieta sin carne?* **2.** *¿Hay comidas que te encantan pero que no son muy saludables? ¿Cuáles? ¿Tienes alguna comida favorita que preparas en casa y que sí es saludable? ¿Cuál?* **3.** *¿Invitas a alguien a comer a tu casa frecuentemente? ¿Cocinas para tus invitados? ¿Qué platos te gusta preparar? ¿Hay alguno especial que siempre llevas a las fiestas?* **4.** *Si no eres alérgico/a a ninguna comida, ¿hay alguna que te gusta mucho pero que no comes con frecuencia? ¿Cuál? ¿Por qué no la comes?*

B. Ahora… ¡conversa con tu profe!

1. ¿Qué desayuna usted por lo general? ¿Qué comió esta mañana antes de salir de casa? ¿Qué almuerza normalmente? ¿Qué almorzó hoy? (¿Qué va a almorzar hoy?)
2. ¿Qué bebidas prefiere para el desayuno? ¿Y para el almuerzo? ¿Para la cena?
3. ¿Prefiere comer más al mediodía o por la noche? ¿Por qué? ¿Come entre comidas?
4. ¿Qué prefiere comer de postre? ¿Tiene algún postre favorito que prepara en casa? ¿Cuál?
5. ¿Es vegetariano/a o vegano/a usted? ¿Hay alguien vegetariano o vegano en su familia?
6. ¿Es usted alérgico/a a alguna comida? ¿A cuál?

> **Entérate**
>
> En español hay muchos refranes (*sayings*) con el tema de la comida. Aquí tienes uno muy popular: «**Al pan, pan y al vino, vino**». (En inglés, en sentido literal: [*Call*] *The bread "bread" and the wine "wine."*) Hay algunos refranes similares en inglés, como por ejemplo, *Call a spade a spade* y *Don't beat around the bush.*

La preparación de la comida

Lee *Infórmate 9.3*

Las medidas

- media cucharadita de bicarbonato de soda
- una cucharadita de sal
- una cucharada de mantequilla
- una pizca de sal
- una taza de harina
- media taza de azúcar
- AZÚCAR BLANCA

Los productos

Muchas comidas preelaboradas contienen conservantes y colorantes.

La preparación

¿Cómo se prepara un bistec?

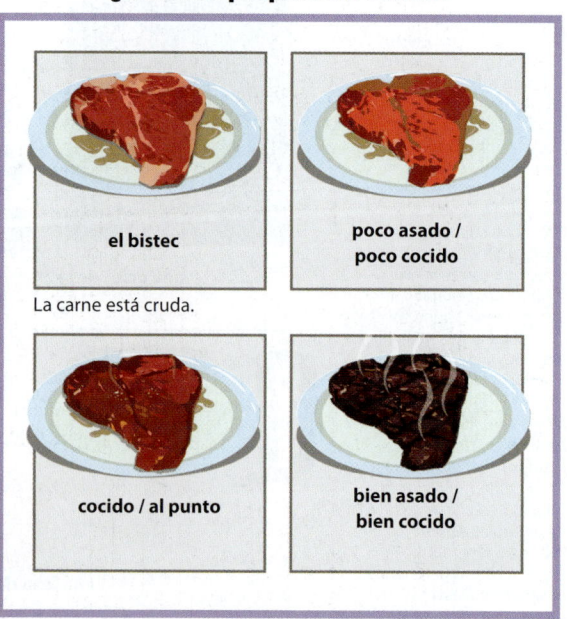

Act. 7 (Pair), **Note:** Make sure students understand all new words in activity. **Suggestions:** Pair students to match definitions with food vocabulary. Ask each pair to come up with an original definition of a word from this section's vocabulary for the whole class to guess.

Actividad 7 La preparación de la comida

Empareja cada descripción con la palabra que describe. **OJO:** Algunas descripciones tienen dos respuestas posibles.

1. Se pone en la ensalada. __a__.
2. Para preparar un sándwich con tomate, se corta el pan en __j__ y el tomate en __k__.
3. Se usa mucho en la preparación de pasteles y galletas. __e, l__
4. En esa tienda no se venden frutas frescas, pero las puedes comprar __b__.
5. Es un líquido dulce y muy espeso y que se usa mucho en el té caliente o con el pan tostado. __g__
6. La receta pide ¼ de __d__ de sal.
7. Muchas personas le ponen __h__ a los perros calientes.
8. Es mejor no comer comidas con muchos __c, f__.
9. Algunas personas prefieren la carne del bistec un poco cruda; entonces preparan el bistec __i__.

a. el aderezo
b. congeladas
c. conservantes
d. cucharadita
e. la harina
f. ingredientes químicos
g. la miel
h. mostaza
i. poco asado
j. rebanadas
k. rodajas
l. la vainilla

> **Entérate**
>
> Aquí hay otro refrán con el tema de la comida.
> «**Del plato a la boca, se cae la sopa.**» (En inglés, en sentido literal: *From the plate to the mouth, the soup falls.*) En inglés hay un refrán que comunica la misma idea: *There is many a slip between the cup and the lip.*

Entérate: Ask students when they think someone might use the saying "*Del plato a la boca…*," or if they have heard the equivalent expression in English. (It refers to things that can go wrong between planning something and finishing it, similar to "It's not over till it's over.") Have students guess, then poll the class for the best answer.

Act. 8 (Whole class; pair), **Suggestions:** Go over quantity terms: *pqte.* (*paquete*), *lb.* (*libra*), *onzas, lata, envase, tarro.* Read some prices aloud to emphasize that *x = por* and means both *per* and *for*. Ask: *¿Cuánto cuesta el paquete de tocino? ¿Cuánto tienen que pagar por tres libras de carne molida? ¿Cuánto cuesta una libra de tomates?* Divide class into pairs and let them work together on the shopping problem. Check totals to see which group finishes most rapidly and most accurately.

Actividad 8 Hoy haces la compra

Hoy vas a hacer la compra para la semana. Aquí tienes la lista de los productos que necesitan en tu casa. Con tu compañero/a, calcula el precio total.

Total: $70.41

Lista para la compra	El precio de los productos
un paquete de tocino	pqte. 12 onzas: **$3.99**
dos latas de sopa de legumbres	lata de 10 onzas: **$1.89**
dos aguacates	4 × **$1.99**
tres libras de carne molida	**$4.15** × lb.
dos libras de limones	**$.99** × lb.
catorce onzas de avena	envase 14 onzas: **$2.49**
un tarro de dieciséis onzas de mayonesa	tarro 16 onzas: **$3.59**
tres libras de cebollas amarillas	**$.69** × lb.
un paquete de zanahorias	pqte. **$.99**
dos libras de manzanas	**$1.60** × lb.
una sandía de ocho libras	**$.24** × lb.
tres libras de chuletas de cerdo	**$4.99** × lb.
dos libras de camarones frescos	**$8.99** × lb.

> **Infórmate**
>
> x = por (*for, per*)
> 3 manzanas × $1 = tres manzanas por un dólar (*three apples for one dollar*)
> manzanas: $2 × lb. = manzanas: dos dólares por libra (*apples: two dollars per pound*)

Comunícate La preparación de la comida

Mafalda. Felipe is one of Mafalda's friends. He is bright, very responsible, and the oldest member of the Mafalda clique. Poor Felipe! He has to memorize his mother's grocery list. Note: ¼ kilo = approximately ½ lb. Also note Argentinean Spanish: *2 sachets de lavandina* = *2 bolsitas de lejía* (bleach).

Actividad 9 Vamos a preparar ceviche

Pon en orden los pasos para la preparación del ceviche, un plato típico de Perú.

1    **2** 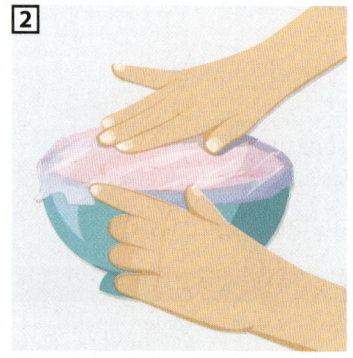   **3**

4    **5**    **6**

INGREDIENTES

2 libras de filetes de pescado blanco

15 limones

2 cebollas grandes, cortadas en trocitos

2 pimientos (ají verde y ají anaranjado)

1 manojo de cilantro, picado finamente

Sal y aceite al gusto

PREPARACIÓN

__2__ Se cubre la fuente.

__6__ Se adorna con lechuga o camote antes de servirlo.

__1__ Se pone el pescado en una fuente de vidrio y se cubre con jugo de limón y sal.

___4___ Se cortan las cebollas, el ají y el cilantro en trozos pequeños y se mezclan con jugo de limón. Se le pone una pizca de sal y se deja reposar por una hora.

___3___ Se pone el pescado en el refrigerador durante un mínimo de cuatro horas.

___5___ Cuando el pescado esté «cocido» en el jugo de limón, se mezcla con los otros ingredientes y se le añade más sal y aceite al gusto. Se deja reposar por veinte o treinta minutos.

> **Infórmate**
>
> There are other ways to give recipe instructions in Spanish. For example, you can use infinitives.
>
> **Añadir** dos tazas de agua.
>
> Or you can use a polite command.
>
> **Añada** dos tazas de agua.
>
> Here are some polite commands that you might see in recipes: **Añada** (*Add*), **Agregue** (*Add*), **Fría** (*Fry*), **Tome** (*Take*), **Baje** (*Lower*), **Corte** (*Cut*), **Saque** (*Take out*).
>
> You will learn more about polite commands in **Infórmate 11.3**.

Actividad 10 La compra

A. Conversa con tu compañero/a.

1. ¿Quién hace la compra en tu casa? ¿La haces tú?
2. En tu casa, ¿compran ustedes los comestibles (las cosas que se comen) en un supermercado o en tiendas pequeñas?
3. ¿Compran muchas verduras y frutas en tu casa? ¿Compran comidas preelaboradas? ¿Leen las etiquetas (la información en los paquetes) de las comidas para determinar si contienen colorantes o conservantes?
4. ¿Quién prepara la comida en tu casa? ¿Te gusta cocinar? ¿Aprendiste a cocinar tú solo/a o alguien te enseñó? ¿Sabes cómo se preparan tus platos favoritos? ¿Qué platos sabes preparar?
5. ¿Compras mucha comida chatarra (no nutritiva: con azúcar, grasa, etcétera)? ¿Qué compras?
6. ¿Comes entre comidas? ¿Bebes algo? ¿Qué comes o bebes entre comidas?

B. Ahora… ¡conversa con tu profe!

1. ¿Quién hace la compra en su casa? ¿La hace usted?
2. ¿Compran muchas verduras y frutas en su casa? ¿Compran comidas preelaboradas? ¿Leen las etiquetas de las comidas para determinar si contienen colorantes o conservantes?
3. ¿Quién prepara la comida en su casa? ¿Le gusta cocinar? ¿Qué platos sabe preparar?
4. ¿Come usted entre comidas? ¿Bebe algo? ¿Qué come o bebe entre comidas?

En el restaurante

Lee *Infórmate 9.4*

Julia Johnson-Muñoz y su esposo Alberto Muñoz salieron a cenar anoche.

Julia pidió una ensalada, pollo a la parrilla, papas fritas y espárragos. Alberto pidió sopa de verduras, bistec al punto, pan con mantequilla y brócoli.

Alberto tomó una copa de vino tinto, pero Julia decidió tomar agua mineral. ¡Y claro que hicieron un brindis!

El mesero les sirvió la comida.

Comieron con gusto y conversaron tranquilamente.

El cocinero les preparó un postre especial, pastel de chocolate con helado.

Los dos pidieron café después del postre. ¡Quedaron muy satisfechos!

Pagaron la cuenta con tarjeta de crédito.

Dejaron una buena propina porque el servicio fue excelente.

Entérate

En la cultura hispana, es costumbre decirle **¡Buen provecho!** a una persona que está comiendo. Aunque no hay ninguna frase igual en inglés, se puede decir *Enjoy!* o usar una frase del francés, *Bon appetit!* Cuando bebes con tus amigos, todos dicen *Cheers!* para hacer un **brindis** (*toast*), ¿no? En español se dice **¡Salud!** (*Health!*) porque se brinda por la salud y bienestar (*well-being*) de todos.

Actividad 11 El nuevo restaurante

Sebastián, Daniel y Nayeli cenaron ayer en Perú Andino, un restaurante de comida peruana y andina. Lee las descripciones de su experiencia y ponlas en orden, según los dibujos. Luego trabaja con tu compañero/a para narrar la historia.

Act. 11 (Whole class; pair). To start, read over all descriptions with the class. Have students work individually to find the correct order, then in pairs to narrate the sequence. Encourage them to add as many details as possible. For example, ask: ¿Hicieron reservación antes de llegar? (Note that reservation is *reserva* in Spain and *reservación* in Latin America). ¿Por qué se sorprendió Nayeli cuando recibió su plato? ¿Cuánto tiempo estuvieron en el restaurante? ¿De qué conversaron cuando salieron? ¿Y qué hicieron después de cenar?

___1___ Entraron en el restaurante para cenar.

___4___ Leyeron el menú y Sebastián le recomendó un plato peruano a Nayeli.

___7___ El mesero les sirvió la comida: arroz con pollo para Nayeli, ceviche para Sebastián y camarones al ajo para Daniel.

___2___ Se sentaron y el mesero les preguntó si querían (*wanted*) tomar algo.

___5___ El mesero les sirvió las bebidas.

___10___ Pidieron la cuenta.

___3___ El mesero le recomendó a Nayeli una bebida típica de Perú.

___12___ Salieron del restaurante hablando del plato que pidió Nayeli.

___6___ Nayeli, Sebastián y Daniel pidieron la comida.

___8___ Nayeli se sorprendió con el color verde del arroz.

___9___ Comieron y conversaron.

___11___ Sebastián pagó la cuenta con tarjeta de crédito.

Entérate

En los países hispanos, muchas veces una sola persona paga la cuenta de todos sus amigos cuando sale con ellos y los invita a comer (**invitar** = *to treat*). Cuando cada persona paga su propia (*own*) cuenta, se dice **pagar a la americana** (en inglés *to go Dutch*). En Panamá se usa la expresión **mitad y mitad** (*half and half*) y en Argentina la expresión es **pagar a la romana**, que viene del italiano *pagare alla romana*.

Infórmate

After most prepositions (**a, de, por, para, sin**), the following pronouns are used: **mí, usted, ti, él, ella, nosotros, vosotros, ustedes, ellos, ellas.**

A mí me encanta la comida peruana.	*I love Peruvian food.*
El ceviche es **para él**.	*The ceviche is for him.*
No quiero ir al nuevo restaurante **sin ellos**.	*I don't want to go to the new restaurant without them.*

But note that the preposition **con** and the pronoun **mí** combine to form **conmigo** (*with me*), and the pronoun **ti** after **con** becomes **contigo** (*with you*).

—¿Quieres salir a cenar **conmigo**? — *Do you want to go out to eat with me?*
—Sí, claro. Siempre me gusta salir a cenar **contigo**. — *Yes, of course. I always enjoy going out to eat with you.*

You will learn more about prepositions and pronouns in **Capítulo 10, Infórmate 10.1**.

Actividad 12   La mesa en casa y en los restaurantes

A. Di para qué sirven estos objetos de la mesa. Usa el **Vocabulario útil**.

MODELO: *El salero* sirve para *guardar la sal*.

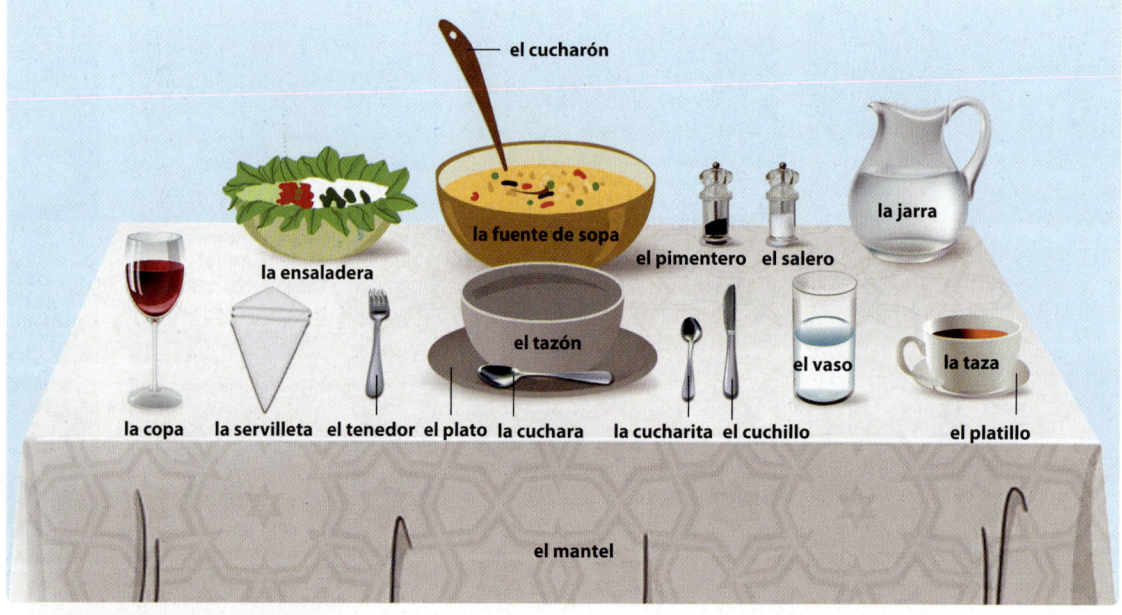

Vocabulario útil

comer la comida	limpiarse la boca	servir la sopa
cortar la comida	preparar la ensalada	tomar café/té/vino/agua
cubrir la mesa	servir el agua	tomar la sopa
guardar la sal/pimienta		

B. Ahora… ¡hay que poner la mesa! ¿Dónde va cada objeto? Trabaja con tu compañero/a. Miren el dibujo y usen **a la derecha de, a la izquierda de, al lado de, encima de, entre** o **enfrente de**.

MODELO:
E1: ¿Dónde va *el tenedor*?
E2: *El tenedor* va *a la izquierda del* plato.

¿Cenas en casa con tu familia con frecuencia?

Act. 13, Part A (Whole class; pair), **Suggestions:** With whole-class participation, comment on the Peruvian foods on the menu and explain new vocabulary. Go over *Vocabulario útil* and then the menu. **Point out:** *Adobo/adobado* (marinade/marinated), *pulpo* (octopus), *seco al sol* (sun-dried), *desmenuzado* (shredded), *sofrito* (sauté/sautéed), *cocido/ajiaco* (stew), *cordero* (lamb), *albahaca / salsa de albahaca* (basil/pesto), *maracuyá* (passion fruit), and *torta* (cake). Mention that 1 *nuevo sol* is about 38 US cents.

Actividad 13 Restaurante El Sol Inca

A. El Restaurante El Sol Inca está en Lima. Lee su carta y luego hazle preguntas a tu compañero/a sobre los precios, que están en nuevos soles (la moneda nacional). Sigan el modelo.

MODELO: E1: ¿Cuánto cuesta *el arroz con mariscos*?
E2: Cuesta *cuarenta y cuatro nuevos soles*.

Restaurante El Sol Inca
Cocina peruana auténtica

APERITIVOS

Anticuchos
Brochetas de corazón de res adobado en vinagre, aceite, sal, ají, ajo y varias especias. Se sirve con papas hervidas. — 22

Papa a la huancaína
Plato peruano tradicional. Papas con salsa cremosa de ají amarillo y queso. Se sirven sobre hojas de lechuga con huevo y aceitunas. — 22

Yuca a la huancaína
Yuca frita con salsa cremosa de ají amarillo y queso. Se sirve con rodajas de huevo cocido y aceitunas. — 22

Papa rellena de pollo
Bolas de puré de papa, rellenas de pollo y fritas. Se sirven sobre hojas de lechuga con salsa criolla (aderezo de cebolla). — 22

A LA PARRILLA

Lomo fino
Filete mignon a la parrilla. Se sirve con vegetales y papas fritas, sazonadas con ají rojo y seco al sol. — 52

Lomo con mariscos
Filete mignon a la parrilla, cubierto de mariscos. Se sirve con papas al horno y arroz blanco. — 66

Pechuga de pollo
Pollo a la parrilla. Se sirve con ensalada y papa hervida o frita. — 38

CARNE Y POLLO

Lomo saltado
Pedacitos de bistec con cebolla, tomate y papa. Se sirve con arroz blanco. — 38

Ají de gallina
Pollo desmenuzado y cocinado con ají amarillo seco al sol, nueces, leche y queso. Se sirve con arroz blanco. — 38

Tallarín saltado de carne o pollo
Fettuccini al estilo peruano, con carne o pollo, tomate y salsa de soya. — 38

Cocido de cordero
Cocido o ajiaco de cordero con ají, cilantro y chicha jora (cerveza de maíz). Se sirve con arroz blanco y frijoles. — 44

Arroz con pollo
Pollo, arroz y guisantes que se cocinan con cilantro y cerveza inca. — 38

PLATOS VEGETARIANOS

Champiñones saltados
Champiñones sofritos con cebolla, tomate y papas. Se sirve con arroz blanco. — 35

Tallarín saltado con champiñones
Fetuccini al estilo peruano, sofrito con champiñones, tomate y salsa de soya. — 35

Tallarín verde
Fettucini en salsa de albahaca con champiñones. — 38

ESPECIALIDADES DE LA CASA

Ceviche de pescado
Tilapia en adobo de jugo de limón y ají peruano. Se acompaña con papas, camote, cebolla y maíz. — 38

Ceviche de camarones
Camarones en adobo de jugo de limón y ají peruano. Se acompaña con lechuga, papas, camote, cebolla y maíz. — 44

SOPAS

Parihuela de mariscos
Sopa de pescado, camarones, cangrejo, pulpo, chicha jora (cerveza de maíz) y una variedad de especias. — 44

Chupe de camarones
Sopa espesa de camarones de la costa de Perú. Se prepara con leche, arroz, huevos, guisantes y una variedad de especias. — 41

PESCADO Y MARISCOS

Arroz con mariscos
La paella peruana, arroz con mariscos y especias. — 44

Sudado de pescado
Pescado blanco que se cocina en una salsa de tomate, cebolla, ajo, vino blanco y otros condimentos. Se sirve con yuca cocida y cancha (choclo tostado). — 46

Sudado de mariscos
Surtido de mariscos que se cocinan en vino blanco, cebollas y salsa de tomate. Se sirve con arroz blanco y papas. — 44

Camarones al ajo
Camarones sofritos con salsa de ajo. Se sirve con arroz blanco. — 41

PLATOS EXTRAS

Puré de papas	13
Arroz blanco	8
Frijoles	8
Yuca frita	13
Plátanos maduros fritos	13
Papas fritas	8
Ensalada pequeña	8

BEBIDAS

Inka Kola	5
Chicha morada *Extracto de maíz con canela.*	6
Jugo de maracuyá	6
Jugo de naranja	5
Té helado	5
Café	5
Té	5

POSTRES

Alfajor *Galletas dulces rellenas de natilla.*	9
Arroz con leche *Pudín de arroz con coco y pasas.*	13
Flan	13
Torta de chocolate	15

Restaurante El Sol Inca
Av. Rivera Navarrete No. 520, San Isidro
Para reservaciones llamar al (511) 2249454

Se abre de lunes a jueves de las 12 p.m. a las 22 p.m.
Viernes y sábados de las 12 p.m. a las 23 p.m.
Los domingos de las 12 p.m. a las 21 p.m.

(Continúa.)

Part B (Whole class; pair), **Suggestions:** Direct students to the model, then provide your own answer for what you would order. Then have students work in pairs or groups to choose 2 or 3 dishes and explain why they chose them. **Follow up:** Have volunteers share their choices.

B. Ahora imagínate que estás en el restaurante con tu compañero/a. Digan qué comida(s) van a pedir y por qué. Sigan el modelo.

MODELO: E1: ¿Qué vas a pedir?

E2: Creo que voy a pedir *papa rellena de pollo* de aperitivo y *sudado de pescado* porque *me encanta el pescado*. De postre voy a pedir *el arroz con leche* porque *parece muy rico y no estoy a dieta*. ¿Y tú, qué vas a pedir?

Vocabulario útil

Me encanta(n).	(No) Es/Son saludable(s).	(No) Quiero comer carne.
(No) Tengo mucha hambre.	(No) Parece muy rico/a.	(No) Soy vegetariano/a (vegano/a).
(No) Estoy a dieta.	(No) Suena muy sabroso/a.	Esa comida (no) engorda mucho.
(No) Traigo mucho dinero.		

Act. 14 (Group), **Suggestions:** Verify comprehension of bolded phrases (e.g., *quisiera, me gustaría*) and write some of them on the board. Review *tener ganas de* + infinitive (included in model) and *pensar* + infinitive (*Infórmate 4.4*). Have students first read the dialogue aloud, taking turns playing all parts, then create their own dialogue and present it to the class. Point out that they need to change the words in italics when creating their dialogue, but they can be more creative. Students can order their favorite dishes or dishes from the El Sol Inca menu and/or the *La cocina del mundo hispano* vocabulary display. Model a few lines of the dialogue, playing all parts, then give students time in class to work in groups of 3. Have the class vote on the best dialogue.

Actividad 14 Hoy salimos a cenar

Lee el siguiente diálogo entre un amigo y una amiga. Luego, en grupos, usen el diálogo como modelo y preparen una escena en un restaurante. Pidan platos hispanos o sus platos favoritos.

MESERO: Buenas noches. ¿Desean algo para tomar?
AMIGA: Sí, **quisiera** una limonada, por favor.
AMIGO: A mí **tráigame** una copa de vino blanco, por favor.

Minutos más tarde…

MESERO: ¿Están listos para pedir?
AMIGA: Sí, me **gustaría** pedir *enchiladas de pollo* pero estoy a dieta (soy alérgica a ___). Tráigame mejor *una ensalada mixta*, por favor.
AMIGO: A mí **me trae** *el plato del día con sopa de tortillas*.
MESERO: Sí, enseguida les traigo su comida.

Más tarde, el mesero les sirve.

MESERO: La ensalada mixta es para…
AMIGO: Es para mí. Gracias.
MESERO: Muy bien. Y el plato del día es para la señorita.
AMIGA: Sí, gracias.
MESERO: ¡Buen provecho!

Comen con gusto y luego piden postre…

AMIGA: **Tengo ganas de** comer algo *con chocolate*. ¿Qué hay?
MESERO: Hoy ofrecemos *pastel de chocolate con crema*.
AMIGA: ¡Qué rico! **Tráigame** *el pastel*, por favor.
AMIGO: Yo **quisiera** helado. Por favor, **sírvame** *el helado de vainilla con fruta fresca*.

Después de comer…

AMIGA: ¿**Nos trae** la cuenta?
MESERO: Sí, claro, enseguida.
AMIGO: Debemos dejar una buena propina.
AMIGA: ¡De acuerdo! El servicio fue excelente.
AMIGO: Sí, es verdad… Oye, y gracias por salir a cenar conmigo.
AMIGA: ¡De nada! ¡Siempre me gusta salir contigo!

Infórmate

Here are some words and phrases you can use with **por favor** to order a meal at a restaurant.

Quisiera… = *I would like…*

Tráigame/Tráiganos… = *Bring me/us…*

Me gustaría… = *I would like…*

(A mí) Me trae… / (A nosotros) Nos trae… = *Will you please bring me/us…*

Sírvame/Sírvanos… = *Will you please serve me/us…*

(A mí) Me sirve… / (A nosotros) Nos sirve… = *Will you please serve me/us…*

Act. 15 (Pair),
Suggestions: Have students read interview questions and ask you about new vocabulary, then pair them up for the interview. Always allow time for students to interview you.
Expansion: Have students write a short composition about their partner's restaurant preferences.

Actividad 15 Los restaurantes

Conversa con tu compañero/a.

1. ¿Qué tipo de restaurante te gusta más? (elegante, fino, caro, barato, ...)
2. ¿Te gusta la comida mexicana? ¿Y la comida peruana? ¿Qué otro tipo de comida te gusta? (china, japonesa, árabe, coreana, vegetariana, italiana, ...)
3. ¿Cuál es el restaurante más elegante cerca de tu casa? ¿Comes allí con frecuencia? ¿Te gusta la comida? ¿Y el ambiente? ¿Son buenos los precios? ¿Es necesario hacer una reservación? ¿Con cuántos días de anticipación? (¿Cuántos días antes?)
4. ¿Cuánto se debe pagar por una comida excelente en un buen restaurante? ¿Cuánto dejas de propina: el quince por ciento (%) o más?
5. ¿Cuántas veces por semana comes fuera de casa? ¿Comes frecuentemente en algún lugar en especial? ¿Dónde?
6. ¿Vas mucho a los restaurantes de «servicio rápido»? ¿Cuál de todos es tu favorito? ¿Por qué?

Entérate
La comida china y la japonesa son muy populares en Perú, pues en ese país hay una gran población asiática, la más grande del mundo hispano. A los restaurantes chinos en Perú se les llama **chifas**.

En España, es normal ver jamones colgados (*hanging*) en algunos restaurantes. Un restaurante con muchos jamones colgados indica que es bueno.

Actividad integral,
Suggestions (Group; whole class): Give students time in class to create their menus. (You may want to assign part of the project as homework and allow them to find another Hispanic menu template online.) Encourage students to use the vocabulary from the chapter and refer them to *Cap. 5, Las tres comidas,* for more food vocabulary.
Suggestions: Display menus in class and have students vote on the best menu for each of the following categories: (*el más nutritivo, el más descriptivo y el más sabroso*). Have students cast votes on a scrap of paper, then collect and tally the votes. **Expansion:** Select 2 or 3 menus and have a whole-class discussion about some of the dishes featured in them. Suggested topics: 1. *los platos más saludables / el contenido nutritivo de los platos* 2. *los platos fáciles de preparar* 3. *platos hispanos.*

Actividad integral

¡Tienes un restaurante!

Imagínate que tú y dos compañeros/as de clase van a abrir un restaurante nuevo. Usen la carta del Restaurante El Sol Inca (**Actividad 13**) como modelo para crear su menú. Incluyan algunos platos típicos hispanos y algunos de su país que les gustan mucho, con una breve descripción de cada plato. Deben incluir también las bebidas, los postres y los precios. ¿Cómo se llama el restaurante? Por último, necesitan poner el horario: ¿A qué hora se abre y a qué hora se cierra?

Exprésate

Escríbelo tú,
Suggestions: Read the situation through with the whole class before assigning the activity. Remind students that they can use the dialogue in *Act. 14* as a model. Topic for additional writing activity: *Imagínate que estás en tu restaurante favorito con un amigo o una amiga. Escribe un diálogo entre el mesero / la mesera, tu amigo/a y tú. Tu amigo/a y tú van a pedir sus platos favoritos. Antes de pedir la comida, deben conversar sobre algunos de los platos en el menú, comentando cuáles son más saludables y cuáles son más sabrosos.*

ESCRÍBELO TÚ

Una cena ideal

Describe una cena ideal. ¿Es una cena en casa o en un restaurante? ¿Qué comidas se sirven? ¿Hay algunos platos saludables? ¿Hay sopa o ensalada? ¿Qué se sirve para beber? Menciona los platos principales y el postre. ¿Cuáles de estos platos tienen más proteína, carbohidrato, grasa, calcio, vitaminas, etcétera? Di también quién prepara la comida y con quién cenas. Por último, contesta esta pregunta: ¿Por qué consideras esta cena «ideal»? Lee y completa la actividad entera en el *Cuaderno de actividades* o en Connect Spanish.

CUÉNTANOS

Las comidas que se sirven en tu casa

Conversa con tus compañeros/as sobre las comidas que se sirven en tu casa con frecuencia y explica por qué se sirven frecuentemente. Luego habla de las comidas que nunca se sirven en tu casa y explica por qué.

Cuéntanos, **Note:** This oral summary activity is intended to help students narrate their own lives and stories in an informal setting. **Suggestion:** Give students 5–10 minutes to jot down ideas in the table available in the *Tu mundo* PP, or assign this preparation as homework. Have students work in groups of 3 or 4.

Entérate

Mundopedia

1. Los nombres en el mundo hispano
2. El arpa paraguaya
3. El cine argentino
4. Quito y Mitad del Mundo
5. ¡Grandes fiestas!
6. La escritora chilena Isabel Allende
7. El Carnaval de Barranquilla
8. El Cinco de Mayo
9. **La Diablada de Oruro**
10. La música de Cuba
11. Los paradores de España
12. Mérida, ciudad en la montaña
13. Los festivales dominicanos
14. El misterio de las ciudades mayas
15. Los logros de Costa Rica

La Diablada de Oruro

La Diablada de Oruro

Vocabulario de consulta

la Diablada	Festival (Dance) of Devils
minero	mining (*adj.*)
plata	silver
estaño	tin
recursos	resources
se agotaron	got used up
Organización de las Naciones Unidas (ONU)	United Nations (UN)
Patrimonio Oral e Inmaterial de la Humanidad	Oral and Intangible Human Heritage
cristianismo	Christianity
ofrecían coca	offered coca leaves
dios	god
mundo subterráneo	underworld
diablo	the devil
leyenda	legend
apareció	appeared
santa patrona	patron saint
socavón	mineshaft
danzantes	dancers
disfrazados	disguised, costumed
mezcla	mixture
lagartos, serpientes y ranas	lizards, snakes, and frogs
cuernos	horns
bien	good, goodness
máscaras	masks

LA CIUDAD DE ORURO

La ciudad de Oruro se encuentra al oeste de Bolivia y tiene 200.000 habitantes. Esta ciudad se estableció en 1606 como centro **minero**, primero de la **plata** y luego del **estaño**. Pero los dos **recursos se agotaron**. Hoy en día el recurso principal de Oruro es el turismo: su carnaval es muy famoso y es la celebración folclórica más grande de América Latina. Cada mes de febrero llega a esta ciudad boliviana casi medio millón de personas para celebrar su festividad carnavalesca, que se llama también la **Diablada** de Oruro. En 2001, la **Organización de las Naciones Unidas (ONU)** decidió que el carnaval de Oruro se considera **Patrimonio Oral e Inmaterial de la Humanidad**.

LA TRADICIÓN DE LA DIABLADA

La Diablada de Oruro viene de la mitología de los indígenas y de la interpretación indígena del **cristianismo**. Para recibir protección, los mineros indígenas **le ofrecían coca** y alcohol al Supay, el **dios** de los muertos y del **mundo subterráneo**. Los españoles asociaron este dios de los muertos con el **diablo** de la religión católica. Según la **leyenda**, en 1789 **apareció** una imagen de la Virgen de la Candelaria al pie de una montaña. Los mineros adoptaron esta Virgen como su **santa patrona** y la llamaron Virgen del **Socavón** o Mamita del Socavón. En honor a ella y para calmar al Supay, empezaron a celebrar la Diablada durante el carnaval. Y así comenzó esta tradición.

LAS MÁSCARAS Y LOS DISFRACES

En el carnaval de Oruro se presentan muchos tipos de baile, pero el más famoso es el baile de los diablos, la Diablada. Los **danzantes**, **disfrazados** de diablo, bailan por las calles de Oruro durante más de quince horas. Los disfraces de los bailadores representan una **mezcla** de dos religiones: la indígena y la cristiana. Hay **lagartos**, **serpientes y ranas** que son símbolos de la mitología indígena, y hay **cuernos**, un símbolo cristiano del diablo. En la Diablada también se ve el arcángel San Miguel, símbolo cristiano del **bien**. Las **máscaras** y los disfraces son fantásticos; ¡los artesanos trabajan todo el año para hacerlos!

COMPRENSIÓN

Contesta las preguntas.

1. ¿Cuáles fueron los dos primeros recursos de Oruro? la plata y el estaño
2. ¿Cuál es el recurso más importante de Oruro hoy en día? el turismo
3. ¿En qué mes se celebra la Diablada de Oruro? febrero
4. ¿Cómo se llama el dios de los muertos en la cultura de los indígenas andinos? Supay
5. ¿Y cuál es el nombre de la santa patrona de los indígenas de Oruro? la Virgen / Mamita del Socavón
6. En la Diablada, ¿qué disfraces representan la religión indígena? los lagartos, las serpientes y las ranas
7. ¿Cuál es el símbolo cristiano del diablo? los cuernos

Voces, Notes: The aim of this section is to introduce students to the linguistic variety within the Spanish-speaking world; we do not expect students to use this vocabulary in their own production. If you know other regional terms from the featured countries, you may want to share those also with your students.

Voces bolivianas	
el ajayu*	soul, life (e.g., *of a party*)
ajear	insultar
dar bola	pay attention, listen
el plantel	team (*in sports*)
el/la siútico/a	snob

Voces peruanas	
a la tela	elegantly dressed
la bicla	la bicicleta
estar aguja	estar sin dinero
taypá*	abundante (*comida*)
de yapa*	freebie, bonus (*in sales*)

*palabra de origen quechua

CONEXIÓN CULTURAL

EL MISTERIO DE MACHU PICCHU

Las ruinas de Machu Picchu están en la cresta (*ridge*) de una montaña sobre el Valle Urubamba de Perú, cincuenta millas al nordeste (*northeast*) de Cuzco. Este sitio majestuoso (*majestic*) data del siglo XV y se conoce como la ciudad perdida (*lost*) de los incas. Los expertos tienen varias teorías sobre los misterios de Machu Picchu, pero no hay respuestas definitivas a muchas de sus preguntas: Lee la lectura «El misterio de Machu Picchu» en el *Cuaderno de actividades* o en Connect Spanish y ¡descubre esta ciudad perdida!

Videoteca

Amigos sin Fronteras
Episodio 9: ¡Buen provecho!

Note: Both video clips can be seen on the DVD to accompany *Tu mundo* or in Connect Spanish.

Resumen

Sebastián invita a Nayeli y a Eloy a cenar en un restaurante peruano. Nayeli no conoce la comida peruana pero tiene muchas ganas de probarla. Los tres amigos piden papas a la huancaína de aperitivo y otros platos típicos de Perú. Sebastián pide ceviche, Eloy lomo saltado y Nayeli arroz con pollo. Pero el plato de Nayeli… ¡es una sorpresa para ella!

A. ¡Comencemos! Indica la mejor respuesta o respuestas. **OJO:** Algunas preguntas tienen más de una respuesta posible.

1. ¿Dónde están los amigos del club en las fotos?
   a. en la biblioteca
   b. en la cocina
   c. en un restaurante
   d. en clase
2. ¿Qué amigo/a del club Amigos sin Fronteras es de México?
   a. Radamés
   b. Ana Sofía
   c. Jorge
   d. Nayeli
3. ¿Qué amigo/a del club Amigos sin Fronteras es de Perú?
   a. Sebastián
   b. Omar
   c. Lucía
   d. Eloy

Vocabulario de consulta	
¡Adelante!	Go on!
¡Qué amable!	How nice!
canela	cinnamon
sugerencias	suggestions
no hace falta	there's no need
Guarda	Put away
aparatos	gadgets
máquinas	machines
¡Cada loco con su tema!	To each his own!
refrescante	refreshing
¡Ya era hora!	It was about time!
tiene fama de	has a reputation for
se le olvida	he forgets
quema	he burns

Comprensión del video

B. La idea principal. Indica la idea principal, según el video.

1. Tres amigos del club hablan de lo deliciosa que está la comida española.
2. El mesero les dice a los chicos que el restaurante no tiene la comida que pidieron.
3. (✓) Tres amigos del club comen en un restaurante peruano y les gusta mucho la comida.

C. ¿Cierto o falso?

1. Nayeli y Sebastián piden chicha morada, pero Eloy pide un refresco. **F**
2. Eloy le muestra a Nayeli varias fotos de comidas típicas peruanas en su teléfono. **F**
3. A Nayeli le gusta mucho el pollo. **C**
4. La salsa verde peruana es similar a la salsa verde mexicana. **F**
5. Los tres amigos pagan a la americana (cada uno paga su plato). **F**

D. Detalles. Contesta las preguntas.

1. ¿Qué bebida piden los tres amigos del club? *la chicha morada*
2. ¿Qué comida le recomienda Sebastián a Nayeli? *el arroz con pollo*
3. ¿Qué pide Eloy? *el lomo saltado*
4. ¿Cuál es el ingrediente principal de la salsa verde peruana? *el cilantro*
5. ¿Por qué se sorprende Nayeli al ver su plato de comida? *el arroz es verde*

Mi país PERÚ Y BOLIVIA

Comprensión

Machu Picchu

1. ¿Cuál es la salsa típica peruana preferida de Sebastián? *la huancaína*
2. ¿En qué lugar de Lima vieron Sebastián y Daniel exposiciones de arte precolombino? *en MALI (Museo de Arte de Lima)*
3. ¿A cuántos pies (sobre el nivel del mar) está Cusco? *a 11.500 pies*
4. ¿A quién honra el templo Coricancha en Cusco? *a Inti, el dios del sol*
5. ¿Cómo llegaron a Machu Picchu los dos? *en tren*
6. ¿Qué fue lo que más le gustó a Sebastián de ese viaje? *ir al Lago Titicaca, montar en las barcas de totora, caminar por las famosas islas flotantes de los Uros*
7. ¿Qué verdura tiene su origen en la región andina? *la papa*
8. ¿Cómo se llaman las mujeres indígenas de Bolivia? *cholas*

el lago Titicaca

Infórmate

9.1, Notes: In this section we present the personal use of *lo/la* and *los/las* (to replace personal pronouns *usted/él/ella* and *ustedes/ellos/ellas*), and review impersonal direct object pronouns (*it, them*), which were discussed in *Infórmate 5.3*. Although first-year students are not able to produce direct object pronouns in their speech with much accuracy, these object pronouns are very common in speech and reading, and students should be able to recognize them and determine their referent in real discourse. Some activities in the *Comunícate* section include direct object pronouns, but it is unrealistic to expect students to produce object pronouns accurately at this stage without heavy monitoring.

9.1 Personal and Impersonal Direct Object Pronouns: **lo, la, los,** and **las**

A. As you saw in **Infórmate 5.3**, the object pronouns **lo, la, los,** and **las** serve as impersonal direct object pronouns. In other words, they can be used to replace the name of an object. Thus **lo** and **la** are the equivalent of the English pronoun *it*, and **los** and **las** are equivalent to *them*.

—¿Quién compró **el pastel**?	*Who bought the cake?*
—**Lo** compró Daniel.	*Daniel bought it.*
—¿Quién trajo **la fruta**?	*Who brought the fruit?*
—**La** trajo Nayeli.	*Nayeli brought it.*
—Lucía, ¿dónde pusiste **las servilletas**?	*Lucía, where did you put the napkins?*
—**Las** puse en la mesa.	*I put them on the table.*

lo = *you (pol.)/him/it (m. sing.)*
los = *you/them (m. pl.)*
la = *you (pol.)/her/it (f. sing.)*
las = *you/them (f. pl.)*

—¿Quién preparó **los frijoles**?
Who made the beans?
—Papá **los** preparó.
Dad made them.

B. The Spanish direct object pronouns **lo, la, los,** and **las** may also substitute for words referring to people, and as such they are called *personal* pronouns. For example, **lo** in the first exchange below refers to **Sebastián (él)**; in the second one, **la** refers to **la profesora Julia Johnson-Muñoz (ella)**.

—¿Llamaste a Sebastián?	*Did you call Sebastián?*
—Sí, **lo** llamé ayer.	*Yes, I called him yesterday.*
¿La profesora Johnson-Muñoz? **La** vi ayer en el campus.	*Professor Johnson-Muñoz? I saw her on campus yesterday.*

C. Like other pronouns, direct object pronouns are usually placed before the verb. However, in the case of verb phrases, such as forms used to express the future (**ir + a +** infinitive) or the present progressive (**estar + -ando/-iendo**), there are two options.

- Pronouns may precede the first verb.

  ¿Los fideos? Los voy a comprar esta tarde.

  ¿La paella? La estamos preparando ahora.

- Pronouns may instead be attached to the end of the infinitive or to the present participle (-**ando**/-**iendo**).

  ¿Los fideos? Voy a comprar**los** esta tarde.

  ¿La paella? Estamos preparándo**la** ahora.

When you attach a pronoun to the end of the present participle, add a written accent to indicate the stress of the original participle: **Lo** estoy mir**a**ndo. → Estoy mir**á**ndo**lo**.

It takes time to acquire these pronouns. You will gradually come to use them in your speech as you hear and read more Spanish. You will also learn more about the placement of pronouns in *Infórmate 14.2*.

Ejercicio 1

Llena el espacio en blanco con **lo, la, los** o **las,** según el contexto. Luego completa la oración con la palabra o frase más lógica.

MODELO: —¿Cuándo bebiste el jugo de naranja?

—*Lo* bebí…

    a. hace diez años.   **(b.)** anoche.   **c.** antes de levantarme.

1. —¿Dónde pusiste la carne?
   —_____ puse en…
   a. el jardín.
   b. el supermercado.
   c. el congelador.
2. —¿Dónde compraste las verduras?
   —_____ compré…
   a. en una tienda de ropa.
   b. en el supermercado.
   c. en la cafetería de la escuela.
3. —¿Cuándo trajiste el hielo?
   —_____ traje…
   a. el año pasado.
   b. hace diez minutos.
   c. hace dos semanas.
4. —¿Dónde pusiste la mayonesa?
   —_____ puse en…
   a. la mesa.
   b. el sofá.
   c. el dormitorio.
5. —¿Dónde pusiste los vasos?
   —_____ puse en…
   a. el armario.
   b. la cómoda.
   c. la alacena.
6. —¿Viste a Claudia ayer?
   —Sí, _____ vi en…
   a. el tocino.
   b. el restaurante.
   c. la paella.
7. —¿Cuándo conociste a Daniel?
   —_____ conocí…
   a. el verano pasado.
   b. en el año 1810.
   c. mañana.
8. —¿Llamaste a las chicas ya?
   —Sí, _____ llamé…
   a. en el año 2020.
   b. anoche.
   c. la semana próxima.
9. —¿Saludaste a la profesora?
   —Sí, _____ saludé…
   a. hace cinco minutos.
   b. el siglo pasado.
   c. el mes próximo.
10. —¿Oíste llegar a Sebastián y a Daniel?
    —Sí, _____ oí llegar…
    a. a las diez de la noche.
    b. mañana en la tarde.
    c. en el año 1521.

Ejercicio 2

La familia de Nayeli Rivas se está preparando para la cena de Nochebuena. Nayeli y sus hermanos —Izel, Emiliano y Beto— le hacen preguntas a la mamá. Completa las respuestas de su mamá con **lo, la, los** o **las**. Complétalas de dos maneras, como se ve en los modelos.

MODELOS: —Mamá, ¿a qué hora vas a servir la comida?

—**La** voy a servir a medianoche. / Voy a servir**la** a medianoche.

—Mamá, ¿quién está preparando el menú?

—Tu papá y yo **lo** estamos preparando. / Tu papá y yo estamos preparándo**lo**.

1. —Mamá, ¿vamos a poner la mesa ahora?
   —No, Beto, (nosotros) _____ a las once de la noche.
2. —Mamá, ¿vas a preparar el aderezo ahora o más tarde?
   —Hija, (yo) _____ a las diez de la noche.
3. —Mamá, ¿ya estás horneando los pasteles?
   —Sí, Emiliano, (yo) _____ ahora mismo.
4. —Mamá, ¿quién está rallando el queso?
   —Izel _____ en este momento.
5. —Mamá, ¿papá va a abrir las latas de aceitunas ahora?
   —No, Nayeli, tu papá no _____ todavía. Prefiero esperar un poco.

Infórmate 9.1 Personal and Impersonal Direct Object Pronouns: **lo, la, los,** and **las**

9.2 Using Affirmative and Negative Words: alguien/nadie, algo/nada

A. Spanish has a number of words that correspond to affirmative and negative words in English.

Affirmative Words		Negative Words	
algo	something	nada	nothing
alguien	somebody	nadie	nobody, no one
algún, alguno/a/os/as	some	ningún, ninguno/a	none
siempre	always	nunca/jamás	never
también	also	tampoco	neither

> In standard English, it is generally incorrect to have more than one negative in a sentence; in Spanish multiple negatives are often required.

However, unlike English, Spanish frequently requires the use of multiple negatives in the same sentence when one responds negatively to a question.

—¿Tienes **algo** en el horno? *Do you have something in the oven?*
—**No, no** tengo **nada**. *No, I don't have anything.*
—¿Hay **alguien** a la puerta? *Is there someone at the door?*
—**No, no** hay **nadie**. *No, there is no one (there).*
—Señora Saldívar, ¿va usted **siempre** al mercado los martes? *Mrs. Saldívar, do you always go to the market on Tuesdays?*
—**No, no** voy **nunca** los martes. *No, I don't ever (I never) go on Tuesdays.*

B. When the negative word comes *before* the verb in Spanish, **no** is not used.

Nunca como entre comidas.
No como **nunca** entre comidas. } *I never eat between meals.*

Nadie fue al mercado ayer.
No fue **nadie** al mercado ayer. } *Nobody went to the market yesterday.*

C. **Alguno/a** corresponds to English *some* or *any*, and **ninguno/a** corresponds to English *none, not any,* or *neither one*.

—¿Hay **alguna** sopa sin carne? *Is there any soup without meat?*
—No, no hay **ninguna**; todas tienen carne. *No, there aren't any; they all have meat.*
—¿Hay **algunos** postres sin azúcar? *Are there any desserts without sugar?*
—No, señor, no tenemos **ningún** postre sin azúcar. *No, sir, we don't have any desserts without sugar.*
Busqué un restaurante tailandés, pero no hay **ninguno** en este barrio. *I looked for a Thai restaurant, but there are none (there isn't one) in this neighborhood.*

Add the preposition **de** to say *some of* or *none of* (referring to a group of objects or people).

—¿Fue alguno de tus hermanos a la cena? *Did any of your siblings go to the dinner?*
—No, ninguno de ellos pudo asistir. *No, none of them was able to attend.*

> Note that Spanish, unlike English, uses **ninguno/a** in the singular form.
> No hay ningún restaurante aquí.
> *There are no restaurants here.*

D. **Alguno** and **ninguno** shorten to **algún** and **ningún** before masculine singular nouns. This is the same rule you've already seen with **uno → un, bueno → buen, primero → primer,** and **tercero → tercer.**

—¿Hay **algún** restaurante en esta calle? — *Is there a restaurant on this street?*

—No, no hay **ningún** restaurante por aquí. — *No, there aren't any restaurants around here.*

E. In order to express *I/you/we/they don't either*, use a subject pronoun + **tampoco**.

—No quiero comer helado. — *I don't want to eat ice cream.*
—**Yo tampoco.** — *I don't either. / Me neither. / Neither do I.*

Yo no quiero más arroz. **Tú tampoco,** ¿verdad? — *I don't want more rice. You don't either, do you?*

Ejercicio 3

Contesta las siguientes preguntas de forma negativa. Usa **nada, nadie, nunca** o **ninguno/a.**

MODELO: —¿Hay algo de comer en el refrigerador?
—No, no hay *nada*.

1. —¿Fue alguien al supermercado ayer?
   —No, no fue _____.
2. —¿Desayunaste algo esta mañana?
   —No, no comí _____.
3. —¿Siempre comes en restaurantes chinos?
   —No, _____ como en ellos.
4. —¿Invitaste a alguien a cenar esta noche?
   —No, no invité a _____.
5. —¿Compraste una sandía?
   —No, no encontré _____ madura.
6. —¿Quieres algo de tomar?
   —No, gracias. No quiero _____.
7. —¿Te sirvo espinacas?
   —No, gracias. ¡_____ las como!
8. —¿Por qué no invitaste a Sebastián y a Daniel a la fiesta?
   —Los invité, pero _____ de los dos pudo venir.

Ejercicio 4

Empareja la descripción con la comida o bebida que describe.

1. _____ Esta bebida no se bebe caliente nunca.
2. _____ Ninguna de estas tres comidas es una verdura.
3. _____ Ninguno de estos tres alimentos es carne.
4. _____ Ninguno de estos tres alimentos es fruta.
5. _____ Algunas personas beben esta bebida siempre para el desayuno.
6. _____ Nadie come la cáscara (*peel*) de esta fruta.

a. las fresas, la chuleta y el pescado
b. el plátano
c. la leche
d. el pan, el ajo, las manzanas
e. el pollo, la cebolla y el yogur
f. la cerveza

9.3 Expressing *one* or *you*: The Impersonal **se**

As you learned in **Infórmate 5.1**, **se** is a reflexive pronoun. But **se** is also used in "impersonal" constructions. In English, this structure is expressed with the impersonal *you* (*You need good fruit to make a good fruit salad*), the pronoun *one* (*One should always think before acting*), the pronoun *they* (*They sell beer by the glass around here*), or the simple passive (*Beer is sold by the glass around here*).

—¿Cómo **se dice** *tablecloth* en español?	How do you say "tablecloth" in Spanish?
—**Se dice** «mantel».	You say "mantel."
Aquí **se habla** español.	Spanish is spoken here. (*They speak Spanish here.*)
No **se debe** dormir inmediatamente después de comer.	One/You shouldn't (*go to*) sleep immediately after eating.

If the topic in question is plural, the verb is usually plural. However, when phrases such as **se puede, se debe,** or **se necesita** are followed by infinitives, they are always singular.

¿**Se sirven mariscos** frescos aquí?	Are fresh shellfish served here?
¡Aquí **se puede desayunar** a las dos de la mañana!	Here you can eat breakfast at 2 a.m.!
Para tener buena salud, **se necesita comer** muchas verduras.	To stay healthy, one needs to eat a lot of vegetables.

Se + third-person verb form is often used for instructions, especially in recipes.

Primero **se hierve** el agua. Después, **se agrega** la sal y luego **se ponen** los fideos y **se cuecen** por ocho minutos.	First you boil the water. Next, you add the salt, and then you put in the noodles and cook them for eight minutes.

> **Se** + third-person singular verb is used to express *one, you,* or impersonal *they*.
> **Se come mucho ajo en España.** One eats (*They eat*) lots of garlic in Spain. / Lots of garlic is eaten in Spain.

Ejercicio 5

Completa las oraciones con la forma del **se** impersonal de los siguientes verbos: **batir** (*to beat*), **cortar, hablar, lavar, mezclar** (*to mix*), **necesitar, poder, poner** y **preparar.**

1. Para preparar un sándwich de jamón y queso, _____ el jamón y el queso en trozos.
2. Para alimentarse bien, _____ comer de los cuatro grupos esenciales de alimentos.
3. Primero _____ el brócoli y luego _____ en el agua a hervir.
4. En este restaurante _____ los mariscos con ajo y hierbas.
5. Según la receta, _____ todos los ingredientes en una fuente grande.
6. En una parrillada argentina, _____ usar varios tipos de carne.
7. ¿_____ francés en ese restaurante?
8. ¿_____ los huevos para preparar una tortilla española?

9.4 Stem-Changing Verbs: **pedir** and **servir**

> The **e → i** change also occurs in the present participles: **p*i*diendo** (*ordering*) and **s*i*rviendo** (*serving*).

A. In a few verbs such as **pedir** (*to order; to ask for*) and **servir** (*to serve; to be used/useful for*), the -**e**- of the stem changes to -**i**- in the present tense and in the preterite. In the present tense, all forms of **pedir** and **servir** use the stems **pid-** and **sirv-** except for the **nosotros/as** and **vosotros/as** forms. In the preterite, only the third person singular (**usted, él/ella**) and plural (**ustedes, ellos/as**) forms use the stem with -**i**-.

	pedir		servir	
	Present	**Past**	**Present**	**Past**
yo	p*i*do	pedí	s*i*rvo	serví
tú	p*i*des	pediste*	s*i*rves	serviste*
usted, él/ella	p*i*de	p*i*dió	s*i*rve	s*i*rvió
nosotros/as	pedimos	pedimos	servimos	servimos
vosotros/as	pedís	pedisteis	servís	servisteis
ustedes, ellos/ellas	p*i*den	p*i*dieron	s*i*rven	s*i*rvieron

*Alternative forms for recognition only: **vos pediste, vos serviste.**

En este restaurante **sirven** excelente comida. La semana pasada me **sirvieron** unas enchiladas de pollo sabrosísimas.	They serve excellent food in this restaurant. Last week they served me some delicious chicken enchiladas.
Este aparato **sirve** para pelar papas.	This device is good for peeling potatoes.
El viaje me **sirvió** para conocer a mi tío.	The trip was useful for getting to know my uncle.
Pedí ceviche de camarones. Siempre **pido** lo mismo.	I ordered shrimp ceviche. I always order the same thing.
¿Ya **pediste** la cuenta?	Did you already ask for the bill (*check*)?
Me **pidió** un favor y le dije que sí.	He asked me for a favor and I told him yes.

B. The verbs **vestirse** (*to dress*) and **seguir** (*to follow*) follow this same **e → i** pattern.

> The **e → i** change also occurs in the present participles: **v*i*stiendo/v*i*stiéndose** and **s*i*guiendo.**

vestirse		seguir	
Present	**Past**	**Present**	**Past**
me v*i*sto	me vestí	s*i*go	seguí
te v*i*stes*	te vestiste*	s*i*gues*	seguiste*
se v*i*ste	se v*i*stió	s*i*gue	s*i*guió
nos vestimos	nos vestimos	seguimos	seguimos
os vestís	os vestisteis	seguís	seguisteis
se v*i*sten	se v*i*stieron	s*i*guen	s*i*guieron

*Alternative forms for recognition only: (present) **vos te vestís, vos seguís;** (preterite) **vos te vestiste, vos seguiste.**

Las niñas se **vistieron** rápido esta mañana.	The girls got dressed quickly this morning.
Daniel no **siguió** la receta.	Daniel didn't follow the recipe.

> The present participles are: **friendo**, **sonriendo**, and **riendo**.

C. **Reír(se)** (*to laugh*), **sonreír** (*to smile*), and **freír** (*to fry*)* also follow this pattern, except that in the third-person preterite forms, one **i** is dropped: fri- + ió → frió; fri- + -ieron → frieron.

freír	
Present	**Past**
frío	freí
fríes	freíste
fríe	frió
freímos	freímos
freís	freísteis
fríen	frieron

Camila **frió** las papas. *Camila fried the potatoes.*
Nayeli **sonrió** cuando le sirvieron su plato favorito. *Nayeli smiled when they served her her favorite dish.*

Ejercicio 6

Sebastián y Nayeli están conversando en un restaurante mexicano, antes de pedir su comida. Completa su diálogo con las formas apropiadas de **servir** o **pedir**.

SEBASTIÁN: ¿Qué _____¹ tú en un restaurante mexicano?

NAYELI: Eso depende. Si el restaurante _____² mariscos, pido un cóctel de mariscos.

SEBASTIÁN: ¿Y si no hay mariscos?

NAYELI: Entonces prefiero _____³ un chile relleno.

SEBASTIÁN: No sé qué voy a _____⁴ ahora. Hay muchos platos mexicanos que me gustan.

NAYELI: ¿Por qué no _____⁵ unas enchiladas de pollo?

SEBASTIÁN: Sí, son ricas...

NAYELI: Aquí son muy buenas. ¡Y los precios son buenos también!

SEBASTIÁN: Hablando de precios, el mes pasado Daniel y yo fuimos a un restaurante mexicano excelente, pero un poco caro, en San Francisco. ¡Tuvimos tres meseros!

NAYELI: ¡Tres!

SEBASTIÁN: Sí, uno para las bebidas, uno para la comida y otro para el postre. Y el mesero de la comida nos _____⁶ unos platos exquisitos.

NAYELI: ¿Qué _____⁷ ustedes?

SEBASTIÁN: Los dos (*We both*) _____⁸ sopa azteca, ensalada y carne de res en salsa de vino.

NAYELI: Mmm. ¿Y los meseros les _____⁹ postre también?

SEBASTIÁN: Bueno, solo uno de ellos nos _____¹⁰ el postre. ¡Era su trabajo!

NAYELI: ¿Qué postre _____¹¹ ustedes?

SEBASTIÁN: Yo _____¹² flan y Daniel el pastel de chocolate.

NAYELI: ¿Y cuánto pagaron por la cena?

SEBASTIÁN: ¡Demasiado! (*Too much!*)

> Many words for foods and beverages were first introduced in **Capítulo 5**. Review that list now as you continue to expand your vocabulary for talking about food and food preparation.

*Alternative forms for recognition only: (present) **vos freís, vos sonreís, vos reís**; (preterite) **vos freíste, vos sonreíste, vos reíste**.

Lo que aprendí

Al final de este capítulo, ya puedo…
- ☐ hablar sobre la comida y la nutrición.
- ☐ hacer la compra de la comida usando el vocabulario necesario.
- ☐ hablar de la preparación de la comida.
- ☐ leer recetas.
- ☐ diseñar un menú.
- ☐ pedir comida en un restaurante.

Además, ahora conozco…
- ☐ varios platos típicos de la cocina hispana.
- ☐ muchos platos de la cocina peruana y la cocina andina.
- ☐ varias celebraciones peruanas y bolivianas, como la Diablada de Oruro.

Y sé más sobre…
- ☐ las culturas indígenas de Bolivia y Perú.
- ☐ los diferentes nombres de varias comidas del mundo hispano.

Vocabulario

El desayuno	Breakfast
la avena	oatmeal
el huevo cocido	hard-boiled egg
el pan tostado a la francesa	french toast

Palabras semejantes: el cereal, las donas, los panqueques

Repaso: los huevos fritos/revueltos, el pan tostado, el tocino, el yogur

El almuerzo y la cena	Lunch and Dinner
las albóndigas	meatballs
el arroz	rice
el bocadillo	sandwich (*Sp.*)
el ceviche	raw marinated fish (*Peru*)
la ensaladilla	potato salad
los fideos	noodles
los frijoles (refritos)	(refried) beans
los totopos	tortilla chips

Palabras semejantes: la ensalada mixta, el guacamole, la tortilla

Repaso: los espaguetis, la hamburguesa, el jamón, la papa al horno, las papas fritas, el puré de papas, el queso, el sándwich, la sopa de verduras, el taco

La carne	Meat
las aves	poultry
la carne de res	beef
la carne molida	ground beef
el cerdo	pork
la chuleta de cerdo	pork chop
el cordero	lamb
el guajolote	turkey
el hígado	liver
el perro caliente	hot dog
la salchicha	sausage
la ternera	veal

Repaso: el bistec, el filete, el pavo, el pollo, el tocino / la tocineta

El pescado y los mariscos	Fish and Seafood
las almejas	clams
el atún	tuna
el boquerón	anchovy
los calamares	squid
los camarones	shrimp
el cangrejo	crab
la langosta	lobster

Palabras semejantes: las ostras, el salmón

Las verduras	Vegetables
el apio	celery
la batata / el camote	sweet potato
la calabacita	summer squash
la calabaza	pumpkin
la cebolla	onion
los guisantes/chícharos (*Mex.*)	green peas
las habichuelas / los ejotes (*Mex.*)	green beans
el jitomate	tomato (*Mex.*)
las legumbres	vegetables; legumes
el maíz	corn
la mazorca de maíz / el elote (*Mex.*) / el choclo (*So. Amer.*)	ear of corn
la patata	potato (*Sp.*)
el pepino	cucumber
el pimiento	bell pepper
el rábano	radish
la yuca	cassava, manioc
la zanahoria	carrot

Palabras semejantes: el brócoli, el cilantro, la coliflor, los espárragos

Repaso: la lechuga, la papa, el tomate

La fruta y las nueces	Fruit and Nuts
el aguacate / la palta (So. Amer.)	avocado
el albaricoque / el chabacano (Mex.)	apricot
los cacahuates / el maní (So. Amer.)	peanuts
el coco	coconut
el durazno	peach
la manzana	apple
la naranja / la china (P.R.)	orange
la piña / el ananá (Arg., Uru.)	pineapple
el plátano / la banana	banana
la sandía	watermelon
la semilla de marañón	cashew
la toronja	grapefruit
las uvas	grapes

Palabras semejantes: el limón, el mango, la papaya

Repaso: las fresas

Los postres	Desserts
el flan	custard
el pudín de pan	bread pudding
la torta	cake (Sp.)

Repaso: los dulces, las galletas, las galletitas, el helado, el pastel

Las bebidas	Drinks
el agua mineral	mineral water
el batido	milk shake
la leche descremada	skim milk
el té caliente/helado	hot/iced tea
el zumo	juice (Sp.)

Palabras semejantes: la limonada

Repaso: la cerveza, la champaña, el jugo, el vino (tinto)

Los condimentos, las especias y otros ingredientes	Condiments, Spices and Other Ingredients
el aceite	oil
la aceituna	olive
el aderezo	(salad) dressing
el ají	(bell/chili) pepper
el ajo	garlic
la canela	cinnamon
la harina	flour
la jalea	jelly
la miel	honey
la mostaza	mustard
la pimienta	pepper (spice)
la sal	salt

Palabras semejantes: el bicarbonato de soda, el colorante, el conservante, la crema, la mayonesa, la vainilla

Repaso: el azúcar, el chocolate, la grasa, la mantequilla

La mesa y los cubiertos	Table Setting and Utensils
la cuchara	spoon
la cucharita	teaspoon
el cucharón	ladle
el cuchillo	knife
la ensaladera	large salad bowl
la jarra	pitcher
el mantel	tablecloth
el pimentero	pepper shaker
el salero	salt shaker
la servilleta	napkin
el tenedor	fork

Las medidas y los recipientes	Measurements and Containers
la copa	wine glass
la cucharada	tablespoon (measurement)
la cucharadita	teaspoon (measurement)
fuente de vidrio	glass serving dish
la lata	can
la libra	pound
el manojo	bunch
la pizca	little bit
la rebanada	slice
la rodaja	slice
el tarro	jar
la taza	cup
el tazón	mixing bowl
el trozo	piece, chunk

Palabras semejantes: la onza, por ciento, la porción

Los verbos	Verbs
abrir	to open
acompañar	to accompany
adornar	to garnish
añadir	to add
cerrar (ie)	to close
cubrir	to cover
dejar reposar	to let sit
estar (irreg.) a dieta	to be on a diet
mezclar	to mix
parecer (parezco)	to seem
picar (qu)	to chop
probar (ue)	to taste
rallar	to grate
seguir (i, i) (g)	to continue
servir (i, i)	to serve; to be used for
sonar (ue)	to ring
sorprenderse	to be surprised
vender	to sell

Palabras semejantes: calcular, contener (like tener), desear, determinar, incluir (y), originar, recomendar (ie)

La descripción de la comida	Describing Food
a la parrilla	grilled
al gusto	to taste
al horno	baked
al punto / cocido/a	medium rare
bien asado/a / bien cocido/a	well-done
cocido/a	cooked
empanizado/a	breaded
enlatado/a	canned
espeso/a	thick
picado/a	chopped
poco asado / poco cocido/a	rare

Repaso: el colesterol, la fibra, frito/a, la grasa, la vitamina

Los sustantivos	Nouns
el ambiente	atmosphere (*restaurant*)
el aperitivo	aperitif; appetizer
los comestibles	food
la comida chatarra	junk food
la comida preelaborada	convenience food
la etiqueta	label
las palomitas de maíz	popcorn
la parrilla	grill
el paso	step
el plato/platillo	dish of food
la receta	recipe

Palabras semejantes: la anticipación, la atmósfera, el bar, la cafeína, el calcio, el carbohidrato, la escena, el estilo, la influencia, el líquido, la nutrición, el potasio, el producto, la proteína, la reservación, la salsa, la selección, el supermercado

Los adjetivos	Adjectives
breve	brief
congelado/a	frozen
cortado/a	cut
cremoso/a	creamy
crudo/a	raw
fresco/a	fresh
listo/a	ready
pesado/a	heavy
picante	spicy
químico/a	chemical
riquísimo/a	delicious
sabroso/a	tasty
salado/a	salty; savory

Palabras semejantes: alérgico/a, andino/a, azteca, excelente, exquisito/a, fino/a, inca, nutritivo/a, vegano/a, vegetariano/a

Repaso: algunos/as, varios/as

El restaurante	Restaurant
¡Buen provecho!	Bon appetit!
la carta / el menú	menu
dejar una propina	to leave a tip
hacer (*irreg.*) un brindis	to toast, make a toast
invitar	to treat someone, pay for someone's food
No traigo mucho dinero	I didn't bring much money
pagar (gu) a la americana	to go Dutch, pay individually
pagar (gu) (pedir [i, i]) la cuenta	to pay (to ask for) the bill
el plato del día	today's special
quedar satisfecho/a	to be full
la reserva	reservation
¡Salud!	Cheers!, To your health!
la tarjeta de crédito	credit card

Palabras y expresiones útiles	Useful Words and Expressions
¡(Buena) Suerte!	Good luck!
con gusto	with pleasure
¡De acuerdo!	I agree!, You're right!, OK!
De nada	You're welcome
enseguida	at once, immediately, right away
jamás	never
Me cae(n) mal.	It doesn't (They don't) agree with me
Me encanta(n)…	I love + *sing.* (*pl.*) noun
Me hace(n) daño.	It upsets (They upset) my stomach.
nadie	nobody
por lo general	generally

Los recuerdos 10

En el centro de La Habana, Cuba

Upon successful completion of **Capítulo 10** you will have a greater ability to talk about your family, and will be able to recount memories of your childhood, adolescence, and high school experiences. Additionally, you will have learned about some interesting places and people from Cuba.

Comunícate

La familia y los parientes

La niñez

Hablando de la niñez «Canciones de mi abuela» de Francisco X. Alarcón

La adolescencia

Actividad integral Recuerdos de los días feriados

Exprésate

Escríbelo tú Las actividades de tu niñez o adolescencia

Cuéntanos Actividades con la familia

Entérate

Mundopedia La música de Cuba

Voces cubanas

Conexión cultural La diáspora cubana

Videoteca Amigos sin Fronteras, Episodio 10: Así somos

Mi país: Cuba

Infórmate

10.1 Prepositions and Pronouns

10.2 The Imperfect Tense

10.3 Talking About Past Actions in Progress: The Imperfect Progressive

10.4 Using the Imperfect to Express Intention: **ir + a, querer** and **pensar** + Infinitive

www.connectspanish.com

CUBA

Pre-Text Oral Activities

See the *Cap. 10 Tu mundo* PowerPoint (PP) presentations, the IRK, and the IM for detailed lesson plans and additional resources.

1. **La familia (repaso).** Review family vocabulary from *Cap. 4* before you present new words from this chapter. Draw your own family tree on the board or use a PP presentation in order to review *padres, hermanos, abuelos, tíos,* and *primos.* You may also make a family tree using all the students in the class. Once all relatives are labeled with names, ask questions such as *¿Cómo se llama el/la ___ de ___? ¿Quién es el/la ___ de ___?* (See PTOA #4 in *Cap. 4.*)

Amigos sin Fronteras

www.connectspanish.com

Claudia, Ana Sofía y Radamés están de visita en casa de Sebastián, mirando fotos y hablando de su niñez y adolescencia. Radamés, Sebastián y Ana Sofía admiten que eran traviesos cuando eran niños. Pero Claudia confiesa que era una niña muy seria...

2. **La niñez y la adolescencia.** Tell students that you are going to talk about your childhood. If possible, narrate your childhood and adolescence with photos, a PP presentation, or realia. Photos of you as a child, teenager, and young adult are interesting and will make the topic real. You may also want to bring items that were important to you, such as a stuffed animal or a soccer ball. Start with *Cuando yo tenía dos años, vivía en...* As you narrate, write verbs and accompanying details on the board. The purpose of the input is to give students the opportunity to make the connection between the imperfect *-aba/-ía* endings and the English phrase *used to*. Include descriptions of a number of people and places and what they were like. Use adverbs that indicate repetition, such as *siempre, muchas veces, de vez en cuando,* and so forth. Compare the childhood activities of people in photos with your own. For example: *Esta mujer jugaba al escondite cuando era niña. Yo también jugaba al escondite en el barrio donde vivía. Era muy divertido.*

Conócenos

Radamés Fernández Saborit

Radamés Fernández Saborit tiene veinticuatro años y es cubanoamericano. Su cumpleaños es el veintidós de julio y nació en Miami, Florida. Radamés estudia etnomusicología en un programa de doctorado. Es cantautor (canta y escribe canciones) y miembro del grupo Cumbancha. Sus actividades favoritas son escuchar música, componer canciones, tocar la guitarra y salir —o janguear, como dice él— con su novia y sus amigos.

Mi país

Mi país (Whole class), **Suggestion:** We encourage you to show this video segment to the class as you introduce *Cap. 10.* (It is available on DVD and in Connect Spanish. Let students know that this segment in Connect Spanish includes a pre-viewing activity.) You may also show or assign this segment again toward the end of the chapter in the *Videoteca* section. You may want to use the previous *Mi país* segments as a review. **Point out:** Students are not expected to understand every word.

Comunícate
La familia y los parientes

Lee *Infórmate 10.1*

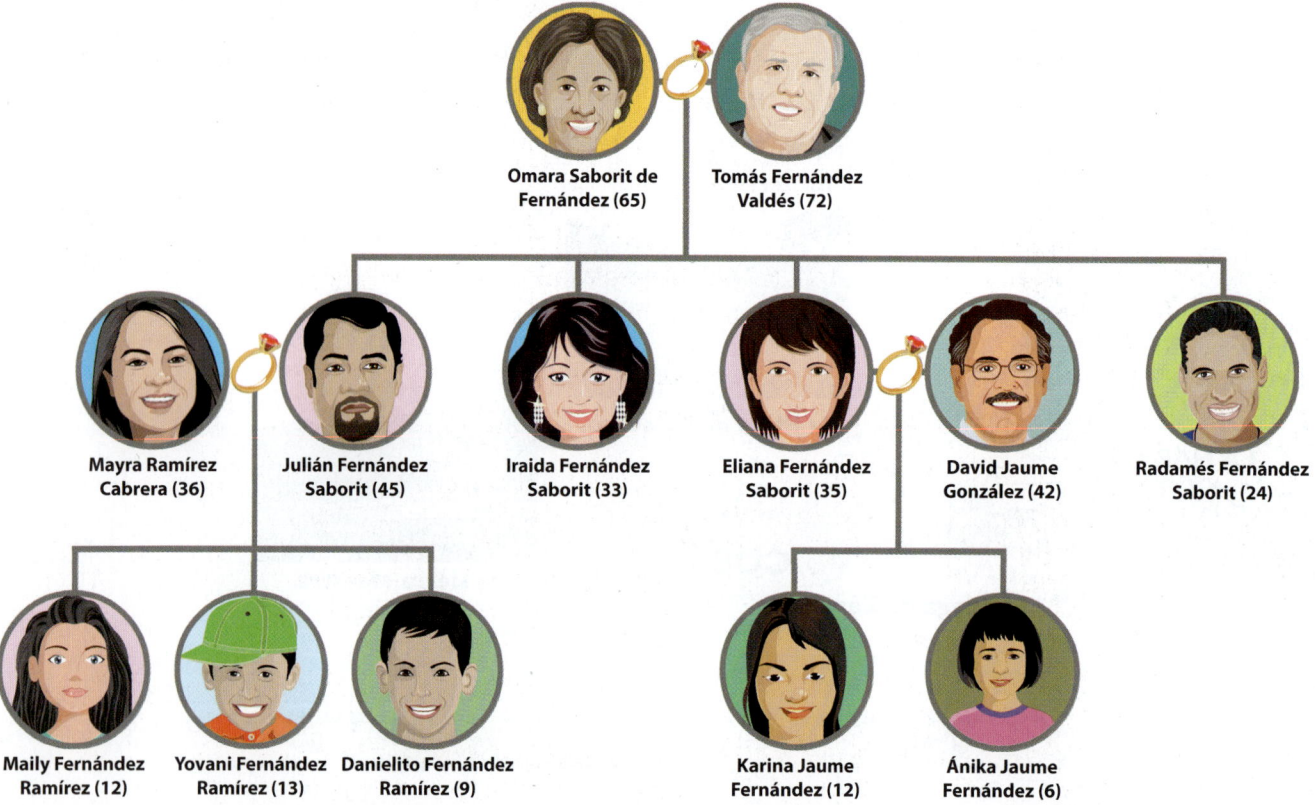

La familia de Radamés

Actividad 1 El parentesco

Mira el árbol genealógico de la familia de Radamés y escucha las oraciones que te va a leer tu profesor(a). Di si son ciertas o falsas. Si son falsas, di por qué.

MODELO: PROFESOR(A): La tía de Ánika y Karina se llama Eliana.
ESTUDIANTE: Falso. Eliana es *la madre* de Ánika y Karina. La tía de Ánika y Karina se llama *Iraida*.

Actividad 2 — La familia de Radamés

Conversa con tu compañero/a sobre la familia de Radamés.

1. ¿Cómo se llaman las hermanas de Radamés? ¿Y el hermano? *hermanas: Eliana, Iraida; hermano: Julián*
2. ¿Cuántos sobrinos tiene Radamés? ¿Cómo se llaman? *tiene cinco: Maily, Yovani, Danielito, Karina y Ánika*
3. ¿Tienen nueras Omara y Tomás? *sí, tienen una: Mayra*
4. ¿Cómo se llaman los cuñados de Radamés? *David y Mayra*
5. ¿Cómo se llama el suegro de Mayra y David? *Tomás*
6. ¿Cómo se llaman las cuñadas de Mayra? *Iraida y Eliana*
7. ¿Cuántos nietos tienen Omara y Tomás? *tienen cinco*
8. ¿Cómo se llaman los tíos de Maily, Yovani y Danielito? *Iraida, Eliana y Radamés*
9. ¿Cómo se llaman los primos de Ánika y Karina? *Maily, Yovani y Danielito*
10. ¿Cómo se llama el yerno de Omara y Tomás? *David*

> **Infórmate**
>
> To describe family relationships in general terms, use masculine plural nouns, even when you include women. Gender can be specified when referring to specific people.
>
> Radamés tiene tres hermanos: su hermano Julián y sus hermanas, Iraida y Eliana.
>
> Radamés has three siblings: his brother Julián and his sisters, Iraida and Eliana.

> **¿Recuerdas?**
>
> In **Infórmate 4.1,** you learned that Spanish uses the preposition **de,** not an apostrophe ('), to express possession.
>
> la madre **de** Maily — Maily's mother
> la pelota **de** mi hermano — my brother's ball
>
> Remember also that this construction can be embedded in a similar one.
>
> Maily's brother's ball — la pelota **del** hermano **de** Maily

> **Infórmate**
>
> In **Infórmate 5.1** you studied reflexive verbs used to express daily routine. But some reflexive verbs have a special meaning. Two such verbs are **parecerse a** (*to look like* [someone]) and **llevarse bien/mal con** (*to get along well/badly with*).
>
> —¿A quién de tu familia **te pareces**? — Who do you look like in your family?
> —**Me parezco** a mi tía Eliana. — I look like my Aunt Eliana.
> —¿**Te llevas** bien **con** tus hermanos? — Do you get along well with your siblings?
> —Sí, **me llevo** bien **con** todos mis hermanos. — Yes, I get along well with all my siblings.
>
> When used in plural form, these verbs can also express reciprocal action in Spanish.
>
> Ánika y Karina **se parecen** mucho. — Ánika and Karina look a lot alike (look a lot like each other).
> Mi hermano y yo **nos llevamos** bien. — My brother and I get along well (with each other).

El hijo se parece a su padre.

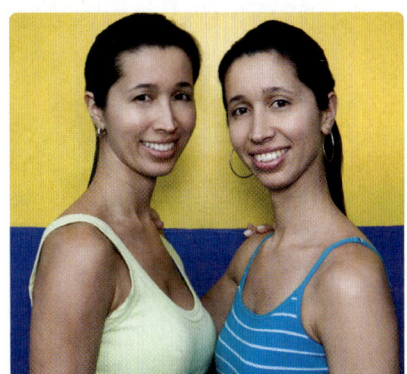

Estas hermanas se parecen mucho porque son gemelas.

Actividad 3 El parecido

Compara los parecidos. ¿A quién te pareces tú? ¿Y a quién se parecen otras personas de tu familia? ¿Te llevas bien con esas personas? Usa el modelo para conversar con tu compañero/a.

MODELO:
- **E1:** ¿A quién te pareces?
- **E2:** Me parezco a mi *hermano*.
- **E1:** ¿A tu *hermano*? ¿En qué te pareces *a él*?
- **E2:** Me parezco *a él* en los ojos y en la nariz.
- **E1:** ¡Qué interesante! Y… ¿te llevas bien con *él*?
- **E2:** Sí, me llevo bien con *él*. / No, no me llevo bien con *él* porque…
- **E1:** ¿Y tu *padre* y tu *abuela paterna* se parecen mucho?
- **E2:** Sí, se parecen bastante. Y mi *tía* se parece a mi *abuelo*. Qué chistoso, ¿no?

Act. 3 (Whole class; pair), **Suggestions:** Review the *Infórmate* box, then show photos of your own family as examples: *Este es mi hermano y estos son mis padres. Mi hermano se parece a mi papá, pero yo me parezco a mi mamá, ¿no es cierto? Mi hermano y yo nos llevamos bien, pero a veces peleamos. Esto es normal en las familias, ¿verdad?* Use Radamés's family tree to provide more examples. Then go over the model and have students converse in pairs. **Follow-up:** Have volunteers tell what they learned about their partner's family; write sentences on the board and comment when possible. **Expansion:** Have volunteers ask you about your family, changing model dialogues to the *usted* form.

Actividad 4 Julia y su familia

Mira el árbol genealógico de Julia Johnson-Muñoz y luego lee las descripciones de su familia. Llena los espacios en blanco con las palabras o nombres apropiados.

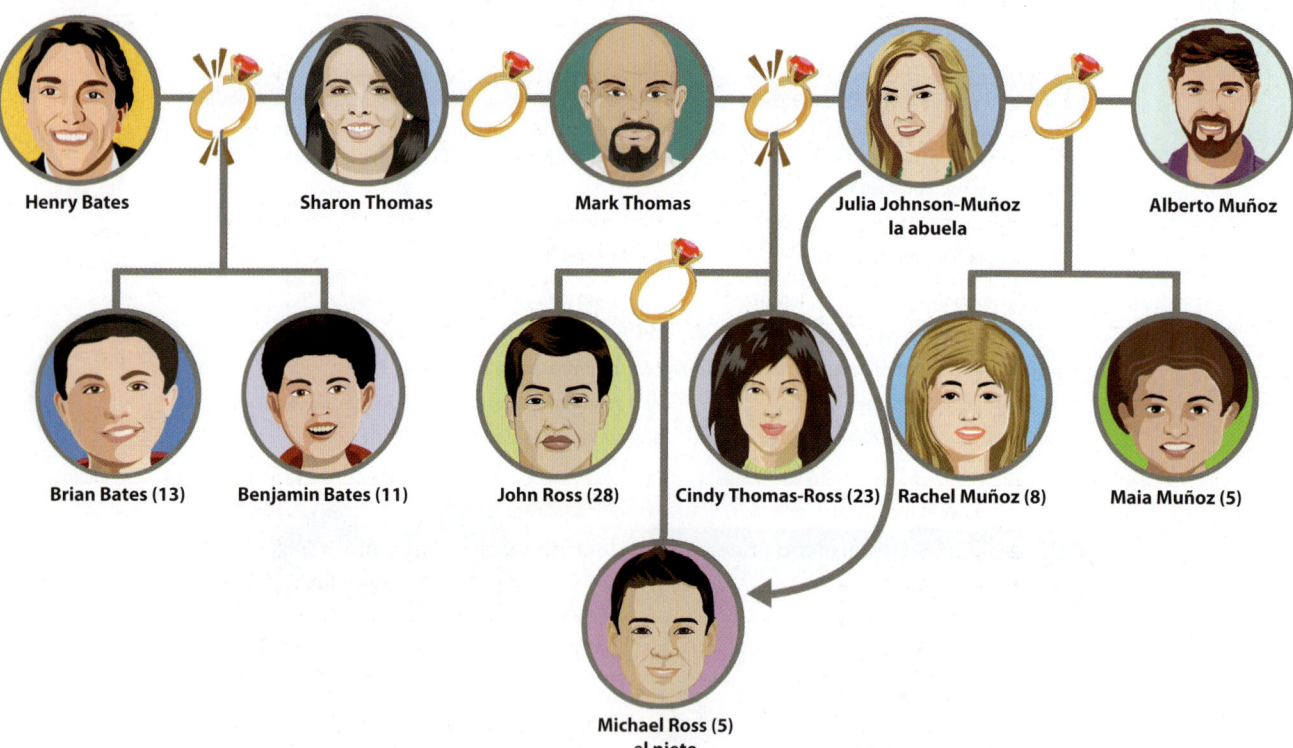

1. El esposo de Julia se llama ___Alberto___ y su ex esposo es ___Mark___.
2. Julia y Mark están ___divorciados___.
3. Julia tiene una hija, ___Cindy___, con su primer esposo.
4. Cindy es la ___hijastra___ de Alberto.
5. El ___nieto___ de Julia se llama Michael y el niño se parece mucho a su ___padre___ (John).
6. Las ___medias hermanas___ de Cindy son Maia y Rachel.
7. Maia se parece a su ___padre___ y Rachel se parece a su ___madre___.
8. El primer esposo de Sharon fue ___Henry___. Ellos tiene dos hijos, Brian y Benjamin.
9. Brian y Benjamin son los ___hermanastros___ de Cindy.
10. Cindy se lleva muy bien con Sharon, su ___madrastra___, pero dice que Alberto, su ___padrastro___, no la comprende.

Actividad 5 Los parientes

A. Conversa con tu compañero/a.

1. ¿Vives con tus padres o con otros parientes? ¿Están divorciados tus padres? ¿Tienes padrastro o madrastra? ¿Te llevas bien con él/ella?
2. ¿Cuántos hermanos tienes? (¿Eres hijo único / hija única?) ¿Tienes medios hermanos o medias hermanas? ¿Te pareces a ellos/as? ¿Tienes hermanastros o hermanastras? ¿Te llevas bien con ellos/ellas?
3. ¿Cuántos tíos tienes? ¿Dónde viven? ¿Tienes muchos primos o pocos? ¿Celebras los días feriados con tus tíos y tus primos?
4. ¿Están casados tus hermanos? ¿Te llevas bien con tus cuñados? ¿Tienes sobrinos? ¿Cuántos años tienen? ¿Cómo se llaman?
5. ¿Estás casado/a tú? ¿Tienes hijos? ¿Cómo se llaman? ¿Están casados tus hijos? ¿Cómo se llama tu nuera/yerno? ¿Tienes nietos? ¿Cuántos años tienen tus nietos?

B. Ahora… ¡conversa con tu profe!

1. ¿Está casado/a usted? ¿Tiene hijos? ¿Cómo se llaman? ¿Están casados sus hijos? ¿Cómo se llama su nuera/yerno? ¿Tiene nietos? ¿Cuántos años tienen sus nietos?
2. ¿Cuántos hermanos tiene? (¿Es usted hijo único / hija única?) ¿Tiene medios hermanos o medias hermanas? ¿Se parece a ellos/ellas? ¿Tiene hermanastros o hermanastras? ¿Se lleva bien con ellos/ellas?
3. ¿Están casados sus hermanos? ¿Se lleva bien con sus cuñados? ¿Tiene sobrinos? ¿Cuántos años tienen? ¿Cómo se llaman?

Entérate

¿Te gustan los refranes? Aquí tienes uno sobre la familia.

<<De tal palo, tal astilla.>>

Like father, like son. (En sentido literal, *From such a stick, [comes] such a splinter.*)

Hay otro refrán en inglés que también comunica la misma idea: *The apple doesn't fall far from the tree.*

La niñez

Lee *Infórmate 10.2*

La niñez, **Note:** Most of the imperfect verb forms in this display are introduced in Pre-Text Oral Activity 2 (p. 294), but many of the activity phrases and other words in the vocabulary displays and activities will be new to students. Be sure to verify class comprehension of all vocabulary as you proceed through the chapter. **Suggestions:** Begin by brainstorming with the class on childhood activities, writing infinitives on the board. Direct students to the display and ask who did these (show of hands), then incorporate them into the list. (You may want to divide activities by gender, asking what is typical of girls, of boys, and both.) New vocabulary includes *saltar la cuerda, montar en el subibaja* (*cachumbambé* in Cuba), *volar papalotes* (*cometas/barriletes*), *jugar al escondite, jugar a las casitas* (or *jugar a mamá y papá*), *mirar la nubes, pelar* (to peel), and *pelear* (to fight; to argue). Other common activities include: *andar en patineta* (skateboard, but note that *monopatín* is also used); *subir(se)/trepar(se) a los árboles, jugar a las bolas* (*canicas, Mex.*) (marbles), *jugar al gato / a la peste* (*Sp.*) (tag), and *jugar a la rayuela* (*al bebeleche, Mex.*) (hopscotch). Then return to the display and emphasize imperfect verb endings by comparing Omara's childhood activities to your own: *Omara volaba papalotes. Yo también volaba papalotes.* Then extend questions to students: *¿Quién de ustedes volaba papalotes cuando era niño/a?* Keep in mind that students can respond with *sí/no* as you continue to ask questions using the imperfect: *¿Jugaban ustedes al escondite? ¿Dónde jugaban? ¿en la calle? ¿en su casa? ¿en el parque?*

Point out diminutives in display and write a few high-frequency examples on the board (*amiguito/a, abuelito/a, muñequita, poquito, cafecito*), and include some names (*Danielito, Karinita*). You will also want to introduce *todavía* to talk about activities we still do. **Note:** The forms *era* and *estaba* may cause some confusion; if so, point out that *era* is the imperfect of *ser* and *estaba* is the imperfect of *estar*.

See IRK for additional activities.

Omara Saborit recuerda su niñez

> Entérate
>
> La canción más famosa de Cuba se titula «Guantanamera» y habla de una muchacha guajira (*peasant*) de Guantánamo. ¡Es una canción muy hermosa! La melodía es de una forma musical cubana llamada **décima guajira**. Y la letra (*lyrics*) es de un poema del gran escritor cubano José Martí (1853–1895). ¡Muchos cantantes han grabado (*have recorded*) esta canción!

Saltaba la cuerda en el patio de recreo de la escuela.

Montaba en el cachumbambé/subibaja con mi hermana menor.

Volaba papalotes con mi hermano mayor. Él hacía nuestros papalotes; a mí me gustaban los que tenían forma de pájaro.

Mi mejor amiga y yo jugábamos al escondite en el parque. ¡Me llevaba muy bien con ella! Bueno, de vez en cuando peleábamos un poquito…

Mis hermanas jugaban a las casitas con muñequitas. A veces me invitaban a jugar con ellas y nos divertíamos mucho jugando.

Mi mamá y yo preparábamos la cena. Yo siempre le ayudaba a pelar y cortar los plátanos.

Mi papá y yo mirábamos las nubes y las describíamos. Algunas tenían formas de animales y otras parecían personas. ¡Todavía me gusta mirar las nubes!

Leía las revistas de mi mamá. Siempre tenían fotos de modelos con unos vestidos muy lindos. ¡Yo quería uno de esos vestidos!

Act. 6 (Individual; pair), **Suggestions:** Before beginning the activity, ask students to think about their childhood activities (*las cosas que ustedes hacían cuando eran niños*). Review *a veces, siempre, nunca,* and *de vez en cuando.* Use your personal PF or a PP presentation to show examples of the childhood activities mentioned and ask questions such as: *¿Quién en la clase acampaba siempre en la montaña durante el verano? ¿Quién miraba la televisión de vez en cuando? ¿Qué programas les gustaban a ustedes?* Always react with your own routine: *Yo también miraba la televisión a veces.* Then give students 3–5 minutes to work individually to respond to the questions. When they have finished, give them 5–7 minutes to work in pairs to discuss their answers. **Expansion:** Have the pairs ask each other questions about the activities they did most often. **Follow-up:** Review *todavía* and introduce *ya no* and ask: *¿Quién nadaba en la playa con sus amigos?* (Ana) *Ana, ¿todavía nada usted con sus amigos o ya no?*

Actividad 6   Mi niñez

¿Qué hacías cuando eras niño/a? Responde usando **siempre, nunca, muchas veces, a veces** o **de vez en cuando.** Luego comparte tus respuestas con tu compañero/a.

1. Cuando (yo) era niño/a…
   - **a.** jugaba con carritos.   **b.** tenía muchas mascotas.
   - **c.** jugaba con muñecas.
2. En mi casa, yo…
   - **a.** ayudaba con los quehaceres.   **b.** miraba la televisión.
   - **c.** hacía la tarea todos los días.
3. En la escuela, yo…
   - **a.** jugaba al escondite con mis compañeros.
   - **b.** ponía atención en clase.   **c.** sacaba buenas notas.
4. Cuando estaba aburrido/a, yo…
   - **a.** andaba en patineta.   **b.** jugaba videojuegos.   **c.** me subía a los árboles.
5. En Navidad (Jánuca, Ramadán, Año Nuevo, etcétera), mi familia…
   - **a.** preparaba una gran cena.   **b.** visitaba a otros parientes.
   - **c.** ponía adornos por toda la casa.
6. Durante el verano, mis amigos y yo…
   - **a.** nadábamos en el mar.   **b.** acampábamos en la montaña.
   - **c.** jugábamos a la pelota.

> **Infórmate**
>
> De niño/a = Cuando era niño/a = En mi/su niñez/infancia

> **Entérate:** Read to your class the poem «Mi caballero» from *Ismaelillo*, where Martí compares his son to a colt. This poem, available online, uses several imperfect forms you can teach: *me despertaba, reía, besaba.* **Note:** Students won't understand all of the poem, but they can get a sense of the rhythm and sound of Martí's beautiful poetry.

Act. 7 (Individual; whole class), **Suggestions:** Let students work on their own to match names and activities first, then ask the whole class questions such as: *Cuando era niño, ¿quién quería navegar por todo el mundo?* (Cristóbal Colón) *¿Piensan ustedes que Colón estudiaba los mapas? ¡Probablemente! ¿Quién soñaba con cambiar la sociedad?* (Rigoberta Menchú) *¿Quién cantaba para su familia de vez en cuando?* (Gloria Estefan) *¿Piensan ustedes que Gloria cantaba bien cuando era niña?* Point out the *Infórmate* box and use the different expressions in your input when possible.

Actividad 7   La niñez de los famosos

¿Qué hacían estas personas famosas en su niñez? Empareja a las personas con las oraciones que las describen.

1. __e__ A veces actuaba en obras de teatro de la escuela.
2. __b__ Siempre soñaba con cambiar la sociedad y mejorar la vida de los indígenas de su país.
3. __c__ Cantaba para su familia de vez en cuando.
4. __a__ Quería navegar por todo el mundo.
5. __f__ Le gustaba contar historias a la hora de la cena.
6. __d__ Los fines de semana veía partidos de tenis en la televisión.
7. __g__ Cuando estaba triste, escribía versos sobre su país y su familia.

- **a.** Cristóbal Colón, navegante y explorador
- **b.** Rigoberta Menchú, activista indígena guatemalteca
- **c.** Gloria Estefan, cantante cubanoamericana
- **d.** Rafael Nadal, tenista español
- **e.** Andy García, actor cubanoamericano
- **f.** Oscar Hijuelos, escritor cubanoamericano
- **g.** José Martí, poeta cubano

> **Entérate**
>
> El gran poeta cubano José Martí escribió hermosos (*beautiful*) versos sobre la niñez en su libro *Ismaelillo* (1882), que dedicó a su hijo. Por ejemplo, en el poema «Mi caballero», el poeta compara al niño con un caballito juguetón (*playful colt*). Debes ver una excelente película sobre la vida de este poeta: *José Martí, el ojo del canario* (2010), del director Fernando Pérez.

> **Entérate**
>
> - ¡Descubre la literatura cubana y cubanoamericana! Entre las novelas cubanas, una de las más populares es *Cien botellas en una pared* (2002) de Ena Lucía Portela. Dos excelentes novelas cubanoamericanas son *Dreaming in Cuban* (1992) de Cristina García y *The Mambo Kings Play Songs of Love* (1989) de Oscar Hijuelos.
> - La música cubana tiene fama internacional. ¿Quieres descubrirla? Puedes explorar la música del gran pianista Chucho Valdés, de la famosa vocalista Celia Cruz, y del dueto Gema y Pavel. Pero también hay cubanoamericanos conocidos en todo el mundo, entre ellos la cantautora (*singer-songwriter*) Gloria Estefan y el rapero Pitbull.

Act. 8, **Part A** (Whole class), **Expansion:** Have students correct the incorrect statements. Suggested sentences: *1. De niñas, Iraida y Eliana siempre jugaban con muñecas. (C) 2. De niño, Tomás montaba a caballo después de las clases. (F: Montaba a caballo con frecuencia.) 3. Radamés andaba en patineta los fines de semana. (F: Siempre andaba en patineta.) 4. Julián siempre tenía muchas mascotas. (C) 5. Omara iba a la iglesia con su familia con frecuencia. (F: Iba a la iglesia con su familia los fines de semana.) 6. Iraida y Eliana patinaban los fines de semana. (C) 7. Julián nadaba en el mar después de las clases. (F: Nadaba en el mar con frecuencia.) 8. Tomás jugaba con su perro los fines de semana. (F: Jugaba con su perro después de las clases.) 9. Radamés jugaba al fútbol después de las clases. (C) 10. Omara hacía la tarea y estudiaba los fines de semana. (F: Hacía la tarea y estudiaba después de las clases.)* **Part B** (Pair), **Expansion:** Have students ask each other if they also did those activities: *E1: ¿Tú también nadabas en el mar cuando eras niño/a? E2: No, yo nadaba en la piscina pública. / Sí, nadaba en el mar los veranos.*

Actividad 8   Cuando Radamés y sus parientes eran niños

A. Mira los dibujos y escucha las oraciones que lee tu profesor(a). Di si son ciertas o falsas.

	siempre	con frecuencia	después de las clases	los fines de semana
Tomás, el padre de Radamés 				
Omara, la madre de Radamés 				
Julián, el hermano de Radamés 				
Iraida y Eliana, las hermanas de Radamés 				
Radamés 				

> **Entérate**
>
> Radamés y sus hermanas nacieron y se criaron (*were raised*) en Miami, ciudad donde se establecieron muchos inmigrantes cubanos en los años sesenta. En la Calle 8 de Miami se encuentra la famosa Pequeña Habana, *Little Havana* en inglés. La calle tiene un ambiente muy animado y da la fuerte impresión de estar en un país latino. Si te gusta la música de Gloria Estefan, escucha su canción "Miss Little Havana".

> **Entérate**
>
> La televisión llegó a Cuba en 1950. Antes de eso, la gente escuchaba la radio. Algunos programas de radio, como *El Zorro*, tenían aventuras y eran muy populares.

B. Ahora, conversa con tu compañero/a sobre las actividades de Radamés y sus parientes.

MODELO: E1: ¿Qué hacía *Julián* después de las clases?
E2: *Andaba en bicicleta en la playa.*

Actividad 9 ¡Viva el verano!

¿Recuerdas tus actividades de verano cuando eras niño/a? Conversa con tu compañero/a sobre algunas de esas actividades. Usen las preguntas como guía.

MODELO: E1: ¿*Tomabas helados* en verano cuando eras niño/a?
E2: Sí, *tomaba helados.*
E1: Y dime, ¿*qué sabores preferías?*
E2: *Prefería el helado de chocolate.*
E1: ¡Yo también!

1. ¿Ibas al cine? ¿Con quién(es) ibas? ¿Qué películas te gustaban?
2. ¿Ibas al zoológico? ¿Qué animales te gustaba mirar en el zoológico? ¿Te gustaba mirar los monos? ¿los leones? ¿las cebras? ¿los elefantes? ¿O preferías mirar otro animal?
3. ¿Jugabas a la pelota? ¿Dónde? ¿Jugabas en el campo? ¿en el parque? ¿en la escuela? ¿en la calle? ¿O jugabas en el jardín de tu casa? ¿Volabas papalotes? ¿Dónde? ¿Los volabas en el campo? ¿en el parque?
4. ¿Andabas en bicicleta? ¿Dónde? ¿Paseabas en el parque o en tu barrio? ¿Saltabas la cuerda? ¿Con quiénes saltabas?
5. ¿Tomabas helados? ¿Qué sabor de helado preferías: vainilla, fresa o chocolate?
6. ¿Leías tiras cómicas? ¿Qué tiras cómicas leías? ¿Jugabas videojuegos? ¿Cómo se llamaban los videojuegos que jugabas?
7. ¿Viajabas con tu familia? ¿Adónde viajaban ustedes?

Actividad 10 Recuerdos de la niñez

Conversa con tu compañero/a.

1. De niño/a, ¿vivías en una ciudad o en un pueblo? ¿Te mudabas (ibas a vivir en un lugar nuevo) con frecuencia? ¿Por qué?
2. ¿Tenías perro o gato? ¿Cómo se llamaba(n) tu(s) mascota(s)?
3. ¿A qué escuela asistías? ¿Cómo era? (grande/pequeña, nueva/vieja, ¿ ?). ¿A qué jugaban tú y tus amiguitos en el recreo? (al gato, a la pelota, al escondite, a la rayuela, a las bolas, ¿ ?)
4. ¿Mirabas mucho la televisión? ¿Qué programas te gustaban? ¿Tenías computadora? ¿La usabas para hacer la tarea? ¿para jugar videojuegos?
5. ¿Competías en algún deporte? ¿En cuál? ¿Te gustaba competir? ¿Juegas ese deporte hoy en día?
6. ¿Hay alguna actividad de tu niñez que hacías con frecuencia y que todavía haces? ¿Hay alguna que ya no haces? (por ejemplo, comer comida chatarra, pelear con tus hermanos, mirar muñequitos, etcétera)

> **Entérate**
>
> ¿Mirabas el programa *Sesame Street* cuando eras niño/a? Este programa es muy popular en los países hispanos y tiene dos nombres diferentes en español: *Barrio Sésamo* y *Plaza Sésamo*. Algunos personajes también cambian de nombre. Por ejemplo, Kermit the Frog se llama Rana Gustavo en España y Rana René en Colombia.

> **Entérate**
>
> En algunos países hispanos, se usa la palabra **muñequitos** para *cartoons* y en otros se dice **dibujos animados.**

Comunícate La niñez

Hablando de la niñez

«CANCIONES DE MI ABUELA», DE FRANCISCO X. ALARCÓN

Francisco X. Alarcón (1954) es un famoso poeta chicano que vive y trabaja de profesor en Davis, California. Entre sus libros de poemas para niños se encuentran[a] *Jitomates risueños*[b] (1997), *Los ángeles andan en bicicleta* (2005) y *Animalario*[c] *del Iguazú* (2008). El hermoso poema aquí incluido, de *Jitomates risueños,* presenta una imagen emotiva[d] de la abuela del poeta.

Las canciones de mi abuela

compartían
el ritmo
de la lavadora

transformaban
la cocina
en una pista de baile[e]

consolaban
las sillas
patas arriba[f]

alegraban
los retratos colgados[g]
de la familia

arrullaban[h]
las sábanas[i]
en el tendedero[j]

les daban sabor[k]
a los frijoles
de olla[l]

las canciones
que cantaba
mi abuela

eran capaces[m]
de hacer salir
a las estrellas[n]

convertir
a mi abuela
en una joven

que de nuevo[o]
iba por agua
al río

y hacerla
reír y llorar
a la vez

Los poemas son una buena forma de expresar los recuerdos. ¿Qué recuerdos tienes de tu abuelo o abuela, de tu padre, madre u otro pariente? ¿Cómo era esa persona cuando eras niño/a? ¿Qué actividades hacían ustedes juntos y en dónde? ¿Qué efecto tenía esa persona en tu familia y en tu casa? Escribe un poema para contestar esas preguntas.

[a]se… *one will find* [b]*Jitomates...* Laughing Tomatoes [c]Animal Fables [d]*moving, emotional* [e]pista… *dance floor* [f]patas… *placed upside down* [g]alegraban… *they made the hanging portraits happy* [h]*lulled to sleep* [i]*bed sheets* [j]*clothesline* [k]*flavor* [l]*cooking pot* [m]*capable* [n]hacer… *making the stars come out* [o]que… *who once again*

Hablando de la niñez (Whole class; pair). Read the introduction and review footnote glosses before having students read the poem. Then read it out loud to the class. Pair students to read the poem to each other, alternating stanzas. Circulate and discreetly help students with pronunciation. Now call the class back together briefly and point out some of the images. Ask questions such as: *¿Dónde estaba la abuela en el recuerdo del poeta? En varias partes de la casa, ¿verdad? En la cocina, en la sala, en el dormitorio… Y, ¿qué efecto tenían las canciones de la abuela en la cocina? Le daban sabor a los frijoles, ¿cierto? ¿Algo más? ¿Qué otros efectos mágicos tenían las canciones de la abuela? ¿Cuáles son los quehaceres que hacía la abuela mientras cantaba? ¿Cómo transformaban las canciones a la abuela?* **Follow-up:** Write some of your own family memories on the board, and have the whole class work to make them into a poem. Then assign students to write their own poem about a family member, or assign as homework. **Expansion:** Bring in the book *Jitomates risueños* (Children's Book Press, 1997) or other collections of children's poetry by Francisco X. Alarcón and share some of the poems and illustrations with your class.

La adolescencia

Lee Infórmate 10.2–10.4

Iraida Fernández Saborit es periodista y bloguera. Esta es una página de su blog, *El rincón de Iraida*, con algunas fotos de su familia.

EL RINCÓN DE IRAIDA

MI ÁLBUM

ARCHIVO
ARTÍCULOS
TWITTER
FACEBOOK
MI ÁLBUM

a. Aquí, mi hermano Julián. ¡Es una foto de 1985! Julián era un joven muy guapo, ¿verdad? Quería ser actor de cine.

b. En esta foto de 1996, mi hermana Eliana estaba bailando con su novio David. Pensaba ser bailarina profesional, pero luego decidió estudiar para ser abogada.

c. En esta foto del 2004, Radamés iba a tirarle una tiza a su compañero. Era un niño muy travieso. Les daba muchos problemas a nuestros padres. (Buena foto, ¿no? ¡La tomó el maestro!)

d. Aquí Radamés estaba tocando la guitarra. ¡Practicaba varias horas al día! Siempre decía que iba a ser músico profesional y que iba a tener su propio grupo.

e. Julián en 1983, con su novia… ¡No recuerdo su nombre! Julián solo tenía quince años y ya quería casarse. Pensaba hablar con el padre de su novia, pero Papi no le dio permiso.

f. Aquí estoy con mi mejor amiga, Debbie. En esta foto de 1993 las dos teníamos trece años. Queríamos ser amigas para toda la vida. ¡Y lo logramos!

g. Mi hermana y yo de adolescentes, en South Beach. Ese día, después de la playa, íbamos a ir a comer a Versailles, mi restaurante cubano favorito en Miami.

h. En esta foto del año 1993, mi hermana y nuestras amigas estaban comprando boletos para el cine. Íbamos a ver una película de Leonardo DiCaprio, nuestro actor favorito. ¡Yo tomé la foto!

Actividad 11 — La adolescencia de los amigos del club

A. Conversa con tu compañero/a sobre lo que hacían los amigos del club Amigos sin Fronteras cuando eran adolescentes.

MODELO:
- E1: ¿Quién *esquiaba durante las vacaciones*?
- E2: *Julia*. ¿Cuándo *trabajaba de niñera Ángela*?
- E1: *Los fines de semana*. ¿Qué hacía *Omar durante las vacaciones*?
- E2: *Viajaba con su familia.*

	después de las clases	los fines de semana	durante las vacaciones	él/ella quería…
Omar, quince años 				
Ángela, diecisiete años 				
Franklin, dieciséis años 				
Julia, diecinueve años 				

Act. 11, Part A (Pair). Give students a few minutes to look at the drawings and ask vocabulary questions. Go over both parts of activity; make sure students understand that in **part B** they must say what the characters wanted to do or be when they were teenagers. Now pair students to ask and answer questions. You may want to clarify that Franklin, in strip 3, didn't need forearm crutches (*muletas de codo*) when he was 16: *Franklin no necesitaba muletas de codo cuando tenía 16 años…* Explain that he had a car accident later in his life and as a result ended up needing crutches. **Part B** (Pair), **Suggested Answers:** *Omar quería hablar inglés muy bien. Ángela quería ser maestra. Franklin quería enseñar español / quería ser profesor de español. Julia quería competir en los Juegos Olímpicos / ser campeona olímpica.* **Expansion:** Ask questions about what the characters wanted to do or be, using *pensar*: *¿Quién pensaba ser profesor de español? ¿Quién pensaba competir en los Juegos Olímpicos?*

B. Ahora miren los dibujos otra vez y digan qué querían ser o hacer estos amigos cuando eran adolescentes.

MODELO: E1: ¿Qué quería hacer *Omar*?
E2: Quería *hablar inglés muy bien*. ¿Quién pensaba *ser maestra*?
E1: *Ángela*.

Actividad 12   La escuela secundaria

Dile a tu compañero/a qué hacías en estas situaciones cuando eras estudiante de la escuela secundaria. Para reaccionar a lo que dice tu compañero/a, usa las frases de **Y tú, ¿qué dices?**

MODELO: E1: Cuando quería mirar la televisión y mi madre no me dejaba, yo le decía: «¡Pero si hoy no tengo tarea!»
E2: ¡Qué mentiroso/a!

1. Cuando no quería ir a la escuela, …
2. Cuando iba a textear a mis amigos antes de hacer la tarea y mis padres no me dejaban, …
3. Cuando quería comprar ropa nueva y no tenía dinero, …
4. Cuando iba a salir con mi novio/a pero mi padre (o madre) no me daba permiso, …
5. Cuando mis amigos tenían fiesta y no me invitaban, …
6. Cuando me aburría en mis clases, …
7. Cuando mi maestro/a nos pedía la tarea y yo no la tenía, …
8. Cuando quería manejar a la escuela y mi carro no tenía gasolina, …

Infórmate

dejar = permitir

Mi mamá no me dejaba (permitía) ver la televisión.
My mother didn't let me (permit/allow me to) watch TV.

Vocabulario útil

ahorraba dinero	le pedía dinero a mi padre (madre, abuelo, tío, …)
buscaba nuevos amigos	le preguntaba al maestro / a la maestra: «¿Teníamos tarea?»
decía: «¡Ay, estoy enfermo/a!»	
decía: «Anoche estuve enfermo/a.»	lloraba y gritaba
decía: «¡Pero si hoy no hay clases!»	manejaba el carro de un amigo
decía: «¡Pero si hoy no tengo tarea!»	me escapaba cuando todos estaban durmiendo
hablaba con mi novio/a por teléfono/Skype	peleaba (discutía) con mi padre / madre
hacía la tarea rápidamente en clase	trabajaba
iba al cine (a la playa, al centro comercial, …)	

Y tú, ¿qué dices?

¿De veras?	¡Qué mentiroso/a!	Yo no, yo…
¡No lo creo!	¡Qué pícaro/a!	Yo también.
¡Qué buena idea!	¿Y nunca tuviste problemas?	

Comunícate   La adolescencia

Act. 13 (Individual; whole class),
Suggestions: Call attention to the title of the activity, which translates as "Those were the days!" Preview by asking students to think about their parents: *¿Tus padres usaban teléfono celular? ¿Escuchaban música de tu iPod o de discos LP? En los tiempos de tus padres, ¿la gente manejaba carros eléctricos?* After eliciting answers, have students think about their grandparents and ask questions such as: *¿Qué hacían tus abuelos cuando eran jóvenes? Por ejemplo, ¿usaban computadora? ¿Tenían Internet? ¿Usaban máquina de escribir? ¿Miraban la televisión en cable? ¿Miraban películas en DVD?* Assign activity and then survey class about their responses.

Actividad 13 ¡Qué tiempos aquellos!

¿Quién diría (*would say*) lo siguiente: tus abuelos, tus padres, tus compañeros, ninguno de ellos o todos?

Cuando éramos adolescentes…

1. alquilábamos películas para verlas en casa.
2. jugábamos videojuegos.
3. nadie usaba computadoras personales.
4. escuchábamos la radio; no había televisión.
5. texteábamos a nuestros amigos todos los días.
6. íbamos al cine los fines de semana.
7. comprábamos muchas cosas en línea.
8. conocíamos a todos nuestros vecinos.
9. la gente fumaba en los restaurantes y edificios públicos.
10. escuchábamos música en iPods y MP3s.
11. nadie tenía teléfono celular.
12. escuchábamos discos LP.

Somos Jóvenes es una revista muy popular en Cuba.

Act. 14 (Group),
Suggestions: Review key phrases in *Vocabulario útil* box. Have a volunteer interview you first; write your responses on the board as reference. Include the constructions *iba a* + infinitive and *pensaba* + infinitive in your responses: *Anoche estaba preparando mis clases. Después pensaba (iba a) ir a una fiesta, pero decidí quedarme en casa.* Then set up groups of 4 and make sure each student gets a chance to play detective. Remind them to use *usted* forms. Give the 3 suspects the option of assuming the personality of a famous person (a movie star, a politician, an athlete), or they can just be themselves. The detective must follow the initial question with other inquiries, asking for details (see *Vocabulario útil*).

Actividad 14 ¡Eres detective!

Imagínate que eres detective. Tienes que investigar un crimen: Anoche a las ocho hubo un robo en un banco de tu ciudad. Interroga a tres de los sospechosos y pregúntales qué estaban haciendo ayer a la hora del robo. ¡Ellos deben ofrecer una coartada convincente para probar su inocencia!

MODELO: E1: Buenas tardes, Sr./Sra./Srta. _____. Necesito hacerle algunas preguntas…
          E2: Sí, claro, ¡por supuesto!
          E1: ¿Qué estaba haciendo anoche a las ocho de la noche?
          E2: Pues, estaba…
          E1: ¿Y qué pensaba hacer después?
          E2: Después pensaba… (Iba a…)

> **Vocabulario útil**
>
> **Otras preguntas**
>
> ¿Dónde estaba?
>
> ¿Con quién estaba? ¿Qué relación tiene usted con esa(s) persona(s)?
>
> ¿Qué ropa llevaba?
>
> ¿Por qué decidió ___? (Porque quería...)
>
> **Algunas coartadas**
>
> Estaba...
>
>   cenando con mi familia.
>
>   manejando a casa.
>
>   haciendo la tarea.
>
>   texteando a mi novio/a.

> **Entérate**
>
> En la investigación de crímenes, los **sospechosos** (*suspects*) deben presentar **coartadas convincentes** (*convincing alibis*) para **probar** (*prove*) su **inocencia**.

Actividad 15 Días de clases y días de vacaciones

Conversa con tu compañero/a.

LA ESCUELA SECUNDARIA

1. ¿Cómo se llamaba tu escuela secundaria?
2. ¿Vivías lejos o cerca de la escuela? ¿Llegabas a la escuela a tiempo o tarde?
3. ¿Qué materia preferías? ¿Por qué te gustaba? ¿Sacabas buenas notas?
4. ¿En qué actividades participabas? ¿En actividades deportivas? ¿En teatro? ¿Eras socio/a (miembro) de algún club? ¿Eras muy activo/a en el club?
5. ¿Qué hacías después de las clases todos los días? ¿Estudiabas mucho? ¿Mirabas la televisión? ¿Usabas tu computadora? ¿Salías con tus amigos? ¿Adónde iban?
6. Piensa en las cosas que querías hacer cuando estabas en la secundaria. (Por ejemplo: estar en el equipo de fútbol, tener un carro, viajar a Europa, conseguir un trabajo, tener novio/a, etcétera.) ¿Cuáles lograste hacer? ¿Cuáles no lograste hacer?

LOS VERANOS

1. Cuando eras adolescente, ¿dónde pasabas los veranos?
2. ¿Visitabas a tus parientes? ¿Qué hacías con ellos?
3. ¿Trabajabas? ¿Dónde? ¿Qué hacías? ¿Ganabas mucho dinero?
4. ¿Qué hacías por las tardes? ¿Y por las noches?
5. ¿Salías de vacaciones con tus padres? ¿Adónde iban? ¿Te gustaba viajar con ellos?
6. ¿Hay una actividad que querías hacer durante el verano pero que nunca hiciste? ¿Qué actividad era?

Actividad integral

Recuerdos de los días feriados

Actividad integral, **Part A** (Individual), **Suggestions:** Share your memories with students to get this activity started. Have students write a sentence or two for each situation. **Part B** (Group), **Suggestions:** Have students divide into groups of 3 or 4. Before they begin part B, make sure they know that they can change the holidays and members of the family to make the sentences work for them. Also, make sure students say if they still do the activities mentioned for those celebrations or if they no longer do them. Point out the use of *todavía* (still) and *ya no* (no longer).

A. ¿Qué recuerdos tienes relacionados con los días feriados que pasabas con tu familia? Completa las siguientes oraciones. Puedes incluir otros días feriados (Jánuca, Ramadán, Nochevieja, Año Nuevo, etcétera) y otros miembros de tu familia.

MODELO: Recuerdo que para Pascua mi hermana y yo siempre *íbamos al parque a buscar huevitos.*

1. Recuerdo que en Navidad mi abuela siempre…
2. Cuando era niño/a, para el Día de la Independencia mi familia siempre…
3. Para mi cumpleaños mis padres siempre…
4. Todavía recuerdo que para el Día de Acción de Gracias siempre…
5. Recuerdo muy bien que para la Nochevieja siempre…

B. Ahora comparte tus recuerdos con tus compañeros/as. Cuéntales si todavía haces las actividades que mencionas y con qué frecuencia (a veces, de vez en cuando, siempre) o si ya no las haces.

MODELO: Para mi cumpleaños, yo siempre *comía con mi familia en mi restaurante favorito.* Todavía *como con mi familia siempre* para mi cumpleaños. / Ya *no como con mi familia para mi cumpleaños; salgo con mis amigos.*

Exprésate

Escríbelo tú, **Suggestion:** In preparation for the activity, tell students about your favorite activities at the age of 10 or 15, answering the questions listed and using some of the activities in *Vocabulario útil* box. **Expansion:** After students do their writing in the *Cuaderno de actividades* or in Connect Spanish, have them share their compositions with a partner in class.

ESCRÍBELO TÚ

Las actividades de tu niñez o adolescencia

Piensa en tu niñez o en tu adolescencia. Escribe una composición sobre las actividades que más te gustaban hacer a la edad de diez o quince años. ¿Tenías un juguete favorito? ¿Jugabas videojuegos? ¿Con quiénes jugabas? ¿Preferías jugar al béisbol? ¿Dónde lo jugabas? ¿Tenías un amigo imaginario / una amiga imaginaria? ¿Cómo se llamaba tu amigo/a? ¿Leías mucho? ¿Ibas mucho al cine? A continuación hay otras actividades posibles. Lee y completa la actividad entera en el *Cuaderno de actividades* o en Connect Spanish.

Vocabulario útil

acampar en la montaña	ir a fiestas	practicar deportes
andar en bicicleta / patineta	ir de compras	salir con amigos
asistir a conciertos	jugar al escondite / a las muñecas	saltar la cuerda
comer muchos dulces	jugar videojuegos	subirse a los árboles
dormir en casa de amigos	mirar la televisión	volar un papalote
	nadar en la piscina / el mar	

CUÉNTANOS

Actividades con la familia

Piensa en las actividades que tú y tu familia (tus padres, abuelos, hermanos, tíos y primos) hacían juntos con regularidad cuando eras niño/a. Cuéntanos sobre algunas de esas actividades. Explica si te gustaba hacerlas o no, y por qué. Incluye muchos detalles, como por ejemplo: ¿Con quién(es) hacías estas actividades? ¿Dónde y cuándo las hacían? ¿En qué temporada del año? ¿Cuántas veces al año las hacían? ¿Por qué las hacían? (¿Las hacían para una celebración o día de fiesta? ¿Para un evento deportivo?)

MODELOS: De niño/a, todos los veranos mi familia y yo íbamos a la playa los fines de semana. Allí mi padre y yo surfeábamos. No me gustaba mucho surfear porque tenía miedo de las olas (*waves*) grandes. Pero en la playa sí me gustaba…

Los fines de semana, mis hermanos y yo íbamos al cine. Me gustaba mucho ir con ellos al cine porque siempre comíamos dulces y palomitas. Nuestras películas favoritas eran…

Anuncio de la Feria Internacional del Libro en la revista cubana *Alma Mater*

Entérate

Mundopedia

1. Los nombres en el mundo hispano
2. El arpa paraguaya
3. El cine argentino
4. Quito y Mitad del Mundo
5. ¡Grandes fiestas!
6. La escritora chilena Isabel Allende
7. El Carnaval de Barranquilla
8. El Cinco de Mayo
9. La Diablada de Oruro
10. **La música de Cuba**
11. Los paradores de España
12. Mérida, ciudad en la montaña
13. Los festivales dominicanos
14. El misterio de las ciudades mayas
15. Los logros de Costa Rica

La música de Cuba

El grupo cubano de rap Los Orishas en concierto

Vocabulario de consulta

apasionada	passionate
esclavos	slaves
caña de azúcar	sugar cane
surgió	emerged
puertos	ports
A comienzos	At the beginning
campesinos	peasants
estrellas	stars
tuvo lugar	took place
cantautores	singer-songwriters
logros	achievements
alcanzaron fama	achieved fame
letras	lyrics
floreció	flourished
raíces	roots
alegres	happy, lively
movidas	upbeat
por medio de	through
falta de	lack of

LOS ORÍGENES DE LA MÚSICA CUBANA

La música popular cubana es rítmica, **apasionada**, y nació de la unión de dos culturas: la española y la africana. En el siglo XVI, el gobierno español llevó **esclavos** africanos a Cuba para trabajar en plantaciones de **caña de azúcar**. La religión de los esclavos se combinó con la católica y así se formó una religión nueva: la santería. De manera similar **surgió** la música afrocubana, de las ceremonias religiosas que se celebraban con mucha danza.

LOS ESTILOS MUSICALES CUBANOS

Algunos estilos musicales cubanos importantes son la rumba, el danzón, el son, el mambo y el bolero. La rumba es música de fiesta que surgió en los **puertos** de La Habana y se hizo popular en el siglo XIX. También de ese siglo es el danzón, música con mucha influencia europea y la música preferida por la clase alta. **A comienzos** del siglo XX llegó el son, que se considera la forma más representativa de Cuba porque incorporó instrumentos de las tres culturas principales de la isla: la indígena, la africana, y la de los **campesinos** blancos. En la década de los cincuenta se hicieron muy populares el bolero, un tipo de canción romántica, y el mambo, que transformó el danzón con ritmos africanos. Entre los intérpretes famosos de bolero y de otras formas tradicionales se encuentran Ibrahim Ferrer y Omara Portuondo, **estrellas** de la película *Buena Vista Social Club* (1999).

LA REVOLUCIÓN Y LA MÚSICA DEL EXILIO

En 1959 **tuvo lugar** la Revolución cubana. En la primera década después de la revolución surgieron **cantautores** que celebraban en sus canciones el nuevo espíritu revolucionario y los **logros** de la sociedad cubana. Dos de ellos, Pablo Milanés y Silvio Rodríguez, **alcanzaron fama** internacional con sus hermosas melodías y **letras** poéticas.

Los cubanos que no aceptaban las ideas del gobierno revolucionario se fueron del país y muchos se exiliaron en Miami, Florida. De esa comunidad nació la música de los cubanoamericanos: entre otros, el cantautor Willy Chirino y el grupo Miami Sound Machine, con el cual comenzó su carrera Gloria Estefan. Pero en el exilio también **floreció** la carrera de una gran cantante cubana que emigró a Nueva York: Celia Cruz (1925–2003). Esta talentosa mujer afrocubana, con sus canciones **alegres** y **movidas**, creó un estilo único con fuertes **raíces** en la tradición africana del Caribe.

LA MÚSICA RECIENTE EN CUBA: RAP Y HIP HOP

En los años setenta se formaron varios grupos populares como Irakere y Los Van Van, que combinaban el son, el jazz y el rock en sus canciones. Años después, en los ochenta, llegó el rap a Cuba y el gobierno cubano lo criticó por ser un estilo «decadente» importado de Estados Unidos. Pero muy pronto el rap y luego el hip hop se integraron a la cultura de la Isla. Hay grupos cubanos de rap muy famosos —Obsesión, Los Orishas— y otros que expresan **por medio de** la música su descontento con la situación política del país, criticando los problemas sociales y económicos y la **falta de** libertad de expresión en la sociedad cubana.

COMPRENSIÓN

Contesta las preguntas.

1. La religión cubana que combina la religión católica y la africana se llama _____. la santería
2. ¿Cuáles son algunas formas musicales típicas de Cuba? la rumba, el danzón, el son, el mambo, el bolero
3. ¿Por qué es el son muy representativo de la música popular cubana? porque combina instrumentos de las tres culturas de Cuba
4. ¿Cómo se llama el grupo musical con el cual comenzó a cantar Gloria Estefan? Miami Sound Machine
5. ¿Cómo se describe la música de Celia Cruz? alegre y movida
6. ¿Qué critican algunos raperos cubanos? la situación política en Cuba, los problemas sociales y económicos y la falta de libertad de expresión

CONEXIÓN CULTURAL

LA DIÁSPORA CUBANA

El exilio es uno de los temas que más recurre en la literatura cubana. La razón (*reason*) es que muchos de los grandes escritores cubanos han vivido en el extranjero (*abroad*). En Estados Unidos solamente, hay casi dos millones de cubanos. Pero también hay inmigrantes de Cuba en Canadá, México, Ecuador, Argentina, Chile y toda América Latina, al igual que en Europa. ¿Quieres saber por qué hay tantos cubanos fuera de Cuba? Lee la lectura «La diáspora cubana» en el *Cuaderno de actividades* o en Connect Spanish y ¡entérate!

Voces cubanas

asere	amigo
el cachumbambé	seesaw
de ampanga	impressive
la fruta bomba	la papaya
el galletazo	a slap in the face
el/la guajiro/a	peasant
el/la vejigo/a	el/la niño/a; *adj.* joven, de poca edad
el traganique	jukebox (Literally, *swallows-nickles*)

Voces, Notes: The aim of this section is to introduce students to the linguistic variety within the Spanish-speaking world; we do not expect students to use this vocabulary in their own production.

You may want to expand the list with these other words from Cuba: *acotejar(se)* (to make or get comfortable), *nombrete* (nickname), and *pachanga* (fiesta, celebración). If you know other regional terms from Cuba, you may want to share those also with your students. **Suggestion:** Go over the definitions/synonyms in standard Spanish (right column) to verify comprehension.

Videoteca

Amigos sin Fronteras
Episodio 10: Así somos

Note: Both video clips can be seen on the DVD to accompany *Tu mundo* or in Connect Spanish.

Vocabulario de consulta

¡sin mi permiso!	without my permission!
travieso/a	mischievous
tiraba	threw
globos	balloons
cartero	mailman
metía	inserted, stuck
tubo de escape	exhaust pipe
salía disparada	would shoot out
pegaba	would stick
una moneda de cien pesetas	a one-hundred **peseta** coin (the **peseta** was the former currency of Spain)
pegamento	glue
con disimulo	sneakily
sin parar	endlessly
huelo	I smell
modestia aparte	modesty aside
escondida	hidden

Resumen

Claudia, Ana Sofía y Radamés están de visita en casa de Sebastián, mirando fotos y hablando de su niñez y adolescencia. Radamés, Sebastián y Ana Sofía admiten que eran traviesos cuando eran niños y cuentan algunas de sus travesuras; también describen las actividades que les gustaba hacer cuando eran adolescentes. Pero Claudia confiesa que era una niña muy seria.

Preparación para el video

A. ¡Comencemos! Contesta las preguntas según la foto.
1. ¿Cómo se llaman los cuatro chicos en la foto?
2. ¿En qué aparato miran las fotos los amigos?

Comprensión del video

B. La idea principal. Marca la idea principal del video.
1. La madre de Sebastián subió fotos de él a Facebook sin su permiso.
2. Sebastián no sabe cocinar; la pizza es del mercado.
3. Los chicos charlan sobre su niñez y adolescencia y dos de ellos muestran fotos.

C. ¿Cierto o falso?

1. Radamés no era travieso; era un chico muy serio. F
2. Sebastián ponía papas en el tubo de escape de los coches. C
3. Ana Sofía pegaba una moneda al suelo para reírse de la gente que quería recogerla. C
4. Claudia no les muestra sus fotos a sus amigos. C
5. Claudia cambió mucho cuando entró a la universidad. C

D. Detalles. Contesta las preguntas según el video.

1. En la foto de cuando Sebastián era niño, ¿cuál es él? el más fuerte
2. ¿Qué le gustaba a Radamés hacer de adolescente? ¿dónde, especialmente? tirar globos llenos de agua encima de las personas, especialmente desde el techo de su casa
3. ¿Con quién patinaba Claudia cuando era niña? no patinaba con nadie / patinaba sola
4. ¿Qué hacía Ana Sofía muy bien de niña y de adolescente? bailaba sevillanas

Mi país CUBA

Comprensión

1. ¿Cuál es la isla más grande del Caribe? Cuba
2. ¿Qué elementos de la naturaleza van a incluir Radamés y su grupo en el video? playas de arena blanca y palmeras, los campos de caña de azúcar
3. ¿De qué colores son algunas casas y edificios en la ciudad de Trinidad? colores pastel
4. ¿Dónde comenzó Radamés a escribir una de sus canciones? Canchánchara
5. ¿Quién decía la famosa exclamación «¡Azúcar!»? Celia Cruz
6. ¿A qué se parece el Capitolio de La Habana? el Capitolio de Washington, D.C.
7. ¿De qué tiempo son los carros antiguos que se ven en el Malecón? los años cincuenta
8. ¿Qué tipo de ritmos se escuchan en el Carnaval de Santiago de Cuba? afrocubanos

Un cocodrilo cubano

Corales cubanos

Infórmate

10.1 Prepositions and Pronouns

A. In Spanish, prepositions are often followed by pronouns. Here are some examples.

a mí	to/at me
de ti/usted	of/from you (inf./pol., sing.)
en él	in/on him
para ella	for her
sin nosotros/as	without us
para vosotros/as	for you (inf. pl., Sp.)
entre ustedes	among/between you (pol. pl.)
con ellos	with them (m.)
para ellas	for them (f.)

—¿Para quién es el regalo? ¿Es **para mí**?
Who is the present for? Is it for me?

—No, es **para él**.
No, it's for him.

—No podemos ir a la fiesta **sin** Radamés.
We can't go to the party without Radamés.

—Es verdad. No podemos ir **sin él**.
It's true. We can't go without him.

—¿Te llevas bien **con** tus padres?
Do you get along well with your parents?

—Sí, me llevo muy bien **con ellos**.
Yes, I get along well with them.

—¿Crees que mi hija se parece **a** su papá?
Do you think my daughter looks like her father?

—No, se parece mucho más **a ti**.
No, she looks a lot more like you.

Note that **mí** always has a written accent, to distinguish it from **mi** (*my*). However, **ti** is never written with an accent.

B. One exception to note is that the words **con** and **mí** combine to form **conmigo** (*with me*). The words **con** and **ti** form **contigo** (*with you*).

—Nayeli, ¿quieres ir **conmigo** al cine esta tarde?
Nayeli, do you want to go to the movies with me this afternoon?

—No, Sebastián. No puedo ir **contigo** esta tarde. Tengo que llevar a mis padres al aeropuerto.
No, Sebastián. I can't go with you this afternoon. I have to take my parents to the airport.

Ejercicio 1

Radamés le dice a su novia Trish para quién(es) son algunos regalos de Navidad y su novia reacciona con sorpresa. Llena los espacios en blanco para completar sus reacciones.

MODELO: —Esta calculadora es para mi sobrinita.
—¿*Para ella*? ¡No lo creo! ¡Es muy pequeña!

1. —Esta corbata es para mi tío.
   —¿_____ _____? ¿Le gustan las corbatas?
2. —Este sombrero es para ti.
   —¿_____ _____? ¡Gracias! ¡Es muy bonito!
3. —Esta patineta es para mi abuelo.
   —¿_____ _____? ¡Pero si tu abuelo no sabe usar una patineta!
4. —Estas muñecas son para la profesora Johnson-Muñoz.
   —¿_____ _____? ¡No lo creo! ¿Ella juega con muñecas?
5. —Este suéter es para Chulis, el perro de Eloy.
   —¿_____ _____? ¡A Chulis no le gusta la ropa!
6. —Esta lámpara es para mí.
   —¿_____ _____? ¡Es perfecta para tu cuarto!
7. —Estos discos compactos de música clásica son para ti y tus amigos.
   —¿_____ _____? ¡No nos gusta la música clásica!
8. —Este cartel de Gloria Estefan es para mis padres.
   —¿_____ _____? ¡Claro! Porque les gusta mucho la música de Gloria.

Ejercicio 2

Completa los diálogos con **mí, ti, él/ella, ellos/ellas, conmigo** o **contigo**.

RADAMÉS: Trish, ¿quieres ir _____¹ al cine este fin de semana?

TRISH: No. Lo siento, pero no puedo ir _____² porque tengo que trabajar.

FRANKLIN: Estefanía, este CD de música puertorriqueña es un regalo de mis padres para _____.³

ESTEFANÍA: ¿Un regalo de tus padres? ¿Para _____⁴? ¡Qué lindo gesto, Franklin!

CLAUDIA: Nayeli, ¿qué piensas de Javier, el chico que está en mi clase de economía?

NAYELI: ¿Qué pienso de _____⁵? Pues, no lo conozco muy bien, pero creo que es muy atractivo.

CLAUDIA: Pues… voy a ir a bailar con _____⁶ esta noche.

NAYELI: ¿De verdad? ¿Vas a bailar con _____⁷? ¡Qué envidia! Yo quiero ir, pero no puedo. Hoy tienes que ir sin _____.⁸

CAMILA: Eloy, ¿te llevas bien con tus hermanos?

ELOY: Sí, casi siempre me llevo bien con _____.⁹ Y tú, ¿te llevas bien con Antonella?

CAMILA: ¡Por supuesto! Es mi hermanita. Siempre me llevo bien con _____.¹⁰

10.2 The Imperfect Tense

A. The Spanish imperfect tense is used to describe actions that occurred repeatedly or habitually in the past. To express the same idea, English often uses the phrases *used to* or *would*, or just the simple past.

—¿A qué hora **te levantabas** en el verano?

What time { did you / did you use to / would you } get up in the summer?

—Siempre **me levantaba** a las nueve.

I always { got up / used to get up / would get up } at 9:00.

> In **Infórmate 11.4** and **13.4** you will learn about the preterite and imperfect when used together.

De niña, **nadaba** todos los días en el verano.
As a child, I used to (would) swim every day in the summer.

Cuando **éramos** jóvenes, **íbamos** al cine todos los sábados.
When we were young, we would go to the movies every Saturday.

B. There are two patterns of endings for the imperfect: **-ar** verbs use the **-aba** endings; **-er** and **-ir** verbs use the **-ía** endings.

	-ar VERBS	er/-ir VERBS	
	manejar	**comer**	**vivir**
(yo)	manej**aba**	com**ía**	viv**ía**
(tú)*	manej**abas**	com**ías**	viv**ías**
usted, él/ella	manej**aba**	com**ía**	viv**ía**
(nosotros/as)	manej**ábamos**	com**íamos**	viv**íamos**
(vosotros/as)	manej**ábais**	com**íais**	viv**íais**
ustedes, ellos/ellas	manej**aban**	com**ían**	viv**ían**

Mis hermanos **comían** mucho cuando **visitábamos** a nuestros abuelos.
My brothers used to eat a lot when we visited (would visit) our grandparents.

—¿Qué **hacía** Omar los domingos cuando **estaba** en la secundaria?
What did Omar used to do on Sundays when he was in high school?

—**Jugaba** al fútbol con sus amigos.
He used to play soccer with his friends.

C. Only three verbs are irregular in the imperfect: **ir, ser,** and **ver.**

	ir	**ser**	**ver**
(yo)	iba	era	veía
(tú)	ibas	eras	veías
usted, él/ella	iba	era	veía
(nosotros/as)	íbamos	éramos	veíamos
(vosotros/as)	ibais	erais	veías
ustedes, ellos/ellas	iban	eran	veían

Te **veía** más cuando trabajabas en esta oficina.
I used to see you more when you worked in this office.

Cuando **era** muy joven, mi papá y yo **íbamos** a la finca y yo montaba con él en su caballo.
When I was very young, my father and I used to go to the farm and I would ride with him on his horse.

---

*Recognition: In the imperfect, the **vos** forms are identical to the **tú** forms: **manejabas, comías, vivías,** and so forth.

Ejercicio 3

¿Qué hacían estas personas de niños?

1. andar en bicicleta / Omar
2. jugar con muñecas / Claudia y yo
3. leer las tiras cómicas del periódico los domingos / Ángela
4. bañarse en el mar en Acapulco / Nayeli
5. comer muchos dulces / Franklin
6. limpiar su cuarto / Marcela
7. pasar las vacaciones en Mar del Plata / Camila y sus primos
8. escuchar música rock / Radamés
9. ver muñequitos en la televisión / Sebastián
10. ir al cine los domingos / don Rafael Sotomayor

Ej. 4, **Note:** This exercise contrasts present and imperfect forms and asks students to match completed sentences with the appropriate drawings.

Ejercicio 4

Completa cada oración con el nombre de la(s) persona(s) y la forma apropiada del imperfecto para expresar lo que hacía(n).

MODELO: *Nayeli:* Ya no monta a caballo mucho, pero antes _montaba_ a caballo todos los días.

1. _____: De adolescente _____ mucha comida chatarra, pero ahora tiene una dieta muy saludable.
2. _____: Ya no juegan videojuegos, pero antes los _____ todos los días.
3. _____: Antes _____ mucho con su hermano mayor, pero ya no pelea con él.
4. _____: De niña _____ la cuerda, pero ya no lo hace nunca.
5. _____: Cuando era soltero, _____ mucho, pero ahora no tiene tiempo.
6. _____: Ya no llora tanto cuando ve películas tristes, pero de adolescente _____ mucho.

Infórmate 10.2 The Imperfect Tense

10.3, Note: The imperfect progressive is almost identical in form and function to the English past progressive (was + ing). We do not discuss past (preterite) progressive (**estuve hablando**), because it is a very low-frequency structure that can be introduced in the second year.

10.3 Talking About Past Actions in Progress: The Imperfect Progressive

To describe an action in progress that was taking place at some past moment, use the imperfect tense of **estar** (**estaba, estabas, estaba, estábamos, estabais, estaban**) followed by a present participle.

—¿Qué **estabas haciendo** ayer a las cuatro? — *What were you doing yesterday at 4:00?*

—Creo que **estaba mirando** la televisión. — *I think I was watching television.*

—Radamés, ¿qué **estabas haciendo** ayer cuando te llamé? — *Radamés, what were you doing yesterday when I called you?*

—¡**Estaba durmiendo**! — *I was sleeping!*

> **¿Recuerdas?**
> In **Infórmate 6.2** you learned how to use a present-tense form of **estar** with a present participle (the **-ando** / **-iendo** form of the verb) to talk about actions currently in progress. Review that section now, if necessary.

Ejercicio 5

Di qué estabas haciendo y qué no estabas haciendo ayer. Usa los verbos **actualizar, asistir, dormir, estudiar** y **ver**.

Ayer a las cuatro de la tarde (yo) estaba…

		SÍ	NO
1.	_____ la siesta.	☐	☐
2.	_____ a una clase.	☐	☐
3.	_____ un video de YouTube.	☐	☐
4.	_____ la lección de español.	☐	☐
5.	_____ mi página de Facebook.	☐	☐

Ejercicio 6

Di qué estaban haciendo las siguientes personas ayer a las cinco de la tarde. Usa **estar** con el verbo apropiado: **comer, escribir, hacer, limpiar, preparar**.

1. Mi mamá _____ la cena.
2. Mi mejor amigo/a _____ la tarea.
3. Dos de mis compañeros de clase _____ en un restaurante.
4. Mis padres _____ la casa.
5. El presidente de la universidad _____ un discurso (*speech*) para la próxima semana.

10.4, Note: These constructions (**ir a, querer,** and **pensar** + infinitive) are very handy in everyday conversation, although they are less common in classroom discourse. **Suggestion:** Emphasize **iba** when you use this construction in your input.

10.4 Using the Imperfect to Express Intention: **ir + a, querer,** and **pensar** + Infinitive

The imperfect of **ir** (**iba, ibas, iba, íbamos, ibais, iban**) can be used in the construction **ir a** + infinitive to express past intentions (*was/were going to do* [*something*]). The imperfect forms of **querer** and **pensar** + infinitive are similar in meaning.

Íbamos a esquiar el jueves, pero ahora dicen que va a llover.	We were going to ski on Thursday, but now they say it's going to rain.
Quería acampar en las montañas este verano, pero tengo que trabajar.	I wanted to go camping in the mountains this summer, but I have to work.
Ana Sofía **pensaba pasar** el verano en Sudamérica, pero no ahorró suficiente dinero.	Ana Sofía was thinking about (planning on) spending the summer in South America, but she didn't save enough money.

iba a + infinitive = I/he/she/you (pol. sing.) was/were going to

(Yo) Iba a viajar por España, pero tuve que trabajar.
I was going to travel through Spain, but I had to work.

¿Recuerdas?

Recall from **Infórmate 4.4** that the present tense of **ir** + **a** + *infinitive* is used to express future actions.

Estefanía, ¿**vas a llamar** a Franklin esta noche?   Estefanía, are you going to call Franklin tonight?

Ejercicio 7

Inventa una excusa. Usa **iba** + **a** + infinitivo.

MODELO: ¿Por qué no me llamaste anoche? (perdí mi teléfono)
Iba a llamarte, pero perdí mi teléfono.

1. ¿Por qué no viniste en carro anoche? (me quedé sin gasolina)
2. ¿Por qué no me compraste un regalo? (no tuve tiempo)
3. ¿Por qué no cenaste con nosotros? (cené en casa antes)
4. ¿Por qué no fuiste al concierto de Radamés y su grupo? (no funcionó mi carro)
5. ¿Por qué no asististe a clase ayer? (no sonó la alarma del reloj)
6. ¿Por qué no almorzaste ayer? (no tuve tiempo)
7. ¿Por qué no escuchaste música en la playa? (perdí mi iPod)
8. ¿Por qué no viajaste este verano? (tuve que trabajar)

Lo que aprendí

Al final de este capítulo, ya puedo hablar sobre…

☐ la familia extendida.
☐ las actividades y experiencias de mi niñez.
☐ las actividades de mi adolescencia.
☐ mis experiencias cuando estaba en la secundaria.
☐ las cosas que quería o pensaba hacer cuando era adolescente.

Además, ahora conozco…

☐ algunas novelas cubanas y cubanoamericanas importantes.

Y sé más sobre…

☐ algunos cubanos y cubanoamericanos famosos.
☐ la historia de la música cubana.

Vocabulario

La familia y el parentesco	Family and Family Relationships
el árbol genealógico	family tree
el/la cuñado/a	brother-in-law / sister-in-law
el/la hermanastro/a	stepbrother / stepsister
el/la hijastro/a	stepson / stepdaughter
el hijo único / la hija única	only child
la madrastra	stepmother
el medio hermano / la media hermana	half brother / half sister
la nuera	daughter-in-law
el padrastro	stepfather
el suegro / la suegra	father-in-law / mother-in-law
el yerno	son-in-law

Repaso: el/la abuelo/a (el/la abuelito/a), el/la esposo/a, el/la hermano/a (el/la hermanito/a), el/la hijo/a, la madre (mamá), el/la nieto/a, el padre (papá), el/la pariente, el/la primo/a, el/la sobrino/a, el/la tío/a

casado → married

Las actividades de la niñez	Childhood Activities
jugar (ue) (gu)	to play
a la pelota	ball
a la rayuela (al bebeleche, Mex.)	hopscotch
a las bolas (a las canicas, Mex.)	marbles
a las casitas	house
a mamá y papá	house
al escondite	hide-and-seek
al gato *la mancha*	tag
leer (y) las tiras cómicas	to read the comics
montar en el subibaja (cachumbambé, Cuba)	to ride the seesaw
saltar la cuerda	to jump rope
subirse a los árboles	to climb trees
ver (irreg.) muñequitos	to watch cartoons
volar (ue) papalote (cometa)	to fly a kite

Repaso: andar (irreg.) en patineta, jugar (ue) (gu) juegos de mesa, jugar (ue) (gu) videojuegos, patinar, sacar (qu) buenas notas

el recreo → recess

Los verbos	Verbs
aburrirse	to get bored
ahorrar	to save (money, time)
conseguir (i, i)	to obtain, to get
dar (irreg.) permiso	to give permission
dejar	to permit, allow; to leave (something or someone)
discutir	to discuss; to argue
fumar	to smoke
iba a + infinitive	was/were going to (do something)
llevarse bien/mal con	to get along well with / not get along with
lograr	to achieve, to accomplish
mejorar	to improve; to get better
mudarse	to move (from one residence to another)
parecerse (me parezco)	to look like
¿A quién se parece?	Who does he/she /you (pol. sing.) look like?
Se parece a…	He/She/You (pol. sing.) looks like . . .
¿A quién te pareces?	Who do you (inf. sing.) look like?
Me parezco a…	I look like . . .
pelar	to peel
pelear	to fight
pensaba + infinitive	was/were planning to (do something)
quería + infinitive	wanted to (do something)
soñar (ue) (con)	to dream (about)
tirar	to throw

Palabras semejantes: competir (i, i), escaparse, interrogar, investigar, navegar

Los animales	Animals
mono	monkey

Palabras semejantes: la cebra, el elefante, el león

Las personas	People
el bailarín / la bailarina	dancer
el escritor / la escritora	writer
la niñera	nanny, babysitter
el socio / la socia	member
el sospechoso / la sospechosa	suspect
el/la tenista	tennis player
Palabras semejantes: el/la activista, el/la bloguero/a, el/la explorador(a), el/la navegante, el/la poeta	

Los sustantivos	Nouns
el adorno	decoration
el boleto	ticket
el campo	country, countryside; field
el centro comercial	mall
la coartada	alibi
el crimen	crime
el granizado	flavored iced drink, slushie
el/la guía	guide (*person*)
la historia	story; history
los Juegos Olímpicos	Olympic Games
la juventud	youth
la muñeca	doll
la nube	cloud
la obra de teatro	play
el patio de recreo	playground
el recreo	recess
el robo	robbery
el sabor	flavor
el zoológico	zoo
Palabras semejantes: la adolescencia, la infancia, la radio, la relación, la sociedad, el verso	

Los adjetivos	Adjectives
bastante	plenty of, quite a lot
convincente	convincing
deportivo/a	sporty, sport
lindo/a	cute, pretty
parecido/a	alike, similar
travieso/a	naughty, mischievous
Palabras semejantes: activo/a, cubanoamericano/a	
Repaso: casado/a, divorciado/a, soltero/a, viudo/a	

Palabras y expresiones útiles	Useful Words and Expressions
a tiempo	on time
al día	daily
Cuando era niño/a…	When I was a child . . .
De niño/a…	As a child . . . / When I was a child . . .
había	there was
hoy en día	nowadays
hubo	there was
Me/Te gustaba(n)…	I/You (*inf. sing.*) used to like . . .
¡No lo creo!	I don't believe it!
¡Por supuesto!	Of course!
¡Qué mentiroso/a!	What a liar!
¡Qué pícaro/a!	How naughty!
¡Qué tiempos aquellos!	Those were the days!
ya no	no longer
¡Viva… !	Long live . . . !

Vocabulario

De viaje 11

Pre-Text Oral Activities
See the *Cap. 11 Tu mundo* PowerPoint (PP), IM, and IRK for detailed lesson plans and additional resources.

1. **La geografía y el clima.** Use your personal PF, a PP presentation, or sketch on the board to describe geographic locations. Review terms such as *montaña*, as well as cognates such as *desierto*. Name some U.S. states with well-known interesting geographical features (such as Arizona and Michigan) or familiar countries and ask students what kind of geography each place has. Then ask students what the weather is like in those places. Introduce new weather terms: *chubasco, (cielo) cubierto, escarcha, humedad, llovizna, lluvia, niebla/neblina, nubes, nuboso/nublado, relámpagos, rocío, tormenta/tempestad, truenos.*

Madrid, España

Upon successful completion of **Capítulo 11** you will be able to speak about geography and climate. You will feel comfortable talking about transportation, travel-related experiences, giving and following directions, and using the preterite and imperfect together to narrate past experiences. Additionally, you will have learned about some interesting places and people from Spain.

Comunícate
La geografía y el clima
Los medios de transporte
Hablando de los medios de transporte «Biciacción»
En busca de sitios
Los viajes
Actividad integral Mi ciudad favorita en España

Exprésate
Escríbelo tú Un viaje en automóvil
Cuéntanos Un viaje inolvidable

Entérate
Mundopedia Los paradores de España
Voces españolas
Conexión cultural El nuevo flamenco
Videoteca
Amigos sin Fronteras, Episodio 11: ¡Allá vamos, Los Ángeles!
Mi país: España

Infórmate
11.1 The Present Perfect
11.2 Destination and Time: **por** and **para** (Part 1)
11.3 Polite Commands
11.4 Using the Imperfect and the Preterite Together

www.connectspanish.com

ESPAÑA

2. **¿Alguna vez ha… ?** Make a list of 15 or so recreational activities and use *ha* + past participle to ask volunteers whether or not they have done the activities, answering the question *¿Usted ha…?* with *sí* or *no*. Follow up *sí* responses with questions such as: *¿Cuándo fue? ¿Cuántas veces? ¿Dónde? ¿Con quién? ¿Le gustó?*, then go on to the next volunteer. Repeat this activity with 4 or 5 volunteers until the class has heard many questions with *ha* + past participle. Then write questions on the board. Tell students that *¿Alguna vez ha…?* = Have you ever . . . ? Possible activities: *viajar (a España/Europa), subir una montaña, bucear, viajar por tren/crucero/motocicleta, ver un sitio arqueológico, acampar en el desierto, vivir en otro país, nadar en un lago, ver un tornado.*

3. **El transporte.** Use the display for *Los medios de transporte* or a PP presentation to introduce modes of transportation and related vocabulary. You may want to add *el camino* (road), *la carretera* (highway), and *la acera* (sidewalk).

Amigos sin Fronteras

www.connectspanish.com

Los amigos hacen un viaje a Los Ángeles. Por el camino paran en una gasolinera y luego manejan directamente a la playa, donde a Sebastián le espera una sorpresa.

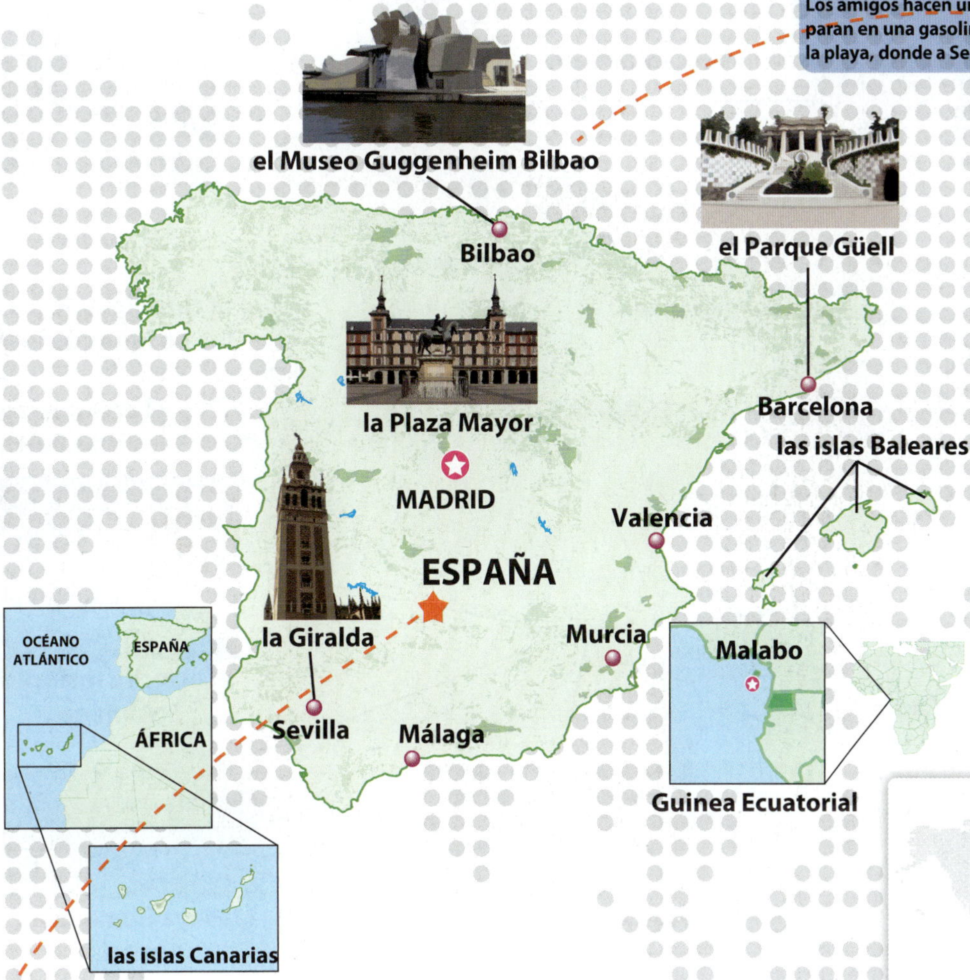

4. **Narrar con pretérito e imperfecto.** Introduce the use of the preterite and imperfect together by acting out situations that students can narrate. Example: Start dancing, then fall down (*El/La profesor[a] se cayó cuando bailaba / estaba bailando.*) Then give students cards on which you've written instructions and ask them to act out scenarios. Ask for volunteers to express what just happened using imperfect and preterite. Examples of instructions on cards: Come up to my desk, grab my book and run out of the classroom while I am writing on the board. (*Cuando el/la profesor[a] escribía / estaba escribiendo en la pizarra, Carlos agarró/tomó su libro y salió corriendo.*); While I talk to another student, walk up to the board, erase what I have written, and then draw a tree. (*Cuando el/la profesor[a] hablaba / estaba hablando con Kiyo, Tim borró la pizarra y luego dibujó un árbol.*) To make the activity more challenging, you may write cards in Spanish.

- el Museo Guggenheim Bilbao
- Bilbao
- el Parque Güell
- la Plaza Mayor
- MADRID
- Barcelona
- las islas Baleares
- ESPAÑA
- Valencia
- OCÉANO ATLÁNTICO
- ESPAÑA
- ÁFRICA
- la Giralda
- Sevilla
- Murcia
- Málaga
- Malabo
- Guinea Ecuatorial
- las islas Canarias

Conócenos

Ana Sofía Torroja Méndez

Ana Sofía Torroja Méndez nació en Murcia y es española. Tiene veinte años y su cumpleaños es el diecisiete de febrero. Le gusta tocar música —especialmente la guitarra—, ir a conciertos, bailar y conocer gente en las discotecas. Otra de sus actividades favoritas es bailar sevillanas. Cuando está en España, le gusta mucho ir a los bares para comer tapas, beber sangría y charlar. Ana Sofía estudia inglés en el College of Alameda, pero piensa estudiar el año próximo en la Universidad de California, Berkeley.

Mi país

Mi país (Whole class), **Suggestion:** We encourage you to show this video segment to the class as you introduce *Cap. 11.* (It is available on DVD and in Connect Spanish. Let students know that this segment in Connect Spanish includes a a pre-viewing activity.) You may also show or assign this segment again toward the end of the chapter in the *Videoteca* section. You may want to use the previous *Mi país* segments as a review. **Point out:** Students are not expected to understand every word.

Comunícate

La geografía y el clima

Lee *Infórmate 11.1*

La geografía y el clima, Note: Many of the words in the vocabulary displays and activities will be new to students. Be sure to verify class comprehension of all vocabulary as you proceed through the chapter. **Suggestions:** Use your personal PF or a PP presentation to talk about geography and climate conditions. Include some short definitions in your discussion. Examples: *El desierto es un lugar muy seco donde llueve poco. ¿Han visitado un desierto? ¿Dónde? ¿Hacía calor? ¿Qué hicieron allá? ¿Has estado en una isla? ¿Cómo se llama? ¿Has visto/vivido un tornado/huracán?* Add your own experiences associated with this new vocabulary: *Fui a una isla en un viaje de crucero. Vi la costa de… , el puerto/golfo… , la bahía… , un arrecife…*). Note that *huracán* and *ciclón* are used almost interchangeably in Spanish. Introduce other weather and geography words in your input: *llovizna (lloviznar), chubasco, humedad, escarcha, rocío, terremoto, maremoto; cañón, catarata, colina.*

See IRK for additonal activities.

La geografía de España
(el mapa de la Península Ibérica)

- la costa cantábrica
- el valle de Salazar, Navarra
- la selva de Irati, Navarra
- el océano Atlántico
- la cordillera de los Pirineos/ los bosques de los Pirineos
- el lago de Zanabria, Zamora
- el archipiélago/ las islas Baleares
- el río Guadalquivir
- el arrecife fosilizado, Almería
- el golfo de Cádiz
- el archipiélago/ las islas Canarias
- la bahía de Cádiz
- el desierto de Tabernas, Almería
- la orilla
- la arena
- la Playa Romanillas, Almería

el sol
el cielo
el llano

el tornado

las nubes
la lluvia

Capítulo 11 De viaje

el huracán/el ciclón **la inundación**

Consecuencias del terremoto de Lorca, Murcia (España) en 2011

 epicentro del terremoto   zonas donde hay edificios dañados   muertes

Infórmate

Use these patterns to form exclamations.

¡**Qué** + *adjective*!

¡**Qué cristalina** es el agua aquí!

¡**Qué** + *noun* + **tan/más** + *adjective*!

¡**Qué luna más grande**!

¡**Qué terremoto tan terrible**!

¡**Cuánto/a/os/as** + *noun*!

¡**Cuántas estrellas** han salido esta noche!

¡**Cuánta lluvia** ha caído hoy!

Comunícate La geografía y el clima

Act. 1 (Individual; whole class). **Note:** Many of these geographical terms were introduced in Pre-Text Oral Activities and vocabulary displays. **Suggestion:** Have students work individually to match these as you circulate to help with vocabulary. Encourage students to use context to guess the meanings of any new words in the definitions (most are cognates). Review with the whole class.

Actividad 1 Definiciones

A. La geografía. Empareja cada palabra con su definición.

1. __j__ el valle
2. __h__ el lago
3. __g__ el río
4. __f__ la bahía
5. __i__ el desierto
6. __b__ la orilla
7. __d__ el arrecife
8. __a__ la isla
9. __e__ la selva
10. __c__ la costa

a. porción de tierra rodeada de agua
b. zona donde la tierra se junta con el agua de un mar, lago o río
c. la orilla del mar y la tierra que está cerca de ella
d. banco formado en el mar, casi en la superficie, por rocas y corales
e. terreno extenso, sin cultivar, donde hay mucha vegetación
f. entrada de mar en la costa, menor que un golfo
g. corriente de agua que generalmente corre hacia el mar
h. extensión de agua rodeada de tierra
i. territorio árido con mucha arena y poca o ninguna vegetación porque no llueve mucho (hay poca lluvia)
j. espacio entre dos montañas, con frecuencia tiene un río

Entérate

Aquí tienes un refrán sobre el tema del clima. ¿Estás de acuerdo con su mensaje?

Quien siembra vientos, recoge tempestades

You reap what you sow. (En sentido literal, *Those who plant winds, harvest storms.*)

B. Ahora empareja estas palabras y definiciones relacionadas con el clima.

1. __c__ cielo
2. __e__ huracán
3. __a__ tormenta
4. __d__ relámpago
5. __b__ inundación

a. perturbación atmosférica con fuertes vientos, relámpagos, truenos, lluvia o nieve
b. acción de cubrir o llenar un lugar de agua
c. atmósfera que rodea la tierra
d. resplandor vivo e instantáneo producido entre dos nubes por una descarga (*charge*) eléctrica
e. viento de enorme fuerza que gira en grandes círculos, originado generalmente en zonas tropicales

Actividad 2 El pronóstico del tiempo para Bilbao

Contesta las preguntas sobre el tiempo en Bilbao.

¿Recuerdas?

In **Infórmate 4.4** you learned to express the future using **ir a** + infinitive.

Mañana **voy a hacer las reservaciones** para mi viaje a España.

Mis primos **van a ir a Madrid** la semana que viene.

Mañana **va a hacer calor.**

You can also use this structure to speak about weather in the future.

Esta tarde **va a llover.**

1. ¿Qué tiempo va a hacer mañana por la mañana? (buen/mal tiempo, frío, calor, sol, ¿ ?) *Va a hacer sol / fresco / buen tiempo.*
2. ¿Cuál va a ser el día más caluroso? ¿Y cuáles van a ser los días más fríos? *el día más caluroso: el lunes; el más frío: el martes y el miércoles*
3. Va a hacer fresco el martes. ¿Qué otro día va a hacer tanto fresco como el martes? *el miércoles*
4. ¿Para qué días se pronostica llovizna? ¿Y chubascos? *llovizna: hoy; chubascos: el martes*
5. ¿Qué día va a llover (va a haber lluvias)? ¿Más o menos a qué hora va a llover? *el martes a las 20 horas*
6. ¿Va a haber un día completamente nuboso el día entero? ¿Cuál? ¿Va a haber días con intervalos nubosos? ¿días poco nubosos? ¿Cuáles y más o menos a qué horas? ¿Y qué días va a estar totalmente cubierto el cielo? *See right margin for answers.*
7. ¿Va a haber días despejados todo el día? ¿Cuáles? *mañana y el sábado*

Vocabulario útil

pronosticarse	
los chubascos	
caluroso/a	
cubierto/a	overcast
despejado/a	
nuboso/a (nublado/a)	cloudy

Ans. for no. 6. completamente nuboso: el miércoles; con intervalos nubosos: hoy, el lunes y el miércoles a las 14 horas; poco nubosos: el domingo y el miércoles a las 8; cubierto: hoy a las 8, el martes a las 14 horas y a las 20 horas

Entérate

El sitio web **www.eltiempo.es** está entre las cinco páginas más vistas de España; informa sobre la temperatura en cualquier parte de España y en más de 200.000 ciudades del resto del mundo las veinticuatro horas del día. Además, ofrece información sobre tormentas, lluvias, nubes y vientos.

- hace mucho calor
- hace calor
- hace fresco
- hace frío
- hace mucho frío

Actividad 3 Fenómenos del tiempo

la llovizna

la tormenta

los relámpagos y los truenos

la humedad

el rocío

la niebla/la neblina

la escarcha

(Continúa.)

Completa cada oración con una de estas palabras: **chubasco, cielo, escarcha, humedad, inundación, llovizna, neblina, nubes, relámpagos, rocío, tormenta, truenos, vientos.** OJO: Hay palabras extra.

1. Después de una noche muy fría, a la mañana siguiente hay __escarcha__ en los techos, en las ventanas y en los coches.
2. Durante una tormenta, antes de los truenos, se ven __relámpagos__.
3. Un huracán tiene __vientos__ muy fuertes.
4. En las zonas tropicales hay mucha __humedad__.
5. Es muy peligroso manejar cuando hay __neblina__ porque no hay visibilidad.
6. Una lluvia muy ligera es una __llovizna__.
7. Entre llovizna y lluvia: un __chubasco__.
8. Las gotas de agua que aparecen en las flores y las hojas de las plantas temprano por la mañana: el __rocío__.
9. Antes de una tormenta, las nubes cubren el __cielo__.
10. El agua cubre las calles y parte de las casas; los coches flotan en ella: una __inundación__.

Actividad 4 Los viajes y el tiempo

Conversa con tu compañero/a sobre tus viajes y tus actividades en relación con el clima.

LOS VIAJES

1. ¿Has ido a las montañas? ¿Con quién(es)? ¿Has acampado o esquiado en la nieve en las montañas? ¿Has tenido alguna experiencia interesante allí? ¿Qué pasó? Explica.
2. ¿Has ido al desierto? ¿A cuál? Descríbelo. ¿Qué es lo más interesante que has visto en un desierto? ¿Te gustaría vivir en un desierto? ¿Por qué?
3. ¿Hay un lago o un río cerca de donde tú vives? ¿Cómo se llama? ¿Vas allí con frecuencia? ¿Qué te gusta hacer allí?
4. ¿Has estado en una selva? ¿En cuál? ¿Había humedad? ¿Te molestó la humedad? ¿Has tenido problemas con algún animal de la selva alguna vez? ¿Te gustaría vivir en la selva? ¿Por qué?
5. ¿Te gusta ir a la playa? ¿Vas con frecuencia? ¿Qué te gusta hacer en la playa cuando está soleado? ¿Qué playas conoces? ¿Conoces playas en otros países? ¿Cómo se llama(n) y en qué país está(n)? ¿Son playas de agua fría o tibia? ¿Cuáles prefieres, las playas de agua fría o las de agua tibia? ¿Por qué?

EL TIEMPO

1. ¿Alguna vez te ha pescado un chubasco sin paraguas? ¿Te mojaste? ¿Qué hiciste? ¿Qué has hecho para no mojarte otra vez? ¿Te has comprado un paraguas pequeño?
2. ¿Alguna vez has estado en el mar o en la piscina con una tormenta eléctrica? ¿Tuviste miedo de los truenos y los relámpagos? ¿Te saliste del agua? ¿Les tienes miedo a los relámpagos?
3. ¿Has visto un huracán o un tornado alguna vez? ¿Qué pasó? ¿Te dio (Tuviste) miedo? ¿Por qué? ¿Cómo se llama el último tornado o huracán que has visto?
4. ¿Alguna vez has tenido miedo de tener un accidente por manejar con neblina? ¿Has visto algún accidente en la carretera por manejar en malas condiciones climáticas? ¿Qué pasó?
5. ¿Has pasado por una tormenta o un huracán en un avión? ¿Dónde? ¿Cuántos años tenías? ¿Tuviste miedo? Si no has tenido esa experiencia, ¿te gustaría tenerla? ¿Por qué?

Infórmate

The verb form **gustaría** functions much like **gusta** and means *would like*.

Me gustaría vivir cerca de la playa.
I would like to live near the beach.

¿Te gustaría tener un coche híbrido?
Would you like to have a hybrid car?

Los medios de transporte

Lee *Infórmate 11.2*

Los estudiantes andan en bicicleta por el campus.

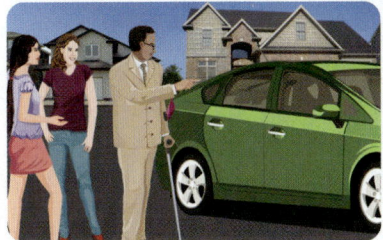
El Prius es un auto (carro, coche, automóvil) híbrido y me da cincuenta millas por galón.

El autobús es muy útil para los estudiantes.

Muchas ciudades tienen un metro / transporte subterráneo.

El tren es un medio de transporte público muy popular en Europa.

El tranvía en Sevilla pasa por el centro de la ciudad.

El avión ya está aquí. Salimos en este momento para España.

El transbordador transporta coches y autobuses.

la lancha

el barco

el crucero

EL TRÁNSITO

Entérate

En los países hispanos, hay un letrero (señal de tránsito) de forma (*shape*) y color idénticos al letrero que se usa en Estados Unidos, *STOP*. En unos países dice **ALTO** (*halt*), en otros dice **PARE** (*stop*)… ¡y en España, el letrero dice **STOP**!

el semáforo

la multa

la autopista

el puente

EL AUTOMÓVIL

- el maletero
- la antena
- el espejo retrovisor
- el limpiaparabrisas
- el parabrisas
- el capó
- los faros
- la matrícula (la placa)
- el guardabarros
- las ruedas (las llantas)
- el parachoques

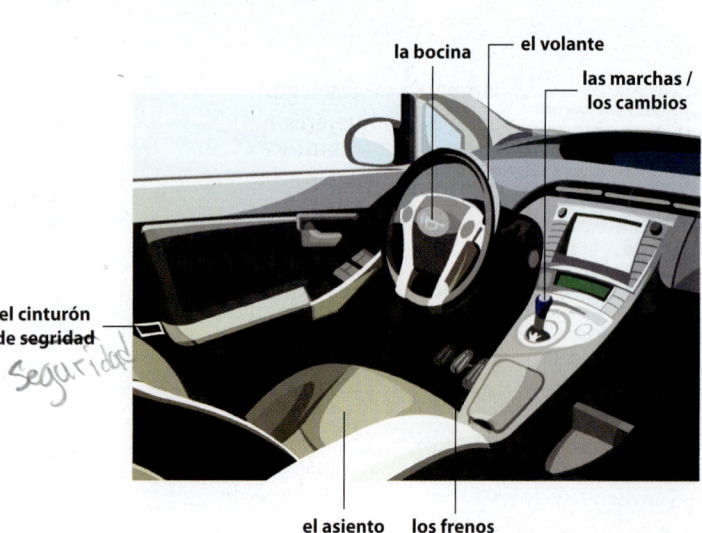

- la bocina
- el volante
- las marchas / los cambios
- el cinturón de seguridad
- el asiento
- los frenos

Act. 5 (Whole class; pair),
Suggestion: Read the definitions aloud and have students volunteer answers, or do as pair work, then review with the whole class.
Expansion: Have volunteers write definitions for the following words: *el asiento, el autobús, la autopista, los cambios, el crucero, el espejo retrovisor, los frenos, el maletero, el metro, la multa, el parachoques, el puente, el semáforo, el tren, el volante.*

Actividad 5 Definiciones

A. Completa las oraciones con los medios de transporte correctos: **el avión, el barco, la bicicleta, el metro, el transbordador, el tranvía.**

1. _____ flota en el agua; sirve para transportar carga y/o pasajeros. El barco
2. _____ es un vehículo de dos ruedas que no usa gasolina. La bicicleta
3. Un medio de transporte aéreo muy rápido: _____. el avión
4. En las grandes ciudades del mundo se usa este medio de transporte subterráneo: _____. el metro
5. _____ es un tipo de tren eléctrico que se utiliza en las ciudades. El tranvía
6. _____ sirve para transportar personas y vehículos, incluyendo trenes y autobuses, para cruzar un río o una bahía. El transbordador

B. Empareja la parte del automóvil con la definición correcta.

1. __e__ la matrícula (la placa)
2. __b__ la bocina
3. __f__ el parabrisas
4. __d__ el limpiaparabrisas
5. __c__ el cinturón de seguridad
6. __a__ las ruedas (las llantas)

a. El automóvil necesita cuatro, son circulares y de color negro.
b. Se toca para llamar la atención de otros choferes y de los peatones.
c. Se usa para mantener en el asiento a los pasajeros de un avión o de un coche.
d. Se usa cuando llueve.
e. Rectángulo de metal que tiene números y letras para identificar el coche
f. Protege a los pasajeros del viento.

RENAULT TWIZY
El coche 100% eléctrico más divertido para ciudad.
Resérvalo en www.renault-ze.com desde 4.917€.

Act. 6 (Pairs),
Suggestion: Pair students off to do the first section of this activity. If students say no to the first question, ask them to imagine they do have their own car, the car of their dreams, or to think of a family member's car.
Variation: Start with the second part of the interview. Have volunteers ask you the questions and as you answer, put useful words on the board. For example: *marca* (Volvo, BMW, Ford), *gasta mucha/poca gasolina, tener la culpa, horas pico, alta velocidad.* Include other words that students may need, such as *chocar, sufrir daños serios, haber heridos, tener la culpa,* etc.

Actividad 6 Tu coche y tú

A. Conversa con tu compañero/a.

1. ¿Tienes tu propio coche? ¿De qué marca es? ¿Cómo es? ¿Es práctico/grande/elegante? ¿Gasta (Usa) mucha gasolina? ¿Te gustaría tener un coche híbrido o uno eléctrico? ¿Por qué? ¿Cómo es tu coche ideal?
2. ¿Tienes seguro para tu automóvil? ¿Con qué compañía tienes seguro? ¿Cuesta mucho dinero? Si cuesta mucho, di por qué (porque eres muy joven, porque tienes muchas multas, etcétera). ¿Lo pagas tú o lo pagan tus padres?
3. ¿Has tenido un accidente en tu coche? ¿Chocaste? ¿Con qué o con quién chocaste? ¿Quién tuvo la culpa? ¿Cuándo fue el accidente? ¿Hace mucho tiempo? ¿Fue un accidente serio o sin importancia? Explícame, por favor.
4. ¿Has salido de vacaciones en tu coche? ¿Cuánto (tiempo) hace que saliste? ¿Adónde fuiste? ¿Con quién fuiste? ¿Tuviste que manejar muchas horas? ¿Te gustó el viaje? ¿Por qué?
5. ¿Te gusta manejar por las calles de la ciudad o en la autopista? ¿Aproximadamente cuántas millas tienes que manejar todos los días? ¿Tienes que manejar durante horas pico (cuando todos van al / salen del trabajo)? ¿Te irrita manejar cuando hay mucho tráfico? ¿Te gusta manejar a alta velocidad? ¿Por qué?

(Continúa.)

Comunícate   Los medios de transporte

Entérate

En España...

- y en muchos países hispanos casi todos los coches son de marchas (transmisión estándar).
- es muy fácil viajar por la ciudad y por todo el país usando medios de transporte público.
- los coches suelen ser mucho más pequeños que en Estados Unidos.
- hay muchos coches que usan **gasoil** (diésel, gasóleo) en vez de gasolina.

B. Ahora... ¡conversa con tu profe!

1. ¿Tiene usted su propio coche? ¿De qué marca es? ¿Cómo es? ¿Es práctico/grande/elegante? ¿Gasta mucha gasolina? ¿Le gustaría tener un coche híbrido o uno eléctrico? ¿Por qué? ¿Conoce usted algunos modelos de coches eléctricos o híbridos? ¿Cuál de ellos prefiere?
2. ¿Ha tenido un accidente en su coche? ¿Chocó? ¿Con qué o quién chocó? ¿Quién tuvo la culpa? ¿Cuándo fue el accidente? ¿Fue hace mucho tiempo? ¿Fue un accidente serio o sin importancia? Cuéntenos cómo fue.
3. ¿Con qué compañía tiene usted el seguro de su automóvil? ¿Cuesta mucho? ¿Por qué? ¿Ha tenido que hacerle una reclamación a la compañía? ¿Por qué?
4. ¿Ha salido de vacaciones en su coche? ¿Salió solo/a o con la familia? ¿Adónde fue/fueron? ¿Cuántas horas tuvo que manejar? ¿Le gustó el viaje? ¿Por qué?
5. ¿Le gusta manejar en la ciudad o prefiere hacerlo en la autopista? ¿Aproximadamente cuántas millas tiene que manejar todos los días? ¿Tiene que manejar durante horas pico? ¿Le irrita manejar cuando hay mucho tráfico? ¿Le gusta manejar a alta velocidad? ¿Ha recibido muchas multas últimamente? Y cuando era más joven, ¿recibió muchas multas?

Infórmate

Adverbs are words that describe actions. The Spanish equivalent of -*ly* adverbs in English are formed by adding **-mente** to the feminine or neuter form of an adjective.

rápido → **rápida** → **rápidamente** (*quickly*)

lento → **lenta** → **lentamente** (*slowly*)

fácil → **fácilmente** (*easily*)

frecuente → **frecuentemente** (*frequently*)

Viajo **cómodamente** en el AVE.

Los trenes en España llegan a su destino **puntualmente.**

Infórmate, **Suggestion:** Practice creating adverbs with your class. Use adjectives such as *abierto, alegre, común, constante, furioso, gracioso, inmediato, plácido, suave, tranquilo.* Once they have created the adverbs with you, ask questions such as *¿Cómo se viaja en crucero? Y en bicicleta, ¿cómo se viaja? ¿Y en autobús?* Tell students to answer using one of the adverbs on the board and/or in the **Infórmate** box. Ask follow-up questions such as: *Si usted quiere llegar inmediatamente a la universidad, ¿en qué transporte anda?*

Actividad 7 Los medios de transporte: Ventajas y desventajas

Escribe un aspecto positivo (ventaja) y uno negativo (desventaja) de cada uno de los medios de transporte. Después, comparte tus ideas con la clase.

Entérate

En Argentina un taxi es **un remis** y un autobús es **un bondi** o **un colectivo**; el metro es **el subte** (de **subterráneo**). En Cuba el autobús es **la guagua** y en la capital, La Habana, hay **coco taxis** (una motocicleta de tres ruedas con forma de coco) y **bicitaxis**. En México, D.F., y Bogotá, Colombia, también hay bicitaxis.

Medio de transporte	Ventaja	Desventaja
el autobús		
el avión		
la bicicleta		
el coche (el carro)		
el crucero	Puedo viajar a muchos lugares y no necesito hotel.	Es muy costoso.
el metro		
la motocicleta		
el tranvía		
el tren		

Act. 7 (Whole class), **Suggestion:** Introduce this activity by drawing a table on the board similar to the one in the text. Start by writing one additional advantage and disadvantage of cruise travel in the appropriate columns so that students understand what they are to do. Give students 5 minutes to come up with ideas and then ask for participation as you fill in the graph on the board and tally the class's answers.

Hablando de los medios de transporte

«BICIACCIÓN»

La bicicleta como medio de transporte es ideal: no necesita combustible,[a] no contamina y mejora[b] la salud. Pensando en estas ventajas, en Ecuador se fundó[c] el proyecto «Biciacción» en 2004. Este es un proyecto de jóvenes ciclistas que trabajan para crear una ciudad más humana y sostenible.[d] Quieren promover[e] la bicicleta como una buena alternativa al automóvil para transportarse, hacer deporte y divertirse. Han creado programas como los «Bicipaseos patrimoniales[f]», «A clases en Bici», «Ecopaseos» y «Triciclos Ecológicos Publicitarios[g]».

Los «Bicipaseos patrimoniales» se hacen de día[h] o de noche. Además de fomentar[i] el uso de la bicicleta, tienen otras dos metas[j]: enseñarle a la gente sobre su patrimonio[k] histórico y cultural y ofrecer instrucción para la seguridad[l] de los ciclistas. «A Clases en Bici» empezó en 2006. Su meta es demostrarles[m] a los estudiantes de la secundaria[n] y la universidad la importancia de un transporte alternativo y sus beneficios: la gente recupera los espacios públicos y se elimina el uso excesivo del automóvil. En los «Ecopaseos», Biciacción presenta la bicicleta como el medio perfecto para hacer deporte, hacer viajes, conocer gente y compartir las experiencias. Estos «cicloturistas» ecuatorianos y extranjeros[ñ] han recorrido[o] rutas de asfalto, piedra (roca) y montaña desde mayo del 2004. Biciacción también inventó los «Triciclos Ecológicos Publicitarios» para mitigar los problemas de contaminación visual que existen en la ciudad. Esta forma no estática[p] de circular publicidad, dicen, «… es rápida, económica, cercana y sobre todo eficiente». Los triciclos viajan a baja velocidad[q] y llevan la publicidad por la ciudad en una estructura metálica de dimensiones bastante[r] grandes. Así se puede ver los anuncios en todas partes. Es una forma novedosa[s] y flexible de presentar la comunicación de instituciones públicas y privadas. Biciacción surgió en Ecuador pero, afortunadamente, ya hay programas similares en muchas ciudades del mundo.

[a]fuel [b]improves [c]se… was founded [d]sustainable [e]promote [f]Bicipaseos… Heritage Bike Rides [g]For publicity [h]de… by day [i]increasing [j]goals [k]heritage [l]safety [m]to show [n]high school [ñ]foreign [o]traveled [p]static, stationary [q]baja… a low speed [r]rather [s]novel

Act. 8 (Whole class, pair), **Suggestions:** Use pantomime to help students with words like *marearse* (*te mareas*) and *el mareo*. Read questions aloud, pointing out the use of different tenses: present, imperfect, preterite, present perfect. Answer several questions and write on the board some of the verb forms so students can use them when they work in pairs. Once students finish their part of the activity, allow time for volunteers to ask you the questions in the second part.

Actividad 8 El transporte y tus experiencias

A. Charla con tu compañero/a sobre los diferentes medios de transporte.

1. ¿Usas mucho el autobús para asistir a clases? ¿Usas el tranvía o el metro? ¿Por qué? ¿O prefieres andar en bicicleta? ¿Cuál es tu forma de transporte preferida? ¿Por qué?

2. De niño/a, ¿andabas mucho en bicicleta? ¿Y ahora? ¿Viajabas mucho en coche con tu familia? ¿Adónde iban? ¿Te gustaban esos viajes con la familia? ¿Por qué?

3. ¿Has viajado por tren? ¿Adónde fuiste? ¿Te gusta viajar por tren? ¿Por qué? ¿Has viajado por avión? ¿Adónde has ido? ¿Te gusta viajar por avión? ¿Por qué? ¿Crees que es peligroso viajar por avión? Explica. De estos dos medios, ¿cuál es tu preferido? ¿Por qué?

4. ¿Has andado alguna vez en motocicleta? ¿Te gustó o tuviste miedo? ¿Llevas casco cuando andas en motocicleta o en bicicleta? ¿Por qué? ¿Qué es más peligroso, andar en moto o en bicicleta? ¿Por qué?

5. ¿Has hecho un viaje en crucero? ¿Visitaste muchas ciudades? ¿Te gustó? ¿Por qué? ¿Te gusta viajar en barco? ¿Te mareas cuando viajas por barco? ¿Te gusta andar en botes pequeños, como por ejemplo en velero, canoa/piragua, kayak o bote de remos? ¿En cuál(es) te gusta andar?

B. Ahora… ¡conversa con tu profe!

1. ¿Cuál es su forma de transporte preferida? ¿Usa usted la bicicleta para venir a la universidad? ¿Cree que es peligroso andar en bicicleta por la ciudad? ¿Por qué?

2. ¿Viaja mucho en auto con su familia? ¿Adónde van ustedes? ¿A usted le gustan esos viajes? ¿Por qué?

3. ¿Ha viajado por tren? ¿Adónde fue? ¿Le gusta viajar por tren? ¿Por qué? ¿Ha viajado por avión? ¿Adónde ha ido? ¿Le gusta viajar por avión? ¿Por qué? ¿Cree que es peligroso viajar por avión? Explique. De estos dos medios, ¿cuál es su preferido? ¿Por qué?

4. ¿Ha andado alguna vez en motocicleta? ¿Le gustó o tuvo miedo? ¿Lleva casco cuando anda en motocicleta o en bicicleta? ¿Por qué? ¿Qué es más peligroso, andar en moto o en bicicleta? Explique, por favor.

5. ¿Ha hecho un viaje en crucero? ¿Visitó muchas ciudades? ¿Le gustó? ¿Por qué? ¿Le gusta viajar en barco? ¿Por qué? ¿Se marea cuando viaja por barco? ¿Le gusta andar en botes pequeños? ¿En cuál(es) le gusta andar?

En busca de sitios

Lee *Infórmate 11.3*

Plano de una zona de la ciudad de Madrid, España

Entérate

¿Sabes muchos refranes? ¿Te gusta usarlos? Aquí tienes uno muy conocido y muy útil.

Todos los caminos llevan a Roma. *All roads lead to Rome.*

Actividad 9 La ciudad de Madrid

Mira el plano de Madrid y explica cómo se llega de una parte de la ciudad (A) a otra (B). Los números del plano te van a ayudar a encontrar los lugares mencionados abajo.

MODELO: TURISTA: Disculpe, ¿me puede decir cómo ir del Parque del Retiro (*) a la Plaza del Dos de Mayo (**)?
TÚ: ¿Va en coche?
TURISTA: No, voy caminando.
TÚ: Ah, es muy fácil. Salga del parque por la Plaza de la Independencia y tome la calle de Alcalá. En la Plaza de la Cibeles, doble a la derecha en el Paseo de Recoletos. Camine por el Paseo hasta la Plaza de Colón. Luego doble a la izquierda en la calle Génova. Siga por esa calle, pero tenga cuidado porque el nombre cambia a Calle de Sagasta y luego a Calle de Carranza. Pase la glorieta de Bilbao y luego doble a la izquierda en la Calle de Ruiz. Esa calle lo/la lleva directamente a la Plaza del Dos de Mayo.
TURISTA: Muy amable, muchas gracias.

A	B
1. del Teatro Maravillas	al Museo del Prado
2. de la Plaza Mayor	a la Biblioteca Nacional
3. del Teatro de la Zarzuela	a la Catedral de San Isidro
4. de la Plaza de la Cibeles	al Museo Romántico
5. del Hotel Palacio San Martín	al Museo Municipal

Vocabulario útil

la esquina
la glorieta
la intersección

Salga de(l)… por…
Tome la calle…
Doble a la derecha/izquierda en…
Camine por… hasta…
Cruce…
Siga por…
Siga adelante/derecho
Pase…
Esa calle lo/la lleva (directamente) a…

Actividad 10 ¡Quiero conocer España!

Tus compañeros/as y tú están en España. La familia de Ana Sofía Torroja les da algunas sugerencias. Mira las fotos de algunos lugares en España y escribe adónde hay que ir, según los Torroja, para hacer cada actividad.

Barcelona: la Casa Batlló, obra del arquitecto Antoni Gaudí

Madrid: Museo del Prado

Barcelona: Las Ramblas

Los Pirineos: cordillera en el norte de España

Madrid: la Plaza Mayor

Granada: la Alhambra

Ronda, Málaga: el Puente Nuevo

Burgos: la catedral gótica

Segovia: el acueducto romano

ACTIVIDADES *Si quieren…*	LUGARES *vayan a…*
1. esquiar y/o escalar montañas	los Pirineos
2. admirar un puente excepcional	el Puente Nuevo, Ronda, Málaga
3. comer algo rico en una plaza antigua	la Plaza Mayor, Madrid
4. tomar fotos de un acueducto romano	Segovia
5. dar un paseo por una calle bonita	las Ramblas, Barcelona
6. conocer una catedral gótica muy hermosa	Burgos
7. ver edificios de los moros en el sur	la Alhambra, Granada
8. ver obras del gran arquitecto Antoni Gaudí	la Casa Batlló, Barcelona
9. ver cuadros de pintores famosos	el Museo del Prado, Madrid

Entérate

Datos curiosos

- El número de turistas que visita España cada año es mayor que el número total de personas que vive en este país.
- España produce el cuarenta y cuatro por ciento del aceite de oliva de todo el mundo.
- El fútbol (*soccer*) es el deporte más popular en España.
- España planea tener un mínimo de 14.000 autos eléctricos en sus carreteras para el año 2014.
- En España la comida se sirve a las 2:00 de la tarde y la cena a las 9:00 de la noche.
- Un cuarenta por ciento de los jóvenes españoles entre diecisiete y veinticuatro años fuma.
- En España se habla el español, el gallego, el vasco, el catalán y otros idiomas y dialectos.

Entérate, **Suggestion:** Read aloud and comment on these facts about Spain. Add more of your own or ask students to find similar facts online.

Comunícate En busca de sitios

Actividad 11 El metro de Madrid

Imagínate que conoces Madrid muy bien. Dale instrucciones a tu compañero/a para ir de una estación del metro de Madrid a otra. No olvides hacer los transbordos necesarios (cambiar de un tren al otro).

MODELO: TURISTA: Disculpe, quiero ir de aquí (Acacias) a Pinar del Rey. ¿Puede decirme cómo?

TÚ: Mire, primero compre su billete. Luego suba a un tren de la línea 5 aquí en Acacias, dirección Canillejas, y baje en la estación Alonso Martínez. Allí suba a un tren de la línea 10, dirección Canillejas, y baje en la estación Alonso Martínez. Después, tome un tren de la línea 10, dirección Fuencarral y baje en Nuevos Ministerios. Después tome un tren de la la línea 8, dirección Campo de las Naciones. Pase una estación (Colombia) y la segunda es Pinar del Rey.

1. de Casa de Campo a Mar de Cristal
2. de Estrella a Antonio Machado
3. de Atocha a El Carmen
4. de Esperanza a Quintana
5. de Goya a Aluche

Vocabulario útil

Compre su billete.

Suba a un tren/metro de la línea ___, dirección ___.

Baje en (la estación) ___, luego tome un tren de la línea ___, dirección ___.

Pase ___ estaciones y la ___ es ___.

Los viajes

Lee Infórmate 11.4

el pasaporte
el pase de abordar

¿Se necesita visado para ir a Estados Unidos? ¿Y vacunas? ¿Tenemos que ir a la Embajada de Estados Unidos?

Ana Sofía: Ya hice las reservas (reservaciones) por Internet. Ahora, ¿necesitamos visado (visa)? ¿Y vacunas? ¿Tenemos que ir a la Embajada de Estados Unidos?

el mostrador
el equipaje/las maletas

la primera clase
la clase turística
la sala de espera

La familia Torroja aborda el avión.

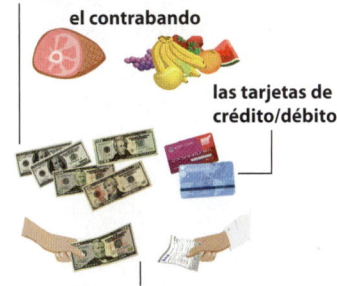

Sí Franklin, ya llegaron; estamos en el aeropuerto

Esperaban el equipaje cuando Franklin texteó a Ana Sofía.

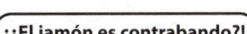
el dinero en efectivo / los billetes
el contrabando
las tarjetas de crédito/débito
los derechos de aduana

—Your passport, please.
—Aquí lo tiene.

You may not bring ham or any pork products into the United States.

—I need to check your luggage.
—Sí, señor.

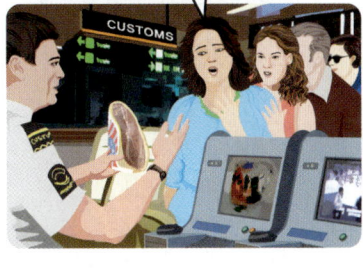

¡¿El jamón es contrabando?!

el alojamiento/el hospedaje
el ascensor
la recepción
el gerente
el botones

Estaban hablando con el gerente cuando llegó Franklin.

La señora Torroja sacaba dinero en efectivo del cajero automático cuando empezó a llover.

La señora Torroja se duchaba cuando la camarera tocó a la puerta.

El señor Torroja le daba una propina al botones cuando dos carros chocaron enfrente del hotel.

Actividad 12 Cómo planear un viaje

Imagínate que eres agente de viajes y vas a darles algunas recomendaciones a Franklin y Estefanía, quienes planean hacer un viaje a España y van a visitar a Ana Sofía. Usa los verbos del **Vocabulario útil** en forma de mandatos para completar las recomendaciones. **OJO:** Uno de los verbos se usa dos veces y uno de los verbos necesita acento cuando se combina con un pronombre (**le**).

Queridos amigos:

Aquí les van unas ideas para su viaje a España. Bueno, pero primero ¡no *se preocupen* tanto! Simplemente __planeen__¹ bien el viaje.

Les mando esta lista con todo lo que deben hacer. Para empezar, __ahorren__² el dinero necesario en estos meses antes de viajar. Luego, __hagan__³ las reservaciones lo antes posible, porque los boletos cuestan menos cuando uno los compra con muchos días de anticipación. __Saquen__⁴ el pasaporte y la visa en febrero o marzo porque el proceso puede durar más de un mes. __Compren__⁵ ropa y otras cosas necesarias para el viaje un mes antes de salir. En los últimos días antes del viaje, __mánden__ le⁶ copias de su itinerario a Ana Sofía. __Hagan__⁷ las maletas uno o dos días antes para no olvidar algo importante.

El día del viaje, __lleguen__⁸ temprano al aeropuerto. Allí mismo, (en el aeropuerto, __cambien__⁹ dólares por euros para tener euros antes de llegar a Madrid. No nos __traigan__¹⁰ regalos ni a mí ni a los amigos del club. ¡__Usen__¹¹ su dinero para cosas importantes: el teatro, los museos, los restaurantes, el tren!

¡Buen viaje!

Vocabulario útil

ahorrar	mandar
cambiar dinero	planear
comprar	preocuparse
hacer las maletas	sacar el pasaporte/la visa
hacer las reservaciones	traer
llegar	usar

Actividad 13 ¡Buen viaje!

Mira los dibujos y di qué hicieron Franklin, Estefanía y Ana Sofía en España.

Aeropuerto El Prat, Barcelona

Iglesia de la Sagrada Familia, Barcelona

Barri Gòtic (Barrio Gótico), Barcelona

El AVE es muy rápido. A Madrid: 621 km (386 millas) en dos horas treinta y ocho minutos

Hotel Europa, Madrid

habitación del hotel

Restaurante Botín, Madrid

Museo del Prado, Madrid

Museo del Prado, Sala de El Greco

el acueducto romano de Segovia

la autopista A-3

Murcia, los Torroja: la bienvenida

una cena con los Torroja

festival la Mar de Músicas, Cartagena

la Giralda, Sevilla

la Alhambra, Granada

Entérate

Si usted quiere viajar con tranquilidad, es buena idea planear. Mire esta lista.

- Haga copias de su pasaporte y otros documentos de viaje y deje una con sus padres o un amigo.
- También haga una lista de los números de sus tarjetas de crédito y un número de teléfono para cada una. Lleve las copias y la lista en algún lugar de su maleta, pero no con las tarjetas.
- Pídale al vecino que recoja la correspondencia (el correo) y el periódico.
- Deje a su mascota con el veterinario o con algún familiar.

Entérate

El nombre del tren AVE (Alta Velocidad Española) es un juego de palabras. **Ave** significa pájaro y el AVE es un tren que "vuela" (*flies*). Es uno de los trenes más rápidos del mundo: Alcanza (*It reaches*) una velocidad de 300 kilómetros por hora (186 millas por hora).

Comunícate   Los viajes

Actividad 14 El viaje de Estefanía y Franklin a España

Con tu compañero/a, di qué hacían (estaban haciendo) Estefanía y Franklin y qué pasó.

MODELO: Estefanía hacía (estaba haciendo) las reservas por Internet, cuando sonó el teléfono.

Vocabulario útil

apagarse	aterrizar	llanta desinflada/pinchada
asistente de vuelo	carretera	sala de espera

Act. 15 (Whole class; pairs; individual), **Suggestions:** Have students scan the travel packages and clarify unfamiliar vocabulary for them. With the whole class, make a list of tourist attractions found in the places mentioned in the packages: *París: la Torrre Eiffel, el Museo del Louvre; Madrid: el Palacio Real; Bilbao: el Museo Guggenheim, el Edificio Osakidetza* (headquarters of the Basque Health Services), etc. Have students guess what the price would be for each package. Then pair students and have them read each character description, then discuss or write out their recommendations and reasons. When they are done, have volunteers share their recommendations with the class.

Actividad 15   Paquetes turísticos

Algunos de los miembros del Club Amigos sin Fronteras quieren viajar el verano próximo. Con tu compañero/a, primero lee la descripción de los miembros y luego busca el mejor paquete turístico para cada uno. Explica por qué lo escogiste.

Crucero familiar por el Mediterráneo
Incluye: paseos de 8 a 10 horas por Roma, Florencia, Atenas, Santorini, Korfu y Venecia. A bordo, talleres de: deportes, naturaleza, artesanía, magia, ciencia y tecnología para los niños. Para los adultos: masajes antiestrés, conferencias sobre nutrición, arte y literatura, clases de baile. Las instalaciones cuentan con 3 piscinas, 2 canchas de tenis, 2 cines, 4 restaurantes y 3 bares con música en vivo.

Castilla y León
Gira por cinco ciudades antiguas: Ávila con su impresionante muralla, Segovia con su acueducto romano y su alcázar de cuento de hadas, Toledo con la casa de El Greco y la judería con sus casas colgantes y León con su maravillosa catedral. Incluye las tres comidas, el transporte aéreo y terrestre, los hoteles y las visitas a los diferentes edificios y monumentos en cada ciudad.

Gira europea
7 días 6 noches en las grandes capitales de Europa: Londres, París, Berlín, Roma, Lisboa y Madrid. El precio incluye el pasaje aéreo, el transporte terrestre del aeropuerto al hotel y viceversa, el hospedaje y dos paseos en cada ciudad, uno por la mañana y otro por la tarde. Incluye el desayuno y almuerzo, pero no la cena; noches libres.

BILBAO
5 días, 4 noches en este centro industrial del norte de España. Incluye gira de la ciudad: Casco Viejo, Playa de Saturrarán, Ayuntamiento, Teatro Arriaga Antzokia, Museo de Arte Moderno, Museo Guggenheim, Torre Iberdrola, Edificio Osakidetza, y otros lugares de interés. Incluye también acceso por 4 días al gimnasio Polideportivo Universitario, una lección de cocina con el famoso chef Martín Berasategui y una suculenta cena de despedida, empezando con el chiquiteo –pintxos y vino– en el restaurante Xukeia.

Madrid
8 días en la ciudad más importante de España: cultura (numerosos museos y teatros), arquitectura, las mejores tiendas y boutiques, efervescente vida nocturna. Incluye hospedaje, desayuno, almuerzo, entrada a dos museos, al Palacio Real, a una obra de teatro y a un partido de fútbol del Real Madrid en el Estadio Santiago Bernabéu; noches libres.

MODELO: *A Nayeli y Camila les recomiendo la Gira Europea porque ellas quieren conocer ciudades grandes de Europa. Les recomiendo esta gira corta porque incluye casi todo por un solo precio y porque son jóvenes y tienen mucha energía.*

1. Eloy viaja con su novia Susan. Él no ha viajado mucho y tiene muchas ganas de conocer una ciudad grande, llena de vida. Susan conoce París y Venecia pero no conoce España. A Eloy y a Susan les gusta ir al cine y ver partidos de fútbol. A Susan le encanta ver pinturas en los museos, ver obras de teatro y salir a bailar por la noche. *Madrid*

2. Sebastián viaja con su compañero, Daniel. Daniel ha viajado mucho y conoce bien Europa. Sebastián conoce Sudamérica pero no conoce Europa. A los dos les gusta comer bien y cocinar y Daniel sabe mucho de gastronomía. También les gustan los deportes y hacer ejercicio. *Bilbao*

3. Nayeli y Camila son compañeras de apartamento y se llevan muy bien. Son jóvenes, tienen mucha energía y les encantan las aventuras. Tienen poco dinero y quieren conocer muchas ciudades importantes. *Gira Europea*

4. Omar y su familia van a viajar con sus hijos. Quieren un paquete con actividades para los adultos y para los niños porque quieren pasar tiempo juntos. Conocen bien Sudamérica, pero no conocen Europa. *Crucero Familiar*

Comunícate Los viajes   trescientos cuarenta y cinco . **345**

Actividad integral

Mi ciudad favorita en España

Descríbeles a tus compañeros/as de clase tu ciudad favorita en España. Incluye muchos detalles como, por ejemplo, la siguiente información.

- la geografía y clima de la ciudad
- recomendaciones (**OJO**: usa mandatos como, por ejemplo: **bailen, caminen, coman, descansen** y **vayan**) de playas, edificios interesantes/bonitos, hoteles, restaurantes, museos, teatros, sitios nocturnos, etcétera
- planos, fotos y descripciones de sus lugares turísticos

Vocabulario útil

disfruten de	cristalino/a	sensacional
diviértanse (… que se diviertan)	histórico/a	simpático/a
	inolvidable	sorprendente
hospédense (… que se hospeden)	maravilloso/a	tradicional
antiguo/a	pintoresco/a	
cómodo/a	romántico/a	

Exprésate

ESCRÍBELO TÚ

Un viaje en automóvil

Escribe sobre un viaje que hiciste en automóvil. Usa las preguntas a continuación como guía para organizar tu composición. ¿Adónde fuiste? ¿Qué viste y qué hiciste? ¿Te divertiste? ¿Qué es lo que más/menos te gustó del viaje? En el *Cuaderno de actividades* y en Connect Spanish hay una tabla con más sugerencias para escribir tu composición.

CUÉNTANOS

Un viaje inolvidable

Cuéntanos sobre un viaje que no has podido olvidar. Habla sobre algo cómico, triste o peligroso que te pasó en ese viaje. Usa las preguntas a continuación como guía para describir bien lo que pasó. ¿Qué tiempo hacía? ¿Adónde ibas? ¿Por qué viajabas a ese lugar? ¿Qué viste durante el viaje? ¿Hiciste algunas actividades interesantes? ¿Qué te ocurrió específicamente? Explícalo con muchos detalles.

Entérate

Mundopedia

1. Los nombres en el mundo hispano
2. El arpa paraguaya
3. El cine argentino
4. Quito y Mitad del Mundo
5. ¡Grandes fiestas!
6. La escritora chilena Isabel Allende
7. El Carnaval de Barranquilla
8. El Cinco de Mayo
9. La Diablada de Oruro
10. La música de Cuba
11. **Los paradores de España**
12. Mérida, ciudad en la montaña
13. Los festivales dominicanos
14. El misterio de las ciudades mayas
15. Los logros de Costa Rica

Los paradores de España

El parador de Zafra

ORÍGENES DE LOS PARADORES

Cada año, más turistas visitan España que el número total de personas que viven allí. El país ofrece una gran variedad de alojamientos y de precios. Entre esa variedad está una **cadena** de hoteles **de lujo** administrada por el gobierno español. A estos hoteles se les llama «paradores» y buen número de ellos **se ubica** en edificios antiguos de interés histórico, artístico y cultural, **dispersos** por toda la península. La idea original fue proteger el patrimonio español y crear más turismo en regiones de pocos **recursos** económicos. Hay más de noventa paradores y todos ofrecen un servicio **de alta calidad** por precios muy **razonables**. Además de la elegancia de sus **instalaciones** y la belleza del **entorno**, sus restaurantes ofrecen deliciosos platillos de la cocina tradicional de la región. Hay paradores que hace siglos fueron palacios, castillos o monasterios. Hay otros de edificios más modernos pero que se ubican en lugares de espectacular belleza natural, como los Paradores de Gredos y de Aiguablava.

Vocabulario de consulta	
cadena	chain
de lujo	luxury
se ubica	is located
dispersos	scattered
recursos	resources
de alta calidad	high-quality
razonables	reasonable
instalaciones	facilities
entorno	surroundings
se encuentra	is located
fuerte musulmán	Muslim fort
se hospedó	stayed
torres	towers
ventanales	large windows
fantasma	ghost
vacía	empty
sospechosos	suspicious
grifos abiertos	running faucets
pisadas	footsteps
permanecía	remained
ladrando	barking
cuenta con	has, includes
mudéjares	related to Muslims living in Spain under Christian rule
olvidar	to forget

ALGUNOS DE LOS PARADORES

Uno de los más bellos es el **Parador de Zafra** (en la provincia de Badajoz). **Se encuentra** en un castillo-palacio construido en 1437 sobre las ruinas de un **fuerte musulmán**, que en el siglo XV fue la residencia de los duques de Feria. Hernán Cortés, el conquistador de México, **se hospedó** allí antes de salir para el Nuevo Mundo. Tiene nueve **torres** y se adorna con ostentosos muebles de siglos pasados. Pero las instalaciones son modernas y ofrecen lo más moderno de la tecnología, como acceso WiFi y servicios audiovisuales para convenciones.

Otro parador interesante es el **Parador de Cardona**, un castillo medieval de estilo románico y gótico con **ventanales** de los siglos XII y XIV. Su extensión alcanza los 62.000 metros cuadrados (1.5 acres). Es un castillo con leyenda y **fantasma**: en la habitación 712, la cual casi siempre está **vacía**, tres mujeres han visto a un hombre vestido con leotardos y traje de época. La gente del servicio ha escuchado ruidos **sospechosos**, por ejemplo, ventanas y puertas que se abren y se cierran, **grifos abiertos** y **pisadas** en las habitaciones vacías. El guarda del lugar intentó por mes y medio lograr que su fiel perro caminara por el pasillo más allá de la habitación 712. Al llegar, el animal **permanecía** inmóvil **ladrando** a la puerta. Día a día, el perro repetía lo mismo.

El **Parador de Mérida**, otro hotel de lujo, conserva la estructura original de un convento del siglo XVIII. Este fue construido sobre los restos de un templo romano dedicado a Augusto. El parador **cuenta con** un jardín de antigüedades donde se pueden ver piezas arqueológicas romanas, visigodas y **mudéjares**. En ese ambiente, los visitantes empiezan a conocer el rico pasado de la ciudad de Mérida.

Ubicado en la Punta d'es Muts en la región de Cataluña, el **Parador de Aiguablava** está rodeado de pinos y ofrece una hermosa vista al mar Mediterráneo. Es el lugar perfecto para el viajero a quien le interesa estar en contacto con la naturaleza. Los alrededores presentan oportunidades incomparables para dar largos paseos. También se puede practicar deportes al aire libre en esta zona donde la contaminación es casi inexistente. El hotel dispone además de gimnasio, piscina y sauna. Desde las habitaciones se puede admirar el mar.

Como estos ejemplos hay muchos más, y todos hermosos. ¡Y al ver los precios es fácil **olvidar** que todos son hoteles de lujo!

COMPRENSIÓN

Completa lo siguiente.

1. Di qué son los paradores en España y cómo son los edificios.
2. El edificio del Parador de Zafra fue un castillo-palacio construido en el siglo XV. ¿Qué construcción había en ese lugar antes?
3. Muchos de los edificios de los paradores son muy antiguos. ¿Cómo son las instalaciones, especialmente en el interior?
4. Menciona un dato histórico relacionado con el Parador de Zafra.
5. Describe bien el misterio del Parador de Cardona.
6. ¿Qué puede llamar la atención de los aficionados a la historia y a la arqueología en el Parador de Mérida?
7. ¿Qué actividades se pueden hacer en el Parador de Aiguablava?
8. ¿Es buena idea hospedarse en los paradores españoles? Da dos buenas razones.

Comprensión (Answers). 1. Son hoteles de lujo administrados por el gobierno. Muchos de los edificios fueron palacios, castillos, monasterios o conventos. 2. un fuerte musulmán 3. Las instalaciones son modernas, elegantes y ofrecen tecnología, como WiFi. 4. Hernán Cortés se hospedó allí antes de salir para el Nuevo Mundo. (El castillo-palacio se construyó en 1437. En el siglo XV fue la residencia de los duques de Feria.) 5. Varias personas han visto a un hombre que lleva un leotardo y un traje de la época y han escuchado ruidos extraños en la habitación 712 cuando está vacía. Había un perro que siempre se quedaba inmóvil y ladraba a la puerta. 6. Conserva la estructura original de un convento del siglo XVIII, que fue construido sobre los restos de un templo romano dedicado a Augusto. (Tiene un jardín de antigüedades donde se pueden ver piezas arqueológicas romanas, visigóticas y mudéjares.) 7. dar paseos, estar en contacto con la naturaleza y practicar deportes al aire libre 8. Sí, es buena idea porque muchos están en edificios antiguos e interesantes y son hoteles de lujo que tienen precios razonables.

Voces españolas

el/la guiri	foreigner	la movida	la fiesta
el jaleo	la fiesta	la pasta	el dinero
majo/a	bonito/a, simpático/a	un(a) tío/a	guy/chick
la marcha	la vida nocturna	¡Qué guay!	How cool!
un mogollón (de)	mucho/a	vale	está bien, de acuerdo

CONEXIÓN CULTURAL

EL NUEVO FLAMENCO

Cuando escuchamos la palabra **flamenco,** muchos pensamos en espectáculos (*shows*) dramáticos con mujeres de llamativos (*flashy*) vestidos multicolores, que bailan al ritmo de las castañuelas, del taconeo (*stomping*) y de las palmadas (*clapping*). También pensamos en la música popularizada por los Gypsy Kings. Todo eso es cierto, pero el flamenco incluye mucho más. Esta fascinante tradición de música y baile nació en Andalucía, región del sur de España, y sus raíces (*roots*) vienen de tres culturas: la cultura de los moros (*Moors*), la de los judíos (*Jews*) y la de los gitanos (*Gypsies*). ¿Quieres saber más sobre este tema? Lee la lectura «El nuevo flamenco» en el *Cuaderno de actividades* o en Connect Spanish y ¡entérate!

El flamenco es un baile muy dramático que nació en Andalucía, España.

Videoteca

Amigos sin fronteras
Episodio 11: ¡Allá vamos, Los Ángeles!

Note: Both video clips can be seen on the DVD to accompany *Tu mundo* or in Connect Spanish.

Resumen

Eloy, Ana Sofía, Sebastián y Nayeli hacen un viaje a Los Ángeles. Es la primera vez que Ana Sofía visita esa ciudad y está muy emocionada. Van a quedarse en un hotel de Santa Mónica y Eloy, que es angelino, va a llevar a sus amigos a los lugares turísticos de Los Ángeles. Por el camino paran en una gasolinera y luego manejan directamente a la playa, donde a Sebastián le espera una sorpresa.

Vocabulario de consulta	
no hace falta	it's not necessary
mejor paramos	it would be better if we stop
camioneta	van
cita	date, encounter
tonta	silly, dumb
te distraes	you get distracted
prohibido	forbidden
huellas	handprints/footprints

Preparación para el video

A. Comencemos. Mira la foto y contesta las preguntas.
1. ¿Dónde están estos amigos del club?
2. Considerando la ropa que llevan estos amigos, ¿qué tiempo hace?
3. ¿Adónde crees que van los cuatro amigos?

Comprensión del video

B. La idea principal. Indica la idea principal del video.
1. Los amigos del club paran a comprar comida en una gasolinera.
2. Sebastián prepara una maleta muy grande.
3. Algunos amigos del club hacen un viaje a Los Ángeles.

C. ¿Cierto o falso?
1. Nayeli y Sebastián ya han hecho la maleta. **F**
2. Para Sebastián lo más importante es el traje de baño. **C**
3. Ana Sofía ya conoce Los Ángeles. **F**
4. Nayeli hizo reservaciones en un hotel en Santa Mónica. **F**
5. Sebastián sabe manejar muy bien. **F**

D. Detalles. Contesta las preguntas.
1. ¿Qué ropa lleva Sebastián en la maleta? *vaqueros, camisas, zapatos (cómodos), ropa «cool», traje de baño*
2. ¿Cuántos días van a estar en Los Ángeles? *diez*
3. ¿Cómo viajó a Los Ángeles Claudia? *en avión*
4. ¿Cómo viajan a Los Ángeles Ana Sofía, Nayeli, Eloy y Sebastián? *en camioneta (carro)*

Mi país ESPAÑA

Comprensión
1. ¿Qué desayunaron todos cuando los amigos de Ana Sofía llegaron a Madrid? *chocolate con churros*
2. ¿Qué compraron Alex y Ángela en el Rastro? *una gorra y un abanico*
3. ¿Qué hicieron los tres amigos en la Plaza Mayor? *Miraron la plaza y la gente mientras comían tapas y bebían una deliciosa sangría.*
4. ¿A qué horas cierran las tiendas en España? *de dos a cinco de la tarde*
5. En el Centro de Arte Reina Sofía vieron obras de varios artistas. Nombra uno de esos artistas. *Picasso, Dalí, Miró*
6. ¿Quiénes estuvieron en España más de setecientos años? *los árabes*
7. ¿Qué tipo de baile vieron Ángela y Alex en Granada? *flamenco*
8. ¿Cómo se llama la obra de Gaudí que no está completa? *(la basílica de) la Sagrada Familia*

Las Fallas de Valencia

Los Sanfermines, Pamplona

Infórmate

11.1 The Present Perfect

A. The present perfect is formed with the present tense of the verb **haber** (*to have*) followed by a form of the verb called the past participle. The use of this tense is very similar to its use in English.

—¿**Han visitado** ustedes Europa?   *Have you visited Europe?*
—Sí, **hemos visitado** España dos veces.   *Yes, we have visited Spain twice.*

(Yo) **He viajado** a España.

he = present tense of **haber**   **viajado** = past participle of **viajar**

I have traveled to Spain.

B. The present-tense forms of **haber** are irregular.

haber		
(yo)	he	I have
(tú)	has*	you (inf. sing.) have
usted, él/ella	ha	you (pol. sing) have; he/she has
(nosotros/as)	hemos	we have
(vosotros/as)	habéis	you (inf. pl., Sp.) have
ustedes, ellos/ellas	han	you (pl.) have; they have

*Alternative form for recognition only: **vos habés.**

—Omar, ¿ya **has recogido** el coche?   *Omar, have you picked up the car already?*
—No, todavía no **han llamado** del taller.   *No, they haven't called yet from the garage.*

Note that **ya** (*already*) and **todavía no** (*not yet*) are adverbs commonly used with the present perfect tense.

Tú ya **has visto** el Museo del Prado.

has = present tense of **haber**   **visto** = past participle of **ver**

You have already seen the Prado Museum.

Ellos **han ido** a Europa cinco veces.

han = present tense of **haber**   **ido** = past participle of **ir**

They have gone to Europe five times.

C. Regular past participles are formed by adding **-ado** to the stems of **-ar** verbs, and **-ido** to the stems of **-er** and **-ir** verbs.

-ar		-er / -ir	
Infinitive	**Past Participle**	**Infinitive**	**Past Participle**
hablar	hablado	comer	comido
jugar	jugado	vivir	vivido
preparar	preparado	dormir	dormido

—¿Ya **han comprado** los boletos los señores Acosta?
Have the Acostas already bought the tickets?

—No, el agente de viajes no **ha conseguido** las reservas todavía.
No, the travel agent hasn't gotten the reservations yet.

—Camila, ¿ya escribiste tu composición?
Camila, did you already write your paper?

—No, no **he tenido** tiempo todavía.
No, I haven't had time yet.

Note that the past participles of **-er/-ir** verbs that have stems ending in vowels (such as **caerse, construir, creer, incluir, leer, oír, sonreír,** and **traer**) require a written accent on the **-i-** of the past participle ending.

leer → leído   oír → oído   traer → traído

D. A few verbs have irregular participles.

abrir (*to open*)	**abierto** (*opened*)
cubrir (*to cover*)	**cubierto** (*covered*)
decir (*to say*)	**dicho** (*said*)
escribir (*to write*)	**escrito** (*written*)
hacer (*to do*)	**hecho** (*done*)
morir (*to die*)	**muerto** (*died*)
poner (*to put*)	**puesto** (*put*)
resolver (*to solve*)	**resuelto** (*solved*)
romper (*to break*)	**roto** (*broken*)
ver (*to see*)	**visto** (*seen*)
volver (*to return*)	**vuelto** (*returned*)

—Marcela, ¿dónde **has puesto** mis pantalones nuevos?
Marcela, where have you put my new pants?

—Ya te **he dicho** tres veces que están encima de la cama.
I've already told you three times that they're on top of the bed.

Omar fue a la agencia de viajes hace dos horas y todavía no **ha vuelto.**
Omar went to the travel agency two hours ago and hasn't come back yet.

Infórmate   11.1 The Present Perfect

The past participles of verbs derived from those in the above chart follow the same pattern.

For example: **escribir** → **escrito**, so **describir** → **descrito.**

contradecir (*to contradict*)	**contradicho** (*contradicted*)
describir (*to describe*)	**descrito** (*described*)
devolver (*to return, give back*)	**devuelto** (*returned*)
inscribir (*to enroll*)	**inscrito** (*enrolled*)
proponer (*to propose*)	**propuesto** (*proposed*)

> In Latin America, the present perfect is often used in *Have you ever . . .* questions and in negative answers (*I have never . . .*).
> —¿**Alguna vez te ha pescado** sin paraguas un chubasco?
> —No, **nunca he estado** afuera sin paraguas en un chubasco. Siempre salgo de la casa preparada.
> *Tu mundo* practices this Latin American usage.

> In Spain, the present perfect is sometimes used in place of the preterite: ¿**Has estudiado hoy?** (*Did you study today?*). Most Latin Americans would be more likely to use the simple past for completed events, asking: ¿**Estudiaste hoy?**

Ejercicio 1

Di cuántas veces has hecho las siguientes actividades.

MODELO: —¿Has visto fotos de Madrid?
—Sí, he visto fotos de Madrid muchas veces (una vez, unas pocas veces, …).

1. ¿Has comido hamburguesas?
2. ¿Has cantado en la ducha?
3. ¿Has comprado chocolates?
4. ¿Has leído *Huckleberry Finn*?
5. ¿Has dormido más de ocho horas en una noche?

Ejercicio 2

Contesta las preguntas, diciendo que nunca has hecho estas actividades.

MODELO: —¿Has dormido en la calle?
—No, nunca he dormido en la calle.

1. ¿Has robado un banco?
2. ¿Has comido hormigas (*ants*)?
3. ¿Has visto una película de la directora Icíar Bollain?
4. ¿Has escalado los Pirineos?
5. ¿Has escrito una novela famosa?

Ejercicio 3

Franklin y Estefanía han pasado tres días solos en Madrid y ahora charlan con Ana Sofía para decidir qué hacer juntos en los próximos días. Completa las oraciones con los verbos entre paréntesis en el pretérito perfecto (*present perfect*). **OJO:** Ana Sofía es española y usa la forma de vosotros cuando habla con Estefanía y Franklin.

ANA SOFÍA: Pues, amigos ¿qué _____¹ (hacer) esta semana?

ESTEFANÍA: _____² (visitar) varias iglesias y _____³ (comprar) varios regalos. También, _____⁴ (descansar) mucho… ¡Hay nueve horas de diferencia entre Berkeley y Madrid!

FRANKLIN: ¿Qué tal si vamos al cine? Nosotros no _____⁵ (ver) la última película de Almodóvar todavía.

ANA SOFÍA: Bien, mañana al cine y después a cenar. ¿_____⁶ (cenar) en el restaurante Botín ya?

ESTEFANÍA: No, todavía no. Solamente _____⁷ (comer) en una cafetería y en el restaurante Jabugo. ¡El jamón serrano nos gustó mucho allí!

ANA SOFÍA: Entonces, vamos al restaurante Botín. ¿Y pasado mañana (*day after tomorrow*)… ? ¿_____⁸ (ir) ya a Museo del Prado?

FRANKLIN: No, todavía no. Pero _____⁹ (estar) en el Museo Reina Sofía dos veces. ¡No nos cansamos de ver el *Guernica*!

ANA SOFÍA: Yo _____¹⁰ (llevar) a todos mis amigos al Museo del Prado a ver las pinturas de El Greco, de Velázquez y de Goya. ¡Vamos pasado mañana! Os van a encantar todas.

ESTEFANÍA: Perfecto, y por la noche vamos al teatro. Franklin y yo _____¹¹ (leer) que la compañía Maru Jasp está poniendo *La casa de Bernarda Alba*. Tenemos muchas ganas de ver esa obra de García Lorca.

ANA SOFÍA: ¡Qué alegría! Me encanta García Lorca. (Yo) _____¹² (escribir) dos trabajos en la universidad sobre sus obras… y *La casa de Bernarda Alba* es mi favorita.

FRANKLIN: Y lo mejor… Estefanía y yo _____¹³ (oír) que la compañía es una de las más famosas.

ANA SOFÍA: Así es. Pero chicos, hay que salir de Madrid. Todavía no _____¹⁴ (hablar: nosotros) de las otras ciudades que vais a visitar conmigo… Toledo, Segovia, Cuenca…

11.2 Destination and Time: **por** and **para** (Part 1)

The prepositions **por** and **para** are both sometimes translated as *for*. However, these two words have distinct meanings and uses.

A. One difference is in expressing movement.

Para indicates movement *toward* a destination.

Cuando era niño, salía **para** la escuela a las siete y media.	*When I was a kid, I used to leave for school at 7:30.*
Perdón, señor, ¿cuál es el tren que sale **para** Madrid?	*Excuse me, sir, which is the train that is leaving for Madrid?*

Por, on the other hand, indicates *through, by,* or *along* a location.

Pasamos **por** varios pueblos antes de llegar a Salamanca.	*We went through several villages before arriving in Salamanca.*
Nunca hemos caminado **por** la orilla del Mar Menor.	*We have never walked along the shore of Mar Menor.*

Por is also used to indicate *means of transportation*, although **en** is also common.

Franklin quiere viajar a España **por** barco pero yo prefiero ir **por** avión.	*Franklin wants to travel to Spain by boat but I prefer to go by plane.*

Note the contrast in usage in the following example.

Mañana salgo **para** Málaga. Voy a viajar **por** tren.	*I am leaving for Malaga tomorrow. I'm going to travel by train.*

B. **Por** and **para** can also be followed by expressions of time.

Use **por** to indicate length of time that an action took place. Some common time expressions are: **por dos horas, por unos días, por tres meses, por un año, por mucho/poco tiempo.** Native speakers often omit **por** in this context.

Hoy tengo que trabajar en el taller **por diez horas.**	Today I have to work in the shop for ten hours.

You can also use **por** to express *during, in,* or *at* with parts of the day: **por la mañana/tarde/noche.**

Aquí **por** la noche todo el mundo sale a pasear.	Here in (during) the evening everybody goes out for a walk.

Use **para** to indicate a deadline by which something is expected to happen.

Hay que entregar el informe **para** las diez.	We have to turn in the report by 10:00.

Ejercicio 4

Completa la conversación entre Ana Sofía y Franklin con **por** o **para** según el contexto.

FRANKLIN: Ayer corregí exámenes _____¹ ocho horas, sin descanso.

ANA SOFÍA: Pues yo estudié _____² seis horas para el examen de la clase de inglés.

FRANKLIN: Bueno, tenemos exámenes _____³ una semana y luego… ¡vacaciones!

ANA SOFÍA: Sí, ¡por fin! ¿Cuándo sales _____⁴ Puerto Rico?

FRANKLIN: En dos días. Salgo _____⁵ la mañana y voy a viajar _____⁶ nueve horas.

ANA SOFÍA: ¿Nueve horas? Vas a viajar _____⁷ avión, ¿verdad?

FRANKLIN: Pues, prefiero ir _____⁸ tren pero ya sabes que no es posible.

ANA SOFÍA: ¡Ja, ja! Oye, ¿cuánto tiempo piensas quedarte en Puerto Rico?

FRANKLIN: ¡Una semana! Voy a visitar a la familia y necesito recoger unos documentos importantes. Van a estar listos _____⁹ el jueves próximo.

ANA SOFÍA: Ay, seguramente vas a pasear _____¹⁰ el Yunque y otros lugares hermosos. ¡Qué envidia!

11.3 Polite Commands

Commands (**mandatos**) are used to tell someone directly what to do. You have already been hearing and reading informal commands such as **conversa con tu compañero/a** or **escucha a tu professor(a)**. (**Note:** You will learn more about informal commands in **Infórmate 13.2**.) Informal commands are used when speaking to someone that you address in the **tú** form, while polite commands are used when addressing someone in the **usted** (singular) or **ustedes** (plural) form.

> POLITE COMMANDS
> -ar verbs take
> -e(n) endings:
>   hable (usted),
>   tomen
>   (ustedes)
> -er/-ir verbs
> take -a(n)
> endings:
>   coma (usted),
>   escriban
>   (ustedes)

A. Polite singular commands are formed by changing **-ar** verb endings to **-e**, and changing **-er** and **-ir** endings to **-a**.

-ar: Hab**le** español, por favor.	Speak Spanish, please.
-er: Co**ma** cereal y fruta por la mañana.	Eat cereal and fruit in the morning.
-ir: ¡No ab**ra** el libro durante el examen!	Don't open your book during the exam!

11.3, Suggestion: You may wish to review verbs with stem vowel changes and spelling changes in the present tense that the students have studied in previous chapters: (e → ie) *cerrar, divertir, empezar, encender, entender, merendar, pensar, perder, preferir, querer, recomendar, regar, sentar, sentir, tender;* (e → i) *competir, conseguir, corregir, pedir, repetir, seguir, servir, sonreír;* (o → ue) *almorzar, dormir, encontrar, jugar* (also *gu*), *mostrar, mover, probar, sonar, soñar, volar, volver;* (z → c) *alcanzar, almorzar, bostezar, comenzar, cruzar, empezar* (also *ie*); (c → qu) *buscar, calificar, explicar, indicar, picar, practicar, sacar, secar, tocar;* (g → gu) *apagar, castigar, jugar, llegar, pagar.* Be sure to check that students understand the meaning of the verbs that are used less often.

B. To give polite commands to more than one person, add **-n.***

    No baile**n** por más de dos horas.   *Don't dance for more than two hours.*

C. If the verb stem is irregular in the **yo** form of the present tense, it usually has the same irregularity in the polite command form: **yo pongo → ponga(n) usted(es).**

    Venga(n) temprano, por favor.   *Come early, please.*
    Salga(n) inmediatamente.   *Leave immediately.*

Here are some common irregular polite commands.

conocer	**conozca(n)**
decir	**diga(n)**
hacer	**haga(n)**
oír	**oiga(n)**
poner	**ponga(n)**

    Tengan cuidado en la autopista.   *Be careful on the freeway.*
    Traiga sus documentos mañana a la oficina de la aduana.   *Bring your documents to the customs office tomorrow.*

D. The following irregular polite command forms do not match the first-person singular forms.

dar	**dé(n)**
estar	**esté(n)**
ir	**vaya(n)**
saber	**sepa(n)**
ser	**sea(n)**

    Sepa muy bien lo que quiere decir antes de hablar.   *Know well what you want to say before speaking.*
    Si ustedes van a viajar durante el verano, **vayan** a la agencia de viajes lo antes posible.   *If you (pl.) are going to travel during the summer, go to the travel agency as soon as possible.*

E. Verbs with vowel changes in the present indicative stem (**e → ie, e → i, o → ue**) show the same changes in the polite command forms.

e → ie		e → i		o → ue	
cerrar	**ci**e**rre(n)**	competir	**compita(n)**	dormir	**du**e**rma(n)**
pensar	**pi**e**nse(n)**	seguir	**siga(n)**	encontrar	**enc**ue**ntre(n)**
sentar	**si**e**nta(n)**	servir	**sirva(n)**	volver	**v**ue**lva(n)**

    Duerma por lo menos ocho horas cada noche.   *Sleep at least eight hours every night.*
    Cierre la maleta ahora.   *Close the suitcase now.*
    Sirvan los refrescos, por favor.   *Serve the soft drinks, please.*

---

*In most of Latin America, the **ustedes** command form is used to address more than one person. In Spain, however, the **vosotros/as** command form is used for plural *informal* commands. You will learn about **vosotros/as** commands in the **Infórmate** section of **Capítulo 13**.

> Remember to attach pronouns to the end of affirmative commands, and to add an accent mark to the word in order to retain the stress where it needs to be: **páguen**lo, **hága**las, **recója**los *but* no lo paguen, no las haga, no los recoja.

Also, **-ar** verbs that have spelling changes in the **yo** form of the preterite (z → c, c → qu, g → gu) follow the same spelling-change rules in the polite command form.

z → c		c → qu		g → gu	
almorzar	**almuerce(n)**	buscar	**busque(n)**	apagar	**apague(n)**
comenzar	**comience(n)**	sacar	**saque(n)**	jugar	**juegue(n)**
cruzar	**cruce(n)**	tocar	**toque(n)**	llegar	**llegue(n)**

F. Object pronouns and reflexive pronouns are attached to the end of affirmative commands, but are placed before negative commands.

Tráigame un café por favor; **no me traiga** té.
Bring me some coffee, please; don't bring me tea.

Díganme la verdad; **no me digan** que (ustedes) no la saben.
Tell me the truth; don't tell me that you don't know it.

No lo haga ahora; **hágalo** más tarde.
Don't do it now; do it later.

Levántese temprano; **no se pierda** las noticias de las seis.
Get up early; don't miss the six o'clock news.

Ejercicio 5

Imagínate que eres agente de viajes. Contesta las preguntas de tus clientes afirmativamente. Si es necesario, usa un pronombre de complemento directo (**lo, la, los, las**).

MODELOS: —¿Necesito ir al consulado mañana por la mañana?
—Sí, vaya mañana por la mañana.
—¿Tengo que pagar el pasaje hoy?
—Sí, páguelo hoy.

1. ¿Debo ir al aeropuerto dos horas antes de la salida de mi vuelo?
2. Mi vuelo sale a las cuatro de la mañana. ¿Debo dormir en el aeropuerto para estar allí a tiempo?
3. ¿Debo hacer las reservas mañana?
4. ¿Tengo que comprar ya los pasajes?
5. ¿Tengo que traer el dinero pasado mañana?
6. ¿Necesito recoger los pasajes la semana que viene?

Ejercicio 6

Es enero y Estefanía y Franklin están muy emocionados con su viaje a España para agosto y te hacen muchas preguntas. Diles no a todas sus preguntas, porque… ¡es enero, no es agosto!

MODELO: —¿Tenemos que comprar ropa de verano este fin de semana?
—No, no la *compren* todavía.

1. —¿Tenemos que preparar el itinerario esta noche?
—No, no lo _____ todavía.
2. —¿Debemos sacar las fotos para los pasaportes ya?
—No, no las _____ todavía.

3. —¿Necesitamos pedir los visados para España ya?
   —No, no los _____ todavía.
4. —¿Es necesario comprar las maletas ya?
   —No, no las _____ todavía.
5. —¿Debemos hacer las maletas mañana?
   —No, no las _____ todavía.
6. —¿Necesitamos hablar del viaje con los vecinos este fin de semana?
   —No, no _____ con ellos todavía.

11.4 Using the Imperfect and the Preterite Together

11.4, Notes: This section introduces the simple imperfect to describe background states or events with the conjunction *cuando* leading to the interrupting event, a preterite form. In grammar sections up to this point, we have concentrated on the imperfect to describe past habitual actions, reserving ongoing action for the imperfect progressive. This strategy helps students to develop a prototypical understanding of each tense before being confronted with overlapping meanings and uses. However, both imperfect progressive and simple imperfect can have the same function. We will return to imperfect/preterite contrast in *Infórmate 13.4*. **Suggestion:** Direct students' attention to the illustrations and read the caption aloud with the whole class. (You may wish to introduce *mientras* to connect two background actions or states in the imperfect.)

Era un día de primavera. Hacía sol y un poco de calor. Ana Sofía y su novio tomaban un refresco en un café de la Plaza Mayor de Madrid cuando ella vio a un viejo amigo del Colegio San Pablo en Murcia. El joven pasó; Ana Sofía se puso de pie y caminó hacia él. Lo saludó y empezaron a charlar. Luego lo invitó a tomar un refresco con ella y su novio. Presentó a los dos jóvenes y luego…

Although both the imperfect and the preterite describe past actions or states, their uses are not the same. As you know, the preterite is used with verbs of action to emphasize that the speaker views a past event or action as completed.

—¿Qué hiciste ayer? *What did you do yesterday?*
—Visité el Museo del Prado. *I visited the Prado Museum.*

The imperfect, on the other hand, is used to emphasize that an action happened repeatedly or habitually in the past.

Cuando íbamos de vacaciones a Madrid, siempre nos quedábamos en el Hotel Princesa. *When we went on vacation to Madrid, we would always stay at the Princesa Hotel.*

Cuando Jorge vivía en Ocumare, iba a la playa todos los fines de semana. *When Jorge lived in Ocumare, he used to go to the beach every weekend.*

Similarly, you can use the simple imperfect or the imperfect progressive to describe an action that was in progress in the past when someting interrupted it. The interrupting action is expressed in the preterite tense.

Paseaba por el parque cuando **ocurrió** el accidente.	*I was walking in the park when the accident happened.*
Estaba descansando en la sala cuando el agente de viajes me **llamó** con las buenas noticias.	*I was resting in the living room when the travel agent called me with the good news.*
Los pasajeros **abordaban** el tren cuando **vieron** una mochila abandonada sobre un asiento.	*The passengers were boarding the train when they saw an abandoned backpack on a seat.*
El helicóptero **llegaba** al aeropuerto cuando se **descompuso** el motor.	*The helicopter was arriving at the airport when the engine broke down.*

Ejercicio 7

Usa el imperfecto y escribe la forma apropiada de los verbos entre paréntesis para expresar la acción que se interrumpe.

MODELO: Eloy *salía* de su casa cuando llegó Susan.

1. Ana Sofía _____ (manejar) en la autopista cuando dos coches chocaron.
2. Yo _____ (leer) la novela *La sombra del viento* cuando sonó el teléfono.
3. Ana Sofía y su novio _____ (correr) por la calle cuando Ana Sofía se cayó.
4. El perro _____ (cruzar) la calle cuando el coche lo atropelló.
5. Radamés _____ (bailar) cuando se cayó.

Ejercicio 8

Usa el pretérito para hablar de la acción que interrumpe.

MODELO: El mesero servía la ensalada cuando los clientes *vieron* la mosca.

1. Los turistas _____ (llegar) cuando el guía turístico hablaba de la historia de España.
2. Frankin y Estefanía hacían ejercicio en el Parque del Retiro cuando _____ (empezar) a llover.
3. Estefanía tomaba fotos de la Giralda en Sevilla cuando dos ladrones _____ (querer) robarle la cámara.
4. Dos policías hablaban con el hombre cuando él _____ (saltar) del séptimo piso.
5. Yo dormía profundamente cuando tú me _____ (llamar) anoche.

Ejercicio 9

Escoge entre el pretérito y el imperfecto. Usa el pretérito para expresar la acción que interrumpe y el imperfecto para expresar la acción en progreso.

1. El cocinero (*charlaba/charló*) con un cliente cuando se le (*quemaba/quemó*) la comida.
2. Ana Sofía (*almorzaba/almorzó*) cuando la mosca (*caía/cayó*) en su plato de sopa.

3. El criminal (*entraba/entró*) a la casa cuando los niños (*jugaban/jugaron*) en el patio.
4. Ana Sofía y su novio se (*besaban/besaron*) cuando (*llegaba/llegó*) su hermano José Antonio.
5. Cuando (*limpiaba/limpió*) su escritorio, el profesor (*encontró/encontraba*) el cuaderno perdido.
6. ¿(*Perdías/Perdiste*) el libro cuando (*corrías/corriste*) en el parque hoy? ¿O fue ayer?
7. Los turistas (*miraban/miraron*) una pintura de Goya cuando la luz se (*apagaba/apagó*).

Ejercicio 10

Lee la narración del día horrible de Ana Sofía. Usa el pretérito o el imperfecto, según el contexto.

El verano pasado tuve un día horrible. Cuando _____[1] (hacer) el almuerzo _____[2] (sonar) el teléfono. Contesté. Era mi amiga Luisa y pasamos un rato charlando. Cuando (nosotras) _____[3] (charlar), yo _____[4] (empezar) a ver humo.[a] Corrí a la cocina y… ¡Ay¡ Mi comida estaba quemada ya. Tuve que salir a comprar algo en un restaurante. Antes de subirme a mi carro, ¡ _____[5] (notar) que _____[6] (tener) una llanta pinchada! Entonces tomé un taxi porque tenía mucha hambre y no quería arreglar la llanta. El taxi me _____[7] (llevar) al restaurante cuando de repente[b] _____[8] (descomponerse). Me bajé[c] del taxi y llamé a un amigo. Cuando _____[9] (hablar) con él, un ladrón me _____[10] (robar) el móvil. Cuando (yo) _____[11] (correr) detrás de él, (yo) _____[12] (caerse). Tenía hambre y estaba muy frustrada, pero me levanté y caminé a mi casa. En mi casa decidí prepararme un bocadillo de jamón. Cuando lo _____[13] (preparar), _____[14] (sonar) el teléfono otra vez. ¡Pero yo no lo _____[15] (contestar)!

[a]*smoke* [b]*de… suddenly* [c]*me… I got out*

Lo que aprendí

Al final de este capítulo, ya puedo…

- ☐ hablar sobre la geografía, el clima y los medios de transporte.
- ☐ hablar sobre mis planes de viaje y los de otras personas.
- ☐ dar y comprender instrucciones para llegar a un sitio.
- ☐ darles mandatos a otras personas.
- ☐ narrar eventos (y secuencias de eventos) en el pasado.

Además, ahora conozco…

- ☐ varios paradores de España.
- ☐ varios lugares turísticos de España.

Y sé más sobre…

- ☐ los medios de transporte y la geografía de España.
- ☐ algunos españoles famosos.
- ☐ algunas de las fiestas de España.
- ☐ las actividades de Biciacción.

Vocabulario

La geografía	Geography
la arena	sand
el arrecife	reef
la bahía	bay
el bosque	forest
la cordillera	mountain range
la isla	island
el llano	plain
la orilla	shore, riverbank
la tierra	earth

Palabras semejantes: el acueducto, el archipiélago, el coral, la corriente, la costa, el desierto, el golfo, los Pirineos, la roca, el valle, la vegetación, la zona

Repaso: el campo, el lago, el mar, la montaña, el océano, la playa, el río, la selva

El clima	Climate
el chubasco	rain shower; downpour
el cielo	sky
la escarcha	frost
la humedad	humidity
la llovizna	drizzle
la lluvia	rain
la luna	moon
la neblina	mist, light fog
la niebla	fog
la perturbación	disturbance, disruption
el pronóstico	forecast
el relámpago	lightning
el resplandor	brightness, flash of light

El clima	Climate
el rocío	dew
la tempestad	storm
la tormenta	storm
el trueno	thunder

Palabras semejantes: el ciclón, el huracán, la inundación, el tornado

Repaso: el centígrado, hace buen/mal tiempo, hace calor/fresco/frío/sol/viento, llueve, nieva, la nieve, nublado/a, la temperatura

Los medios de transporte	Modes of Transportation
la autopista	freeway, expressway
el avión	airplane
el bote	boat
el bote de remos	rowboat
la carretera	highway
el crucero	cruise ship
la lancha	motorboat
el tranvía	cable car, streetcar
el velero	sailboat

Palabras semejantes: la canoa, el kayak, el metro, el transbordador, el tren, el vehículo

El automóvil	Automobile
el asiento	seat
la bocina	horn
los cambios	gears
el capó	hood
el cinturón de seguridad	seat belt
el espejo retrovisor	rearview mirror
el faro	headlight
los frenos	brakes
gastar gasolina	to use (waste) gas
el guardabarros	fender
el limpiaparabrisas	windshield wiper
la llanta	tire
la llanta desinflada/pinchada	flat tire
el maletero	trunk
las marchas	gears
el parabrisas	windshield
el parachoques	bumper
el peatón / la peatona	pedestrian
la placa	license plate
la rueda	wheel; tire (Sp.)
el semáforo	traffic light
el tránsito	traffic
el volante	steering wheel

Palabras semejantes: el auto, la intersección, el tráfico

Los viajes	Trips
la aduana	customs
el alojamiento	lodging
el botones	bellhop
la camarera	hotel maid
la carga	cargo
los derechos de aduana	customs duty, taxes
el equipaje	luggage
el hospedaje	accommodations
la maleta	suitcase
el mostrador	counter
el pasajero / la pasajera	passenger
el pase (de abordar)	(boarding) pass
la reserva	reservation
el transbordo	transfer, change (of train or plane)
la vacuna	vaccine; shot
el visado	visa

Palabras semejantes: el contrabando, el itinerario, la reservación, la visa

El transporte aéreo	Air Travel
el/la asistente de vuelo	flight attendant
el destino	destination
la sala de espera	waiting room

Repaso: el aeropuerto, el vuelo

Los mandatos formales	Polite Commands
baje(n) (bajar)	get off, get down
camine(n) (caminar)	walk
compre(n) (comprar)	buy
cruce(n) (cruzar)	cross
diga(n) (decir)	say
disculpe(n) (disculpar)	excuse me; I'm sorry
doble(n) (doblar)	turn
haga(n) (hacer)	do; make
no se preocupe(n) (preocuparse)	don't worry
salga(n) (salir)	leave
siga(n) (seguir)	keep going
suba(n) (subir)	get on, get up
tome(n) (tomar)	take

Los lugares	Places
la embajada	embassy
la estación	station
el palacio	palace
el puente	bridge

Palabras semejantes: el festival

Los verbos	Verbs
andar (*irreg.*) en moto(cicleta)	to ride a motorcycle
aparecer (aparezco)	to appear
aterrizar (c)	to land
chocar (qu)	to crash
cruzar (c)	to cross
dar (*irreg.*) instrucciones	to give instructions
dar (*irreg.*) la bienvenida	to welcome
disfrutar	to enjoy
doblar	to turn; to fold
escalar montañas	to climb mountains
girar	to turn
hacer (*irreg.*) cola	to stand in line
hacer (*irreg.*) la maleta	to pack a suitcase
hacer (*irreg.*) una reclamación	to make a complaint
hacer (*irreg.*) un viaje	to take a trip
hospedarse	to stay (*lodging*)
juntarse	to come/get together
lloviznar	to drizzle (*rain*)
mantener (*like* tener)	to maintain
marearse	to get seasick
mojarse	to get wet
olvidar	to forget
parar	to stop
pronosticar (qu)	to forecast
proteger (protejo)	to protect
rodear	to surround
salir (*irreg.*) de vacaciones	to take a vacation
tener (*irreg.*) la culpa	to be at fault

Palabras semejantes: abordar, admirar, anunciar, cultivar, flotar, identificar (qu), irritar, planear, revisar, transportar, utilizar (c)

Los sustantivos	Nouns
el billete [Multa]	ticket; bill (*paper money*)
el cajero automático	ATM machine
la (des)ventaja	(dis)advantage
el (dinero en) efectivo	cash
la esquina	corner (*street*)
la falta	lack
la fuerza	force
la gira	tour
la glorieta	traffic circle
la gota	drop
la habitación	room
la hoja	leaf
las horas pico	peak hours
la marca	brand; mark
la matrícula	registration, enrollment
la obra	work
el paraguas	umbrella
el plano	street map
la sugerencia	suggestion

Los sustantivos	Nouns
la superficie	surface
la tarjeta de débito	debit card
el terreno	terrain; plot of land

Palabras semejantes: el adulto, la antena, el/la arquitecto/a, el círculo, la compañía, la condición, la copia, la definición, la energía, el espacio, el euro, la extensión, el fenómeno, el galón, la gastronomía, la importancia, la letra, el metal, la perturbación, el pintor, la recomendación, el rectángulo, el territorio, la visibilidad

Los adjetivos	Adjectives
caluroso/a	hot (*climate*)
costoso/a	costly
despejado/a	clear
inolvidable	unforgettable
ligero/a	light (*weight*)
lleno/a	full
moro/a	Moorish
rodeado/a	surrounded
seguro/a	safe
soleado/a	sunny
sorprendente	surprising
vivo/a	alive; vivid

Palabras semejantes: árido/a, atmosférico/a, circular, climático/a, enorme, europeo/a, excepcional, extenso/a, extra, formado/a, gótico/a, instantáneo/a, maravilloso/a, mencionado/a, negativo/a, oficial, originado/a, pintoresco/a, positivo/a, preferido/a, producido/a, romántico/a, sensacional, subterráneo/a, tropical, turístico/a

Los adverbios	Adverbs
adelante	forward
además	moreover, furthermore
cómodamente	comfortably
hacia	toward(s)
mal	bad, badly
últimamente	lately

Palabras semejantes: aproximadamente, directamente, puntualmente, simplemente, totalmente

Palabras y expresiones útiles	Useful Words and Expressions
a la mañana siguiente	the next morning
¿Alguna vez ha _____?	Have you ever _____?
¡Alto!	Stop!
allí mismo	right there
alta velocidad	high speed
Aquí lo tiene.	Here it is.
¡Bienvenido/a(s)!	Welcome!
¡Buen viaje!	Have a nice trip!
con anticipación	in advance
¡Cuánto/a(s) + *noun*!	How many + *noun*!
en busca de	in search of
Muy amable	How nice of you!, Thanks!
¡Pare!	Stop!
¡Qué + *noun* + más/tan + *adjective*!	What a + *adjective* + *noun*!

La salud 12

Pre-Text Oral Activities

See the *Cap. 12 Tu mundo* PowerPoint (PP), IM, and IRK for detailed lesson plans and additional resources.

1. **El presente del subjuntivo.** Introduce the present subjunctive forms in the structure *querer que* + subjunctive with TPR commands. (See IRK [*Quiero que* + subjunctive] for TPR sequence.) Tell students that this will be similar to playing *Simón dice*: Students should only do the action if they hear you say *Quiero que…* (such as in, *Quiero que ustedes se pongan de pie.* vs. *Pónganse de pie.*) Once students are comfortable with the *Quiero que…* structure, introduce *aconsejar, decir, esperar, pedir, preferir, recomendar,* and *sugerir,* and incorporate these verbs of volition into your TPR activity.

Antiguo Hospital Vargas en San Cristobal, Tachira, Venezuela

Upon successful completion of **Capítulo 12** you will be able to talk about health-related situations and how to keep healthy and fit. You will also be able to describe your experiences with illnesses, accidents, visits to the doctor, and hospital stays. Additionally, you will have learned about some interesting places and people from Venezuela.

Comunícate

El cuerpo humano y la salud

Las enfermedades y su tratamiento

Hablando de las enfermedades y su tratamiento Los remedios caseros

La atención médica

Los accidentes y las emergencias

Actividad integral En el consultorio

Exprésate

Escríbelo tú Un accidente

Cuéntanos Las enfermedades infantiles

Entérate

Mundopedia Mérida, ciudad en la montaña

Voces venezolanas

Conexión cultural Dos grandes logros de Venezuela

Videoteca Amigos sin Fronteras, Episodio 12: No me siento bien.

Mi país: Venezuela

Infórmate

12.1 Present Subjunctive with **querer, recomendar,** and Other Verbs of Volition

12.2 The Subjunctive in Time Clauses

12.3 Indirect Object Pronouns with Commands and Present Subjunctive

12.4 Unplanned Occurrences: **se**

www.connectspanish.com

VENEZUELA

2. **Acontecimientos imprevistos.** Introduce the *se* structure to express unplanned occurrences. Pantomime some examples, then write what happened on the board using this construction. **Suggestions:** 1. Take an almost empty plastic bottle of water and have it slip from your hand. Say: *¡Ay, se me cayó la botella de agua!* and write *Se me cayó la botella.* 2. Roll an old tennis ball on the floor without looking, then say: *¿Dónde está mi pelota de tenis?* Then write: *Se me perdió la pelota.* 3. Have an accomplice student agree to "forget" his or her homework when you collect it. When other students turn it in, ask: *Sara, ¿no tiene la tarea? ¿La dejó en casa?* (*Sí.*) Then announce to the class: *A Sara se le olvidó la tarea.* Write: *Se le olvidó la tarea.*

Amigos sin Fronteras

www.connectspanish.com

Sebastián está enfermo, tiene gripe y le pide a Nayeli que lo ayude. Luego, Sebastián recibe algunas recomendaciones de una persona inesperada (*unexpected*)...

- el lago de Maracaibo
- la Plaza César Girón en Maracay
- el Monumento a Los Próceres
- Maracaibo
- Valencia
- CARACAS
- Barquisimeto
- Maracay
- Mérida
- VENEZUELA
- la Iglesia del Llano, Mérida
- el metro de Valencia
- la Catedral Metropolitana de Barquisimeto

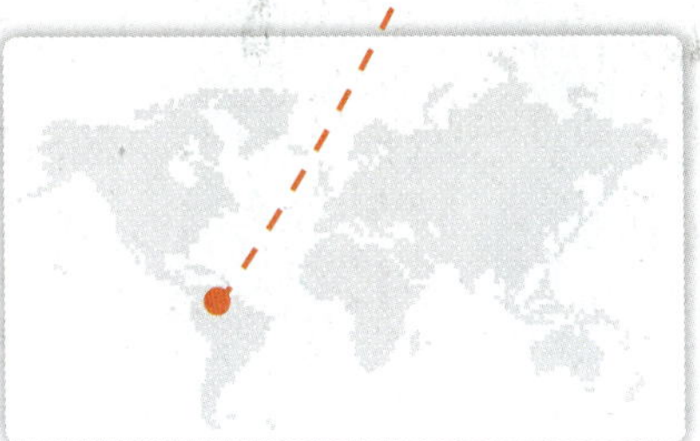

Conócenos

Jorge Navón Rojas

Jorge Navón Rojas nació en Mérida, Venezuela, y es venezolano. Tiene veintiún años y su cumpleaños es el quince de abril. Es un judío practicante (devoto). Su mejor amigo es Rodrigo, un colombiano de origen libanés. Jorge estudia ingeniería informática. Juega en un equipo de balonmano en Berkeley y antes de llegar a Estados Unidos jugaba en Venezuela. Le gusta también esquiar en el agua, bloguear, jugar al ajedrez y escuchar música.

Mi país

Mi país (Whole class), **Suggestion:** We encourage you to show this video segment to the class as you introduce *Cap. 12.* (It is available on DVD and in Connect Spanish. Let students know that this segment in Connect Spanish includes a pre-viewing activity.) You may also show or assign this segment again toward the end of the chapter in the *Videoteca* section. You may want to use the previous *Mi país* segments as a review. **Point out:** Students are not expected to understand every word.

Comunícate

El cuerpo humano y la salud

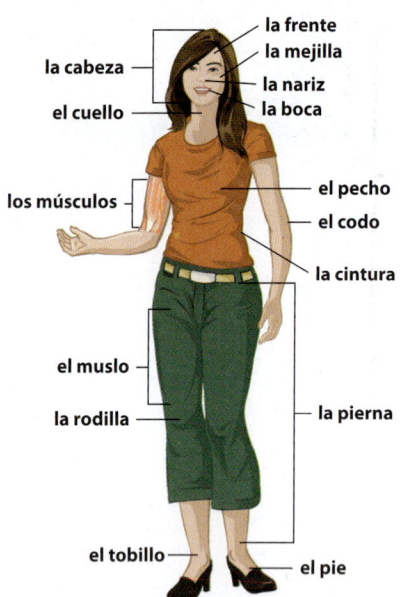
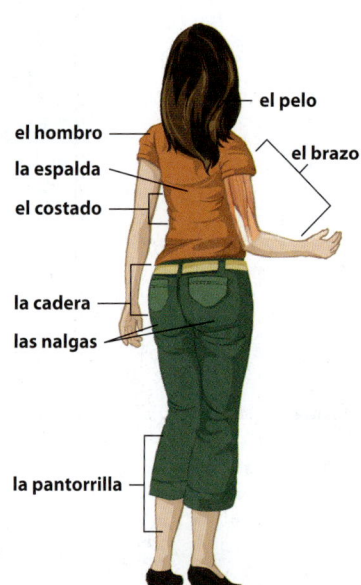
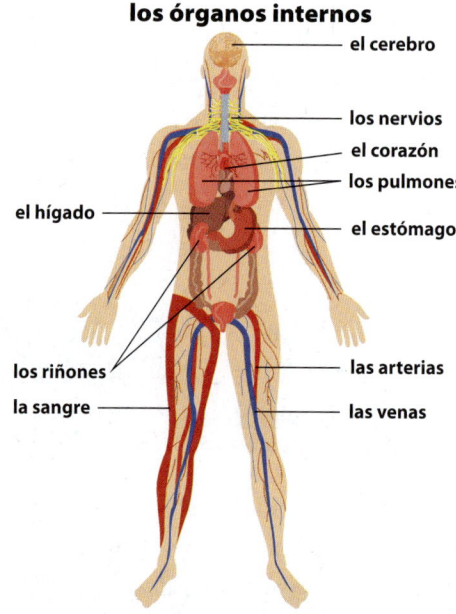

los órganos internos

la mano

la cara

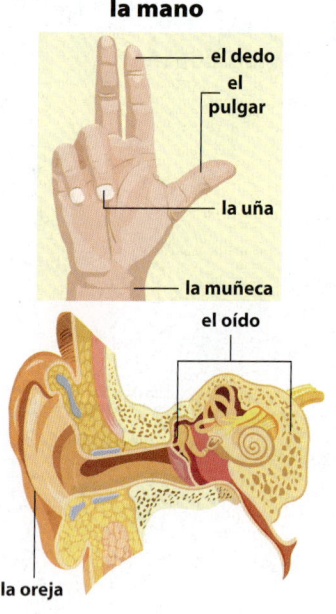

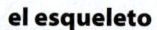
el esqueleto

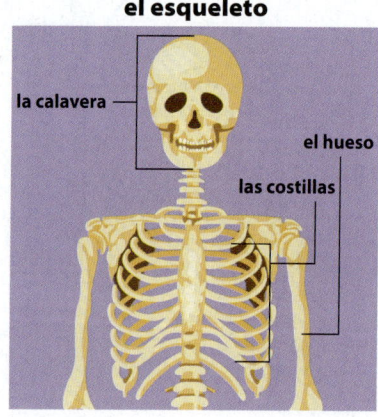

El cuerpo humano y la salud, **Note:** Many of the words in this display and in subsequent activities will be new to students. Be sure to verify class comprehension of all vocabulary as you proceed through the chapter. **Suggestions:** Use TPR to review parts of the body that students learned in *Cap. 2: Tóquense la pierna derecha con la mano izquierda. Tóquense la nariz con las dos manos,* etc. Write on the board verbs associated with parts of the body (*estornudar, toser, respirar, tragar,* etc.), then use pantomime to review and introduce them. For example, give someone a command and ask the class what that student is doing: *Jim, ¡respire! Clase, ¿qué está haciendo Jim?* (*Está respirando.*) Teach *¡Salud!* and comment on other phrases that Spanish speakers use such as *¡Jesús!, ¡Jesús te/lo/la ayude!, ¡Jesús, María y José!* (in Spain) or *¡Jesús te ampare!* (in Cuba and the Caribbean) for "God bless you." For fun, Hispanics also say *¡Salud!* (first sneeze), *¡Amor!* (second), *¡Dinero!* (third), *¡Y el tiempo para gozarlos!* (fourth).

See IRK for additional activities.

Actividad 1 Las funciones de las partes del cuerpo

Trabaja con tu compañero/a y di para qué actividades usamos cada parte del cuerpo.

MODELO: E1: ¿Para qué usamos *la boca*?
E2: Usamos *la boca* para *comer*, para *hablar*, para *cantar* y para *besar*.

1. los ojos
2. la nariz
3. los oídos
4. los dientes
5. las muelas
6. los labios
7. los brazos
8. los dedos
9. las piernas
10. los pies

Vocabulario útil

abrazar	oír
bailar	oler
besar	respirar
caminar	saltar
correr	silbar
masticar	tocar
morder	ver

Entérate

Hay refranes que son muy realistas, como este.

Ojos que no ven, corazón que no siente.   *Out of sight, out of mind.* (En sentido literal, *The heart can't feel when the eyes can't see.*)

¿A qué tipo de situación se puede aplicar este refrán?

Actividad 2 Los órganos internos

Empareja las siguientes palabras con la definición apropiada.

1. __c__ el cerebro
2. __i__ la lengua
3. __h__ la garganta
4. __g__ el corazón
5. __b__ las arterias
6. __e__ la piel
7. __a__ los pulmones
8. __f__ los riñones
9. __j__ el hígado
10. __d__ los músculos

a. Órganos internos que se usan para respirar.
b. Llevan la sangre oxigenada a otras partes del cuerpo.
c. Órgano del pensamiento; forma parte del sistema nervioso.
d. Sus contracciones permiten los movimientos del cuerpo.
e. El órgano que cubre la superficie del cuerpo humano.
f. Órganos que filtran y eliminan las toxinas de la sangre.
g. Órgano principal de la circulación de la sangre.
h. La parte interior del cuello que nos permite tragar.
i. Órgano que se usa para hablar y comer.
j. Órgano que almacena vitaminas y hierro; responsable de eliminar de la sangre sustancias nocivas para el organismo.

Entérate

Aquí tiene unos datos curiosos sobre el cerebro.

- El cerebro se compone de un ochenta por ciento de agua.
- Cuando nacemos, nuestro cerebro pesa entre 350 y 400 gramos y tenemos ya la mayoría de las neuronas que vamos a tener en toda la vida.
- Una dieta adecuada tiene una importancia fundamental en el desarrollo del cerebro. Los cerebros de los niños desnutridos son más pequeños de lo normal y tienen menos neuronas.
- En un día cualquiera, el cerebro produce alrededor de 70.000 pensamientos.
- Nuestro cerebro está más activo y piensa más de noche que de día.

Comunícate El cuerpo humano y la salud

Actividad 3 Consejos para la salud

Eloy y Jorge han traducido un boletín informativo que se publica en la universidad. Lo han puesto en el blog de Jorge para compartirlo con su familia y sus amigos. Lee el boletín y luego contesta las preguntas con tu compañero/a.

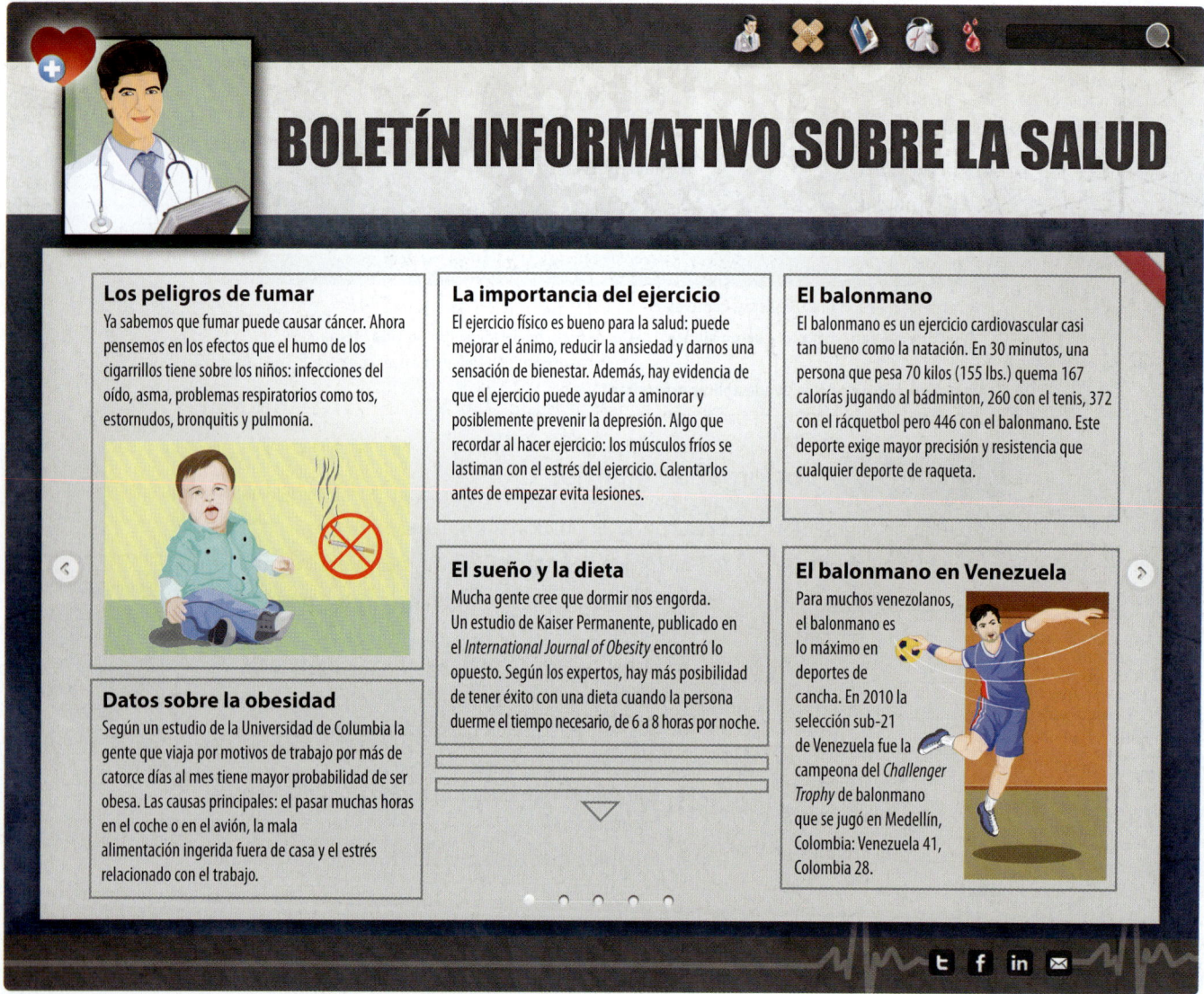

BOLETÍN INFORMATIVO SOBRE LA SALUD

Los peligros de fumar
Ya sabemos que fumar puede causar cáncer. Ahora pensemos en los efectos que el humo de los cigarrillos tiene sobre los niños: infecciones del oído, asma, problemas respiratorios como tos, estornudos, bronquitis y pulmonía.

La importancia del ejercicio
El ejercicio físico es bueno para la salud: puede mejorar el ánimo, reducir la ansiedad y darnos una sensación de bienestar. Además, hay evidencia de que el ejercicio puede ayudar a aminorar y posiblemente prevenir la depresión. Algo que recordar al hacer ejercicio: los músculos fríos se lastiman con el estrés del ejercicio. Calentarlos antes de empezar evita lesiones.

El balonmano
El balonmano es un ejercicio cardiovascular casi tan bueno como la natación. En 30 minutos, una persona que pesa 70 kilos (155 lbs.) quema 167 calorías jugando al bádminton, 260 con el tenis, 372 con el ráquetbol pero 446 con el balonmano. Este deporte exige mayor precisión y resistencia que cualquier deporte de raqueta.

Datos sobre la obesidad
Según un estudio de la Universidad de Columbia la gente que viaja por motivos de trabajo por más de catorce días al mes tiene mayor probabilidad de ser obesa. Las causas principales: el pasar muchas horas en el coche o en el avión, la mala alimentación ingerida fuera de casa y el estrés relacionado con el trabajo.

El sueño y la dieta
Mucha gente cree que dormir nos engorda. Un estudio de Kaiser Permanente, publicado en el *International Journal of Obesity* encontró lo opuesto. Según los expertos, hay más posibilidad de tener éxito con una dieta cuando la persona duerme el tiempo necesario, de 6 a 8 horas por noche.

El balonmano en Venezuela
Para muchos venezolanos, el balonmano es lo máximo en deportes de cancha. En 2010 la selección sub-21 de Venezuela fue la campeona del *Challenger Trophy* de balonmano que se jugó en Medellín, Colombia: Venezuela 41, Colombia 28.

A. Comprensión

1. ¿Qué efecto tiene sobre los niños el humo de segunda mano?
2. Según el estudio de la Universidad de Columbia, ¿qué tipo de gente tiene mayores probabilidades de ser obesa? ¿Qué razones da el estudio para estas probabilidades tan alarmantes?
3. ¿Cuáles son los resultados positivos del ejercicio? ¿Qué hay que hacer para proteger los músculos cuando hacemos ejercicio? ¿Por qué?
4. ¿Es verdad que si dormimos engordamos? Según el estudio de Kaiser, ¿qué podemos hacer para aumentar la posibilidad de tener éxito con una dieta?
5. ¿Qué deporte es muy popular ahora en Venezuela? Menciona algunas características positivas de este deporte. En relación con las calorías que se queman, ¿cómo se compara el balonmano con el tenis, el bádminton y el ráquetbol?

Act. 4 (Whole class; pair), **Suggestions:** Go over activities in the *Vocabulario útil*, then brainstorm with the class to expand the list of beneficial/harmful activities. Examples: *fumar, hacer ejercicio, beber vino con la comida, beber refrescos de dieta, tomar vitaminas, comer comidas grasosas, comer legumbres/verduras, comer pescado, comer comidas muy picantes*, etc. Write only key/useful words on the board. Select two or three of the activities and discuss the reasons they are harmful or beneficial. Pair students off to create their own lists, then switch partners so that each student presents his or her explanations to a different person.

B. Preguntas personales

1. ¿Crees que hay una epidemia de obesidad en nuestra sociedad? ¿Cuáles crees que son las causas? ¿Te preocupa a ti esta epidemia?
2. ¿Cuántas veces a la semana haces ejercicio? ¿Te sientes bien después de hacer ejercicio? Explica. Si nos sentimos tristes o deprimidos, ¿es una buena idea hacer ejercicio?
3. ¿Calientas los músculos antes de hacer ejercicio? ¿Crees que es verdad que podemos lastimarnos si hacemos ejercicio sin calentar los músculos primero? ¿Te has lastimado tú alguna vez por no calentar los músculos? Cuéntame.
4. ¿Cuántas horas duermes? ¿Te gustaría dormir más? ¿menos? ¿Por qué? ¿Qué consecuencias graves tiene el no dormir lo suficiente? ¿Has tenido experiencia con esas consecuencias? Explica.
5. ¿Cuáles son algunas de las cosas que haces para mantener la salud?

Actividad 4 ¡Cuida tu salud!

Haz una lista de siete actividades beneficiosas para la salud y luego otra lista de siete actividades dañinas (no saludables). Luego explícale a tu compañero/a por qué son beneficiosas o dañinas en tu opinión.

Vocabulario útil
beber ocho vasos de agua al día
beber muchos refrescos
comer carne roja todos los días
dormir siete u ocho horas cada noche

Las enfermedades y su tratamiento

Lee *Infórmate 12.1–12.2*

Las enfermedades y su tratamiento, **Note:** Many of the words in this display and in subsequent activities will be new to students. Be sure to verify class comprehension of all vocabulary as you proceed through the chapter. **Suggestion:** Use pictures or a PP to show people in various states of health. Ask *¿Cómo se siente?* or *¿Cómo está?* **Possible descriptions**: *desmayarse, dolor de…, el catarro, la cicatriz, la comezón, enyesado/a, el esguince, estornudar, la fiebre, la fractura, fracturado/a, la gripe, una herida, hinchado/a, inconsciente, la infección, la nariz tapada (congestionada), el resfriado, el sarampión, toser, la varicela*. Ask what sorts of remedies students use: *antibióticos, antihistamínico, antiinflamatorio, aspirinas, curita, descongestionante, hacer gárgaras, jarabe para la tos, muletas, un bastón, paracetamol, té de menta, vendaje*.

un dolor de cabeza

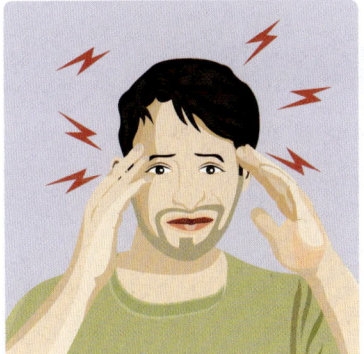

un dolor de muelas

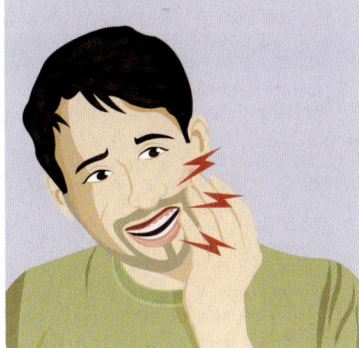

un dolor de estómago

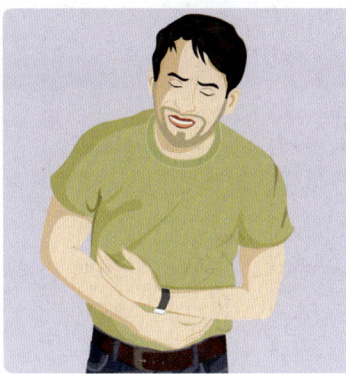

se desmayó (está inconsciente)

es alérgico
la nariz tapada (congestionada)

el catarro / el resfriado

¡Achú! ¡Salud!
estornudar (el estornudo)

la gripe

 un dolor de garganta

 la tos

 la fiebre

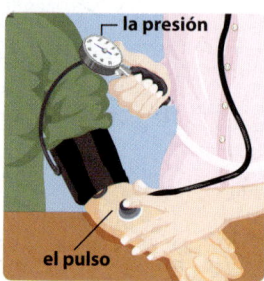 la presión / el pulso

Tienes gripe. Te sugiero que no vayas a clase y que te quedes en casa descansando.

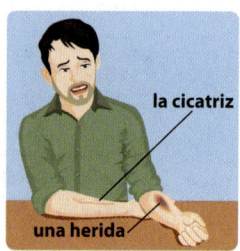 la cicatriz / una herida

 el brazo fracturado / enyesado/a

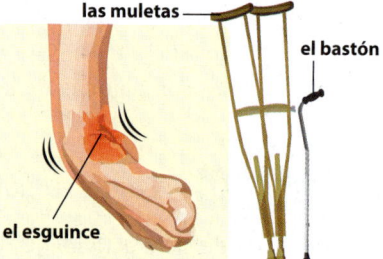 las muletas / el bastón / el esguince

Jorge se torció el tobillo el año pasado; ayer se rompió (se fracturó) el brazo. ¡Sus amigos quieren que tenga más cuidado!

¡Hola, Jorge! Supe que te caíste de la bicicleta y que te fracturaste el brazo. Cuando salgas del hospital, por favor, llámame y te llevo a casa. Es posible que te enyesen el brazo y no quiero que intentes manejar así.

Infórmate

The verb **doler** (*to hurt/ache*) follows the same structure as the verb **gustar**.

me		el estómago
te		dos muelas
le	duele(n)	la cabeza
nos		el hombro
os		los pies
les		el tobillo

—¿Te duel**e** **la espalda**?
—No, me duel**en** **los pies**.

¿Recuerdas?

As you learned in **Infórmate 5.1** (reflexive verbs), Spanish often uses the definite article rather than a possessive adjective when referring to parts of the body (or personal items such as clothing).

Me duele **la** garganta.	*My throat hurts.*
Jorge se rompió **el** brazo.	*Jorge broke his arm.*
Eloy se pone **la** bufanda porque le duele **la** garganta y hace fresco.	*Eloy puts on a scarf because his throat hurts and it's cool outside.*

Actividad 5 Cuando me siento mal…

Mira la lista de posibilidades en el **Vocabulario útil** y di qué haces y qué no haces cuando te sientes mal. Usa **siempre, generalmente, a veces** o **nunca**. Luego pregúntale a tu compañero/a qué (no) hace él/ella.

MODELO: E1: Cuando tengo dolor de estómago, *generalmente no como nada.* ¿Y tú?

E2: Yo *tampoco como nada*, pero a veces *tomo té caliente y me acuesto.*

1. Cuando tengo fiebre… ¿Y tú?
2. Cuando tengo dolor de cabeza (de garganta)… ¿Y tú?
3. Cuando tengo tos… ¿Y tú?
4. Cuando estornudo mucho… ¿Y tú?
5. Cuando tengo gripe… ¿Y tú?
6. Cuando me duele la espalda… ¿Y tú?

Vocabulario útil

POSIBILIDADES

consulto con el médico	nado en la piscina
corro o hago ejercicio	tomo aspirina o paracetamol
escucho música clásica	tomo jarabe
hago gárgaras de…	tomo muchos líquidos
leo algo interesante	tomo té caliente con…
llamo a mi mamá/abuela	tomo un antihistamínico
llamo al / a la terapeuta	trabajo en el jardín
me acuesto	voy al trabajo
me pongo algo frío en la frente	¿ ?
me quedo en casa; no salgo	

REACCIONES

Yo prefiero…	Es mejor…
Yo sí/no…	¿ ?
Yo también/tampoco…	

Act. 5 (Whole class; pair), **Suggestions:** Read each *Cuando* phrase aloud and ask students to provide responses from the *Vocabulario útil*. They should begin with *siempre, generalmente, a veces* or *nunca*. Encourage additional responses. Go over *Reacciones* and add other phrases if you wish. Read the model and make sure students know what to do, then pair them to do the activity. **Note:** This section presents *la gripe*, although *la gripa* is also commonly used.

Entérate

En España y otros países hispanos, cuando la gente dice **estar constipado/a** es igual que **estar resfriado/a** (*to have a cold*). Para decir *constipated*, comúnmente se usa **estreñido/a**.

Comunícate Las enfermedades y su tratamiento

Act. 6 (Whole class; pair), **Suggestions:** Have students scan the ailments and the remedies for unfamiliar words. Act out the model, playing both parts, then pair students to play the roles of Jorge and his grandmother. **Note:** In some areas of the Caribbean *nariz tapada* is *nariz tupida*.

Actividad 6 Los remedios de la abuela de Jorge

Cuando Jorge se siente mal o le duele algo, llama a su abuela. Ella siempre le sugiere un remedio eficaz para sus males. Ahora todos los miembros del club tienen un problema y Jorge le pide ayuda a su abuela. Con tu compañero/a, hagan los papeles de Jorge y su abuela. **OJO:** Si conoces otro remedio, agrégalo después del remedio de la abuela.

MODELO: JORGE: Ay abuela, *Sebastián se siente mal del estómago.* ¿Qué le recomiendas?

ABUELA: Le recomiendo que *beba mucha agua y coma arroz blanco cocido.*

También le aconsejo que *tome un té de yerba buena o de menta.*

Entérate, **Suggestion:** Remind students that people in Spanish-speaking countries often use *dichos* or *refranes*, then ask them how they would use each one of these. For instance, if a student who got an F on an exam said: *Pues, cinco compañeros también sacaron F*, the parents might respond *Mal de muchos…*

1. __f__ Nayeli tiene una pestaña en el ojo.
2. __c__ Rodrigo tiene dolor de muelas.
3. __j__ Ana Sofía tiene la nariz tapada.
4. __a__ Estefanía tiene agua en un oído y le duele mucho.
5. __b__ Nayeli tiene un resfriado fuerte.
6. __d__ A Franklin le duele la cabeza.
7. __g__ A Camila le duele la garganta.
8. __i__ Lucía tiene fiebre.
9. __h__ Claudia se cortó el dedo.
10. __e__ Eloy tiene un esguince en el tobillo.

a. …que se ponga un algodón con alcohol en él.
b. …que tome mucha vitamina C y coma naranjas.
c. …que consulte con el dentista.
d. …que tome aspirina o paracetamol.
e. …que use muletas o un bastón y no camine mucho.
f. …que se ponga gotas para los ojos.
g. …que haga gárgaras de agua con sal y no hable mucho.
h. …que se ponga una curita o un vendaje.
i. …que beba muchos líquidos y descanse.
j. …que tome un descongestionante.

Entérate

«**Mal de muchos, consuelo de tontos.**»

¿Qué quiere decir este refrán? Quiere decir que los tontos se sienten mejor cuando otras personas tienen el mismo problema (o la misma enfermedad) que ellos. ¿Crees que es tonto pensar así? ¿Por qué?

Aquí tienes otro dicho interesante sobre la salud.

No hay mal que dure cien años ni cuerpo que lo resista.

Nothing lasts forever. (En sentido literal, There is no ailment that can last a hundred years, nor a body that can withstand it.)

¿Tienes idea de cuándo se pueden usar estos refranes?

Act. 7 (Pair; whole class). **Suggestions:** Review the *Vocabulario útil* to verify comprehension and present new words. Go over symptoms with the whole class and have volunteers give you the corresponding illness/ailment. Divide the students in pairs to match an appropriate remedy for each. Note that many people use *picor* and *picazón* for *comezón*.
Expansion: Have students work in pairs to role-play a doctor and patient. The patient should read the symptom and the doctor will diagnose the illness and prescribe the remedy.

Actividad 7 Síntomas, enfermedades y remedios

Mira la lista de síntomas y trabaja con tu compañero/a para decidir cuál es la enfermedad y cuál es el mejor remedio o recomendación.

Síntomas	Enfermedad	Remedio
1. dolor de cabeza severo y de garganta, fiebre, cansancio, vómitos/diarrea o ambos	la gripe	Consultar con el médico; tomar muchos líquidos; descansar/guardar cama
2. dolor de pecho, de cabeza y de garganta, fiebre, dificultad para respirar, tos, cansancio	la bronquitis	consultar con el médico; tomar un antibiótico, muchos líquidos y jarabe para la tos; descansar/guardar cama
3. ronchas rojas por todo el cuerpo, tos seca, comezón, ojos inflamados, fiebre	el sarampión	consultar con el médico, descansar, tomar líquidos y jugos, tomar paracetamol para bajar la fiebre, no rascarse
4. tobillo hinchado con mucho dolor	el esguince / la fractura	usar muletas o un bastón; enyesarlo/la; tomar un antiinflamatorio
5. estornudos y nariz tapada	el catarro o resfriado / la alergia	descansar, tomar muchos líquidos, vitamina C, un descongestionante, un antihistamínico
6. fiebre, dolor de cabeza y de garganta, fatiga, ronchas con líquido, comezón	la varicela	descansar, no asistir a clases, ponerse calamina, no rascarse, tomar muchos líquidos o paracetamol

Vocabulario útil

ENFERMEDADES

la alergia	la gripe
la bronquitis	la infección de…
el catarro/resfriado	el sarampión
el esguince	la varicela
la fractura	

REMEDIOS

antibióticos	enyesarlo/la
antihistamínicos	ponerse gotas
antiinflamatorios	tomar un jarabe / muchos líquidos
aspirina o paracetamol	tomar té caliente con miel y limón
descansar / guardar cama	usar muletas o un bastón

Entérate

El médico venezolano Alirio Méndez, trabajando con un grupo de científicos en Escocia, ha descubierto la manera de parar el desarrollo de la septicemia (*sepsis*). Esta enfermedad, en la que la sangre se ve abrumada (*overwhelmed*) por las bacterias, mata al cincuenta por ciento de la gente que la sufre. Uno de los síntomas principales es la baja presión; este síntoma genera un shock séptico. Según el grupo de científicos, la solución es bloquear la enzima que produce el sistema inmunológico de las personas afectadas.

Comunícate Las enfermedades y su tratamiento

Act. 8 (Individual; pair), **Suggestions:** Teach the use of *ponerse* and *volverse* + adjective (to get, to become), as well as the reflexive *enojarse*. Read all the situations and help students complete Eloy's advice. **Expansion:** Have the class come up with other recommendations or suggestions for the same problems.

Actividad 8 Los consejos de Eloy

A. En el blog de Jorge, Eloy escribe una sección para ayudar a la gente joven con sus problemas. Recibe mensajes de chicos de todo el mundo. Ayuda a Eloy a contestar los mensajes con consejos.

MODELO: Hola, Eloy:
Me pongo furiosa cuando mi novio llega tarde para ir al cine.
—Micaela

Micaela:
Cuando tu novio llega tarde, no te está demostrando respeto. Cuando *llegue* tarde de nuevo, dile que él debe esperarte y luego toma mucho tiempo arreglándote. Así él va a entender que es muy pesado esperar a otra persona.

1. Eloy: Me enojo mucho cuando no puedo dormir porque mi compañero de cuarto ronca mucho. ¿Qué puedo hacer? —Mario D.

   Mario: En cuanto tu compañero ___empiece___ (empezar) a roncar, despiértalo. Si se enoja, dile que necesita consultar con un médico sobre su problema.

2. Hola, Eloy… Siempre me pongo de mal humor si no puedo comer cuando tengo hambre. ¿Qué hago? —Ricardo L.

   Ricardo, probablemente te baja mucho el azúcar; es peligroso. Tienes que comer con más frecuencia y deben ser cosas de poco azúcar y mucha proteína. Empieza hoy: Antes de que ___te pongas___ (ponerse) de mal humor, come una barra de proteína o unos cacahuates.

3. Estimado Eloy,

   Me pongo molesta cuando mi mejor amiga me llama varias veces al día y me interrumpe cuando estoy haciendo mi tarea. No sé qué hacer. Gracias por el consejo. —Mónica P.

   Hola, Mónica. ¿Por qué no le dices que no te llame, que tú la vas a llamar a ella después de que ___termines___ (terminar) tu tarea?

4. Hola, Eloy: Me vuelvo loco cuando doy una fiesta y luego tengo que limpiar, yo solo, toda la casa. —Raúl A.

   Raúl, te recomiendo que les pidas ayuda a tus amigos después de que ___termine___ (terminar) la fiesta pero antes de que ellos ___se vayan___ (irse).

5. Ayúdame, Eloy. Me pongo muy nerviosa cuando tengo exámenes y no estoy bien preparada. —Patricia

   Patricia, ¡necesitas disciplina! Una o dos semanas antes de que ___llegue___ (llegar) el día del examen, debes marcar en tu calendario dos o tres horas para estudiar cada día.

B. Ahora, todos deben pensar en los problemas que tienen ustedes o sus amigos para inventar otros cinco. Su profesor(a) va a escribir esos problemas en la pizarra y luego, en grupos, ustedes deben dar sugerencias y recomendaciones para resolverlos.

Hablando de las enfermedades y su tratamiento

LOS REMEDIOS CASEROS

Hoy en día en el mundo hispano, los jóvenes recurren a los fármacos[a] para cualquier dolor o molestia.[b] Conocen los remedios que se pueden comprar en la farmacia, gracias a la publicidad que se ve en las revistas, en la televisión y en el Internet. Sin embargo, los remedios caseros y los tratamientos homeopáticos tienen una larga tradición en las culturas hispanas. Siempre ha existido una progresión típica para pedir consejos médicos: después de consultar a la madre o a la abuela, se consultaba a algún curandero[c]; luego, si el mal continuaba, al farmacéutico; y finalmente, si no había otra opción, al doctor. La costumbre de guardar en la familia los secretos de los remedios caseros persiste en muchos lugares. Estos miembros de la familia o de la comunidad saben qué recomendar para el dolor de cabeza o de estómago, las náuseas, la diarrea; saben qué hacer cuando uno se tuerce un tobillo o se quema un dedo. Por lo general, son remedios naturales, con hierbas, legumbres y frutas.

El jugo de sábila

Los remedios naturales existían en las Américas desde mucho antes de la conquista. En países como Venezuela y México, mucha gente todavía consulta a los curanderos. Y en las ciudades y los pueblos de Latinoamérica (y también en Estados Unidos), hay siempre hierberías (o yerberías), botánicas o farmacias naturistas, donde se puede comprar todo tipo de hierbas y medicinas naturales. Entre las plantas medicinales más populares está la equinacia, que fortalece[d] el sistema inmunológico: ayuda a prevenir los resfriados y a aliviar los síntomas de la gripe y las alergias. Hay muchas otras plantas con poder curativo. Por ejemplo, el jengibre[e] es ideal para el mareo,[f] la pasiflora[g] sirve para quitar el insomnio, y el romero[h] alivia los dolores musculares y la mala circulación. El humo de romero alivia los dolores de cabeza y el catarro. La manzanilla[i] tiene efectos tranquilizantes y también ayuda con los problemas digestivos; combinada con el anís, alivia los gases y facilita la digestión. La sábila (áloe) se usa para las quemaduras[j] y el pimiento puede eliminar los dolores musculares.

Como se ha dicho, en las ciudades grandes, la actitud hacia la medicina está cambiando; sin embargo, las tradiciones sobreviven. Todavía se consulta al curandero o al médico homeópata y todavía se emplean los remedios caseros en muchos hogares[k] del mundo hispano. Estas prácticas no señalan un rechazo[l] de la medicina occidental[m] por parte de los hispanos, pero sí revelan la importancia de conservar las costumbres que por tantas generaciones les han servido. Por lo general, la medicina natural no tiene efectos secundarios como tantos de los productos que se venden hoy en día en las farmacias. No es mala idea valerse de[n] los remedios caseros, tanto para ahorrar dinero como para evitar[ñ] otros malestares.

---

[a]recurren… *turn to prescription drugs (pharmaceuticals)* [b]*discomfort* [c]*healer, "medicine man"* [d]*strengthens* [e]*ginger* [f]*dizziness* [g]*passion flower* [h]*rosemary* [i]*chamomile* [j]*burns* [k]*homes* [l]no… *don't indicate a rejection* [m]*Western* [n]valerse… *make use of* [ñ]*to avoid*

La atención médica

Lee *Infórmate* 12.3

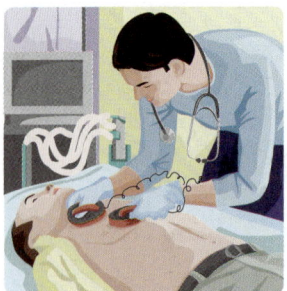
Es necesario que el cardiólogo resucite al paciente porque tuvo un infarto (ataque al corazón).

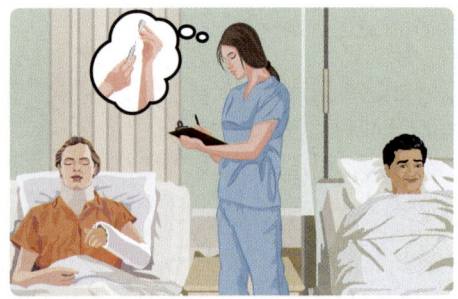
La enfermera la va a poner la inyección al paciente cuando él la necesite.

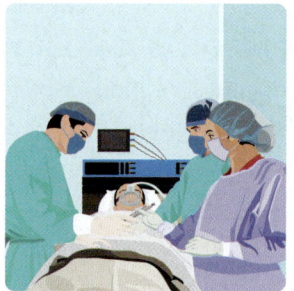
El cirujano necesita el bisturí; déselo por favor, señorita.

—¿Usted es el farmacéutico? Aquí tiene la receta. Por favor súrtala y luego explíqueme cómo tomar la medicina.

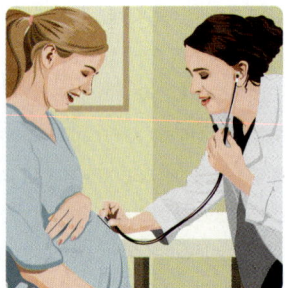
La señora embarazada no se siente bien. La ginecóloga quiere que le diga sus síntomas.

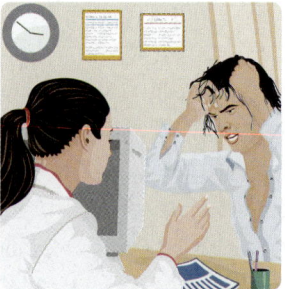
El paciente está muy alterado. La doctora le recomienda que consulte con un psicólogo o psiquiatra.

El psiquiatra quiere que el paciente le explique por qué está tan enojado.

El paciente tiene una caries pero no quiere que la dentista le ponga un empaste.

—Doctor, por favor, dígame qué tiene mi Bigotitos.

Actividad 9 — Las profesiones en el campo de la medicina

Con tu compañero/a, decide qué profesión corresponde a cada descripción.

Vocabulario útil

PROFESIONES		
el/la cardiólogo/a	el/la enfermero/a	el/la psiquiatra
el/la cirujano/a	el/la farmacéutico/a	el/la psicólogo/a
el/la dentista	el/la ginecólogo/a	el/la veterinario/a

DESCRIPCIONES

1. Surte las recetas que dan los médicos y le explica a los pacientes cómo deben tomar las medicinas. el/la farmacéutico/a
2. Atiende a pacientes que no le pueden explicar sus síntomas porque no hablan. el/la veterinario/a
3. Saca muelas, pone empastes en las caries, revisa las encías. el/la dentista
4. Aconseja a la gente que tiene problemas mentales serios pero no muy graves. el/la psicólogo/a
5. Trabaja mucho en los hospitales y los consultorios médicos: ayuda a los médicos, atiende a los pacientes, les da las medicinas. el/la enfermero/a
6. Las mujeres lo/la consultan durante el embarazo y también sobre los problemas del aparato (sistema) reproductor femenino. el/la ginecólogo/a
7. Se especializa en el diagnóstico y tratamiento de trastornos mentales; autorizado/a para recetar estimulantes, antidepresivos. el/la psiquiatra
8. Previene, diagnostica y cura enfermedades por medio de operaciones. el/la cirujano/a
9. Médico/a que se especializa en enfermedades del corazón. el/la cardiólogo/a

Actividad 10 La salud mental

Contesta el siguiente cuestionario sobre tu salud mental. No te preocupes mucho por el resultado, ni por los consejos que damos aquí, pero… si tienes muchos puntos, ¡empieza a cuidarte más!

sí = 2 puntos
a veces = 1 punto
no = 0 puntos

ESTADOS ANÍMICOS SÍ A VECES NO

1. Me pongo triste sin razón.
2. Me enojo sin motivos importantes.
3. Siempre tengo miedo. Creo que todos quieren atacarme.
4. Me pongo furioso/a sin razón, por cosas sin importancia.
5. Hay días en que literalmente no puedo levantarme de la cama. Me duele todo y estoy exhausto/a.
6. No tengo interés en nada.
7. Me pongo de mal humor cuando no puedo hacer lo que quiero.
8. Me vuelvo loco/a con las presiones de la vida diaria.

VALOR DE TUS RESPUESTAS

De 16 a 14 puntos = Es urgente que consultes con un psiquiatra y le expliques lo que te pasa.
De 13 a 10 puntos = Es importante que hables con un psicólogo y le pidas ayuda.
De 9 a 5 puntos = Nada serio pero es buena idea que hagas una cita con un médico general.
De 4 a 0 puntos = Tu salud mental es muy buena, ¡no te preocupes!

Actividad 11 Jorge tiene bronquitis

Mira los dibujos y trabaja con tu compañero/a para narrar los detalles de la enfermedad de Jorge.

— Por la mañana… —

103°F / 39°C

— Más tarde… —

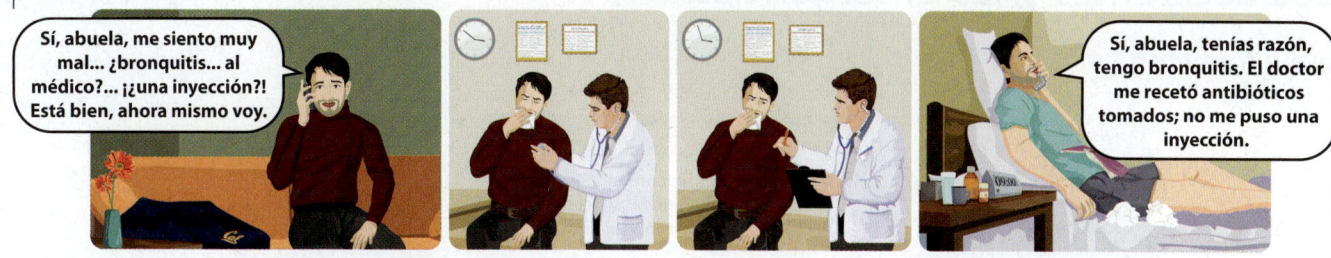

Actividad 12 Tu salud

A. Charla con tu compañero/a sobre su salud cuando era niño/a o adolescente y su salud ahora.

1. ¿Te enfermabas con frecuencia de niño? ¿Y cuando eras adolescente? ¿Cuáles de estas enfermedades tuviste: la varicela, el sarampión, el asma, la gripe o resfriados, infecciones de los oídos y de la garganta? ¿Te enfermas con frecuencia ahora? ¿Por qué?
2. ¿Consultas con el médico regularmente ahora? ¿Por qué? Y de niño, ¿tenías miedo cuando tus padres te llevaban al médico? ¿Tuviste alguna experiencia negativa? Cuéntame.
3. Cuéntame también sobre alguna experiencia cómica o interesante relacionada con el consultorio del médico o con una de las enfermedades de la niñez.
4. ¿Tienes miedo ahora cuando te ponen una vacuna o una inyección? ¿Y cuando te sacan sangre para un análisis?
5. ¿Qué te recomienda el médico que hagas para conservar la salud? ¿Lo haces? ¿Por qué? ¿Has leído recomendaciones en revistas y blogs para vivir saludablemente? Menciona algunas. ¿Cuáles te parecen buenas? ¿Por qué?

B. Ahora… ¡conversa con tu profe!

1. ¿Se enfermaba con frecuencia de niño/a? ¿Y cuando era adolescente? ¿Cuáles de estas enfermedades tuvo: la varicela, el sarampión, el asma, la gripe, resfriados, infecciones de los oídos y de la garganta? ¿Se enferma con frecuencia ahora? ¿Por qué?
2. ¿Consulta con el médico regularmente ahora? ¿Por qué? Y de niño, ¿tenía miedo cuando sus padres lo llevaban al médico? ¿Tuvo alguna experiencia negativa durante una visita al médico? Cuéntenos, por favor.
3. Cuéntenos también sobre alguna experiencia cómica o interesante relacionada con el consultorio del médico.
4. ¿Tiene miedo ahora cuando le ponen una vacuna o una inyección? ¿Y cuando le sacan sangre para un análisis?
5. ¿Qué le recomienda el médico que haga para conservar la salud? ¿Lo hace? ¿Por qué? ¿Ha leído recomendaciones en revistas y blogs para vivir saludablemente? Mencione algunas. ¿Cuáles le parecen buenas? ¿Por qué?

Los accidentes y las emergencias

Lee *Infórmate* 12.4

el/la testigo
el accidente

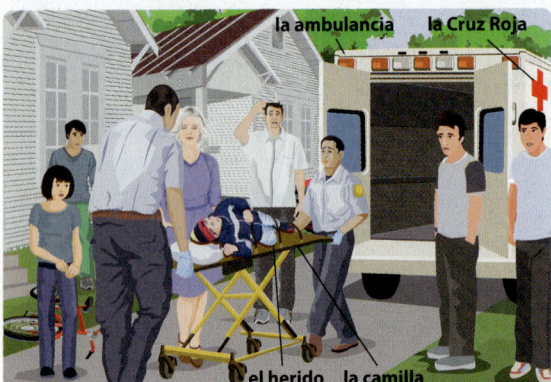

la ambulancia — la Cruz Roja
el herido — la camilla

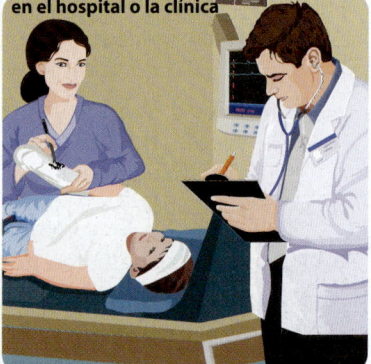

en el hospital o la clínica

Xiomara caminaba por el parque cuando tropezó con una piedra y se le cayeron los lentes.

—Sí señor, iba despacio, pero se me descompusieron los frenos y no pude detener el coche. Además, ¡el niño salió de su casa de repente!

A las enfermeras se les escapó el paciente.

Jorge se siente muy frustrado. Se le perdió una medicina. La ha buscado por todas partes pero no la encuentra.

Jorge iba a esquiar en el agua con sus amigos hoy pero no pudo porque se le rompieron los esquíes.

—¿Te tomaste el jarabe esta mañana?
—¡Ay! Se me olvidó tomarlo. Lo voy a tomar cuando vuelva a casa.

Act. 13 (Whole class), **Suggestions:** Describe the drawings one at the time, out of order. Ask the class to identify which drawing you have described. Possible descriptions: (1) *El paciente se les escapó a las enfermeras porque les tiene miedo a las inyecciones.* (2) *Hay una emergencia pero a los socorristas se les descompuso la ambulancia.* (3) *Al paciente se le rompieron los lentes.* (4) *A la señora se le olvidó la receta en el coche.* (5) *Al médico se le perdió el estetoscopio.* (6) *A la enfermera se le resbaló de las manos el florero del paciente y se le rompió.* (7) *A las enfermeras se les cayeron los vendajes.* (8) *Al doctor se le quedaron las llaves adentro del coche.* **Follow up** (Pair): After you have completed the activity as a class, write on the board: *Se me… + caer, descomponer, escapar, olvidar, perder, quedar, resbalar, romper.* Then pair students to describe the drawings themselves. **Expansion:** Write the verb structure (*se me* + verbs) on the board, then ask students to use this structure to tell the class about a small accident of their own: *Ayer se me quedó el libro en casa. El mes pasado se me olvidaron los lentes en la cafetería.*

Actividad 13 Pequeños accidentes

Tu profesor(a) va a describir los dibujos que aparecen a continuación. Di el número del dibujo que mejor corresponde a cada descripción.

1.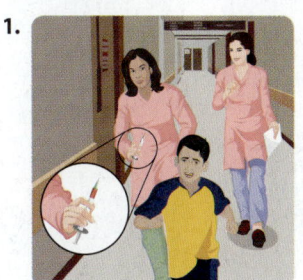
2.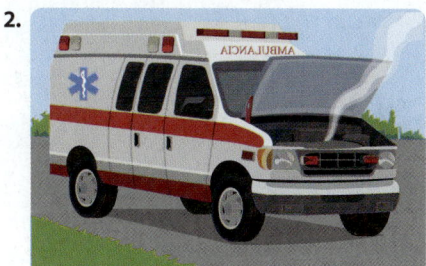
3.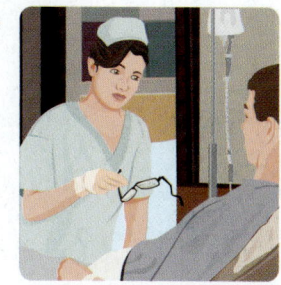
4.
5.
6.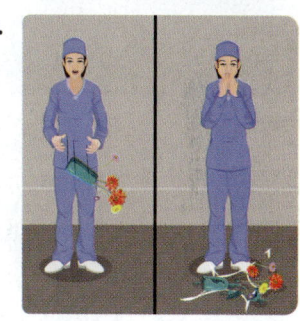
7.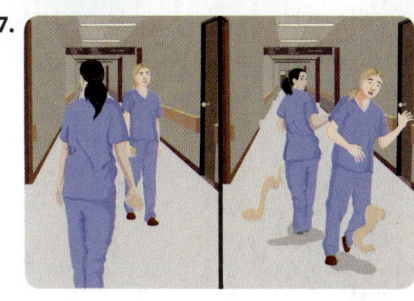
8.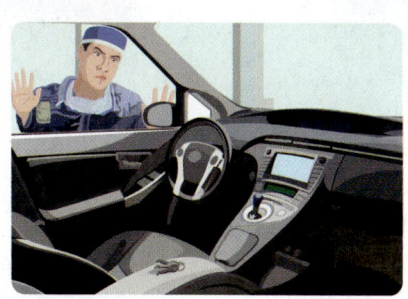

Comunícate Los accidentes y las emergencias

Actividad 14 El accidente de Jorge

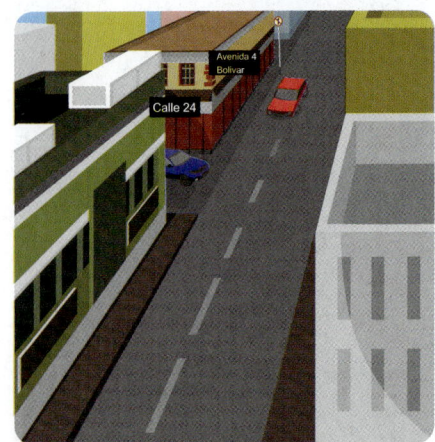

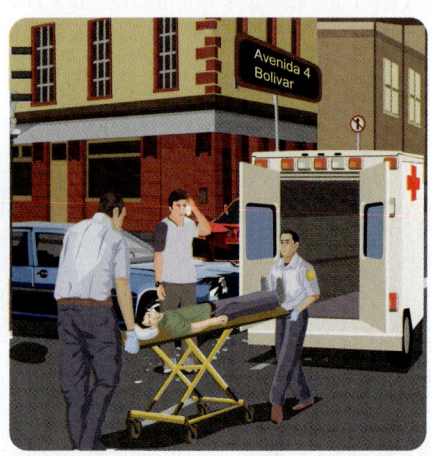

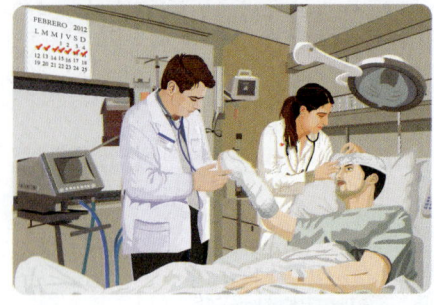

Act. 14 (Whole class; pair), **Suggestions:** Narrate Jorge's accident to the whole class, writing infinitives of all verbs on the board as you go. Then ask students to help you narrate the accident using those infinitives. It may help them if you expand and correct while writing out the whole sequence. Suggested narration: 1. *Hacía buen tiempo. Jorge iba en su coche azul. Iba a doblar a la izquierda de la Calle 24 a la Avenida 4 Bolívar. Por esa avenida venía una camioneta roja.* 2. *Cuando Jorge doblaba hacia la Avenida 4 Bolívar, la camioneta roja chocó con él. El chofer trató de (quiso) frenar pero no pudo.* 3. *Un hombre salió de la camioneta roja. Llevaba un pañuelo blanco en la mano y lo sostenía en la frente. El pañuelo tenía un poco de sangre.* 4. *Llegaron dos policías en motocicleta. Uno empezó a hablar con el chofer de la camioneta. El otro examinó el punto de impacto entre los dos vehículos y tomó apuntes.* 5. *Dos socorristas sacaron a Jorge del coche, lo pusieron en la camilla y lo llevaron hacia la ambulancia.* 6. *Llegó una grúa para llevarse la camioneta roja.* 7. *La ambulancia llevó a Jorge al hospital. Allí lo atendieron dos médicos.* 8. *El accidente fue serio. Los médicos le enyesaron un brazo y una pierna y le pusieron un vendaje en la cabeza. Jorge llamó a su familia desde su cuarto y les dijo: «Ya me siento un poco mejor. Quiero que vengan a verme.»* 9. *Su madre, su abuela y sus hermanos fueron a verlo al hospital. Su abuela le llevó flores. Cuando llegó, su madre lo abrazó y le dio un beso. Su hermana le llevó un globo que decía: «Que te mejores pronto.» Su hermano llevó su cámara y sacó una foto de Jorge. Cuando sacaba la foto, dijo: «¡Mi pobre hermanito!» Jorge pasó más de una semana en el hospital.*

Entérate

Aquí tienes unos datos sobre los accidentes.

- La mayoría de los accidentes ocurre en el hogar.
- Los tres objetos que causan más accidentes son las bicicletas, los balones de fútbol americano y las escaleras.
- Las caídas y las quemaduras son unos de los accidentes más comunes.

Act. 15 (Pair; whole class), **Note:** Some of these questions may not be relevant for all students. Let them know that if a question doesn't apply to them, they should speak about someone else (a sibling, parent, friend, or neighbor).

Actividad 15 Estancias en el hospital y otros contratiempos

Conversa con tu compañero/a sobre los contratiempos de la vida.

1. ¿Cuántas veces has ido a la sala de emergencias? ¿Cuándo fue la última vez? ¿Qué te pasó? ¿Fue grave? ¿Te atendieron rápidamente? ¿Costó mucho? ¿Tenías seguro médico?
2. ¿Has estado internado/a (aceptado/a como paciente) en el hospital alguna vez? ¿Qué tenías? ¿Cuánto tiempo estuviste allí? ¿Fue agradable o desagradable la experiencia? Explícame por qué.
3. ¿Se te ha perdido algo valioso alguna vez? ¿Qué se te perdió? ¿Lo encontraste? ¿Cómo te sentiste? ¿Por qué?
4. ¿Se te ha descompuesto el coche en la autopista alguna vez? ¿Ibas solo/a? ¿Tuviste miedo? ¿Qué hiciste? Si a ti nunca se te ha descompuesto el coche en la autopista, ¿se te ha descompuesto en otro lugar? Si nunca se te ha descompuesto el coche, cuéntame la experiencia de un pariente o amigo/a.
5. ¿Has tenido algún otro contratiempo (problema, incidente)? ¿Se te rompió algo que te gustaba mucho? ¿Se te olvidaron las llaves (u otro objeto) en alguna parte? ¿Se te perdió una mascota? ¿Se te hizo tarde para llegar a algún evento importante (por ejemplo, una cita médica o una con amigos, un examen o una celebración de familia)? Cuéntame qué pasó.

Suggestion: Due to the difficulty of the *se* construction for unplanned occurrences, you may want to answer questions 3 and 4 with your own information. You may wish to write some of the structures you use on the board so students can refer to them when they work in pairs. Once students are done, help them change the verb forms from informal ones (*tú*) to polite ones (*usted*) in order to ask you the same questions.

Actividad integral, **Suggestion:** Review vocabulary box with students and explain that they have to create a complete dialogue for the patient and doctor. Refer them to *Act. 5, 6* and *11* for vocabulary related to symptoms and home remedies, and brainstorm to come up with vocabulary and structures with the whole class before working in pairs. If time permits, ask them to switch roles and discuss a different illness. You may wish to have them finish the dialogues and write them out for homework, then have volunteers present them in class.

Actividad integral

En el consultorio

Trabajando con tu compañero/a, imagínense que están pasando el semestre en Venezuela y de repente se sienten mal. Hagan los papeles de paciente y médico/a y terminen el diálogo que aparece a continuación. El médico / La médica debe hacerle preguntas al / a la paciente sobre sus síntomas y el/la paciente también debe hacerle preguntas lógicas a su médico/a sobre los posibles remedios. Al final, el/la paciente debe despedirse y darle las gracias al médico / a la médica. El médico / La médica debe despedirse también y decirle al / a la paciente que todo va a estar bien si sigue sus recomendaciones. Luego, cambien de papel y hagan otro diálogo, con otra enfermedad.

MÉDICO/A: Buenos días. ¿Cómo está hoy?

PACIENTE: No me siento bien, doctor(a).

MÉDICO/A: A ver, dígame que le pasa. ¿Cuáles son sus síntomas?

PACIENTE: Pues, es que tengo… y me duele(n)…

MÉDICO/A: ¿Hace cuantos días empezó a sentirse mal?

PACIENTE: Bueno, toda la semana pasada me sentía… y anoche…

Vocabulario útil

SÍNTOMAS

De noche toso mucho.	Tengo comezón en todo el cuerpo.
Me duele el pecho.	Tengo diarrea y vómitos.
Me duele(n) (el tobillo, las rodillas…)	Tengo dolor de garganta/espalda/cabeza/estómago.
Me siento cansado/a siempre.	Tengo fiebre.
No puedo dormir bien.	Tengo la nariz congestionada.
No puedo respirar.	Tengo náuseas por la mañana.

DIAGNÓSTICOS Y REMEDIOS

A ver, abra la boca y diga «ahhhh».	Le voy a recetar…
Usted tiene…	Tome…
Le recomiendo que…	

Exprésate

ESCRÍBELO TÚ

Un incidente

Escribe sobre algún incidente con final feliz o chistoso que hayas tenido. Si tú no has tenido ningún incidente con final feliz o chistoso, escribe sobre la historia de alguna persona conocida. Da todos los detalles que puedas. Por ejemplo, describe el ambiente (día, hora, clima), di qué estabas haciendo y luego narra los sucesos o acciones. Por último, incluye el resultado final del incidente. Lee y completa la actividad entera en el *Cuaderno de actividades* o en Connect Spanish.

CUÉNTANOS

Las enfermedades infantiles

Cuéntanos sobre una enfermedad infantil. ¿Qué enfermedad tuviste? ¿Cuáles eran los síntomas? ¿Cuánto tiempo estuviste en cama? ¿Estuviste en casa o te internaron en el hospital? ¿Era contagiosa la enfermedad? ¿Pasaste el tiempo solo/a o podían visitarte tus hermanos y amigos? ¿Qué hiciste durante ese tiempo? (¿Jugaste? ¿Leíste? ¿Viste televisión?) ¿Fue una experiencia agradable o desagradable? Explica.

MODELO: Cuando tenía seis años tuve sarampión. Tenía puntitos rojos por todo el cuerpo y fiebre. Al principio tuve mucha comezón y me dolía la cabeza todo el día. Estuve en cama una semana pero no me internaron en el hospital. Sí, el sarampión era y es una enfermedad contagiosa. Durante esa semana estuve muy sola; dormí mucho y vi la televisión. Mi madre no les permitió ni a mis hermanos ni a mis amiguitos visitarme. Fue una experiencia agradable y desagradable. Fue agradable porque mi mamá me preparaba todas mis comidas favoritas todos los días. Fue desagradable porque tenía mucha comezón y porque yo estaba aburrida todo el día.

Entérate

Mundopedia

1. Los nombres en el mundo hispano
2. El arpa paraguaya
3. El cine argentino
4. Quito y Mitad del Mundo
5. ¡Grandes fiestas!
6. La escritora chilena Isabel Allende
7. El Carnaval de Barranquilla
8. El Cinco de Mayo
9. La Diablada de Oruro
10. La música de Cuba
11. Los paradores de España
12. **Mérida, ciudad en la montaña**
13. Los festivales dominicanos
14. El misterio de las ciudades mayas
15. Los logros de Costa Rica

Mérida, ciudad en la montaña

El Mercado Principal de Mérida, Venezuela

Vocabulario de consulta

encantadora	enchanting, lovely
ubicada	located
templado	mild
primaveral	spring-like
a pesar de	despite
nevados	snow-covered
sobresale	stands out; excels
balsa	raft
alrededores	surroundings
paisajes	landscapes
manantiales	(water) springs
aldeas	villages
trapiches	sugarcane mills
guarapo	sugar cane juice or liquor
Feria	Festival
imponente	impressive
giras	tours
sede	headquarters
teleférico	sky tram
cima	summit, peak
subida	ascent

DOS CIUDADES VENEZOLANAS

Cuando pensamos en la belleza de Venezuela, generalmente imaginamos sus playas, su clima tropical, su cultura caribeña y su moderna capital, Caracas. Aunque Caracas es sin duda una ciudad moderna y hermosa, hay otra igual de bella pero con un ambiente muy diferente: la montañosa ciudad de Mérida.

UNA CIUDAD ENCANTADORA

La ciudad de Mérida está **ubicada** en el estado del mismo nombre, entre las montañas andinas. Su clima es **templado** y **primaveral** casi todo el año, **a pesar de** estar en las montañas. La temporada lluviosa es de mayo a noviembre, pero llueve solo muy temprano por la mañana. Esta zona ofrece tanto cultura como belleza natural. Tiene una de las dos universidades más antiguas de Venezuela: la Universidad de los Andes, fundada en 1785. En el estado de Mérida hay doce parques nacionales, además de una increíble variedad de zonas geográficas: bosques, cascadas, lagos, montañas con picos **nevados** y hasta una playa, Palmarito, al sureste del Lago Maracaibo.

LA EDUCACIÓN SUPERIOR

La Universidad de los Andes (la ULA) tiene más o menos una docena de facultades que incluyen medicina, odontología, arquitectura y diseño, ciencias forestales y ambientales, ciencias jurídicas y políticas e ingeniería. En los dos campus que se encuentran en Mérida, la universidad tiene más de 50.000 estudiantes y 6.000 profesores. La ULA está clasificada entre las cuarenta mejores instituciones latinoamericanas dedicadas a la investigación. **Sobresale** en los campos de matemáticas, ingeniería y ciencias sociales.

DIVERSIONES Y RELAJACIÓN

Muchos jóvenes van a Mérida para estudiar en la ULA, pero esta ciudad no no solo tiene una excelente institución académica; les ofrece mucho más a los alumnos. ¿Te imaginas todas las actividades que son posibles en el estado de Mérida? Allí puedes hacer montañismo y ciclismo en Pico Bolívar y Pico Espejo; puedes explorar los lagos en canoa y en **balsa**, nadar, pescar, dar largas caminatas por los bosques y observar una gran variedad de aves. En los **alrededores** de la ciudad de Mérida hay **paisajes** fantásticos, **manantiales** de agua caliente, pueblos que conservan intacta su arquitectura colonial y **aldeas** donde uno puede comprar bellas artesanías. También hay **trapiches** para observar cómo se hace el azúcar y probar el rico **guarapo**, una bebida que se prepara con el jugo de la caña de azúcar.

LA CULTURA

En cuanto a la cultura, la ciudad de Mérida también tiene mucho que ofrecer. En febrero y marzo se celebra la **Feria** del Sol con bailes regionales. La Plaza Bolívar es el centro y corazón de la ciudad. Allí verás una **imponente** catedral, la Basílica Menor de la Inmaculada Concepción, varios museos importantes —como el Museo de Arte Moderno y el Museo Arqueológico— y la Casa de la Cultura, que presenta la obra de artesanos locales. Están además el Ballet Estable de la ULA, el Teatro Estable de la ULA, la Coral Universitaria, y el coro Orfeón Universitario. Este último ha hecho **giras** por Colombia, España, Holanda, Francia y Alemania. La universidad es la **sede** de numerosos festivales de música, teatro y ballet, todos abiertos a la comunidad.

OTROS ATRACTIVOS

Si quieres pasear en Mérida, hay mucho que ver. Si te gusta ir de compras o saborear los platos típicos, entonces debes visitar el Mercado Principal de Mérida, donde vas a encontrar muchísimos restaurantes y tiendas. Pero lo más emocionante de una visita a la ciudad de Mérida es subir en **teleférico** a la **cima** de Pico Espejo. Es una **subida** de siete millas en el teleférico más largo y alto del mundo. Desde la cima de la montaña se puede admirar un paisaje maravilloso de valles y picos nevados.

Comprensión (Answers):
1. Mérida; en el estado de Mérida, entre las montañas andinas
2. clima templado y primaveral
3. De mayo a noviembre y solo temprano por la mañana.
4. (Any three) bosques, lagos, cascadas, montañas con picos nevados, una playa
5. Tiene más de 50.000 estudiantes y 6.000 profesores en sus dos campus.
6. las matemáticas, las ciencias sociales, la ingeniería
7. (Any four) ver la arquitectura colonial de pueblos y aldeas; comprar artesanías; observar cómo se hace el azúcar; probar el guarapo; ir a la Feria del Sol / a la Plaza Bolívar / a festivales de música, teatro y ballet; ver producciones culturales; visitar museos/catedrales
8. el coro Orfeón Universitario
9. Ofrece festivales de música, teatro y baile que están abiertos a la comunidad.
10. Porque tiene una subida de siete millas; es el teleférico más largo y alto del mundo.

COMPRENSIÓN

Completa lo siguiente.

1. ¿Cómo se llama una hermosa ciudad venezolana que no está en una zona tropical? ¿Dónde está esta ciudad?
2. Describe el tiempo/clima en Mérida.
3. ¿En qué meses llueve y cuándo?
4. Menciona tres de las zonas geográficas de Mérida.
5. ¿Es grande la Universidad de los Andes (en Mérida)? Explica.
6. ¿Cuáles son los campos de estudio sobresalientes en la ULA?
7. Menciona cuatro actividades que se pueden hacer en el estado de Mérida, además de disfrutar de la belleza natural.
8. ¿Cómo se llama el grupo de la ULA que ha cantado en varios países del mundo?
9. ¿Qué otro tipo de funciones culturales ofrece la ULA y para quiénes las ofrece?
10. ¿Por qué es tan emocionante un paseo en el teleférico a la cima de Pico Espejo?

Voces, **Note:** The aim of this section is to introduce students to the linguistic variety within the Spanish-speaking world; we do not expect students to use this vocabulary in their own production. Keep in mind that some of these expressions may also be used in other countries. **Suggestions:** Go over the definitions/synonyms in standard Spanish (after the equals signs) to verify comprehension. You may want to expand the list with these words from Venezuela: *un bolo* (un bolívar), *estar frito* (tener muchos problemas), *lengua larga* (una persona chismosa), *empinar el codo* (beber bebidas alcohólicas). If you know other regional terms from Venezuela, you may want to share them with your students as well.

Voces venezolanas

la bala fría = la comida rápida	**un(a) pana** = un(a) amigo/a
la bemba = una boca muy grande	**los pisos** = los zapatos
un(a) catire = un(a) rubio/a	**una rata** = una persona que no ayuda a sus amigos
una llave = un(a) amigo/a	**una rumba** = una fiesta

CONEXIÓN CULTURAL

DOS GRANDES LOGROS DE VENEZUELA

Hasta hace poco el pueblo de Venezuela sufría a causa de la pobreza; los problemas de la educación y la atención médica eran particularmente graves. No había suficientes escuelas para todos y, aunque había buenos hospitales y médicos excelentes, el costo para acceder a esos servicios era muy alto. Sin embargo, hoy en día, en esos dos campos, Venezuela se ha convertido en ejemplo para el mundo. En 1975, el economista y músico José Antonio Abreu fundó El Sistema, un programa educativo para ofrecer clases gratuitas de música clásica a todos los niños interesados. Este programa administra más de 125 orquestas juveniles. Y en el campo de la medicina, desde 1999 se ha formado un nuevo sistema médico que incluye la Misión Barrio Adentro. Este programa ha construido una red de clínicas que ofrece todo tipo de atención médica y educación relacionada con la salud a la gente más pobre. ¿Quieres descubrir más sobre los grandes músicos que ha producido El Sistema y sobre el éxito de la Misión Barrio Adentro? Lee la lectura «Dos grandes logros de Venezuela» en el *Cuaderno de actividades* o en Connect Spanish y ¡entérate!

Videoteca

Amigos sin Fronteras
Episodio 12: No me siento bien.

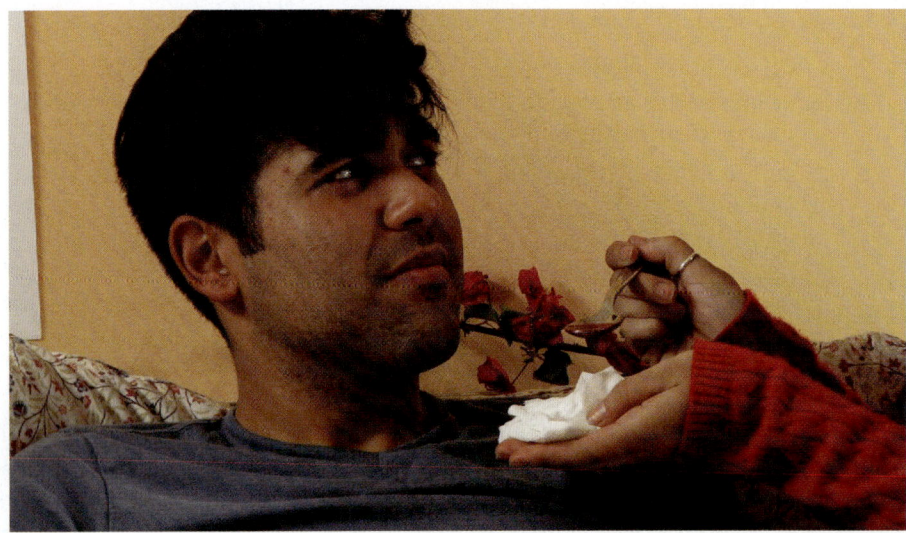

Note: Both video clips can be seen on the DVD to accompany *Tu mundo* or in Connect Spanish.

Resumen
Sebastián tiene gripe y le pide a Nayeli que lo ayude porque se siente muy mal. Sebastián habla con «la abuela» de Franklin, que sabe mucho de remedios caseros, y «la abuela» le hace algunas recomendaciones. Después llega Eloy a casa de Sebastián y, como es estudiante de medicina, examina a su amigo y le dice que debe tomar jarabe y que pronto va a estar mejor.

Vocabulario de consulta

¡Ay, pobre de ti!	You poor thing!
remedio casero	home remedy
te debo	I owe you
el estómago revuelto	an upset stomach
¡Qué asco!	How gross!
respira hondo	breathe deeply
sabor	flavor
contagiarse	to catch an illness

Preparación para el video

A. Comencemos. Mira la foto y contesta las preguntas.
1. ¿Cómo se llama el chico de la foto? Sebastián
2. Se ven las manos de otra persona en la foto también. ¿Qué está haciendo la persona?
   Le está dando medicina a Sebastián.

Comprensión del video

B. La idea principal. Indica la idea principal del video.
1. «La abuela» de Franklin sabe muchos remedios caseros.
2. Lo mejor para una infección bacteriana es siempre una inyección.
3. Sebastián no se siente bien hoy y varios amigos lo ayudan.
4. Eloy puede curar a Sebastián porque sabe mucho de medicina.

C. ¿Cierto o falso?

1. Sebastián le pide a Nayeli que vaya por él a la universidad en su coche porque se siente mal y quiere regresar a su casa. C
2. A Sebastián le duele todo el cuerpo pero no tiene fiebre. F
3. A Sebastián le duele el pecho cuando tose. C
4. Franklin le lleva una rama de buganvilia y un antibiótico a Sebastián. F
5. Sebastián no conoce el jarabe de cebolla morada con rábano y al principio (*at first*) no quiere tomarlo. C

D. Detalles. Contesta las preguntas según la información en el video.

1. ¿Qué síntomas tiene Sebastián cuando llama a Nayeli? Tiene fiebre y le duele la cabeza.
2. ¿Qué le pone Sebastián a su té? limón y miel
3. ¿Por qué dice «la abuela» de Franklin que Sebastián debe tomar mucha agua? Es el mejor expectorante.
4. ¿Por qué está preocupado Sebastián cuando Eloy va a guardar el termómetro? Cree que le va a poner una inyección.
5. ¿Quién le lleva a Sebastián una rama de buganvilia y para qué? Franklin, para hacer un té para la tos

Mi país VENEZUELA

Comprensión

1. ¿Qué hay en Caracas?
   a. un metro
   b. el Capitolio Nacional
   c. la Plaza Bolívar
   d. playas increíbles
2. ¿Qué ciudad describe Jorge como una ciudad petrolera? Maracaibo
3. ¿Cuál es un símbolo de Venezuela? el lago Maracaibo
4. ¿Qué playas de Venezuela aparecen en el video? Nombra dos. las playas del Mar Caribe, las playas del Archipiélago Los Roques y las playas de Isla Margarita
5. ¿Qué hay al noroeste de Venezuela?
   a. Los Roques
   b. el desierto Médanos de Coro
   c. el Parque Nacional Canaima
6. ¿Dónde está el teleférico más alto y largo del mundo? Mérida
7. ¿Cuántos sabores hay en la Heladería Coromoto? más de 800
8. ¿Qué caída de agua tiene dos veces la altura del Empire State Building? el Salto Ángel
9. ¿Cómo se llaman las formaciones geológicas muy antiguas que se encuentran en el Parque Nacional Canaima? tepuyes

la Isla Margarita

el Salto Ángel

Infórmate

12.1 Present Subjunctive with **querer, recomendar,** and Other Verbs of Volition

A. In **Infórmate 11.3,** you learned the verb forms for polite commands, such as **hable, coma,** and **abra el libro.** Rather than give a direct command, speakers sometimes use a "softened" command, such as *I want you to . . .* , using verbs such as **aconsejar, querer, recomendar,** and **sugerir,** that express volition. This structure is used to express what one person wants another to do: *My parents want me to . . .* , *Our professor suggests that we . . .*

—¿Qué **quiere** la enfermera? *What does the nurse want?*
—**Quiere** que mamá **tome** la medicina ahora mismo. *She wants mother to take her medicine right now.*

—¿Qué nos **sugiere** Jorge? *What does Jorge suggest (we do)?*
—Él nos **sugiere** que **leamos** sobre las nuevas clínicas venezolanas. *He suggests that we read about the new Venezuelan clinics.*

In Spanish, the verb in the clause that follows the softened expression (that is, the verb that follows **quiero que… , recomienda que… , sugiere que… ,** or **aconsejo que…** in the previous examples) uses the same verb forms as a command. However, because these softened commands can be addressed to

> **Softened commands = Commands following querer que, sugerir/ recomendar/ aconsejar que**
>
> **Quiere que el médico vaya a su casa.**
> *She wants the doctor to go to her house.*
>
> **Te sugiero que tomes aspirina si tienes fiebre.**
> *I suggest (that) you take aspirin if you have a fever.*
>
> **Mi abuela me recomienda que haga gárgaras para curar el dolor de garganta.**
> *My grandmother recommends that I gargle to cure my sore throat.*
>
> **Les aconsejamos que se queden en casa si tienen la gripe.**
> *We advise that you stay home if you have the flu.*

anyone, the endings of the verbs in the second clause change to reflect who should complete the action: **tomes, almuerce, beban, escuchemos**. The verb forms used are called the subjunctive mood,* and can be in either the present or past tense.

Quiero que { (nosotros) **vayamos** al hospital a ver a mi primo.
(tú) te **quedes** allí con él hoy.
el médico nos **diga** cómo está mi primo. }

I want { us to go to the hospital to see my cousin.
you to stay with him today.
the doctor to tell us how my cousin is doing. }

The following table contains common verbs that Spanish speakers often use to express softened commands.

Frases personales**	
aconsejar que	to advise ([someone] that)
esperar que	to hope, expect (that)
preferir (ie) que	to prefer (that)
querer (ie) que	to want ([someone/something] to)
recomendar (ie) que	to recommend (that)
sugerir (ie) que	to suggest (that)

Jorge nos **sugiere** que **leamos** sobre las nuevas clínicas venezolanas.
Jorge suggests that we read about the new Venezuelan clinics.

Jorge y Rodrigo esperan que su amiga **se mejore** pronto.
Jorge y Rodrigo hope that their friend gets better soon.

El terapeuta les aconseja a los pacientes que **hagan** los ejercicios todos los días.
The therapist advises the patients to do (that they do) the exercises every day.

B. The forms of the present subjunctive are the same as the **usted** (polite) command forms plus the person/number endings: **hablar → hable** + ø / **-s** / ø / **-mos** / **-éis** / **-n**; **leer → lea** + ø / **-s** / ø / **-mos** / **-áis** / **-n**. Thus, the endings contain a different vowel from the present tense (which we will call the *present indicative* when we want to contrast it with the *present subjunctive*).

> In the subjunctive:
> **-ar** verbs use an **-e-** in the ending: habl**es**, camin**emos**
> **-er** and **-ir** verbs use an **-a-** in the ending: com**a**, viv**an**

Infinitive	Present Indicative	Present Subjunctive
hablar	habla	habl**e**
comer	come	com**a**
escribir	escribe	escrib**a**

---

*You will learn more about commands and the subjunctive in **Capítulos 13, 14,** and **15**.
You will learn impersonal phrases that require the subjunctive in **Capítulo 13.

Infórmate | 12.1 Present Subjunctive with **querer, recomendar,** and Other Verbs of Volition

> **Present subjunctive forms = Polite singular command forms with person/number endings**
>
> viaje
> viajes
> viaje
> viajemos
> viajéis
> viajen
> coma
> comas
> coma
> comamos
> comáis
> coman

Here are the present subjunctive forms of the regular verbs **hablar, comer,** and **escribir.**

	-ar	-er	-ir
(yo)	hable	coma	escriba
(tú)	hables*	comas*	escribas*
usted, él/ella	hable	coma	escriba
(nosotros/as)	hablemos	comamos	escribamos
(vosotros/as)	habléis	comáis	escribáis
ustedes, ellos/ellas	hablen	coman	escriban

*Alternative forms for recognition only: **vos hablés, vos comás, vos escribás.**

C. Verbs that have different stems in the **yo** forms of the present indicative use those same stems in the present subjunctive (as they do in the command forms).

Infinitivo	Presente del indicativo	Presente del subjuntivo
conocer	conozco	conozca, conozcas, conozca, conozcamos, conozcáis, conozcan
construir	construyo	construya, construyas, construya, construyamos, construyáis, construyan
decir	digo	diga, digas, diga, digamos, digáis, digan
hacer	hago	haga, hagas, haga, hagamos, hagáis, hagan
nacer	nazco	nazca, nazcas, nazca, nazcamos, nazcáis, nazcan
oír	oigo	oiga, oigas, oiga, oigamos, oigáis, oigan
poner	pongo	ponga, pongas, ponga, pongamos, pongáis, pongan
recoger	recojo	recoja, recojas, recoja, recojamos, recojáis, recojan
salir	salgo	salga, salgas, salga, salgamos, salgáis, salgan
tener	tengo	tenga, tengas, tenga, tengamos, tengáis, tengan
traducir	traduzco	traduzca, traduzcas, traduzca, traduzcamos, traduzcáis, traduzcan
traer	traigo	traiga, traigas, traiga, traigamos, traigáis, traigan
venir	vengo	venga, vengas, venga, vengamos, vengáis, vengan
ver	veo	vea, veas, vea, veamos, veáis, vean

Les recomiendo que (ustedes) **se pongan** zapatos cómodos; es una caminata larga.

I recommend that you put on comfortable shoes; it's a long walk.

Mi novio quiere que (yo) **conozca** a sus padres, pero estoy nerviosa.

My boyfriend wants me to meet his parents, but I'm nervous.

Los abogados sugieren que **digas** la verdad sobre el accidente.

The lawyers suggest that you tell the truth about the accident.

Verbs that end in **-oy** in the **yo** form, as well as the verb **saber,** have irregular stems in the present subjunctive.

dar	doy	dé, des,* dé, demos, deis, den
estar	estoy	esté, estés,* esté, estemos, estéis, estén
ir	voy	vaya, vayas,* vaya, vayamos, vayáis, vayan
ser	soy	sea, seas,* sea, seamos, seáis, sean
saber	sé	sepa, sepas,* sepa, sepamos, sepáis, sepan

*Alternative forms for recognition only: **vos des, vos estés, vos vayás, vos seás, vos sepás.**

> Verbs that end in **-car, -gar,** and **-zar** have special spelling changes in all forms of the subjunctive. **Sacar → saque, saquemos; llegar → llegue, lleguemos; empezar → empiece, empecemos.** In addition, the first- and third-person singular subjunctive forms of **dar** adds an accent mark to distinguish it from the preposition **de** (*of, from*): **que yo dé, que Eloy dé.**

Queremos que **vayas** de vacaciones con nosotros.
We want you to go on vacation with us.

Espero que mis abuelos **estén** bien.
I hope my grandparents are well.

El veterinario recomienda que ustedes le **den** la medicina al gato dos veces al día.
The vet recommends that you give the cat the medicine twice a day.

D. The present subjunctive forms of stem-changing verbs can be divided in three groups.

Group I. Verbs with stem-vowel changes **e → ie** and **o → ue** in the present indicative keep those changes in the present subjunctive, except for in the **nosotros/as** and **vosotros/as** forms.

INDICATIVE	SUBJUNCTIVE	INDICATIVE	SUBJUNCTIVE
pensar		volver	
pienso	piense	vuelvo	vuelva
piensas	pienses*	vuelves	vuelvas*
piensa	piense	vuelve	vuelva
pensamos	pensemos	volvemos	volvamos
pensáis	penséis	volvéis	volváis
piensan	piensen	vuelven	vuelvan

*Alternative forms for recognition only: **vos pensés, vos volvás.**

> Use this section as a reference; don't try to memorize all these forms!

No quiero que (tú) **pienses** en tu enfermedad.
I don't want you to think about your illness.

Nos recomienda que **volvamos** mañana; pero sugiero que tú **vuelvas** hoy.
They recommend that we return tomorrow; but I suggest that you return today.

Claudia quiere que le **cuente** la historia.
Claudia wants me to tell her the story.

Infórmate — 12.1 Present Subjunctive with **querer, recomendar,** and Other Verbs of Volition

Group II. In the present indicative, the stems of verbs such as **pedir, servir,** and **vestir** change **e → i** in all forms except for **nosotros/as** and **vosotros/as**; however, in the present subjunctive they have the same stem-vowel change in *all* the forms.

INDICATIVE	SUBJUNCTIVE	INDICATIVE	SUBJUNCTIVE
pedir		**servir**	
pido	pida	sirvo	sirva
pides	pidas*	sirves	sirvas*
pide	pida	sirve	sirva
pedimos	pidamos	servimos	sirvamos
pedís	pidáis	servís	sirváis
piden	pidan	sirven	sirvan

*Alternative forms for recognition only: **vos pidás, vos sirvás.**

La doctora no quiere que yo le **pida** más medicina al enfermero.	*The doctor doesn't want me to ask the nurse for more medicine.*
Ella aconseja que no **sirvamos** licor.	*She advises that we don't serve liquor.*
Mi madre sugiere que me **vista** en el baño.	*My mother suggests that I get dressed in the bathroom.*

Group III. Third-person changes: Verbs such as **sentirse** and **divertirse,** which show an **e → ie** change in the present indicative as well as an **e → i** change in the preterite, maintain *both* changes in the present subjunctive. Similarly, verbs such as **dormir,** which show an **o → ue** change in the present indicative and an **o → u** change in the preterite, also maintain *both* changes in the present subjunctive.

INDICATIVE	SUBJUNCTIVE	INDICATIVE	SUBJUNCTIVE
sentirse		**dormir**	
me siento	me sienta	duermo	duerma
te sientes	te sientas*	duermes	duermas*
se siente	se sienta	duerme	duerma
nos sentimos	nos sintamos	dormimos	durmamos
os sentís	os sintáis	dormís	durmáis
se sienten	se sientan	duermen	duerman

*Alternative forms for recognition only: **vos te sintás, vos durmás.**

El médico te aconseja que **duermas** ocho horas cada noche.	*The doctor advises you to sleep eight hours every night.*
Todos quieren que **nos divirtamos** pero los dos estamos resfriados.	*Everyone wants us to have fun but we both have colds.*

Ejercicio 1

Completa cada oración con el verbo entre paréntesis usando el subjuntivo.

1. Sr. Galván, quiero que usted _____ (empezar) el tratamiento mañana mismo.
2. Te recomiendo que _____ (consultar) con el Dr. Ramírez Ovando; es un médico muy bueno.
3. Le sugiero a ella que _____ (visitar) a su madre en el hospital todos los días.
4. Si mis hijos tienen tarea, prefiero que (ellos) la _____ (terminar) antes de ir al hospital.
5. Te aconsejo que no _____ (comer) en la cafetería del hospital.
6. Las enfermeras te sugieren que _____ (salir) a almorzar en el café que está al lado.
7. Jorge y Eloy quieren que todos nosotros _____ (leer) el blog porque pusieron mucha información médica importante allí.
8. Les recomiendo (a Jorge y a Eloy) que _____ (escribir) más en su blog sobre dietas saludables.
9. Franklin, espero que el médico te _____ (recetar) algo para la tos. Toses mucho por la noche y yo no puedo dormir.
10. Ay, y te sugiero también que le _____ (pedir) algo para la alergia porque tú estornudas todo el día.

> In the present subjunctive, the indirect objects **me/te/le/nos/os/les** always precede the verb when they are used. You will learn more about this topic in **Infórmate 12.3.**

Ejercicio 2

Escribe oraciones completas con las siguientes palabras, usando el subjuntivo. Debes conjugar los verbos subrayados y agregar el pronombre correcto (**me/te/le/nos/les**) antes de los verbos **aconsejar, recomendar (ie)** y **sugerir (ie).**

MODELO: La abuela de Jorge / aconsejar (a él) que / (él) no asistir a clases si está enfermo →
La abuela de Jorge *le aconseja* que no *asista* a clases si está enfermo.

1. (Nosotros) sugerir / a Eloy / que (él) visitar a Lucía, porque ella no se siente bien
2. El hermano de Jorge / esperar que / él estar mejor hoy
3. Nayeli y Claudia / preferir que / (nosotros) volver a su casa inmediatamente
4. Eloy / recomendar a Jorge que / (él) no tomar antibióticos para el resfriado
5. Tú / preferir que / tus amigos no necesitar ir al hospital
6. Yo / sugerir / a Jorge / que beber mucho jugo de naranja
7. Mi madre / aconsejar (a vosotros) / que dormir el resto del día
8. Eloy y Jorge / esperar que / los miembros del club / les dar remedios caseros para el blog

12.2 The Subjunctive in Time Clauses

Cuando voy al consultorio del Dr. González, siempre le pido un caramelo rojo para mi hijo.

De hoy en adelante, cuando vaya al consultorio del Dr. González, le voy a pedir fruta para mi hijo. ¡Es más saludable!

Certain words and phrases in Spanish express *when* something happens or may happen in the future. These include phrases such as **cuando, en cuanto** (*as soon as*), **hasta que** (*until*), **después de que,** and **antes de que.** This type of phrase is sometimes followed by the present indicative and sometimes by the present subjunctive, depending on the phrase and its use.

A. When the action or state described in a clause that begins with **cuando, en cuanto,** and **después de que** refers to a *habitual action*, the present indicative is used.

Cada noche **cenamos** todos juntos **en cuanto** papá llega a casa.	*Every night we eat dinner together as soon as Dad gets home.*
Mi primos siempre **consultan** con el Dr. Ovando **cuando están** enfermos.	*My cousins always go Dr. Ovando when they are sick.*

B. When the action or state described in a clause that begins with **cuando, en cuanto, hasta que, después de que,** and **antes de que** refers to a *future event*, the subjunctive form is used.

Vamos a comprar la medicina **en cuanto** el médico nos **dé** la receta.	*We are going to get the medication as soon as the doctor give us the prescription.*
—¿Cuándo vamos a ver a mamá en el hospital?	*When are we going to see Mom at the hospital?*
—No la vamos a ver **hasta que esté** mejor.	*We are not going to see her until she gets better.*
Cuando mamá **se sienta** mejor, quiero ir a la iglesia con ella.	*When Mom feels better, I want to go to church with her.*

C. Clauses beginning with **antes de que** always require the present subjunctive, even when they refer to habitual actions.

Siempre preparo la cena **antes de que llegue** mi esposo.	*I always prepare dinner before my husband gets home.*
Mañana voy a preparar la cena **antes de que llegue** mi esposo.	*Tomorrow I am going to prepare dinner before my husband gets home.*

Ejercicio 3

Escoge el indicativo o subjuntivo según el contexto.

MODELO: Voy a llamar al médico en cuanto (*llego* / *llegue*) a casa.

1. En cuanto mi amiga (*sale* / *salga*) del hospital, voy a mandarle flores.
2. Cuando (*nos sentimos* / *nos sintamos*) mal, siempre llamamos al Dr. Ovando.
3. Cuando mi esposo (*se siente* / *se sienta*) mejor, vamos a viajar a Europa.
4. El médico quiere visitar a sus pacientes en el hospital antes de que (*se duermen* / *se duerman*).
5. Siempre vamos a la farmacia en cuanto (*sabemos* / *sepamos*) qué debemos comprar.
6. La recepcionista siempre prepara el expediente (*file, record*) de cada paciente antes de que el médico se lo (*pide* / *pida*).
7. Señorita enfermera, por favor llámeme después de que (usted) (*baña* / *bañe*) al paciente.
8. Tenemos que guardar las medicinas antes de que el niño (*empieza* / *empiece*) a jugar con ellas.
9. Mi madre me da helado cuando la enfermera no (*está* / *esté*).

Ejercicio 4

Completa cada oración con el verbo entre paréntesis, usando el subjuntivo.

1. Cuando _____ (venir) el terapeuta, dile dónde te duele.
2. Deja de hacer ejercicio en cuanto te _____ (empezar) a doler la rodilla.
3. Toma vitaminas antes de que te _____ (dar) catarro.
4. Señor López, no se vaya hasta que la enfermera le _____ (traer) los papeles que necesita.
5. La enfermera le va a dar el jarabe al niño en cuanto él se lo _____ (pedir).
6. Niño, después de que (tú) _____ (lavarse) y _____ (secarse) el dedo, debes ponerte una curita en la cortada.
7. La doctora no nos va a dar la información hasta que (nosotros) se la _____ (exigir).
8. ¿Vas a estornudar ahora? Cúbrete la boca con el brazo cuando lo _____ (hacer).

¿Recuerdas?

Verbs that end in **-ger** and **-gir** (such as **escoger, proteger; corregir, dirigir,** and **exigir**) have a change to **-j-** in the **yo** form of the present tense (**escojo, corrijo**) and in all of the present subjunctive forms (**proteja, dirijamos**).

12.3 Indirect Object Pronouns with Commands and Present Subjunctive

A. In **Infórmate 12.1,** you learned several verbs that can be used to give "softened" commands: **aconsejar, querer, recomendar,** and **sugerir.** Two additional verbs that you can use for the same purpose are **decir** and **pedir.**

decir (i)	*to tell; to order* (someone to do something)
pedir (i)	*to ask; to request* (that someone do something)

With these verbs (in the present indicative) it is necessary to use an indirect object pronoun to point out to whom the command is given, even if the person is mentioned.

Siempre **les decimos** a los niños que no **hablen** con extraños.
We always tell the children not to speak to strangers.

Siempre **les pido** a los enfermeros que **estén** aquí a las ocho en punto.
I always ask the nurses to be here at 8:00 on the dot.

Los dentistas siempre **le recomiendan** a cada paciente que no **coma** muchos dulces.
Dentists always recommend to each patient that he or she not eat a lot of candy.

El terapeuta **me aconseja** que **haga** los ejercicios por la mañana.
The therapist advises me to do the exercises in the morning.

B. As you know from **Infórmate 11.3**, object pronouns follow and are attached to affirmative commands but precede negative ones. However, in the present subjunctive, object pronouns always precede the verb forms.

Affirmative Command	Muéstre**me** la receta.	Show me the prescription.
Affirmative Subjunctive	La farmacéutica quiere que usted **le** muestre la receta.	The pharmacist wants you to show her the prescription.
Negative Command	No **le** lleve la medicina al señor Galván hoy.	Don't take the medicine to Mr. Galván today.
Negative Subjunctive	El médico prefiere que usted no **le** lleve la medicina al señor Galván hoy.	The doctor prefers that you don't take the medicine to Mr. Galván today.

El médico **me** pide que (yo) **le ponga** una inyección al señor Galván; sin embargo, **me** dice que **no se la ponga** hasta después del desayuno.
The doctor asks me to give Mr. Galván a shot; however, he says not to give it to him until after breakfast.

Ejercicio 5

Tú eres el supervisor / la supervisora del hospital. No estás de acuerdo con lo que dicen estas personas.

A. Cambia estos mandatos a la forma negativa.

MODELO: ENFERMERO: Hágale las preguntas al recepcionista.
SUPERVISOR(A): *No le haga* las preguntas al recepcionista.

1. ENFERMERA: Sra. McNeil, muéstrele la pierna a la terapeuta.
2. MÉDICO: Dígame dónde le duele.
3. MÉDICA: Llévele estos papeles al recepcionista.
4. ENFERMERO: Tráigales la comida a los pacientes.
5. RECEPCIONISTA: Dele la receta al farmacéutico.

> **¿Recuerdas?**
>
> Remember that you need to add a written accent to the stressed syllable of a command with more than one syllable when you attach one or two pronouns to it.

B. Ahora cambia estos mandatos a la forma afirmativa.

MODELO: MÉDICA: No le muestre la herida al enfermero.
SUPERVISOR(A): Muéstrele la herida al enfermero.

1. MÉDICO: No me llame el miércoles.
2. PACIENTES: No nos traiga la medicina hoy.
3. RECEPCIONISTA: No le diga su nombre al médico.
4. MÉDICO: No les surta la receta a los pacientes.
5. PACIENTE: No me dé más información, por favor.

Ejercicio 6

¿Qué les recomienda el doctor Ramírez a estas personas?

MODELO: *Al paciente:* Explíqueme sus síntomas.
El doctor Ramírez le recomienda al paciente que *le explique* sus síntomas.

1. *A la enfermera:* Póngale la inyección a la paciente del cuarto número 512.
   El doctor Ramírez _____ recomienda a la enfermera que _____.
2. *Al paciente:* Pídame mañana los resultados del análisis de sangre.
   El doctor Ramírez _____ recomienda al paciente que _____.
3. *A los enfermeros:* Explíquenle los síntomas de la gripe a la señora Galván.
   El doctor Ramírez _____ recomienda a los enfermeros que _____.
4. *Al recepcionista:* Lléveles a los señores Martínez estos documentos del seguro médico.
   El doctor Ramírez _____ recomienda al recepcionista que _____.
5. *A los pacientes:* Cuéntennos a la enfermera y a mí cómo ocurrió el accidente.
   El doctor Ramírez _____ recomienda a los pacientes que _____.

12.4 Unplanned Occurrences: **se**

In Spanish, the pronoun **se** + a verb is used to describe unplanned occurrences such as forgetting, dropping, losing, leaving behind, and breaking.

—¿Qué le pasó al coche?	What happened to the car?
—**Se** descompuso.	It broke down.
—¿Qué pasó aquí?	What happened here?
—La botella de jarabe **se** cayó y **se** rompió.	The bottle of cough syrup fell and broke.

If a person is involved, he or she is referred to with an indirect object pronoun: **me, te, le, nos, os,** or **les.**

Se me olvidó la medicina en casa.	I forgot the medicine at home.
A Rodrigo **se le** cayó la guitarra.	Rodrigo dropped his guitar.
Se nos descompuso el aparato de radiografía.	The X-ray machine broke down on us.

If the object involved is plural, the verb must be plural as well.

A Xiomara se le **perdieron** los **lentes.**	Xiomara lost her glasses.
A Eloy y a Camila se les **olvidaron** los **libros.**	Eloy and Camila forgot their books.

Infórmate 12.4 Unplanned Occurrences: **se**

Ejercicio 7

Di qué les pasó a los gatitos y a los objetos. Usa los verbos entre paréntesis.

MODELO: ¿Qué le pasó a la máquina de los refrescos? (descomponerse) → *Se descompuso.*

1. ¿Qué les pasó a los gatitos? (perderse)
2. ¿Qué le pasó al reloj? (romperse)
3. ¿Qué les pasó a los lentes de Franklin? (caerse)
4. ¿Qué le pasó a la ambulancia? (descomponerse)

Ejercicio 8

Mira cada situación y describe lo que les pasó a estas personas.

MODELO: a la enfermera / romper / botella de jarabe para la tos →

A la enfermera *se le rompió la* botella de jarabe para la tos.

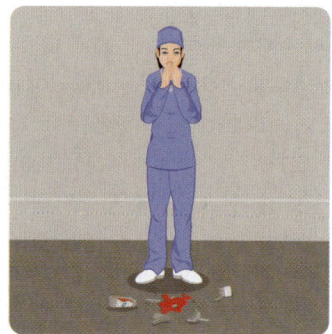

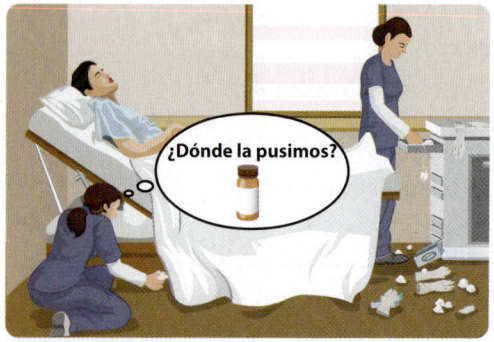

1. a las enfermeras / perder / receta del paciente
2. a Rodrigo / caer / y / romper / celular
3. al paciente / olvidar / dinero en casa

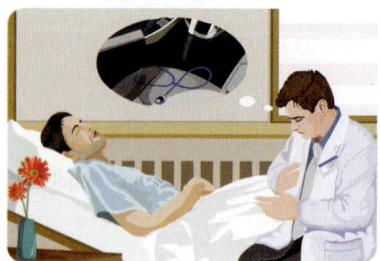

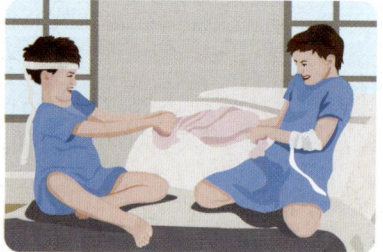

4. al médico / quedar / estetoscopio en el coche
5. a Jorge / descomponer / afeitadora eléctrica
6. a los niños / soltar / vendajes

Lo que aprendí

Al final de este capítulo, ya puedo hablar sobre…

☐ el cuerpo humano y la salud.
☐ las enfermedades y su tratamiento.
☐ la atención médica y las estancias en el hospital.
☐ los accidentes y las emergencias.

Además, ahora conozco…

☐ varios lugares hermosos de Venezuela.

Y sé más sobre…

☐ el uso de los remedios caseros.

Vocabulario

El cuerpo humano	The Human Body
el aparato (sistema) reproductor	reproductive system
la cadera	hip
la ceja	eyebrow
el cerebro	brain
la cintura	waist
el codo	elbow
el corazón	heart
el costado	side
la costilla	rib
las encías	gums
la espalda	back
la frente	forehead
la garganta	throat
el hueso	bone
el labio	lip
la lengua	tongue
la mejilla	cheek
la muela	molar (tooth)
el muslo	thigh
la nalga	buttock
el oído	(inner) ear
la pantorrilla	calf
el pecho	chest
la pestaña	eyelash
la piel	skin
la pulgar	thumb
el pulmón	lung
el riñón	kidney
la rodilla	knee
la sangre	blood
el tobillo	ankle
la uña	nail

Palabras semejantes: la arteria, el esqueleto, el músculo, el nervio, el organismo, el órgano, el pulso, la vena

Repaso: la boca, el brazo, la cabeza, la cara, el cuello, el dedo, el estómago, el hombro, la mano, la nariz, el ojo, la oreja, el pie, la pierna

Las enfermedades y los males	Illnesses and Ailments
el ataque (al corazón)	(heart) attack
el esguince	sprain
la gripe	flu
el infarto	heart attack
el resfriado	cold
el sarampión	measles
el trastorno mental	mental disorder
la varicela	chicken pox

Palabras semejantes: la alergia, el asma, la bronquitis, la epidemia, la infección, la obesidad

Los síntomas y los estados físicos	Symptoms and Physical States
el cansancio	tiredness
la caries	tooth decay, cavity
la curita	Band-Aid™, adhesive bandage strip
doler (ue)	to hurt
duele	it hurts
le(s) duele(n)	his/her/your (pol.) . . . hurts
me/te duele(n)	my/your (inf.) . . . hurts
estar (irreg.) internado	to be hospitalized
estornudar	to sneeze
el estornudo	sneeze
la roncha	bump; swelling
tener (irreg.) dolor de…	to have a . . .
cabeza	headache
estómago	stomachache
garganta	sore throat
muelas	toothache
tener (irreg.)…	to have . . .
calentura/fiebre	a fever
catarro	a cold
comezón	a rash, itch
la nariz congestionada/tapada	a stuffy nose
tos	a cough
tener (irreg.) nauseas/vómitos	to be nauseous/vomiting
toser	to cough

Palabras semejantes: la diarrea, la fatiga

La salud, la medicina y los remedios	Health, Medicines and Remedies
el algodón	cotton
el empaste	(tooth) filling
las gotas (para los ojos)	(eye) drops
hacer (irreg.) gárgaras	to gargle
el jarabe (para la tos)	(cough) syrup
las muletas	crutches
el paracetamol	acetaminophen, Tylenol™
ponerle (irreg.) una inyección a (alguien)	to give (someone) a shot / an injection
el té de menta/yerbabuena	peppermint/spearmint tea
el vendaje	bandage
el yeso	cast

Palabras semejantes: el alcohol, el análisis, el antibiótico, el antidepresivo, el antihistamínico, el antiinflamatorio, la aspirina, la cápsula, el descongestionante, el estimulante, la inyección

Las profesiones médicas	Medical Professions
el cirujano / la cirujana	surgeon
el/la socorrista	paramedic, emergency responder

Palabras semejantes: el/la cardiólogo/a, el/la farmacéutico/a, el/la ginecólogo/a, el/la psicólogo/a, el/la psiquiatra

Los accidentes y las emergencias	Accidents and Emergencies
atropellar	to run over, knock down
la camilla	gurney, stretcher; cot
el choque	crash
la cicatriz	scar
cortar(se)	to cut (oneself)
la grúa	tow truck
la herida	wound
el herido / la herida	wounded person
la sala de emergencias	emergency room
¡Socorro!	Help!
Palabras semejantes: la ambulancia	

Los verbos	Verbs
abrazar (c)	to hug; to embrace
agregar (gu)	to add (information)
almacenar	to store
aumentar	to increase
besar	to kiss
calentar (ie)	to heat
cuidar(se)	to take care (of oneself)
dar (irreg.) las gracias	to thank
desmayarse	to faint
despedirse (i, i)	to say goodbye
detener(se) (like tener)	to stop (oneself)
dormirse (ue, u)	to fall asleep
enyesar	to put a cast on
firmar	to sign
fracturarse	to fracture (a bone)
frenar	to stop, step on the brakes
guardar cama	to stay in bed
hacer (irreg.) el papel de	to play the role of
hacerse (irreg.) tarde	to get late
imaginarse	to imagine
intentar	to try
interrumpir	to interrupt
irse (irreg.)	to leave, go away
lastimarse	to get hurt
llevarse	to take away
masticar (qu)	to chew
mejorarse	to get better
morder (ue)	to bite
oler (huelo)	to smell
ponerse (irreg.) + adjetivo	to become + adjective
preocupar	to worry
prevenir (like venir)	to prevent
quemar	to burn
recetar	to prescribe
resbalarse	to slip
respirar	to breathe
roncar (qu)	to snore
silbar	to whistle
sostener (like tener)	to support, sustain
sugerir (ie, i)	to suggest

Los verbos	Verbs
surtir (una receta)	to fill (a prescription)
tener (irreg.)...	to be...
cuidado	careful
éxito	successful
razón	right
torcerse (ue) (z)	to twist, to sprain
tragar (gu)	to swallow
tratar	to try; to treat
tropezar (ie) (c)	to trip
vendar	to bandage
volverse (ue) loco	to go crazy
Palabras semejantes: atacar (qu), conservar, consultar, curar, demostrar (ue), diagnosticar (qu), examinar, filtrar, permitir, publicar (qu), resucitar	

Los accidentes y los contratiempos	Accidents and Mishaps
descomponerse (like poner)	to break down
se me/te/le/nos/les descompuso/descompusieron	my / your (inf. sing.) / your (pol. sing.), his, her / your (pol. pl.), our, their (something [sing./pl.]) broke down
escaparse	to escape
se me/te/le/nos/les escapó/escaparon	(something [sing./pl.]) escaped from me / you (inf. sing.) / you (pol. sing.), him, her / you (pol. pl.), us, them
olvidarse	to forget
se me/te/le/nos/les olvidó/olvidaron	(something [sing./pl.]) slipped my / your (inf. sing.) / your (pol. sing.), his, her / your (pol. pl.), our, their mind
perderse (ie)	to get lost
se me/te/le/nos/les perdió/perdieron	I / you (inf. sing.) / you (pol. sing.), he, she / you (pol. pl.), they lost my/your/his/her/our/their...
romperse	
se me/te/le/nos/les rompió/rompieron	(something [sing./pl.]) broke on me / you (inf. sing.) / you (pol. sing.), him, her / you (pol. pl.), us, them
Other verbs that follow this pattern: caerse (cayó/cayeron), quedarse (quedó/quedaron)	

Los sustantivos	Nouns
la ayuda	help
el balonmano	handball
la barra	(nutrition) bar
el bastón	walking stick, cane
el bisturí	scalpel
la camioneta	pickup, small truck
el consejo	advice
el consultorio	doctor's office
la cruz	cross
el diagnóstico	diagnosis
la dificultad	difficulty
el embarazo	pregnancy
la estancia	stay
el florero	vase (*for flowers*)
el globo	balloon
el hierro	iron
el humo (de segunda mano)	(secondhand) smoke
la llave	key
la manta	blanket
el pañuelo	handkerchief, scarf
el pensamiento	thought
la piedra	stone
la razón	reason
el seguro médico	medical insurance
el suelo	ground
el/la testigo	witness
el valor	value
Palabras semejantes: el boletín, la cámara, la característica, la causa, la circulación, la comprensión, la consecuencia, la contracción, el cuestionario, la disciplina, el efecto, el esquí (los esquíes), el estetoscopio, la fractura, la función, el impacto, el incidente, el interés, el interior, el motivo, el movimiento, la operación, la probabilidad, el punto, el resultado, la sustancia, la toxina, el tratamiento	

Los adjetivos	Adjectives
alterado/a	upset
ambos/as	both
dañino/a	harmful
eficaz (*pl.* eficaces)	effective
embarazada	pregnant
enyesado/a	in a cast
grave	grave, serious
hinchado/a	swollen
médico/a	medical
molesto/a	annoyed; irritated
nocivo/a	harmful
roto/a	broken
seco/a	dry
valioso/a	valuable
Palabras semejantes: aceptado/a, alarmante, autorizado/a, beneficioso/a, congestionado/a, exhausto/a, femenino/a, frustrado/a, general, inconsciente, inflamado/a, informativo/a, interno/a, mental, obeso/a, oral, oxigenado/a, severo/a, suficiente, urgente	

Palabras y expresiones útiles	Useful Words and Expressions
a continuación	next, the text below
a la semana	per week
A ver…	Let's see …
ahora mismo	right now
antes de que…	before …
despacio	slow
después de que…	after …
en cuanto (a)	as soon as; in regards to
Estimado/a señor(a)…	Dear Mr./Mrs. …
hasta que…	until …
¡Jesús!	Bless you! (*said after a sneeze*)
mañana mismo	first thing tomorrow
por medio de	by means of
¡Salud!	Bless you! (*said after a sneeze*)
saludablemente	healthily
Palabras semejantes: al final, literalmente, regularmente	

La familia y la crianza 13

Pre-Text Oral Activities
See the *Cap. 13 Tu mundo* PowerPoint (PP), IM, and IRK for detailed lesson plans and additional resources.

Díganme qué hacer. Use pictures of activities from your personal PF. Divide the class into groups of 3 or 4 and pass out all pictures. Tell students that you want them to choose 2 or 3 pictures of activities they want you to do, then have groups hold up the pictures. Ask: *¿Quieren (ustedes) que (yo) _____?* Then perform the action. When students have heard you say many command forms, ask each group to invent commands for you. Encourage students to give funny or outrageous commands (prompt, if necessary), such as: *baile en la mesa, cante una canción en español, salte la cuerda, escriba su nombre con la mano izquierda (derecha,* if you're left-handed*), quítese los zapatos y corra por el salón de clase, llame por teléfono al presidente,* etc.

Una boda en Santo Domingo, la República Dominicana

Upon successful completion of **Capítulo 13** you will be able to express your views on relationships, know how to persuade others and offer advice, and talk about parenting and social behavior. You will also know more about how to narrate your past experiences. Additionally, you will have learned about some interesting places and people from Puerto Rico and the Dominican Republic.

Comunícate
Los lazos familiares

Las órdenes, los consejos y los buenos deseos

Hablando de los consejos Los refranes

La crianza

Actividad integral Mensajes para la pediatra

Exprésate
Escríbelo tú Un evento inolvidable

Cuéntanos Tu pariente menos favorito

Entérate
Mundopedia Los festivales dominicanos

Voces puertorriqueñas y dominicanas

Conexión cultural Puerto Rico, en búsqueda de identidad

Videoteca
Amigos sin Fronteras, Episodio 13: ¡Que vivan los novios!

Mi país: Puerto Rico y la República Dominicana

Infórmate
13.1 Describing: **ser** and **estar**

13.2 Informal Commands

13.3 More Uses of the Subjunctive (Part 1)

13.4 Narrating Past Experiences: The Present Perfect, Imperfect, and Preterite

www.connectspanish.com

PUERTO RICO Y LA REPÚBLICA DOMINICANA

Amigos sin Fronteras

Nayeli invita a algunos de sus amigos a su casa donde les muestra unas fotos de la boda de su tía Margarita. ¡No fue una boda tradicional!

- Puerto Plata
- REPÚBLICA DOMINICANA
- SANTO DOMINGO
- el Fuerte de San Felipe del Morro
- SAN JUAN
- PUERTO RICO
- la isla de Culebra
- Ponce
- la isla de Vieques
- el Faro a Colón
- el Parque Nacional el Yunque

Conócenos

Franklin Sotomayor Sosa

Franklin Sotomayor Sosa tiene veintiocho años y es puertorriqueño. Nació en Quebradillas, Puerto Rico, y su cumpleaños es el dos de mayo. Franklin es profesor de español en el College de Alameda. Le gusta salir a comer, escuchar música y leer. Desde que se unió al club Amigos sin Fronteras, ha tratado de ir a todas sus fiestas y ahora es buen amigo de los socios del club. A Franklin le apasiona enseñar español, pero sin duda lo que más le gusta es pasar tiempo con su novia, Estefanía.

Mi país

Mi país (Whole class), **Suggestion:** We encourage you to show this video segment to the class as you introduce *Cap. 13*. It is available on DVD and in Connect Spanish. Let students know that this segment in Connect Spanish includes a pre-viewing activity. You may also show or assign this segment again toward the end of the chapter in the *Videoteca* section. **Point out:** Students are not expected to understand every word.

Comunícate

Los lazos familiares

Lee Infórmate 13.1

Franklin y Estefanía recuerdan y hacen planes.

el noviazgo

Estefanía y Franklin estaban en una fiesta. Se conocieron, se dieron la mano y… ¡conversaron por varias horas! Descubrieron que tenían mucho en común.

Después de un tiempo, se hicieron buenos amigos. Se reunieron varias veces para cenar y conversar. Al principio las reuniones eran en restaurantes y otros sitios públicos. Franklin y Estefanía siempre estaban contentos de pasar tiempo juntos. Valoraban mucho su amistad.

Franklin y Estefanía se enamoraron y se hicieron novios. Como todos los novios, se quieren mucho, se besan y se abrazan.

Como estaban muy enamorados, se dieron un anillo de compromiso. Eso significa que ahora están comprometidos para casarse.

la boda

Cuando Estefanía y Franklin se casen, van a tener una ceremonia religiosa en la iglesia, porque los dos son católicos. Ellos esperan que en la boda estén presentes sus parientes, ¡incluso los bisabuelos de Estefanía!

la luna de miel

¡Los dos se imaginan ya recién casados! Para la luna de miel, Estefanía sugiere que vayan a un país del Caribe con lindas playas. Es posible que viajen a Santo Domingo porque el clima de la República Dominicana es tan cálido y agradable como el de Puerto Rico.

el bautizo
las comadres y los compadres

Cuando tengan hijos, piensan bautizarlos por la iglesia. Ana Sofía va a ser la madrina del bebé y el padrino va a ser el mejor amigo de Franklin. Este no es un futuro muy lejano, pues Estefanía y Franklin ya se están preparando para tener una familia grande.

Entérate

La frase **luna de miel** se refería originalmente al primer mes de matrimonio, cuando todo es hermoso y dulce como la miel.

Infórmate

In **Capítulo 10, Actividad 3**, you learned two reflexive verbs that express reciprocal actions: **parecerse** and **llevarse (bien)**. Context usually indicates whether the pronoun **se** is reflexive (*self*) or reciprocal (*each other*). Note that reflexive actions can be expressed with singular or plural forms, depending on the context, but reciprocal actions are always expressed with plural forms.

Reflexive: La novia **se miró** en el espejo. *The bride looked at herself in the mirror.*

Reflexive: Las personas vanidosas **se miran** en el espejo con frecuencia. *Vain people look at themselves in the mirror often.*

Reciprocal: Los novios **se miraron** con ternura. *The couple looked at each other with tenderness.*

Here are some common reciprocal verbs: **abrazarse, besarse, comprenderse, conocerse, darse la mano, divorciarse, enamorarse, mirarse, quererse, reconocerse, respetarse, verse.**

Actividad 1   Los rituales y la familia extendida

A. Empareja cada palabra con su definición.

1. __h__ el noviazgo
2. __e__ la amistad
3. __d__ el compadre
4. __i__ el bautizo
5. __f__ la madrina
6. __g__ el ahijado / la ahijada
7. __a__ la luna de miel
8. __b__ la bisabuela
9. __j__ el cura
10. __c__ la boda

a. Es el viaje que hacen los recién casados.
b. Es la abuela de tu mamá.
c. Es la ceremonia que une a dos personas en matrimonio.
d. Es el padrino de tu hijo.
e. Es la relación entre amigos.
f. Es una amiga de la familia o pariente que participa en el bautizo y debe criar al niño o la niña si la madre no está.
g. Es el niño o la niña a quien llevas a bautizar; eres responsable de ese niño o esa niña si los padres mueren.
h. Es la relación entre los novios.
i. Es una ceremonia religiosa en la cual se le da un nombre a una persona, normalmente un niño pequeño o una niña pequeña.
j. Es la persona que dirige la ceremonia católica del matrimonio.

(Continúa.)

B. Ahora mira los dibujos de **Los lazos familiares** (pp. 406–407) y llena los espacios con la palabra apropiada. Escoge entre las siguientes palabras: **ahijado, bisabuelos, comadre, cuñada, cuñado, nuera, recién casados, suegros, yerno. OJO:** Hay una palabra extra.

1. La hermana de Franklin es la ___cuñada___ de Estefanía.
2. Los padres de Estefanía son los ___suegros___ de Franklin.
3. Franklin es el ___yerno___ de los padres de Estefanía.
4. El hermano de Estefanía es el ___cuñado___ de Franklin.
5. Los padres de los abuelos de Estefanía son los ___bisabuelos___ de ella.
6. Estefanía es la ___nuera___ de los padres de Franklin.
7. En el bautizo, Ana Sofía es la madrina del bebé y es la ___comadre___ de Estefanía.
8. Estefanía y Franklin son novios ahora y después de la boda, van a ser ___recién casados___.

Una boda indígena en una de las islas del Lago Titicaca

Entérate

Aunque la mayoría de los hispanos son católicos, en España y América Latina también se practican otras religiones basadas en el cristianismo, como la presbiteriana, la pentecostal/carismática, la evangélica y la de los testigos de Jehová. Además, existen religiones que no se basan en la figura del mesías Jesucristo; entre otras, la musulmana, la judía, la hindú, la budista, la unitaria-universalista y varias religiones indígenas y afroamericanas. Algunas de estas religiones creen en un ser supremo, otras tienen múltiples dioses. Pero, ¡todas tienen un ritual de casamiento!

Actividad 2 Historia de amor

A. Imagínate que Estefanía y Franklin realizaron todos sus sueños y planes. Esta es la historia de su relación. Busca el orden correcto.

a. __2__ Son amigos y pasan mucho tiempo juntos.
b. __4__ Están comprometidos y están planeando la boda.
c. __1__ Están en una fiesta, donde se conocen.
d. __5__ Están en la iglesia; están emocionados pero un poco nerviosos.
e. __8__ ¡Son padres! Están bautizando a su bebé.
f. __7__ Están en su luna de miel. ¡Son dos recién casados muy felices!
g. __6__ Ya están casados.
h. __3__ Son novios y están muy enamorados.

B. Ahora trabaja con tu compañero/a para narrar la secuencia de la relación.

MODELO: E1: ¿Qué pasó primero?
E2: Primero *se conocieron en una fiesta.* Luego *se hicieron amigos.*
E1: ¿Y después?
E2: Después *se enamoraron…*

Actividad 3   Los famosos del Caribe

¿Conoces a alguna de estas personas famosas? Primero, mira los retratos, luego lee cada descripción y adivina a quién corresponde.

a. Juan Luis Guerra   **b.** Alex Rodríguez   **c.** Junot Díaz

d. Zoe Saldana   **e.** Ricky Martin   **f.** Ana Lydia Vega

1. __d__ Soy actriz de cine. Nací en Nueva Jersey, de madre dominicana y padre puertorriqueño. Soy bilingüe y cuando era niña viví por un tiempo en la República Dominicana. He hecho papeles importantes en varias películas: *Star Trek*, *Avatar* y *Colombiana*.

2. __c__ Soy escritor. Nací en la República Dominicana y me crié en Nueva Jersey. Mis dos obras más conocidas son la colección de cuentos *Drown* y la novela *The Brief Wondrous Life of Oscar Wao*, por la cual gané el Premio Pulitzer en 2008. Actualmente soy profesor de creación literaria en el Instituto de Tecnología de Massachusetts (MIT). Mi prometida se llama Elizabeth.

3. __e__ Soy un cantante puertorriqueño. Cuando era niño cantaba con el grupo Menudo. He vendido sesenta millones de discos y me hice famoso con la canción «Livin' La Vida Loca» en 1999. No soy casado, pero tengo dos hijos gemelos. En 2010 anuncié públicamente que soy gay. Soy católico de nacimiento pero me interesan muchas otras creencias religiosas, como la filosofía budista.

4. __f__ Soy una escritora puertorriqueña, ganadora del prestigioso Premio Casa de las Américas en 1982 por mi libro *Encancaranublado y otros cuentos de naufragio*. En mi escritura se combinan el español, el inglés, el humor caribeño y la crítica social. Mi compañero se llama Robert; es profesor y poeta. Tenemos una hija, Lolita, que es bailarina y estudiante de lenguas.

5. __b__ Nací en Nueva York de padres dominicanos y he vivido por algún tiempo en la República Dominicana. Soy beisbolista y juego con el equipo New York Yankees. Mucha gente me llama «A-Rod», ¡un sobrenombre que me gusta! Se me considera el líder hispano de los jonrones. Tengo tres medios hermanos. Estoy divorciado y soy padre de dos hijas.

6. __a__ Soy un cantautor dominicano. En mi música se mezclan varias formas caribeñas populares como la bachata, el merengue y el bolero. He ganado muchos premios Grammy y me hice muy famoso con la canción «Burbujas de amor» en 1990. Siempre llevo mi característico sombrero en todos mis conciertos. Desde 1983 estoy casado con mi esposa Nora y tenemos dos hijos: Jean Carlos, que estudia cine, y Paulina, que es compositora.

Act. 4 (Pair), **Suggestions:** Help students form the third-person plural forms for the first part and then switch to the first-person plural forms of the second part. Write some examples on the board using your own family relationships: *Mi esposo/a y yo nos comprendemos y nos ayudamos.* **Part A, Possible answers:** 1. (any two) *se besan, se comprenden, se comunican, se hablan, se quieren, se textean* 2. *se piden perdón, se dan la mano* 3. *se comunican/hablan, se hablan/comunican* 4. (any two) *se enojan, se golpean, se gritan, se insultan, se pelean* 5. (any three) *se enojan, se envían e-mails/mensajes electrónicos, se gritan, se insultan, se pelean*

Actividad 4 Las relaciones personales

A. Trabaja con tu compañero/a para llenar los espacios en blanco con la forma correcta de las palabras del **Vocabulario útil**. **OJO:** No repitas ningún verbo.

1. Estefanía y Franklin son novios y están muy enamorados. Ellos se llevan muy bien: se abrazan, _____, _____ y _____ mucho.
2. Omar y su compañero de trabajo están enojados; han tenido problemas, pero ahora quieren resolverlos. Ellos _____ y _____.
3. Rodrigo vive en California y su hijo Ricardito vive en Colombia, pero están en contacto frecuentemente. Ellos _____ por teléfono y _____ por Skype con frecuencia.
4. Estefanía tiene una hermana de dieciocho años que se llama Viviana. Son buenas amigas, pero, como típicas hermanas, a veces _____ o _____.
5. Rodrigo está divorciado. Él piensa que su ex esposa es una madre excelente, pero no se lleva bien con ella. Ellos _____, _____ y _____.

B. Ahora habla de tus relaciones con las siguientes personas.

1. Mis padres y yo (no) nos llevamos muy bien; por eso nosotros siempre…
2. Mi novio/a (esposo/a) y yo (no) nos llevamos bien. Nosotros…
3. Mi hermano/a y yo (no) nos llevamos muy bien. Nosotros…
4. Mi compañero/a de clase/trabajo y yo (no) nos llevamos muy bien y por eso él/ella y yo siempre…

Vocabulario útil

abrazarse
ayudarse
besarse
casarse
comprenderse
comunicarse
darse la mano
echarse de menos (extrañarse)
enojarse
enviarse e-mails (mensajes electrónicos)
golpearse
gritarse
hablarse
insultarse
pedirse perdón
pelearse
quererse
textearse
verse

Act. 5 (Whole class; pair), **Suggestions:** You may want to have students ask you the questions in part B first. Write your answers on the board so students may use them as models, then have them interview each other. Write *¿Eres/Estás casado/a?* and have students ask each other this question before starting so that they may proceed accordingly. Note the use of *pareja* as *partner* or *mate*. **Follow-up:** These questions lend themselves well to a general class discussion.

Actividad 5 La familia, la amistad y tu pareja

A. Conversa con tu compañero/a.

1. ¿Qué características valoras más en una pareja?
2. ¿Quieres tener una boda grande? Si estás casado/a, ¿fue grande tu boda?
3. ¿Cómo piensas pagar los gastos de tu boda? Si estás casado/a, ¿quién pagó los gastos de tu boda?
4. ¿Dónde va a tener (o tuvo) lugar tu boda?
5. El cincuenta por ciento de los matrimonios en Estados Unidos termina en divorcio. En tu opinión, ¿qué factores contribuyen al fracaso (a la falta de éxito) de tantos matrimonios?
6. ¿Qué características quieres que tengan tus amigos? ¿Cuál de estas cualidades son más importantes en los buenos amigos: la lealtad, la inteligencia, la comprensión o la ayuda incondicional? ¿Cuáles de estas cualidades les ofreces tú a tus amigos?
7. ¿Quiénes son más importantes en tu vida: los amigos íntimos o los miembros de tu familia? ¿Por qué?

Infórmate

Note that, although it is correct to use the verb **ser** with **soltero/a, casado/a, viudo/a,** and **divorciado/a,** some native speakers prefer to use **estar** with **casado/a** and **divorciado/a.** The difference in meaning between **ser** and **estar** in this case is nuanced; you don't need to be concerned about it. However, remember to always use **estar** with **casado/a** and **divorciado/a** if you include a name: **Franklin está casado con Estefanía. Rodrigo está divorciado de Marina.**

B. Ahora… ¡conversa con tu profe!
1. ¿Qué características valora usted más en una pareja?
2. ¿Quiere tener una boda grande? Si está casado/a, ¿fue grande su boda?
3. ¿Dónde va a tener (o tuvo) lugar su boda?
4. En su opinión, ¿qué factores contribuyen al fracaso de tantos matrimonios en este país?
5. ¿Qué características quiere que tengan sus amigos?
6. ¿Quiénes son más importantes en su vida: los amigos íntimos o los miembros de su familia? ¿Por qué?

Entérate

Este es un refrán en forma de consejo sobre el tema del matrimonio. ¿Qué te parece el consejo?

Antes que te cases, mira lo que haces.   *Look before you leap.* (En sentido literal, *Before you get married, look at what you're doing.*)

Las órdenes, los consejos y los buenos deseos

Lee *Infórmate* 13.2–13.3

Infórmate

These impersonal phrases are always followed by the subjunctive, whether affirmative or negative.

(No) Es bueno que…	It is (not) good that…
(No) Es importante que…	It is (not) important that…
(No) Es imposible que…	It is (not) impossible that…
(No) Es mejor que…	It is (not) better that…
(No) Es necesario que…	It is (not) necessary that…
(No) Es preferible que…	It is (not) preferable that…

Act. 6 (Whole class), **Suggestions:** Read these commands aloud, with students following along. Have students guess what *jalar el pelo* means.

Actividad 6 Mandatos para Carlitos

Si piensas un poco en tu niñez, vas a recordar que los niños pasan mucho tiempo escuchando órdenes. Carlitos, el hijo de Omar Acosta Luna, tiene seis años. ¿Quién le da estos mandatos: la prima, el padre o la maestra?

	LA PRIMA	EL PADRE	LA MAESTRA
1. Haz la tarea antes de acostarte.	☐	X	☐
2. Sal de mi cuarto.	X	☐	☐
3. No toques mi muñeca.	X	☐	☐
4. No grites; estoy hablando por teléfono.	☐	X	☐
5. No escribas en tu pupitre.	☐	☐	X
6. Juega conmigo, por favor.	X	☐	☐
7. No me jales el pelo.	X	☐	☐
8. Escribe las respuestas en la pizarra.	☐	☐	X
9. Báñate y lávate los dientes.	☐	X	☐
10. Entrega la tarea a tiempo.	☐	☐	X

Act. 7, Part A (Individual), **Suggestions:** Have students read the *soluciones* and ask any questions on vocabulary. Point out *media jornada* (part-time), *préstamo* (loan), and *confiar* (to trust). **Follow-up:** Encourage students to come up with original solutions for the problems. **Part B** (Whole class; individual; pair), **Suggestions:** Read the model and the sample problems in *Vocabulario útil*. Then give students a few minutes to come up with 3 or 4 problems, from the list or of their own creation. Pair students and encourage them to share their own problems. **Follow-up:** Ask for volunteers to present the mini-dialogues to the class.

Actividad 7 Problemas y soluciones

A. Busca una solución para cada problema. **OJO:** Hay más de una respuesta posible para algunas situaciones.

PROBLEMAS

1. __e, f__ Quiero sacar buenas notas.
2. __d__ Tengo problemas con mi papá. Es muy estricto conmigo.
3. __g, h__ Tengo un ex novio / una ex novia que ya no me gusta, pero él/ella es muy insistente.
4. __b__ Voy a salir con un chico / una chica que no conozco en persona. Lo/La conocí en línea.
5. __a, c__ Mis padres no pueden ayudarme a pagar la matrícula de la universidad.

SOLUCIONES

a. Busca un trabajo de media jornada.
b. Sugiere un lugar público para conocerse en persona.
c. Pide un préstamo en la universidad.
d. Habla con él; dile que necesita confiar más en ti.
e. Estudia más horas al día.
f. Haz la tarea con tu compañero/a de clase.
g. No contestes sus llamadas telefónicas o mensajes de texto.
h. Explícale que no tienes tiempo para una relación.

B. Ahora conversa con tu compañero/a. Uno tiene problemas y el otro le ofrece soluciones.

MODELO: E1: Siempre llego tarde a mi primera clase de la mañana.
E2: Pues tengo la solución para ti. ¡Levántate más temprano!

Vocabulario útil

PROBLEMAS POSIBLES

Siempre llego tarde a mi primera clase.

Mi clase de _____ es muy difícil para mí.

Quiero dejar de fumar.

Quiero ir a España para estudiar, pero no tengo dinero.

Mi carro se me descompuso.

Actividad 8   Los buenos deseos

Conversa con tu compañero/a. Reaccionen con buenos deseos.

MODELO: E1: ¡Chao! Nos vemos en un mes, cuando vuelva de mi viaje.
E2: *¡Que tengas buen viaje!*

1. Se me está haciendo tarde. Ya me voy a clase. ¡Que llegues a tiempo!
2. Tengo un examen hoy; va a ser difícil. ¡Que tengas (buena) suerte! ¡Que te vaya bien!
3. Mi novio/a (esposo/a) está muy enfermo/a, por eso no pude venir a clase ayer. ¡Que se mejore (pronto)!
4. Mañana mi familia y yo salimos para Santo Domingo. Vamos de vacaciones. ¡Que tengan buen viaje!
5. Ya me voy a casa para acostarme. Hasta mañana. ¡Que duermas bien!
6. Estoy muy cansado/a. Necesito una siesta. ¡Que descanses!

Vocabulario útil

¡Que descanses!

¡Que duermas bien!

¡Que llegues a tiempo!

¡Que pases buenas noches!

¡Que pases un buen día!

¡Que se mejore (pronto)!

¡Que te vaya bien!

¡Que tengan buen viaje!

¡Que tengas (buena) suerte!

Actividad 9   Consejos para los amigos

¿Qué consejos les das a tus amigos? Mira los comentarios y reacciona con el consejo apropiado.

MODELO: Todos los días como comida chatarra porque no sé cocinar. →
Es necesario que aprendas a cocinar. / Es importante que comas comidas más saludables. / Es mejor que no comas tanta comida chatarra.

1. Siempre quiero hacer la tarea rápidamente y por eso no la hago bien.
2. Hace meses que no veo a mis padres. ¡Los extraño mucho!
3. Estoy muy cansado/a porque solo duermo seis horas al día.
4. Siempre estoy muy nervioso/a.
5. Mi mejor amigo/a y yo nos peleamos, pero para mí es muy importante nuestra amistad.
6. No me gusta mi área de especialización en la universidad.

Vocabulario útil

comer comidas más saludables	hablar con él/ella
considerar otras posibilidades	tener más paciencia
controlar el estrés	visitar a la familia con frecuencia
dormir ocho horas diariamente	

Comunícate   Las órdenes, los consejos y los buenos deseos

Actividad 10 Recomendaciones sabias

A. Conversa con tu compañero/a.

1. ¿Qué le aconsejas a un estudiante que no tiene dinero para comprar los libros para sus clases, pero que va a comprar un carro nuevo?
2. ¿Qué le recomiendas a una estudiante de dieciocho años que quiere casarse en vez de seguir sus estudios? ¿Por qué le das esa recomendación?
3. ¿Qué le sugieres a un amigo que quiere dejar de fumar?
4. Tienes una amiga que maneja muy rápido y no escucha consejos. ¿Qué le dices?
5. Un profesor está enojado porque sus estudiantes siempre llegan tarde a clase. ¿Qué le recomiendas al profesor?
6. Un amigo ya tiene seis hijas, pero quiere un varón. ¿Qué le aconsejas? ¿Por qué?

B. Ahora… ¡conversa con tu profe!

1. ¿Qué le aconseja a un estudiante que no tiene dinero para comprar los libros para sus clases, pero que va a comprar un carro nuevo?
2. ¿Qué le recomienda a una estudiante de dieciocho años que quiere casarse en vez de seguir sus estudios? ¿Por qué le da esa recomendación?
3. ¿Qué le sugiere a un amigo que quiere dejar de fumar?
4. Usted tiene una amiga que maneja muy rápido y no escucha consejos. ¿Qué le dice?
5. Un profesor que es amigo suyo está enojado porque sus estudiantes siempre llegan tarde a clase. ¿Qué le recomienda a su amigo?

> **¿Recuerdas?**
>
> En el **Capítulo 12 (Infórmate 12.1)** aprendiste algunas expresiones que requieren la forma del subjuntivo. Puedes usar algunas de esas expresiones aquí: **espero que, le aconsejo que, le recomiendo que,** etcétera.

¿Qué le aconsejas a un amigo / a una amiga que quiere casarse tan joven?

Hablando de los consejos

LOS REFRANES

Perro que ladra no muerde.

El martes ni te cases ni te embarques.

Todos los idiomas tienen refranes. Estas expresiones populares reflejan una actitud humana hacia la vida; a la vez reflejan la historia y las tradiciones de las culturas que los usan. Por ejemplo, en español, cuando una persona tiene un dilema difícil de resolver, decimos que está «entre la espada[a] y la pared». Si alguien ofrece su opinión abiertamente, con honestidad, esa persona llama «al pan, pan y al vino, vino»; o sea, que expresa la verdad. La gente que se levanta muy temprano tiene buena suerte. La razón es que «al que madruga,[b] Dios lo ayuda». Si te enfrentas a[c] una situación misteriosa, o si piensas que alguien oculta[d] algo, puedes comentar que «hay gato encerrado[e]». Cuando una persona tiene un problema pero no se da cuenta de[f] que lo tiene, entonces el problema no existe: «ojos que no ven, corazón que no siente».

Muchas de estas expresiones se originan en la literatura y el folclor y forman parte de la tradición oral de cada país, pues pasan de boca en boca. Algunos refranes provienen de la cosmovisión[g] indígena; por ejemplo, «estar de buena o mala luna» significa sentirse bien o mal. Hay dichos[h] que pueden ser muy útiles; por ejemplo, expresan una sabiduría[i] popular, son lecciones para educar a los niños u ofrecen algún tipo de consejo sobre cómo superar nuestros problemas. Aquí hay unos ejemplos.

«Más vale solo que mal acompañado.» Es mejor estar solo que tener amigos malos.

«Hay que consultarlo con la almohada.» Es necesario que lo pienses bien. Siempre es mejor que consideres las decisiones importantes con calma, después de dormir bien.

«Perro que ladra[j] no muerde.[k]» Esto se dice de alguien que siempre amenaza con[l] hacer algo serio, pero no lo hace; es decir, que habla más de lo que hace.

---

[a]*sword* [b]*al… he who wakes up at dawn* [c]*te… you come across* [d]*is hiding* [e]*locked up/in* [f]*no… doesn't realize* [g]*la perspectiva del universo, el espacio y el tiempo que tiene una cultura* [h]*sayings* [i]*wisdom* [j]*barks* [k]*bite* [l]*amenaza… threatens to*

«**Más vale[m] pájaro en mano que cientos volando.**» Lo más seguro es lo que tienes ahora; no importa que sea poco. Debemos estar contentos con lo que tenemos.

«**En martes ni te cases ni te embarques.[n]**» El martes es un día de mala suerte, como el viernes trece en Estados Unidos. No hagas nada importante ese día.

«**Más sabe el diablo[ñ] por viejo[o] que por diablo.**» Uno aprende mucho simplemente por vivir una larga vida; es decir, hay que escuchar los consejos de las personas mayores porque tienen mucha experiencia del mundo.

«**Entre más tienes, más quieres.**» Este refrán te aconseja que no vivas solo para acumular riqueza,[p] pues la ambición puede convertirse en una adicción destructiva.

«**Quien no se arriesga,[q] no gana.**» Si quieres triunfar en la vida, entonces busca y acepta los desafíos.[r]

Como puedes ver, muchos de estos refranes tienen una expresión equivalente o similar en inglés, pero las costumbres y las diferencias poéticas entre las palabras (de rima, ritmo y sentido[s]) hacen que algunos refranes se usen con más frecuencia en ciertos idiomas y ciertas culturas. Los refranes no solo nos ofrecen consejos; también pueden ser humorísticos y nos hacen reír. Sin duda animan las conversaciones.

Y tú, ¿piensas que los refranes son útiles? ¿Los usas con frecuencia? ¿Alguna vez le has enseñado a un amigo o una amiga de otra cultura un refrán que conoces? Puede ser difícil, pero es una buena manera de contemplar y compartir las filosofías de tu cultura y ver qué tan[t] universales son.

---

[m]*is worth* [n]*embark (on a journey)* [ñ]*devil* [o]*por... porque es viejo* [p]*wealth* [q]*se... take a chance, risk something* [r]*challenges*
[s]*rima... rhyme, rhythm, and meaning* [t]*qué... just how*

La crianza

Lee *Infórmate* 13.4

1. El hijo mayor de Ángela manejó el coche de la familia sin permiso y... ¡perdió la llave del coche! Ángela y su hijo han buscado la llave por todas partes, pero no la encuentran.

2. Julia quería hablar con su hija Rachel, pero la niña recibió un mensaje de texto de su amiga y no quiso conversar con su mamá.

3. Ángela descansaba tranquilamente en el patio de su casa cuando escuchó una pelea entre sus dos hijos. Cuando entró a la casa vio que los jóvenes se golpeaban violentamente. Ángela los separó y los castigó, claro.

4. Franklin era un niño obediente. Se portaba mal a veces, como típico niño, pero solo una vez desobedeció a sus padres seriamente. Estaba caminando a casa después de sus clases y sus amigos lo invitaron a jugar al béisbol con ellos. Regresó muy tarde a casa. ¡Sus padres estaban muy preocupados!

5. Antonella necesitaba usar el baño, pero había alguien adentro. Como el baño estaba ocupado, ella tocó a la puerta y preguntó si podía entrar. Entonces escuchó la voz de su hermana desde adentro…

6. De adolescente, Camila tenía una buena amiga, Gisela. Un día, cuando estaban estudiando juntas, Gisela empezó a hostigar a Camila y continuó hostigándola por varias semanas. Camila tuvo que quejarse con el director de la escuela, quien habló con los padres de la chica hostigadora. Camila ya no quiso ser amiga de Gisela, ¡y con razón!

Infórmate

These are the present and past tense forms of the verb **haber**. Note that **hubo** and **había**, like **hay**, are always singular when meaning *there was/were*, even when referring to multiple people or objects.

hay = there is, there are

> **Hay** treinta primos en su familia. — *There are thirty cousins in his family.*

hubo = there was, there were (*completed event*)

> **Hubo** una pelea en la universidad la semana pasada. — *There was a fight at the university last week.*

había = there was, there were (*descriptive past*)

> **Había** muchas personas en la fiesta cuando llegamos. — *There were many people at the party when we arrived.*

Actividad 11 La crianza

A. ¿Asocias estos comentarios con tu niñez o adolescencia? Marca sí o no.

	SÍ	NO
1. A veces peleaba con mis hermanos cuando usaban mi bicicleta.	☐	☐
2. Mis padres me obligaban a comer comidas saludables.	☐	☐
3. Mis padres no creían en el castigo corporal de los niños.	☐	☐
4. Me portaba mal en la escuela y a veces los maestros me castigaban.	☐	☐
5. A veces texteaba a mis amigos mientras cenaba.	☐	☐
6. Mis padres me castigaban cuando yo los desobedecía.	☐	☐
7. Mi familia no era una familia típica; no había papá/mamá.	☐	☐
8. Sufría el abuso de chicos mayores que yo; me hostigaban mucho.	☐	☐
9. Miraba los instagramas de mis amigos después de las clases.	☐	☐
10. Mis hermanos eran cariñosos conmigo.	☐	☐

(Continúa.)

B. Ahora, decide quiénes dirían (*would say*) lo siguiente: tus abuelos, tus padres, ninguno de ellos o todos.

Cuando estábamos criando a nuestros hijos…

1. nunca les permitíamos textear durante la cena.
2. les dejábamos mirar la televisión los fines de semana solamente.
3. a veces les dábamos un par de nalgadas cuando se portaban muy mal.
4. los regañábamos pero nunca les pegábamos.
5. les ayudábamos con la tarea cuando no comprendían algo.
6. les comprábamos libros y a menudo los llevábamos a la biblioteca pública.
7. pasábamos tiempo con ellos jugando, conversando y haciendo varias actividades.
8. les dábamos pequeños premios cuando sacaban buenas notas.

Actividad 12 Los buenos modales

Escucha a tu profesor(a) mientras describe los siguientes dibujos. Indica el dibujo que corresponde a cada descripción.

1.

2.

3.

4.

5.

6.

Actividad 13 Una experiencia de la niñez

A. Completa cada oración con una frase de la columna a la derecha para narrar una experiencia que Franklin tuvo cuando era niño.

1. __j__ Cuando Franklin era niño…
2. __g__ De niño, Franklin siempre…
3. __d__ Una vez, cuando Franklin nadaba en la playa…
4. __b__ Era un día muy bonito y por suerte…
5. __i__ La hermosa criatura marina…
6. __c__ Franklin la tocó, la observó, y luego…
7. __e__ Franklin y sus padres estaban sentados en la arena cuando de pronto…
8. __a__ Rápidamente recogieron sus cosas y…
9. __f__ En ese momento llovía muchísimo y todos…
10. __h__ Pero Franklin estaba contento porque…

a. volvieron a su carro bajo la lluvia.
b. no había mucha gente en la playa.
c. la devolvió al mar.
d. encontró una estrella de mar.
e. ¡empezó a llover!
f. estaban empapados.
g. iba a la playa los fines de semana.
h. pensaba en su amiga, la estrella.
i. era grande y ¡estaba viva!
j. vivía en Quebradillas con sus padres y su hermanita.

B. Ahora conversa con tu compañero/a. Cuéntale de una experiencia que tuviste cuando era niño/a. Considera las siguientes preguntas: ¿Dónde vivías y con quién? ¿Qué hacías con frecuencia? ¿Qué pasó una vez, cuando hacías esa actividad? ¿Qué hiciste?

MODELO: Cuando yo era niño, vivía en Seattle con mis padres y hermanos. Mi familia acampaba en la montaña todos los veranos. Una vez, cuando estábamos acampando, ¡vimos un oso enorme! El oso estaba lejos del campamento, pero yo podía verlo bien. ¡Parecía feroz! Entonces…

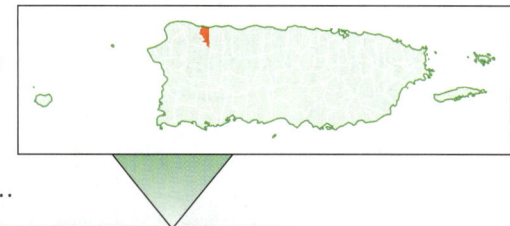

Entérate

Como ya sabes, Franklin es quebradillano, es decir, nació en Quebradillas, ciudad en la costa noroeste de Puerto Rico. Esta ciudad se conoce como «La Guarida del Pirata» (*The Pirate's Hideout*) porque, según la leyenda, cerca de Quebradillas se escondían (*hid out*) los piratas y guardaban su contrabando. «Quebradillas» significa *small streams* y el nombre de esta ciudad viene del gran número de riachuelos (pequeños ríos) que fluyen por todas partes. En Quebradillas se encuentra una de las veinte reservas forestales de la isla y también hermosas playas, como la Playa Guajataca.

Actividad 14 El comportamiento

Imagínate que eres la madre o el padre en las siguientes situaciones. ¿Qué dices?

MODELOS: Tu hijo/a adolescente se ha portado mal con su hermanito últimamente. →

«Tu hermanito es mucho más pequeño que tú. Sé más paciente con él, por favor.» «Quiero que seas más paciente con él, por favor.»

Tu hijo/a tiene cuatro años y…

1. no quiere jugar con el hijo / la hija de un amigo tuyo que ha llegado de visita.
2. te ha preguntado si de veras existe Papá Noel (Santa Clós).
3. no quiere bañarse; siempre grita y corre por toda la casa a la hora del baño.
4. llora cuando no lo/la dejas mirar la televisión.

Tu hijo/a adolescente…

5. se ha enamorado de un(a) chico/a que tiene mala reputación.
6. pasa entre cinco y seis horas al día chateando, texteándose con sus amigos y mirando instagramas.
7. se ha hecho un pequeño tatuaje de su grupo musical favorito en el pecho. Ahora quiere hacerse varios tatuajes en los brazos.
8. últimamente se ha negado a cooperar con los quehaceres de la casa. Nunca limpia su cuarto.
9. insiste en que quiere una gran fiesta de cumpleaños, pero la familia no tiene dinero para una celebración tan cara.
10. se porta mal en la escuela; recientemente ha estado hostigando a chicos menores que él/ella.

Infórmate

In **Infórmate 12.1,** you learned a few expressions of volition, which require the subjunctive: **aconsejar que, querer que, recomendar que, pedir que,** and **sugerir que.** Here are some similar verbs. You can use some of them in this activity.

dejar que	to allow (to)	permitir que	to permit (to)
desear que	to desire/wish (that)	prohibir que	to forbid (from)
exigir que	to demand (that)	rogar (ue) que	to beg/plead (to)
mandar que	to command (that)		

Entérate

En la cultura hispana la celebración más importante para las muchachas es la fiesta de los quince años, que también se conoce como «la fiesta rosa». Este festejo representa la transición entre la vida de una niña y el mundo de una mujer. La muchacha que celebra su cumpleaños es **la quinceañera** y lleva un vestido blanco o color de rosa elegante. La chica va acompañada de catorce amigas, que son sus «damas», y catorce muchachos, que son los «chambelanes». El padre de la quinceañera baila el primer vals con su hija, presentándola así en la sociedad. La música sigue hasta tarde en la noche, y siempre hay mucha comida rica y muchos regalos para la quinceañera.

La fiesta de los quince años es una celebración importante para muchas jovencitas hispanas. En la fiesta la acompañan sus padres, padrinos, damas y chambelanes.

Actividad 15   La opinión de dos expertos

A. Aquí tienes la opinión de dos expertos en el campo de la psicología infantil sobre el uso del castigo corporal. Lee sus opiniones y piensa en tu opinión sobre este tema.

DOCTOR JUAN ALBERTO ROMÁN DÍAZ Psicólogo, Universidad de Puerto Rico en Río Piedras	DOCTORA EMELDA VÉLEZ SAAVEDRA Pediatra, Santo Domingo, República Dominicana
• La violencia física nunca resuelve el mal comportamiento de los niños.	• A veces el castigo corporal es lo único que les hace poner atención a los niños.
• El castigo corporal muchas veces provoca acciones violentas por parte de los niños.	• Les recomiendo a los padres que no les peguen a sus hijos nunca en un momento de enojo; esperen hasta sentirse más calmados.
• Le recomiendo que mande a su hijo/a a su cuarto. Espere a que los dos se calmen y luego háblele lógicamente sobre sus acciones.	• Péguele únicamente en las nalgas, nunca en las piernas, en la cabeza o en la espalda.
• No le pegue a su hijo/a. Mejor, prívele[a] de sus actividades o cosas favoritas.	• Después de la nalgada, le aconsejo que mande a su hijo/a directamente a su cuarto para que piense en lo que hizo.
• Recuerde que el mal comportamiento de su hijo/a siempre debe tener consecuencias; los niños quieren que los padres le pongan límites a su comportamiento.	• Le sugiero que hable con su hijo/a después de una media hora; repítale sus expectativas[b] para el comportamiento de él/ella.

[a]*deprive him/her*   [b]*expectations*

B. Ahora conversa con tu compañero/a.

LA OPINIÓN DE LOS EXPERTOS

1. ¿Dónde y cuándo dice la doctora Vélez que se le debe pegar al niño?
2. Según el doctor Román, ¿qué consecuencias puede tener el castigo corporal?
3. ¿Qué nos recomienda el doctor Román en vez de dar nalgadas?
4. ¿Qué nos aconseja la doctora Vélez para después de dar nalgadas?

(Continúa.)

TU EXPERIENCIA

5. De niño/a, ¿hiciste algo alguna vez que enojó mucho a tus padres? ¿Qué fue? ¿Te castigaron?

6. De niño/a, ¿te daban nalgadas tus padres?

7. ¿Les pegas a tus hijos? Si no tienes hijos, ¿piensas pegarles cuando los tengas?

8. ¿Estás de acuerdo con la opinión del doctor Román, que la violencia física de parte de los padres provoca acciones violentas en los niños?

9. ¿Estás de acuerdo con la doctora Vélez, que a veces los niños solo ponen atención cuando sus padres les pegan?

10. ¿Qué opinas sobre el castigo corporal? ¿Con cuál de estos dos expertos estás de acuerdo?

Actividad integral

Mensajes para la pediatra

La doctora Natalia Ríos Beltré, pediatra en San Juan, Puerto Rico, ha recibido tres mensajes electrónicos de los padres de sus pacientes. Lee los mensajes y trabaja con tu compañero/a para contestarlos, dándoles a los padres consejos para resolver su problema.

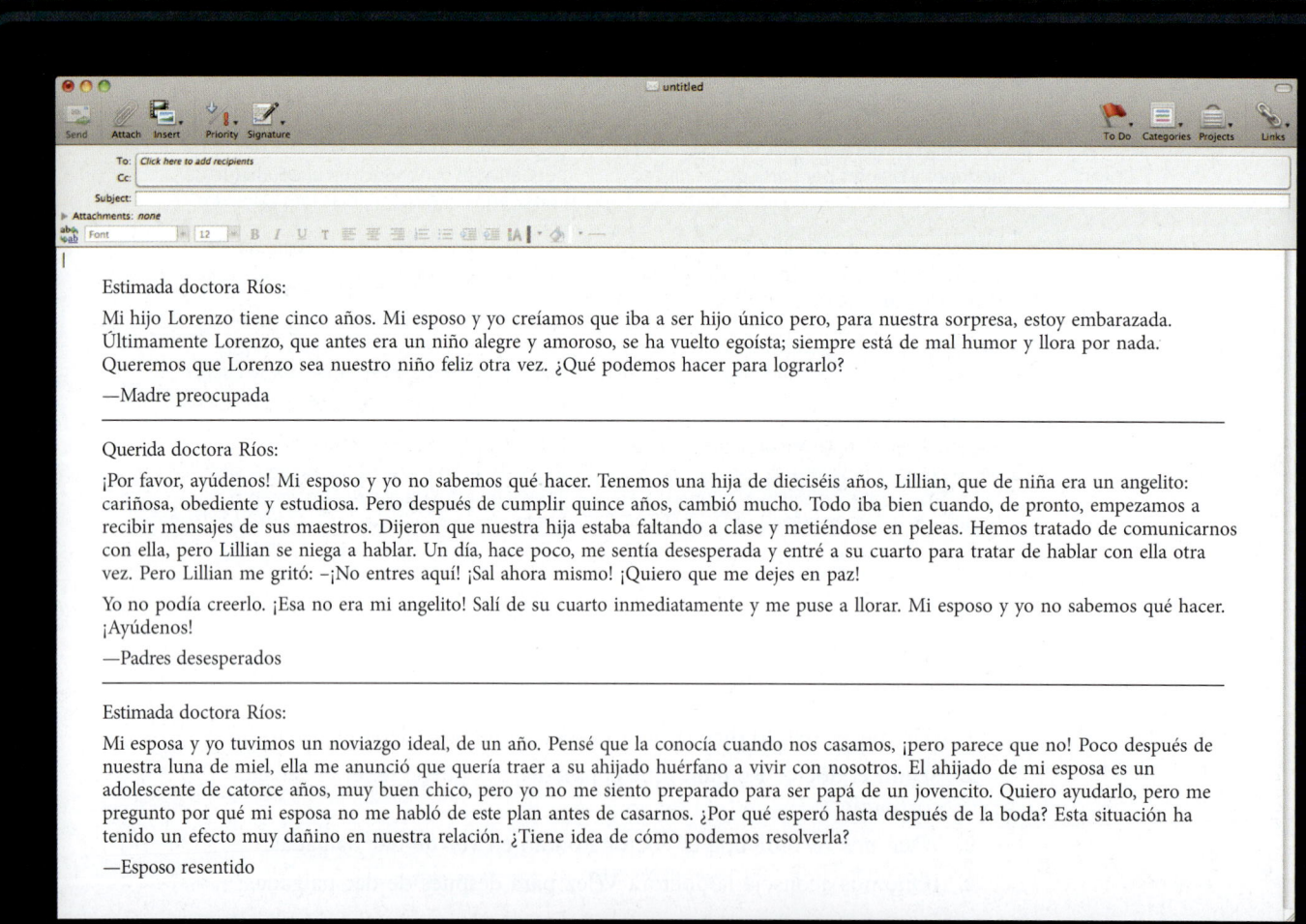

Estimada doctora Ríos:

Mi hijo Lorenzo tiene cinco años. Mi esposo y yo creíamos que iba a ser hijo único pero, para nuestra sorpresa, estoy embarazada. Últimamente Lorenzo, que antes era un niño alegre y amoroso, se ha vuelto egoísta; siempre está de mal humor y llora por nada. Queremos que Lorenzo sea nuestro niño feliz otra vez. ¿Qué podemos hacer para lograrlo?

—Madre preocupada

Querida doctora Ríos:

¡Por favor, ayúdenos! Mi esposo y yo no sabemos qué hacer. Tenemos una hija de dieciséis años, Lillian, que de niña era un angelito: cariñosa, obediente y estudiosa. Pero después de cumplir quince años, cambió mucho. Todo iba bien cuando, de pronto, empezamos a recibir mensajes de sus maestros. Dijeron que nuestra hija estaba faltando a clase y metiéndose en peleas. Hemos tratado de comunicarnos con ella, pero Lillian se niega a hablar. Un día, hace poco, me sentía desesperada y entré a su cuarto para tratar de hablar con ella otra vez. Pero Lillian me gritó: –¡No entres aquí! ¡Sal ahora mismo! ¡Quiero que me dejes en paz!

Yo no podía creerlo. ¡Esa no era mi angelito! Salí de su cuarto inmediatamente y me puse a llorar. Mi esposo y yo no sabemos qué hacer. ¡Ayúdenos!

—Padres desesperados

Estimada doctora Ríos:

Mi esposa y yo tuvimos un noviazgo ideal, de un año. Pensé que la conocía cuando nos casamos, ¡pero parece que no! Poco después de nuestra luna de miel, ella me anunció que quería traer a su ahijado huérfano a vivir con nosotros. El ahijado de mi esposa es un adolescente de catorce años, muy buen chico, pero yo no me siento preparado para ser papá de un jovencito. Quiero ayudarlo, pero me pregunto por qué mi esposa no me habló de este plan antes de casarnos. ¿Por qué esperó hasta después de la boda? Esta situación ha tenido un efecto muy dañino en nuestra relación. ¿Tiene idea de cómo podemos resolverla?

—Esposo resentido

Exprésate

Escríbelo tú,
Suggestions: Before you assign this composition as homework, have students review *Infórmate 13.4*. Then read the model paragraph to the class, pointing out steps 1–4 in the development of the story as you read. You may want to write a brief outline on the board: *1. Una tarde Franklin estaba esperando el autobús. 2. De pronto vio a Sebastián en su carro. 3. Franklin subió al autobús y notó que estaba lleno de gente; llegó a casa. 4. Abrió la puerta y encontró a sus amigos.* If time permits, provide another model, based on an experience of your own. **Follow-up:** Have volunteers share their compositions with the class or in groups for extra practice.

ESCRÍBELO TÚ

Un evento inolvidable

Narra un evento inolvidable de tu pasado. Puede ser una fiesta, una celebración, un incidente, un viaje o un encuentro con alguien. Usa estos pasos para guiarte.

1. Describe la escena: el momento, el lugar y lo que estaba pasando.
2. Cuenta lo que pasó de pronto (*suddenly*).
3. Continúa la narración.
4. Narra el resultado e incluye un final.

Mira el modelo, que detalla una experiencia que tuvo Franklin una tarde cuando regresaba a casa en autobús. Las formas de los verbos (pretérito o imperfecto) se indican entre paréntesis.

MODELO: Una tarde (yo) **estaba esperando** (*imperfecto*) el autobús para ir a casa. A veces uso el transporte público cuando no quiero manejar. Esa tarde **llovía** (*imperfecto*) mucho y yo **me sentía** (*imperfecto*) cansado después de un día difícil en el trabajo. Entonces **vi** (*pretérito*) a mi amigo Radamés que **pasaba** (*imperfecto*) en su carro. Lo **saludé** (*pretérito*) y él me **saludó** (*pretérito*) también, pero **no paró** (*pretérito*). El autobús **llegó** (*pretérito*), **me subí** (*pretérito*) y **noté** (*pretérito*) que **estaba** (*imperfecto*) lleno de gente; muchas personas **iban** (*imperfecto*) de pie.[a] Por fin **llegamos** (*pretérito*) a mi parada de autobús. **Me bajé** (*pretérito*) y **caminé** (*pretérito*) a casa. La casa **estaba** (*imperfecto*) totalmente oscura, como siempre. Pero entonces, cuando **abrí** (*pretérito*) la puerta, Estefanía y todos mis amigos **me gritaron** (*pretérito*): «¡Feliz cumpleaños, Franklin!» ¿Y sabes quién **estaba** (*imperfecto*) allí también? ¡Mi amigo Radamés! Después de todo, **resultó**[b] (*pretérito*) ser un día maravilloso y una experiencia inolvidable.

[a]*iban… were standing* [b]*it turned out*

Lee y completa la actividad entera en el *Cuaderno de actividades* o en Connect Spanish.

CUÉNTANOS

Tu pariente menos favorito

Cuéntanos sobre un pariente con quien no te llevas bien. ¿Cuál es el parentesco entre ustedes? ¿Cómo se llama esta persona? ¿Dónde vive? ¿Cuántos años tiene? ¿Cómo es? ¿Por qué no se llevan bien ustedes? ¿Hay posibilidad de que mejore la relación algún día? ¿Quieres que mejore? ¿Qué puedes hacer para lograrlo? Usa el modelo y la tabla para guiarte.

MODELO: No me llevo nada bien con mi tío John. Él vive en Houston y es bombero. Mi tío tiene cuarenta y ocho años; es muy hablador (habla mucho) y tiene opiniones muy fuertes. No nos llevamos bien porque siempre me da consejos que no quiero. Él cree que sabe manejar mi vida mucho mejor que yo. Siempre hace comentarios negativos sobre mi ropa, mis amigos, mis notas en la escuela, en fin, sobre todo. Afortunadamente solo veo al tío John una vez al año, en Navidad. Sí, yo quiero que mejore nuestra relación pero creo que va a ser difícil. Yo no puedo hacer nada para lograrlo pero él sí: ¡que cambie de personalidad!

¿CUÁL ES EL PARENTESCO DE USTEDES? ¿CÓMO SE LLAMA ESTA PERSONA?	
No me llevo (muy/nada) bien con ____ .	No me llevo nada bien con mi tío John.
¿DÓNDE VIVE? ¿EN QUÉ TRABAJA?	
Él/Ella vive en ____ y es ____ .	Él vive en Houston y es bombero.
¿CUÁNTOS AÑOS TIENE? ¿CÓMO ES?	
Mi ____ tiene ____ años; es ____ y ____ .	Mi tío tiene cuarenta y ocho años; es muy hablador y tiene opiniones muy fuertes.
¿POR QUÉ NO SE LLEVAN BIEN USTEDES?	
No nos llevamos bien porque ____ . Él/Ella cree que ____ . Siempre/Nunca ____ .	No nos llevamos muy bien porque mi tío siempre me da consejos que no quiero. Él cree que sabe manejar mi vida mucho mejor que yo. Siempre hace comentarios negativos sobre mi ropa, mis amigos, mis notas escolares, en fin, sobre todo. Afortunadamente solo veo al tío John una vez al año, en Navidad.
¿HAY POSIBILIDAD DE QUE MEJORE LA RELACIÓN ALGÚN DÍA? ¿QUIERES QUE MEJORE?	
Sí/No, yo (no) quiero que mejore pero creo que ____ .	Sí, yo quiero que mejore nuestra relación pero creo que va a ser difícil.
¿QUÉ PUEDES HACER PARA LOGRARLO?	
Yo (no) puedo ____ .	Yo no puedo hacer nada para lograrlo pero él sí: ¡que cambie de personalidad!

Entérate

Mundopedia

1. Los nombres en el mundo hispano
2. El arpa paraguaya
3. El cine argentino
4. Quito y Mitad del Mundo
5. ¡Grandes fiestas!
6. La escritora chilena Isabel Allende
7. El Carnaval de Barranquilla
8. El Cinco de Mayo
9. La Diablada de Oruro
10. La música de Cuba
11. Los paradores de España
12. Mérida, ciudad en la montaña
13. **Los festivales dominicanos**
14. El misterio de las ciudades mayas
15. Los logros de Costa Rica

Los festivales dominicanos

Cartel de la Feria Internacional del Libro de Santo Domingo de 2012

Vocabulario de consulta

cuenta con	tiene
se lucen	shine (*fig.*)
cortometraje	short film
fomenta	promotes, fosters
cinematográfica	film (*adj.*)
concurrido	well attended
promueve	promote
se enorgullecen	pride themselves
alcance	reach

La República Dominicana **cuenta con** una gran cantidad de atractivos culturales y muchos de ellos se presentan en forma de festival. Los festivales más importantes de la República Dominicana celebran la música jazz, el teatro, la danza, el cine, el arte, la fotografía, la cocina caribeña, el café y los libros, ¡en una multitud de eventos culturales!

EL JAZZ, EL TEATRO Y LA DANZA

El Festival de Jazz de República Dominicana es un evento que se celebra cada año en la costa norte del país, en el pueblo de Sosúa, que está junto al mar. Muchos participantes de este festival comentan el efecto mágico que tiene el sonido de las olas cuando se une a la música de grandes intérpretes de jazz. Y para las personas apasionadas por el teatro, la capital dominicana ofrece el Festival Internacional de Teatro de Santo Domingo. En este evento se presentan obras, grupos, directores y actores nacionales e internacionales. Los que aman la danza tienen el Festival Edanco, que se presenta en el Palacio de Bellas Artes de Santo Domingo, y en el cual **se lucen** bailarines del país y de todo el mundo.

EL CINE, LAS ARTES VISUALES Y LA FOTOGRAFÍA

Las artes visuales tienen un lugar importante entre todas las celebraciones dominicanas. En Santo Domingo se celebra, por ejemplo, el Festival Dominicano de **Cortometrajes** del Nuevo Cine, que **fomenta** la creación **cinematográfica** en toda la región del Caribe. Los organizadores de este festival se enfocan en el impacto del cine independiente en la sociedad y la cultura dominicanas. Otra celebración de películas caribeñas es el Festival de Cine Global Dominicano, que se enfoca tanto en el cine documental como en el dramático. Para los que disfrutan del arte, la República Dominicana organiza la Feria Internacional de Arte, también conocida como la FIART, que se presenta en el Palacio de Bellas Artes de Santo Domingo. La FIART ofrece una impresionante galería de las artes visuales y una exposición de arte contemporáneo. Otro evento importante es Photoimagen, el festival de fotografía más grande del país. En este festival participan artistas y profesionales de este campo, como también fotógrafos jóvenes que buscan un público para su obra.

LA COCINA CARIBEÑA Y EL CAFÉ

Entre todos los eventos sobre el arte culinario de la República Dominicana, se destaca Taste Santo Domingo, en el cual se puede observar deliciosas presentaciones de la cocina dominicana y saborear platos exquisitos preparados por chefs nacionales e internacionales. El café también tiene su celebración especial, el Festicafé, un evento de café orgánico muy **concurrido** que se celebra en Polo, una comunidad en medio de la Sierra de Bahoruco.

LA CELEBRACIÓN DE LOS LIBROS

Una de los festejos públicos más importantes del Caribe es la Feria Internacional del Libro de Santo Domingo, que se celebra todos los años en mayo y tiene lugar en la Plaza de la Cultura Juan Pablo Duarte. Esta feria no solo **promueve** los libros, la literatura, el placer de leer, sino que ofrece una gran variedad de programas culturales. Entre las presentaciones se incluye música en vivo, danza, teatro de calle y cantantes populares. Los organizadores de la feria **se enorgullecen** del **alcance** que tiene esta festividad, pues todo el pueblo dominicano participa en el evento y disfruta de esta feria sin costo alguno. Todos los eventos y las presentaciones son gratis.

La República Dominicana es el país ideal para aquellos que quieran disfrutar de una gran variedad de formas culturales como el cine, el teatro y los libros. Los festivales dominicanos ofrecen de todo para todos.

COMPRENSIÓN

Contesta las preguntas.

1. ¿Dónde tiene lugar el Festival de Jazz de República Dominicana?
2. ¿Qué se presenta en el Festival Internacional de Teatro de Santo Domingo?
3. ¿En qué se enfoca el Festival Dominicano de Cortometrajes del Nuevo Cine?
4. ¿Qué tipo de arte se presenta en la FIART?
5. ¿Quién participa en el festival Photoimagen?
6. ¿Qué festival celebra el arte culinario?
7. ¿Dónde tiene lugar el Festicafé?
8. Además de presentaciones de libros, ¿qué otros programas culturales se presentan en la Feria Internacional del Libro de Santo Domingo?
9. ¿Cuánto cuesta la entrada a los eventos de la Feria Internacional del Libro?

Comprensión (Answers): 1. en Sosúa, en la costa norte del país 2. obras, grupos, directores y actores nacionales e internacionales 3. en el impacto del cine independiente en la sociedad y la cultura dominicanas 4. artes visuales, arte contemporáneo 5. artistas y profesionales de fotografía, jóvenes fotógrafos 6. Taste Santo Domingo 7. en Polo, una comunidad en medio de la Sierra de Bahoruco 8. música en vivo, danza, teatro de calle y cantantes populares 9. No cuesta nada; todo es gratis.

Voces, Note: The aim of this section is to introduce students to the linguistic variety within the Spanish-speaking world; we do not expect students to use this vocabulary in their own production. You may want to expand the list with these words from Puerto Rico and the Dominican Republic: *janguear* (*salir a pasarla bien*, to hang out, P.R.); *dar bola negra* (*no tomar en cuenta a una persona, no invitarla a un evento*, D.R.). If you know other regional terms from Puerto Rico and the Dominican Republic, you may want to share them with your students as well.

Voces puertorriqueñas

un coco	un enamoramiento, una fuerte atracción
comer jobo	no asistir a clases
un jaleo	un dolor de estómago
maceta	tacaño/a
el/la neoyorriqueño/a	Nuyorican (*a Puerto Rican person from New York*)
el revolú	el caos, el desorden

Voces dominicanas

apéameuno	zapatos muy baratos
un chin	un poquito
un fracatón	una gran cantidad de algo
¡Guay!	¡Caramba!, Wow!
hacer bulto	hacer un escándalo, hablar muy alto
un rebú	una pelea entre varias personas
un yeyo	fainting spell

CONEXIÓN CULTURAL

PUERTO RICO, EN BÚSQUEDA DE IDENTIDAD

La relación de Puerto Rico con Estados Unidos es compleja. Desde 1952 Puerto Rico es un estado libre asociado (*commonwealth*) de este país y es la única nación hispana que tiene esta designación política. Los puertorriqueños tienen los privilegios de los ciudadanos estadounidenses, pero no tienen representación de voto en el Congreso ni tienen derecho (*the right*) a votar en las elecciones federales. En cambio, sí pueden enrolarse (*enlist*) en el ejército y, de hecho, los puertorriqueños han participado en todas las guerras de Estados Unidos desde 1898. Esta situación peculiar de Puerto Rico es motivo de debate y conflicto en la isla caribeña. Algunos puertorriqueños opinan que su país debe ser territorio de Estados Unidos e incorporarse a este país como estado, mientras que otros rechazan (*reject*) esta identidad ambigua y luchan por conseguir la independencia. ¿Qué opinas tú? Antes de formar una opinión, lee la lectura «Puerto Rico: en búsqueda de identidad» en el *Cuaderno de actividades* o en Connect Spanish y ¡entérate!

Videoteca

Amigos sin Fronteras
Episodio 13: ¡Que vivan los novios!

Note: Both video clips can be seen on the DVD to accompany *Tu mundo* or in Connect Spanish.

Resumen

Franklin y Radamés están en un café, conversando sobre los planes de boda de Franklin y Estefanía. Luego Claudia y Nayeli se encuentran con ellos en el café. Nayeli los invita a su casa para mostrarles unas fotos de la boda de su tía Margarita y les cuenta una anécdota chistosa de esta tía. Resulta que (*It turns out that*) Margarita llegó a la iglesia el día de la boda, esperó y esperó, ¡pero el novio no se apareció!

Preparación para el video

A. ¡Comencemos! Mira la foto y contesta las preguntas.
1. ¿Como se llaman las personas que están viendo las fotos de Nayeli? *Franklin, Claudia, Radamés y Nayeli*
2. ¿Cómo están las personas en la foto del iPad? *Están enojadas.*
3. ¿Por qué crees que están así estas personas? ¿Qué crees que está pasando? *Answers will vary.*

Comprensión del video

B. La idea principal. Marca la idea principal del video.
1. Las chicas felicitan a Franklin porque va a casarse muy pronto.
2. Nayeli cuenta una anécdota para demostrarle a Franklin que es importante que recuerde bien la fecha de su boda.
3. Franklin cree que Radamés no tiene tiempo para casarse y tener familia.
4. La chica de las fotos dijo que no quería quedarse soltera y fue a casa de su novio.

Vocabulario de consulta	
¡Que vivan los novios!	Long live the bride and groom!
chistosita	funny
por si acaso	just in case
vigilado	watched
anécdota	anecdote, story
valiente	brave
bostezando	yawning
no había cambiado de opinión	he hadn't changed his mind
¡No es para menos!	Understandably so!

C. ¿Cierto o falso?
1. Las chicas están contentas porque Franklin va a casarse. **C**
2. Franklin les confiesa a las chicas que a veces se le olvidan las cosas importantes. **F**
3. El padre de Nayeli tomó fotos de la boda de Margarita, la tía de Nayeli. **C**
4. El novio de Margarita llegó muy tarde a la iglesia. **F**
5. El cura no quiso casar a Margarita y a Javier porque Javier llevaba su pijama y no un traje de boda. **F**

D. Detalles. Contesta las preguntas según la información en el video.
1. ¿Por qué felicitan Nayeli y Claudia a Franklin? Porque se va a casar.
2. ¿Qué le recomienda Nayeli a Franklin en relación con la fecha de su boda? Recomienda que recuerde la fecha de la boda.
3. ¿A quién se le olvidó la fecha de su boda, según Nayeli? Se le olvidó a Javier, el esposo de la tía de Nayeli.
4. Según Nayeli, ¿cómo es su tía? ¿Qué hizo ella antes de la boda? Su tía es súper organizada y planeó hasta el último detalle de la boda.
5. Nayeli les muestra tres fotos al principio de su narración. ¿Cómo están la novia y sus padres en cada una? En la primera están contentos, en la segunda, preocupados y en la tercera enojados.

Mi país PUERTO RICO Y LA REPÚBLICA DOMINICANA

Comprensión

1. ¿Para qué van a viajar Franklin y Estefanía al Caribe? para su luna de miel
2. ¿Qué isla se conoce como la Isla del Encanto? Puerto Rico
3. ¿Cómo se llama el único bosque lluvioso de Estados Unidos y dónde está? el Parque Nacional el Yunque y está en Puerto Rico
4. ¿Cuál es el deporte preferido en Puerto Rico? el béisbol
5. ¿De quién es la estatua en la plaza enfrente de la catedral en Santo Domingo? Cristóbal Colón
6. ¿Quiénes vivían en Puerto Rico y en la República Dominicana antes de llegar los españoles? los taínos
7. ¿Qué actividades se puede hacer en las playas dominicanas? Nombra dos. hacer windsurf, bucear, pescar, disfrutar del sol

El Fuerte de San Felipe del Morro, Puerto Rico

La catarata de La Mina en el Parque Nacional el Yunque, Puerto Rico

Infórmate

13.1, Note: This section is the first time students are presented with *ser* and *estar* in contrasting contexts. It summarizes what students already know about the meanings of *ser* and *estar* and introduces contrast in two contexts: location and description. The main idea is that *ser* refers to the norm (an inherent quality; what makes you who you are) and *estar* refers to a transitory state.
Suggestion: Direct students' attention to these drawings. Read the captions aloud.

13.1 Describing: ser and estar

Marcela Arellano es una mujer muy activa. Esta semana hizo mucho ejercicio y hoy está muy cansada.

Omar Acosta es un hombre muy feliz. Hoy está deprimido porque no salió muy bien en un examen.

> **¿Recuerdas?**
> ¿Recuerdas los usos de **ser** que ya aprendiste? Repasa las secciones de **Infórmate 1.1, 2.4** y **4.1.**
> **ser** = *to be* (inherent quality)
> ¿Quién es...? *Who is...?*
> ¿De dónde es...? *Where is (someone/something) from?*
> ¿Dónde es...? *Where is (an event)?*
> ¿Cómo es? *What is (someone/something) like?*

> **¿Recuerdas?**
> ¿Recuerdas los usos de **estar** que ya aprendiste? Repasa la sección **Los saludos** en el **Capítulo 1, Infórmate 2.2** y la sección **Los estados físicos y anímicos** en el **Capítulo 5.**
> **estar** = *to be* (transitory state and location)
> ¿Cómo está...? *How is (someone) feeling/doing?*
> ¿Dónde está...? *Where is (a person or thing)?*

A. To identify someone or something, use the verb **ser** followed by a noun.

—¿Quién **es** ese **muchacho**?
—**Es Guillermo,** el hermano de Estefanía.

Who is that boy?
That's Guillermo, Estefanía's brother.

—Este vestido es muy hermoso.
—Sí, **es** el **vestido de novia** que llevó mi abuelita.

This dress is very beautiful.
Yes, it's the wedding dress that my grandmother wore.

430 . cuatrocientos treinta **Capítulo 13** La familia y la crianza

B. Use the verb **ser** to tell the location of an event.

—¿Dónde va a **ser** la ceremonia?	*Where is the ceremony going to be (held)?*
—(**Va a ser**) En la capilla.	*(It is going to be) In the chapel.*
—¿Dónde **es** la recepción?	*Where is the reception?*
—(**Es**) En un salón del hotel.	*(It is) In a hall at the hotel.*

C. The verb **ser** is used to tell the date, the month, the day, and the hour.

Hoy **es** el veinticinco de marzo.	*Today is March 25.*
Quiero dormir la mañana. ¡**Es** domingo!	*I want to sleep in. It's Sunday!*
Son las once de la noche pero no tengo sueño todavía.	*It's 11:00 p.m. but I'm not sleepy yet.*

D. Impersonal expressions also take **ser.**

Es importante que los recién casados tengan una luna de miel inolvidable.	*It is important that the newlyweds have an unforgettable honeymoon.*
No es necesario que gastes tanto dinero en un regalo.	*It isn't necessary that you spend (for you to spend) so much money on a present.*
Es mejor que te acuestes temprano.	*It is better that you go to bed early.*

E. Use the verb **estar** to give the location of people or things.

—¿Dónde **está** el novio?	*Where is the groom?*
—Creo que **está** en el baño.	*I think he is in the bathroom.*

F. To form the progressive tenses, use **estar** with a present participle.

—¿Qué **estaban haciendo** el padrino y la madrina?	*What were the best man and maid of honor doing?*
—**Estaban saludando** a los invitados que llegaban.	*They were greeting the guests who were arriving.*

G. Although **ser** and **estar** are both used with adjectives to describe nouns, they are used in different situations. An adjective with **ser** tells what someone or something is like, emphasizing identification or inherent characteristics. An adjective with **estar** describes the condition of someone or something at a particular moment.

La novia **es** muy hermosa. **Es** alta, de pelo negro y **es** joven.	*The bride is very beautiful. She is tall, has black hair, and is young.*
La boda empieza en dos horas y la novia **está** un poco nerviosa.	*The wedding starts in two hours and the bride is a bit nervous.*
La clase de historia normalmente **es** aburrida, pero hoy **está** interesante.	*History class is usually boring, but today it is interesting.*

Infórmate 13.1 Describing: **ser** and **estar**

By using **estar** with an adjective usually associated with **ser,** we can emphasize how something is or looks *right now*, rather than how it is normally. Thus, the choice between **ser** + *adjective* and **estar** + *adjective* emphasizes the difference between the norm and variation from the norm.

Te aseguro que **generalmente** el mar aquí **es** tranquilo y limpio y las olas **son** pequeñas. Pero **hoy está** todo muy feo. Las olas **están** muy grandes y el mar **está** sucio por la tormenta de anoche.	*I assure you that the ocean here is usually calm and clear, and the waves are small. But today everything is very ugly. The waves are very large, and the ocean is dirty due to last night's storm.*

Because the choice of **ser** and **estar** with an adjective clarifies something as typical or atypical (or especially true for a particular situation), notice how you can convey different meanings even when using the same adjective.

es bonito/a	*is pretty*		**está** bonito/a	*looks pretty*
es generoso/a	*is generous*		**está** generoso/a	*is being generous*
es nervioso/a	*is a nervous person*		**está** nervioso/a	*is nervous now*

La novia **es bonita** y es muy parecida a su madre.	*The bride is pretty, and she looks a lot like her mother.*
¿Viste entrar la novia? **Está** muy **bonita** con ese vestido elegante.	*Did you see the bride come in? She looks very pretty in that elegant dress. (She might be a pretty woman or she might not be, but estar implies that she looks especially pretty right now.)*

In a few cases, the meaning of the adjective is quite different depending on whether it is used with **ser** or **estar.**

es aburrido/a	*is boring*		**está** aburrido/a	*is bored*
es listo/a	*is clever*		**está** listo/a	*is ready*
es verde	*is green*		**está** verde	*looks green; is unripe*

—¿Por qué no te gusta la clase? ¿**Es aburrido** el profesor?	*Why don't you like the class? Is the professor boring?*
—No, él es buen profesor. Pero no me interesa mucho la estadística y por eso siempre **estoy aburrida** en su clase.	*No, he's a good teacher. But I'm not very interested in statistics and so I'm always bored in his class.*

Note the difference between **ser** and **estar** in the following cases.

ser	estar
Identification Es hombre.	Present Progressive Está comiendo.
Description of Norm Es bonita.	Description of State Está enferma.
Location of Event El baile es aquí.	Location of People, Things El muchacho está aquí.

Ser

Identification:
ser + noun
  Es abogado.
  Son los padres de Franklin.

Description:
ser + adjective
  Soy entusiasta.
  Eran ricos.

Location of an event: **ser** + location
  ¿Dónde es la conferencia?
  Los conciertos son en la Peña Cultural.

Estar

To be doing something:
estar + present participle
  Estoy mirando mis fotos de instagrama.
  A las cinco estaban nadando.

Description of current condition:
estar + adjective
  ¿Estás triste?
  Estaban enojados.

Location of someone or something:
estar + location
  ¿Dónde está la universidad?
  Mis hijos están en casa de sus abuelos.

Ejercicio 1

Indica el verbo que mejor completa cada oración.

1. La fiesta va a **ser / estar** en el parque.
2. ¡Mira! Eloy y Claudia **son / están** en la tienda de la esquina.
3. Nunca compro la ropa de esa tienda porque **es / está** muy cara.
4. ¿Los chicos que **son / están** jugando en el jardín? **Son / Están** mis primos.
5. **Somos / Estamos** muy cansados. Hicimos mil cosas hoy.
6. Trabajé en la oficina hasta las diez de la noche ayer. **Soy / Estoy** bastante trabajador, ¡pero eso es demasiado!

Ejercicio 2

¿Ser o **estar?** Lee el contexto con mucho cuidado.

1. Antonella _____ muy aburrida porque esta película _____ aburridísima. ¡Prefiere estudiar!
2. —¿Tienes hambre? Come una manzana.
   —¡Ay, no! Esas _____ manzanas rojas pero todavía _____ verdes. No quiero enfermarme.
3. —Mira: allí van Omar y Marcela. Es su aniversario de boda y _____ saliendo de su casa para ir a cenar.
   —Ah, ¿sí? Por eso _____ tan guapos ahora con esa ropa elegante.
4. —¿Por qué _____ (tú) tan nervioso hoy?
   —¡Porque _____ nervioso! He sido así desde niño; es mi personalidad.
5. —Las olas de esta playa _____ muy pequeñas. Por eso nunca surfeo aquí.
   —Pues, ¡no las viste ayer durante la tormenta! _____ (*imperfect*) muy grandes.
6. Los estudiantes _____ muy listos, pero hoy todavía no _____ listos para el examen final; necesitan estudiar más.

13.2 Informal Commands

A. Singular informal commands are given to people you address with **tú** rather than **usted,** such as your classmates or close friends.

Sebastián, **trae** algunas bebidas para la fiesta.	*Sebastián, bring some drinks for the party.*
Lucía, no **escribas** el mensaje ahora, por favor.	*Lucía, don't write the message now, please.*

¿Recuerdas?

Polite commands are used to give a direct order to someone you address with **usted.** The forms of the polite commands were introduced in **Infórmate 11.3.** The forms are the same as the **usted** form of the present subjunctive (see **Infórmate 12.1**). Remember that **-ar** verbs take **-e** endings and **-er/-ir** verbs take **-a** endings.

comprar → compr**e** usted

vender → vend**a** usted

asistir → asist**a** usted

13.2, Notes: This section reviews the formation of direct *usted/ustedes* commands and introduces rules for the formation of *tú* commands. One can derive affirmative informal commands from the present indicative and negative commands from the present subjunctive. Short forms (*sal, ten, ven,* etc.) are simply listed without explanation. We do not attempt to provide grammar exercises for all irregular forms. Students are usually able to recognize informal commands in context. Almost no first-year student becomes proficient in the use of command forms. Keep in mind that pronoun placement with commands is acquired extremely late.

B. If the singular informal command is affirmative, it is identical to the **él/ella** (third person) form of the present indicative.

> Claudia, **busca** las palabras en el diccionario y después **escribe** las definiciones.
>
> *Claudia, look up the words in the dictionary and then write down the definitions.*
>
> Antonella, **come** temprano porque después vamos al cine.
>
> *Antonella, eat early because afterward we're going to the movies.*

C. If the informal command is negative, add **-s** to the **usted** command form.

> **No hables** con su hermano; habla con su papá.
>
> *Don't talk to his brother; talk to his father.*
>
> **No comas** tanto, Carlitos, y come más despacio.
>
> *Don't eat so fast, Carlitos, and eat more slowly.*

D. Here is the summary of the singular informal command forms.

-ar VERBS		-er/-ir VERBS	
Affirmative: -a	**Negative: -es**	**Affirmative: -e**	**Negative: -as**
habl**a**	no habl**es**	com**e**	no com**as**
piens**a**	no piens**es**	escrib**e**	no escrib**as**
estudi**a**	no estudi**es**	pid**e**	no pid**as**

Negative **tú** commands = **usted** command + **-s**		
hablar	hable (usted)	no hable**s** (tú)
comer	coma (usted)	no coma**s** (tú)
servir	sirva (usted)	no sirva**s** (tú)
venir	venga (usted)	no venga**s** (tú)

E. Some verbs have an irregular affirmative command form; these verbs still take the regular forms in the negative.

IRREGULAR INFORMAL COMMANDS (tú)		
Infinitive	**Affirmative (+)**	**Negative (−)**
decir	di	no digas
hacer	haz	no hagas
ir	ve	no vayas
poner	pon	no pongas
salir	sal	no salgas
ser	sé	no seas
tener	ten	no tengas
venir	ven	no vengas

> **Ven** ahora; **no vengas** mañana.
>
> *Come now; don't come tomorrow.*
>
> **Ponlo** en tu cuarto; **no** lo **pongas** en la cocina.
>
> *Put it in your room; don't put it in the kitchen.*
>
> **Dime** la verdad; **no** me **digas** mentiras.
>
> *Tell me the truth; don't tell me lies.*

F. Affirmative **vosotros/as** commands are derived from the infinitive by changing the final **-r** to **-d**. Negative **vosotros/as** commands use the subjunctive.

Infinitive	vosotros/as (+)	vosotros/as (−)
hablar	hablad	no habléis
comer	comed	no comáis
escribir	escribid	no escribáis
decir	decid	no digáis
ir	id	no vayáis
venir	venid	no vengáis

G. Here is a summary of the polite and informal command forms. Note that with the exception of the affirmative **tú** and **vosotros/as** commands, all commands use subjunctive forms.

SUMMARY OF COMMAND FORMS*				
usted(es)	tú (−)	tú (+)	vosotros/as (−)	vosotros/as (+)
(no) hable(n)	no hables	habla	no habléis	hablad
(no) coma(n)	no comas	come	no comáis	comed
(no) escriba(n)	no escribas	escribe	no escribáis	escribid
(no) diga(n)	no digas	di	no digáis	decid
(no) ponga(n)	no pongas	pon	no pongáis	poned

Ejercicio 3

Estos son algunos de los mandatos que Marcela le dio a su hijo Carlitos durante el día. Complétalos con **acuéstate, apaga, bájate, dile, habla, haz, lee, levántate, sal, ten, ve** o **ven.**

1. _____ rápido porque vas a llegar tarde a la escuela.
2. _____ conmigo a tu cuarto ahora.
3. _____ cuidado al cruzar la calle.
4. _____ de la casa por un ratito.
5. _____ de ese árbol ahora mismo.
6. _____ con tu papá si quieres una bicicleta nueva.
7. _____ en tu cama y _____ la luz.
8. _____ adiós a tu abuelita.
9. _____ a la sala, donde está tu primo, y _____ uno de tus libros.
10. _____ tu tarea ahora y luego puedes mirar la televisión.

---

*Affirmative **vos** commands drop the **-r** of the infinitive and add an accent to the last vowel: **hablá vos, comé vos, escribí vos, decí vos, vení vos.** Negative **vos** commands are the same as the **tú** subjunctive forms, but these too add an accent to the last vowel: **no hablés vos, no comás vos, no escribás vos, no digás vos, no vengás vos.**

Ejercicio 4

Pon los infinitivos en la forma de mandato (**tú/ usted**) apropiada para el contexto.

MODELO: Carlitos le habla a su mamá.

«Ay, mamá, no me _____ (servir) más fruta; mejor me _____ (dar) postre.»

«Ay, mamá, no *me sirvas* más fruta; mejor *dame* postre.»

1. El cliente le habla al mesero en un restaurante.
   «_____me (Traer) la especialidad de la casa, por favor. No me _____ (dar) la cuenta ahora.»

2. La cliente y el dependiente conversan en una tienda.
   CLIENTE: _____me (Mostrar) ese suéter, por favor. ¿Cuánto cuesta?
   DEPENDIENTE: Cuesta mil pesos, señorita.
   CLIENTE: ¡No me _____ (decir)!

3. La mamá le habla al hijo.
   «Un momentito. _____me (Esperar) aquí. No te _____ (irse) a tu cuarto.»

4. Dos nuevos amigos conversan.
   «_____me (Escribir) tu número de teléfono, por favor. No me _____ (dictarlo).»

5. El esposo le habla a la esposa.
   «_____ (Mirar) mi nueva computadora. ¡No me _____ (decir) que gasté demasiado dinero!»

6. Estefanía le habla a su novio, Franklin.
   «Ay, Franklin, no _____ (comprar) dulces; mejor _____ (comer) fruta.»

¿Recuerdas?

Remember that object pronouns and reflexive pronouns are attached to the end of affirmative commands, but are placed before negative commands.

No lo hagas hoy; haz**lo** mañana.
Don't do it today; do it tomorrow.

Pon**te** un abrigo; **no te** pongas solo una camiseta.
Put on a coat; don't put on just a T-shirt.

13.3 More Uses of the Subjunctive (Part 1)

A. To form the indirect command *let/have someone else do it*, omit the initial verb of the softened command and start the sentence with **que**.

Quiero que manejen con cuidado.	*I want them to drive carefully.*
¡Que manejen con cuidado!	*Have them drive carefully!*
Sugiero que lo termine Jorge.	*I suggest that Jorge finish it.*
¡Que lo termine Jorge!	*Have/Let Jorge finish it!*

You can also use this form to express good wishes. As before, the initial verb is omitted. For example, you might say the following to a sick person.

Espero que te mejores pronto.	*I hope you get well soon.*
¡Que te mejores pronto!	*Get well soon!*

Here are other common good wishes. Note the different endings depending on whom you are addressing (**tú**, **usted**, or **ustedes**).

¡Que tengas buen viaje!	*Have a good (safe) trip!*
¡Que pasen buenas noches!	*Have a nice evening!*
¡Que pase un buen día!	*Have a nice day!*
¡Que duermas bien!	*Sleep well!*
¡Que vuelvan pronto!	*Come back soon!*
¡Que tengas buena suerte!	*Good luck to you!*
¡Que te/le/les vaya bien!	*I hope everything goes well for you!*

13.3, Notes: You will probably have few occasions in the classroom to use the construction *que* + subjunctive. However, in real conversational interactions between native speakers, it is a common structure. Most students simply memorize a few of the more common expressions, such as *¡Que te/le/les vaya bien!* and *¡Que pase un buen día! Ojalá* (que) + subjunctive is also very frequently heard and can be taught as a memorized routine. Point out to students that with *ojalá*, the word *que* is optional; it will be practiced in *Ej. 6* with *que*.

B. The word **ojalá** derives from an old Arabic expression that meant *May Allah grant that* . . . Today the expression **Ojalá (que)...** means *I hope (that)* . . . It is used with the present subjunctive.

Ojalá (que) no llueva.	*I hope it doesn't rain.*
Ojalá (que) ella me quiera.	*I hope that she loves me.*

C. To express *Let's (do some activity)* in Spanish, use the first-person plural of the present subjunctive.

Preparemos la cena ahora.	*Let's fix dinner now.*
No pongamos música clásica.	*Let's not put on classical music.*

With the verb **ir,** the present indicative (**vamos**) is used to express *let's go* and the present subjunctive is used to express the negative (**no vayamos**).

No vayamos a la conferencia hoy.	*Let's not go to the conference today.*
Mejor **vamos** al parque.	*Let's go (Better to go) to the park instead.*

Ejercicio 5

Rosario, la mamá de Nayeli, está muy cansada hoy y no quiere hacer nada. Por eso sugiere que sus hijos y su esposo hagan los siguientes quehaceres. Escribe lo que dice Rosario. Debes usar pronombres de complemento directo: **lo, la, los, las.**

MODELO: servir la comida / Beto → *¡Que la sirva Beto!*

1. barrer el patio / Emiliano
2. pagar las cuentas / Emilio
3. desempolvar los muebles / Beto
4. sacar la basura / Izel
5. poner flores allí / Nayeli
6. limpiar el cuarto / Beto

Ejercicio 6

¡Es tu cumpleaños! Usa **ojalá que (no)** para expresar lo que esperas de este día.

MODELO: llover hoy → Ojalá que *no llueva hoy.*

1. recibir muchos regalos (yo)
2. hacer buen tiempo
3. tener que trabajar (yo)
4. estar enfermo/a (el profesor)
5. venir a visitarme (mis amigos)

Ejercicio 7

Varios amigos están en tu casa. Haz sugerencias negativas o afirmativas, según las actividades.

MODELO: llamar a Jorge → *(No) Llamemos a Jorge.*

1. escuchar música de hip hop
2. visitar mi página de Facebook
3. hacer ejercicio
4. ir al cine
5. mirar una película en línea

13.4 Narrating Past Experiences: The Present Perfect, Imperfect, and Preterite

había = *there was/were*

Cuando Ryan llegó al departamento de lenguas para hablar con el profesor Sotomayor, ya había tres estudiantes. Todos esperaban con paciencia. Pero Ryan no quería esperar.

Ryan habló con la secretaria del departamento y ella le dijo que el profesor Sotomayor no podía atenderlo porque no tenía cita y había varios estudiantes esperando. Ryan se puso furioso y dijo, gritando: «¡Siempre he venido sin hacer cita! ¡El profesor siempre me ha atendido inmediatamente!»

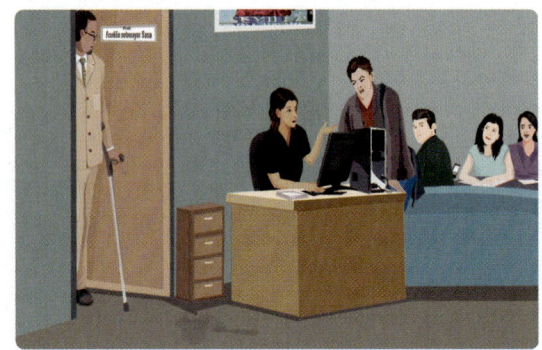

El profesor Franklin Sotomayor salió de su oficina para ver quién gritaba tanto. La secretaria le dijo que un estudiante insistía en entrar inmediatamente, pero que era el último en llegar y además no tenía cita.

El profesor saludó a Ryan cortésmente y le dijo: «¿Por qué estabas gritando, Ryan?» El muchacho contestó que tenía una pregunta sobre la tarea. Entonces el profesor le dijo: «Pues debes esperar tu turno o volver más tarde, ¿está bien?» Ryan dijo que iba a volver más tarde y salió del departamento furioso sin decir nada más. Y el profesor pensó: «¡Qué malos modales tiene ese chico!»

A. English and Spanish each have several verb forms from which to choose that relate past experiences. For example, the verb *to go* has many past forms in English, including *went, used to go, was going,* and *have gone,* among others. Here are some guidelines to help you choose the Spanish form that will best convey the information you want to express.

PRESENT PERFECT

You can use the present perfect to express something you *have already done* or something you *have not done yet*. The present perfect expresses the relationship between a nonspecific past moment and the present moment (in which you are speaking). The words **ya** and **todavía no** help to express this idea.

¿Tienes hambre o ya **has comido**?

Are you hungry or have you already eaten?

—**No he limpiado** el baño, pero lo voy a hacer mañana.

I haven't cleaned the bathroom, but I am going to do it tomorrow.

—Pero dijiste eso la semana pasada; hoy es martes… ¡y todavía **no lo has hecho**!

But you said that last week; today is Tuesday and you still haven't done it!

You can also use the present perfect to ask and answer the question *Have you (ever) . . . ?* This type of question has no reference to the specific time in the past when an event occurred.

—¿**Has escalado** una montaña alguna vez en tu vida?
Have you ever in your life climbed a mountain?

—Sí, **he escalado** muchas montañas. / **No, nunca he escalado** una montaña.
Yes, I've climbed many mountains. / No, I've never climbed a mountain.

The present perfect describes something that has happened recently: *My son has sent me three text messages today.* It can also be used to express something a person has done regularly over a period of time, usually requiring the word **siempre.**

Mi hija **se ha enamorado** de un chico muy agradable.
My daughter has fallen in love with a very nice young man.

Ángela siempre **ha sacado** buenas notas en sus clases de español.
Angela has always gotten good grades in her Spanish classes.

IMPERFECT

The imperfect tense describes things you *used to do* or *would always do.*

De niña, siempre **jugaba** con mis muñecas en el patio.
As a little girl, I always used to play with my dolls on the patio.

It is used to describe states of being in the past.

En la guardería, yo **era** una niñita muy curiosa y nunca **tenía** miedo de nada.
In kindergarten, I was a very curious little girl and was never afraid of anything.

It also describes what someone was doing or what was happening when something else (preterite) interrupted the action.

Caminaba tranquilamente por la calle cuando **oí** los gritos.
I was walking peacefully down the street when I heard the screams.

> Nunca **he hablado** con el presidente.
> *I've never spoken with the president.*
> De niña, **hablaba** mucho en clase.
> *As a child, I talked a lot in class.*
> Ayer **hablé** con mi vecino.
> *Yesterday I talked with my neighbor.*

PRETERITE

The preterite (simple past tense) is used to describe *completed events* that are isolated in the past.

Anoche **fui** al cine con mis amigos. **Vimos** una película divertida. Después **comimos** pizza en un restaurante italiano.
Last night I went to the movies with my friends. We saw a fun movie. Afterward we ate pizza at an Italian restaurant.

The preterite is also used to refer to the moments when actions begin or end.

A las cinco en punto **empezó** a llover.
At five on the dot it started to rain.

Entré en la sala y **dejaron** de hablar.
I walked into the living room, and they stopped talking.

> To tell the action of a story, use the preterite: **fui, salió, comieron, bailaste, nos divertimos.**
>
> To set the scene or describe the background for a story, use the imperfect: **hacía sol, eran las dos y media, todos dormían.**

B. To tell a story or relate past events, the preterite forms provide the action for the story and are the most frequently used: **fui, comí, salí, bailé, me divertí, dormí,** and so on. Imperfect forms usually describe the background or set the stage for the story: **vivía, jugaba, llovía, hacía calor.** In the following examples, the information in parentheses indicates what tense the corresponding Spanish verb would be.

> One night I was waiting (*imperfect*) at the bus stop on my way home from work. It was raining (*imperfect*) very hard, and I was (*imperfect*) very tired after a long day at work.

In most stories, after the stage has been set with the imperfect (as in the preceding example), the story line is developed with the preterite.

> Suddenly, I saw (*preterite*) my friend Sebastián speed by in his car. I waved (*preterite*) to him, but he didn't stop (*preterite*). He sped (*preterite*) on by without even a glance toward me. The bus arrived (*preterite*) within a few minutes, and I boarded (*preterite*).

Often in a story, description and narration of the main events are intermixed, so the tenses are intermixed as well.

> I immediately noticed (*preterite*) that the bus was (*imperfect*) full and that I had to (*imperfect*) stand. Many other people were standing (*imperfect*), too. Buses were (*imperfect*) always very crowded during rush hour in Northern California.

The preterite is often used to narrate the outcome of a story.

> Finally we arrived (*preterite*) at my stop. I quickly got off (*preterite*) and walked (*preterite*) home. The house was (*imperfect*) dark, but when I opened (*preterite*) the door, about thirty people, including Sebastián, shouted (*preterite*) "Happy birthday!" It turned out (*preterite*) to be a very good day after all!

Ejercicio 8

Aquí Franklin narra una experiencia que tuvo ayer. Indica la forma correcta del los verbos entre paréntesis.

Siempre (*he disfrutado / disfruté*)¹ mucho de mi trabajo en el College of Alameda. ¡Me gusta ser profesor de español! Nunca (*he tenido / tuve*)² ningún problema serio en el College, ¡pero ayer me (*pasó / pasaba*)³ algo muy desagradable! Ayer (*di / daba*)⁴ clase hasta las siete y luego (*trabajé / trabajaba*)⁵ en mi oficina hasta las ocho de la noche. (*Salí / Salía*)⁶ de mi oficina y (*caminé / caminaba*)⁷ hasta el estacionamiento para buscar mi carro. (*Hubo / Había*)⁸ poca gente en el campus y pocos carros porque ya (*fue / era*)⁹ muy tarde. (*Entré / Entraba*)¹⁰ a mi carro. (*Pensé / Pensaba*)¹¹ en la clase del día siguiente cuando (*vi / veía*)¹² a dos jóvenes que (*caminaron / caminaban*)¹³ por el estacionamiento. De repente, uno de ellos (*golpeó / golpeaba*)¹⁴ al otro y los dos (*empezaron / empezaban*)¹⁵ a pelear. ¡(*Estuvieron / Estaban*)¹⁶ golpeándose y (*se gritaron / se gritaban*)¹⁷ insultos! Inmediatamente (*salí / salía*)¹⁸ del carro y traté de separarlos. ¡Entonces uno de ellos me (*atacó / atacaba*)¹⁹ a mí! Les dije que (*fui / iba*)²⁰ a llamar a la policía y en ese momento por fin (*dejaron / dejaban*)²¹ de pelear. Qué chicos tan violentos, ¿no? Por suerte no hay muchos así en mis clases. Pero bueno, por esa razón (*llegué / llegaba*)²² tarde a casa.

> **Iba** a llamar...
> *I was going to call...*
> **Fui** a llamar...
> *I went to call...*

Ejercicio 9

Este es un cuento sobre su niñez que le hace Franklin a Estefanía. Indica la forma correcta de los verbos entre paréntesis.

Cuando (*era / fui*)[1] niño, todos los años mi familia y yo (*íbamos / fuimos*)[2] a la Playa del Condado. Siempre (*alquilábamos / alquilamos*)[3] una casa con vista al mar. De día (*nadábamos / nadamos*)[4] en el mar. De noche (*salíamos / salimos*)[5] a cenar a un restaurante elegante y luego (*caminábamos / caminamos*)[6] por la plaza. Una tarde de verano, cuando mi hermanita menor, Janira, (*tenía / tuvo*)[7] seis años, ella y yo (*íbamos / fuimos*)[8] solos a la playa. Nuestros padres (*estaban / estuvieron*)[9] tomando una siesta. Mi hermanita (*jugaba / jugó*)[10] en el agua y yo (*charlaba / charlé*)[11] con unos chicos que ya (*conocía / conocí*)[12] de otros veranos. Después de unos minutos (*miré / miraba*)[13] hacia donde (*estaba / estuvo*)[14] jugando mi hermanita y no la (*veía / vi*).[15] Mis amigos y yo nos (*metíamos / metimos*)[16] al agua inmediatamente para buscarla, ¡pero no estaba allí! (*Salíamos / Salimos*)[17] del agua preocupados y la (*buscábamos / buscamos*)[18] por toda la playa pero tampoco allí la (*podíamos / pudimos*)[19] encontrar. Yo (*estaba / estuve*)[20] desesperado. Por fin un salvavidas la (*traía / trajo*)[21] adonde nosotros (*estábamos / estuvimos*).[22] Él la encontró cuando ella (*nadó / nadaba*)[23] lejos de la orilla y la sacó del agua. El salvavidas me dijo que debía tener más cuidado con mi hermanita. ¡Yo (*estaba / estuve*)[24] tan contento de verla que no la (*regañaba / regañé*)[25] ni me (*enojaba / enojé*)[26] con ella!

salvavidas
lifeguard
regañaba…
I used to scold / habitually scolded . . .
regañé…
I scolded . . .

Lo que aprendí

Al final de este capítulo, ya puedo hablar sobre…

☐ los miembros de la familia extendida.
☐ algunos rituales sociales importantes.
☐ mis relaciones personales.
☐ lo que valoro en mis amigos y en mi (futura) pareja.
☐ mi crianza y los buenos modales.
☐ diferentes estilos de disciplina en el hogar.

Además, ahora puedo…

☐ darles mandatos a los amigos y parientes.
☐ dar consejos y ofrecer soluciones a algunos problemas.
☐ expresar buenos deseos.
☐ usar algunos refranes en forma de consejos.
☐ narrar situaciones simples en el pasado.

Y sé más sobre…

☐ varias personas famosas de Puerto Rico y la República Dominicana.
☐ algunos festivales dominicanos importantes y divertidos.
☐ muchos lugares hermosos en Puerto Rico y la República Dominicana.

Vocabulario

Los lazos familiares y el matrimonio	Family Relationships and Marriage
el ahijado / la ahijada	godson/goddaughter
el bautizo	baptism
el bisabuelo / la bisabuela	great-grandfather / great-grandmother
el compadre / la comadre	words used to express the relationship between a child's parents and the godparents
el compromiso	engagement
el cura	priest
el hermanito / la hermanita	little brother / little sister
la luna de miel	honeymoon
la madrina	godmother; bridesmaid
el noviazgo	courtship; engagement
el padrino	godfather; best man in a wedding
el prometido / la prometida	fiancé(e)
los recién casados	newlyweds
el recién nacido / la recién nacida	newborn baby boy/girl

Repaso: el abuelo (el abuelito) / la abuela (la abuelita), la boda, el/la cuñado/a, el/la esposo/a, el/la gemelo/a, el/la hermanastro/a, el/la hermano/a, el/la hijastro/a, el hijo (único) / la hija (única), la madrastra, la madre, la mamá, el medio hermano / la media hermana, el/la nieto/a, la nuera, el padrastro, el padre, el papá, el/la pariente, el/la primo/a, el/la sobrino/a, el/la suegro/a, el/la tío/a, el yerno

Los consejos (Mandatos informales)	Advice (Informal Commands)
acuéstate / no te acuestes	go to bed / don't go to bed
arregla / no arregles	fix, arrange / don't fix, don't arrange
báñate / no te bañes	take a bath / don't take a bath
come / no comas	eat / don't eat
contesta / no contestes	answer / don't answer
di / no digas	say / don't say
escribe / no escribas	write / don't write
explica / no expliques	explain / don't explain
haz / no hagas	do, make / don't do, don't make
lávate los dientes / no te laves los dientes	brush your teeth / don't brush your teeth
pide / no pidas	ask (for) / don't ask (for)
sal / no salgas	leave / don't leave

Las personas	People
el cantautor / la cantautora	singer-songwriter
el compañero / la compañera de trabajo	coworker
el compositor / la compositora	composer
el director / la directora	director; school principal
el ganador / la ganadora	winner
el hostigador / la hostigadora	bully, harasser

Las personas	People
Papá Noel	Santa Claus, Father Christmas
el/la pediatra	pediatrician
el varón	male infant, male child
la visita	guest

Palabras semejantes: el/la beisbolista, el/la líder, Santa Clós

Acciones recíprocas (Verbos)	Reciprocal actions (Verbs)
conocerse (zc)	to meet each other; to get to know each other
darse (irreg.) la mano	to shake hands
echarse de menos	to miss each other
extrañarse	to miss each other
pedirse (i, i) perdón	to ask each other for forgiveness
quererse (irreg.)	to love each other

Palabras semejantes: comunicarse, insultarse

Repaso: abrazarse (c), ayudarse, besarse, casarse, comprenderse, enviarse (me envío), llevarse bien/mal con, textearse

Los verbos	Verbs
adivinar	to guess
bautizar (c)	to baptize
chatear	to chat online
confiar (confío)	to trust
criar (crío)	to bring up, to raise
criarse (me crío)	to be brought up; to grow up
dar (irreg.) nalgadas	to spank
dejar de (+ verb)	to stop (doing something)
descubrir	to discover
desobedecer (desobecezco)	to disobey
enamorarse	to fall in love
enojar(se)	to make someone angry; to annoy; to get mad
entregar (gu)	to deliver
estar (irreg.) de acuerdo	to agree
golpear(se)	to beat; to hit; to hit each other
hacerse (irreg.)	to become
hacerse (irreg.) novios	to become boyfriend and girlfriend
hostigar (gu)	to bother; to harass
interesar	to interest
me/te/le interesa(n)…	. . . interests/interest me, you (inf. sing.) / you (pol. sing.), him, her
jalar	to pull
morir (ue, u)	to die
negarse (ie) (gu) a + infinitivo	to refuse to + verb
notar	to notice
opinar	to think, to believe
pegar (gu)	to hit; to glue
pelear	to fight
portarse	to behave

Los verbos	Verbs
realizar (c)	to achieve; to carry out
regañar	to scold
significar (qu)	to mean
tener (*irreg.*) lugar	to take place
tocar (qu)	to touch
tocar (qu) a la puerta	to knock on the door
unir	to join
valorar	to value

Palabras semejantes: asociar, combinar, continuar (continúo), contribuir, controlar, cooperar, existir, obligar (gu), observar, provocar (qu), separar, sufrir

Repaso: gritar, castigar (gu), tener (*irreg.*) ganas de

Los sustantivos	Nouns
la amistad	friendship
el amor	love
el anillo de compromiso	engagement ring
la bachata	fast-tempo music from Dominican Republic incorporating Caribbean and West African rhythms
el bolero	popular slow-tempo Latin musical style originating in Cuba
el campamento	camp
el castigo (corporal)	(corporal) punishment
el comportamiento	behavior
la creación literaria	creative writing
la creencia	belief
la crianza	upbringing
la criatura (marina)	small child/animal (sea animal)
la crítica	criticism
el cuento	short story
la escritura	writing
la estrella de mar	starfish
el fracaso	failure
los gastos	expenses
la lealtad	loyalty
la llamada telefónica	telephone call
el merengue	fast paced Dominican music; official dance and music of the Dominican Republic
los modales	manners
la orden	command
el oso	bear
el par	pair
la pareja	couple; partner, mate
la pelea	fight
el premio	award
el préstamo	loan
el retrato	portrait
el sobrenombre	nickname
el sueño	dream
el tatuaje	tatoo

Palabras semejantes: el abuso, el área, la colección, el comentario, el contacto, la cualidad, el divorcio, la especialización, el estrés, el factor, el humor, el instagrama, el instituto, la inteligencia, el jonrón, el mensaje de texto, un millón (de), la paciencia, el ritual, la solución, la tecnología, el uso, la violencia

Los adjetivos	Adjectives
cálido	hot; warm
cariñoso/a	affectionate
comprometido/a	engaged
conocido/a	known
emocionado/a	excited
empapado/a	soaked
feroz	ferocious
infantil	childlike; relating to children
íntimo/a	private, close
lejano/a	distant
sabio/a	wise
sentado/a	seated

Palabras semejantes: bilingüe, budista, característico/a, católico/a, común, estricto/a, extendido/a, incondicional, insistente, obediente, presente, social, violento/a

Los adverbios	Adverbs
actualmente	nowadays
diariamente	daily
incluso	even
muchísimo	a lot

Palabras semejantes: públicamente, recientemente, seriamente, violentamente

Palabras y expresiones útiles	Useful Words and Expressions
a menudo	often
al principio	at the beginning
bajo	under
¡Buena suerte!	Good luck!
chao	bye
¡Con razón!	No wonder!
el/la cual	the one which/that
en vez de	instead of
mío(s)/mía(s)	mine
Momentito	Just a moment
Ojalá	Let's hope
por eso	for that reason, therefore
por suerte	luckily
por todas partes	everywhere
¡Que pases un buen día!	Have a nice day!
¡Que te mejores pronto!	Get well soon!
¡Que te vaya bien!	I hope everything goes well!
¡Que tengas buen viaje!	Have a nice trip!
tuyo(s)/tuya(s)	yours (*inf. sing.*)

De compras 14

Pre-Text Oral Activities
See the *Cap. 14 Tu mundo* PowerPoint (PP), IM, and IRK for detailed lesson plans and additional resources. You will also find helpful information for teaching these activities in the Instructor's Manual (IM).

1. *¡Una venta de zaguán!* Simulate a garage sale in your classroom. Several class meetings before, create paper money and ask students to bring knick-knacks or items that they no longer want (pens, pencils, kitchen items, etc.) to class; or you can have them bring images from magazines or the Internet. On the day of the "sale," begin by reviewing direct and indirect object pronouns and the change required when using them together (*le/les → se*). Give every student the same amount of money.

Un mercado en Chichicastenango, Guatemala

Upon successful completion of **Capítulo 14** you will be able to talk about a variety of products, the material they are made of, and their uses. You will also be able to discuss shopping for clothes and other items, as well as selling and bargaining. Additionally, you will have learned about some interesting places and people from Guatemala.

Comunícate

Los productos y los materiales

Comprando ropa

Las compras y el regateo

Hablando de las compras y el regateo Los mercados al aire libre

¿Gastar o ahorrar?

Actividad integral Ideas para ahorrar

Exprésate

Escríbelo tú Vivo dentro de mis posibilidades

Cuéntanos Un regalo

Entérate

Mundopedia El misterio de las ciudades mayas

Voces guatemaltecas

Conexión cultural La artesanía maya

Videoteca
Amigos sin Fronteras, Episodio 14: ¡Me gusta regatear!

Mi país: Guatemala

Infórmate

14.1 Price, Beneficiary, and Purpose: **por** and **para** (Part 2)

14.2 Using Indirect and Direct Object Pronouns Together

14.3 Pronoun Placement Summary

14.4 Opinions and Reactions: Indicative and Subjunctive

www.connectspanish.com

GUATEMALA

Arrange desks for students to sell their goods. Model bargaining interactions where you include *por* (price) and *para* (beneficiary and purpose) as well as the two pronouns together. Pick up an item and show it to the class. Then look at the seller and say: *¿Cuánto quiere **por** esta taza? ¡Es mucho **por** una taza! ¿**Me la** deja en… ?* (***Se la** compro **por**…*) *La quiero **para** mi madre.* Continue with several other items, picking things with their gender and number in mind so you can use other combinations of pronouns. If you wish, put a model interaction on the board. Then let the class have some fun shopping!

Amigos sin Fronteras

www.connectspanish.com

Franklin, Ana Sofía y Claudia están buscando en Craigslist algunas cosas que necesitan. Luego van a la casa donde se venden los objetos que buscan y allí regatean con el dueño…

2. *¿Lo cree(s) o no… ?* Present a contrast between indicative and subjunctive when expressing opinions, asking the students questions such as: *¿Creen que es inteligente Lindsay Lohan (Britney Spears, Charlie Sheen, Angelina Jolie, Justin Bieber)?* Write answers to the questions on the board almost immediately: *Yo no creo que **sea** inteligente. Si nos basamos en su comportamiento, **es** más bien tonta, ¿no? Leí que Justin Bieber quiere casarse pronto. ¿Es cierto? Es dudoso que **quiera** casarse; es muy joven. (¡Me alegro de que **quiera** casarse!)* Ask students to look at what is on the board and tell you why some statements use subjunctive and some use indicative. Give them a few hints if they do not catch on. Afterwards, put expressions such as *dudo que, no creo que, es (im)posible que, ¡Qué bueno que… ! Me alegro de que…* + subjunctive; and *es verdad que, creo que, es indudable que* + indicative on the board for students to use when reacting to statements similar to the previous ones.

Tikal

la iglesia San Andrés Xecul, Totonicapán

Estela D, Quiriguá

Cobán

GUATEMALA

Quiriguá

Quetzaltenango

Antigua

Mixco

CIUDAD DE GUATEMALA

Villa Nueva

el lago Atitlán

el volcán Acatenango

Mi país (Whole class), **Suggestions:** We encourage you to show this video segment to the class as you introduce *Cap. 14*. It is available on DVD and in Connect Spanish. Let students know that this segment in Connect Spanish includes pre-viewing activities that will help students with viewing and listening comprehension. There you will also find post-viewing activities, which will enhance the students' appreciation of the video. You may also show or assign this segment again toward the end of the chapter in the *Videoteca* section.
Point out: Students are not expected to understand every word.

Conócenos

Estefanía Rosales Tum

Estefanía Rosales Tum tiene veinticuatro años y su cumpleaños es el diecisiete de febrero. Es guatemalteca; nació en Quetzaltenango, Guatemala, ciudad donde aún viven sus padres y hermanos. Estefanía estudia antropología en la Universidad de California, Berkeley. Le encanta hablar de los temas que la apasionan, como el origen de las especies y la evolución. También le gusta leer, salir a cenar, escuchar música y pasar tiempo con su novio, Franklin. En el futuro quiere ser profesora de antropología en Guatemala o en Estados Unidos.

Mi país

Comunícate

Los productos y los materiales

Lee *Infórmate 14.1*

El abrelatas está hecho de plástico y metal.
La licuadora es de plástico, vidrio y metal.
La sartén es de hierro.

El suéter de lana está hecho a mano.
La blusa es de seda y está bordada a mano.
El hilo es de algodón.
Las tijeras son de acero inoxidable y plástico.
La aguja es de acero inoxidable.

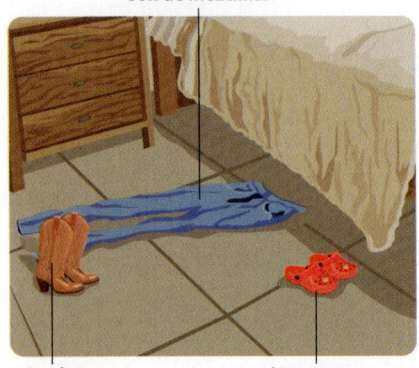

Los pantalones vaqueros son de mezclilla.
Las botas son de cuero.
Los zuecos son de goma.

Las joyas son de oro y plata.
El anillo es de oro blanco y diamantes.
El collar es de perlas.

La tabla de surfeo es de fibra de vidrio.
El martillo y las otras herramientas son de acero pero la caja es de cartón.

el martillo

La mecedora está hecha de madera.
La chimenea es de ladrillo.

¡La compré por treinta quetzales!

Lo compré para mi madre.

La compramos para hacer margaritas el día de la fiesta.

Actividad 1 Definiciones

Lee las definiciones y di qué material corresponde a cada una.

1. Mezcla de hierro (un metal) y carbón que produce otro metal muy resistente. Se usa en la construcción de edificios y para fabricar (manufacturar) herramientas e instrumentos para cirujanos.   el acero
2. Material que se deriva del petróleo. Se usa para fabricar envases, botellas, vasos, bolígrafos, cepillos de dientes, aparatos domésticos y muchos objetos más.   el plástico
3. Es la materia prima que usamos para hacer pisos, fabricar muebles y construir casas. Viene de los árboles.   la madera
4. Una piedra preciosa que se deriva del carbón. Muchas mujeres la quieren en sus anillos de compromiso y de matrimonio. Es translúcida y muy valiosa. Sudáfrica exporta muchas de estas piedras.   el diamante
5. Este material es como el papel, pero es mucho más resistente. Se utiliza para fabricar cajas.   el cartón
6. Objetos rectangulares de varios colores (rojo, anaranjado, beige y color café) hechos de un material derivado de la tierra. Se usan en la construcción de edificios, chimeneas y patios.   los ladrillos
7. Este material puede ser natural o sintético. Se usa para hacer guantes para los médicos, zapatos, y ruedas (llantas).   la goma
8. Viene de un animal y se usa para asientos de coches, botas, chaquetas, cinturones, bolsas y maletas.   el cuero / la piel

GUATEMALA Y SUS PRODUCTOS

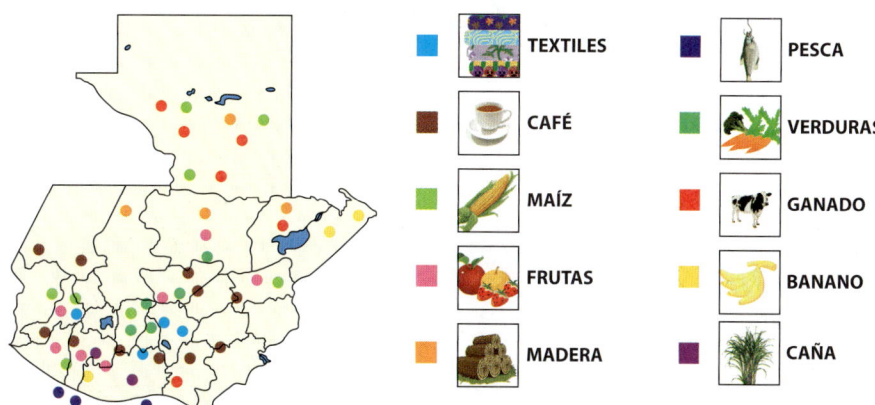

Comunícate Los productos y los materiales

Act. 2, Part A (Whole class; pair), **Suggestions:** Go over all materials, especially those that students will need to do the activity. Pair students to do this section then check answers with the class. Make sure that students understand that they can use *ser de…* or *estar hecho/a de…*, but for the latter, *hecho/a* must agree in gender and number with the item being described (not the material): *Las llantas están hechas de goma.*
Part B, Suggestions: Go over *Vocabulario útil*, then write more useful infinitives on the board. Pair students again (with same partner), then review answers with the whole class. **Expansion:** Have students think of three other objects and write sentences saying what material they are made of and what they are used for (*Esta cosa es de… y se usa para…*). Ask for volunteers to read their definitions then have the class guess what it is. **Part C, Suggestion:** Students can complete the chart individually and then share their responses with the same partner or with a new one.

Possible Answers: A.
1. *La caja está hecha (es) de cartón.* **2.** *La mesa está hecha (es) de madera.* **3.** *Las botas están hechas (son) de cuero.* **4.** *El anillo está hecho (es) de oro blanco y diamantes.* **5.** *El martillo está hecho (es) de acero.* **6.** *El cinturón esta hecho (es) de cuero.* **7.** *Las llantas están hechas (son) de goma.* **8.** *La sartén está hecha (es) de hierro.* **9.** *El abrelatas está hecho (es) de plástico y/o metal.*
B. 1. *Las herramientas se usan para reparar coches y otras cosas.* **2.** *La tabla se usa para surfear.* **3.** *Las tijeras se usan para cortar papel o tela.* **4.** *El abrelatas se usa para abrir latas.* **5.** *La licuadora se usa para hacer batidos de frutas o para preparar margaritas.* **6.** *La lana se usa para hacer ropa, especialmente suéteres y abrigos.* **7.** *El vidrio se usa para hacer ventanas, parabrisas y vasos.* **8.** *El plástico se usa para hacer muchas cosas: vasos, cajas, abrelatas…* **9.** *La seda se usa para hacer blusas, camisas, bufandas y vestidos.*

Actividad 2   Los materiales, los productos y sus usos

A. Di de qué están hechos los siguientes objetos.

MODELO: E1: ¿De qué están hechas las tijeras?
  E2: Están hechas de acero inoxidable. ¿Y de qué es la camisa?
  E1: La camisa es de algodón.

1. una caja
2. la mesa
3. las botas de vaquero
4. el anillo de compromiso
5. el martillo
6. el cinturón
7. las llantas
8. la sartén
9. un abrelatas

Infórmate

In Spanish, the phrase **ser de** and the word **de** are used to give information about what an item is made of (material): **La falda *es de* lana. Los pantalones *son de* mezclilla. La blusa *de* seda cuesta mucho.** The phrase **estar hecho/a(s)** is also used. The latter emphasizes the fact that the item is made of a particular material and in this construction the word **hecho** agrees in number and gender with the subject: **El asador *está hecho de* ladrillo. Las tijeras *están hechas de* plástico y acero.**

B. Di para qué se usan estos objetos o materiales.

MODELO: E1: ¿Para qué se usa una impresora?
  E2: Se usa para imprimir lo que escribimos en la computadora. ¿Y para qué se usan las cajas de cartón?
  E1: Se usan para guardar cosas cuando nos mudamos.

1. las herramientas
2. la tabla
3. las tijeras
4. el abrelatas
5. la licuadora
6. la lana
7. el vidrio
8. el plástico
9. la seda

Vocabulario útil

abrir	hacer botellas, vasos, ventanas…
cortar papel o tela	preparar bebidas
guardar cosas	reparar cosas
hacer abrigos, blusas, bufandas…	surfear
hacer batidos	

C. Termina la tabla que aparece en la siguiente página. Luego charla con tu compañero/a y di qué les compraste a cinco personas, familiares o amigos, de regalo para su cumpleaños. Menciona el material. Si no les compraste nada, sé creativo/a e imagina algo.

MODELO: Compré *un suéter de lana* para *mi abuela* porque *ella siempre tiene frío.*

COMPRÉ...

(objeto y material)	para...	porque...
un suéter de lana	mi abuela	ella siempre tiene frío

Actividad 3 ¿Cuál prefieres?

Vas a un almacén para comprar algunos objetos. El dependiente te muestra varios y te pregunta cuál prefieres. Expresa tus preferencias pero no menciones el objeto; usa un artículo (**el, la, los, las; uno, una, unos, unas**).

MODELOS:
DEPENDIENTE: ¿Prefiere usted *la sartén de hierro o la de aluminio*?
TÚ: Prefiero *la de hierro porque el aluminio es tóxico.*
DEPENDIENTE: ¿Prefiere usted *unos platos de cerámica o unos de plástico*?
TÚ: Prefiero *unos de cerámica porque son más bonitos.*

1. los vasos de vidrio o los de plástico
2. la calculadora pequeña o la grande
3. unas copas de vidrio o unas de cristal
4. las tijeras de acero o las de plástico
5. la mesa de madera o la de vidrio
6. una computadora PC o una Mac
7. el abrelatas eléctrico o el manual
8. un asador pequeño o uno grande

Vocabulario útil

bonito/a(s)	**ligero/a(s)**
durable(s)	**práctico/a(s)**
elegante(s)	**tóxico/a(s)**
fácil(es) de usar/limpiar	

Infórmate

In English and in Spanish, adjectives can be used in place of nouns. In this case, the definite article (**el, la, los, las**) or indefinite article (**uno,*** **una, unos, unas**) that corresponds to the noun is followed by the adjective.

—¿Te gustan **las rosas rojas** o **las blancas**? — Do you like the red roses or the white ones?
—Me gustan **las rojas.** — I like the red ones.
—¿Quieres comprar **un carro nuevo** o **uno usado**? — Do you want to buy a new car or a used one?
—Quiero comprar **uno usado.** — I want to buy a used one.

Instead of an adjective, you can also use an adjectival phrase with **de**.

—¿Prefieres **las blusas de seda** o **las de algodón**? — Do you prefer silk blouses or cotton ones?
—Prefiero **las de seda.** — I prefer silk ones.

*Note that **un** is used as an indefinite article with the noun and **uno** as a pronoun with just the adjective.

Act. 3 (Whole class; pair), **Suggestions:** Before starting activity, present some questions using adjectives as nouns, then answer them with your own opinion. For example: (hold up a couple of textbooks and ask) *¿Prefieren ustedes el libro de texto de biología o el de matemáticas? Yo prefiero el de biología porque es más interesante y tiene fotos.* When students have heard several answers, ask them to answer these and similar questions, without explaining the rule. On the same day or another day, go over the *Infórmate* box with the class, then begin the activity. Read the directions and the model aloud, then complete item 1 together. Pair students to do the activity, with one student as *dependiente* and one as *cliente*. Point out that they should use the formal address throughout. **Follow-up:** Ask for volunteers to explain which items they would choose to buy in real life and why. Generate a discussion on whether certain materials are an indication of higher quality, or if there are other materials that they would not buy for reasons of health, political values, etc.

Comprando ropa

Lee *Infórmate* 14.2

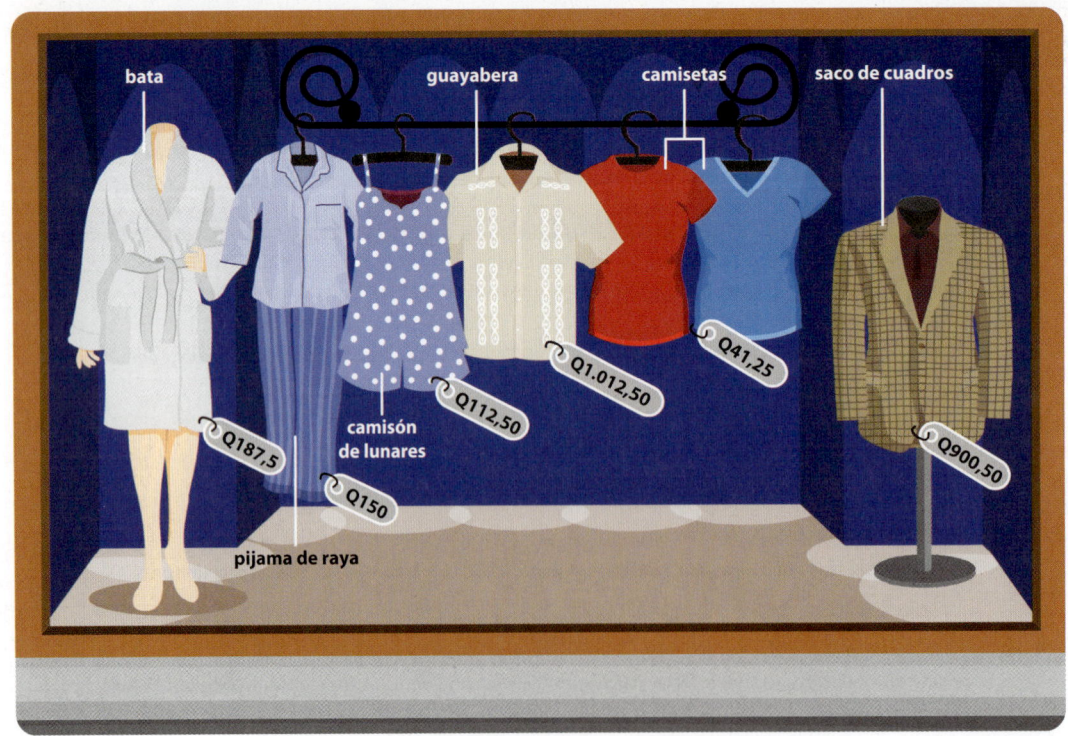

Actividad 4   La ropa

Con tu compañero/a, empareja los objetos con su descripción.

1. __i__ las zapatillas
2. __e__ el camisón
3. __j__ la guayabera
4. __a__ la bata
5. __g__ la corbata
6. __h__ el paraguas
7. __d__ el sostén
8. __c__ la bufanda
9. __b__ los calcetines
10. __f__ los guantes

a. Se usa después de bañarse o encima del pijama.
b. Nos los ponemos en los pies, antes de ponernos los zapatos.
c. Se pone en el cuello, especialmente cuando hace frío.
d. Es una prenda de ropa interior para mujeres.
e. Las mujeres lo usan para dormir.
f. Los llevamos en las manos cuando hace frío.
g. Los hombres la llevan en el cuello cuando llevan traje.
h. Lo usamos para protegernos de la lluvia.
i. Las usamos en vez de zapatos, para andar por la casa.
j. Es una camisa de varios bolsillos que llevan los hombres, especialmente en los países tropicales.

Act. 4 (Whole class; pair), **Suggestions:** Warm up by giving definitions of other items not in the activity: *Los hombres lo usan para sostenerse los pantalones.* (*el cinturón*) *Los niños lo usan para dormir.* (*el pijama*) *Las mujeres las llevan cuando quieren estar muy elegantes; pueden tener diamantes, rubíes, zafiros u otras piedras.* (*las joyas*) *Es ropa interior de hombres.* (*calzoncillos*) *Las mujeres la usan para llevar su maquillaje, sus lentes de sol, su dinero, etcétera.* (*la bolsa*) Pair students to complete the activity then check answers with the whole class. **Expansion:** Have students make up definitions for other articles of clothing and have the class identify them: *los zuecos, los zapatos, el saco, la falda, la blusa, los vaqueros, las pantaletas.*

Actividad 5 ¿Cómo me queda?

Las chicas de Amigos sin Fronteras van de compras a *Love Me Two Times*, una tienda de ropa de segunda mano. Los precios son muy buenos y la ropa es de calidad y súper original. Cada una encuentra algo que le gusta y se lo prueba. Di cómo les quedan esas prendas de ropa.

MODELO: E1: ¿Cómo le queda *la chaqueta* a *Estefanía*?
  E2: Le queda *muy suelta*. Necesita una talla más pequeña.

> **Vocabulario útil**
>
> ¿Cómo le queda(n) el/la/los/las… ?
>
> Le queda grande (pequeño/a, corto/a, largo/a, apretado/a, suelto/a).
>
> Necesita una talla más grande/pequeña.
>
> (No) Le queda (muy) bien.

Estefanía (y Ángela)

Camila (y Ángela)

Ana Sofía

Lucía

Nayeli

Claudia (y Ángela)

Actividad 6 De compras

Imagínate que estás en Guatemala, estudiando español. La familia de tu profesor te ha invitado a una fiesta y vas de compras porque no tienes ropa de fiesta. Trabaja con tu compañero/a para escribir la conversación con el/la dependiente de una tienda.

DEPENDIENTE/A: Buenas tardes, ¿en qué puedo servirle?
CLIENTE: Pues, voy a ir a una fiesta. Quisiera…
DEPENDIENTE/A: Sí, como no. ¿Qué talla usa/lleva?
CLIENTE: Creo que…
DEPENDIENTE/A: A ver, le ayudo a buscar. ¿En qué color lo(s)/la(s) quiere?
CLIENTE: Pues tal vez en… o en…
DEPENDIENTE/A: Mire, aquí tiene…
CLIENTE: Perfecto, ahora quiero probármelo/la(s). ¿Dónde… ?
DEPENDIENTE/A: …

Cinco minutos después.

DEPENDIENTE/A: ¿Cómo le queda(n)?
CLIENTE: Pues realmente no… Creo que necesito…
DEPENDIENTE/A: …
CLIENTE: …
DEPENDIENTE/A: Esa(s) sí le queda(n) bien.
CLIENTE: ¿Cuánto cuesta(n)… ?
…

Vocabulario útil

Quiero/Necesito probármelo/la(s).

¿Dónde están los probadores?

¿Qué talla usa/lleva?

¿En qué color lo(s)/la(s) quiere?

Pruébese este/estos/esta(s).

¿Cómo le queda(n)?

Creo que (no) me queda(n) bien/mal.

Este/Esta/Estos/Estas sí/tampoco me…

¿Aceptan tarjetas de crédito?

Sí, por supuesto. / No, solamente efectivo.

Me lo(s)/la(s) llevo.

¿Cuánto cuesta(n)?

Está(n) en oferta por / rebajado/a(s) a…

¡Qué ganga! / ¡Qué caro/a(s)! / ¡Qué barato/a(s)!

Entérate

La moneda de Estados Unidos es el dólar; la de Guatemala es el **quetzal.** En Guatemala, se usa la **Q** de quetzal antes de un precio y un punto antes de los centavos (*cents*): Q235.50 = doscientos treinta y cinco quetzales con cincenta centavos. Un dólar estadounidense es más o menos igual a Q7.50; se puede encontrar el tipo de cambio actual (*current exchange rate*) en el Internet.

Las compras y el regateo

Lee *Infórmate 14.3*

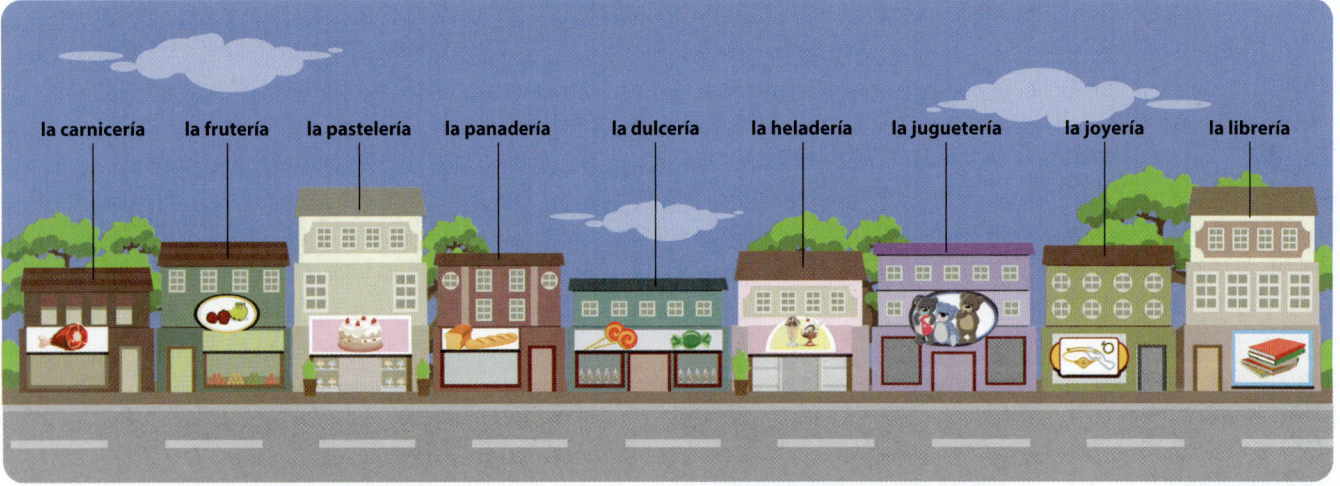

Actividad 7   Las tiendas del mundo hispano

A. ¿Dónde se compran estas cosas?

MODELO: los dulces → *Los dulces se compran en la dulcería.*

1. un pastel la pastelería
2. las flores la florería
3. un collar (las joyas) la joyería
4. los zapatos la zapatería
5. un libro la librería
6. el pan la panadería
7. el perfume la perfumería
8. las tortillas la tortillería
9. la carne la carnicería
10. unos plátanos la frutería
11. los muebles la mueblería
12. un helado la heladería

Act. 7, Part B, Follow-up: Help students change the verb forms in these questions to the formal (*usted*) so they can interview you.

B. Hoy en día muchas cosas no se compran en tiendas tradicionales. Conversa con tu compañero/a sobre dónde compra él/ella las cosas que necesita.

1. ¿Cómo se llama tu zapatería favorita? ¿Por qué compras los zapatos allí?
2. ¿Hay muchas librerías en tu ciudad? ¿Cuál prefieres? ¿Por qué? ¿Compras muchos libros allí? ¿Prefieres comprar libros en una librería o bajar la versión electrónica de tu tableta? ¿Por qué?
3. ¿Compras canciones de iTunes o las bajas de otros sitios Web? ¿Cuáles? Y las películas, ¿compras discos blu-ray o tienes el servicio de Netflix, Hulu, etcétera? ¿Por qué?
4. ¿Compras el pan en el supermercado o vas a una panadería? ¿Hay una panadería buena en tu barrio? ¿Cómo se llama?
5. ¿Compras chocolates para el Día de la Madre? ¿Y los compras para el Día de los Enamorados? ¿Cómo se llama la dulcería más popular donde tú vives? ¿Comes chocolates y dulces con frecuencia? ¿Por qué?

Act. 8 (Whole class; pairs), **Suggestions:** Go over the *Vocabulario útil* to help students understand the different options. Go over the model, then have students work in pairs to do the activity. To check answers, ask pairs of volunteers to read one or two of their mini-conversations to the class.

Actividad 8 Entre amigos

Vives en un apartamento y tu amigo/a vive al lado. Él/Ella siempre te pide cosas prestadas. Trabaja con tu compañero/a para pedirse uno al otro las siguientes cosas: **un abrigo, el asador, la cámara, el carro, cincuenta dólares, los esquíes, el libro de texto, unas sillas.**

MODELO: **E1:** Quiero asar unos pollos para la fiesta de esta noche. ¿Me prestas *el asador*?
E2: Con mucho gusto *te lo* presto. (Lo siento, *se lo* presté a mi hermano ayer.)

> **Vocabulario útil**
>
> ¿Me prestas… ?
>
> No puedo, está(n) descompuesto/a(s).
>
> Lo siento, se lo/la/los/las presté a… ayer.
>
> Lo siento pero lo/la/los/las necesito hoy.
>
> Con mucho gusto te lo/la/los/las presto.
>
> Lo siento, no tengo _____.

1. Hace mucho frío y necesito salir al mercado. ¿Me prestas… ? *el abrigo*
2. Tengo una reunión del club de tenis en mi casa y somos ocho. ¿Me prestas… ? *unas sillas*
3. Se me descompuso el carro y tengo que trabajar. ¿Me prestas… ? *tu carro (el tuyo)*
4. Salgo más tarde para San Francisco y quiero tomar fotos. ¿Me prestas… ? *la cámara*
5. Quiero hacer una carne asada hoy. ¿Me prestas… ? *el asador*
6. Voy a ir a esquiar con unos amigos. ¿Me prestas… ? *los esquíes*
7. Tengo un examen mañana en mi clase de biología y se me perdió el libro de texto. ¿Me prestas… ? *el libro de texto*
8. Tengo que comprarle un regalo a mi novio/a y necesito dinero. ¿Me prestas… ? *cincuenta dólares*

Act. 9, Part A (Whole class, pair), **Suggestions:** Spend a couple of minutes going over the descriptions of the different appliances in the ad and their prices. Before pairing students off to complete part A, spend about 5 minutes helping them figure out the total price of a few of the items; remind them that they have to multiply the amount given by 12 to get it. **Part B, Suggestions:** Give students some time to converse in pairs about the topics in the questions. When they are done, allow time for them to ask you the same questions. You may need to remind them to change the questions from *tú* forms to *usted* forms. **Expansion:** If time permits, expand on item 5 to start a discussion about how buying appliances and other goods may have a salutary effect on the economy but may have a damaging effect on the environment.

Actividad 9 Electrónica Panamericana

A. Mira el anuncio de Electrónica Panamericana y hazle preguntas a tu compañero/a sobre los precios de estos aparatos. Recuerda que para hablar del precio total, tienen que multiplicar por doce porque la tienda permite comprar los aparatos a plazos: doce pagos mensuales.

MODELO: **E1:** ¿Cuánto cuesta *la refrigeradora de diez pies*? ¿Cuánto hay que pagar al mes?
E2: Cuesta *Q3,540.00* en total. Hay que pagar *Q295.00* al mes.

(Continúa.)

Entérate

En el mundo hispano hay variantes regionales del español. Por ejemplo, hay varias palabras para *refrigerator:* **el frigorífico, el frigo** (coloquial), **el refrigerador, el refri** (coloquial), **la nevera, la heladera.** En Guatemala dicen **la refrigeradora.** Otra palabra que cambia en muchos países es **la estufa.** En España y Argentina, por ejemplo, le llaman **la cocina (cocina de gas, cocina eléctrica)** pero en Guatemala, como en muchos otros países, se dice **la estufa.**

B. Conversa con tu compañero/a, usando las siguientes preguntas como guía.

1. En tu opinión, de los aparatos modernos, ¿cuál es el más útil? ¿Más o menos cuánto cuesta ese aparato donde tú vives? ¿Necesitas comprarlo o ya tienes uno? ¿Cuál es el aparato moderno menos útil? Si ya tienes uno, ¿por qué lo compraste?

2. Cada día hay más inventos, especialmente en relación con los aparatos eléctricos y los teléfonos móviles. Menciona algunos de estos aparatos que acaban de salir en los últimos meses. ¿Quieres tener alguno o ya lo tienes? ¿Crees que uno deba comprar todos los aparatos en cuanto salen al mercado? ¿Por qué?

3. Si tienes un refrigerador bueno pero no es del color de moda, ¿compras otro? ¿Por qué? ¿Conoces gente que cambia sus muebles, su reloj, su coche u otro objeto con frecuencia para tener lo último que sale al mercado? ¿Por qué crees que lo hacen?

4. ¿Cuándo debe uno comprar las cosas: cuando las necesita, en cuanto salen al mercado, cuando están en oferta? ¿Por qué? ¿Has comprado algo que no necesitabas solamente porque estaba en oferta? ¿Qué compraste? ¿Cómo te sentiste después?

5. ¿Crees que comprar todo lo que uno quiere aunque no lo necesite es bueno o malo para la economía? ¿Por qué? ¿Es bueno o malo para el ambiente? Explica.

> **Entérate**
> En español, los números se expresan solamente de una manera. Por ejemplo, para expresar 1.200 se dice **mil doscientos** solamente; no hay un equivalente para el inglés *twelve hundred*.

C. Ahora… ¡conversa con tu profe! Usa las mismas preguntas que usaste para conversar con tu compañero/a pero recuerda cambiar las formas de los verbos y pronombres de tú a usted.

MODELO: 1. En **s**u opinión, de los aparatos modernos, ¿cuál es el más útil? ¿Cuánto cuesta donde **usted** vive? ¿Necesit**a** comprarlo o ya tien**e** uno? ¿Cuál es el menos útil? Si ya tien**e** uno, ¿por qué lo **compró**?

Actividad 10 Es divertido regatear

Tú y tu compañero/a están en un mercado al aire libre en Guatemala. Hay muchas cosas hechas a mano y todas de vivos colores. Mira los dibujos para escoger el objeto que vas a comprar. Luego, escribe un diálogo con tu compañero/a. Una persona es el vendedor / la vendedora y la otra es el/la cliente. Recuerda que debes regatear para obtener una ganga.

> **Vocabulario útil**
> Déjemelo/la/los/las en…
> Se lo/la/los/las dejo en…
> Me lo/la/los/las llevo.

chaqueta Q412.50
aretes Q37.50
huipil Q337.50
cojines Q56.00
bolsas Q60.00
pulseras Q33.75
collares Q48.75
cinturones Q187.00
carteras Q20.60

MODELO:
VENDEDOR(A): ¡Buenas, señor(a)/señorita! Tengo muchos objetos típicos de Guatemala. Pase y vea. Le van a encantar. ¿Busca algo en particular?
CLIENTE: Pues sí, quiero…
VENDEDOR(A): Aquí tengo tres, ¿cuál le gusta?
CLIENTE: …

> **Entérate**
> Regatear es una práctica común en mercados por todo el mundo. En muchos lugares, los vendedores saben que los clientes, especialmente los turistas, van a regatear. Regatear puede ser un juego divertido, aunque a veces los vendedores sienten que los clientes no respetan su trabajo cuando insisten en bajar mucho el precio. Por otra parte, los turistas con frecuencia sienten que el vendedor los está estafando (*cheating*) si no consiguen el precio más bajo. Para los compradores, es importante pensar en el valor intrínseco del objeto que quieren comprar, así como en el trabajo del artesano.

Hablando de las compras y el regateo

LOS MERCADOS AL AIRE LIBRE

Un mercado de textiles en Antigua, Guatemala

En muchas ciudades del mundo hispano hay mercados donde se vende toda clase de cosas al aire libre. Tienen lugar[a] durante uno o varios días señalados[b] de la semana en lugares públicos, como un estacionamiento,[c] una plaza o una calle que se cierra al tránsito. Estos mercados tienen muchos puestos[d] y, por lo general, cada uno tiene un toldo[e] para proteger al vendedor y a los clientes del sol y de la lluvia, porque no hay techo. Se usan mesas plegables[f] o se pone la mercancía directamente en el suelo[g] sobre mantas o en cestas.[h] Se vende una variedad de productos: comida (especialmente fruta y verdura fresca), ropa, productos para la casa, plantas, artesanías y a veces objetos de segunda mano.

En diferentes países los mercados al aire libre tienen nombres distintos. **Mercadillo** es el nombre genérico que se usa en España, donde también usan **rastro** o **rastrillo.** En Madrid desde 1740 hay uno muy famoso, El Rastro, y tiene lugar todos los domingos y días feriados cerca de la Plaza Mayor. En México y partes de Centroamérica un mercado así es **un tianguis.** Esta palabra se deriva del náhuatl *tianquiztl,* que significa **mercado** y también **cosecha.**[i]

Pueblos como El Tajín, Veracruz, y Santiago Tianguistenco, los dos en México, y como Chichicastenango en Guatemala, se fundaron inicialmente como mercados

---

[a]Tienen… *They take place* [b]*selected* [c]*parking lot* [d]*stands* [e]*tarp, usually plastic* [f]*folding* [g]*ground* [h]sobre… *on blankets or in baskets* [i]*harvest*

regionales. Chichicastenango es ahora un pueblo de la región del Quiché y es famoso por su enorme mercado. En este fascinante mercado, los jueves y los domingos los vendedores —muchos de ellos son indígenas que hablan la lengua quiché— llegan desde muy lejos con su mercancía. Llevan frutas, verdura, maíz, frijol, pollos, carne, utensilios de cocina, ropa, artesanía, cerámica y mucho más.

Las guías turísticas recomiendan que los que van al mercado de Chichicastenango regateen mucho. También aconsejan que vayan por la tarde porque los vendedores bajan el precio un poco para poder vender todo antes de regresar a casa. Para mucha gente lo mejor de este mercado son las artesanías, sobre todo los huipiles. Estas blusas típicas de mujer requieren semanas de trabajo por estar bordadas a mano. Se venden por entre $65,00 y $132,00, o más si el trabajo está finamente hecho y los diseños son muy delicados. Los huipiles son los más populares entre los turistas pero también se venden hermosos rebozos,[j] cinturones bordados, cintas[k] para el pelo y muchas prendas más. El diseño de los bordados indican de qué región es la prenda, pues cada región tiene su propio estilo. Los que visitan este mercado pueden encontrar regalos lindos para la familia y los amigos a buenos precios. Y por supuesto, en el mercado también hay puestos en donde se venden frescas bebidas como horchata y deliciosas comidas sencillas como tortillas hechas a mano con puré de frijoles. Los clientes puede descansar y disfrutar de esta comida típica después de un día largo de regatear.

---

[j]shawls, wraps [k]ribbons

¿Gastar o ahorrar?

Lee Infórmate 14.4

A veces compramos cosas que no necesitamos en vez de ahorrar.

Algunas personas saben desde pequeñas que ahorrar es importante, otras no.

Es mejor no gastar más de lo que uno gana. ¡Puede causarnos grandes problemas!

Esta familia está preparada para cualquier emergencia.

Actividad 11   Una venta de zaguán

Los miembros del club Amigos sin Fronteras están en una venta de zaguán. Mira los objetos en la tabla y di si es posible que esas personas quieran comprarlos.

MODELO:
- E1: ¿Crees que Franklin quiera comprar *una guitarra acústica*?
- E2: No, no creo (dudo) que Franklin *quiera una guitarra acústica*.
- E1: ¿Y Ángela?
- E2: Es posible que ella compre *la guitarra acústica para su hijo*.
- E1: ¿Y Radamés?
- E2: Sí, seguro que *Radamés la quiere comprar porque él es músico*.

	una guitarra acústica	un libro de cocina	una cafetera eléctrica	una raqueta de tenis	un diccionario de español	un iPod nano usado
Franklin, profesor de español	Si es una ganga, tal vez.	No.	Sí.	No la necesita.	Sí, para su clase.	Es probable.
Ángela, estudiante de español	Tal vez, para su hijo Andrés.	Si es una ganga, tal vez.	No, ya tiene.	No la necesita.	Sí.	Sí, para sus hijos.
Radamés, músico	Sí.	No.	Sí.	No la necesita.	No lo necesita.	Sí.
Camila, jugadora de tenis	No.	Tal vez.	Si es una ganga, tal vez.	Sí.	Sí.	Ya tiene uno nuevo.
Sebastián, el «futuro» chef	No.	Sí.	Sí, para hacerle café a Radamés.	No.	No lo necesita.	Tal vez.

Infórmate

Use **indicative** forms after phrases that make assertions.
  creer que, pensar que, es cierto/indudable/seguro/verdad que

Use **subjunctive** forms after phrases that cast doubt.
  no creer que, dudar que, es dudoso que, es (im)posible que, es (im)probable que, no es cierto/seguro/verdad que

Actividad 12 — Gastos y compras

Trabaja con tu compañero/a para emparejar las columnas con las opiniones de ustedes. **OJO:** Algunas acciones pueden tener más de un resultado/consecuencia.

ACCIONES

1. Comprar mercancía barata en los países en vías de desarrollo…
2. Cambiar de coche cada dos años o comprar un coche de lujo…
3. Gastar más de lo que podemos pagar con nuestro sueldo…
4. Comprar frutas y verdura fresca en los mercados sobre ruedas…
5. Comprar un refrigerador más moderno aunque el nuestro funcione bien…
6. Gastar menos y ahorrar más…
7. Comprar objetos usados y ropa de segunda mano…
8. Comprar cosas cuando están en oferta…
9. Comprar a crédito…
10. Pedir préstamos para salir de vacaciones o hacerle mejoras innecesarias a la casa…

RESULTADOS/CONSECUENCIAS

a. ayuda a mejorar la economía.
b. un modelo más moderno puede ayudarnos a conservar energía.
c. es agradable pero estresante.
d. nos ayuda a estar preparados para las emergencias de la vida.
e. es bueno si pagamos precios justos a los artesanos/fabricantes.
f. es buena idea solo en una emergencia y si es algo indispensable.
g. es bueno para la salud personal y para la economía local.
h. puede dañar el ambiente.
i. es buena idea pero solamente si los/las necesitamos y podemos pagarlas en efectivo.
j. es bueno porque podemos tener lo que nos gusta y ahorrar al mismo tiempo.

Infórmate

In **Capítulo 4** you learned the numbers up to the thousands. Here is a short review of thousands and an introduction to expressing millions in Spanish.

1.000	mil	500.000	quinientos mil
2.000	dos mil	879.000	ochocientos setenta y nueve mil
9.000	nueve mil	1.000.000	un millón
12.000	doce mil	9.900.000	nueve millones novecientos mil
25.000	veinticinco mil	20.000.000	veinte millones
100.000	cien mil	50.000.000	cincuenta millones
133.000	ciento treinta y tres mil	100.000.000	cien millones

The phrases **un millón** and **(dos, diez…) millones** need the preposition **de** when quantifying people or objects.

Hay mil personas en el teatro hoy.
Hay un millón **de** personas en las calles hoy.

Entérate

Según un dicho popular, un elefante que cuesta diez centavos es una ganga solamente si necesitas un elefante y no necesitas los diez centavos para algo más importante. ¿Estás de acuerdo?

Comunícate ¿Gastar o ahorrar?

Actividad 13 ¡Sarai se ganó la lotería!

A. Sarai, una joven universitaria y la mejor amiga de Estefanía en Guatemala, se ganó Q3,500,000.00 en un sorteo extraordinario de la lotería. Ella quiere gastar una parte y ahorrar la otra. ¡A Estefanía le preocupa que Sarai vaya a gastarlo todo! Habla con tu compañero/a de cuánto va a pagar Sarai por cada cosa.

MODELO: **E1:** ¿Cuánto va a pagar por *la gira por Europa*?

            E2: Va a pagar *trece mil cuatrocientos cuarenta quetzales con treinta y cinco centavos*.

¿EN QUÉ VA A GASTAR EL DINERO?	¿PARA QUIÉN?
1. Una casa grande en la capital: Q975,000	para La Casa del Anciano
2. Un coche grande (Toyota 4Runner, 2008): Q140,000	para toda la familia
3. Un coche pequeño (VW Polo, 2004): Q38,000	para su hermano pequeño (de nueve años)
4. La matrícula para la universidad—cuatro años: Q404.00	para sus padres
5. Las cuotas mensuales por cuatro años: Q450 × 48 = Q21,600	para ella misma
6. Una gira por Europa: Q13,440.35	para ella y su hermano gemelo
7. Un donativo: Q5,750.00	
8. Un condominio con vista al lago de Atitlán: Q686,250	
9. Un Wii: Q1,492.50	
10. Una bicicleta Trek usada: Q900	

B. ¿Para quién va a comprar Sarai tantas cosas? Con tu compañero/a, empareja las dos columnas lógicamente. Después, digan cuánto va a gastar y cuánto va a ahorrar en total.

C. Imagina que te has ganado un millón de dólares en la lotería. Escribe una lista de cinco cosas que vas a comprar y para quién(es) las vas a comprar. Luego comparte tu lista con tu compañero/a y di también cuánto piensas ahorrar y por qué.

Entérate

Muchos inmigrantes hispanohablantes que trabajan en otros países mandan una parte de su sueldo mensual a la familia en su país de origen. La palabra para referirse al dinero enviado es **remesa**. Las remesas familiares que llegan a Guatemala desde Estados Unidos y otros países son muy importantes pues mantienen a flote (*keep afloat*) la economía del país. Desafortunadamente, las cantidades fluctúan de acuerdo con las condiciones laborales y sociales de los inmigrantes y con el estado de la economía en el país donde viven.

Act. 14 (Group; whole class), **Suggestions:** Ask students to scan the activity and ask you any words they do not understand, then put them in groups of 4 to give the appropriate advice in each situation. Remind them that they should always give the reasons for their advice. Once they have worked in groups, bring the class together and ask for volunteers to explain the advice they gave to each character. Then ask if anyone gave the opposite advice and why. **Expansion:** Start a discussion with the class regarding the economic crisis. Have students react to the following ideas: *La gente pidió muchos préstamos para mantener un nivel de vida para el que no tenía los recursos y gastó sin pensar en el mañana (el futuro). La gente debe vivir sin gastar recursos que no tiene; La gente debe ahorrar para el futuro.*

Actividad 14 Consejos: ¿gastar o ahorrar?

Lee las siguientes situaciones. Luego, con tu compañero/a, inventa varios consejos para estas personas. En cada caso digan si es mejor gastar el dinero o ahorrarlo.

1. Radamés acaba de recibir un cheque de un pariente para su cumpleaños por la cantidad de $200,00. ¿Qué debe hacer, gastarlo en entradas para un concierto o ahorrarlo? ¿Por qué?

2. Ángela trabajó diez horas extra el mes pasado y ahora tiene $300,00 extra. Uno de sus hijos quiere un iPad nuevo para Navidad. ¿Debe comprárselo o ahorrar el dinero? Explica.

3. Camila tiene $2.200,00 ahorrados en el banco para sus gastos en Berkeley. Ya es junio y no va a tomar cursos en el verano. Por esta razón, piensa gastar todo el dinero en un coche usado. ¿Qué le aconsejas? ¿Por qué?

4. Franklin y Estefanía están preparándose para su boda. Han ahorrado por varios años para tener una boda muy elegante e ir de luna de miel a un país del Caribe. ¿Qué les recomiendas que hagan? Explica.

5. Rodrigo va a trabajar en la universidad durante julio y agosto. Va a ganar más o menos $4.500,00. Quiere usar ese dinero para viajar por Europa. Detalles: Sus libros en la universidad cuestan más cada semestre y su hijo va a entrar a primer año y necesita uniformes, zapatos y libros. Rodrigo necesita descansar y tiene muchas ganas de conocer Europa. ¿Qué debe hacer?

Actividad integral, **Part A** (Group; whole-class), **Suggestions:** Before beginning the activity, talk to the class about the economic crisis we are going through, and about how saving every penny can be helpful. Read the list of ideas to the class and comment on any that attract your attention, as well as on any vocabulary they may not know, such as *desempleo, increíble, prendas, calidad, abandonados, burbujas, voluntarios* (mostly cognates). Have students rank the ideas from most to least useful for them and then work in groups of 3 to discuss why some ideas are not useful for them.

Actividad integral

Ideas para ahorrar

Los sueldos no suben, hay mucho desempleo, la matrícula en las universidades cada día cuesta más, los precios de la gasolina y la comida siguen subiendo. ¿Qué hacer?

A. Aquí hay una lista de ideas para ahorrar dinero. Ponlas en orden de la más útil (1) a la menos útil (8). Luego charla con tus compañeros/as y explíquense por qué algunas no son útiles para ustedes.

_____ Cambia de banco. Busca un banco donde no tengas que pagar por cada servicio.

_____ Apaga la tele; lee un libro.

_____ Cuando quieras comprar algo, espera treinta días y luego pregúntate si todavía quieres o necesitas ese objeto.

_____ En vez de salir a cenar, prepara algo rico e invita a tus amigos. Si ellos hacen lo mismo, todos van a divertirse, comer bien y ¡van a ahorrar bastante!

_____ Compra tu ropa en tiendas de segunda. Vas a encontrar prendas interesantes y originales a precios increíbles.

_____ Compra menos regalos para los niños. Es mejor darles dos o tres objetos de calidad que tener la casa llena de juguetes rotos o abandonados.

(Continúa.)

_____ Lo que tus hijos desean más es tu atención. No gastes mucho dinero en diversiones para ellos. Pasa tiempo con ellos: Preparen juntos la cena, vayan a la biblioteca juntos, hagan una merienda en el patio o en algún parque, jueguen con burbujas de jabón, trabajen de voluntarios en algún lugar de su comunidad.

_____ Bebe más agua en vez de gastar en refrescos y té o café; es lo más saludable y te ahorra dinero.

B. Con tu compañero/a, haz una lista de cinco ideas más para ahorrar dinero. Sugieran ideas que ayuden a otros estudiantes como ustedes.

Exprésate

ESCRÍBELO TÚ

Vivo dentro de mis posibilidades

Escribe un ensayo sobre lo que haces tú para vivir dentro de tus posibilidades. ¿Prefieres gastar dinero o ahorrarlo? Si prefieres ahorrar, ¿qué porcentaje de tu sueldo ahorras cada mes? En tu opinión, ¿es importante ahorrar? ¿Por qué? ¿Cuánto ahorras tú al mes? ¿En qué gastas más dinero: en comida, en libros, en música, en ropa, en el alquiler de la casa, en el carro? ¿Tienes un presupuesto? Descríbelo. ¿Es fácil para ti ajustarte a ese presupuesto? ¿Por qué? Si no tienes un presupuesto, ¿cómo decides en qué gastar tu dinero? ¿Has tenido alguna crisis económica? Explica. Lee y completa la actividad entera en el *Cuaderno de actividades* o en Connect Spanish.

CUÉNTANOS

Un regalo

Háblanos sobre algo que compraste para otra persona y que fue un gran éxito o un gran fracaso. Di:

- qué compraste y descríbelo (**Compré un suéter azul de lana muy…**)
- dónde lo compraste (**en un tianguis en Chichicastenango**)
- para quién (**para mi novia**)
- por qué (**porque era su cumpleaños**)

Si tienes una foto, tráela para mostrársela a la clase. Finalmente, explica bien por qué fue un éxito o un fracaso ese regalo (**Fue un gran éxito porque a ella le gustó mucho y luego todas sus amigas querían uno igual**).

Entérate

Mundopedia

1. Los nombres en el mundo hispano
2. El arpa paraguaya
3. El cine argentino
4. Quito y Mitad del Mundo
5. ¡Grandes fiestas!
6. La escritora chilena Isabel Allende
7. El Carnaval de Barranquilla
8. El Cinco de Mayo
9. La Diablada de Oruro
10. La música de Cuba
11. Los paradores de España
12. Mérida, ciudad en la montaña
13. Los festivales dominicanos
14. **El misterio de las ciudades mayas**
15. Los logros de Costa Rica

El misterio de las ciudades mayas

La civilización maya **surgió** en la vasta región llamada Mesoamérica, en el territorio hoy formado por cinco estados mexicanos del sureste de México: Campeche, Chiapas, Quintana Roo, Tabasco y Yucatán; y en Guatemala, Belice, Honduras y El Salvador. En todos esos lugares se pueden admirar ahora extraordinarias ruinas, testigos de una civilización avanzada que duró aproximadamente 3.000 años y cayó en decadencia antes de la llegada de los españoles. Lo que todos quieren saber es, ¿qué **sucedió**?

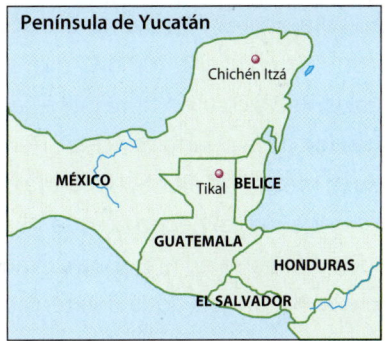

Península de Yucatán

LA CULTURA Y LA RELIGIÓN

Los mayas produjeron maravillosas obras de arquitectura, escultura, pintura, cerámica y joyería. Inventaron sistemas de numeración que incluían el cero y una **escritura** basada en **glifos** que aún no se ha podido interpretar totalmente. Tenían también conocimientos avanzados de la astronomía. Construyeron observatorios astronómicos y basándose en ellos, inventaron calendarios muy exactos y tablas que incluían predicciones muy precisas de los eclipses del sol y de la luna. Las ceremonias religiosas también se relacionaban con la astronomía y formaban una parte esencial de su rica cultura.

DOS CIUDADES MAYAS

Las hermosas ciudades mayas surgieron en los bosques tropicales de lo que hoy es el sureste de México y en Centroamérica. Entre las ruinas más conocidas de las ciudades mayas —Palenque, Tikal, Tulum, Chichén Itzá, Copán y Uxmal— **se destacan** Chichén Itzá en México y Tikal en Guatemala. Chichén Itzá fue el centro religioso y político de Yucatán. Tikal fue la ciudad más grande de la América precolombina.

Vocabulario de consulta	
surgió	came into being
sucedió	happened
escritura	writing
glifos	glyphs, pictographs
se destacan	stand out
d.C.	**después de Cristo** (A.D.)
tallado	carved
superior	upper
fuentes	sources
escalones	steps
cima	top, summit
guerras	wars
Sea cual sea	Whatever may be
antepasados	ancestors

TIKAL, GUATEMALA

Al estar en Tikal, uno puede imaginarse la belleza del mundo prehispánico. En su momento de prosperidad, Tikal tenía una población de 50.000 habitantes. Era una ciudad de tres mil hermosas construcciones, todas distintas: templos, palacios y cinco pirámides. En el palacio ceremonial hay más de doscientos monumentos de piedra, altares y figuras. La estructura más conocida es el Templo del Gran Jaguar. Es un templo funerario construido en el año 700 **d.C.** que se utilizaba para ceremonias rituales. Recibió su nombre por el jaguar **tallado** en la parte **superior** de la puerta principal. Tiene más o menos cuarenta y cinco metros de altura y la forma de pirámide. Hoy en día sorprende más el hecho de que Tikal, una ciudad tan grande, pudo sostenerse en una zona selvática donde no hay **fuentes** de agua. El agua que tenían era solamente de la lluvia; la recogían en diez originales estructuras en forma de botella llamadas «chultunes».

Las ruinas mayas en Tikal, Guatemala

CHICHÉN ITZÁ, MÉXICO

Chichén Itzá está en la parte oriental de la península de Yucatán, en México. Es uno de los principales sitios arqueológicos de México y fue una de las ciudades mayas más grandes. En sus ruinas hay una gran variedad de estilos arquitectónicos. Fundada alrededor del 525 d.C., Chichén Itzá se convirtió en una importante capital regional en el siglo IX, dominando ahora la vida política, sociocultural, económica e ideológica de las tierras mayas del norte. Una construcción importante es el Castillo o la Pirámide de Kukulkán. Es una pirámide que, al estilo maya, culmina en un templo. Hay escaleras de noventa y un **escalones** a los cuatro lados de la pirámide. Hay un escalón más que lleva al templo en la **cima**: el total es de trescientos sesenta y cinco, uno por cada día del año. Todavía hoy se celebra allí el equinoccio primaveral con una interesante ceremonia basada en los grandes conocimientos de astronomía de los mayas. Otra construcción es el Caracol, que se usaba como observatorio astronómico y que tiene la forma de un observatorio de épocas recientes.

EL FINAL DE UNA CULTURA

Los antiguos mayas, creadores de Tikal y Chichén Itzá, abandonaron estas ciudades mucho antes de la llegada de los españoles. La razón es un misterio. Los estudiosos ofrecen varias explicaciones posibles: epidemias, cambios en el clima, **guerras**, sequías, sobrepoblación. Hay quienes dicen que los mayas no pudieron sobrevivir dedicándose a la agricultura en los bosques tropicales. Se dice también que el cambio más significativo fue la desaparición de la clase religiosa, es decir, los sacerdotes. **Sea cual sea** la explicación del misterio, lo cierto es que durante los años 900 d.C.,* la gente maya empezó a irse gradualmente de Tikal y sus otras ciudades. Pero afortunadamente la civilización maya no desapareció. Cuando los españoles colonizaron la península de Yucatán entre 1524 y 1546, varios grupos de mayas hicieron resistencia. Hoy en día hay siete millones de personas que descienden de esos sobrevivientes. Estos mayas se dedican a la agricultura, como sus **antepasados**, y mantienen vivas sus tradiciones.

*Año que representa el final del período maya clásico. Tikal fue construida entre los años 50 d.C. y 800 d.C., durante este período clásico.

Comprensión (Answers)
1. Construyeron grandes obras de arquitectura; dejaron esculturas, pinturas, cerámica y joyas; inventaron sistemas de numeración; tenían conocimientos avanzados de astronomía; crearon calendarios precisos y tablas de eclipses. 2. con la astronomía 3. en los bosques tropicales del sureste de México y en Centroamérica 4. Había templos, palacios y pirámides. 5. Se llama el Templo del Gran Jaguar por el jaguar tallado en la parte superior de la puerta principal. 6. Es una estructura en forma de botella hecha para recoger el agua de la lluvia; porque no había fuentes de agua en la zona. 7. noventa y uno en cada lado y un total de trescientos sesenta y cinco 8. No. Cuando los españoles llegaron en el siglo XVI, varios grupos de mayas hicieron resistencia y hoy día hay siete millones de descendientes de esos mayas.

COMPRENSIÓN

Contesta las preguntas.

1. ¿Cuáles son algunos grandes logros de la civilización maya?
2. ¿Con qué se relacionaban las ceremonias religiosas?
3. ¿Dónde surgieron las ciudades mayas?
4. ¿Qué tipo de construcciones había en Tikal?
5. ¿Cómo se llama la estructura más conocida de Tikal y de dónde viene su nombre?
6. ¿Qué es un chultún y por qué tuvieron que construir chultunes en Tikal?
7. ¿Cuántos escalones hay en cada lado del Pirámide de Kukulkán y cuántos hay en total?
8. ¿Desapareció totalmente la cultura maya en el siglo X (los años 900)? Explica tu respuesta.

Voces guatemaltecas

alunado/a	enojado/a
bolo/a	drunk
un chapín / una chapina	un(a) guatemalteco/a
estar gafo/a	no tener dinero
un(a) patojo/a	un(a) muchacho/a
un traste	un plato/utensilio de cocina

Voces, Note: The aim of this section is to introduce students to the linguistic variety within the Spanish-speaking world; we do not expect students to use this vocabulary in their own production. Keep in mind that some of these words and expressions may also be used in other countries.
Suggestions: Go over the definitions/synonyms in standard Spanish (right column) to verify comprehension. If you know other regional terms from Guatemala, you may want to share them with your students.

CONEXIÓN CULTURAL

LA ARTESANÍA MAYA

Una tradición de Guatemala que viene de sus antepasados (*ancestors*) mayas es la de las artesanías. Los artesanos guatemaltecos tienen una gran creatividad que revela fuertes lazos (*ties*) con la cultura de esta región de más de mil años. En general mantienen los diseños tradicionales y usan las antiguas técnicas a pesar del mestizaje (*in spite of the mixing of the races*) que surgió con la llegada (*arrival*) de los españoles. De la gran variedad de artesanías, que incluye la cerámica y la joyería, los que llaman más la atención son los textiles o tejidos (*fabric, cloth*) de algodón. Una leyenda guatemalteca dice que el tejido es un regalo que la diosa Ixchel, diosa de la luna, les dio a las mujeres mayas. Ella les dio los telares de cintura* y les dijo qué símbolos debían tejer para decorar sus telas. ¿Quieres saber más sobre la artesanía maya de Guatemala? Lee la lectura «La artesenía maya» en el *Cuaderno de actividades* o en Connect Spanish y ¡descubre más sobre la artesanía de Guatemala!

*****Los telares de cintura** (literally, *waist looms*) are portable looms that women hold steady by tying one end to a post and the other to their waist.

Videoteca

Amigos sin Fronteras
Episodio 14: ¡Me gusta regatear!

Note: Both video clips can be seen on the DVD to accompany *Tu mundo* or in Connect Spanish.

Resumen

Franklin, Ana Sofía y Claudia están en casa de Claudia, buscando en Craigslist algunas cosas que necesitan. Pero no las encuentran en línea, sino (*but*) en la publicación *Pennysaver*. Luego van a la cochera (el garaje) de una casa donde se venden los objetos que buscan y allí regatean con el dueño hasta conseguir un buen precio. Al final, consiguen lo que necesitan y practican el regateo.

Vocabulario de consulta	
me urge	it's urgent for me
modestia aparte	all modesty aside
lo imprimo	I'll print it
propia	own
de todos modos	anyway

Preparación para el video

A. ¡Comencemos! Mira la foto y contesta las preguntas.
1. ¿Quiénes son las personas que están en la foto? Son Ana Sofía, Claudia, Franklin y otra persona.
2. Hay una persona que no conoces. ¿Quién puede ser? Probablemente es el hombre que vive en la casa.
3. ¿Dónde están? ¿Por qué crees que están allí?
Están en un garaje, probablemente para comprar algo.

Comprensión del video

B. La idea principal. Indica la idea principal del video.
1. A Ana Sofía, Claudia y a Franklin les gusta Craigslist.
2. (✓) Estos amigos quieren comprar cosas que necesitan pero no quieren gastar mucho.
3. Es fácil regatear para todos.
4. Franklin es un caballero, por eso acompaña a las chicas y las ayuda a regatear.

C. ¿Cierto o falso?
1. Ana Sofía dice que cuando pasa muchas horas estudiando le duele la espalda. C
2. El anuncio del *Pennysaver* pide $200 por el televisor. C
3. Claudia dice que sí va a regatear porque es experta. F
4. Ana Sofía nunca se siente mal cuando regatea. F
5. El vendedor es mexicano y está recién casado. C

D. Detalles. Contesta las preguntas según la información en el video.
1. Al principio (primero), ¿dónde buscan los chicos las cosas que quieren comprar? ¿Las encuentran? Las buscan en Craigslist pero no encuentran nada.
2. ¿Dónde pueden encontrar muebles y aparatos, según Franklin? en el *Pennysaver*
3. Ana Sofía dice que es muy buena para regatear. ¿Por qué se ríen de ella sus amigos en España? Porque se siente mal después de regatear.
4. Claudia se pone nerviosa porque no sabe regatear bien. ¿Cómo se imagina ella los resultados de su regateo? Cree que pagaría más.
5. De los tres amigos, ¿quién sabe regatear mejor? Franklin

Mi país GUATEMALA

Comprensión
1. ¿Cuál es la segunda ciudad más grande de Guatemala, después de la capital, Ciudad de Guatemala? Quetzaltenango (o Xela).
2. ¿Qué tiene de especial la iglesia San Andrés Xecul? los colores (de la fachada)
3. ¿Qué ropa típica llevan las mujeres guatemaltecas? el huipil (los huipiles)
4. ¿Qué se puede comprar en el mercado de Chichicastenango? Nombra tres elementos. huipiles, artículos de madera, cerámica, textiles diferentes y comida típica
5. ¿Cuál es el libro sagrado de los mayas quiché? el Popol Vuh
6. ¿Qué hay alrededor del lago Atitlán? volcanes y pueblos pintorescos
7. ¿Cuál fue la capital de Guatemala durante la colonia española? Antigua
8. Tikal es una ciudad _____, muestra del mundo prehispánico.
   a. inca b. taína **c.** maya
9. ¿Cómo se llama un templo famoso de Tikal que se usaba para ceremonias rituales? el Templo del Gran Jaguar

El lago Atitlán, Guatemala

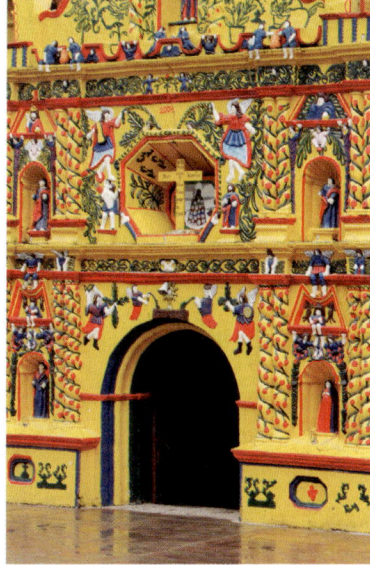
La iglesia de San Andrés Xecul, Totonicapán, Guatemala

Infórmate

14.1 Price, Beneficiary, and Purpose: **por** and **para** (Part 2)

A. You already know from **Infórmate 11.2** that **por** is used as an equivalent for *through*, *by*, and *along* (**Caminamos por el río.**) and with time (**Esperamos por diez minutos.**). **Por** is also with quantities and prices and corresponds to English (*in exchange*) *for*.

—Estefanía, tu suéter es muy bonito. ¿Cuanto pagaste **por** él?   *Estefanía, your sweater is very pretty. How much did you pay for it?*

—Lo compré **por** 154 quetzales.   *I bought it for 154 quetzals.*

> If a number is involved when you are choosing between **por** and **para** to express *for*, **por** is usually correct.
>
> **por** diez kilómetros
> **por** veintitrés quetzales
> **por** tres horas
> **por** ocho meses

> **para** = *in order to; for (recipient)*

por		para	
substitution	Juan está enfermo. Trabajo por él.	recipient	Este regalo es para ti.
in exchange for/ paying	Lo compré por treinta dólares.	employer	Mi novio trabaja para el gobierno.
movement by, through, or along a place	Caminé por el parque.	destination	Salgo para Madrid hoy.
length of time (may be omitted)	Dormí (por) doce horas.	telling time	Faltan diez para las once.
general time or area	Estudian por la noche.	deadline	La tarea es para el lunes.
transportation	Viajan por avión.	purpose	Un lápiz es para escribir.

B. You can use **para** to indicate destination (**Mañana salgo para Madrid.**) and deadlines (**La tarea es para el lunes.**). **Para** can also be followed by an infinitive to indicate function or purpose (what something is *for*). In such cases, **para** corresponds to English (*in order*) *to*.

Para coser su propia ropa, uno necesita mucha paciencia.   *(In order) To make your own clothes, you need a lot of patience.*

—¿**Para** qué usas tú la licuadora?   *What do you use the blender for?*

—La uso **para** hacer margaritas.   *I use it to make margaritas.*

Para is also used to indicate the beneficiary or recipient of something.

—¿**Para** quién es esta mecedora?   *For whom is this rocking chair? / Who is this rocking chair for?*

—Es **para** Estefanía.   *It is for Estefanía.*

Ejercicio 1

Escoge la respuesta más lógica.

MODELO: ¿Para qué haces la tarea, para sacar buenas notas o para divertirte?

Hago la tarea **para** sacar buenas notas.

1. ¿Para qué vas a la biblioteca, para bailar o para estudiar?
2. ¿Para qué usas la sartén, para freír algo o para hacer ensalada?
3. ¿Para qué trajiste las herramientas, para reparar el coche o para limpiarlo?
4. ¿Para qué compraste el jamón, para hacer un sándwich o para preparar un postre?
5. ¿Para qué vas a usar la aspiradora, para limpiar la alfombra o para cocinar?

Ejercicio 2

Completa los diálogos entre Estefanía y Franklin con **por** o **para**, según el contexto.

MODELO: FRANKLIN: ¿_Para_ quién compraste ese huipil tan bonito?

ESTEFANÍA: La compré _para_ mi hermana.

ESTEFANÍA: Mira, Franklin, ¡qué blusa más bonita ¡Y la compré _____[1] solamente 107 quetzales.

FRANKLIN: ¿_____[2] quién la compraste?

ESTEFANÍA: La compré _____[3] mi hermana pero me gustaría comprar una _____[4] mí también.

FRANKLIN: En Slash vi unos pantalones Levi perfectos _____[5] ti y _____[6] solo veinticinco dólares.

ESTEFANÍA: Eso es un poco caro; ya compré unos en Ovation _____[7] solamente dieciocho dólares.

ESTEFANÍA: Oye, Franklin, acabo de comprar una bufanda de lana _____[8] cincuenta dólares.

FRANKLIN: ¿_____[9] quién es?

ESTEFANÍA: Es _____[10] mi padre; su cumpleaños es el mes que viene.

FRANKLIN: Yo vi unas bufandas de seda muy elegantes en Bossanova a treinta dólares.

ESTEFANÍA: ¿Bufandas de seda? ¡A ese precio… es una ganga! Tal vez compre dos, una _____[11] mi mamá y otra _____[12] mi hermana.

14.2 Using Indirect and Direct Object Pronouns Together

A. Certain verbs describe the exchange of items between two or more people.

dar	to give (something to someone)
devolver	to return (something) / give (something) back (to someone)
llevar	to carry/take (something to someone or somewhere)
prestar	to lend (something to someone)
regalar	to give (something) as a gift (to someone)
traer	to bring (something to someone or somewhere)

> Indirect object pronouns are used with verbs of giving and exchanging.
> Franklin **le dio** un anillo de compromiso **a Estefanía.**
> *Franklin gave an engagement ring to Estefanía.*

> **¿Recuerdas?**
> Indirect object pronouns generally answer the questions *to whom?* and *for whom?* Review **Infórmate 3.1, 6.1, 11.3, and 12.3** for more information about these pronouns.

Nayeli me va a **traer** el libro que le **presté** la semana pasada.	Nayeli is going to bring me the book I lent her last week.
Estefanía le **devolvió** a Eloy el dinero que le debía.	Estefanía gave Eloy back the money she owed him.

Normally these verbs are accompanied by indirect object pronouns (**me, te, le, nos, os,** and **les**) even when the person involved is specifically mentioned.

Le di el dinero **a mi hermano Eduardo.**	I gave the money to my brother Eduardo.
Franklin, ¿**le** llevaste **a Estefanía** las flores que **le** prometiste?	Franklin, did you take Estefanía the flowers you promised her?
Estefanía, ¿qué **le** vas a regalar **a tu novio** para Navidad?	Estefanía, what are you going to give (to) your boyfriend for Christmas?

14.2A, Notes: Up to this point, the *Infórmate* sections have focused on indirect object pronouns with verbs of informing and with *gustar*. Here students practice their use with verbs of giving and exchange. *Tu mundo*'s methodology proposes that students learn to use indirect object pronouns more easily if they are associated with particular verbs (such as *darle, comprarle, traerle, llevarle, regalarle,* and *devolverle*) rather than with a general concept. The actual direct object is included in all examples and in the exercises.

> When the context is clear, you will probably be able to understand speech with two object pronouns, but you may not be able to produce such sentences for a while.

B. Sometimes there is more than one object pronoun in a sentence. This is common if you want to do something for someone, take something to someone, fix something for someone, buy something for someone, and so forth. The indirect object pronoun (**me**, **te**, **le**, **nos**, **os**, or **les**)* usually refers to the person(s) for whom you are doing something and the direct object pronoun (**lo**, **la**, **los**, **las**) usually refers to the object(s) involved.

—Franklin, Sebastián **nos** trajo **un regalo** de boda.	*Franklin, Sebastián brought us a wedding gift.*
—¿De verdad, Estefanía? ¿Ya **nos lo** trajo?	*Really, Estefanía? He brought it to us already?*
—Estefanía, ¿**me** compraste **las camisas** ayer?	*Estefanía, did you buy me the shirts yesterday?*
—Sí, **te las** compré por la tarde.	*Yes, I bought them for you in the afternoon.*
—¿Quiere usted ver **el vestido rojo** también?	*Do you want to see the red dress as well?*
—Sí, muéstre**melo**, por favor.	*Yes, please show it to me.*

C. Note the following possible combinations with **me**, **te**, **nos**, and **os**.

me lo(s) / me la(s) } *it/them for/to me*

nos lo(s) / nos la(s) } *it/them for/to us*

te lo(s) / te la(s) } *it/them for/to you (inf. sing.)*

os lo(s) / os la(s) } *it/them for/to you (inf. pl., Sp.)*

—Eloy, si **te** falta dinero, puedo prestár**telo**.	*Eloy, if you need money, I can lend it to you.*
—Gracias, Lucía. Présta**me** veinte dólares, por favor.	*Thanks, Lucía. Please lend me $20.00.*
—Marcela, ¿**me** lavaste las camisas el lunes?	*Marcela, did you wash my shirts on Monday?*
—Sí, **te las** lavé. Aquí están.	*Yes, I washed them for you. Here they are.*
—¿**Les** sirvo ya el postre ahora?	*Should I serve the dessert now?*
—No, sírve**noslo** más tarde.	*No, please serve it (to us) later.*

---

indirect object pronoun (**me, te, le, nos, os, les**) = person(s) to or for whom you are doing something

direct object pronoun (**lo, la, los, las**) = the thing(s) involved

When two object pronouns are used together, the indirect object pronoun always precedes the direct object pronoun.

¿Las flores? Me las trajo Franklin ayer. *The flowers? Franklin brought them to me yesterday.*

> The correct order of pronouns in a sentence is *indirect object + direct object*. Object pronouns
> - are usually placed immediately before the verb.
> - may optionally be attached to the end of infinitives and present participles.
> - *must* be attached to the end of affirmative commands.

*The change from **le** and **les** to **se** is presented in section D.

Infórmate 14.2 Using Indirect and Direct Object Pronouns Together

D. The indirect object pronouns **le** and **les** change to **se** when used together with the direct object pronouns **lo, la, los, las.**

se lo	it (*m.*) to you (*pol. sing./pl.*), him, her, them
se la	it (*f.*) to you (*pol. sing./pl.*), him, her, them
se los	them (*m.*) to you (*pol. sing./pl.*), him, her, them
se las	them (*f.*) to you (*pol. sing./pl.*), him, her, them

—Nayeli, ¿**les** prestaste el carro a Camila y a Claudia?	*Nayeli, did you lend your car to Camila and Claudia?*
—Sí, **se lo** presté anoche.	*Yes, I lent it to them last night.*
—¿Y **le** diste la foto a tu mamá?	*And did you give the photo to your mother?*
—Sí, **se la** di hace unos minutos.	*Yes, I gave it to her a few minutes ago.*

> **Le** and **les** become **se** when they precede the direct object pronouns **lo, la, los,** or **las.**
>
> —¿**Le** llevaste **los documentos** al profesor Sotomayor?
> *Did you take the documents to Professor Sotomayor?*
> —Sí, **se los** llevé ayer.
> *Yes, I took them to him yesterday.*

All these combinations may look confusing in abstract sentences, but in the context of real conversations, you will generally know to whom and to what the pronouns refer.

—Estefanía, ¿**me** compraste las zapatillas?	*Estefanía, did you buy me the slippers?*
—Sí, **te las** compré esta mañana.	*Yes, I bought them for you this morning.*
—¿Quiere Ud. que **le** traiga los guantes ahora?	*Do you want me to bring you the gloves now?*
—Sí, tráiga**melos** ahora, por favor.	*Yes, please bring them to me now.*
—¿**Le** devolviste la sartén al vecino?	*Did you return the frying pan to the neighbor?*
—Sí, **se la** devolví ayer.	*Yes, I returned it (to him) yesterday.*

E. Remember that object pronouns can be attached to infinitives and present participles and are always attached to affirmative commands. When the verb form and both object pronouns are written together as one word, you must place an accent mark on the stressed syllable.

—Señor, este vestido, ¿puede **dejármelo** en doscientos quetzales?	*Sir, can you give me the dress for 200 quetzals?*
—Lo siento, no puedo **dejárselo** en doscientos. Se lo dejo en doscientos sesenta quetzales.	*Sorry, I cannot give it to you for 200. I can give it to you for 260 quetzals.*
—Nayeli, ¿**me** vas a preparar las enchiladas hoy?	*Nayeli, are you going to prepare the enchiladas for me today?*
—Ya estoy **preparándotelas**.	*I am already preparing them for you.*

Ejercicio 3

Llena el espacio en blanco con el pronombre apropiado: **me, te, le, nos, os, les.**

1. La semana pasada Omar llegó tarde a casa y Marcela _____ hizo muchas preguntas a él.
2. Ayer el profesor de química _____ dio mucha tarea (a nosotros).

3. —No, Camila, no _____ puedo decir con quién voy a ir al Baile de los Enamorados; es un secreto. ¡No _____ preguntes otra vez!
—Ay, Nayeli, si tú no _____ dices ese secreto, ¡voy a estar muy enojada contigo!

4. ANA SOFÍA: Franklin y Estefanía, mañana _____ voy a preparar una cena romántica para celebrar vuestro compromiso.

5. Lucía dice que ella _____ va a hornear el pastel de bodas a Estafanía y Franklin. ¡Sabe hornear muy bien!

Ejercicio 4

A. Hoy Franklin le hace muchas preguntas a Estefanía. Contesta por Estefanía usando dos pronombres y diciendo que ya lo hiciste ayer.

MODELO: FRANKLIN: Estefanía, ¿ya *le devolviste el libro* a Eloy?
ESTEFANÍA: Sí, ya *se lo devolví* ayer.

1. ¿Ya le entregaste la tarea al profesor de sociología?
2. ¿Ya le diste el regalo de cumpleaños a Xiomara?
3. ¿Ya les llevaste los disfraces a Daniel y a Sebastián?
4. ¿Ya me compraste las novelas que te pedí para Navidad?
5. ¿Ya les mandaste las invitaciones a todos?

B. Ahora Marcela le hace muchas preguntas a Omar. Haz el papel de Omar y contesta según el modelo.

MODELO: MARCELA: ¿Cuándo *me vas a prestar tu nuevo iPad*?
OMAR: *Te lo voy a prestar mañana. / Voy a prestártelo mañana.*

1. ¿Cuándo me vas a mostrar el proyecto de la clase de Macroeconomía?
2. ¿Cuándo me vas a comprar la cámara que te pedí para mi cumpleaños?
3. ¿Cuándo le vas a traer los libros a Maritza?
4. ¿Cuándo les vas a regalar el Wii a los niños?
5. ¿Cuándo nos vas a dar las galletitas que nos trajiste de Estados Unidos?

Ejercicio 5

Hoy Sebastián le pide muchos favores a Daniel. Pero antes de que Sebastián le pida que haga algo, ¡Daniel ya lo está haciendo! Escribe lo que contesta Daniel a cada pregunta de Sebastián.

MODELO: SEBASTIÁN: Daniel, ¿puedes servirme un café, por favor?
DANIEL: Te lo estoy sirviendo ahora mismo. / Estoy sirviéndotelo ahora mismo.

1. Oye, ¿puedes prepararme un sándwich también? Tengo hambre.
2. Daniel, no sé dónde dejé mi celular, ¿me lo buscas, por favor?
3. Por favor, pídele a tu amigo Roy su calculadora.
4. ¿Puedes enviarle a tu prima las bufandas que compramos para su cumpleaños?
5. Ponte ya los zapatos porque necesitamos salir en unos minutos.

14.3 Pronoun Placement Summary

Omar regresó de Francia hoy y le trajo una botella de perfume a Marcela.

Carlitos les pide dinero a sus padres.

¿Las plantas? Ricky las está regando ahora.   Ricky está regándolas ahora.

¿El carro? Eloy va a lavárnoslo hoy.   Eloy nos va a lavar el carro hoy.

¿Las verduras? Cómetelas ahora o no te voy a servir el postre.

¿La tarea? Hazla hoy; no la dejes para mañana.

A simple set of rules governs the placement of reflexive (**me, te, se, nos, os, se**), indirect (**me, te, le, nos, os, les**), and direct (**me, te, lo/la, nos, os, los/las**) object pronouns.*

A. Reflexive and object pronouns directly precede a conjugated verb (a verb with endings in any tense).

—¿A qué hora **se acostaron** ustedes anoche?
What time did you go to bed last night?

—**Nos acostamos** muy tarde, a las dos de la madrugada.
We went to bed very late, at two in the morning.

—¿De niña **te bañabas** todos los días, Nayeli?
Nayeli, did you use to take a bath every day when you were a litle girl?

—No, **me duchaba** todos los días pero **me bañaba** los sábados.
No, I showered every day but took a bath on Saturdays.

---

*For recognition only: The reflexive, direct, and indirect object pronoun that corresponds to the subject pronoun **vos** is **te**. (Recall that **os** is the reflexive, direct, and indirect object pronoun that corresponds to the subject pornoun **vosotros**.)

B. When a conjugated verb is followed by an infinitive or a present participle, object pronouns can either precede the conjugated verb or follow and be attached to the infinitive or the present participle.

¿Qué **ibas a decirme** / **me ibas a decir**?	*What were you going to tell me?*
—¿Ya llamaste a Claudia y a Radamés?	*Did you already call Claudia and Radamés?*
—No, pero **estoy llamándolos** / **los estoy llamando** ahora.	*No, but I am calling them now.*

C. These same pronouns follow and are attached to affirmative commands but precede negative ones.

—**Tráigame** el café después de la cena; no **me lo traiga** ahora.	*Bring me the coffee after dinner; don't bring it to me now.*
—¡**Hazlo** ahora! ¡No **lo dejes** para mañana!	*Do it now! Don't leave it for tomorrow!*

D. Double pronoun sequences such as **me lo** (*it to me*) and **se los** (*them to her/him/you/them*) also follow the rules previously described.

¡**Dámelos** a mí; no **se los des** a Lucía!	*Give them to me; don't give them to Lucía!*
—¿**Le** envuelvo la blusa ahora?	*Shall I wrap the blouse for you now?*
—Sí, **envuélvamela** ahora, por favor.	*Yes, please wrap it for me now.*
—Estefanía, ¿tienes las llaves del coche?	*Estefanía, do you have the car keys?*
—No, Franklin no **me las ha dado** todavía.	*No, Franklin hasn't given them to me yet.*
—¿Cuando vas a **llevarle** el libro a Eloy?	*When are you going to take the book to Eloy?*
—Ya **se lo llevé** ayer.	*I already took it to him yesterday.*

E. Accents marks may be necessary to preserve the original stress on the verb form when pronouns are added. The following summarizes when written accent marks are needed.

1. Present participles with one or two pronouns attached (**bañándome, dándoselo**)
2. Affirmative commands with one or two pronouns attached (**tráigame, lléveselo**). Exceptions include one-syllable commands that have only one pronoun attached (**hazme, ponle, dinos**)
3. Infinitives with two pronouns attached (**vendérmelo**)

Say the infinitive, command, or present participle without the pronouns to hear which syllable is stressed, then place the accent over the stressed vowel when you write the word with pronouns attached.

Ejercicio 6

Completa las respuestas que da cada persona con el verbo y un pronombre reflexivo (**me, te, se, nos, os, se**) o con una combinación de pronombres: **me lo(s)/la(s), te lo(s)/la(s), se lo(s)/la(s), nos lo(s)/la(s), os lo(s)/la(s), se lo(s)/la(s)**. Si la pregunta tiene una asterisco (*), hay dos maneras de contestar.

MODELO: OMAR: Marcela, ¿puedes *buscarme el cinturón*?*
MARCELA: Ya *estoy buscándotelo*. / Ya *te lo estoy buscando*.

1. ESTEFANÍA: Franklin, ¿me vas a comprar el diccionario mañana?*
   FRANKLIN: Sí, _____ mañana temprano.
2. MARCELA: ¿Cuándo te vas a duchar?*
   OMAR: _____ en cinco minutos.
3. DANIEL: ¿Cuándo quieres que te compre los bolígrafos?
   SEBASTIÁN: Necesito que _____ hoy. ¡No tengo con qué escribir!
4. DANIEL: ¿Cuándo le vas a llevar las sartenes a Ana Sofía?
   SEBASTIÁN: Ya _____ anoche.
5. MARCELA: ¿Me estás haciendo el desayuno?*
   OMAR: Sí, _____ ahora.

Ejercicio 7

A. Estefanía está enojada. Franklin quiere ayudarla pero ella siempre le contesta que no. ¿Qué dice Estefanía? Contesta por ella en forma negativa usando **me lo(s)** o **me la(s)** y el mandato.

MODELO: FRANKLIN: Estefanía, ¿te traigo tu refresco favorito?
ESTEFANÍA: No, no me lo traigas.

1. ¿Te reparo el televisor?
2. ¿Te preparo una torta al estilo mexicano que te gusta?
3. ¿Te busco los libros que perdiste ayer?
4. ¿Te compro las blusas que viste ayer en la tienda Love Me Two Times?
5. ¿Te digo la verdad?

B. Ahora Estefanía está contenta y contesta que sí a todas las preguntas de Franklin. Contesta por ella en forma afirmativa usando **me lo(s)** o **me la(s)** y el mandato.

MODELO: ¿Te compro las faldas que te gustaron ayer?
Sí, *cómpramelas*, por favor.

1. ¿Te digo la verdad?
2. ¿Te lavo el coche?
3. ¿Te plancho tus blusas?
4. ¿Te sirvo la cerveza que está en el refrigerador?
5. ¿Te limpio los zapatos?

14.4 Opinions and Reactions: Indicative and Subjunctive

A. The most common way to convey opinions is by asserting an idea directly. An assertion is expressed by indicative verb forms.

> Los japoneses **son** muy trabajadores.   *The Japanese are very hardworking.*

Another way to convey opinions is to report others' assertions by using verb phrases such as **decir que** (*to say that*) and a second clause. Indicative verb forms are also used in such sentences.

> El profesor Sotomayor **dice que** los latinoamericanos **son** optimistas.   *Professor Sotomayor says that Latin Americans are optimists.*

In addition, it is possible to introduce assertions of opinion with verb phrases such as **creer que** (*to believe that*), **pensar que** (*to think that*), and **es verdad (cierto, seguro, indudable) que** (*it is true, [certain, sure, indubitable] that*). The verb in the second clause of such sentences is still indicative.

> **Creo que** los inmigrantes **tienen** derecho a conservar su lengua y su cultura.   *I believe immigrants have the right to keep their language and their culture.*

B. To deny a statement or to cast doubt on it, use a verb phrase such as **no creer que** (*not to believe that*) or **dudar que** (*to doubt that*). In such statements, use a subjunctive verb form in the second clause. (See **Infórmate 12.1, 12.2, 13.3**.)

> **No creo que** los valores humanos en Dios.   *I do not believe that human values depend on a belief in God.*
>
> **Dudo que** nuestro hijo siempre nos **cuente** todo.   *I doubt that our son always tells us everything.*

Here are some verb phrases that express doubt or disbelief. They all require the use of the subjunctive in the second clause.

dudar que	to doubt that
es dudoso que	it's doubtful that
es (im)posible que	it's (im)possible that
es (im)probable que	it's probable (unlikely) that
no creer que	not to believe that
no es seguro que	it's not certain that

C. The following expressions are commonly used by Spanish speakers to react to information.

(Eso) Es interesante.	*That's interesting.*
(Eso) Me sorprende.	*That surprises me.*
Estoy muy contento/a.	*I'm very happy.*
Lo siento mucho.	*I'm very sorry.*
Me alegro.	*I'm glad.*
¡Qué bueno!	*How nice!*
¡Qué lástima!	*What a pity!*
¡Qué triste!	*How sad!*

These expressions can stand alone or be combined into longer sentences explaining what the speaker is reacting to. The conjunctions **y, pero,** and **porque,** followed by the indicative, can be used to link the two parts of the sentence.

Estoy muy contenta **porque** mi familia **vive** en un barrio donde hay gente que habla varios idiomas.	*I am very happy because my family lives in a neighborhood where there are people who speak several languages.*
Lo siento mucho, **pero** el inglés **es** el idioma oficial de este país.	*I am very sorry, but English is the official language of this country.*

Another possibility is to join the two parts of the sentence directly with **que**; in this case, the verb in the second clause must be conjugated in the subjunctive.

Siento mucho **que tengas** esa opinión; a mí me gusta hablar con personas de otras culturas.	*I'm sorry that you feel that way; I like to speak with people from other cultures.*
Es una lástima que no **estemos** de acuerdo.	*It's a pity we don't agree.*

Ejercicio 8

Eloy y Estefanía hablan de la economía. Escoge entre las formas del presente del indicativo y del presente del subjuntivo para completar su conversación.

ESTEFANÍA: ¡Qué triste que tanta gente _____[1] (ha / haya) perdido su casa durante esta crisis económica!

ELOY: Sí, yo creo que los bancos _____[2] (deben / deban) ayudar a esa gente.

ESTEFANÍA: Tienes razón, pero no creo que los bancos _____[3] (tienen / tengan) interés en ayudar a nadie.

ELOY: Es seguro que lo único que _____[4] (quieren / quieran) es ganar dinero.

ESTEFANÍA: Bueno, también es verdad que la gente no _____[5] (ahorra / ahorre) y que _____[6] (gasta / gaste) sin pensar en el futuro.

ELOY: Sí, estoy seguro de que esa _____[7] (es / sea) una de las causas principales de esta crisis.

ESTEFANÍA: Claro, pero dudo que _____[8] (es / sea) la única causa.

ELOY: No, por supuesto que no. Es indudable que _____[9] (podemos / podamos) nombrar muchas más.

Ejercicio 9

Al día siguiente, la conversación entre Estefanía y Eloy continúa. Completa cada oración con la forma correcta del verbo entre paréntesis. Hay que decidir si es indicativo o subjuntivo, según el contexto.

ESTEFANÍA: Es una lástima que la gente no _____[1] (saber) ahorrar.

ELOY: Es seguro que _____[2] (haber) mucha gente que nunca ha ahorrado en su vida.

ESTEFANÍA: Sí, es verdad que la gente _____[3] (comprar) por comprar, sin pensar en el futuro.

ELOY: Bueno, dudo que esa _____[4] (ser) la única razón por la cual no ahorran.

ESTEFANÍA: Claro, es cierto que _____[5] (existir) muchas otras: sueldos muy bajos, desempleo, emergencias médicas, medicamentos caros…

ELOY: Pues, a mí me sorprende que tantas personas todavía _____[6] (gastar) tanto en cosas que no necesitan.

ESTEFANÍA: Es probable que esas personas _____[7] (estar) convencidas de que las necesitan.

ELOY: Creo que cuando nosotros _____[8] (querer) algo, es fácil convencernos de que lo necesitamos. En mi caso es siempre así.

ESTEFANÍA: Es indudable que te _____[9] (conocer) bien a ti mismo.

ELOY: Sí, por eso me alegro de que mi familia no _____[10] (tener) problemas económicos en estos tiempos tan difíciles.

Lo que aprendí

Al final de este capítulo, ya puedo…

☐ hablar sobre productos y materiales.

☐ comprar ropa en un país hispano.

☐ ir de compras y regatear en español.

☐ expresar mi opinión sobre diferentes temas.

Y ahora sé más sobre…

☐ la gran variedad de regionalismos que hay en el mundo hispano.

☐ los mercados al aire libre en los países hispanos.

☐ dos ciudades mayas muy importantes.

Vocabulario

Los materiales	Materials
¿De qué (material) es la bolsa?	What (material) is the purse (made) of?
Es de cuero.	It's (made of) leather.
¿De qué está(n) hecho/a(s)… ?	What is/are … made of?
La caja está hecha de cartón.	The box is made of cardboard.
Los ladrillos están hechos de barro.	Bricks are made of clay.
el acero (inoxidable)	(stainless) steel
el carbón	coal
el cartón	cardboard
el cuero	leather
la fibra de vidrio	fiberglass
la goma	rubber
el hilo	thread; linen
el ladrillo	brick
la lana	wool
la madera	wood
la materia prima	raw material
la mezclilla	denim
el oro	gold
el petróleo	oil, petroleum
la piedra (preciosa)	(gem) stone
la piel	leather; skin
la plata	silver
la seda	silk
la tela	cloth, fabric

Palabras semejantes: el aluminio, la cerámica, el cristal, el diamante, la perla, el plástico

Repaso: el barro, el metal, el vidrio

Las prendas de vestir y las joyas	Articles of Clothing and Jewelry
el arete	earring
la bata	robe
el bolsillo	pocket
las botas de vaquero	cowboy boots
los calcetines	socks
los calzoncillos	men's underpants
el camisón	nightgown
la cartera	wallet
el cinturón	belt
el collar	necklace
los guantes	gloves
la guayabera	embroidered lightweight shirt worn by men in tropical climates
el huipil	traditional embroidered dress/blouse worn by indigenous women in Mexico and Central America
las pantaletas	women's underpants
las pantimedias	pantyhose
la prenda de ropa	garment, piece of clothing

Las prendas de vestir y las joyas	Articles of Clothing and Jewelry
la pulsera	bracelet
la ropa interior	underwear
el sostén	bra
las zapatillas	slippers
los zapatos de tacón alto	high-heeled shoes
los zuecos	clogs

Repaso: el abrigo, la blusa, la bolsa, la bufanda, la camisa, la camiseta, la chaqueta, la corbata, la falda, la gorra, el gorro, el pantalón (los pantalones), el saco, las sandalias, el sombrero, la sudadera, el suéter, el traje, los vaqueros, el vestido, los zapatos de tenis

De compras	Going Shopping
la calidad	quality
¿Cómo te/le queda(n)?	How does it (do they) fit you/him/her?
Me quedan apretados estos vaqueros.	These jeans are tight on me.
Le queda suelta esa camisa.	That shirt is loose on him.
No me queda bien este vestido.	This dress doesn't fit me well.
Le quedan grandes esos zapatos.	Those shoes are big on him/her.
Déjemelo/la/los/las en (cantidad).	Let me have it for (amount of money).
Se lo/la/los/las dejo en…	I'll let you have it for . . .
¿En qué puedo servirle?	How may I help you?
estar (irreg.) en oferta	to be on sale
Le doy/ofrezco…	I will give/offer you . . .
llevarse	to take away
Lléveselo/la/los/las por (cantidad).	Take it/them for (amount of money).
Me lo/la/los/las llevo.	I'll take it/them.
la mercancía	merchandise
el probador	fitting room
probarse (ue)	to try on
Pruébatelo/la/los/las.	Try (you inf. sing.) it/them on.
Pruébeselo/la/los/las.	Try (you pol. sing.) it/them on.
¡Qué ganga!	What a bargain!
¿Qué talla lleva/usa?	What size do you (sing. pol.) take/wear?
(el precio) rebajado/a	reduced (price)
regatear	to bargain
el regateo	bargaining
valer (irreg.)	to be worth
¿Cuánto vale(n)?	How much is it/are they (worth)?
la venta	sale

Repaso: ¿Cuánto cuesta(n)?, el (dinero en) efectivo, los gastos, ir (irreg.) de compras, el precio, la tarjeta de crédito/débito

Los aparatos	Appliances
el abrelatas	can opener
el asador	barbecue grill
la impresora	printer
la licuadora	blender
el/la sartén	frying pan; skillet
Repaso: la cámara, la computadora, la estufa, la lavadora, el refrigerador, la secadora, el ventilador	

Los lugares	Places
la carnicería	meat market
la dulcería	candy store
la florería	flower shop
la frutería	store that sells fruit; fruit stand
la heladería	ice cream parlor
la joyería	jewelry store
la juguetería	toy store
el mercado sobre ruedas	farmer's market
la mueblería	furniture store
la pastelería	cake shop
la perfumería	perfume store
la tienda de segunda	secondhand store
la tortillería	tortilla store
Repaso: el almacén, el banco, la cafetería, la librería, el mercado, la panadería, la papelería, la zapatería	

Los verbos	Verbs
acabar de + infinitive	to have just (done something)
alegrarse	to be glad, to be happy
comprar a crédito	to buy on credit
comprar a plazos	to buy in installments
dañar	to damage
dudar	to doubt
fabricar	to manufacture
gastar	to spend
imaginar(se)	to imagine
imprimir	to print
obtener (like tener)	to obtain
pedir (i, i) prestado/a(s)	to borrow
prestar	to lend
¿Me presta(s)... ?	Can you (pol./inf. sing.) lend me . . . ?
salir (irreg.) al mercado	to come out on the market
Palabras semejantes: aceptar, causar, derivar, exportar, expresar, manufacturar, multiplicar, producir (produzco)	

Los sustantivos	Nouns
la aguja	needle
los ahorros	savings
el anciano / la anciana	elderly person
el artesano / la artesana	craftsman/craftswoman
la botella	bottle
la burbuja	bubble
el caballero	gentleman
la caja	box; cash register
la cantidad	quantity
la carne asada	grilled meat
la capital	capital city
el cojín	cushion, pillow
la compañía aérea	airline (company)
la cuota	fee
la dama	lady
las deudas	debts
el donativo	donation
el envase	packaging, container
el fabricante	manufacturer
la herramienta	tool
el jugador / la jugadora	player
el martillo	hammer
la mecedora	rocking chair
la mejora	improvement
la mezcla	mixture
el pago (mensual)	(monthly) payment
el país en vías de desarrollo	developing country
el pronombre	pronoun
el quetzal	quetzal (national currency of Guatemala)
el sorteo	raffle, drawing
la tabla de surfeo	surfboard
las tijeras	scissors
el vendedor / la vendedora	salesman/saleswoman
la vista	view
el zaguán	entryway/vestibule/portico of a house
Palabras semejantes: el accesorio, el cheque, la construcción, el curso, la identificación, el instrumento, el invento, la lotería, la margarita, el uniforme, la versión	

Los adjetivos	Adjectives
ahorrado/a	saved (*money or time*)
bordado/a	embroidered
de cuadros	checkered
de lujo	luxury
de lunares	polka-dotted
de moda	in style
demasiado/a(s)	too many; too much
de rayas	striped
de segunda mano	secondhand
descompuesto/a	broken
estresante	stressful
innecesario/a	unnecessary
prestado/a	loaned
usado/a	used

Palabras semejantes: acústico/a, beige, derivado/a, durable, extraordinario/a, indispensable, justo/a, local, manual, original, rectangular, resistente, sintético/a, súper, tóxico/a, translúcido/a, universitario/a

Palabras y expresiones útiles	Useful Words and Expressions
a mano	by hand
al mes	monthly
aunque	although
Buenas.	Hello (*informal*).
¡Cómo no!	Of course!
él mismo / ella misma	him/herself
Pase.	Come in.

Las opiniones y las reacciones	Opinions and Reactions
Es cierto que + indicative	It's true that . . .
Es dudoso que + subjunctive	It's doubtful that . . .
Es (im)posible que + subjunctive	It's (im)possible that . . .
Es (im)probable que + subjunctive	It's (un)likely that . . .
Es indudable que + indicative	There's no doubt that . . .
Es seguro que + indicative	It's certain that . . .
Es una lástima que + subjunctive	It's too bad that . . .
Es verdad que + indicative	It's true that . . .
¡Qué bueno que + subjunctive!	It's good that . . . !

Los números	Numbers
quinientos mil	five hundred thousand
un millón	a million
un millón de (dólares)	a million (dollars)
cien millones de (habitantes)	a hundred million (inhabitants)
Repaso: mil	

Nuestro porvenir 15

Pre-Text Oral Activities
See the *Cap. 15 Tu mundo* PowerPoint (PP), IM, and IRK for detailed lesson plans and additional resources.

1. **Quisiera…** Review the structure *quisiera* + infinitive. Ask students what they would like to do when they graduate: *¿Qué quisieran hacer ustedes cuando se gradúen?* Write on the board: *Cuando me gradúe, quisiera…* and have each student finish the sentence with at least 2 activities. Do this as an association activity.
2. **¿Qué harás?** Introduce the future tense with an association activity. Have students predict what they will be doing in 5 years. Start by listing your own future plans. Example: *Dentro de cinco años, iré a España. Viviré en una casa más pequeña y tendré más tiempo libre.* Write on the board: *Dentro de cinco años, (yo)…*

Una tortuga marina en Costa Rica

Upon successful completion of **Capítulo 15** you will be able to express your opinions and talk about your future plans. You will also be able to discuss cultural and social issues that affect our society, the role of technology in our lives, and environmental problems and concerns. In addition, you will have learned about some interesting places and people from Costa Rica.

Comunícate

Las metas personales

Cuestiones sociales

La tecnología

El futuro del planeta

Hablando del futuro del planeta La comunidad verde de Jesús León Santos

Actividad integral La tecnología digital y nuestro planeta

Exprésate

Escríbelo tú Cuestiones ambientales urgentes

Cuéntanos La cuestión social que más te preocupa

Entérate

Mundopedia Los logros de Costa Rica

Voces costarricenses

Conexión cultural La inmigración nicaragüense en Costa Rica

Videoteca Amigos sin Fronteras, Episodio 15: La siesta

Mi país: Costa Rica

Infórmate

15.1 The Future Tense

15.2 More Uses of the Subjunctive (Part 2)

15.3 The Conditional

15.4 Past Subjunctive and Summary of Uses of the Subjunctive

www.connectspanish.com

COSTA RICA

Amigos sin Fronteras

www.connectspanish.com

Los amigos conversan sobre lo mucho que los jóvenes dependen de sus aparatos electrónicos. Eloy está muy cansado y estresado por sus exámenes y se queda dormido. Entonces tiene un sueño muy interesante...

3. *¿Qué harías?* Introduce the conditional by setting up hypothetical situations and then asking: *¿Qué haría usted en esta situación?* Students have already heard and used conditional forms of *gustar* (*me/te/le gustaría*). Allow them to respond in Spanish or English (always give Spanish equivalents) and write each on the board. Examples: *1. Ganas un millón de dólares en la lotería. ¿Qué harías en esta situación? 2. Vas a visitar a un amigo que vive en las afueras de la ciudad. Te pierdes y no puedes llamar al amigo porque no hay servicio de móvil. No tienes un navegador GPS en tu carro. ¿Qué harías en esta situación? 3. Puedes hablar con cualquier persona del mundo. ¿Con quién hablarías? 4. Te enamoras de una persona y luego descubres que está casada. ¿Cómo reaccionarías? ¿Qué le dirías?* Continue with other hypothetical situations until students have heard about 25 conditional forms. This should not be a grammar output activity; do not stress correct production of conditional forms, but rather focus on solutions to hypothetical situations.

Map locations:
- el Parque Nacional Tortuguero
- el Parque Nacional Braulio Carrillo
- la basílica de Nuestra Señora de los Ángeles
- **COSTA RICA**
- SAN JOSÉ
- Cartago
- Puerto Limón
- Malpaís
- el Parque Nacional Manuel Antonio
- el volcán Poás

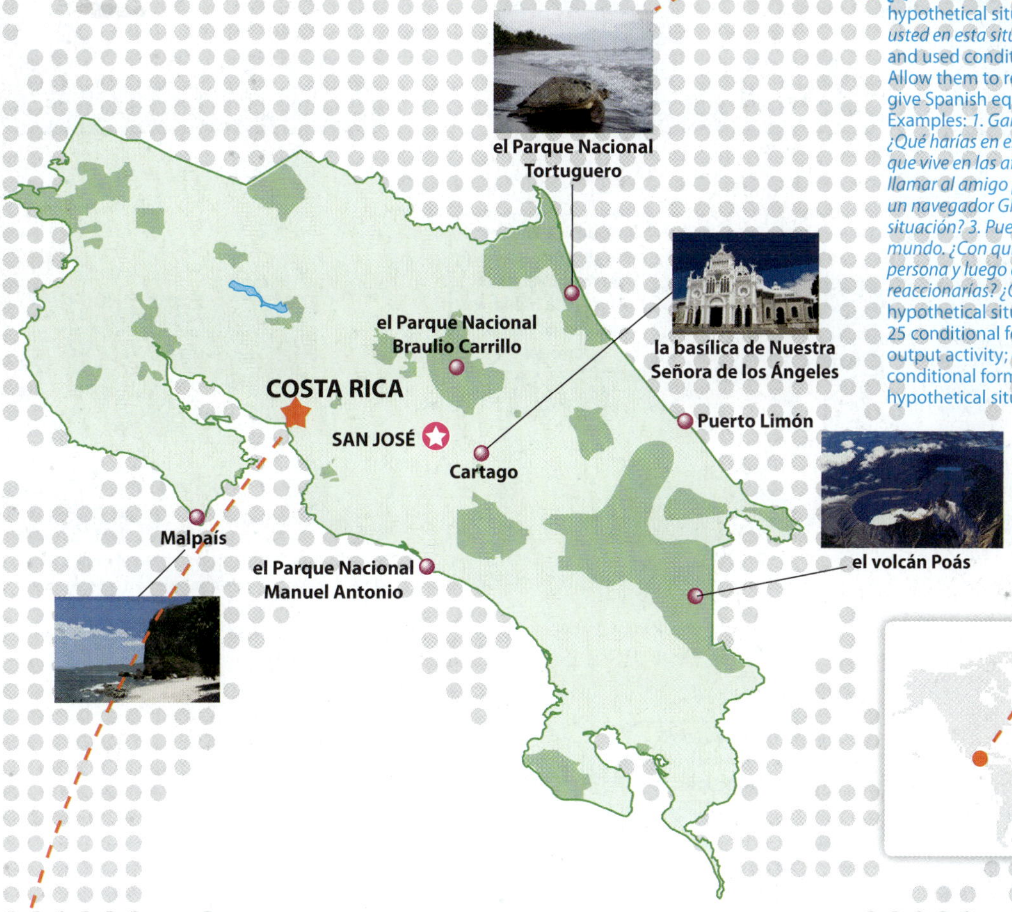

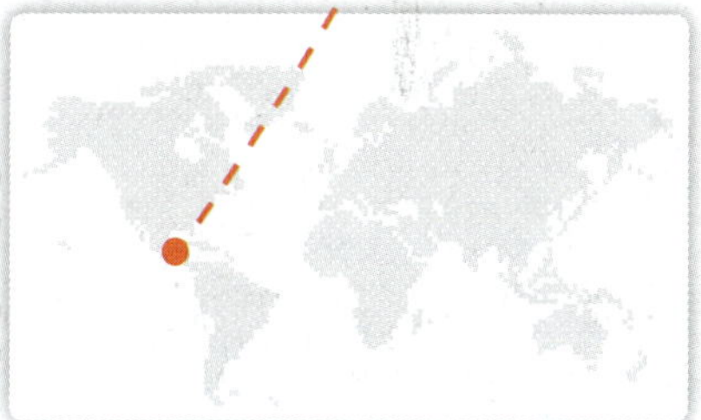

Mi país (Whole class), **Suggestions:** We encourage you to show this video segment to the class as you introduce *Capítulo 15.* It is available on DVD and in Connect Spanish. Let students know that this segment in Connect Spanish includes pre-viewing activities that will help students with viewing and listening comprehension. There you will also find post-viewing activities, which will enhance the students' appreciation of the video. You may also show or assign this segment again toward the end of the chapter in the *Videoteca* section. **Point out:** Students are not expected to understand every word.

Conócenos

Juan Fernando Chen Gallegos

Juan Fernando Chen Gallegos tiene diecinueve años y nació el once de noviembre. Vive en San José, Costa Rica, con sus padres y hermanos. Juan Fernando estudia química farmacéutica en la Universidad de Costa Rica. Le apasiona hacer ejercicio, tanto en un gimnasio como al aire libre. Juan Fernando levanta pesas, juega varios deportes y anda en bicicleta. Se transporta a todas partes en motocicleta. Su meta es tener su propia farmacia algún día.

Mi país

Comunícate

Las metas personales

Lee *Infórmate 15.1*

Planes para el porvenir

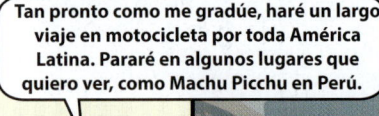

Tan pronto como me gradúe, haré un largo viaje en motocicleta por toda América Latina. Pararé en algunos lugares que quiero ver, como Machu Picchu en Perú.

Cuando logre mis metas académicas, seré feliz.

En cuanto nuestros hijos terminen la escuela secundaria, mi esposa Marcela buscará un empleo en el que pueda aprovechar sus estudios de economía.

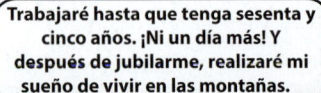

Trabajaré hasta que tenga sesenta y cinco años. ¡Ni un día más! Y después de jubilarme, realizaré mi sueño de vivir en las montañas.

Después de que esta clase termine, tomaré otra más avanzada. ¡Algún día hablaré español perfectamente!

Cuando Ana Sofía aprenda bien el inglés, volverá a España para trabajar en una agencia de turismo durante los veranos. Así podrá comunicarse con los turistas de Inglaterra y Estados Unidos.

Tan pronto como Cumbancha grabe su primer disco, Radamés y su grupo darán una gira por Latinoamérica.

Cuando nazca nuestro primer hijo, nos sentiremos muy orgullosos.

¿Recuerdas?

In **Infórmate 12.2**, you learned that Spanish requires subjunctive verb forms in time clauses whenever the time expressed is in the future. The word **cuando** is commonly used to introduce time clauses, but there are similar conjunctions such as **hasta que, después de que, tan pronto como, en cuanto,** and **antes de que.** You may want to review **Infórmate 12.2** now.

Actividad 1 — Tu futuro y el futuro del mundo

A. ¿Cómo será tu futuro? Indica si estás de acuerdo o no con estas afirmaciones y di por qué.

DENTRO DE DIEZ AÑOS…

	ESTOY DE ACUERDO.	NO ESTOY DE ACUERDO.
1. Estaré casado/a y tendré hijos.	☐	☐
2. Hablaré el español perfectamente.	☐	☐
3. Viviré en una casa grande y bonita.	☐	☐
4. Ganaré mucho dinero.	☐	☐
5. Tendré más tiempo libre.	☐	☐
6. Haré un largo viaje por todo el mundo.	☐	☐
7. Me sentiré contento/a con mi vida.	☐	☐
8. Tendré un buen empleo.	☐	☐
9. Aprenderé otro idioma.	☐	☐

B. Ahora imagínate cómo será el mundo de aquí a veinte años. Indica si estás de acuerdo o no.

DE AQUÍ A VEINTE AÑOS…

	ESTOY DE ACUERDO.	NO ESTOY DE ACUERDO.
1. Ya no habrá terrorismo en el mundo.	☐	☐
2. Se resolverá la crisis económica mundial.	☐	☐
3. Descubrirán una vacuna para el SIDA.	☐	☐
4. Será normal pasar las vacaciones en el espacio.	☐	☐
5. Habrá coches híbridos y eléctricos solamente.	☐	☐

Infórmate

There are two ways to express the future with the verb **haber**. You can use the construction **va + a + haber**. This is the informal future, which is used in everyday speech. You can also use the formal future tense of **haber: habrá**. In both cases, only the singular form (**va, habrá**) is always used for singular and plural statements.

El lunes **va a haber** una reunión del club Amigos sin Fronteras. — There will be a meeting of the Amigos sin Fronteras club on Monday.

En veinte años ya no **habrá** problemas del medio ambiente. — There will not be (any) environmental problems in twenty years.

Comunícate · Las metas personales

Actividad 2 Los sueños y las metas

Piensa en tu porvenir y completa cada oración. Luego conversa con tu compañero/a.

A. Di cuándo harás estas cosas.

1. Me casaré tan pronto como…
2. Viajaré por todo el mundo en cuanto…
3. Compraré un carro nuevo cuando…
4. Daré muchas fiestas después de que…

B. Ahora di qué harás en cada caso.

1. … después de que encuentre un buen empleo.
2. … hasta que nazca mi primer hijo.
3. … antes de que muera.
4. … en cuanto me jubile.

Vocabulario útil

… compre la casa de mis sueños.
… conozca a la persona ideal.
… empiece a trabajar.
… gane más de $8.000 al mes.
… la economía mejore.
… me case y tenga hijos.
… me gradúe en la universidad.
… tenga mi propio apartamento.

Vocabulario útil

Aprenderé a _____	Seguiré estudiando
Escribiré mis memorias	Tendré una casa en la playa
Iré a muchos conciertos	Trabajaré sesenta horas por semana
Me casaré	Viajaré por todo el mundo
Pasaré mucho tiempo leyendo	Viviré en _____

Actividad 3 El futuro de Juan Fernando

Juan Fernando estuvo en el Carnaval de Limón y consultó a una adivina. Narra la vida de Juan Fernando según lo que le dijo la adivina.

Entérate

El Carnaval de Limón es una celebración muy popular en Costa Rica y tiene lugar (*it takes place*) en Puerto Limón la semana del doce de octubre. En este carnaval hay desfiles, rica comida, música, baile y conciertos. Si vas de viaje a Costa Rica, ¡no te lo pierdas!

   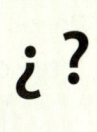

Entérate

La comunidad china en Costa Rica representa solo el uno por ciento de toda la población, pero la influencia de la cultura china se percibe en muchos aspectos de la sociedad costarricense. En 1855, setenta y siete inmigrantes chinos llegaron a Costa Rica para trabajar en el ferrocarril de Panamá. Casi todos se establecieron en Puntarenas, en la costa del océano Pacífico. Muchos descendientes de esos primeros inmigrantes, como Juan Fernando, son hijos de matrimonios interraciales. Entre los chinocostarricenses conocidos en Estados Unidos se encuentra el astronauta Franklin Chang-Díaz y el actor y bailarín Harry Shum Jr., famoso por su papel en el programa de televisión *Glee*.

Actividad 4 Las metas y la felicidad

A. Conversa con tu compañero/a.

1. ¿Cuáles son tus metas en la vida? ¿Las podrás lograr sin un título universitario?
2. ¿Qué carrera quieres seguir? ¿Qué tipo de trabajo buscarás después de graduarte?
3. ¿Qué conseguirás en tu profesión? ¿dinero? ¿prestigio? ¿satisfacción personal? ¿aventuras? ¿Son importantes esas cosas para ti? Explica.
4. ¿Crees que trabajarás toda la vida en la misma profesión? Explica.
5. ¿Tendrás tu propio negocio algún día? ¿Qué tipo de negocio te gustaría tener? ¿Piensas tener tu oficina en casa?
6. ¿En qué consiste la felicidad para ti? ¿Se puede comprar la felicidad?

(Continúa.)

B. Ahora… ¡conversa con tu profe!
1. ¿Cuáles son sus metas en la vida? ¿Las ha logrado todas ya?
2. ¿Qué consigue usted en su profesión? ¿dinero? ¿prestigio? ¿satisfacción personal? ¿Aventuras? ¿Son importantes esas cosas para usted? Explique.
3. ¿Cree que trabajará toda la vida en la misma profesión? Explique.
4. ¿En qué consiste la felicidad para usted? ¿Se puede comprar la felicidad?

Cuestiones sociales

Lee *Infórmate 15.2*

Cuestiones sociales, Note: This display shows the use of the subjunctive in adjective, adverbial, and purpose clauses, as well as to express opinions and reactions. Many of the words in this display and in subsequent activities will be new to students. Be sure to verify class comprehension of vocabulary as you proceed through the chapter. **Suggestions:** Have students look at illustrations as you read text aloud. Ask students which of these social issues they consider the most urgent. Point out *sobrepoblación* (*superpoblación* in Spain, overpopulation) and *desamparados* (homeless).

See IRK for additional activities.

SEBASTIÁN: ¿Cuándo vamos a escribir la petición contra el uso de pesticidas?
DANIEL: Cuando tú quieras, pero antes de que sea demasiado tarde. ¡Es urgente!

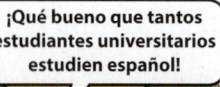

En algunas escuelas primarias de California, el gobierno ha establecido guarderías para que los padres puedan dejar a sus hijos de edad preescolar durante sus horas de trabajo.

¡Qué triste que todavía exista la discriminación sexual en el campo del trabajo!

ESTEFANÍA: ¿Estás de acuerdo con el nuevo programa de educación sexual para los jóvenes?
FRANKLIN: Sí, con tal de que los padres puedan participar en esos programas.

¿Recuerdas?

In **Infórmate 14.4** you learned about verb phrases (for example, **dudar que** and **no creer que**) and expressions (for example, **¡Qué lástima!** and **¡Qué bueno!**) that require the use of subjunctive in the second clause because they express doubt, disbelief, or surprise. You may want to review that section now.

Actividad 5 Tu opinión

Selecciona todas las condiciones apropiadas, según tu opinión.

MODELO: El problema de los desamparados será más grave cada día a menos que...
- a. se construyan más viviendas para los pobres.
- b. el gobierno les ofrezca más cupones de comida a los pobres.
- c. se provean más trabajos para la gente desempleada.

El problema de los desamparados será más grave cada día a menos que *se construyan más viviendas para los pobres.*

1. Qué bueno que tantos ciudadanos...
   - a. dependan del gobierno económicamente.
   - b. expresen su opinión votando en las elecciones.
   - c. estén dispuestos a usar el transporte público.

2. Busco una ciudad donde...
   - a. haya un buen sistema de transporte público.
   - b. se ofrezcan programas sociales para los pobres.
   - c. la tasa de crimen sea baja.

3. Quiero vivir en una sociedad donde...
   - a. todo ciudadano tenga seguro médico.
   - b. se respeten los derechos civiles.
   - c. haya diversidad cultural y programas bilingües en las escuelas.

4. Vamos a destruir el medio ambiente a menos que...
   - a. dependamos más del transporte público.
   - b. controlemos la población mundial.
   - c. desarrollemos más fuentes de energía renovable.

5. Es imposible eliminar las industrias que dañan el medio ambiente sin que...
   - a. la economía sufra.
   - b. aumente la tasa de desempleo.
   - c. se aprueben nuevas leyes contra la contaminación.

6. Debemos iniciar una campaña de educación sexual para que...
   - a. no haya tantos abortos.
   - b. no aumente el contagio del SIDA.
   - c. haya menos madres adolescentes.

7. Seguirá el problema de la sobrepoblación a menos que...
   - a. el gobierno ofrezca más programas de planificación familiar.
   - b. el gobierno limite la cantidad de hijos que puede haber en cada familia.
   - c. el gobierno ofrezca incentivos económicos a las familias que tengan solo dos hijos.

8. Estoy de acuerdo con una reducción en el presupuesto federal con tal de que...
   - a. (no) se reduzcan los fondos para la defensa del país.
   - b. (no) se reduzcan los fondos para la educación.
   - c. (no) se reduzcan los fondos para el bienestar social.

Entérate

En veintisiete estados de Estados Unidos se han promulgado leyes declarando el inglés como lengua oficial. Entre estos estados se encuentran Arizona, California, Kansas, Oklahoma, Utah, Virginia y Wyoming. ¿Qué opinas de esto? ¿Crees que cada país debe tener un solo idioma oficial?

Comunícate Cuestiones sociales

Actividad 6 Problemas actuales

Lee estas afirmaciones sobre algunas cuestiones que nuestra sociedad enfrenta actualmente. Decide si estás de acuerdo o no y por qué. Luego comparte tu opinión con tus compañeros.

1. Es importante establecer buenas guarderías para que los padres puedan trabajar tranquilos.
2. Es importante que se eliminen los programas bilingües en las escuelas para que todos los niños aprendan bien el inglés.
3. Es urgente que se legalice a todos los inmigrantes indocumentados.
4. Es necesario crear más programas educativos y recreativos en las escuelas para que los jóvenes dejen de usar drogas.
5. No se acabará la pobreza en América Latina hasta que las empresas internacionales establezcan más maquiladoras allí.
6. Es dudoso que la privatización de los sistemas del agua resuelva la escasez de agua potable.
7. Vamos a permitir el transporte de los desperdicios nucleares con tal de que se usen camiones seguros y choferes responsables.

Entérate

El problema de la drogadicción ha llegado a un punto crítico en nuestra sociedad. Por ejemplo, según las estadísticas, casi dos millones de jóvenes estadounidenses son adictos a una droga dura como la heroína o la cocaína. ¿A qué se puede atribuir este problema?

Actividad 7 Los estereotipos en el trabajo

A. Observa las distintas actitudes hacia el hombre y la mujer en situaciones iguales. ¿Qué opinas de estos estereotipos?

Situaciones	Así lo describen a él	Así la describen a ella
En su oficina hay fotos de su esposo/a e hijos.	Es un hombre que piensa mucho en su familia. Es muy responsable.	Es obvio que su familia le importa más que su carrera.
Su escritorio (o lugar de trabajo) está muy desordenado.	¡Qué bueno que sea una persona tan dedicada a su trabajo! Siempre está ocupado.	¡Qué desorganizada es! No va a avanzar en su trabajo hasta que se organice mejor.
A menudo conversa con sus compañeros de trabajo.	Está hablando sobre cuestiones importantes relacionadas con el trabajo y sus nuevos proyectos.	Es dudoso que esté hablando de los nuevos proyectos de la compañía. ¡Chismea demasiado!
El jefe lo/la invitó a almorzar.	Es posible que ahora tenga más importancia en la compañía. El jefe confía en él.	Es posible que su relación con el jefe no sea solo de amigos o colegas.
Se ha comprometido para casarse.	Es muy posible que el matrimonio traiga estabilidad a su vida y le ayude a triunfar.	Pronto quedará embarazada y no podrá trabajar más.
Va a hacer un viaje de negocios.	Viaja mucho para que la compañía reciba más ganancias.	¿Qué pensará su esposo?

B. Conversa con tu compañero/a.

1. Según la tabla, ¿cuál es el estereotipo de un hombre que tiene fotos de su familia sobre su escritorio? ¿y cuando se trata de una mujer? ¿Crees que sea cierto que la familia tiene prioridad en las carreras de las mujeres? ¿Crees que deba ser así?
2. Si ves a un empleado o a una empleada ante un escritorio lleno de papeles, ¿lo/la caracterizas tú como una persona ocupada o desordenada?
3. En tu opinión, ¿chismean las mujeres más que los hombres o es esta una idea preconcebida? ¿En qué se basa tu opinión?
4. Según la tabla, ¿cuál es el estereotipo de la mujer que sale a almorzar con el jefe? ¿Y el estereotipo del hombre?
5. ¿Cuáles son algunos estereotipos negativos del hombre en el mundo del trabajo?
6. ¿Son válidos algunos de los estereotipos en esta tabla? ¿Cuáles? ¿Por qué piensas que son válidos? ¡Opina!

La tecnología, **Notes:** Conditional forms, especially those of regular verbs, should present little or no problem to students, especially now that students have been introduced to the future. On the other hand, all forms of the imperfect (past) subjunctive will be new to them. Be sure to verify class comprehension of all vocabulary as you proceed through the chapter. **Suggestions:** Point out *archivo adjunto* (attachment, attached file), *escasez* (scarcity, lack), *piratas* (hackers), and *nanotecnología* (nanotechnology). Preview this section with Pre-Text Oral Activity 3 (pg. 485). Then, during the next class period, introduce the past subjunctive and conditional together by presenting various hypothetical situations: ¿*Qué haría si usted… ?* (*recibiera una mala nota en alguna clase; su novio/a saliera con otro/a; no tuviera computadora; no pudiera textear a sus amigos; consiguiera un buen trabajo antes de graduarse; su pareja empezara a usar drogas; su novio/a rompiera con usted; no tuviera carro*) Provide your own response to several of these situations until you have presented at least 15 conditional forms. Then let volunteers react to some of the situations, responding with conditional forms only.

See IRK for additional activities.

La tecnología

Lee *Infórmate* 15.3–15.4

Si Omar tuviera más dinero, se compraría un iPhone.

Si fuera posible, Eloy haría todas sus investigaciones en línea y nunca consultaría los libros.

Es importante que todos los estudiantes del mundo tengan acceso a una computadora.

Xiomara hablará con sus abuelos y podrá verlos con frecuencia cuando ellos instalen el programa de Skype en su computadora.

Entérate

La nanotecnología es un campo científico que se dedica al control de la materia a la escala de átomos y moléculas. Ya se utiliza en productos electrónicos y en las cámaras digitales. Se espera poder utilizar **nanobots** —robots pequeñísimos— en el campo de la medicina algún día. Si los nanobots pudieran aplicarse a la materia viva, trabajarían en las células del cuerpo para curar enfermedades que hoy son terminales, como algunos tipos de cáncer.

Necesitamos una tecnología digital que no esté expuesta a los piratas.

Act. 8 (Individual), **Suggestions:** Pick a few terms from the *Diccionario digital*, describe them in Spanish, then ask students to find the Spanish word in the list. Emphasize *guardar* (to save, also *archivar*). Have students complete the activity on their own, then go over the answers in class.
Expansion: Use this activity to start a class discussion on how much computers and digital technology have changed our lives and our language.

Actividad 8   Navegando en línea

Usa el **Diccionario digital** para dar la palabra apropiada en español para las siguientes definiciones.

1. propaganda masiva que nos llega al buzón electrónico el correo no deseado
2. un documento que se envía por correo electrónico el archivo adjunto
3. conversar en línea chatear
4. un programa que protege la computadora de los virus el programa antivirus
5. programa que se instala en nuestro sistema para grabar nuestra navegación el espía (de Internet)
6. la primera página que vemos cuando visitamos un sitio Web la portada
7. el nombre requerido para entrar en el buzón electrónico el nombre de usuario
8. lo que se hace para poner un documento o una foto en línea subir
9. lugar donde se pueden guardar los archivos la carpeta
10. guardar un documento del Internet en nuestra computadora bajar
11. es recomendable hacer esta copia de nuestros documentos la copia de respaldo
12. una persona que entra en nuestro sistema sin permiso el/la pirata
13. programa de *malware* que se replica y manda una gran cantidad de sus copias a otras computadoras el gusano
14. palabra especial que se requiere para tener acceso al correo electrónico la contraseña

Diccionario digital

anti-virus program	**el programa antivirus**	folder	**la carpeta**
app	**la aplicación**	hacker	**el/la pirata**
attachment	**el archivo adjunto**	homepage	**la portada**
backup	**la copia de respaldo**	icon	**el icono**
blog	**el blog**	keyboard	**el teclado**
browser	**el navegador**	mail server	**el servidor de correo**
bug	**el error, gazapo**	mouse	**el ratón**
to chat	**chatear**	online	**en línea; conectado/a**
chat (*n.*)	**el chateo**	password	**la contraseña**
cookie	**el espía (de Internet)**	to save	**guardar**
directory	**el directorio**	social network	**la red social**
to download	**bajar; descargar**	software	**los programas, el software**
e-mail	**el correo/mensaje electrónico, el email, el mail**	spam	**el correo no deseado**
		to upload	**subir, cargar**
file	**el archivo, el documento**	username	**el nombre del usuario**
firewall	**el cortafuegos**	worm	**el gusano**

Actividad 9   Una encuesta

Haz la siguiente encuesta como proyecto de clase. Responde usando las siguientes letras: **D** = definitivamente; **TV** = tal vez; **N** = nunca.

1. Si no pudieras bajar música del Internet,…
   _____ ¿escucharías la radio?
   _____ ¿comprarías discos compactos?
   _____ ¿dejarías de escuchar música?

2. Si fuera imposible hacer investigaciones en línea,…
   _____ ¿irías a la biblioteca pública?
   _____ ¿comprarías los libros que necesitaras?
   _____ ¿usarías la biblioteca de tu universidad?

3. Si fuera posible,…
   _____ ¿trabajarías en casa con tu computadora?
   _____ ¿comprarías una nueva computadora?
   _____ ¿crearías una nueva red social como Facebook?

4. Si no pudieras textear a tus amigos,….
   _____ ¿les hablarías por teléfono?
   _____ ¿les mandarías mensajes electrónicos?
   _____ ¿les escribirías cartas?

5. Si hubiera escasez de electricidad,…
   _____ ¿montarías paneles solares en el techo de tu casa?
   _____ ¿verías la televisión o escucharías música?
   _____ ¿usarías la computadora?

Act. 10 (Whole class; pair), **Suggestions:** Read the statements and *Vocabulario útil* aloud or have students read silently. Give them time to ask about unfamiliar vocabulary. Note *antepasados* (ancestors). Point out to students that their responses can be from *Vocabulario útil* or their own ideas, but must include conditional forms. Assign as pair work and then ask volunteers to present their dialogues in class. Encourage students to expand on the model provided.

Actividad 10 Un futuro posible

¿Qué harías si las siguientes situaciones fueran posibles?

MODELO: E1: ¿Qué harías si fuera posible viajar al pasado?
              E2: Pues, *visitaría a varias personas famosas.*
              E1: ¿A quiénes, por ejemplo?

¿QUÉ HARÍAS... ?

1. si pudiéramos tener un microchip en el cerebro para comunicarnos mentalmente
2. si la nanotecnología sirviera para curar enfermedades que hoy son terminales
3. si fuera posible viajar al pasado en una máquina del tiempo
4. si los seres humanos pudieran transportarse a la velocidad de la luz
5. si pudiéramos vivir 300 años gracias a los avances médicos

Vocabulario útil

aprender a tocar varios instrumentos musicales

aprender varios idiomas

conocer a mis antepasados

hablar a menudo con mis seres queridos

hacer muchos viajes rápidamente

no preocuparme por las enfermedades genéticas

no usar aparatos electrónicos

tener muchas profesiones

visitar otros planetas

Act. 11 (Whole class; pairs), **Suggestions:** Read questions aloud as students follow along. Answer vocabulary questions, then pair students to do part A. Once they finish, allow them to ask you the same questions. Or have them ask you questions first and use your answers as models for their answers when they work in pairs. Always respond truthfully and with enthusiasm. **Expansion:** Ask questions regarding the use of technology by children. For example: *1. ¿Les preocupa que los niños de hoy en día pasen demasiado tiempo usando la computadora? En su opinión, ¿qué problemas podrían surgir? 2. ¿Debemos prohibir que los niños menores de cinco años utilicen las computadoras o los juegos electrónicos? ¿Por qué? 3. ¿Creen que los niños deban tener su propia computadora, su propio teléfono o un televisor en su cuarto? ¿Por qué? 4. ¿Qué actividades harán los niños del futuro por medio de la computadora? ¿Qué actividades hacen ellos hoy en la computadora que no hicieron ustedes cuando eran niños?*

Actividad 11 La tecnología digital

A. Conversa con tu compañero/a.
1. ¿Para qué usas más la computadora? ¿Para tus estudios? ¿Para el trabajo? ¿Para divertirte?
2. ¿Lees el periódico en línea o prefieres leer el periódico de papel? ¿Bajas música o podcasts del Internet? ¿Participas en un foro de discusiones en línea?
3. ¿Usas mucho el correo electrónico? ¿A quiénes les mandas mensajes electrónicos? ¿A tus colegas en el trabajo o a tus familiares y amigos? ¿Prefieres comunicarte por correo electrónico o enviar mensajes de texto desde el móvil?
4. ¿Tienes tu propia página Web, una cuenta de Twitter o una página de Facebook? ¿Qué pones en Facebook? ¿Es fácil mantener tu página actualizada? ¿Tienes fotos de instagram? ¿Qué tipo de fotos subes? ¡Describe algunas!
5. Si fuera posible, ¿te gustaría trabajar usando la computadora en tu casa? ¿Qué ventajas y desventajas tendría para ti este tipo de trabajo? Explica.
6. Si fuera necesario, ¿podrías vivir sin computadora? ¿sin televisor? ¿sin móvil?
7. En tu opinión, ¿nos ahorran mucho tiempo las computadoras o por el contrario, nos quitan tiempo? En general, ¿han mejorado o empeorado la condición humana? Menciona tres ventajas de esta invención. ¿Hay algunas desventajas también?

B. Ahora... ¡conversa con tu profe!
1. ¿Para qué usa más la computadora usted? ¿Para el trabajo? ¿Para divertirse?
2. ¿Lee el periódico en línea o prefiere leer el periódico de papel? ¿Baja música o podcasts del Internet? ¿Participa en un foro de discusiones en línea?
3. ¿Usa mucho el correo electrónico? ¿A quiénes les manda mensajes electrónicos? ¿Prefiere comunicarse por correo electrónico o enviar mensajes de texto desde el móvil?

4. ¿Tiene su propia página Web, una cuenta de Twitter o una página de Facebook? ¿Qué pone en Facebook? ¿Tiene fotos de instagrama? ¿Qué tipo de fotos sube? ¡Describa algunas!

5. Si fuera necesario, ¿podría vivir sin computadora? ¿sin televisor? ¿sin móvil?

6. En su opinión, ¿nos ahorran mucho tiempo las computadoras, o por el contrario, nos quitan tiempo? En general, ¿han mejorado o empeorado la condición humana? ¿Cuáles son algunas de las ventajas y las desventajas de esta invención?

El futuro del planeta

A los científicos les interesa mucho resolver el problema de la destrucción de las selvas tropicales.

A todos nos preocupan los agujeros en la capa de ozono. La radiación solar puede filtrarse por ese agujero y destruir la vida en el planeta.

JORGE: Me parece que debemos tratar de eliminar la contaminación de los ríos.
CAMILA: Sí, porque sin ríos no hay vegetación en el planeta.

A Camila le dan miedo los desperdicios de las plantas nucleares.

ELOY: Hay que eliminar la lluvia ácida porque nos urge salvar los árboles.
CAMILA: Sí, como dice el profesor, una de las causas principales de la lluvia ácida es el humo tóxico que emiten los carros.
ELOY: ¡Debemos encontrar otros medios de transporte!

Me preocupa mucho el sistema ecológico del desierto.

NAYELI: ¡La contaminación del aire es un problema grande! ¡Qué horror!
XIOMARA: Sí, el esmog nos afecta y nos molesta a todos.

FRANKLIN: ¿Qué te parece la energía solar, Estefanía?
ESTEFANÍA: Es mucho más limpia y eficiente que la energía nuclear, ¿no crees?
FRANKLIN: Sí, tienes razón. ¡Pongamos paneles solares en nuestra futura casa!

A Sebastián y Daniel les llama la atención la cantidad de especies en peligro de extinción. Les da rabia que los seres humanos sigan destruyendo la fauna del planeta.

A Juan Fernando le fascinan los avances que están haciendo los activistas ambientales. Le molesta no poder dedicarle más tiempo a las causas del medio ambiente.

Comunícate · El futuro del planeta

Infórmate, **Suggestion:** Go over box with students or assign it as homework before you introduce this section.

Infórmate

Like **gustar** and **encantar,** several other verbs also use indirect object pronouns.

dar miedo	to frighten	**llamar la atención**	to surprise, catch one's attention
dar rabia	to infuriate		
fascinar	to be fascinating to; to love	**molestar**	to bother
		parecer	to seem (like)
importar	to matter	**preocupar**	to worry, be worrying
interesar	to be interesting	**urgir**	to be pressing, urgent

Note that the person whose opinion is described (**me, te, le, nos, os, les**) is mentioned first. The subject of the phrase normally follows the verb and determines if it is singular or plural. In the following sentence, *our* opinion (**nos**) is described, and the smoke (**el humo**) is the subject of the sentence. The verb form **molesta** is singular because **el humo** is singular.

Nos molesta **el humo.** *The smoke bothers us.*

In the next sentence, the subject (**las maletas**) is plural, so the verbs (**gustan/parecen**) are plural.

Me gustan **las maletas** que compraste; *I like the suitcases you bought; they seem*
me parecen prácticas. *practical to me.*

In the following sentences, the verb is followed by one or more infinitives, so the verb is singular.

Me importa **conservar** energía. *I care about conserving energy.*
Nos urge **limpiar y repoblar** los *It's pressing for us to clean and repopulate*
lagos contaminados. *contaminated lakes.*

Person Whose Opinion Is Described (me/te/le/nos/os/les)	Verb	Subject of the Sentence (determines if the verb is singular or plural)
Nos	molesta	el humo.
Me	gustan	las maletas que compraste;
me	parecen	prácticas (las maletas).
Me	importa	conservar la energía.

Act. 12, **Part A** (Individual), **Suggestions:** Have students scan the list of ecological problems. Explain any new vocabulary. **Part B** (Whole class, pairs), **Suggestions:** Have students scan the *Vocabulario útil.* Explain any new vocabulary. Note *imponerles* (to impose), *envases* (containers), and *carburo fluorado* (carbon fluoride). Have students work in pairs, or do this as a whole-class activity. **Follow-up:** Write solutions on the board and expand discussion of these issues. **Expansion:** In addition to the model, create several more problem/solution sentences, using items that generally concern you. For example, write on the board *los incendios forestales* and ask students to help you come up with ways to prevent them: *No tirar basura en los bosques / las montañas porque puede contribuir a que se propaguen los fuegos; no tirar colillas de cigarrillo al suelo; apagar el fuego bien cuando hacemos una fogata.*

Actividad 12 El medio ambiente: problemas y soluciones

A. Busca el problema ecológico que corresponde a cada definición.

1. __j__ exceso de personas en una ciudad, un país o el planeta
2. __i__ largo período de clima muy seco cuando no llueve lo suficiente
3. __b__ especies que desaparecen porque su hábitat se ha destruido
4. __h__ cuerpos de agua del planeta que ya no son saludables
5. __f__ precipitación con sustancias tóxicas que derivan de la gasolina
6. __e__ contribuyen al calentamiento de la atmósfera al absorber y luego emitir radiación
7. __g__ sustancia química que se utiliza para matar insectos
8. __c__ aumento de la temperatura del planeta debido en parte a los gases de efecto invernadero
9. __a__ parte del planeta donde no hay atmósfera y se deja pasar radiación ultravioleta dañina
10. __d__ la basura que producen los reactores nucleares

a. el agujero de la capa de ozono
b. los animales en peligro de extinción
c. el calentamiento global
d. los desperdicios nucleares
e. los gases de efecto invernadero
f. la lluvia ácida
g. los pesticidas
h. los ríos y océanos contaminados
i. la sequía
j. la sobrepoblación

B. Ahora trabaja con tu compañero/a. Miren la lista de problemas ecológicos y digan qué podemos hacer para resolver estos problemas y salvar el planeta.

MODELO: Nos preocupa *la sequía*. Para resolver este problema, (creemos que) no debemos *desperdiciar el agua*.

Vocabulario útil

SOLUCIONES POSIBLES

- **controlar la tasa de natalidad**
- **crear nuevas reservas naturales**
- **criar animales en los zoológicos**
- **fomentar la agricultura orgánica**
- **imponerles fuertes restricciones a las industrias**
- **no desperdiciar el agua**
- **pedir envases biodegradables o de cartón**
- **reciclar el papel/plástico/vidrio**
- **reducir o eliminar la producción de carburos fluorados**
- **usar botellas y vasos reusables**
- **usar menos energía**
- **usar pesticidas no tóxicos**
- **usar transporte público o un carro híbrido/eléctrico**

Entérate

- En Estados Unidos se usan 16.000.000 de barriles de petróleo cada año en la fabricación de botellas plásticas para agua. Se requieren dos litros de agua para producir una botella de plástico de un litro.
- La recolección, el transporte y la eliminación de la basura gasta energía y contamina el aire y la tierra; además, ocupa espacio vital en las ciudades.
- Solo el cinco por ciento de la población mundial reside en Estados Unidos, pero en este país se produce el veinticinco por ciento de los gases de efecto invernadero.
- En los basureros, debido a la falta de oxígeno, los desperdicios no se descomponen, incluso si son biodegradables.

Actividad 13 La protección del medio ambiente

A. ¿Cómo protegen el medio ambiente los miembros del club Amigos sin Fronteras? Conversa con tu compañero/a.

MODELO: E1: ¿Qué hace *Omar* para proteger el medio ambiente?
E2: *Va a su trabajo en autobús en vez de manejar.* También…

OMAR

Vocabulario útil
la energía renovable
la energía verde

MARCELA

Vocabulario útil
la bolsa de lona
sembrar verduras
el reciclaje, reciclar

FRANKLIN

Vocabulario útil
el carro híbrido
la impresora
usar ambos lados

ESTEFANÍA

Vocabulario útil
la botella de plástico/aluminio
pájaros cubiertos de petróleo

B. ¿Cuáles de estas actividades haces tú?

MODELO: Yo reciclo el vidrio y el plástico. También manejo un carro híbrido.

Entérate

Según la organización Sierra Club, si cada uno de los residentes de una comunidad de 100.000 habitantes reemplazara un viaje en automóvil de catorce kilómetros (nueve millas) con uno en bicicleta una vez al mes, ayudaría a reducir la cantidad de emisiones de bióxido de carbono por 3.764 toneladas al año.

Actividad 14 Especies en peligro de extinción

Conversa con tu compañero/a sobre el hábitat de estas especies y presenten soluciones para evitar su extinción.

MODELO:
- **E1:** ¿Sabes cuál es el hábitat del *manatí*?
- **E2:** Sí, el manatí vive en *el mar Caribe*.
- **E1:** Y dime, ¿cuál es la solución al problema *del manatí*?
- **E2:** Debemos *limitar el uso de barcos de motor*.

Vocabulario útil

CATEGORÍAS DE LAS ESPECIES

- las aves
- los insectos
- los mamíferos
- los reptiles

Entérate

Muchas especies de animales y plantas están en peligro de extinción, entre otros, **la abeja, el leopardo cazador** (*cheetah*), **la mariquita** (*ladybug*), **el oso, la serpiente y el tucán.** La abeja es la que más debe preocuparnos, pues este insecto es responsable por uno de cada tres bocados de comida a nivel mundial gracias a su función polinizadora. Tristemente, el treinta por ciento de las abejas desaparece cada año debido a lo que los científicos llaman «anomalía de desplomo de colonia» (*colony collapse disorder*). Dos de los causantes principales de esta desaparición, según especulan los científicos, son los pesticidas y las enfermedades causadas por otros organismos.

la abeja

el águila (f.) calva

la ballena

el manatí

Nombre	Hábitat	Solución
la abeja	colmenas en regiones de clima templado y tropical	no usar pesticidas; cultivar sus plantas preferidas
el águila (f.) calva	las montañas Rocosas de Norteamérica	no permitir la caza de esta especie
la ballena	los océanos del mundo	imponer fuertes restricciones para la caza de esta especie
el delfín	los océanos y mares del mundo	requerir el uso de redes especiales en la pesca
el gorila	las tierras bajas de África	crear reservas
el lobo	los bosques del hemisferio norte	no permitir la caza de esta especie
la mariposa monarca	las sierras de México	no usar pesticidas
el quetzal	las selvas de Centroamérica	no permitir su exportación
el manatí	el mar Caribe	limitar el uso de barcos de motor
el oso panda	los bosques de bambú de Asia	proteger su hábitat creando reservas
la tortuga marina	las playas tropicales	proteger sus huevos

la mariposa monarca

el quetzal

Comunícate El futuro del planeta

Hablando del futuro del planeta

LA COMUNIDAD VERDE DE JESÚS LEÓN SANTOS

En 2008, un campesino[a] mexicano de nombre Jesús León Santos recibió el Premio Ambiental Goldman, que tiene tanto prestigio en el campo de la ecología como el Premio Nobel tiene en los campos de la literatura, la ciencia y la paz. Cuando tenía dieciocho años, Jesús León se propuso[b] reforestar la región donde vivía —la Mixteca Alta[c] en Oaxaca, México— para transformar las áridas tierras en una región de agricultura sostenible y árboles frutales.[d] Los campos de esta región sufrían de mucha erosión; habían sido destruidos tras años de cultivo, pastoreo excesivo, cría de cabras y tala de árboles.[e]

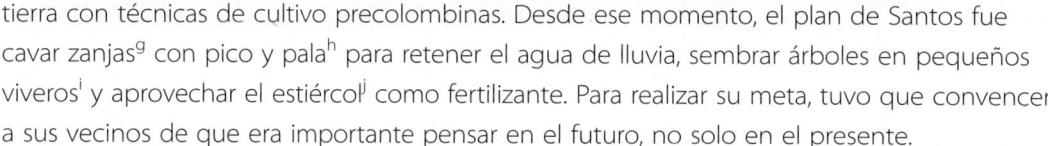

Durante la juventud de Santos, los habitantes de la Mixteca Alta tenían que viajar largas distancias para conseguir agua y leña;[f] además, muchos jóvenes emigraban, escapándose de la sequía, el hambre y la desolación de su vida diaria, y nunca regresaban. Jesús León Santos decidió cambiar todo eso. En 1983 aprendió lecciones valiosas de unos campesinos guatemaltecos, quienes llegaron a su región invitados por una organización mexicana y le enseñaron a trabajar la tierra con técnicas de cultivo precolombinas. Desde ese momento, el plan de Santos fue cavar zanjas[g] con pico y pala[h] para retener el agua de lluvia, sembrar árboles en pequeños viveros[i] y aprovechar el estiércol[j] como fertilizante. Para realizar su meta, tuvo que convencer a sus vecinos de que era importante pensar en el futuro, no solo en el presente.

Santos utilizó un sistema indígena de trabajo: **el tequio,** palabra que en el idioma náhuatl, del cual deriva, es *tequitl* y significa «trabajo» y «tributo». El tequio es una forma de labor colectiva no remunerada[k] en la que participa todo el pueblo para crear obras comunitarias, por ejemplo una escuela, un camino o, en este caso, un terreno fértil. Con la ayuda y participación de 400 familias de doce municipios, Santos fundó el Centro de Desarrollo[l] Integral Campesino de la Mixteca (CEDICAM). Los miembros de CEDICAM no tenían muchos recursos económicos pero sí tenían un objetivo claro y firme: combatir la erosión y devolverle la vida a su pequeño rincón del planeta. Entre todos, plantaron varios millones de árboles de especies nativas a la región —en particular una variedad muy resistente a la sequía. También crearon un sistema de agricultura sostenible y orgánica que otras comunidades mexicanas han imitado; este sistema incluye viveros comunitarios y plantaciones masivas de árboles. El resultado es impresionante, pues la producción agrícola de la región ha aumentado[m] un cincuenta por ciento; además, ¡el ochenta por ciento de la tierra se ha vuelto arable!

Hoy, un poco más de dos décadas después, la Mixteca Alta ofrece manantiales, arboledas, frutos.[n] Hoy en día los jóvenes de esta región ya no emigran, y Santos continúa trabajando sin descanso, ayudando a plantar 200.000 árboles anualmente. El famoso campesino opina que las generaciones futuras tienen derecho a disfrutar de los recursos del planeta. Al destruir la tierra, dice él, «estamos destruyendo el futuro de nuestros hijos y nietos».

---

[a] *agricultural worker* [b] *se… decidió* [c] *la… the highland subregion of an area encompassing several states in Mexico, originally inhabited by the Mixteca people* [d] *fruit (adj.)* [e] *cultivo… farming, excessive grazing, goat-breeding, and logging* [f] *firewood* [g] *cavar… dig trenches* [h] *pico… pickax and shovel* [i] *nurseries* [j] *manure* [k] *no… unpaid* [l] *Development* [m] *increased* [n] *manantiales… springs, groves, fruits*

Act. 15 (Whole class; individual; pair).
Suggestions: Read Nayeli's notes to the class, elaborating whenever possible. You may want to ask other pertinent questions under each topic, skip some of the topics, and/or add others that you consider relevant (see *Entérate*). Assign research as homework and make clear that students should research only 2 of these topics. (All the information requested is readily available online.) Make sure that students take turns sharing their research.
Follow-up: Go over each topic, asking volunteers to share what they learned.

Actividad 15 La historia grande

Nayeli Rivas Orozco tomó los siguientes apuntes para una tarea de su clase de *Big History*. Haz las investigaciones necesarias para ayudarle a Nayeli a desarrollar dos de estos temas. Luego conversa en clase con tu compañero/a sobre lo que aprendiste.

TAREA: Conseguir información sobre dos de los siguientes temas

1. Las condiciones necesarias para que exista la vida en un planeta
   Nota: Una de estas condiciones es que haya agua.
2. La parte del planeta que está cubierta de agua
   Preguntas: ¿Cuántos océanos hay? ¿Cuántos mares? ¿Cuántos ríos?
3. La parte del planeta que está cubierta de bosques y selvas
   Preguntas: ¿Qué porcentaje de estos bosques y selvas está protegido por la ley? ¿Qué porcentaje está en peligro de desaparecer?
4. La parte del planeta que está cubierta de desiertos
   Preguntas: ¿Cuántos desiertos hay? ¿Qué especies de animales pueden vivir en un desierto?
5. La población humana de todo el planeta
   Preguntas: ¿En qué países se concentra la mayor cantidad de gente?
6. Definir el calentamiento global
   Preguntas: ¿Existe de verdad? ¿Qué pruebas hay? ¿Cuáles son sus causas?

Entérate

Hay un campo de estudio histórico que se llama *Big History* o **Historia Grande.** Se enfoca en la evolución de todo el planeta —no solo la experiencia humana— desde el pasado remoto del universo hasta el presente, empezando con la teoría del *Big Bang* —la **Gran Explosión.** Su método multidisciplinario incorpora información de otros campos, como la biología, la astronomía, la geología, la climatología, la arqueología, la antropología, la cosmología y los estudios ambientales.

MODELO:
E1: Háblame de uno de los temas que escogiste.
E2: Escogí *la parte del planeta que está cubierta de agua*. Aprendí que *hay cuatro océanos principales en nuestro planeta*.
E1: ¿Cuáles son?
E2: Son *el océano Pacífico, el Atlántico, el Ártico y el Índico*.
E1: Gracias por esa información. ¡Hay mucha agua en nuestro planeta!
E2: Sí, es verdad. Bueno, ahora háblame de uno de tus temas.
E1: Pues yo escogí…

Mafalda: A recurring theme in the Mafalda strips is her concern for the future of our planet. Here she has proof that the Earth is not doing well: *La planta que Mafalda pone al lado del globo se marchita y muere.* Ask *¿Por qué se marchita la planta?* (*Porque hay mucha contaminación ambiental en el planeta.*)

Comunícate Hablando del futuro del planeta

Actividad integral

La tecnología digital y nuestro planeta

A. Conversen en grupos sobre los siguientes temas y luego compartan sus ideas con la clase.

1. La importancia y el impacto de la tecnología digital en la sociedad. ¿Cómo ha cambiado esta tecnología las relaciones humanas? ¿Qué efecto ha tenido en la comunicación personal?
2. ¿Qué debemos hacer para que la tecnología digital no afecte negativamente a los niños? ¿De qué manera transforma esta tecnología el cerebro de los jóvenes?
3. ¿Qué pasa con las computadoras, las impresoras y los móviles que ya no necesitamos? ¿Adónde va esta «basura»? ¿Es tóxica?
4. Presenten sugerencias para disminuir el impacto dañino de la tecnología digital en el planeta. ¿Qué podemos hacer para mejorar la situación?

B. Ahora trabajen para crear un anuncio de televisión o de Internet. Deben mostrar de qué manera la tecnología digital es necesaria pero también cómo afecta negativamente al planeta. ¿Qué podemos hacer para eliminar o disminuir este efecto? Pueden usar dibujos, fotos, un video o hacer una presentación de PowerPoint para mostrar su anuncio en clase.

Exprésate

ESCRÍBELO TÚ

Cuestiones ambientales urgentes

Piensa en una cuestión ambiental que te parece urgente, por ejemplo, alguna especie animal en peligro de extinción o el calentamiento global. Escribe una breve composición sobre el tema. Explica el problema, luego di dónde ocurre, cuáles son sus causas principales y cuáles son las consecuencias. Para terminar, sugiere qué se puede hacer para mitigar o resolver el problema. Lee y completa la actividad entera en el *Cuaderno de actividades* o en Connect Spanish.

CUÉNTANOS

La cuestión social que más te preocupa

Comenta sobre la cuestión social que más te preocupa y explica por qué. ¿Hay maneras de remediar este problema o situación? Puedes usar el modelo como guía.

MODELO: La cuestión social que más me preocupa es la sobrepoblación porque no creo que la tierra resista el impacto de tanta gente. Creo que la sobrepoblación es la causa de muchos otros problemas, como las guerras, la escasez de agua y la falta de energía. Espero que la gente deje de tener tantos hijos y que los gobiernos ayuden a establecer más clínicas de planificación familiar.

Entérate

Mundopedia

1. Los nombres en el mundo hispano
2. El arpa paraguaya
3. El cine argentino
4. Quito y Mitad del Mundo
5. ¡Grandes fiestas!
6. La escritora chilena Isabel Allende
7. El Carnaval de Barranquilla
8. El Cinco de Mayo
9. La Diablada de Oruro
10. La música de Cuba
11. Los paradores de España
12. Mérida, ciudad en la montaña
13. Los festivales dominicanos
14. El misterio de las ciudades mayas
15. **Los logros de Costa Rica**

Los logros de Costa Rica

El bosque tropical Monteverde

Vocabulario de consulta	
logros	achievements
oro	gold
ejército	army
surgió	started
vanguardia	forefront
encabezó	led
concedió	granted
presupuesto	budget
cuarteles	barracks
alfabetización	literacy
deterioro	damage
planteó	presentó
dañara	harm
huéspedes	guests
desafíos	challenges

LAS RIQUEZAS DE COSTA RICA

El nombre de Costa Rica es muy apropiado: la costa atlántica del país es rica en selvas tropicales. Pero, en realidad, los exploradores españoles le dieron este nombre al país porque pensaban que iban a encontrar allí grandes cantidades de **oro**. Costa Rica no es rica en oro, pero sí tiene otras riquezas impresionantes. Varios aspectos de la sociedad costarricense contribuyen a formar su carácter excepcional. Por ejemplo, el país no tiene **ejército**. Además, los costarricenses trabajan para proteger su riqueza natural, que representa el seis por ciento de la fauna y flora de todo el planeta. El concepto de «ecoturismo» **surgió** en Costa Rica. Es un tipo de turismo que no destruye el medio ambiente y educa a los turistas en cuestiones ambientales. En todos estos aspectos Costa Rica se considera a la **vanguardia** de asuntos políticos, sociales y ecológicos.

LA ABOLICIÓN DEL EJÉRCITO

La historia de la abolición del ejército costarricense es interesante. En 1948, el economista José Figueres Ferrer, después de denunciar la corrupción del gobierno, provocó una guerra civil que duró ocho semanas; luego, Ferrer **encabezó** una junta militar. Pero esta junta no siguió el típico modelo opresivo de otras. Al contrario, logró hacer importantes reformas de carácter socialista. Figueres Ferrer gobernó el país durante solo dieciocho meses, pero en ese tiempo **concedió** el voto a las mujeres, garantizó la educación pública a todos los ciudadanos y abolió el ejército. Una de sus metas realizadas fue asignar el **presupuesto** militar a la educación, convirtiendo los **cuarteles** en escuelas, museos y centros culturales. Hoy en día, la tasa de

alfabetización de este país es casi del noventa y seis por ciento, y Costa Rica tiene el estándar de vida más alto de América Central.

EL ECOTURISMO

Por más de treinta años, Costa Rica ha servido de ejemplo como líder del turismo sostenible y la protección de los recursos naturales, presentando una alternativa valiosa al **deterioro** que normalmente causa el turismo. El concepto de ecoturismo surgió en los años ochenta cuando el gobierno costarricense **planteó** la necesidad de ofrecerles a los turistas una experiencia con la naturaleza que no **dañara** la flora y la fauna del país. Pronto varios hoteles empezaron a practicar la conservación, trabajando en colaboración con sus **huéspedes**, de modo que todos —trabajadores y turistas— comprendieran la necesidad de proteger el medio ambiente. En 1995, el Instituto Costarricense de Turismo (ICT) creó un programa de certificación para lograr que todos los trabajadores de la industria turística —en hoteles, compañías de giras y de transporte— implementaran las prácticas de turismo sostenible. Catorce años después, en 2009, Costa Rica organizó la primera Conferencia Internacional de Ecoturismo, en la cual el ICT compartió con los participantes las estrategias y prácticas que habían dado resultado en Costa Rica, además de describir los **desafíos** del ecoturismo y las oportunidades que este representa para la industria turística.

SITIOS ECOTURÍSTICOS

El cuarenta por ciento del territorio de Costa Rica está poblado de bosques, y hay en este país centroamericano uno de los sistemas más extensos de parques nacionales en todo el planeta. El bosque tropical de Monteverde, por ejemplo, es una zona de conservación muy famosa en Centroamérica y uno de los destinos principales para el ecoturismo. Este bosque tiene más de cien especies de mamíferos, más de cuatrocientas especies de aves y 2.500 especies de plantas. Otros sitios ecoturísticos importantes son los parques nacionales Manuel Antonio, Braulio Carrillo, Tortuguero y el lago Arenal. En el lago Arenal podrás navegar y andar en bicicleta a lo largo de la orilla. Allí querrás visitar el fantástico volcán Arenal, activo desde su erupción en 1968. Y no olvides disfrutar de sus aguas termales, que se mantienen calientes gracias al volcán.

Hoy en día, el gobierno de Costa Rica tiene reglas estrictas para la construcción de viviendas y hoteles en zonas selváticas. Además, el noventa y nueve por ciento de toda la energía eléctrica de Costa Rica proviene de fuentes limpias. Sin duda son muchos los logros de este país excepcional donde el ejército ha sido reemplazado por escuelas, donde la gente valora y protege la naturaleza.

Comprensión (Answers):
1. Porque pensaban que encontrarían oro en esa región. 2. No tiene ejército; Costa Rica inventó el ecoturismo. 3. Es turismo que no destruye el medio ambiente y educa a los turistas en cuestiones ambientales. 4. Concedió el voto a las mujeres, garantizó la educación pública a todos los ciudadanos y abolió el ejército. 5. La tasa de alfabetización es casi del 96 por ciento y el país tiene un estándar de vida alto. 6. Surgió el concepto en los años ochenta; en 1995 el ICT creó un programa de certificación con el fin de implementar turismo sostenible por todo el país; en 2009 el país organizó la primera Conferencia Internacional de Ecoturismo. 7. (must list at least 3)

COMPRENSIÓN

Completa lo siguiente.

1. ¿Por qué le pusieron el nombre «Costa Rica» a este país los exploradores españoles?
2. ¿Cuáles son los aspectos excepcionales de Costa Rica?
3. Describe el ecoturismo.
4. ¿Qué reformas importantes hizo José Figueres Ferrer durante los dieciocho meses de su gobierno?
5. ¿Qué evidencia hay de que se lograron las metas de Ferrer?
6. Hay tres momentos importantes en la historia del ecoturismo. ¿Cuáles son?
7. Ofrece por lo menos tres ejemplos de por qué Costa Rica se considera a la vanguardia de asuntos sociales, políticos y ecológicos.
8. Menciona tres sitios ecoturísticos de Costa Rica.

Tiene uno de los sistemas más extensos de parques nacionales en todo el planeta; tiene reglas estrictas para la construcción de viviendas y hoteles en zonas selváticas; el concepto del ecoturismo surgió en Costa Rica; el 99 por ciento de toda la energía eléctrica proviene de fuentes limpias; el ejército ha sido reemplazado por escuelas. **8.** *(Three of the following) el bosque tropical de Monteverde, los parques nacionales Manuel Antonio, Braulio Carrillo, Tortuguero, el lago Arenal, el volcán Arenal*

Voces, **Note:** The aim of this section is to introduce students to the linguistic variety within the Spanish-speaking world; we do not expect students to use this vocabulary in their own production. Keep in mind that some of these words and expressions may also be used in other countries.
Suggestions: Go over the definitions/synonyms in standard Spanish (right column) to verify comprehension. If you know other regional terms from Costa Rica, you may want to share them with your students.

Voces costarricenses

atigrado/a	lazy
un camote	una persona problemática
un(a) mae	chum, friend, "dude"
matizar	to socialize
¡Pura vida!	¡Saludos!, ¡Que estés bien!
tico/a	costarricense
un tombo	un(a) oficial de policía

CONEXIÓN CULTURAL

LA INMIGRACIÓN NICARAGÜENSE EN COSTA RICA

Hoy en día Costa Rica se enfrenta al problema de la inmigración ilegal nicaragüense. En este país sin ejército (*army*), el gobierno ha creado una fuerza policial dedicada exclusivamente a la cuestión de los inmigrantes de Nicaragua. Los nicaragüenses llegan a Costa Rica buscando trabajo, una mejor vida, pues Nicaragua es un país muy pobre. En Nicaragua el ingreso anual medio (*average yearly income*) es de $2.800, en comparación con el de Costa Rica, que es de $11.000. Muchos costarricenses se sienten invadidos por los nicaragüenses, a quienes llaman «turistas perpetuos». ¿Qué opinas de esta cuestión? Para informarte más sobre los dos lados del debate, lee la lectura «La inmigración nicaragüense en Costa Rica» en el *Cuaderno de actividades* o en Connect Spanish.

Videoteca

Amigos sin Fronteras
Episodio 15: La siesta

Note: Both video clips can be seen on the DVD to accompany *Tu mundo* or in Connect Spanish.

Resumen

En el centro estudiantil, Sebastián, Claudia, Nayeli y Eloy conversan sobre la tecnología y lo mucho que los jóvenes dependen de sus aparatos electrónicos. Nayeli propone que todos pasen un día sin sus aparatos, pero Eloy está muy cansado y estresado por sus exámenes. Él no reacciona a la idea de Nayeli porque se duerme. Entonces tiene un sueño muy interesante…

Vocabulario de consulta	
esclavo	slave
capaz	capable, able
malos modales	bad manners
Colgaron.	They hung up.
bromeando	joking
caray	dang (*Mex., col.*)
jalarlo	pull it
atarlo	tie it up
una broma	a prank
de mal gusto	in bad taste
pesadilla	nightmare

Preparación para el video

A. ¡Comencemos! Mira la foto y contesta las preguntas.
1. ¿Cómo se llaman los cuatro personajes de la foto? Sebastian, Claudia, Nayeli y Eloy
2. ¿Quién se queda dormido? Eloy

Comprensión del video

B. La idea principal. Indica la idea principal del video.
1. Los amigos del club piensan que vivir sin tecnología es muy divertido.
2. Nayeli y Claudia quieren pasar un día sin aparatos electrónicos.
3. Eloy depende mucho de la tecnología pero en su pesadilla no existe nada de eso. *(circled)*

C. **¿Cierto o falso?**
1. Eloy está concentrado solo en el libro después de sentarse con sus amigos. **F**
2. Eloy toma café durante la época de exámenes. **C**
3. Sebastián propone pasar un día sin usar los aparatos electrónicos. **F**
4. En el sueño, Eloy está en el apartamento de Nayeli. **C**
5. Eloy soñó que no había Internet ni computadoras. **C**

D. **Detalles.** Contesta las preguntas según la información del vídeo.
1. En el sueño, ¿por qué está Eloy en el apartamento de Nayeli? Porque vive con ella.
2. En el sueño, ¿dónde está el televisor de Nayeli? en el dormitorio de Nayeli
3. ¿De qué materia es el ensayo que debe escribir Nayeli en el sueño? de historia
4. ¿Por qué se despertó gritando Eloy? Porque tuvo una pesadilla.

Mi país COSTA RICA

Mi país (Whole class), **Suggestions:** Show this video segment to the class again after you cover the *Videoteca* section. Remind students that they can watch this segment on DVD as well as in Connect Spanish, where they can also do a post-viewing activity.

Comprensión

1. ¿Cuál es la expresión que usa Juan Fernando para describir Costa Rica? ¡Pura vida!
2. ¿Dónde tiene playas Costa Rica? en la costa del Océano Pacífico y en el Caribe
3. ¿De qué color es la arena de algunas de esas playas? blanca
4. Nombra dos volcanes de Costa Rica. *Any two:* Arenal, Poás, Irazú
5. Menciona el parque nacional que recomienda visitar Juan Fernando. el Parque Manuel Antonio
6. ¿Qué tipo de animales se pueden ver en Costa Rica? Nombra dos. monos, perezosos, iguanas, ranas y muchos otros animales
7. ¿Qué producto es muy importante para la economía de Costa Rica? el café
8. Nombra dos platos típicos de Costa Rica. *Any two:* gallo pinto con tortillas, arroz con pollo, empanadas, casado

Una cascada en el río Celeste, Parque Nacional Volcán Tenorio, Costa Rica

Unas tortugas en la playa Ostional, Costa Rica

Infórmate

15.1, Notes: The formal future tense is not as common in everyday speech as the periphrastic future (*ir + a +* infinitive), although it is quite common in the broadcast media, especially newspapers, television, and the Internet. It is most frequently used to express doubt with the future of probability.
Suggestion: Point out to students that they may continue to use the *ir + a +* infinitive structure to express future events.

15.1 The Future Tense

A. In **Infórmate 4.4,** you learned to use the construction **ir + a +** infinitive to express future plans: **Esta tarde voy a estudiar.** Spanish also has a future tense, with its own set of endings. It is generally used to talk about long-term or important future events. This future tense is formed by adding these endings to the infinitive: **-é, -ás, -á, -emos, -éis,** and **-án.**

Future		
(yo)	jugar**é**	*I will play*
(tú)	terminar**ás***	*you (inf. sing.) will finish*
(usted, él/ella)	escribir**á**	*you (pol. sing.) will write; he/she will write*
(nosotros/as)	lavar**emos**	*we will wash*
(vosotros/as)	comer**éis**	*you (inf. pl., Sp.) will eat*
(ustedes, ellos/ellas)	dormir**án**	*you (pl.) will sleep; they will sleep*

Me jubilaré en dos años. — *I will retire in two years.*
Los políticos nunca **admitirán** sus errores. — *Politicians will never admit their mistakes.*

B. A few verbs have irregular stems to which the future-tense endings are attached.

caber	→	**cabré**	poner	→	**pondré**	decir	→	**diré**
haber	→	**habré**	salir	→	**saldré**	hacer	→	**haré**
poder	→	**podré**	tener	→	**tendré**			
querer	→	**querré**	valer	→	**valdré**			
saber	→	**sabré**	venir	→	**vendré**			

Mi hermano dice que **tendrá** por lo menos cinco hijos cuando se case. — *My brother says that he will have at least five children when he gets married.*

Sabremos más sobre el asunto cuando salga el informe. — *We'll know more about the issue when the report comes out.*

C. For statements in conversation about future events, the **ir + a +** infinitive construction is more frequently used than are the future-tense verb forms.

Mañana **vamos a manejar** a la montaña. — *Tomorrow we are going to drive to the mountains.*

When there is doubt or speculation, however, especially in questions, the future tense is common. This is called the *future of probability.*

¿Dónde **estarán** mis amigos? Todavía no han llegado. — *Where could my friends be? (I wonder where my friends are.) They haven't arrived yet.*

---

*Alternative form for recognition only: **vos terminarás.**

Ejercicio 1

¿Qué pasará durante los próximos quince años?

MODELO: El profesor Sotomayor se jubilará y se mudará a Guatemala con su esposa.

1. (Yo) _____ (casarse) y _____ (tener) dos hijos.
2. Mi mejor amigo y yo _____ (graduarse) e _____ (ir) a Europa.
3. Mis padres _____ (mudarse) y _____ (vivir) en una isla tropical.
4. Después de terminar esta clase, mis compañeros y yo _____ (hablar) español y _____ (poder) escribir en ese idioma perfectamente.
5. El presidente de Estados Unidos _____ (venir) a cenar a mi casa y me _____ (decir) que le gustan mis ideas y mi comida.

15.2 More Uses of the Subjunctive (Part 2)

A clause is a part of a sentence that has its own verb and subject, but functions like another part of speech, such as a noun, adjective, or adverb. This section presents clauses in which the verbs must be in the subjunctive. They include certain types of adjective clauses, adverbial and nominal (noun) clauses, and purpose clauses.

A. Adjective Clauses

Adjective clauses modify nouns, just as adjectives do. In English, adjective clauses usually begin with *that*, *which*, or *who*.

Adjective	Adjective Clause
It is a *big* country.	It is a country *that welcomes immigrants in an era of economic decline*.
The *long* and *difficult* war was fought in the name of equality.	The Spanish Civil War, *which was fought in the 1930s*, resulted in the loss of political freedom for the Spaniards.
He is the *new* senator.	Senator Ortega, *who proposed the negotiation of a peaceful solution*, is from my state.

In Spanish, adjective clauses normally begin with the conjunction **que**, whether they refer to things or to people.

Señor Presidente, aquí está el grupo de inmigrantes **que** viene a protestar contra la nueva ley.

Mr. President, this is the immigrant group that is here to protest the new law.

José Figueres Ferrer fue el presidente costarricense **que** abolió el ejército de su país en 1948.

José Figueres Ferrer was the Costa Rican president who abolished his country's army in 1948.

15.2, Notes: • Most English-speaking students produce adjective clauses spontaneously in Spanish without any explicit instruction, because in most cases they are virtually identical to English. Students sometimes attempt to form adjective clauses without *que* as a direct translation of English's optional *that: The man (that) I saw yesterday is standing beside your cousin*. Although adjective clauses preceded by a preposition are quite different from English, even advanced first-year students need only recognize their meaning. The indicative/subjunctive contrast is relatively easy for students to grasp, but few first-year students ever need to produce these sorts of sentences. Second-year students often manage to use the subjunctive correctly in these contexts after considerable exposure to Spanish. • Use of the subjunctive in short adverbial phrases with *como, cuando, donde,* and in nominal expressions after *lo que* is very useful even for first-year students. • The conjunctions in purpose clauses are quite commonly used, and students need to understand their meaning.

Infórmate 15.2 More Uses of the Subjunctive (Part 2)

When an adjective clause that modifies a person contains a preposition
(**a, de, con, para**), then **quien** (not **que**) follows the preposition.

Es un cuento escrito por el famoso escritor colombiano de **quien** les hablé en la clase pasada.	*It's a short story written by the famous Colombian writer about whom I spoke to you in the last class.*

If the person, place, or thing the adjective clause modifies is unknown to the speaker, the verb in the adjective clause must be in the subjunctive. Note the difference between describing something one *has* (known) versus something one *is looking for* (unknown).

INDICATIVE (KNOWN): Juan Fernando compró **un libro** que **tiene** información sobre Costa Rica.	*Juan Fernando bought a book that has information about Costa Rica.*
SUBJUNCTIVE (UNKNOWN): Julia busca **un libro** que **tenga** buenos consejos para viajeros.	*Julia is looking for a book that has good advice for travelers.*

The subjunctive is also used in adjective clauses if the person, place, or thing modified is nonexistent.

INDICATIVE (EXISTENT): En Costa Rica **hay varias regiones** que **producen** grandes cantidades de café.	*In Costa Rica there are several regions that produce large amounts of coffee.*
SUBJUNCTIVE (NONEXISTENT): **No hay ninguna región** que **produzca** tanto café como esta.	*There is no region that produces as much coffee as this one.*

B. Adverbial and Nominal Expressions

Some adverbial and nominal (noun) expressions take subjunctive verb forms when the wishes of the person being addressed are not clear to the speaker. For example: *We will travel for as long as you want.* In this sentence, it is not clear to the speaker for how long the addressee wishes to travel. Following are some common adverbial and nominal expressions.

Como usted quiera / tú quieras.	*However you want.*
Cuando usted diga / tú digas.	*Whenever you say.*
Donde usted quiera / tú quieras.	*Wherever you want.*
Lo que usted diga / tú digas.	*Whatever you say.*
—¿Cómo lo vamos a hacer?	*How are we going to do it?*
—**Como tú quieras.**	*However you want.*
—¿Cuándo nos vamos?	*When are we leaving?*
—**Cuando usted quiera.**	*Whenever you want.*
—¿Adónde vamos mañana?	*Where are we going tomorrow?*
—**Adonde tú digas.**	*Wherever you say.*
—¿Qué vamos a hacer ahora?	*What are we going to do now?*
—**Lo que usted diga.**	*Whatever you say.*

OJO: These expressions contain indicative forms if what is expressed in the second clause is already known.

Lo que tú **dices** es verdad.	*What you are saying is true.*

C. Purpose Clauses

The purpose (or dependent) clause is used to show the intention of the action of the main verb in the sentence (independent clause). Spanish requires subjunctive verb forms in purpose clauses introduced by conjunctions such as **para que** (*so that, provided that, in order to/that*), **sin que** (*without*), **con tal (de) que** (*provided that*), **de modo (manera) que** (*so that*), and **a menos que** (*unless*). As opposed to clauses with **porque** + indicative, clauses with these phrases do not state whether something really happens or not.

INDICATIVE

Siempre ando en bicicleta **porque** manejar un carro **contamina** el ambiente.	*I always ride a bicycle because driving a car pollutes the environment.*

SUBJUNCTIVE

¡La legislatura va a aprobar la nueva ley **sin que** los ciudadanos lo **sepan**!	*The legislature is going to pass the new law without the citizens knowing it!*
Es necesario reparar ese edificio **para que** no **se caiga** durante un terremoto.	*That building needs to be repaired so that it won't collapse in an earthquake.*
Estoy de acuerdo con el contrato **con tal de que** todos los trabajadores **reciban** la misma oferta.	*I'm in agreement with the contract provided that all of the workers receive the same offer.*
El problema de los desamparados será más grave cada día **a menos que** se **construyan** más casas para los pobres.	*The homeless problem will become more serious each day unless we build more homes for the poor.*

Ejercicio 2

Estefanía y Franklin están planeando su luna de miel. Escoge la forma correcta del verbo: el presente de indicativo o el presente de subjuntivo.

ESTEFANÍA: Prefiero ir a un lugar que no _____¹ (es / sea) muy turístico.

FRANKLIN: Pero, Estefanía, en agosto no hay ningún lugar que no _____² (está / esté) lleno de gente.

ESTEFANÍA: Tienes razón, Franklin. También busco un lugar que _____³ (ofrece / ofrezca) mucho para hacer, tanto de día como de noche.

FRANKLIN: Pues, hay varias ciudades de Europa que _____⁴ (tienen / tengan) muchas diversiones.

ESTEFANÍA: ¡Europa, sí! Quiero ir a un lugar donde se _____⁵ (vende / venda) mucha ropa elegante.

FRANKLIN: Bueno, como tú sabes, París es una ciudad en la que se _____⁶ (fabrica / fabrique) más ropa fina que en cualquier otra ciudad del mundo.

ESTEFANÍA: Sí, y París es una ciudad donde _____⁷ (hay / haya) mucha actividad cultural, además de tiendas elegantes.

FRANKLIN: Entonces, ¿por qué no hacemos una gira por Europa?

ESTEFANÍA: Sí, quizás. Sigamos pensándolo…

Infórmate 15.2 More Uses of the Subjunctive (Part 2)

Ejercicio 3

Los estudiantes del profesor Sotomayor expresan su opinión. Escoge entre el presente de indicativo y el presente de subjuntivo para completar sus comentarios.

1. Es necesario construir más apartamentos para que _____ (hay / haya) suficientes viviendas para todos.
2. No podemos seguir usando tanta gasolina porque _____ (aumenta / aumente) la contaminación ambiental en nuestra sociedad.
3. Hay tantos crímenes violentos porque el gobierno no _____ (prohíbe / prohíba) portar armas de fuego.
4. Voy a escribirle una carta al gobernador para que nos _____ (ayuda / ayude) a resolver el problema de las drogas en nuestro estado.
5. Seguirá el problema de la escasez de atención médica a menos que el gobierno _____ (adopta / adopte) un plan nacional de seguro médico.
6. Debemos controlar lo que los niños ven en la televisión y el Internet porque esos medios _____ (influyen / influyan) en su manera de pensar.
7. Todos los niños deben tener acceso a una computadora, con tal de que (podemos/podamos) limitar el tiempo que la usan.
8. Las redes sociales coleccionan nuestra información personal sin que nosotros lo (sabemos/sepamos).

portar armas de fuego = to carry firearms

15.3 The Conditional

A. The conditional is formed by adding these endings to the infinitive: **-ía, -ías, -ía, -íamos, -íais,** and **-ían.**

	Conditional	
(yo)	jugar**ía**	I would play
(tú)	comer**ías***	you (inf. sing.) would eat
(usted, él/ella)	dormir**ía**	you (pol. sing.) would sleep; he/she would sleep
(nosotros/as)	tomar**íamos**	we would drink
(vosotros/as)	leer**íais**	you (inf. pl., Sp.) would read
(ustedes, ellos/as)	escribir**ían**	you (pl.) would write; they would write

Yo **hablaría** con su familia primero.   *I would speak with her family first.*
A Estefanía le **gustaría** ir de luna de miel a Europa.   *Estefanía would like to go to Europe for her honeymoon.*

15.3, Notes: This section introduces forms of the conditional. Its most common use, with the imperfect subjunctive, is described in *Infórmate 15.4*. The conditional is a relatively simple tense to learn, and students pick it up quickly after being exposed to it.

---

*Alternative form for recognition only: **vos comerías.**

B. The verbs that have irregular stems in the future tense use the same stems in the conditional.

caber → **cabría**	poner → **pondría**	decir → **diría**
haber → **habría**	salir → **saldría**	hacer → **haría**
poder → **podría**	tener → **tendría**	
querer → **querría**	valer → **valdría**	
saber → **sabría**	venir → **vendría**	

—¡Yo no **sabría** qué decirle!   *I wouldn't know what to tell him!*
—Pues yo le **diría** la verdad.   *Well, I would tell him the truth.*

Ejercicio 4

Juan Fernando habla de las actividades que a los estudiantes del club Amigos sin Fronteras les gustaría hacer en Costa Rica, cuando lo visiten. Escoge el verbo más lógico y da la forma del condicional: **bañarse, invitar, ir, mandar, nadar, pasar, tomar, tratar, viajar, visitar.**

1. Franklin y Estefanía _____ los sitios turísticos.
2. Sebastián _____ de conocer nuevos amigos.
3. Eloy _____ mucho tiempo conmigo.
4. Lucía y Claudia _____ en la playa Manuel Antonio.
5. Ana Sofía _____ fotos del volcán Poás.
6. Xiomara _____ en las aguas termales de Arenal.
7. Nayeli _____ al Museo Nacional de Costa Rica.
8. Camila les _____ mensajes de texto a su familia todos los días.
9. Yo los _____ a todos a almorzar en la casa de mis padres.
10. Todos nosotros _____ juntos en el transbordador a la península de Nicoya.

15.4 Past Subjunctive and Summary of Uses of the Subjunctive

15.4, Note: This hypothetical construction is almost identical to English in both syntax and meaning. Even so, first-year students' general level of proficiency restricts their conversational range, so they rarely have occasion to use it.

A. Statements of possibility in the present tense introduced with the conjunction **si** (*if*) take indicative verb forms in both the *if* clause and the conclusion.

Si el gobierno **congela** los alquileres, **habrá** menos desamparados.   *If the government freezes rents, there will be fewer homeless people.*

Si hay poco trabajo, menos trabajadores sin documentos **cruzan** la frontera.   *If there is little work, fewer undocumented workers cross the border.*

B. However, to imply that a situation is contrary to fact (hypothetical), a verb form called the past subjunctive (in Spanish, **el imperfecto de subjuntivo**), must be used in the *if* clause and a conditional verb form in the conclusion.*

Si tuviera más dinero, **me jubilaría.**
If I had more money, I would retire.

Si ganara la lotería, **haría** muchos viajes.
If I won the lottery, I would take many trips.

Past subjunctive forms of both regular and irregular verbs are based on the stem of the preterite plus these endings: **-ara, -aras, -ara, -áramos, -arais, -aran** for **-ar** verbs; and **-iera, -ieras, -iera, -iéramos, -ierais, -ieran** for **-er** and **-ir** verbs.

PAST SUBJUNCTIVE			
	hablar	**sentir**	**tener**
yo	hablara	sintiera	tuviera
tú	hablaras†	sintieras†	tuvieras†
usted, él/ella	hablara	sintiera	tuviera
nosotros/as	habláramos	sintiéramos	tuviéramos
vosotros/as	hablarais	sintierais	tuvierais
ustedes, ellos/ellas	hablaran	sintieran	tuvieran

Si Marcela **trabajara** fuera de casa, su hija Maritza **tendría** que estar todo el día en la guardería.
If Marcela worked outside the home, her daughter Maritza would have to be in day care all day.

Verbs with preterite stems that end in **-j-**, such as **decir** (**dij-**) and **traer** (**traj-**), differ somewhat from the pattern; they take the past subjunctive endings without the initial **-i: dijera, trajera.**

Te sorprenderías si yo te **dijera** la verdad.
You'd be surprised if I told you the truth.

The past subjunctive forms of the verbs **ir** and **ser** are as follows: **fuera, fueras, fuera, fuéramos, fuerais, fueran.**

Si **fuera** posible, yo viajaría a otro planeta.
If it were possible, I would travel to another planet.

Si **fueras** conmigo al concierto, me sentiría más segura.
If you went with me to the concert, I'd feel safer.

C. You can also use the expression **ojalá que** (*I wish that*) followed by the past subjunctive to express a desire that is contrary to fact. The word **que** is optional but frequently used.

Ojalá (que) **hubiera** menos contaminación.
I wish there were less pollution.

Ojalá (que) **tuviéramos** más tiempo para estudiar.
I wish we had more time to study.

---

*In some areas of the Spanish-speaking world, the imperfect subjunctive is used in both the *if* clause and the conclusion: **Si supiera, te lo dijera.** (*If I knew, I would tell you.*)

†Alternative forms for recognition only: **vos hablaras, vos comieras, vos tuvieras.**

D. Here is a summary of the most common occurrences of the subjunctive in Spanish.

- With "softened" commands such as **le(s) sugiero que, te recomiendo que, me aconseja que, esperamos que,** and impersonal expressions such as **es importante que** and **es mejor que.** (See **Infórmate 12.1** and the second **Comunícate** section of **Capítulo 13.**)

Te aconsejo que mandes el documento por correo electrónico.	*I advise you to send the document by e-mail.*
Es importante que todos **reciclemos** los periódicos.	*It's important that we all recycle our newspapers.*

- In time clauses introducing future (unknown) events. (See **Infórmate 12.2.**)

La fiesta empezará cuando tú **llegues.**	*The party will begin when you arrive.*
Tendremos problemas de sobrepoblación **hasta que logremos** controlar la tasa de natalidad.	*We will have overpopulation problems until we manage to control the birthrate.*

- With *Let/Have* commands and **ojalá.** (See **Infórmate 13.3.**)

—Tenemos que resolver el problema de la venta ilegal de armas nucleares.	*We have to solve the problem of the illegal sale of nuclear weapons.*
—¡No, que lo **resuelva** el gobierno!	*No, let the government solve it!*
Ojalá que **podamos** descubrir una vacuna contra el SIDA.	*I hope we can discover a vaccine for AIDS.*

- Expressing opinions and reactions with verbs such as **dudar,** phrases such as **es dudoso que, es (im)probable que, es (im)posible que,** and expressions such as **¡Qué bueno!, ¡Qué lástima!** and **¡Qué triste!** (See **Infórmate 14.4.**)

Dudo que **se pueda** erradicar el crimen en las ciudades grandes.	*I doubt that crime can be eradicated in large cities.*
No creo que la guerra de Afganistán **resuelva** el problema del terrorismo.	*I don't believe that the war in Afghanistan will solve the problem of terrorism.*
¡Qué lástima que Marcela no **haya terminado** su carrera universitaria!	*It's too bad that Marcela hasn't finished her college education.*

- In adjective clauses, as presented in **Infórmate 15.2A.**

En las guarderías infantiles necesitamos personal que **sepa** educar a los niños.	*In day care centers we need personnel who know how to educate children.*

- With adverbial and nominal expressions as presented in **Infórmate 15.2B.**

—¿Cuándo vamos a salir?	*When will we leave?*
—Cuando ustedes **quieran.**	*Whenever you want.*

- With purpose clauses, as presented in **Infórmate 15.2C.**

Vamos a hablar con nuestros hijos sobre las drogas y el sexo **para que estén** bien informados.	*We'll talk with our children about drugs and sex so that they are well informed.*

- In *if* clauses in the past tense that are contrary to fact, as presented in **Infórmate 15.4B**.

    Si **conserváramos** más el agua, **se acabaría** la escasez.

    If we conserved more water, the shortage would end.

    Si todos **dejaran** de usar el automóvil como transporte personal, no **habría** tanta contaminación ambiental.

    If everyone quit using automobiles for personal transportation, there would not be so much air pollution.

Ejercicio 5

Lee cada oración con cuidado y decide si requiere el indicativo o el subjuntivo. Luego completa la oración con la forma correcta del verbo entre paréntesis.

1. Cuando tenemos dinero, siempre _____ (ir) de vacaciones a Costa Rica.
2. Cuando (nosotros) _____ (ahorrar) dinero, iremos a Costa Rica.
3. —No creo que nadie _____ (querer) vivir en este barrio tan peligroso.
   —Pues, yo no creo que el barrio _____ (ser) tan peligroso como tú dices.
4. Si _____ (poder), iré a tu casa después del trabajo.
5. Los ciudadanos no _____ (estar) bien informados sobre el peligro de radiación solar.
6. Es importante que todos nosotros _____ (estar) bien informados sobre los problemas ecológicos.
7. Esta es una universidad excelente. Hay profesores que _____ (saber) enseñar muy bien.
8. Si no hay electricidad, los estudiantes no _____ (poder) usar su computadora para hacer la tarea.

Ejercicio 6

Todas las oraciones requieren el subjuntivo. Complétalas con la forma correcta del verbo entre paréntesis, según el contexto.

1. Compraré una casa más grande en cuanto _____ (tener) dinero.
2. ¡Carlitos, no quiero que _____ (jugar) a la pelota aquí adentro!
3. Te sugiero que _____ (ir) al sitio Web y _____ (buscar) la información necesaria.
4. Es importante que todos ustedes _____ (llegar) a tiempo a clase.
5. Siento mucho que _____ (estar) enfermo, Juan Fernando. ¡Que _____ (mejorarse) pronto!
6. Espero que no _____ (haber) mucha gente en el cine. ¡No me gusta esperar!
7. —Quiero comprar una casa que _____ (tener) un jardín grande.
   —Dudo que (tú) la _____ (encontrar) aquí tan cerca de la playa.
8. Es probable que nadie _____ (saber) la respuesta a tu pregunta.

Lo que aprendí

Al final de este capítulo, ya puedo hablar sobre…

☐ mis planes para el futuro.
☐ el mundo del futuro.
☐ algunas cuestiones sociales de nuestra sociedad.
☐ mi opinión sobre varios aspectos de la tecnología.
☐ el impacto de la tecnología digital en mi vida y en nuestra sociedad.
☐ los problemas ambientales más urgentes.
☐ las maneras en que podemos proteger el medio ambiente.

Y ahora sé más sobre…

☐ algunas especies de animales en peligro de extinción.
☐ el ecoturismo.
☐ la transformación verde de la Mixteca Alta en Oaxaca, México.

Ejercicio 7

Escribe la forma correcta del verbo entre paréntesis, primero el imperfecto de subjuntivo y después el condicional.

1. Si más gente _____ (usar) la energía verde, el gobierno no _____ (tener) que construir más reactores nucleares.
2. Si los jóvenes _____ (pasar) menos tiempo con su computadora, _____ (aprender) mejores maneras de comunicarse en persona.
3. Si los estudiantes del profesor Sotomayor _____ (consultar) solamente sitios Web en español, _____ (aprender) mucho vocabulario.
4. Si las computadoras no _____ (contaminar) tanto el medio ambiente, yo _____ (estar) más contento de tenerlas.
5. Si los estudiantes de secundaria _____ (tener) más actividades recreativas en la escuela, no _____ (usar) drogas.
6. Si todos los estadounidenses _____ (manejar) carros híbridos, la contaminación ambiental _____ (disminuir) muchísimo.
7. Si mi hermano _____ (ser) más responsable, no _____ (llegar) tarde a clase.
8. Si (yo) siempre _____ (andar) en bicicleta a todas partes, no _____ (gastar) tanto dinero en gasolina.

Vocabulario

Los sustantivos	Nouns
el agujero	hole
el aumento	rise, increase
el bienestar social	social welfare
el cambio	change
el camión	truck, bus (*Mex.*)
la campaña	campaign
la caza	hunting
el concurso	contest, competition
la costumbre	habit, custom
la cuestión	issue, matter
los derechos civiles	civil rights
la empresa	company; corporation
la escasez	shortage
la escuela primaria	elementary school
la felicidad	happiness
los fondos	funds
la ganancia	profit
la guardería	day care (center), nursery
las investigaciones	research
la ley	law
la maquiladora	assembly plant (*located in developing countries to take advantage of lower wages*)

Los sustantivos	Nouns
la máquina	machine
la meta	goal
el peligro	danger
la pesca	fishing
la planificación familiar	family planning
la pobreza	poverty
el porvenir	future
el presupuesto	budget
la prueba	test, quiz
el SIDA	AIDS
la (sobre)población	(over)population
la tasa de desempleo/natalidad	unemployment/birth rate
el título universitario	university degree
la vivienda	housing

Palabras semejantes: el aborto, el acceso, la actitud, la agencia, la agricultura, el avance, la aventura, el cáncer, la categoría, el contagio, la crisis, el cupón, la defensa, la destrucción, el disco compacto, la discriminación, la diversidad, la droga, la electricidad, el error, la estabilidad, la exportación, la extinción, el futuro, el horror, el icono, la idea preconcebida, la industria, la invención, la investigación, la memoria, el motor, la nota, el período, la petición, el porcentaje, el prestigio, la prioridad, la privatización, la producción, la propaganda, la protección, la reducción, la región, la restricción, la satisfacción, el terrorismo, el turismo, el virus

La tecnología	Technology
la aplicación	app
el archivo	file
el archivo adjunto	attached file; attachment
bajar	to download
el buzón	mailbox
cargar	to upload
la carpeta	folder; file
el chateo	online chatting
la contraseña	password
la copia de respaldo	backup copy
el correo no deseado	junk mail
el cortafuegos	firewall
la cuenta	account
descargar	to download
el espía (de Internet)	(Internet) cookie
el foro de discusiones	discussion forum
guardar un documento	to save a document
el navegador	browser
el nombre de usuario	user name
el pirata	hacker
la portada	homepage
el ratón	mouse
la red	the web
la red social	social network
el servidor de correo	e-mail server
subir	to upload
el teclado	keyboard

Palabras semejantes: el documento, la nanotecnología, la navegación

Repaso: el correo electrónico, la dirección electrónica, enlace, el mensaje electrónico

Las personas	People
el adivino / la adivina	fortune teller
el antepasado	ancestor
el científico / la científica	scientist
el ciudadano / la ciudadana	citizen
el ser humano	human being
el ser querido	loved one

Palabras semejantes: el/la colega, el/la indocumentado/a, el/la inmigrante

La ecología y el medio ambiente	Ecology and the Environment
el agua potable	drinking water
el agujero de la capa de ozono	hole in the ozone layer
ambiental	environmental
la bolsa de lona	canvas bag
el calentamiento global	global warming
los desperdicios (nucleares)	(nuclear) waste
el efecto invernadero	greenhouse effect
la energía renovable	renewable energy
la fuente de energía	energy source

La ecología y el medio ambiente	Ecology and the Environment
el reciclaje	recycling
la reserva (natural)	(nature) preserve
la sequía	drought
la sierra	mountain range

Palabras semejantes: el bambú, los carburos fluorados, la contaminación, el esmog, la fauna, el gas, el panel solar, el pesticida, la precipitación, la radiación, el reactor (nuclear), reciclar

Repaso: el océano, el planeta, el río

Los animales	Animals
la abeja	bee
el águila (f.) (calva)	(bald) eagle
el ave (f.)	bird
la colmena	beehive
el gusano	worm
el lobo	wolf
el mamífero	mammal
la mariposa (monarca)	(monarch) butterfly
el oso panda	panda bear
el quetzal	quetzal, colorful bird native to southern Mexico and Central America

Palabras semejantes: el delfín, la especie, el gorila, el hábitat, el insecto, el manatí, el reptil

Repaso: la ballena, el elefante, el león, el mono, la tortuga (marina)

Los verbos	Verbs
acabar	to finish
aprobar (ue)	to pass (a law)
aprovechar	to take advantage of
basar	to base
chismear	to gossip
comprometerse	to become engaged; to undertake something
dar (irreg.) miedo	to be scary; to frighten
...me/te/le/nos/les da(n) miedo	(something) scares/frightens (scare/frighten) me/you (inf. sing.) /him/her/you (pol. sing.)/ us/them/you (pl.)
dar (irreg.) rabia	to make angry
...me/te/le/nos/les da(n) rabia	(something) makes (make) me/ you (inf. sing.) /him/her/you (pol. sing.)/us/them/you (pl.) angry
depender de	to depend on
desaparecer (desaparezco)	to disappear
desarrollar	to develop
desperdiciar	to waste
destruir (y)	to destroy
empeorar	to make worse
enfrentar	to confront, to face

Los verbos	Verbs
establecer (establezco)	to establish
estar (irreg.) en buena forma	to be in good shape
evitar	to avoid
grabar	to record
haber (irreg.)	
hay	there is/there are
va a haber / habrá	there will be
había/hubo	there was/there were
imponer (like poner)	to impose
jubilarse	to retire
llamar la atención	to make someone take notice
…me/te/le/nos/les llama(n) la atención…	(something) makes (make) me/you (inf. sing.) /him/her/you (pol. sing.)/us/them/you (pl.) take notice
matar	to kill
montar	to set up, assemble; to ride
nacer (nazco)	to be born
proveer (y)	to provide
quedar embarazada	to become pregnant
quisiera + infinitive	I would like to (do something)
reflejar	to reflect
salvar	to save (someone/something from …)
sembrar (ie)	to plant
tratarse de	to be about
urgir	to be urgent
…me/te/le/nos/les urge(n)	is (are) urgent for me/you (inf. sing.) /him/her/you (pol. sing.)/us/them/you (pl.)

Palabras semejantes: absorber, afectar, avanzar, caracterizar, concentrar, consistir, dedicar, definir, depender, emitir, fascinar, fomentar, importar, iniciar, instalar, legalizar, limitar, ocurrir, organizar, reducir (reduzco), replicar, requerir (ie), respetar, seleccionar, votar

Repaso: interesar, molestar, opinar, parecer, preocupar

Los adjetivos	Adjectives
actual	present, current
actualizado/a	updated
cubierto/a	covered
desamparado/a	homeless
desempleado/a	unemployed
destruido/a	destroyed
dispuesto/a	ready; willing
educativo/a	educational
expuesto/a	exposed
igual	equal, same

Los adjetivos	Adjectives
orgulloso/a	proud
preconcebido/a	preconceived
protegido/a	protected
recreativo/a	recreational
renovable	renewable
requerido/a	required
seguro/a	safe
templado/a	mild, temperate

Palabras semejantes: académico/a, ácido/a, avanzado/a, biodegradable, contaminado/a, dedicado/a, desorganizado/a, distinto/a, ecológico/a, económico/a, eficiente, federal, futuro/a, genético/a, incentivo/a, masivo/a, mundial, normal, obvio/a, orgánico/a, preescolar, puro/a, recomendable, reusable, sexual, solar, terminal, ultravioleta, válido/a

Los adverbios	Adverbs

Palabras semejantes: definitivamente, económicamente, mentalmente, perfectamente

Las opiniones y las reacciones	Opinions and Reactions
dudar que + subjunctive	to doubt that
no creer que + subjunctive	not to believe that
¡Qué lástima que + subjunctive	It's too bad that
¡Qué triste que + subjunctive!	It's sad that

Las condiciones	Conditions
a menos que	unless
con tal de que	as long as
para que	in order that
sin que	without
tan pronto como	as soon as

Palabras y expresiones útiles	Useful Words and Expressions
ante	facing
cuandoquiera	whenever
de aquí a (+ time)	(period of time) from now to
debido a	owing to, due to
dentro de (+ time)	within (time period)
¡Ni un día más!	Not one more day!
por el contrario	on the contrary, on the other hand
por parte de	on behalf of

10. he llevado 11. hemos leído 12. He escrito 13. hemos oído 14. hemos hablado **Ej. 4:** 1. por 2. por 3. por 4. para 5. por 6. por 7. por 8. por 9. para 10. por **Ej. 5:** 1. Sí, vaya dos horas antes. 2. Sí, duerma allí. 3. Sí, hágalas mañana. 4. Sí, cómprelos ya. 5. Sí, tráigalo pasado mañana. 6. Sí, recójalos la semana que viene. **Ej. 6:** 1. preparen 2. saquen 3. pidan 4. compren 5. hagan 6. hablen **Ej. 7:** 1. manejaba 2. leía 3. corrían 4. cruzaba 5. bailaba **Ej. 8:** 1. llegaron 2. empezó 3. quisieron 4. saltó 5. llamaste **Ej. 9:** 1. charlaba, quemó 2. almorzaba, cayó 3. entró, jugaban 4. besaban, llegó 5. limpiaba, encontró 6. Perdiste, corrías 7. miraban, apagó **Ej. 10:** 1. hacía 2. sonó 3. charlábamos 4. empecé 5. noté 6. tenía 7. llevaba 8. se descompuso 9. hablaba 10. robó 11. corría 12. me caí 13. preparaba 14. sonó 15. contesté

Capítulo 12

Ej. 1: 1. empiece 2. consultes 3. visite 4. terminen 5. comas 6. salgas 7. leamos 8. escriban 9. recete 10. pidas **Ej. 2:** 1. Le sugerimos a Eloy que visite a Lucía, porque ella no se siente bien. 2. El hermano de Jorge espera que él esté mejor hoy. 3. Nayeli y Claudia prefieren que volvamos a su casa inmediatamente. 4. Eloy le recomienda a Jorge que no tome antibióticos para el resfriado. 5. Tú prefieres que tus amigos no necesiten ir al hospital. 6. Yo le sugiero a Jorge que beba mucho jugo de naranja. 7. Mi madre os aconseja que durmáis el resto del día. 8. Eloy y Jorge esperan que los miembros del club les den remedios caseros para el blog. **Ej. 3:** 1. salga 2. nos sentimos 3. se sienta 4. se duerman 5. sabemos 6. pida 7. bañe 8. empiece 9. está **Ej. 4:** 1. venga 2. empiece 3. dé 4. traiga 5. pida 6. te laves, te seques 7. exijamos 8. hagas **Ej. 5: A.** 1. Sra. McNeil, no le muestre la pierna a la terapeuta. 2. No me diga dónde le duele. (No le diga al médico dónde le duele.) 3. No le lleve los papeles al recepcionista. 4. No les traiga la comida a los pacientes. 5. No le dé la receta al farmacéutico. **B.** 1. Llámeme el miércoles. 2. Tráiganos la medicina hoy. 3. Dígale su nombre al médico. 4. Súrtales la receta a los pacientes. 5. Deme más información, por favor. **Ej. 6:** 1. le; le ponga la inyección a la paciente del cuarto número 512. 2. le; le pida mañana los resultados del análisis de sangre. 3. les; le expliquen los síntomas de la gripe a la señora Galván. 4. le; les lleve a los señores Martínez estos documentos del seguro médico. 5. les; les cuenten a la enfermera y a él cómo ocurrió el accidente. **Ej. 7:** 1. Los gatitos se perdieron. 2. El reloj se rompió. 3. Los lentes de Franklin se cayeron de la mesa. 4. La ambulancia se descompuso. **Ej. 8:** 1. A las enfermeras se les perdió la receta del paciente. 2. A Rodrigo se le cayó y se le rompió el celular. 3. Al paciente se le olvidó el dinero en casa. 4. Al médico se le quedó el estetoscopio en el coche. 5. A Jorge se le descompuso la afeitadora eléctrica. 6. A los niños se les soltaron los vendajes.

Capítulo 13

Ej. 1: 1. ser 2. están 3. es 4. están, Son 5. Estamos 6. Soy **Ej. 2:** 1. está, es 2. son, están 3. están, están 4. estás, soy 5. son, Estaban 6. son, están **Ej. 3:** 1. Levántate 2. Ven 3. Ten 4. Sal 5. Bájate 6. Habla 7. Acuéstate; apaga 8. Dile 9. Ve; lee 10. Haz **Ej. 4:** 1. Tráigame; me de 2. Muéstreme; me diga 3. Espéreme; te vayas 4. Escríbeme; me lo dictes 5. Mira; me digas 6. compres; come **Ej. 5:** 1. ¡Que lo barra Emiliano! 2. ¡Que las pague Emilio! 3. ¡Que los desempolve Beto! 4. ¡Que la saque Izel! 5. ¡Que las ponga allí Nayeli! 6. ¡Que lo limpie Beto! **Ej. 6:** 1. Ojalá que reciba muchos regalos. 2. Ojalá que haga buen tiempo. 3. Ojalá que no tenga que trabajar. 4. Ojalá que no esté enfermo/a. 5. Ojalá que mis amigos vengan a visitarme. **Ej. 7:** 1. (No) Escuchemos música de hip hop. 2. (No) Visitemos mi página de Facebook. 3. (No) Hagamos ejercicio. 4. Vamos (No vayamos) al cine. 5. (No) Miremos una película en línea. **Ej. 8:** 1. he disfrutado 2. he tenido 3. pasó 4. di 5. trabajé 6. Salí 7. caminé 8. Había 9. era 10. Entré 11. Pensaba 12. vi 13. caminaban 14. golpeó 15. empezaron 16. Estaban 17. se gritaban 18. salí 19. atacó 20. iba 21. dejaron 22. llegué **Ej. 9:** 1. era 2. íbamos 3. alquilábamos 4. nadábamos 5. salíamos 6. caminábamos 7. tenía 8. fuimos 9. estaban 10. jugaba 11. charlaba 12. conocía 13. miré 14. estaba 15. vi 16. metimos 17. Salimos 18. buscamos 19. pudimos 20. estaba 21. trajo 22. estábamos 23. nadaba 24. estaba 25. regañé 26. enojé

Capítulo 14

Ej. 1: 1. Voy a la biblioteca para estudiar. 2. Uso la sartén para freír algo. 3. Traje las herramientas para reparar el coche. 4. Compré el jamón para hacer una sándwich. 5. Voy a usar la aspiradora para limpiar la alfombra. **Ej. 2:** 1. por 2. Para 3. para 4. para 5. para 6. por 7. por 8. por 9. Para 10. para 11. para 12. para **Ej. 3:** 1. te 2. nos 3. te, me, me 4. os 5. les **Ej. 4: A.** 1. Sí, ya se la entregué ayer. 2. Sí, ya se lo di ayer. 3. Sí, ya se los llevé ayer. 4. Sí, ya te las compré ayer. 5. Sí, ya se las mandé ayer. **B.** 1. Voy a mostrártelo mañana. / Te lo voy a mostrar mañana. 2. Voy a comprártela mañana. / Te la voy a comprar mañana. 3. Voy a traérselos mañana. / Se los voy a traer mañana. 4. Voy a regalárselo mañana. / Se lo voy a regalar mañana. 5. Voy a dárselas mañana. / Se las voy a dar mañana. **Ej. 5:** Te lo estoy preparando ahora mismo. / Estoy preparándotelo ahora mismo. 2. Te lo estoy buscando ahora mismo. / Estoy buscándotelo ahora mismo. 3. Se la estoy pidiendo ahora mismo. / Estoy pidiéndosela ahora mismo. 4. Se las estoy enviando ahora mismo. / Estoy enviándoselas ahora mismo. 5. Me los estoy poniendo ahora mismo. / Estoy poniéndomelos ahora mismo. **Ej. 6:** 1. te lo voy a comprar / voy a comprártelo 2. Me voy a duchar / Voy a ducharme 3. me los compres 4. se las llevé 5. te lo estoy haciendo / estoy haciéndotelo **Ej. 7: A.** 1. No, no me lo repares. 2. No, no me la prepares. 3. No, no me los busques. 4. No, no me las compres. 5. No, no me la digas. **B.** 1. Sí, dímela, por favor. 2. Sí, lávamelo, por favor. 3. Sí, plánchamelas, por favor. 4. Sí, sírvemela, por favor. 5. Sí, límpiamelos, por favor. **Ej. 8:** 1. haya 2. deben 3. tengan 4. quieren 5. ahorra 6. gasta 7. es 8. sea 9. podemos **Ej. 9:** 1. sepa 2. hay 3. compra 4. sea 5. existen 6. gasten 7. estén 8. queremos 9. conoces 10. tenga

Capítulo 15

Ej. 1: 1. Me casaré, tendré 2. nos graduaremos, iremos 3. se mudarán, vivirán 4. hablaremos, podremos 5. vendrá, dirá **Ej. 2:** 1. sea 2. esté 3. ofrezca 4. tienen 5. venda 6. fabrica 7. hay **Ej. 3:** 1. haya 2. aumenta 3. prohíbe 4. ayude 5. adopte 6. influyen 7. podamos 8. sepamos **Ej. 4:** 1. visitarían 2. trataría 3. pasaría 4. nadarían (se bañarían) 5. tomaría 6. se bañaría (nadaría) 7. iría 8. mandaría 9. invitaría 10. viajaríamos (iríamos) **Ej. 5:** 1. vamos 2. ahorremos 3. quiera, sea 4. puedo 5. están 6. estemos 7. saben 8. pueden **Ej. 6:** 1. tenga 2. juegues 3. vayas, busques 4. lleguen 5. estés, te mejores 6. haya 7. tenga, encuentres 8. sepa **Ej. 7:** 1. usara, tendría 2. pasaran, aprenderían 3. consultaran, aprenderían 4. contaminaran, estaría 5. tuvieran, usarían 6. manejaran, disminuiría 7. fuera, llegaría 8. anduviera, gastaría

APPENDIX 2 Verbs

A. REGULAR VERBS: SIMPLE TENSES

Infinitive Present Participle Past Participle	INDICATIVE						SUBJUNCTIVE		IMPERATIVE
	Present	Imperfect	Preterite	Future	Conditional		Present	Imperfect	
hablar hablando hablado	hablo hablas habla hablamos habláis hablan	hablaba hablabas hablaba hablábamos hablabais hablaban	hablé hablaste habló hablamos hablasteis hablaron	hablaré hablarás hablará hablaremos hablaréis hablarán	hablaría hablarías hablaría hablaríamos hablaríais hablarían		hable hables hable hablemos habléis hablen	hablara hablaras hablara habláramos hablarais hablaran	habla tú, no hables hable Ud. hablemos hablen
comer comiendo comido	como comes come comemos coméis comen	comía comías comía comíamos comíais comían	comí comiste comió comimos comisteis comieron	comeré comerás comerá comeremos comeréis comerán	comería comerías comería comeríamos comeríais comerían		coma comas coma comamos comáis coman	comiera comieras comiera comiéramos comierais comieran	come tú, no comas coma Ud. comamos coman
vivir viviendo vivido	vivo vives vive vivimos vivís viven	vivía vivías vivía vivíamos vivíais vivían	viví viviste vivió vivimos vivisteis vivieron	viviré vivirás vivirá viviremos viviréis vivirán	viviría vivirías viviría viviríamos viviríais vivirían		viva vivas viva vivamos viváis vivan	viviera vivieras viviera viviéramos vivierais vivieran	vive tú, no vivas viva Ud. vivamos vivan

B. REGULAR VERBS: PERFECT TENSES

INDICATIVE

Present Perfect		Past Perfect		Preterite Perfect		Future Perfect		Conditional Perfect	
he	hablado	había	hablado	hube	hablado	habré	hablado	habría	hablado
has	comido	habías	comido	hubiste	comido	habrás	comido	habrías	comido
ha	vivido	había	vivido	hubo	vivido	habrá	vivido	habría	vivido
hemos		habíamos		hubimos		habremos		habríamos	
habéis		habíais		hubisteis		habréis		habríais	
han		habían		hubieron		habrán		habrían	

SUBJUNCTIVE

Present Perfect		Past Perfect	
haya	hablado	hubiera	hablado
hayas	comido	hubieras	comido
haya	vivido	hubiera	vivido
hayamos		hubiéramos	
hayáis		hubierais	
hayan		hubieran	

C. IRREGULAR VERBS

Infinitive / Present Participle / Past Participle	INDICATIVE					SUBJUNCTIVE		IMPERATIVE
	Present	Imperfect	Preterite	Future	Conditional	Present	Imperfect	
andar andando andado	ando andas anda andamos andáis andan	andaba andabas andaba andábamos andabais andaban	anduve anduviste anduvo anduvimos anduvisteis anduvieron	andaré andarás andará andaremos andaréis andarán	andaría andarías andaría andaríamos andaríais andarían	ande andes ande andemos andéis anden	anduviera anduvieras anduviera anduviéramos anduvierais anduvieran	anda tú, no andes ande Ud. andemos anden
caber cabiendo cabido	quepo cabes cabe cabemos cabéis caben	cabía cabías cabía cabíamos cabíais cabían	cupe cupiste cupo cupimos cupisteis cupieron	cabré cabrás cabrá cabremos cabréis cabrán	cabría cabrías cabría cabríamos cabríais cabrían	quepa quepas quepa quepamos quepáis quepan	cupiera cupieras cupiera cupiéramos cupierais cupieran	cabe tú, no quepas quepa Ud. quepamos quepan
caer cayendo caído	caigo caes cae caemos caéis caen	caía caías caía caíamos caíais caían	caí caíste cayó caímos caísteis cayeron	caeré caerás caerá caeremos caeréis caerán	caería caerías caería caeríamos caeríais caerían	caiga caigas caiga caigamos caigáis caigan	cayera cayeras cayera cayéramos cayerais cayeran	cae tú, no caigas caiga Ud. caigamos caigan

C. IRREGULAR VERBS (CONTINUED)

Infinitive Present Participle Past Participle	INDICATIVE					SUBJUNCTIVE		IMPERATIVE
	Present	Imperfect	Preterite	Future	Conditional	Present	Imperfect	
creer creyendo creído	creo crees cree creemos creéis creen	creía creías creía creíamos creías creían	creí creíste creyó creímos creísteis creyeron	creeré creerás creerá creeremos creeréis creerán	creería creerías creería creeríamos creeríais creerían	crea creas crea creamos creáis crean	creyera creyeras creyera creyéramos creyerais creyeran	cree tú, no creas crea Ud. creamos crean
dar dando dado	doy das da damos dais dan	daba dabas daba dábamos dabais daban	di diste dio dimos disteis dieron	daré darás dará daremos daréis darán	daría darías daría daríamos daríais darían	dé des dé demos deis den	diera dieras diera diéramos dierais dieran	da tú, no des dé Ud. demos den
decir diciendo dicho	digo dices dice decimos decís dicen	decía decías decía decíamos decíais decían	dije dijiste dijo dijimos dijisteis dijeron	diré dirás dirá diremos diréis dirán	diría dirías diría diríamos diríais dirían	diga digas diga digamos digáis digan	dijera dijeras dijera dijéramos dijerais dijeran	di tú, no digas diga Ud. digamos digan
estar estando estado	estoy estás está estamos estáis están	estaba estabas estaba estábamos estabais estaban	estuve estuviste estuvo estuvimos estuvisteis estuvieron	estaré estarás estará estaremos estaréis estarán	estaría estarías estaría estaríamos estaríais estarían	esté estés esté estemos estéis estén	estuviera estuvieras estuviera estuviéramos estuvierais estuviera	está tú, no estés esté Ud. estemos estén
haber habiendo habido	he has ha hemos habéis han	había habías había habíamos habíais habían	hube hubiste hubo hubimos hubisteis hubieron	habré habrás habrá habremos habréis habrán	habría habrías habría habríamos habríais habrían	haya hayas haya hayamos hayáis hayan	hubiera hubieras hubiera hubiéramos hubierais hubieran	

C. IRREGULAR VERBS (CONTINUED)

Infinitive Present Participle Past Participle	INDICATIVE						SUBJUNCTIVE		IMPERATIVE
	Present	Imperfect	Preterite	Future	Conditional		Present	Imperfect	
hacer haciendo hecho	hago haces hace hacemos hacéis hacen	hacía hacías hacía hacíamos hacíais hacían	hice hiciste hizo hicimos hicisteis hicieron	haré harás hará haremos haréis harán	haría harías haría haríamos haríais harían		haga hagas haga hagamos hagáis hagan	hiciera hicieras hiciera hiciéramos hicierais hicieran	haz tú, no hagas haga Ud. hagamos hagan
ir yendo ido	voy vas va vamos vais van	iba ibas iba íbamos ibais iban	fui fuiste fue fuimos fuisteis fueron	iré irás irá iremos iréis irán	iría irías iría iríamos iríais irían		vaya vayas vaya vayamos vayáis vayan	fuera fueras fuera fuéramos fuerais fueran	ve tú, no vayas vaya Ud. vayamos vayan
oír oyendo oído	oigo oyes oye oímos oís oyen	oía oías oía oíamos oíais oían	oí oíste oyó oímos oísteis oyeron	oiré oirás oirá oiremos oiréis oirán	oiría oirías oiría oiríamos oiríais oirían		oiga oigas oiga oigamos oigáis oigan	oyera oyeras oyera oyéramos oyerais oyeran	oye tú, no oigas oiga Ud. oigamos oigan
poder pudiendo podido	puedo puedes puede podemos podéis pueden	podía podías podía podíamos podíais podían	pude pudiste pudo pudimos pudisteis pudieron	podré podrás podrá podremos podréis podrán	podría podrías podría podríamos podríais podrían		pueda puedas pueda podamos podáis puedan	pudiera pudieras pudiera pudiéramos pudierais pudieran	
poner poniendo puesto	pongo pones pone ponemos ponéis ponen	ponía ponías ponía poníamos poníais ponían	puse pusiste puso pusimos pusisteis pusieron	pondré pondrás pondrá pondremos pondréis pondrán	pondría pondrías pondría pondríamos pondríais pondrían		ponga pongas ponga pongamos pongáis pongan	pusiera pusieras pusiera pusiéramos pusierais pusieran	pon tú, no pongas ponga Ud. pongamos pongan

C. IRREGULAR VERBS (CONTINUED)

Infinitive / Present Participle / Past Participle	INDICATIVE					SUBJUNCTIVE		IMPERATIVE
	Present	Imperfect	Preterite	Future	Conditional	Present	Imperfect	
querer / queriendo / querido	quiero / quieres / quiere / queremos / queréis / quieren	quería / querías / quería / queríamos / queríais / querían	quise / quisiste / quiso / quisimos / quisisteis / quisieron	querré / querrás / querrá / querremos / querréis / querrán	querría / querrías / querría / querríamos / querríais / querrían	quiera / quieras / quiera / queramos / queráis / quieran	quisiera / quisieras / quisiera / quisiéramos / quisierais / quisieran	quiere tú, no quieras / quiera Ud. / queramos / quieran
saber / sabiendo / sabido	sé / sabes / sabe / sabemos / sabéis / saben	sabía / sabías / sabía / sabíamos / sabíais / sabían	supe / supiste / supo / supimos / supisteis / supieron	sabré / sabrás / sabrá / sabremos / sabréis / sabrán	sabría / sabrías / sabría / sabríamos / sabríais / sabrían	sepa / sepas / sepa / sepamos / sepáis / sepan	supiera / supieras / supiera / supiéramos / supierais / supieran	sabe tú, no sepas / sepa Ud. / sepamos / sepan
salir / saliendo / salido	salgo / sales / sale / salimos / salís / salen	salía / salías / salía / salíamos / salíais / salían	salí / saliste / salió / salimos / salisteis / salieron	saldré / saldrás / saldrá / saldremos / saldréis / saldrán	saldría / saldrías / saldría / saldríamos / saldríais / saldrían	salga / salgas / salga / salgamos / salgáis / salgan	saliera / salieras / saliera / saliéramos / salierais / salieran	sal tú, no salgas / salga Ud. / salgamos / salgan
ser / siendo / sido	soy / eres / es / somos / sois / son	era / eras / era / éramos / erais / eran	fui / fuiste / fue / fuimos / fuisteis / fueron	seré / serás / será / seremos / seréis / serán	sería / serías / sería / seríamos / seríais / serían	sea / seas / sea / seamos / seáis / sean	fuera / fueras / fuera / fuéramos / fuerais / fueran	sé tú, no seas / sea Ud. / seamos / sean
tener / teniendo / tenido	tengo / tienes / tiene / tenemos / tenéis / tienen	tenía / tenías / tenía / teníamos / teníais / tenían	tuve / tuviste / tuvo / tuvimos / tuvisteis / tuvieron	tendré / tendrás / tendrá / tendremos / tendréis / tendrán	tendría / tendrías / tendría / tendríamos / tendríais / tendrían	tenga / tengas / tenga / tengamos / tengáis / tengan	tuviera / tuvieras / tuviera / tuviéramos / tuvierais / tuvieran	ten tú, no tengas / tenga Ud. / tengamos / tengan

C. IRREGULAR VERBS (CONTINUED)

Infinitive Present Participle Past Participle	INDICATIVE					SUBJUNCTIVE		IMPERATIVE
	Present	Imperfect	Preterite	Future	Conditional	Present	Imperfect	
traer trayendo traído	traigo traes trae traemos traéis traen	traía traías traía traíamos traíais traían	traje trajiste trajo trajimos trajisteis trajeron	traeré traerás traerá traeremos traeréis traerán	traería traerías traería traeríamos traeríais traerían	traiga traigas traiga traigamos traigáis traigan	trajera trajeras trajera trajéramos trajerais trajeran	trae tú, no traigas traiga Ud. traigamos traigan
venir viniendo venido	vengo vienes viene venimos venís vienen	venía venías venía veníamos veníais venían	vine viniste vino vinimos vinisteis vinieron	vendré vendrás vendrá vendremos vendréis vendrán	vendría vendrías vendría vendríamos vendríais vendrían	venga vengas venga vengamos vengáis vengan	viniera vinieras viniera viniéramos vinierais vinieran	ven tú, no vengas venga Ud. vengamos vengan
ver viendo visto	veo ves ve vemos veis ven	veía veías veía veíamos veíais veían	vi viste vio vimos visteis vieron	veré verás verá veremos veréis verán	vería verías vería veríamos veríais verían	vea veas vea veamos veáis vean	viera vieras viera viéramos vierais vieran	ve tú, no veas vea Ud. veamos vean

D. STEM-CHANGING AND SPELLING CHANGE VERBS

Infinitive Present Participle Past Participle	INDICATIVE					SUBJUNCTIVE		IMPERATIVE
	Present	Imperfect	Preterite	Future	Conditional	Present	Imperfect	
pensar (pienso) pensando pensado	pienso piensas piensa pensamos pensáis piensan	pensaba pensabas pensaba pensábamos pensabais pensaban	pensé pensaste pensó pensamos pensasteis pensaron	pensaré pensarás pensará pensaremos pensaréis pensarán	pensaría pensarías pensaría pensaríamos pensaríais pensarían	piense pienses piense pensemos penséis piensen	pensara pensaras pensara pensáramos pensarais pensaran	piensa tú, no pienses piense Ud. pensemos piensen

D. STEM-CHANGING AND SPELLING CHANGE VERBS (CONTINUED)

Infinitive / Present Participle / Past Participle	INDICATIVE					SUBJUNCTIVE		IMPERATIVE
	Present	Imperfect	Preterite	Future	Conditional	Present	Imperfect	
volver (vuelvo) / volviendo / vuelto	vuelvo / vuelves / vuelve / volvemos / volvéis / vuelven	volvía / volvías / volvía / volvíamos / volvíais / volvían	volví / volviste / volvió / volvimos / volvisteis / volvieron	volveré / volverás / volverá / volveremos / volveréis / volverán	volvería / volverías / volvería / volveríamos / volveríais / volverían	vuelva / vuelvas / vuelva / volvamos / volváis / vuelvan	volviera / volvieras / volviera / volviéramos / volvierais / volvieran	vuelve tú, no vuelvas / vuelva Ud. / volvamos / vuelvan
dormir (duermo) (u) / durmiendo / dormido	duermo / duermes / duerme / dormimos / dormís / duermen	dormía / dormías / dormía / dormíamos / dormíais / dormían	dormí / dormiste / durmió / dormimos / dormisteis / durmieron	dormiré / dormirás / dormirá / dormiremos / dormiréis / dormirán	dormiría / dormirías / dormiría / dormiríamos / dormiríais / dormirían	duerma / duermas / duerma / durmamos / durmáis / duerman	durmiera / durmieras / durmiera / durmiéramos / durmierais / durmieran	duerme tú, no duermas / duerma Ud. / durmamos / duerman
sentir (siento) (i) / sintiendo / sentido	siento / sientes / siente / sentimos / sentís / sienten	sentía / sentías / sentía / sentíamos / sentíais / sentían	sentí / sentiste / sintió / sentimos / sentisteis / sintieron	sentiré / sentirás / sentirá / sentiremos / sentiréis / sentirán	sentiría / sentirías / sentiría / sentiríamos / sentiríais / sentirían	sienta / sientas / sienta / sintamos / sintáis / sientan	sintiera / sintieras / sintiera / sintiéramos / sintierais / sintieran	siente tú, no sientas / sienta Ud. / sintamos / sientan
pedir (pido) (i) / pidiendo / pedido	pido / pides / pide / pedimos / pedís / piden	pedía / pedías / pedía / pedíamos / pedíais / pedían	pedí / pediste / pidió / pedimos / pedisteis / pidieron	pediré / pedirás / pedirá / pediremos / pediréis / pedirán	pediría / pedirías / pediría / pediríamos / pediríais / pedirían	pida / pidas / pida / pidamos / pidáis / pidan	pidiera / pidieras / pidiera / pidiéramos / pidierais / pidieran	pide tú, no pidas / pida Ud. / pidamos / pidan
reír (río) (i) / riendo / reído	río / ríes / ríe / reímos / reís / ríen	reía / reías / reía / reíamos / reíais / reían	reí / reíste / rio / reímos / reísteis / rieron	reiré / reirás / reirá / reiremos / reiréis / reirán	reiría / reirías / reiría / reiríamos / reiríais / reirían	ría / rías / ría / riamos / riáis / rían	riera / rieras / riera / riéramos / rierais / rieran	ríe tú, no rías / ría Ud. / riamos / rían

D. STEM-CHANGING AND SPELLING CHANGE VERBS (CONTINUED)

Infinitive Present Participle Past Participle	INDICATIVE						SUBJUNCTIVE		IMPERATIVE
	Present	Imperfect	Preterite	Future	Conditional		Present	Imperfect	
seguir (sigo) (i) siguiendo seguido	sigo sigues sigue seguimos seguís siguen	seguía seguías seguía seguíamos seguíais seguían	seguí seguiste siguió seguimos seguisteis siguieron	seguiré seguirás seguirá seguiremos seguiréis seguirán	seguiría seguirías seguiría seguiríamos seguiríais seguirían		siga sigas siga sigamos sigáis sigan	siguiera siguieras siguiera siguiéramos siguierais siguieran	sigue tú, no sigas siga Ud. sigamos sigan
construir (construyo) (y) construyendo construido	construyo construyes construye construimos construís construyen	construía construías construía construíamos construíais construían	construí construiste construyó construimos construisteis construyeron	construiré construirás construirá construiremos construiréis construirán	construiría construirías construiría construiríamos construiríais construirían		construya construyas construya construyamos construyáis construyan	construyera construyeras construyera construyéramos construyerais construyeran	construye tú, no construyas construya Ud. construyamos construyan
conducir (conduzco) (j) conduciendo conducido	conduzco conduces conduce conducimos conducís conducen	conducía conducías conducía conducíamos conducíais conducían	conduje condujiste condujo condujimos condujisteis condujeron	conduciré conducirás conducirá conduciremos conduciréis conducirán	conduciría conducirías conduciría conduciríamos conduciríais conducirían		conduzca conduzcas conduzca conduzcamos conduzcáis conduzcan	condujera condujeras condujera condujéramos condujerais condujeran	conduce tú, no conduzcas conduzca Ud. conduzcamos conduzcan

Vocabulario

This Spanish-English Vocabulary contains all of the words that appear in the textbook, with the following exceptions: (1) most close or identical cognates that do not appear in the chapter vocabulary lists; (2) most conjugated verb forms; (3) most diminutives ending in **-ito/a**; (4) augmentatives ending in **-ísimo/a**; (5) most adverbs ending in **-mente.** Only meanings used in the text are given. Numbers following translations indicate the chapter in which that meaning of the word was presented as active vocabulary.

The gender of nouns is indicated, except for masculine nouns ending in **-o** and feminine nouns ending in **-a.** Stem changes and spelling changes are indicated for verbs: **dormir (ue, u); llegar (gu); conocer (zc).**

The following abbreviations are used in this vocabulary.

abbrev.	abbreviation	*L.A.*	Latin America
adj.	adjective	*lit.*	literally
adv.	adverb	*m.*	masculine
Arg.	Argentina	*Mex.*	Mexico
aux.	auxiliary	*n.*	noun
C.A.	Central America	*obj.*	object
Carib.	Caribbean	*p.p.*	past participle
coll.	colloquial	*pl.*	plural
conj.	conjunction	*P.R.*	Puerto Rico
dir.	direct	*prep.*	preposition
D.R.	Dominican Republic	*pret.*	preterite
f.	feminine	*pron.*	pronoun
fam.	familiar [v. informal]	*rel.*	relative
form.	formal	*sing.*	singular
ger.	gerund	*S. A.*	South America
gram.	grammatical term	*Sp.*	Spain
Guat.	Guatemala	*sub.*	subject
ind.	indicative	*subj.*	subjunctive
indir.	indirect	*Uru.*	Uruguay
inf.	infinitive	*v.*	verb
inv.	invariable	*var.*	variant
irreg.	irregular		

Spanish-English Vocabulary

A

a to (1); **a cambio de** in exchange for; **a causa de** because of; **a continuación** next, following, the text below (12); **a mano** by hand (14); **a la parrilla** grilled (9); **a menos que** unless (15); **a menudo** often (13); **a pesar de** *prep.* in spite of; **a pie** on (by) foot (7); **a tiempo** on time (10); **a todo volumen** at full volume (6); **a través de** across; **al día** (*m.*) daily (10); **al día** (*m.*) **siguiente** the next day, the following day (5); **al gusto** to taste (9); **al horno** baked (9); **al mes** monthly (14); **al lado (derecho/izquierdo)** to the (right/left) side (2); **al momento** at the time, instantly (8); **al principio** at the beginning (13); **al punto** medium rare (9); **al tiro** immediately

abajo *adv.* below

abandonar to abandon

abecedario alphabet (1)

abeja bee (15)

abierto/a (*p.p. of* **abrir**) open; opened

abogado/a lawyer (6)

abolición *f.* abolition

abolir to abolish

abordar to board (11); **pase** (*m.*) **de abordar** boarding pass (11)

aborto abortion (15)

abrazar (c) to hug; to embrace (12); **abrazarse** to hug each other

abrazo hug

abrelatas *m. sing.* can opener (14)

abreviatura abbreviation

abrigo coat (1)

abril *m.* April (2)

abrir (*p.p.* **abierto**) to open (9)

abrumado/a overwhelmed

absorber (*p.p.* **absorbido, absorto**) to absorb (15)

abuelo/a grandfather/grandmother (4); **abuelito/a** grandpa/grandma; **abuelos** *pl.* grandparents

abundancia abundance

abundante abundant

aburrido/a boring; bored (2); **¡qué aburrido!** how boring (4)

aburrirse to get bored (10)

abuso abuse (13)

acá here (3)

acabar to finish (15); **acabar de** (+ *infin.*) to have just (*done something*) (14)

academia academy

académico/a *adj.* academic (15)

V-1

acampar to camp (3)
acceder to agree; to consent
acceso access (15)
accesorio accessory (14)
accidente *m.* accident (6)
acción *f.* action (3); **Día** (*m.*) **de Acción de Gracias** Thanksgiving (5)
aceite *m.* oil (9)
aceituna olive (9)
aceptado/a accepted (12)
aceptar to accept (14)
acero (inoxidable) (stainless) steel (14)
ácido/a *adj.* acid (15)
acompañamiento accompaniment
acompañar to accompany (9)
acondicionador *m.* conditioner (5)
aconsejar to advise (6)
acostarse (ue) to go to bed (5); **me acuesto** I go to bed (5); **se acuesta** he/she goes to bed, you (*pol. sing.*) go to bed (5)
actitud *f.* attitude (15)
actividad *f.* activity (1); **actividades diarias** daily activities
activista *m., f.* activist (10)
activo/a active (10)
acto act
actor *m.* actor (4)
actriz *f.* (*pl.* **actrices**) actress (4)
actualización *f.* update
actualizado/a updated (15)
actualizar (c) to update (5)
actualmente nowadays (13)
actuar (actúo) to act (6)
acuarela watercolor (6)
acuático/a aquatic
acueducto acqueduct (11)
acuerdo: ¡de acuerdo! I agree!, you're right!; OK! (9); **de acuerdo con** in accordance with; **estar** (*irreg.*) **de acuerdo** to agree (13)
acumular(se) to accumulate
acusar to accuse
acústico/a acoustic (14)
adaptación *f.* adaptation
adaptar(se) to adapt
adecuado/a adequate
adelante *adv.* forward (11); **de hoy en adelante** as of today
además moreover, furthermore (11); **además de** besides
adentro (de) inside (7)
aderezo (salad) dressing (9)
adicción *f.* addiction
adicto/a *adj.* addicted
adiós goodbye (1)
adivino/a fortune-teller (15)
adivinar to guess (13)
adjetivo adjective (1)

adjunto *adv.* enclosed; **archivo adjunto** attached file; attachment (15)
administrar to administer
admirar to admire (11)
admitir to admit
adolescencia adolescence (10)
adolescente *m., f.* adolescent (4)
adonde where; **¿adónde?** where to? (3)
adoptar to adopt
adornar garnish (9)
adorno decoration (10)
adquirir (ie, i) to acquire
aduana *sing.* customs (*immigration*) (11); **derechos** (*pl.*) **de aduana** customs duty, taxes (11)
adulto/a adult (4)
adverbio adverb (3)
advertencia warning
aéreo/a aerial; **compañía aérea** airline (company) (14); **transporte aéreo** air travel (11)
aeróbico/a aerobic
aeropuerto airport (4)
afectar to affect (15)
afeitadora razor; **afeitadora eléctrica** electric razor (5)
afeitarse to shave (5)
Afganistán Afghanistan
afgano/a *adj.* Afghan
afiche *m.* poster
aficionado/a *n.* enthusiast, *adj.* fond of
afirmación *f.* statement
afirmativo/a affirmative
afluencia flow (of water)
afortunado/a fortunate, lucky
africano/a *n., adj.* African (4)
afroamericano/a *adj.* African-American
afrocubano/a *adj.* Afro-Cuban
afuera (de) outside (of) (7)
agencia agency (15)
agente *m., f.* agent (4); **agente de seguros** insurance agent (6)
agosto August (2)
agotarse to run out
agradable pleasant (6)
agregar (gu) to add (*information*) (12)
agresivo/a aggressive (1)
agrícola agricultural
agricultura agriculture (15)
agua *f.* (*but* **el agua**) water (3); **agua con sal** salt water; **agua mineral** mineral water (9); **agua potable** drinking water (15)
aguacate *m.* avocado (9)
águila *f.* (*but* **el águila**) **(calva)** (bald) eagle
aguja needle (14)
agujero hole (15); **agujero en la capa de ozono** hole in the ozone layer (15)

ahijado/a godson/goddaughter (13)
ahora now (1); **ahora mismo** right now (12)
ahorrado/a saved (*money or time*) (14)
ahorrar to save (*money, time*) (10)
ahorro *n.* saving (14)
aire *m.* air; **al aire libre** outdoors (4)
aislamiento isolation
ajedrez *m.* chess
ají *m.* (bell/chili) pepper (9)
ajo garlic (9)
ajustarse to adjust
alacena kitchen cupboard (7)
alarma *n.* alarm
alarmante alarming (12)
albaricoque *m.* apricot (9)
alberca swimming pool (*Mex.*)
albóndiga meatball (9)
alcance *m.* reach
alcanzar (c) to reach
alcoba bedroom
alcohol *m.* alcohol (12)
aldea village
alegrar to cheer up; **alegrarse** to be glad, to be happy (14)
alegre happy
alegría happiness
alemán *n. m.* German (*language*) (4)
alemán, alemana *n., adj.* German (4)
Alemania Germany (4)
alergia allergy (12)
alérgico/a allergic (9)
alfabetización *f.* literacy teaching
alfabeto alphabet
alfombra carpet (7)
álgebra *f.* (*but* **el álgebra**) algebra
algo something (3)
algodón *m.* cotton (12)
alguien someone (7)
algún, alguno/a some (1); any (2); **alguna vez** once; ever; **algunos/as** some
alianza alliance
alienígena *m., f.* alien
alimentarse to feed oneself
alimento food, meal
aliviar to relieve
allá there (3)
allí there (3)
alma *f.* (*but* **el alma**) soul
almacén *m.* department store (7)
almacenar to store (12)
almeja clam (9)
almohada pillow (7)
almorzar (ue) (c) to eat lunch (3); **almorcé** I ate lunch (8); **almorzaste** you (*inf. sing.*) ate lunch (8); **almorzó** he/she/you (*pol. sing.*) ate lunch (8)
almuerzo lunch (5)

áloe *m.* aloe
alojamiento lodging (11)
alquilar to rent (7); **se alquila** for rent (7)
alquiler *m.* rent
alrededor (de) around (3)
alrededores *m.* outskirts
altar *m.* altar
alterado/a upset (12)
alternativo/a alternative
altitud *f.* altitude
¡alto! stop! (11)
alto/a tall (1); **en voz** (*f.*) **alta** aloud, out loud (6)
altura height
alucinante amazing
aluminio aluminum (14)
alumno/a student
ama *f.* (*but* **el ama**) **de casa** housewife (6)
amable *adj.* kind; how nice of you!, thanks! (11)
amar to love
amarillo/a yellow (1)
amarrete stingy
Amazonas *m.* Amazon (River)
amazónico/a *adj.* Amazonian, Amazon
ambición *f.* ambition
ambiental environmental (15); **contaminación** (*f.*) **ambiental** environmental contamination
ambiente *m.* environment (9); **medio ambiente** environment (15)
ambiguo/a ambiguous
ambos/as *pl.* both (12)
ambulancia ambulance (12)
ambulante *adj.* traveling
amenaza threat
América Central Central America (2)
América del Sur South America (2)
América Latina Latin America
americano/a *n., adj.* American (8); **pagar (gu) a la americana** to go Dutch, pay individually (9)
amerindio/a *n.,* American Indian
amigo/a friend; **amiguito/a** dear friend, little friend; **mejor amigo/a** best friend (1)
amistad *f.* friendship (13)
amistoso/a friendly
amor *m.* love (13)
amoroso/a loving
amplio/a roomy
amueblado/a furnished (7)
análisis *m.* analysis (12)
analizar (c) to analyze
ananá *m.* pineapple (*Arg., Uru.*) (9)
anaranjado/a orange (1)
anatomía anatomy (6)
anciano/a elderly person

andar *irreg.* to walk; **andar en bicicleta/ patineta** to ride a bicycle/skateboard (3); **andar en moto(cicleta)** to ride a motorcycle (11)
andino/a *adj.* Andean (9)
angelito/a little angel
ángulo angle
anidar to nest
anillo ring; **anillo de compromiso** engagement ring (13)
animado/a cheerful
animal *m.* animal (10); **animal doméstico** pet
animar to encourage
anímico/a: estado anímico mental state (5)
anís *m.* anise
aniversario anniversary (5)
anoche last night (6)
anomalía anomaly
ante before; facing (15)
anteayer day before yesterday (2)
antemeridiano antemeridian, a.m.
antena antenna (11)
antepasado/a ancestor (15)
antes (de) *adv.* before (5); **antes de que…** *conj.* before… (12)
antibiótico antibiotic (12)
anticipación *f.* anticipation (9)
anticucho kebab
antidepresivo antidepressant (12)
antigüedades *f.* antiques
antiguo/a old; ancient (2)
antihistamínico antihistamine (12)
antiinflamatorio anti-inflammatory (12)
antipático/a unpleasant (1)
antropología anthropology (6)
anual annual
anunciar to announce (6)
anuncio announcement (6)
añadir to add (9)
año year (1); **año escolar** school year (6); **Año Nuevo** New Year's Day (5); **cumplir años** to have a birthday (8); **¡Feliz Año Nuevo!** happy New Year! (5)
apagar (gu) to turn off (6); to put out; **apagar incendios** to put out fires (6)
aparato appliance; **aparato doméstico** household appliance (7)
aparecer (zc) to appear (11)
apariencia appearance
apartamento apartment (3)
apasionar to excite
apellido last name (1)
aperitivo aperitif; appetizer (9)
apio celery (9)
aplicación *f.* app (15)
aplicarse (qu) a to apply (*something*) to
apodo nickname

apreciar to appreciate
aprender to learn (6)
apresar to take prisoner, capture
apretado/a tight
aprobar (ue) to pass (*a law*) (15)
apropiado/a appropriate; suitable (2)
aprovechar to take advantage of (15)
aproximadamente approximately (11)
apto/a suitable
aquel, aquella that (3)
aquellos/as those (3); **¡qué tiempos aquellos!** those were the days! (10)
aquí here (2); **de aquí a** (+ *time*) (*period of time*) from now (15)
apuntes *m. pl.* notes; **tomar apuntes** to take notes (3)
árabe *n. m., f.* Arab; *n. m.* Arabic (*language*) (4); *adj.* Arabic (4)
Arabia Saudita Saudi Arabia
arahuaco Arawakan (*indigenous language of C.A. and S.A. and the Carib.*)
árbol *m.* tree; **árbol genealógico** family tree (10); **arbolito de Navidad** Christmas tree (5); **subirse a los árboles** to climb trees (10)
arboleda *n.* grove
arbusto bush (7)
arcángel *m.* archangel
archipiélago archipelago (11)
archivo file (15); **archivo adjunto** attached file; attachment (15); **archivo carpeta** file folder
arco arch; **arcoiris** rainbow
área *f.* (*but* **el área**) area (13)
arena sand (11)
arepa thick corn cake
arete earring (14)
argentino/a *adj.* Argentine (2)
árido/a arid (11)
arma *f.* (*but* **el arma**) arm, weapon
armario closet (7)
armonía harmony
arpa *f.* (*but* **el arpa**) harp
arpista *m., f.* harpist
arqueología archaeology
arqueológico/a archaeological (8)
arquitecto/a architect (11)
arquitectónico/a architectural
arquitectura architecture
arrecife *m.* reef (11); **arrecife de coral** coral reef
arreglar to fix; to arrange (6); **arreglarse** to get ready (5)
arrendar (ie) to rent (7); **se arrienda** for rent; for lease (7)
arrepentirse (ie, i) to repent
arrestar to arrest (8)
arriba (de) above (2)
arriesgar (gu) to risk

arroba @, "at" sign (3)
arroz *m.* rice (9)
arruinar to ruin (8)
arrullar to lull asleep
arte *m.* (*but* **las artes**) art (3); **artes musicales** music appreciation (6)
artefacto artifact (8)
arteria artery (12)
artesanal handmade
artesanía *sing.* handicrafts (4)
artesano/a craftsman/craftswoman (14)
artículo article
artista *m., f.* artist (8)
artístico/a artistic
asado/a roasted; **bien asado** well-done (9); **carne asada** grilled meat (14); **poco asado** rare (9)
asador *m.* barbecue grill (14)
asar to roast
ascensor *m.* elevator (7)
asegurar to assure; to insure
asesinar to assassinate
asfalto asphalt
así thus, so, this way (4)
Asia Asia (8)
asiático/a *adj.* Asian
asiento seat (11)
asignar to assign (6)
asignatura subject, class (6); **asignatura principal** major (6)
asimilarse to assimilate
asistente *m., f.* assistant (6); **asistente de vuelo** flight attendant (11)
asistir (a) to attend
asma *f.* (*but* **el asma**) asthma (12)
asociado/a associated
asociar to associate (13)
aspecto aspect (5)
aspiradora vacuum cleaner (7); **pasar la aspiradora** to vacuum (6)
aspirina aspirin (12)
asterisco asterisk
astilla: de tal palo, tal astilla a chip off the old block; like father, like son
astronauta *m., f.* astronaut
astronomía astronomy
astronómico/a astronomical
asunto subject, topic; matter, affair
asustado/a scared, frightened (8)
atacar (qu) to attack (12)
ataque *m.* **(al corazón)** (heart) attack (12)
atar to tie (8)
ataúd *m.* coffin
atención *f.* attention; **llamar la atención** to make someone take notice (15); **poner** (*irreg.*) **atención** to pay attention (6)

atender (ie) a to wait on; to assist; to attend to (6)
aterrizar (c) to land (11)
atigrado/a striped
atlántico/a Atlantic; **océano Atlántico** Atlantic Ocean
atlético/a athletic (1)
atletismo *sing.* athletics
atmósfera atmosphere (9)
atmosférico/a atmospheric (11)
átomo atom
atracción *f.* attraction
atractivo/a attractive
atraer (*like* **traer**) to attract
atrapar to catch (8)
atreverse a (+ *infin.*) to dare to (*do something*)
atribuir (y) (a) to attribute (*to*)
atropellar to run over, knock down (12)
atún *m.* tuna (9)
auditivo/a auditory
aumentar to increase (12)
aumento rise, increase (15)
aún still, yet
aunque although (14)
Australia Australia (4)
australiano/a *adj.* Australian (4)
austro *adj.* Austrian; **austro húngaro/a** *adj.* Austro-Hungarian
auténtico/a authentic
auto auto (11)
autoayuda *n.* self-help
autobús *m.* bus; **parada del autobús** bus stop (3)
autóctono/a indigenous, native
automático/a automatic (7)
automóvil *m.* automobile (11)
autopista freeway, expressway (11)
autor(a) author
autorizado/a authorized (12)
¡auxilio! help! (8)
avance *m.* advance (15)
avanzado/a advanced (15)
avanzar (c) to advance (15)
ave *f.* (*but* **el ave**) bird (15); poultry (9); **AVE** high-speed train (*Sp.*)
avena oatmeal (9)
avenida avenue (5)
aventura adventure (3)
avión *m.* airplane (11)
¡ay! ouch! oh! (6)
ayer yesterday (2)
ayuda help (12)
ayudante *m., f.* assistant
ayudar to help (6)
azteca *adj, m., f.*, Aztec (9)
azúcar *m.* sugar (5)
azul blue (1)

B

babosa slug
bacán: ¡Qué bacán! How cool! (*S.A.*)
bachata *fast-tempo music from the D. R. incorporating Carib. and West African rhythms* (13)
bacteria bacterium; **bacterias** *pl.* bacteria
bahía bay (11)
bailador dancer
bailar to dance (3)
bailarín, bailarina dancer (10)
baile *m.* dance
bajar to lower; to download (8); **bajarse** to get down; **baje(n)** (*command*) get off, get down (11)
bajo *prep.* under (13); **bajo cero** below zero (3)
bajo/a short (*height*) (1); low; **planta baja** first floor (7), ground floor
bala bullet
balanceado/a balanced
balcón *m.* balcony (7)
ballena whale (8)
balón *m.* ball (3)
baloncesto basketball
balonmano handball (12)
balsa raft
bambú *m.* bamboo (15)
banana banana (9)
banco bank (7)
banda band (8)
bandera flag
bañar(se) to bathe (5); to bathe (*oneself*), take a bath; to go in the water (8)
bañera bathtub (7)
baño bathroom (7); bath
bar *m.* bar (9)
barato/a cheap (2)
barba beard (1)
barco boat (8)
barra (nutrition) bar (12)
barranquillero *n.* person from Barranquilla, Colombia
barrer to sweep (7)
barrio neighborhood (7)
barro negro clay (*Oaxacan pottery*) (8)
barroco/a baroque
basado/a based (1)
basar to base (15); **basarse (en)** to be based (on)
base *f.* base, foundation
básico/a basic (6)
básquetbol *m.* basketball (3)
bastante *adj.* plenty of, quite a lot (10)
bastón *m.* walking stick, cane (12)
basura trash; **sacar (qu) la basura** to take out the trash (7)
basurero garbage can; dump

bata robe (14)
batalla battle (8)
batata sweet potato (9)
bate *m.* (baseball) bat (3)
batido milk shake (9)
batir to beat
bautizar (c) to baptize (13)
bautizo baptism (13)
bebé *m., f.* baby (6)
bebeleche: jugar (ue) (gu) al bebeleche to play hopscotch (*Mex.*) (10)
beber to drink (3)
bebida drink (5)
beca scholarship
beige beige (14)
béisbol *m.* baseball (2)
beisbolista *m.* baseball player (13)
belleza beauty
bello/a beautiful
bemba *sing.* thick lips
bendición *f.* blessing
beneficio benefit
beneficioso/a beneficial (12)
besar to kiss (12); **besarse** to kiss each other
beso kiss (8)
bestia beast
Biblia Bible
biblioteca library (3)
bicarbonato de soda bicarbonate of soda (9)
bicicleta (bici) bicycle (3); **andar** (*irreg.*) **en bicicleta** to ride a bicycle (3)
bicicross bicycle motocross, BMX
bicitaxi bike-taxi, pedicab
bien *adv.* well; **bien asado/a** well-done (9); **bien cocido/a** well-done (9); **llevarse bien con…** to get along well with (10)
bienes (*m. pl.*) **raíces** real estate
bienestar *m.* well-being; **bienestar social** social welfare (15)
bienvenida *n.* welcome (8); **dar** (*irreg.*) **la bienvenida** to welcome (11)
¡bienvenido/a! welcome! (11)
bife *m.* steak
bigote *m.* mustache (1)
bilingüe bilingual (13)
billete *m.* ticket; bill (*paper money*) (11)
biodegradable biodegradable (15)
biodiversidad biodiversity
biográfico/a biographical
biología biolgy (6)
bióxido dioxide
bisabuelo/a great-grandfather/great-grandmother (13); **bisabuelos** *pl.* great-grandparents
bistec *m.* steak (5)
bisturí *m.* scalpel (12)
blanco/a white (1); **espacio en blanco** blank space (6)

bloguear to blog
bloguero/a blogger (10)
blusa blouse
bluyín blue jeans (*Carib.*)
boca mouth (2)
bocadillo sandwich
bocado bite
bocina horn (11)
boda wedding (5)
bola: jugar (ue) (gu) a las bolas to play marbles (10)
bolero *popular slow-tempo Latin musical style originating in Cuba* (13)
boletín *m.* bulletin (12)
boleto ticket (10)
bolígrafo pen (2)
boliviano/a *n., adj.* Bolivian (2)
bolsa bag (8); purse; **bolsa de lona** canvas bag (15)
bolsillo pocket (14)
bomba bomb
bombero, mujer (*f.*) **bombero** firefighter (6)
bondi autobus
boniato sweet potato
bonito/a pretty (1)
boquerón anchovy (9)
bordado *n.* embroidery
bordado/a *adj.* embroidered (14)
borrador *m.* eraser (2)
bosque *m.* forest (10)
bostezar (c) to yawn (5)
bota boot (1); **botas de vaquero** cowboy boots (14)
botana snack, appetizer (*Mex.*)
botánica drugstore
bote *m.* boat; **bote de remos** rowboat (11)
botella bottle (14)
botones *m. sing.* bellhop (11)
boxear to box
boxeo boxing (3)
brasileño/a *n., adj.* Brazilian (2)
brazo arm (2)
breve *adj.* brief (9)
brindar to drink a toast
brindis *m.* toast (*drink or speech*); **hacer** (*irreg.*) **un brindis** to toast, make a toast (9)
británico/a British
brocheta skewer
brócoli *m.* broccoli (9)
bronquitis *f.* bronchitis (12)
broza undergrowth
brujo/a wizard/witch (5); **Día** (*m.*) **de las Brujas** Halloween (5); **Noche** (*f.*) **de Brujas** Halloween
bucear to skin/scuba dive (4)
buceo underwater swimming, diving

budista *m., f.* Buddhist (13)
bueno, bueno/a good (1); **¡buen provecho!** bon appetit! (9); **¡(buena) suerte!** (good) luck! (9); **buenas** hello (*informal*) (14); **buenas noches** good night (1); **buenas tardes** good afternoon (1); **buenos días** good morning (1); **estar** (*irreg.*) **de buen humor** to be in a good mood (5); **estar** (*irreg.*) **en buena forma** to be in good shape (15); **hace buen tiempo** the weather is nice (3); **¡qué buena idea!** what a good idea! (4); **tener buenas notas** to have good grades (6)
bueno… well… (6)
bufanda scarf (1)
búho owl
bulto: hacer (*irreg.*) **bulto** to swell the numbers
burbuja bubble (14)
buscador *m.* search engine
buscar (qu) to look (for) (3); **buscaste** you (*inf. sing.*) looked for (8); **buscó** he/she/you (*pol. sing.*) looked for (8); **busqué** I looked for (8)
búsqueda search
buzón *m.* mailbox (15)

C

caballero gentleman (14)
caballito rocking horse
caballo horse; **montar a caballo** to ride a horse (6)
cabeza head (2); **dolerle (ue) la cabeza** to have a headache; **tener** (*irreg.*) **dolor** (*m.*) **de cabeza** to have a headache (12)
cable *m.* cable (6)
cabo: llevar a cabo to carry out
cabra goat
cacahuate *m.* peanut (*S.A.*) (9)
cachumbambé *m.* seesaw (*Cuba*); **montar en el cachumbambé** (*Cuba*) to ride the seesaw (10)
cada *inv.* each (1), every; **cada año** every year; **cada día** (*m.*) every day
cadena chain
cadera hip (12)
caer(se) *irreg.* (*p.p.* **caído**) to fall (8); **me cae(n) mal** it doesn't (they don't) agree with me (9); **me caí** I fell (8); **se cayó** he/she/you (*pol. sing.*) fell (8); **se me/te/le/les cayó/cayeron** (*something* [*sing./pl.*]) fell from my / your (*inf. sing.*) / your (*pol. sing.*), his, her / you (*pol. pl.*), their hands (12); **te caíste** you (*inf. sing.*) fell (8)
café *m.* coffee (5); café; **café (claro)** (light) brown (1); **color café** brown (color)
cafeína caffeine (9)
cafetera coffeepot; coffee maker (7)
cafetería cafeteria (8)
caída fall (accident)
caja box; cash register (14)
cajero/a cashier (6); **cajero automático** ATM (11)

calabacita summer squash (9)
calabaza pumpkin (9)
calamar squid (9)
calavera skull (5)
calcetín *m.* sock (14)
calcio calcium (9)
calculadora calculador (2)
calcular to calculate (9)
caldillo broth
calendario calendar (4)
calentador *m.* heater (7)
calentamiento heating; **calentamiento global** global warming (15)
calentar (ie) to heat (12)
calentura: tener (*irreg.*) **calentura** to have a fever (12)
caleño *n.* Colombian from Cali
caleta cove
calidad *f.* quality (14)
calidez *f.* warmth
cálido/a hot; warm (13)
caliente hot (5); **chocolate caliente** hot chocolate (5); **perro caliente** hot dog (9); **té** (*m.*) **caliente** hot tea
calificar (qu) to grade (6)
callado/a quiet (1)
calle *f.* street
calma: con calma calmly
calmado/a calm
calmar to calm
calor *m.* heat; **hace calor** it's hot (3); **tener** (*irreg.*) **calor** to be hot (5)
caloría calorie (5)
caluroso/a hot (*climate*) (11)
calvo/a: águila (*f. but* **el águila**) **calva** bald eagle
calzoncillos *pl.* men's underpants (14)
cama (matrimonial) (double) bed (7); **guardar cama** to stay in bed (12)
cámara (digital) (digital) camera (12)
camarera hotel maid (11)
camarón *m.* shrimp (9)
cambiar to change (3); **cambiar de turno** take turns; trade shifts (14); **cambiarse de ropa** to change clothes (8)
cambio change (15); money exchange; **cambios** (*pl.*) gears (*of a car*) (11); **a cambio de** in exchange for; **en cambio** on the other hand
camello camel (5)
camilla gurney, stretcher; cot (12)
caminar to walk (3)
camino road
camión *m.* truck, bus (*Mex.*) (15)
camioneta pickup, small truck (12)
camisa shirt (1)
camiseta tee shirt (1)
camisón *m.* nightgown (14)

camote sweet potato (9)
campamento camp (13)
campanada chime
campaña campaign (15)
campeón, campeona champion (3)
campera jacket
campesino/a peasant; field worker
campo country, countryside (10); field (*of study*)
campus *m.* campus (5)
camuflarse to camouflage
Canadá Canada (4)
canadiense *n., adj.* Canadian (4)
canal *m.* channel (3)
canario canary
cáncer *m.* cancer (15)
cancha court, field (*sports*) (5)
canción *f.* song (6)
candelabro candelabra; menorah (5)
canela cinnamon (9)
cangrejo crab (9)
canicas: jugar (ue) (gu) a las canicas (*Mex.*) to play marbles (10)
canoa canoe (11)
canoso/a white-haired (1)
cansado/a tired
cansancio tiredness (12)
cansarse to get tired
cantante *m., f.* singer (6)
cantar to sing (3)
cantautor(a) singer-songwriter (13)
cantidad *f.* quantity (14)
caña cane
cañón *m.* canyon
caos *m.* chaos
capa cape; layer; **agujero en la capa de ozono** hole in the ozone layer (15)
caparazón *m.* shell
capaz capable
capilla chapel
capital *f.* capital city (2)
capítulo chapter (1)
capó *m.* hood (11)
cápsula capsule (12)
cara face (2); **lavarse la cara** to wash one's face (5)
caracol *m.* snail
carácter *m.* character
característica *n.* feature, characteristic (12)
característico/a *adj.* characteristic (13)
caracterizar (c) to characterize (15)
caramelo candy
carbohidrato carbohydrate (9)
carbón coal (14)
carbono carbon
carburo carbide; **carburo fluorado** fluorocarbon (15)

cardíaco/a cardiac, of or related to the heart
cardiólogo/a cardiologist (12)
carga cargo (11)
cargar (gu) to upload (15)
Caribe *m.* Caribbean (2)
caribeño/a *adj.* Caribbean (7)
caries *sing.* tooth decay, cavity (12)
cariñoso/a affectionate (13)
carismático/a charismatic
carnaval *m.* carnival
carnavalesco/a *adj.* carnival
carnavalito small carnival
carne *f.* meat (9); **carne asada** grilled meat (14); **carne de res** beef (9); **carne molida** ground beef (9)
carnicería meat market (14)
caro/a expensive (2)
carpaccio *appetizer of thinly sliced raw meat or fish*
carpeta folder; file (15); **archivo carpeta** file folder
carrera career (6); course of study
carretera highway (11)
carrito: jugar (ue) (gu) con carritos to play with little cars
carro car, automobile (3)
carroza carriage
carta letter (7); card; menu (9); **jugar (ue) (gu) a las cartas** to play cards (4)
cartel *m.* poster (2)
cartera wallet (14)
cartón *m.* cardboard (14)
casa house (7); **ama** *f.* (*but* **el ama**) **de casa** housewife (6); **ir** (*irreg.*) **a casa** to go home (3)
casado/a married (4); **recién casado/a** newlywed; **recién casados** newlyweds (13);
casarse to get married (8)
cascada waterfall
cáscara peel
casco helmet (3)
casero/a home, domestic
casi (nunca) (almost) never (3)
casita little house; **jugar (ue) (gu) a las casitas** to play house (10)
caso case (6)
castaño/a brown (*hair, eyes*) (1)
castañuela castanet
castigar (gu) to punish (8)
castigo (corporal) (corporal) punishment (13)
castillo castle; **castillo-palacio** castle-palace
catalán *m.* Catalonian (*language*)
Cataluña Catalonia
catarata waterfall
catarro *n.* cold; **tener** (*irreg.*) **catarro** to have a cold (12)
catedral *f.* cathedral (8)

categoría category (15)
catire/a fair-skinned person
católico/a *adj.* Catholic (13)
catorce fourteen (1)
causa cause (12); **a causa de** because of
causante *m., f.* cause
causar to cause (14)
cavar to dig
caza hunting (15)
cazador(a) hunter
cebolla onion (9)
cebra zebra (10)
ceja eyebrow (12)
celebración *f.* celebration (5)
celebrar to celebrate (4)
celeste celestial
célula cell
celular cellular (2)
cementerio cemetery (5)
cempasúchil Mexican marigold (*flower*)
cena dinner (3)
cenar to have dinner (3)
centavo cent (2)
centígrado: grado centígrado degree centigrade (3)
central central (7); **América Central** Central America
centro center; downtown (4); **centro comercial** mall (10)
Centroamérica Central America
centroamericano/a *n., adj.* Central American (5)
cepillarse el pelo / los dientes to brush one's hair/teeth (5)
cepillo (de dientes) (tooth)brush (5)
cerámica *sing.* ceramics (14)
cerca *adv.* close; *n.* fence (7); **cerca de** *prep.* close to (2)
cercano/a near, neighboring (7)
cerdo pork (9); **chuleta de cerdo** porkchop (9)
cereal *m.* cereal (5)
cerebro brain (12)
ceremonia ceremony (7)
ceremonial ceremonial
cero zero (1)
cerrar (ie) to close
certificación *f.* certification
cervantino/a relating to Cervantes
cerveza beer (5)
césped *m.* lawn, grass (7); **cortar el césped** to cut/mow the grass (7)
cesta basket
ceviche *m.* raw marinated fish (*Perú*)
chabacano apricot (*Mex.*) (9)
chambelán *m.* chamberlain
champaña *m.* champagne (5)

champú *m.* shampoo (5)
chao bye (13)
chaqueta jacket (1)
charlar to chat (3)
charqui *m.* dried beef
chatarra: comida chatarra junk food (9)
chatear to chat online (13)
chateo online chatting (15)
cheque *m.* check (6)
chicha traditional Peruvian drink
chícharo green pea (*Mex.*) (9)
chico/a *adj.* small; *n.* boy/girl (1); **chicos** children
chido/a fantastic (*Mex.*)
chifa Chinese restaurant
chileno/a *n., adj.* Chilean (2)
chile (*m.*) **relleno** stuffed pepper
chimenea fireplace (7)
China China (4)
china orange (*P. R.*) (9)
chino *n.* Chinese (*language*) (4)
chino/a *n., adj.* Chinese (4)
chinocostarricense *n.* Chinese-Costa Rican
chismear to gossip (15)
chistoso/a funny (10)
chivo/a kid, young goat
chocar (qu) to crash (11); to run into (*something*)
choclo ear of corn (9)
chocolate *m.* chocolate (5); **chocolate caliente** hot chocolate (5)
chofer *m., f.* driver (6)
chompa sweater
choque *m.* crash (12)
chubasco rain shower; downpour (11)
chuleta (de cerdo) (pork) chop (9)
churrasco barbecued meat (8)
cibercafé *m.* Internet café (4)
cibernético/a cybernetic
cicatriz *f.* (*pl.* **cicatrices**) scar (12)
ciclismo cycling (3)
ciclista *m., f.* cyclist
ciclón *m.* cyclone (11)
cicloturista cycling tourist
cielo sky (11)
cilantro cilantro (9)
cien, ciento one hundred (4); **por ciento** percent (9)
ciénaga swamp
ciencia science (6); **ciencia ficción** science fiction; **ciencias naturales** natural sciences; **ciencias** (*pl.*) **políticas** political science; **ciencias sociales** social sciences (6)
científico/a *n.* scientist (15); *adj.* scientific
cierto/a certain; true (4)
cigarro cigar

cima top
cinco five (1)
cincuenta fifty (2)
cine *m.* movie theater (3); **ir** (*irreg.*) **al cine** to go to the movies (3)
cinematográfico/a cinematographic
cinta ribbon
cintura waist (12)
cinturón *m.* belt (14); **cinturón de seguridad** seatbelt (11)
circulación *f.* circulation (12)
circular *v.* to circulate; *adj.* circular (11)
círculo circle (11)
cirujano/a surgeon (12)
cita appointment; date (7)
ciudad *f.* city (3)
ciudadano/a citizen (15)
civil civil; **derechos civiles** civil rights (15); **estado civil** marital status (4); **guerra civil** civil war
civilización *f.* civilization
claro/a *adj.* clear; *adv.* of course (4)
clase *f.* class (1); **compañero/a de clase** classmate (1)
clásico/a classic (3)
clasificado/a classified
clic: hacer (*irreg.*) **clic** to click
cliente *m., f.* client (6)
clima *m.* climate (11); weather (3)
climático/a climatic (11)
climatología climatology
clínica clinic (6)
club *m.* club (1); **club nocturno** nightclub (6)
coartada alibi (10)
cobrar to charge
cocaína cocaine
coche *m.* car (4); **coche eléctrico** electric car; **coche híbrido** hybrid car
cocer (ue) (z) to cook
cocido/a cooked (9); **bien cocido/a** well-done (9); **huevo cocido** hard-boiled egg (9); **poco cocido/a** rare (9)
cocina kitchen (7)
cocinar to cook (3)
cocinero/a cook (6)
coco coconut (9)
cocodrilo crocodile
cóctel *m.* cocktail
código code
codo elbow (12)
coincidir to coincide
cojín *m.* cushion, pillow (14)
cola tail; **hacer** (*irreg.*) **cola** to stand in line (11)
colaboración *f.* collaboration
colección *f.* collection (13)
colectivo/a collective
colega *m., f.* colleague (15)

colegio private school (6)
cólera *m.* cholera
colesterol *m.* cholesterol (5)
colgado/a *adj.* hanging
colibrí *m.* hummingbird
coliflor *f.* cauliflower (9)
collar *m.* necklace (14)
colmena beehive (15)
colombiano/a *n., adj.* Colombian (2)
colonia colony
colonización *f.* colonization
colonizar (c) to colonize
coloquial colloquial
color *m.* color (1); **color café** brown (color)
colorante *m.* coloring (9)
colorido/a colorful
columna column (4)
comadre/compadre name to express the relationship between a child's parents and the godparents (13)
combatir to fight
combinar to combine (13)
combustible *adj.* combustible; **combustible fósil** fossil fuel
comedia comedy
comedor *m.* dining room (7)
comentar to talk about; to discuss (4)
comentario comment (13)
comenzar (ie) (c) to begin; **comenzar a (+ infin.)** to begin to (do something)
comer to eat (3); **comer fuera** to eat out; **comerse las uñas** to bite one's nails (5); **dar** (*irreg.*) **de comer** to feed (7)
comercial commercial (7); **centro comercial** shopping center
comestibles *m. pl.* food (9)
cometa kite; **volar (ue) cometa** to fly a kite (10)
comezón *f.* rash; itch; **tener** (*irreg.*) **comezón** to have a rash, itch (12)
cómico/a funny (1); **tiras cómicas** comic strips (10)
comida food (3); **comida chatarra** junk food (9); **comida preelaborada** convenience food (9)
comienzo beginning (5)
como as; as a; like; since; **tan pronto como** as soon as (15)
¿cómo? how?; what?; **¿cómo se llama?** what is his/her name? (1)
¡cómo no! of course (14)
cómoda chest of drawers (7)
cómodamente comfortably (11)
cómodo/a comfortable; **estar** (*irreg.*) **cómodo/a** to be comfortable (5)
compacto/a: disco compacto compact disc (CD)
compadre/comadre name to express the relationship between a child's parents and the godparents (13)

compañero/a (de cuarto) roommate; **compañero/a de clase** classmate (1); **compañero/a (de trabajo)** coworker (13)
compañía company (11); **compañía aérea** airline (company) (14)
comparación *f.* comparison (7)
comparar to compare (6)
compartir to share (7)
competencia competition
competición *f.* competition (3)
competir (i, i) to compete (10)
complejo/a complex
complemento *gram.* **pronombre de complemento directo** direct object pronoun
completamente completely
completar to complete (2)
completo/a complete (6); **jornada completa** full time
complicado/a complicated (2)
componer (*like* **poner**) (*p.p.* **compuesto**) to make up; **componer música** to compose music (6)
comportamiento behavior (13)
composición *f.* composition (6)
compositor(a) composer (13)
compra purchase; **hacer** (*irreg.*) **la compra** to do the (grocery) shopping (6); **ir** (*irreg.*) **de compras** to go shopping
comprar to buy (3); **comprar a crédito** to buy on credit (14); **comprar a plazos** to buy in installments (14)
comprender to understand (6)
comprensión *f.* understanding (12)
comprometerse to become engaged; to undertake something (15)
comprometido/a engaged (13)
compromiso engagement (13); **anillo de compromiso** engagement ring
computadora computer (2)
común common (13)
comunicación *f.* communication (6)
comunicarse (qu) to communicate with each other (13)
comunidad *f.* community
comunitario/a community
con with (1); **con cuidado** carefully (6); **con frecuencia** frequently (3); **con gusto** with pleasure (9); **¿con qué frecuencia?** how often? (3); **¡con razón!** no wonder! (13); **con tal de que** as long as (15)
conceder to concede
concentrar to concentrate (15)
concepto concept
concierto concert (4)
conclusión *f.* conclusion
concurrido/a well-attended
concurso contest, competition (15)
condición *f.* condition (11)

condicional conditional
condimento condiment (9)
condominio condominium (7)
cóndor *m.* condor
conducir *irreg.* to drive (6); **conduje** I drove (8); **condujiste** you (*inf. sing.*) drove (8); **condujo** he/she/you (*pol. sing.*) drove (8)
conectar to connect (4)
conexión *f.* connection
conferencia conference
confiar (confío) to trust (13); to confide
conflicto conflict
confortable comfortable
congelado/a frozen (9)
congelador *m.* freezer
congelar to freeze
congestionado/a congested (12); **tener** (*irreg.*) **la nariz congestionada** to have a stuffy nose (12)
congreso congress
congrio conger eel
conjugar (gu) to conjugate
conjunto collection
conmigo with me
conmovedor(a) moving, touching
cono cone
conocer (zc) to meet; to know people or places (7); **conocerse** to meet each other; to get to know each other (13)
conocido/a known (13)
conocimiento knowledge
conquista conquest
conquistador(a) conqueror
conquistar to conquer (8)
consecuencia consequence (12)
conseguir (*like* **seguir**) to obtain; to get (10)
consejo advice (12)
conservación *f.* conservation
conservador(a) *adj.* conservative (1)
conservante *m.* preservative (9)
conservar to preserve (12)
considerado/a considerate (1)
considerar to consider (3)
consistir (en) to consist (of) (15)
consolar (ue) to console
constipado/a: estar (*irreg.*) **constipado/a** to have a cold
constitución *f.* constitution
construcción *f.* construction (14)
construir (y) to build (7)
consuelo consolation
consultar to consult (12)
consultorio doctor's office (12)
consumir to consume
contactar to contact (7)
contacto contact (13)
contador(a) accountant (6)

contagio contagion (15)
contagioso/a contagious
contaminación *f.* contamination (15); **contaminación ambiental** environmental contamination
contaminado/a contaminated (15)
contaminar to contaminate
contar (ue) to tell, narrate
contemplar to contemplate
contemporáneo/a contemporary
contener (*like* **tener**) to contain (9)
contento/a happy; **estar** (*irreg.*) **contento** to be happy (5)
contestar to answer
contexto context
contigo with you (*inf.*)
continente *m.* continent (8)
continuación: a continuación next, following, the text below (12)
continuar (continúo) to continue (13)
contra against (8)
contrabando contraband (11)
contracción *f.* contraction (12)
contrario contrary; **al contrario** on the contrary; **por el contrario** on the contrary, on the other hand (15)
contraseña password (15)
contratiempo mishap (12)
contrato contract
contribución *f.* contribution
contribuir (y) to contribute (13)
control *m.* control
controlar to control (13)
convencer (z) to convince
convención *f.* convention
convencional conventional
convento convent
conversación *f.* conversation (3)
conversar to talk, to chat (1); **converse(n)** (*command*) converse
convertir(se) (ie, i) to convert
convincente convincing (10)
cooperar to cooperate (13)
cooperativa *f.* cooperative, company store
copa wine glass (9)
copia copy (11); **copia de respaldo** backup copy (15)
copiar to copy (13)
coquí *small tree frog native to P.R.*
coral *m.* coral (11); **arrecife** (*m.*) **de coral** coral reef
corazón *m.* heart (12); **ataque** (*m.*) **al corazón** heart attack (12)
corbata tie (1)
cordero lamb (9)
cordillera mountain range (11)
Corea del Norte/Sur North/South Korea

coreano *n. m.* Korean (*language*)
coreano/a *n., adj.* Korean
coro choir
corporal: castigo corporal corporal punishment
corrección *f.* correction (6)
correcto/a right (2)
corregir (i) (j) to correct (6)
correo mail; post office (7); **correo electrónico** e-mail (address); **correo no deseado** junk mail (15); **servidor de correo** e-mail server (15)
correr to run (3)
correspondencia correspondence
corresponder to correspond (3)
correspondiente corresponding (4)
corriente *f.* current (11)
corrupción *f.* corruption
cortado/a cut (9)
cortafuegos *m. sing.* firewall (15)
cortar to cut (6); **cortar el césped** to cut/mow the grass (7); **cortar el pelo** to cut hair; **cortarse** to cut oneself (12)
corte *f.* court
cortésmente courteously
cortina curtain; **cortinas** curtains, drapes (7)
corto/a short (1)
cortometraje *m.* (movie) short
cosa thing (1)
cosecha harvest
coser to sew
cosmología cosmology
cosmovisión *f.* world view
costa coast (2)
costado side (12)
costar (ue) to cost (7)
costarricense *n., adj., m., f.* Costa Rican (2)
costilla rib (12)
costo cost
costoso/a costly (11)
costumbre *f.* habit, custom (15)
cráter *m.* crater
creación *f.* creation; **creación literaria** creative writing (13)
creador(a) creator
crear to create (6)
creatividad *f.* creativity
creativo/a creative (1)
crecer (zc) to grow; to grow up
creciente growing
crédito: comprar a crédito to buy on credit (14); **tarjeta de crédito** credit card (9)
creencia belief (13)
creer (y) to believe (6); **no creer que** (+ *subjunctive*) not to believe that (15); **¡no lo creo!** I don't believe it! (10)
crema cream (9)

cremoso/a creamy (9)
cresta crest
crianza upbringing (13)
criar (crío) to bring up, to raise (13); **criarse** to be brought up; to grow up (13)
criatura small child/animal (13)
crimen *m.* (*pl.* **crímenes**) crime (10)
criminal *n. m., f.* criminal
criollo/a *adj.* Creole
crisis *f.* crisis (15)
cristal *m.* crystal (14)
cristalino *adj.* crystal clear (8)
cristianismo Christianity
cristiano/a *n., adj.* Christian
crítica criticism (13)
criticar (qu) to criticize
crítico/a critical
cronológico/a chronological (7)
crucero cruise ship (11)
crudo/a raw (9)
cruz *f.* (*pl.* **cruces**) cross (12)
cruzar (c) to cross (11)
cuaderno workbook; notebook (2)
cuadrado *n.* square; **cuadrado/a** *adj.* square
cuadro picture, picture (*on the wall*) (7); graph; **de cuadros** checkered (14)
cual that; which
¿cuál? what?, which?; **¿cuáles?** which (ones)?
cualidad *f.* quality (13)
cualquier(a) any (6)
cuando when; **de vez en cuando** once in a while (3)
¿cuándo? when? (2); **¿cuándo nació usted / naciste?** when were you (*pol. sing.*)/(*inf. sing.*) born? (2)
cuandoquiera whenever (15)
cuanto: en cuanto(a) as soon as; in regards to (12)
¿cuánto? how much?; how long?; **¿cuánto cuesta?** how much does it cost?; **¿cuánto (tiempo) hace que… ?** how long has it been since … ? (8); **¿cuánto vale(n)?** how much is it/are they (worth)? (14)
¿cuántos/as? how many? **¡cuánto/a/os/as… !** how many … ! (11)
cuarenta forty (1)
cuaresma Lent
cuartel *sing.* barracks
cuarto room; bedroom; fourth (4); **compañero/a (de cuarto)** roommate; **y/menos cuarto** quarter after/till (3)
cuatrimestre *m.* four-month period
cuatro four (1)
cuatrocientos/as four hundred (4)
cubano/a *n., adj.* Cuban (2)
cubanoamericano/a *n., adj.* Cuban American (10)
cubierto/a (*p.p. of* **cubrir**) covered (15); **cubiertos** utensils (9)

cubrir (*p.p.* **cubierto**) to cover (9)
cuchara spoon (9)
cucharada tablespoon (*measurement*) (9)
cucharadita teaspoon (*measurement*) (9)
cucharita teaspoon (*utensil*) (9)
cucharón *m.* ladle (9)
cuchillo knife (9)
cuello neck (cuello)
cuenco large serving bowl
cuenta bill, check; account (15); **darse** (*irreg.*) **cuenta (de)** to realize; **pagar (gu) la cuenta** to pay the bill (9); **pedir (i, i) la cuenta** to ask for the bill (9)
cuento short story (13)
cuerda rope; **saltar la cuerda** to jump rope (10)
cuerno horn
cuero leather (14)
cuerpo body (2)
cuestión *f.* issue, matter (15)
cuestionario questionnaire (12)
cueva cave (8)
cuidado care; **con cuidado** carefully (6); **¡cuidado!** be careful! (6); **tener** (*irreg.*) **cuidado** to be careful (12)
cuidar(se) to take care (of oneself) (12)
culinario culinary
culminar to culminate (in)
culpa guilt; blame; **tener** (*irreg.*) **la culpa** to be at fault (11)
cultivar to cultivate (11)
cultivo cultivation
cultura culture (8)
cumbia *music and dance style originating in Colombia*
cumpleaños *m. sing.* birthday (1); **¡feliz cumpleaños!** happy birthday! (2)
cumplir años to have a birthday (8)
cuna cradle
cuñado/a brother-in-law/sister-in-law (10)
cuota fee (14)
cura *m.* priest (13)
curandero/a healer
curar to cure (12)
curativo/a curative
curiosidad *f.* curiosity
curioso/a curious
curita Band-Aid™, adhesive bandage strip (12)
currículum *m.* curriculum; **currículum vitae** curriculum vitae (6), CV, resume
curso course (6)
cuyo/a whose

D

dama lady (14)
danza dance
danzante/a dancer in a procession
danzón *m. type of dance favored in Cuba*

dañar to damage (14)
dañino/a harmful (12)
daño harm; damage; **me hace(n) daño** it upsets (they upset) my stomach (9)
dar *irreg.* to give (4); **dar de comer** to feed (7); **dar instrucciones** to give instructions (11); **dar la bienvenida** to welcome (11); **dar las gracias** to thank (12); **dar masajes** to give massages (6); **dar miedo** to be scary (15); **dar permiso** to give permission (10); **dar rabia** to make angry (15); **dar un paseo** to go for a walk/stroll (3); **darse cuenta de** to realize; **darse la mano** to shake hands with each other (13)
dato piece of information; **datos** *pl.* data; **datos personales** personal data (4)
de *prep.* of, from, by (1); **¡de acuerdo!** I agree!, you're right!; OK! (9); **de acuerdo con** in accordance with; **de aquí a** (+ *time*) (*period of time*) from now (15); **de cuadros** checkered (14); **¿de dónde es… ?** where is … from? (2); **¿de dónde es usted / eres (tú)?** where are you (*pol./inf.*) from? (2); **de estatura mediana** medium height (1); **de hoy en adelante** as of today; **de la mañana/tarde/noche** in the morning/afternoon/evening (3); **de las… a las…** from (*time*)… to (*time*); **de lujo** luxury (14); **de lunares** polka-dotted (14); **de moda** in style (14); **de nada** you're welcome (9); **de niño…** as a child…/when I was a child… (10); **de nuevo** again, once more (6); **¿de qué está(n) hecho/a(s)… ?** what is/are … made of? (14); **¿de quién(es)?** whose? (4); **de rayas** striped (14); **de repente** suddenly (8); **de segunda mano** secondhand (14); **¿de veras?** really? (8); **de vez en cuando** once in a while (3); **del, de la** of the
debajo (de) below, under, underneath (2)
debate *m.* debate
deber to owe; **deber** (+ *infin.*) must, ought to (*do something*) (6)
debido owing to, due to (15)
débito: tarjeta de débito debit card (11)
década decade (4)
decidir to decide (4)
décimo/a tenth (4)
decir *irreg.* (*p.p.* **dicho**) to say (5); **dije** I said (8); **dijiste** you (*inf. sing.*) said (8); **dijo** he/she/you (*pol. sing.*) said (8)
decisión *f.* decision
declaración *f.* declaration; statement
declarar to declare, state (8)
decoración *f.* decoration (5)
decorar to decorate
dedicado/a dedicated (15)
dedicar (qu) to dedicate (15)
dedo finger (2)
defecto fault, defect
defender (ie) to defend (6)
defensa defense (6)
definición *f.* definition (11)

definir to define (15)
definitivamente definitely (15)
definitivo/a definitive
deforestación *f.* deforestation
dejar to leave; to let; to permit (10) **dejar de** (+ *infin.*) to stop (*doing something*) (13); **dejar en** to let go for … ; **se lo/la/los/las dejo en…** I'll let you have it for … (14)
del (*contraction of* **de** + **el**) of the; from the
delante (de) in front; in front of (2)
delfín *m.* dolphin (15)
delgado/a thin (1)
delicia delight
delicioso/a delicious (3)
demás: los/las demás the others (8)
demasiado *adv.* too much (14)
demasiado/a *adj.* too much, too many
demostrar (ue) to demonstrate (12)
demostrativo/a *gram., adj.* demonstrative
dental dental; **pasta dental** toothpaste
dentífrico/a: pasta dentífrica toothpaste
dentista *m., f.* dentist (6)
dentro inside; **dentro de** inside; within (*time period*) (15)
denunciar to report, accuse
departamento department; apartment (*Mex.*)
dependencia part of the house (7)
depender (ie) de to depend on (15)
dependiente (*m.*), **dependienta** salesclerk (6)
deporte *m.* sport (2); **practicar (qu) un deporte** to play a sport (3)
deportista *m., f.* athlete (8)
deportivo/a sporty, sport (10)
depositar to deposit (7)
deprimido/a depressed; **estar** (*irreg.*) **deprimido** to be depressed (5)
derecha *n.* right side; **a la derecha de** to the right of (2)
derecho *n.* right (*legal*); law; straight ahead, forward (2); **derechos de aduana** customs duty, taxes (11); **derechos civiles** civil rights (15); **derechos humanos** human rights
derecho/a *adj.* right; **al lado derecho** to the right side (2)
derivado/a derived (14)
derivar(se) (de) to be derived (from) (14)
derrotar to defeat
desafío challenge
desafortunadamente unfortunately
desagradable unpleasant (6)
desamparado/a *n.* homeless person; *adj.* homeless (15)
desaparecer (zc) to disappear (15)
desaparición *f.* disappearance
desarrollar to develop (15)
desarrollo development; **en vías de desarrollo** developing; in the process of

developing; **país** (*m.*) **en vías de desarrollo** developing country (14)
desayunar to have breakfast (3)
desayuno breakfast (5)
descansar to rest (3)
descanso rest; break
descarga eléctrica electric shock
descargar (gu) to download (15)
descartar to discard
descendencia *sing.* descendants
descender (ie) to descend
descendiente *m., f.* descendant
descomponerse (*like* **poner**) (*p.p.* **descompuesto**) to break down (12); **se me/te/le/les descompuso/ descompusieron** my / your (*inf. sing.*) / your (*pol. sing.*), his, her / your (*pol. pl.*), their (*something* [*sing./pl.*]) broke down (12)
descompuesto/a (*p.p. of* **descomponer**) broken (14)
descongestionante *n.* decongestant (12)
descontento dissatisfaction
descontrol chaos
descremado/a skimmed; **leche** (*f.*) **descremada** skim milk (9)
describir (*p.p.* **descrito**) to describe (1)
descripción *f.* description (1)
descriptivo/a descriptive
descubierto/a (*p.p. of* **descubrir**) discovered
descubrir (*p.p.* **descubierto**) to discover (13)
desde *prep.* from; since (5); **desde la(s)… hasta la(s)…** from (*time*) to (*time*) (5)
deseado/a: correo no deseado junk mail (15)
desear to want, desire (9)
desembarcar (qu) to disembark
desempleado/a unemployed (15)
desempleo unemployment; **tasa de desempleo** unemployment rate (15)
desempolvar to dust (7)
deseo wish (4); desire
desértico/a *adj.* desert
desesperado/a desperate (8)
desfile *m.* parade (4)
desierto desert (11)
designación *f.* designation
desilusionado/a disillusioned
desinflado/a deflated; **llanta desinflada** flat tire (11)
desmayarse to faint (12)
desnutrido/a malnourished
desobedecer (zc) to disobey
desolación *f.* devastation
desorden *m.* untidiness, mess (7)
desordenado/a messy (7)
desorganizado/a unorganized (15)
despacio *adj.* slow (12)
despedida farewell (1)

despedirse (*like* **pedir**) to say goodbye (12)
despejado/a clear (11)
despensa pantry
desperdiciar to waste (15)
desperdicios (nucleares) *pl.* (nuclear) waste (15)
despertar (ie) to wake (*someone*) up; **despertarse** to wake up (5); **me despierto** I wake up (5); **se despierta** he/she wakes up, you (*pol. sing.*) wake up (5)
despierto/a awake
desplomo *n.* collapse
después *adv.* after (3); **después de** *prep.* after (5); **después de que** *conj.* after (12); **poco después** a little later
destacar (qu) to stand out
destino destination (11)
destrucción *f.* destruction (15)
destructivo/a destructive
destruido/a destoyed (15)
destruir (y) to destroy (15)
desván *m.* attic (7)
desventaja disadvantage (11)
detalle *m.* detail (5)
detective *m., f.* detective (3)
detener(se) (*like* **tener**) to stop (*oneself*) (12)
detergente *m.* detergent
deterioro deterioration
determinar to determine (6)
detrás (de) behind (2)
deuda debt (14)
devoción *f.* devotion
devolver (*like* **volver**) (*p.p.* **devuelto**) to return (*something*) (6)
devoto/a devout
día *m.* day (2); **al día** daily (10); **al día siguiente** the next day, the following day (5); **buenos días** good morning (1); **cada día** every day; **Día de Acción de Gracias** Thanksgiving (Day) (5); **Día de la Independencia** Independence Day (5); **Día de la Madre** Mother's Day (5); **Día de las Brujas** Halloween (5); **Día de los Enamorados** Valentine's Day (5); **Día de los Muertos** All Souls' Day (5); **Día de los Reyes (Magos)** Day of the Magi, Epiphany (5); **Día de San Valentín** Valentine's Day (5); **Día de Todos los Santos** All Saints' Day; **Día del Padre** Father's Day (5); **día del santo** saint's day; **día feriado** holiday (5); **hoy (en) día** nowadays (10); **¡ni un día más!** not one more day! (15); **plato del día** today's specialty (9); **todo el día** all day; **todos los días** every day
diablo devil
diagnosticar (qu) to diagnose (12)
diagnóstico diagnosis (12)
dialecto dialect
diálogo conversation (1)
diamante *m.* diamond (14)

diariamente daily (13)
diario/a daily (3); **actividades** (*f. pl.*) **diarias** daily activities; **rutina diaria** daily routine (5)
diarrea diarrhea (12); **tener** (*irreg.*) **diarrea** to have diarrhea
dibujar to draw (6)
dibujo drawing (1)
diccionario dictionary (2)
dicho saying
dicho/a (*p.p. of* **decir**) said
diciembre *m.* December (2)
dictador(a) dictator
dictar to dictate (6)
diecinueve nineteen (1)
dieciocho eighteen (1)
dieciséis sixteen (1)
diecisiete seventeen (1)
diente *m.* tooth; **cepillarse los dientes** to brush one's teeth (5); **cepillo de dientes** toothbrush (5); **lavarse los dientes** to brush one's teeth (5)
diésel *adj.* diesel
dieta diet (5); **estar** (*irreg.*) **a dieta** to be on a diet (9)
diez ten (1)
diferencia difference (3)
diferente different (3)
difícil difficult (1)
dificultad *f.* difficulty (12)
difunto/a *n., adj.* deceased (5)
digestión *f.* digestion
digestivo/a digestive
digital digital (7); **cámara digital** digital camera (12)
dilema *m.* dilemma
dimensión *f.* dimension
diminuto/a tiny
dinero money (2); **dinero en efectivo** cash (11)
dios(a) god/goddess; **Dios** *m.* God
dirección *f.* direction; **dirección (electrónica)** (e-mail) address (3); **¿cuál es tu dirección electrónica?** what is your (*inf. sing.*) e-mail? (4)
directamente directly (11)
directo direct; *gram.* **pronombre de complemento directo** direct object pronoun
director(a) director (13)
directorio directory
dirigir (j) to direct (8)
disciplina discipline (12)
disco disc (7); **disco compacto** compact disc (CD) (15)
discoteca discotheque (7)
discriminación *f.* discrimination (15); **discriminación sexual** sexual discrimination
disculpe(n) (*command*) excuse me; I'm sorry (11)

discurso speech
discusión *f.* discussion; **foro de discusiones** discussion forum (15)
discutir to discuss; to argue (10)
diseñar to design
diseño design
disfraz *m.* (*pl.* **disfraces**) costume (5)
disfrazado/a disguised
disfrutar to enjoy (11)
disminuir (y) to decrease, diminish
disperso/a dispersed
dispuesto/a ready (15)
distancia distance
distinto/a distinct, different (15)
diversidad *f.* diversity (15)
diversión *f.* entertainment
diverso/a diverse
divertido/a fun; **¡qué divertido!** what fun! (4)
divertirse (ie, i) to have fun (7); to have a good time (8); **me divertí** I had a good time (8); **se divirtió** he/she/you (*pol. sing.*) had a good time (8); **te divertiste** you (*inf. sing.*) had a good time (8)
división *f.* division
divorciado/a divorced (4)
divorcio divorce (13)
doblar to turn; to fold (11); **doble(n)** (*command*) turn (11)
doble *n., adj.* double
doce twelve (1)
docena dozen
doctor(a) doctor (6)
doctorado doctorate, Ph.D.
documental *adj.* documentary
documento document (15); **guardar un documento** to save a document (15)
dólar *m.* dollar (2)
doler (ue) to hurt (12); **dolerle la cabeza** to have a headache; **le(s) duele(n)** his/her/your (*pol.*) . . . hurts (12); **me/te duele(n)** my/your (*inf.*) . . . hurts (12)
dolor *m.* pain, ache; **tener** (*irreg.*) **dolor** (*m.*) **de muelas** to have a toothache (12)
doméstico/a domestic (7); **animal** (*m.*) **doméstico** pet; **aparato doméstico** household appliance (7); **quehacer** (*m.*) **doméstico** household chore (7)
dominar to dominate
domingo Sunday (2); *pl.* (on) Sundays
dominicano/a *adj.* Dominican (2)
dominó: jugar (ue) (gu) al dominó to play dominoes (7)
don *m. respectful title used with the first or first and last name of a man* (7)
dona donut (9)
donativo donation (14)
¿dónde? where?; **¿de dónde es… ?** where is . . . from? (2); **¿de dónde es usted / eres (tú)?** where are you (*pol./inf. sing.*) from? (2);

¿dónde está(n)… ? where is he/she/it / are they? (2); **¿dónde vives?** where do you (*inf. sing.*) live? (4)
doña *f. respectful title used with the first or first and last name of a woman* (7)
dormir (ue, u) to sleep (3); **dormí** I slept (8); **dormiste** you (*inf. sing.*) slept (8); **dormir la mañana** to sleep in (7); **dormirse** to fall asleep (12); **durmió** he/she/you (*pol. sing.*) slept (8)
dormitorio bedroom (7)
dos two (1); **los/las dos** both (4)
doscientos/as two hundred (4)
dragón dragon
drama *m.* drama, play
dramático/a dramatic; **obra dramática** play (8)
droga drug (15)
drogadicción *f.* drug addiction
drogadicto/a drug addict
ducha shower
ducharse to shower (5)
duda doubt
dudar to doubt (14); **dudar que** (+ *subjunctive*) to doubt that (15)
dudoso/a doubtful; **es dudoso que** (+ *subjunctive*) it's doubtful that . . . (14)
dueño/a owner (8)
dueto duet
dulce *adj.* sweet; *n. m.* candy; **dulces** *m. pl.* candy (5)
dulcería candy store (14)
duna dune
duque *m.* duke
durable durable (14)
durante during (3)
durar to last
durazno peach (9)
duro/a hard

E

echarse de menos to miss each other (13)
ecología ecology (15)
ecológico/a ecological (15)
economía economy, economics (4)
económicamente economically (15)
económico/a economical (15)
economista *m., f.* economist
ecoturismo ecoturism
ecuatorial equatorial
ecuatoriano/a *n., adj.* Ecuadorian (2)
edad *f.* age (2)
edificio building (7)
educación *f.* education (6); **educación física** physical education, P.E. (6)
educar (qu) to educate
educativo/a educational (15)
efectivo cash; **dinero en efectivo** cash (11)
efectivo/a effective (11)

efecto effect (12); **efecto invernadero** greenhouse effect (15)
eficaz (*pl.* **eficaces**) efficient (12)
eficiente efficient (15), effective
efigie *f.* image
egipcio/a *n., adj.* Egyptian (4)
Egipto Egypt (4)
egoísta *m., f.* selfish (1)
ejecución *f.* execution
ejemplo example; **por ejemplo** for example (3)
ejercicio (aeróbico) (aerobic) exercise (3); **hacer** (*irreg.*) **ejercicio** to exercise
ejército army
ejote *m.* green bean (*Mex.*) (9)
el *def. art. m.* the (1)
él *sub. pron.* he (1)
elección *f.* election (8)
electricidad *f.* electricity (15)
electricista *m., f.* electrician (6)
eléctrico/a electric (6); **afeitadora eléctrica** electric razor (5); **coche** (*m.*) **eléctrico** electric car; **descarga eléctrica** electric shock
electrónico/a electronic; **correo electrónico** e-mail; **mensaje electrónico** e-mail (6)
elefante/a elephant (10)
elegancia elegance
elegante elegante (1)
elemento element
elevado/a tall
eliminación *f.* elimination
eliminar to eliminate (8)
ella *sub. pron.* she (1)
ellos/as *sub. pron.* they (1); *obj. of prep.* them
elote *m.* ear of corn (*Mex.*) (9)
embajada embassy (11)
embajador(a) ambassador
embarazada pregnant (12); **quedar embarazada** to become pregnant (15)
embarazo pregnancy (12)
embargo: sin embargo however
embarque embarkation, boarding
emergencia emergency; **sala de emergencias** emergency room (12)
emigrar to emigrate
emisión *f.* emission
emisora de radio radio station
emitir to emit (15)
emoción *f.* emotion
emocionado/a excited (13)
emocionante exciting
emotivo/a emotional
empanada turnover pie or pastry
empanizado/a breaded (9)
empapado/a soaked (13)
emparejar to pair up, match (3)
empaste *m.* (tooth) filling (12)

empeorado/a worsened
empeorar to make worse (15)
emperador *m.* emperor
empezar (ie) (c) to begin (3)
empleado/a employee (6)
emplear to employ
empleo employment (6)
empresa company, firm (6)
en in, on (1); **en cambio** on the other hand; **en cuanto** in regards to (12); **en línea** online (4); **en medio (de)** in the middle; in the middle of (2); **en orden** in order; **en punto** sharp (*time*) (3); **en todas partes** everywhere (8); **en vez de** instead of (13); **en vías de desarrollo** developing; in the process of developing; **en voz** (*f.*) **alta** aloud, out loud (6); **es a las once en punto** it's at eleven o'clock sharp (3)
enamorado/a in love (5); **Día** (*m.*) **de los Enamorados** Valentine's Day (5); **estar** (*irreg.*) **enamorado/a** to be in love (5)
enamorarse to fall in love (13)
encabezar (c) to head
encantado/a pleased to meet you; delighted (1)
encantador(a) charming
encantar to delight, charm; **me encanta(n)...** I love (+ *sing./pl. n.*) (9)
encanto charm
encender (ie) to light (5)
encerrado/a locked up
enchilada *rolled tortilla filled with meat and topped with cheese and sauce, cooked in an oven*
encías *pl.* gums (12)
encierro *the moment during the running of the bulls just before the bulls are released*
encima (de) on top; on top of (2)
encontrar (ue) to find (8); **encontrarse (con)** to meet (with) (5)
encuentro encounter
encuesta survey (6)
energía energy (11); **energía renovable** renewable energy (15); **fuente** (*f.*) **de energía** energy source (15)
enero January (2)
enfermarse to get sick (8)
enfermedad *f.* illness (12)
enfermero/a nurse (6)
enfermo/a sick
enfilado/a lined up, in a row
enfocarse (qu) to focus
enfrentar to confront, to face (15)
enfrente de in front of (7)
engordar to gain weight (5)
enlace *m.* link (6)
enlatado/a canned (9)
enojado/a mad, angry; **estar** (*irreg.*) **enojado** to be angry (5)

enojar to make someone angry; to annoy (13); **enojarse** to get angry (8)
enojo anger
enorgullecerse (zc) to be proud
enorme enormous (11)
enrolarse to enlist
ensalada salad (5); **ensalada mixta** mixed salad (9)
ensaladera large salad bowl (9)
ensaladilla potato salad (9)
ensayo essay
enseguida *adv.* at once, immediately, right away (9)
enseñanza teaching
enseñar to teach; to show (6)
entender (ie) to understand (6)
enterarse to find out
entero/a entire
entierro funeral, burial
entonces then (2)
entorno environment, setting
entrada ticket, entrance (4)
entrar to enter (6)
entre between (2)
entregar (gu) to hand in; to deliver (13)
entremés *m.* hors d'oeuvre
entrenador(a) trainer; coach
entrenamiento training
entrenarse to train
entrevista interview (5)
entrevistador(a) interviewer (8)
entrevistar to interview
entusiasmo enthusiasm
entusiasta enthusiastic (1)
envase *m.* packaging, container (14)
enviar (envío) to send (6)
envidia envy; **¡qué envidia!** what luck! (8)
envuelto/a (*p.p. of* **envolver**) wrapped
envolver (*like* **volver**) (*p.p.* **envuelto**) to wrap
enyesado/a in a cast (12)
enyesar to put a cast on (12)
enzima enzyme
epidemia *n.* epidemic (12)
época era
equinacia echinacea (*herb*)
equinoccio equinox
equipaje *m.* luggage (11)
equipo team (3)
equivalente equivalent
erosión *f.* erosion
erradicar (qu) to eradicate
error *m.* mistake (15)
escala scale
escalar to climb, scale (8); **escalar montañas** to climb mountains (11)
escalera staircase
escalón step

escándalo scandal
escaparse to escape (10); to run away; **se me/te/le/les escapó/escaparon** (*something* [*sing./pl.*]) escaped from me / you (*inf. sing.*) / you (*pol. sing.*), him, her / you (*pol. pl.*), them (12)
escarcha frost (11)
escasez *f.* (*pl.* **escaseces**) shortage (15)
escena scene (9)
esclavo/a slave
escoba broom (7)
Escocia Scotland
escoger (j) to choose (6)
escolar *adj.* school; **año escolar** school year (6)
esconder to hide (*something*); **esconderse** to hide (*oneself*) (5)
escondite: jugar (ue) (gu) al escondite to play hide-and-seek (10)
escribir (*p.p.* **escrito**) to write (3)
escrito/a (*p.p. of* **escribir**) written
escritor(a) writer (10)
escritorio desk (2)
escritura writing (13)
escuchar (música) to listen (to music) (3)
escuela school (6); **escuela primaria** elementary school (15); **escuela secundaria** high school (8)
escultura sculpture
ese, esa that (3)
esencia essence
esencial essential
esfuerzo effort
esguince *m.* sprain (12)
esmog *m.* smog (15)
eso that (7); **por eso** for that reason, therefore (13)
esos/as those (3)
espacio space (11); **espacio en blanco** blank space (6)
espacioso/a spacious (7)
espada sword
espaguetis *m. pl.* spaghetti, pasta (5)
espalda back (12)
español *n. m.* Spanish (*language*) (1)
español(a) *n.* Spaniard (4); *adj.* Spanish (2)
espárragos *pl.* asparagus (9)
especia spice (9)
especie *f. sing.* species (15)
especial special (4)
especialidad *f.* major (6)
especialización *f.* major (13)
especializarse (c) to specialize (major) in (6)
especialmente especially (3)
específico/a specific
espectacular spectacular
espectáculo show
espectador(a) spectator
especular to speculate

espejo mirror (5); **espejo retrovisor** rearview mirror (11)
espera: sala de espera waiting room (11)
esperar to wait (3); to hope
espeso/a thick (9)
espía (de Internet) *m.* (Internet) cookie (15)
espinaca spinach
espíritu *m.* spirit; soul
esposo/a husband/wife (3)
esqueleto skeleton (12)
esquí *m.* (*pl.* **esquíes**) ski
esquiar (esquío) to ski (3)
esquina corner (*street*) (11)
estabilidad *f.* stability (15)
establecer (zc) to establish (15)
establo *n.* stable (8)
estación *f.* station (11); season (3)
estacionamiento parking lot
estadio stadium (7)
estadística statistic; *sing.* statistics (*discipline*)
estado state (2); **estado anímico** mental state (5); **estado civil** marital status (4); **estado físico** physical state (5)
Estados Unidos United States (1)
estadounidense *n. m., f.* American, U.S. citizen (4); *adj.* of, from, or pertaining to the United States
estafar to swindle
estampilla stamp (7)
estancia *n.* stay (12)
estándar *n.* standard; *adj. m., f.* standard
estante *m.* shelf (7)
estar *irreg.* to be (2); **¿de qué está(n) hecho/a(s)... ?** what is/are ... made of? (14); **está(n) hecho/a(s) de...** it is / they are made of ... (14); **está nublado** it's cloudy (3); **estar a dieta** to be on a diet (9); **estar cómodo/a** to be comfortable (5); **estar constipado/a** to have a cold; **estar contento/a** to be happy (5); **estar de acuerdo** to agree (13); **estar de buen (mal) humor** to be in a good (bad) mood (5); **estar deprimido/a** to be depressed (5); **estar en buena forma** to be in good shape (15); **estar en oferta** to be on sale (14); **estar enamorado/a** to be in love (5); **estar enojado/a** to be angry (5); **estar internado/a** to be hospitalized (12); **estar ocupado/a** to be busy (5); **estar preocupado/a** to be worried (5); **estar triste** to be sad (5); **estuve** I was (8); **estuviste** you (*inf. sing.*) were (8); **estuvo** he/she was, you (*pol. sing.*) were (8)
estático/a static
estatua statue (7)
estatura: de estatura mediana medium height (1)
este *m.* east (2); *adj.* eastern
este, esta *pron.* this (one); *adj.* this (1); **esta mañana** this morning (5)

estereotipo stereotype (1)
estetoscopio stethoscope (12)
estiércol *m.* manure
estilo style (9)
estimado/a dear
estimulante *m.* stimulant (12)
esto this (7); **estos/as** these (1); **esta mañana** this morning (5)
estómago stomach (2); **tener** (*irreg.*) **dolor** (*m.*) **de estómago** to have a stomachache (12)
estornudar to sneeze (12)
estornudo sneeze (12)
estrategia strategy
estrecho/a narrow (2)
estrella star (8); **estrella del mar** starfish (13)
estrenar to premiere, debut
estreñido/a constipated
estrés *m.* stress (13)
estresante stressful (14)
estricto/a strict (13)
estructura structure
estudiante *m., f.* student (1)
estudiantil *adj.* student; **residencia estudiantil** dormitory (6)
estudiar to study (3)
estudio (a course of) study (6)
estudioso/a studious (1)
estufa stove, range (7)
estupendo/a stupendous
etcétera etcetera
etiqueta label (9)
etnia ethnic group
étnico/a ethnic
etnomusicología ethnomusicology
euro euro, monetary unit of European Union (11)
Europa Europe (2)
europeo/a *adj.* European (11)
evangélico/a Evangelist
evento event (5)
evidencia evidence
evitar to avoid (15)
evolución *f.* evolution
exacto/a exact
examen *m.* exam, test (4)
examinar to examine (12)
excelencia: por excelencia par excellence
excelente *m., f.* excellent (9)
excepcional *m., f.* exceptional (11)
excepto except
excesivo/a excessive
exceso excess (8)
exclusivamente exclusively
excursión *f.* tour, field trip
excusa excuse

exhausto/a exhausted (12)
exhibición *f.* exhibition (7)
exhibir to show, display
exigir (j) to demand (6)
exiliarse to be exiled
exilio exile
existir to exist (13)
éxito success; **tener** (*irreg.*) **éxito** to be successful (12)
exitoso/a successful
expectativa expectation
expedición *f.* expedition
expediente *m.* file
experiencia experience (7)
experimento experiment
experto/a expert (6)
explicación *f.* explanation (6)
explicar (qu) to explain (6)
explorador(a) explorer (10)
explorar to explore
explosión *f.* explosion
exportación *f.* exportation, export (15)
exportar to export (14)
exposición *f.* exhibition
expresar to express (14)
expresión *f.* expression (2)
expuesto/a exposed (15)
exquisito/a exquisite (9)
extendido/a extended (13)
extensión *f.* extensión (11)
extenso/a extensive (11)
exterior *adj.* external, *n. m.* exterior (7)
externo/a external
extinción *f.* extinction (15)
extra extra (11)
extranjero abroad
extranjero/a foreign (6)
extrañar to miss (someone or something) (5); **extrañarse** to miss each other (13)
extraño/a strange, odd (5)
extraordinario/a extraordinary (14)
extraterrestre *m., f.* alien, extraterrestrial (2)

F

fábrica factory (6)
fabricación *f.* making, manufacture
fabricante *m., f.* manufacturer (14)
fabricar (qu) to manufacture (14)
fabuloso/a fabulous (8)
fachada façade
fácil easy (2)
facilitar to facilitate, make easy
fácilmente easily
factor *m.* factor (13)
facturado/a checked

facultad *f.* school (*of a university*)
falda skirt (1)
falla defect
fallas *pl.* huge painted figures burned during the celebration of **Las Fallas** on March 19 in Valencia
fallecido/a *adj.* deceased
falso/a false (4)
falta lack (11)
faltar to be missing, lacking
fama fame
familia family (4)
familiar *n. m., f.* relative (5); *adj.* familiar (4); **lazo familiar** family relationship (13)
famoso/a famous (1)
fantasía fantasy
fantasma *m.* ghost (5)
fantástico/a fantastic (2)
farmacéutica pharmacology (6); pharmaceutical industry
farmacéutico/a pharmacist (12)
farmacia pharmacy (7)
fármaco medicine
faro headlight (11)
fascinante fascinating
fascinar to fascinate (15)
fatiga tiredness (12)
fauna fauna (15)
favor *m.* favor; **por favor** please
favorito/a favorite (1)
febrero February (2)
fecha date; **fecha de nacimiento** date of birth (4)
federal *adj.* federal (15)
felicidad *f.* happiness (15)
feliz happy (2); **¡feliz Año Nuevo!** Happy New Year! (5); **¡feliz cumpleaños!** happy birthday! (2)
femenino/a feminine (12)
fenómeno phenomenon (11)
feo/a ugly (1)
feria fair
feriado/a: día (*m.*) **feriado** holiday (5)
feroz ferocious (13)
ferrocarril *m.* railroad
fértil fertile
fertilizante *m.* fertilizer
festejo celebration
festival *m.* festival (11)
festividad *f.* festivity
festivo/a festive
fibra fiber (5); **fibra de vidrio** fiberglass (14)
ficción *f.* fiction; **ciencia ficción** science fiction
fideo noodle (9)
fiebre *f.* fever; **tener** (*irreg.*) **fiebre** to have a fever (12)
fiel faithful, loyal
fieltro *n.* felt
fiesta party; **ir** (*irreg.*) **a fiestas** to go to parties (3)
figura figure (2)
fila line, row
filete *m.* filet
filme *m.* movie
filosofía philosophy (8)
filosófico/a philosophical (1)
filtrar to filter (12)
fin *m.* end (4); **fin de semana** weekend (2)
final *n. m.* end (8); **al final** in the end (12)
finalmente finally (3)
finamente finely
finca farm
fino/a fine (9)
firma signature (2)
firmar to sign (12)
firme firm
físico/a physical (5); **educación** (*f.*) **física** physical education, P.E. (6); **estado físico** physical state (5)
fisiología physiology
flamenco flamenco (dance)
flan *m.* custard (9)
flecha arrow (5)
flor *f.* flower (3)
flora flora
florecer (zc) to flourish
florería flower shop (14)
florero vase (*for flowers*) (12)
flotante *adj.* floating
flotar to float (11)
flote: a flote afloat
fluctuar to fluctuate
fluir (y) to flow
fluorado/a: carburo fluorado fluorocarbon (15)
fobia phobia
folclor (folklore) *m.* folklore
folclórico/a pertaining to folklore (3)
fomentar to foster, encourage (15)
fondo fund (15)
fontanero/a plumber
forestal *adj.* forest
forma form (4); **estar** (*irreg.*) **en buena forma** to be in good shape (15)
formación *f.* education, preparation (6)
formado/a formed (11)
formar to form (4)
fórmula formula
foro forum; **foro de discusiones** discussion forum (15)
fortalecer (zc) to strengthen
fortaleza strength
fortuna fortune

fósil *m.* fossil; **combustible fósil** fossil fuel
foto(grafía) picture (3), photo(graph); **sacar (qu) fotos** to take photos (7); **subir fotos** to upload pictures (4); **tomar fotos** to take pictures (6)
fotografía photography
fotógrafo/a photographer
fracaso failure (13)
fractura fracture (12)
fracturado/a fractured (6)
fracturarse to fracture (*a bone*) (12)
francés *n. m.* French (*language*) (4)
francés, francesa *n., adj.* French (3)
Francia France (4)
frase *f.* sentence, phrase (2)
frecuencia frequency; **con frecuencia** frequently (3); **¿con qué frecuencia?** how often? (3)
frecuente frequent
frecuentemente frequently (1)
fregadero kitchen sink (6)
freír (*like* **reír**) (*p.p.* **frito**) to fry
frenar to brake (12)
freno brake (11)
frente *m.* front; forehead (12); **frente a** *adv.* in front of; facing, in the face of; in front of
fresa strawberry; **helado de fresa** strawberry ice cream (5)
fresco/a fresh (9); **hace fresco** it's cool (3)
frigorífico refrigerator
frijol (refrito) *m.* (refried) bean (9)
frío/a cold; **hace frío** it's cold (3); **tener** (*irreg.*) **frío** to be cold (5)
frito/a (*p.p. of* **freír**) fried (5); **huevos fritos** fried eggs (5); **papas fritas** French fries (5); **pollo frito** fried chicken (5)
frondoso/a lush
frontera border; frontier (8)
frustrado/a frustrated (12)
fruta fruit (5)
frutal *adj.* fruit
frutería fruit store (14)
frutilla strawberry (*Arg.*)
fruto fruit
fuego fire; **fuegos artificiales** fireworks (5)
fuente *f.* source; fountain (7); **fuente** (*f.*) **de energía** energy source (15); **fuente de vidrio** glass serving dish (9)
fuera outside (6); **comer fuera** to eat out
fuerte strong (1)
fuerza force (11)
fugitivo/a *adj.* fugitive
fumar to smoke (10)
función *f.* function (12)
funcionar to function, work (5)
fundación *f.* foundation
fundar to found
funerario/a *adj.* funeral

furioso/a furious (8)
fusilar to execute
fusión: comida fusión fusion cuisine
fútbol *m.* soccer (3); **fútbol americano** football (3)
futbolista *m., f.* soccer player
futuro *n.* future (15)
futuro/a *adj.* future (6)

G

galería gallery (1)
gallego *n.* Galician (*language*)
galleta cracker, cookie (5)
galletita cookie (5)
gallina hen
gallo rooster
galón *m.* gallon (11)
ganador(a) winner (13)
ganancia profit (15)
ganar to win (3); **ganar (dinero)** to earn (money)
ganas: tener (*irreg.*) **ganas de** (+ *infinitive*) to feel like (*doing something*) (4)
ganga bargain; **¡qué ganga!** what a bargain! (14)
garaje *m.* garage (7)
garantizar (c) to guarantee
garganta throat (12); **tener** (*irreg.*) **dolor** (*m.*) **de garganta** to have a sore throat (12)
gárgaras: hacer (*irreg.*) **gárgaras** to gargle (12)
garífuna indigenous language of C.A.
gas *m.* gas (15)
gasoil *m.* diesel
gasóleo *m.* diesel
gasolina gasoline (7); **gastar gasolina** to use (waste) gas (11)
gasolinera gas station (7)
gaspar: pez (*m.*) **gaspar** tropical gar
gastar to spend (14); **gastar gasolina** to use (waste) gas (11)
gasto expense (13)
gastronomía gastronomy (11)
gatito/a kitten
gato cat (4); **jugar (ue) (gu) al gato** to play tag (10)
gazapo misprint
géiser *m.* geyser
gemelo/a *n., adj.* twin (4)
genealógico/a genealogical; **árbol genealógico** family tree (10)
generación *f.* generation
generar to generate
general *n.* general; *adj.* general (12); **en general** in general; **por lo general** generally (9)
generalización *f.* generalization (1)
generalmente generally (3)
genérico/a generic

generoso/a generous (1)
genético/a genetic (15)
genialidad *f.* genius
gente *f., sing.* people (3)
geografía geography (6)
geográfico/a geographic
geología geology
gerente *m., f.* business manager (6)
gesto gesture
gigante *adj.* giant
gimnasia *sing.* gymnastics (3)
gimnasio gymnasium; gym (3)
ginecólogo/a gynecologist (12)
gira turn (11)
girar to turn (11)
gis *m.* chalk (*Mex.*)
gitano/a *n.* gypsy
glaciar *m.* glacier
glifo glyph (*symbolic writing*)
global: calentamiento global global warming (15)
globo balloon (12)
glorieta traffic circle (11)
gobernador(a) governor
gobernar (ie) to govern (8)
gobierno government (6)
goleador(a) scorer
golfo gulf (11)
golpe (*m.*) **de estado** coup d'etat
golpear to beat, to hit (13)
goma rubber (14)
gordo/a *adj.* fat (1)
gorila *m.* gorilla (15)
gorra cap (3)
gota drop (11); **gotas (para los ojos)** *pl.* (eye) drops (12)
gótico/a Gothic (11)
gozar (c) to enjoy
grabar to record (15)
gracias thanks, thank you; **dar** (*irreg.*) **las gracias** to thank (12); **Día** (*m.*) **de Acción de Gracias** Thanksgiving (5)
grado degree; **grado centígrado** degree centigrade (3)
gradualmente gradually
graduarse (me gradúo) to graduate (6)
gramática grammar (6)
gramo gram
gran, grande big (1)
granizado flavored ice drink, slushi (10)
grano grain
grasa fat (5)
gratis *adj.* free
gratuito/a *adj.* free (6)
grave grave, serious (12)
grifo faucet
gringo/a person from the United States

gripe *f.* flu (12)
gris gray (1)
gritar to shout (5)
grito shout (8)
grúa tow truck (12)
grueso/a thick
grupo group (2)
guacamole *m.* guacamole (9)
guajiro/a peasant; Cuban folk song
guajolote *m.* turkey (*Mex.*) (9)
guante *m.* glove (14)
guapo/a handsome, good-looking (1)
guaraní *m.* Guarani (*language*)
guardabarros *m., sing.* fender (11)
guardar (algo) to put (something) away (7); **guardar cama** to stay in bed (12); **guardar un documento** to save a document (15)
guardería day care (center), nursery (15)
guatemalteco/a *n., adj.* Guatemalan (2)
guay: ¡qué guay! how cool! (*Sp.*)
guayaba guava
guayabera embroidered lightweight shirt worn by men in tropical climates (14)
guerra war (8); **guerra civil** civil war
guía *m., f.* guide (*person*) (10)
guiar (guío) to guide
guiri *m., f.* foreigner (*Sp.*)
guisante *m.* green pea (9)
guita string
guitarra guitar; **tocar (qu) la guitarra** to play the guitar (3)
gusano worm (15)
gustar to be pleasing; to like; **gustaría** would like (7); **me gustó/gustaron...** I liked (+ *sing./pl. n.*) (8); **¿qué te/le gusta hacer?** what do you (*inf. sing./pol. sing.*) like to do? (3); **¿te gustó/gustaron...?** did you like (+ *sing./pl. n.*)? (8)
gusto pleasure (4); **al gusto** to taste (9); **con gusto** with pleasure (9); **gusto de verte** nice to see you (*fam. sing.*) (1); **mucho gusto** nice to meet you (1)

H

haber *irreg.* (*infin.* of **hay**) to have (*auxiliary*); to exist; **había** there was (10); **habrá** there will be (15); **hay** there is / there are (15); **hay que** (+ *infin.*) one has to (*do something*) (6); **hubo** there was (10)
habichuela green bean (9)
habilidad *f.* ability (6)
habitación *f.* room (11)
habitante *m., f.* inhabitant
hábitat *m.* habitat (15)
hablador(a) talkative
hablante *m., f.* speaker (6)
hablar to speak, talk

hacer *irreg.* (*p.p.* **hecho**) to do; to make (3); **¿cuánto (tiempo) hace que... ?** how long has it been since... ? (8); **hace** (+ *time*) **que** (*Time*) ago (8); **hace buen/mal tiempo** the weather is nice/bad (3); **hace calor** it's hot (3); **hace fresco** it's cool (3); **hace frío** it's cold (3); **hace sol** it's sunny (3); **hace (mucho) tiempo que...** it's been a long time since... (8); **hace viento** it's windy (3); **hacer clic** to click (6); **hacer cola** to stand in line (11); **hacer ejercicio** to exercise (3); **hacer el papel de** to play the role of (12); **hacer gárgaras** to gargle (12); **hacer la compra** to do the (grocery) shopping (6); **hacer la maleta** to pack a suitcase (11); **hacer preguntas** to ask questions (3); **hacer snowboard** to snowboard (3); **hacer un brindis** to toast, make a toast (9); **hacer una reclamación** to file a claim (11); **hacer un viaje** to make a trip (11); **hacerse** to become (13); **hacerse novios** to become boyfriend and girlfriend (13); **hacerse tarde** to be late (12); **haga(n)** (*command*) do; make (11); **hice** I did, made (8); **hiciste** you (*inf. sing.*) did, made (8); **hizo** you (*pol. sing.*) did, made (8); **me hace(n) daño** it upsets (they upset) my stomach (9); **¿qué te/le gusta hacer?** what do you (*inf. sing. / pol. sing.*) like to do? (3); **¿qué tiempo hace?** what is the weather like? (3)

hacia toward(s) (11)

hambre *f.* (*but* **el hambre**) hunger; **tener** (*irreg.*) **hambre** to be hungry (5)

hamburguesa hamburger (5)

harina flour (9)

harmonía harmony

hasta *prep.* up to; **desde la(s)... hasta la(s)...** from (*time*) to (*time*) (5); **hasta que...** until... (12)

hebreo *n. m.* Hebrew (*language*)

hecho *n.* event (8); **¿de qué está(n) hecho/a(s)... ?** what is/are... made of? (14); **está(n) hecho/a(s) de...** it is / they are made of... (14)

hecho/a (*p.p. of* **hacer**) made; **de hecho** in fact

heladera refrigerator

heladería ice cream parlor (14)

helado (de fresa) (strawberry) ice cream (5); **té helado** iced tea (9)

helicóptero helicopter

hemisferio hemisphere (3)

herida wound (12)

herido/a *n.* wounded person (12); *adj.* wounded

hermanastro/a stepbrother/stepsister (10)

hermanito/a little brother/sister (5)

hermano/a brother/sister (4); **medio/a hermano/a** half brother / half sister (10)

hermoso/a beautiful, lovely (8)

héroe *m.* hero (8)

heroico/a heroic (8)

heroína heroine

herramienta tool (14)

hervir (ie, i) to boil

híbrido/a hybrid (6); **coche** (*m.*) **híbrido** hybrid car

hielo ice (4)

hierba grass

hierbería shop that sells medicinal herbs and other natural treatments

hierro iron (12)

hígado liver (9)

hijastro/a stepson/stepdaughter (10)

hijo/a son/daughter (3); **hijo/a único/a** only child (10)

híjole gosh! (*Mex.*)

hilo thread; linen (14)

hinchado/a swollen (12)

hindú *n. m., f.* Hindu

hispánico/a *adj.* Hispanic

hispano/a *adj.* Hispanic

hispanoamericano/a *adj.* Spanish-American

hispanohablante *m., f.* Spanish speaker

historia history (6); story (10)

histórico/a historical (8)

hogar *m.* hogar

hoja leaf (11)

hola hello, hi (1)

Holanda Holland

hombre *m.* man (1); **hombre de negocios** businessman (6)

hombro shoulder (2)

homenaje *m.* tribute

homeópata *m., f.* homeopath

homeopático/a homeopathic

hondureño/a *adj.* Honduran (2)

honor *m.* honor

honrar to honor

hora time; hour (3); **¿a qué hora (es/son)... ?** at what time (is it)... ? (3); **horas pico** peak hours (11); **¿qué hora es?** what time is it? (3)

horario schedule (4)

horchata rice drink (3)

hormiga ant

hornear to bake

horno oven; **al horno** baked (9); **horno de microondas** microwave (oven) (7); **papa al horno** baked potato (5)

horrible horrible (8)

horror horror (15)

hospedaje *m., sing.* accomodations (11)

hospedarse to stay (11)

hospital *m.* hospital (6)

hostigador(a) bully, harasser (13)

hostigar (gu) to bother; to harass (13)

hotel *m.* hotel (7)

hoy today (1); **hoy (en) día** (*m.*) nowadays (10)

huancaína: papa a la huancaína Peruvian dish of potatoes in a spicy cheese sauce

huérfano/a orphan

hueso bone (12)

huésped(a) guest

huevo egg (5); **huevo cocido** hard-boiled egg (9); **huevos fritos** fried eggs (5); **huevos revueltos** scrambled eggs (5)

huipil *m.* traditional embroidered dress worn by indigenous women in Mex. and C.A. (14)

humanidad *f.* humanity

humano/a *adj.* human; **derechos humanos** human rights; **ser** (*m.*) **humano** human being (15)

humedad *f.* humidity (11)

humo (de segunda mano) (secondhand) smoke (12)

humor *m.* humor (13); **estar** (*irreg.*) **de buen/ mal humor** to be in a good/bad mood (5)

humorístico/a humorous

húngaro/a: austro húngaro/a *adj.* Austro-Hungarian

huracán *m.* hurricane (11)

I

icono icon (15)

idea idea (4); **idea preconcebida** preconception (15); **¡qué buena idea!** what a good idea! (4)

ideal ideal (6)

idealista idealistic (1)

idéntico/a identical (4)

identidad *f.* identity

identificación *f.* identification (14)

identificar (qu) to identify (11)

ideológico/a ideological

idioma *m.* language (4)

iglesia church (5)

igual equal, same (15)

igualmente likewise (1)

ilegal illegal

iluminación *f.* illumination (7)

ilustración *f.* illustration (5)

imagen *f.* image

imaginación *f.* imagination (5)

imaginario/a imaginary

imaginarse to imagine (12)

imitación *f.* imitation

imitar to imitate

impaciente impatient (5)

impacto impact (12)

impartir clases to teach (6)

imperfecto/a imperfect

imperio empire

implementar to implement

imponente impressive

imponer (*like* **poner**) (*p.p.* **impuesto**) to impose (15)

importancia importance (11)

importante important (5)
importar to matter, be important (15)
imposible impossible; **es imposible que** (+ *subjunctive*) it's impossible that . . . (14)
impresión *f.* impression
impresionante impressive
impresora printer (14)
imprimir (*p.p.* **impreso**) to print (14)
improbable unlikely (14); **es improbable que** (+ *subjunctive*) it's unlikely that . . . (14)
impuesto tax (6)
impulsivo/a impulsive (1)
inactivo/a inactive
inalámbrico/a wireless
inauguración *f.* inauguration
inca *n., adj.* Inca (9)
incendio fire
incentivo incentive
incidente *m.* incident (12)
incluir (y) to include (6)
incluso even (13)
incondicional unconditional (13)
inconsciente unconscious (12)
incorporarse to join
increíble incredible
independencia: Día (*m.*) **de la Independencia** Independence Day (5)
independiente independent
indicar (qu) to indicate (4)
indicativo indicative
Índico: océano Índico Indian Ocean
indiferente indifferent
indígena *m., f.* native, indigenous person (8)
indio/a *n.* Indian
indiscreto/a indiscreet (8)
indispensable necessary (14)
indocumentado/a undocumented
indudable doubtless; **es indudable que** (+ *indicative*) there's no doubt that . . . (14)
industria industry (15)
industrial industrial (6)
inexistente nonexistent
infancia childhood (10)
infantil childlike; relating to children (13)
infarto heart attack (12)
infección *f.* infection (12)
infinito/a infinite
inflamado/a inflamed (12)
influencia influence (9)
información *f.* information (3)
informar to inform (6)
informática computer science
informativo/a informative (12)
informe *m.* report (8)
ingeniería engineering (6)
ingeniero *m., f.* engineer (6)
Inglaterra England (4)

inglés *n. m.* English (*language*) (4)
inglés, inglesa *n., adj.* English (4)
ingrediente *m.* ingredient (9)
ingreso income
inicialmente initially
iniciar to initiate (15)
inigualable incomparable
inmediatamente immediately (8)
inmenso/a immense
inmigración *f.* immigration (4)
inmigrante *m., f.* immigrant (15)
inmóvil inmobile
inmunológico/a immune
innecesario/a unnecessary (14)
inocencia innocence
inodoro toilet (7)
inolvidable unforgettable (11)
insecto insect (15)
insistente insistent (13)
insistir to insist
insomnio insomnia
inspiración *f.* inspiration
inspirar to inspire
instagrama *m.* instagram (13)
instalación *f.* installation
instalar to install (15)
instantáneo/a instantaneous (11)
institución *f.* institution
institucional institutional (8)
instituto institute (13)
instrucción *f.* instruction (2); **dar** (*irreg.*) **instrucciones** to give instructions (11)
instrumento instrument (14)
insultar to insult; **insultarse** to insult each other (13)
insulto insult
intacto/a intact
integrar to integrate
inteligencia intelligence (13)
inteligente intelligent (1)
intentar to try (12)
interés *m.* interest (12)
interesado/a interested (6)
interesante interesting (2)
interesar to interest (13)
interior interior (12); **ropa interior** underwear (14)
internacional international (7)
internacionalmente internationally
internado/a: estar (*irreg.*) **internado/a** to be hospitalized (12)
internar to admit (*to a hospital*)
Internet *m.* Internet (7); **espía** (*m.*) **de Internet** Internet cookie (15)
interno/a internal (12)
interpretación *f.* interpretation
interpretar to interpret

intérprete *m., f.* interpreter
interrogar (gu) to interrogate (10)
interrumpir to interrupt (12)
intersección *f.* intersection (11)
íntimo/a private, close (13)
intrínseco/a intrinsic
introducción *f.* introduction
inundación *f.* flood (11)
invadir to invade (8)
invasión *f.* invasion
invención *f.* invention (15)
inventar to invent (8)
invento invention (14)
invernadero greenhouse; **efecto invernadero** greenhouse effect (15)
investigación *f.* investigation (15); **investigaciones** *pl.* research (15)
investigar (gu) to investigate (10)
invierno winter (3)
invitación *f.* invitation (4)
invitar to invite (4); to treat someone, pay for someone's food (9)
inyección *f.* shot, injection (12); **ponerle** (*irreg.*) **una inyección a (alguien)** to give (someone) a shot / an injection (12)
ir *irreg.* to go; **fue** he/she/you (*pol. sing.*) went (8); **fui** I went (8); **fuiste** you (*inf. sing.*) went (8); **iba a...** (+ *infin.*) was/were going to (*do something*) (10); **ir a** (+ *infin.*) to be going to (*do something*) (4); **ir a casa** to go home (3); **ir al cine** to go to the movies (3); **ir a fiestas** to go to parties (3); **ir de compras** to go shopping (3); **ir de visita** to visit (4); **irse** to leave, go away (12); **va a...** you (*pol. sing.*) are going to; he/she is going (4); **vas a...** you're (*inf. sing.*) going to . . . (4); **voy a...** I'm going to . . . (4)
Irak Iraq (4)
Irán Iran (4)
iraní *adj.* Iranian (4)
iraquí *adj.* Iraqi
Irlanda Ireland
irlandés, irlandesa *adj.* Irish (4)
ironía irony
irritar to irritate (11)
isla island (11)
islandés, islandesa *adj.* Icelandic
Islandia Iceland
Israel Israel
israelí *adj.* Israeli
Italia Italy (4)
italiano *n. m.* Italian (*language*) (4)
italiano/a *n. adj.* Italian (4)
itinerario itinerary (11)
izquierda *n.* left (2)
izquierdo/a *adj.* left; **a la izquierda de** to the left of (2); **al lado izquierdo** to the left side (2)

J

jabón *m.* soap (5)
jalar to pull (13)
jalea jelly (9)
jamaica *tropical drink made from hibiscus petals* (3)
jamás never (9)
jamón *m.* ham (5)
Janucá (*var.* **Jánuca**) *m.* Hanukkah (5)
Japón Japan (4)
japonés *n. m.* Japanese (*language*) (4)
japonés, japonesa *n., adj.* Japanese (4)
jarabe *m.* (**para la tos**) (cough) syrup (12)
jardín *m.* garden (3)
jarra pitcher (9)
jazz *m.* jazz (3)
jefe/a *m., f.* boss (6)
Jehová *m.* Jehovah
jengibre *m.* ginger
jeroglíficos hieroglyphics
jersey *m.* sweater; **Nueva Jersey** New Jersey
Jesucristo Jesus Christ
jesuita *adj.* Jesuit
jesuítico/a *adj.* Jesuit
¡Jesús! bless you! (*said after a sneeze*) (12)
jitomate tomato (9)
jonrón *m.* home run (13)
jornada completa full time
joropo Venezuelan folk dance
joven *m., f.* young man/woman (1); *adj.* young (1); **jovencito/a** young man/lady
joya jewelry (14)
joyería jewelry store (14)
jubilarse to retire (15)
judío/a Jewish (5); **Pascua Judía** Passover (5)
juego game (3); **jugar (ue) (gu) juegos de mesa** to play board games (7); **Juegos Olímpicos** Olympic games (10)
jueves *m. sing.* Thursday (2); *pl.* (on) Thursdays
juez(a) *m., f.* (*pl.* **jueces**) judge
jugador(a) player (14)
jugar (ue) (gu) to play (3); **jugar a la pelota** to play ball (10); **jugar a la rayuela** to play hopscotch (10); **jugar a las bolas** to play marbles (10); **jugar a las canicas** to play marbles (10); **jugar a las cartas** to play cards (4); **jugar a las casitas** to play house (10); **jugar a mamá y papá** to play house (10); **jugar a videojuegos** to play videogames (3); **jugar al bebeleche** to play hopscotch (*Mex.*) (10); **jugar al dominó** to play dominoes (7); **jugar al escondite** to play hide-and-seek (10); **jugar al gato** to play tag (10); **jugar al tenis** to play tennis (3); **jugar juegos de mesa** to play board games (7)
jugo juice; **jugo de naranja** orange juice (5)
juguete *m.* toy (5)
juguetería toy store (14)
juguetón, juguetona playful
julio July (2)
junio June (2)
juntarse to come/get together (11)
juntos/as together (3)
jurado jury (6)
jurídico/a *adj.* legal
justicia justice
justo/a fair (14)
juvenil *adj.* juvenile
juventud *f.* youth (10)
juzgado court (6)

K

kayak *m.* kayak (11)
kilo kilogram
kilómetro kilometer (3)

L

la *def. art. f. sing.* the (1)
labio lip (12)
laboral *adj.* labor
laboratorio laboratory (6)
lacio/a straight (1)
lado: al lado (derecho/izquierdo) to the (right/left) side (2)
ladrador(a) barking
ladrar to bark
ladrillo brick (14)
ladrón, ladrona thief (8)
lagarto lizard
lago lake (4)
lágrima tear
laguna lagoon
lámina sheet
lámpara lamp (7)
lana wool (14)
lancha motorboat (11)
langosta lobster (9)
lapicero pen
lápiz pencil (2)
largo/a long (1)
las *def. art. f. pl.* the (1)
lasaña lasagna
lástima shame; **es una lástima que** (+ *subjunctive*) it's too bad that . . . (14); **¡qué lástima que** (+ *subjunctive*) it's too bad that . . . (15)
lastimarse to get hurt (12)
lata can (9)
latino/a *adj.* Latin
Latinoamérica Latin America
latinoamericano/a *n., adj.* Latin American (3)
lavabo bathroom sink (7)
lavadora washing machine (7)
lavandería laundromat (7)
lavaplatos *m. sing.* dishwasher (7)
lavar (los platos) to wash (dishes) (3); **lavarse el pelo / la cara** to wash one's hair/face (5); **lavarse los dientes** to brush one's teeth (5)
lazo tie; **lazo familiar** family relationship (13)
lealtad *f.* loyalty (13)
lección *f.* lesson
leche *f.* milk (5); **leche descremada** skim milk (9)
lechuga lettuce (5)
lectura reading (6)
leer (y) (el periódico) to read (the newspaper) (3)
legalizar (c) to legalize (15)
legislatura legislature
legumbre *f.* vegetable (9)
lejano/a distant (13)
lejos (de) far; far from (2)
lema *m.* motto
lengua language (4); tongue (12)
lenguaje *m.* language (6)
lentamente slowly (2)
lentes *m. pl.* glasses (1)
lento/a slow
leña firewood
león *m.* lion (10)
leopardo leopard
leotardos *pl.* tights, leotard
letra letter (*of the alphabet*) (11)
letrero sign
levantar to raise; to lift **levantar pesas** to lift weights (3); **levantarse** to get up (5)
ley *f.* law (15)
leyenda legend
libanés, libanesa *adj.* Lebanese
libertad *f.* liberty
Libia Libya (4)
libio/a Libyan (4)
libra pound (9)
libre: aire (*m.*) **libre** outdoors (4); **tiempo libre** free time (3)
librería bookstore (3)
libro book (2)
licenciado/a *n.* graduate
licenciatura degree
licor *m.* liquor (6)
licuadora blender (14)
líder *m., f.* leader (13)
ligero/a light (*weight*) (11)
limitar to limit (15)
límite *m.* limit
limón *m.* lemon (9)
limonada lemonade (9)
limpiaparabrisas *m. sing.* windshield wiper (11)
limpiar to clean (3)
limpio/a clean (8)

lindo/a cute, pretty (10)
línea line; **en línea** online (4)
líquido liquid (9)
lírico/a lyrical
lista list (1)
listo/a ready (9); **estar** (*irreg.*) **listo/a** to be ready; **ser** (*irreg.*) **listo/a** to be smart, clever
literalmente literally (12)
literario/a literary; **creación** (*f.*) **literaria** creative writing (13)
literatura literature (6)
litro liter
llamada call (5); **llamada telefónica** telephone call (13)
llamar to call (6); **¿cómo se llama?** what is his/her name? (1); **llamar la atención** to make someone take notice (15)
llamativo/a showy; getting one's attention
llano plain (11)
llanta tire (11); **llanta desinflada/pinchada** flat tire (11)
llave *f.* key (12)
llegada arrival
llegar (gu) to arrive (3)
llenar to fill (5)
lleno/a full (11)
llevar to wear (1); to take (5); **llevarse** to take away (12); **llevarse bien/mal con…** to get along well with / not get along with (10); **lléveselo/la/los/las por** (*cantidad*) take it/them for (*amount of money*) (14); **me lo/la/los/las llevo** I'll take it/them (14)
llorar to cry (5)
llover (ue) to rain; **llueve** it rains / it's raining (3)
llovizna drizzle (11)
lloviznar to drizzle (*rain*) (11)
lluvia rain (11)
lluvioso/a rainy
lo *d.o. m. sing.* him/it/you (*pol. sing.*); **lo que** that which (6)
lobo wolf (15)
local local (14)
localizar (c) to locate
locamente madly
loco/a crazy (3); **volverse (ue) loco/a** to go crazy (12)
lógicamente logically (8)
lógico/a logical (5)
lograr to achieve; to accomplish (10)
logro achievement
lomo side, loin (*of an animal*)
lona canvas; **bolsa de lona** canvas bag (15)
loro/a parrot; **tortuga lora** Atlantic ridley sea turtle
los *def. art. m. pl.* the (1)
lotería lottery (14)
luchar to fight

lucir (zc) to shine
luego then (1); **hasta luego** see you later (1)
lugar *m.* place (2); **lugar de nacimiento** place of birth (4); **lugar de trabajo** workplace (6); **tener** (*irreg.*) **lugar** to take place (13)
lujo luxury (14); **de lujo** luxury (14)
luna moon (11); **luna de miel** honeymoon (13)
lunares: de lunares polka-dotted (14)
lunes *m. sing.* Monday (2); *pl.* (on) Mondays
luz *f.* (*pl.* **luces**) light (2)

M

maché: papel (*m.*) **maché** paper mache
macroeconomía *sing.* macroeconomics
madera wood (14)
madrastra stepmother (10)
madre *f.* mother (4); **Día** (*m.*) **de la Madre** Mother's Day (5)
madrina godmother; bridesmaid (13)
madrugada dawn
madrugar (gu) to get up early
maduro/a ripe
maestría master's degree
maestro/a teacher (6)
mágico/a magic
magíster *m.* master's degree
magnífico/a magnificent
magnitud *f.* magnitude
magos: Día (*m.*) **de los Reyes Magos** Day of the Magi, Epiphany (5); **Reyes** (*m. pl.*) **Magos** Wise Men, Magi (5)
magro/a lean
mahones *m. pl.* jeans (*P.R.*)
maíz *m.* corn (9); **mazorca de maíz** ear of corn (9); **palomitas** (*pl.*) **de maíz** popcorn (9)
majestuoso/a majestic
mal *n. m.* bad; *adv.* badly (11); **llevarse mal con…** to not get along with (10)
mal, malo/a *adj.* bad (5); **estar** (*irreg.*) **de mal humor** to be in a bad mood (5); **hace mal tiempo** the weather is bad (3); **tener malas notas** to have bad grades (6)
males *m. pl.* ailments (12)
malestar *m.* discomfort
maleta suitcase (11); **hacer** (*irreg.*) **la maleta** to pack a suitcase (11)
maletero trunk (11)
mamá mom (2); **jugar (ue) (gu) a mamá y papá** to play house (10)
mamífero mammal (15)
manantial *m.* spring
manatí *m.* manatee (15)
mandar to send (4)
mandato command (1)
manejar to drive (3)
manera manner, way

mango mango (9)
maní *m.* peanut (*S. A.*) (9)
manito little hand
mano *f.* hand (2); **a mano** by hand (14); **darse** (*irreg.*) **la mano** to shake hands with each other (13); **de segunda mano** secondhand (14); **humo de segunda mano** secondhand smoke (12)
manojo bunch (9)
manta blanket (12)
mantel *m.* tablecloth (9)
mantener (*like* **tener**) to maintain (11)
mantequilla butter (5)
manual *adj.* manual (14)
manufacturar to manufacture (14)
manzana apple (9)
manzanilla camomile
mañana *n.* morning; tomorrow; **de la mañana** in the morning (3); **dormir (ue, u) la mañana** to sleep in (7); **esta mañana** this morning (5); **mañana por la mañana** tomorrow morning (4); **pasado mañana** day after tomorrow (2); **por la mañana** in the morning (3)
mapa *m.* map (2)
mapundungun *m.* language of the Mapuches
maquiladora assembly plant (*located in a developing country to take advantage of lower wages*) (15)
maquillar to make up; **maquillarse** to put on makeup (5)
máquina machine (15)
maquinilla de afeitar safety razor
mar *m.* sea (2)
maracuyá *m.* passion fruit
marañón *m.* cashew (9)
maratón *m.* marathon (3)
maravilla *n.* wonder
maravilloso/a marvelous (11)
marcar (qu) to mark
marcha gear (11)
marearse to get seasick; to feel dizzy (11)
mareo nausea, seasickness, dizziness
margarita margarita (14)
marino/a marine, of the sea (13)
mariposa (monarca) (Monarch) butterfly (15)
mariquita ladybug
marisco seafood (9)
martes *m. sing.* Tuesday (2); *pl.* (on) Tuesdays
martillo hammer (14)
marzo March (2)
más more (2); **más o menos** more or less (2); **más tarde** later (1); **¡ni un día más!** not one more day! (15)
masa dough
masaje *m.* massage; **dar** (*irreg.*) **masajes** to give massages (6)
máscara mask

mascota pet (4)
masculino/a masculine
masivo/a massive (15)
masticarse (qu) to chew (12)
matar to kill (15)
matemáticas *pl.* mathematics (6)
materia school subject (6); **materia prima** raw material (14)
material *m.* material (14)
materialista materialistic (1)
matriarcal matriarchal
matrícula registration, enrollment (11)
matricularse to enroll (8)
matrimonial: cama matrimonial double bed (7)
matrimonio marriage (13)
máximo/a maximum (3)
maya *n. m., f.; adj.* Maya(n)
mayo May (2)
mayonesa mayonnaise (9)
mayor *adj.* older; oldest; major, main; greater
mayoría majority
mayúscula uppercase letter
mazorca de maíz ear of corn (9)
mecánico/a mechanic (6)
mecedora rocking chair (14)
mediano/a medium (1); **de estatura mediana** medium height (1)
medianoche *f.* midnight
medias *pl.* stockings
medicamentos *pl.* medication
medicina medicine (5)
médico/a *m.* doctor (6); *adj.* medical (12); **seguro médico** medical insurance (12)
medida measurement (9)
medio half (2); **en medio (de)** in the middle; in the middle (of) (2); **medio ambiente** environment (15); **medio/a hermano/a** half brother / half sister (10); **medios de transporte** means of transportation (7); **por medio de** by means of (12); **y media** half past (3)
mediodía *m.* noon
mediterráneo/a Mediterranean
megalítico/a megalithic
mejilla cheek (12)
mejor better (7); best; **el/la mejor** the best (7); **mejor amigo/a** best friend (1)
mejora improvement (14)
mejorar to improve; to get better (10); **mejorarse** to get better (12)
melodía melody
memorable memorable (8)
memoria memory (15)
mencionado/a mentioned (11)
mencionar to mention (3)
menor younger; youngest

menos less (5); **echarse de menos** to miss each other (13); **a menos que** unless (15); **menos cuarto** quarter till (3); **son las nueve menos cuarto** it's eight forty-five / (a) quarter to nine (3)
mensaje *m.* message (4); **mensaje de texto** text message (13); **mensaje electrónico** e-mail (6)
mensual monthly; **pago mensual** monthly payment (14)
menta peppermint; **té** (*m.*) **de menta** peppermint tea (12)
mental mental (12); **trastorno mental** mental disorder (12)
mentalmente mentally (15)
mentir (ie, i) to lie
mentira lie
mentiroso/a liar (1); **¡qué mentiroso/a!** what a liar! (10)
menú *m.* menu (9)
menudo: a menudo often (13)
mercadillo street market
mercado market (7); **mercado sobre ruedas** farmer's market (14); **salir** (*irreg.*) **al mercado** to come out on the market (14)
mercadotecnia marketing (6)
mercancía merchandise (14)
merendar (ie) to have a snack; to picnic (5)
merengue *m.* fast paced Dominican music; official dance and music of the D. R. (13)
merienda snack (4)
mes *m.* month (1); **al mes** monthly (14)
mesa table (2); **jugar (ue) (gu) juegos de mesa** to play board games (7); **poner** (*irreg.*) **la mesa** to set the table (7)
mesero/a waiter/waitress (6)
mesías *m. sing.* Messiah
mesita coffee table (7)
Mesoamérica Middle America (*most of Mex. and C. A.*)
mestizaje *m.* the mixing of races
mestizo/a *n.* person of mixed race; *adj.* of mixed blood
meta goal (15)
metabolismo metabolism
metal *m.* metal (11)
metálico/a metallic
meter to put
método method
metro subway (11)
mexicano/a *n., adj.* Mexican (1)
mexicoamericano *adj.* Mexican-American
mezcla mixture (14)
mezclar to mix (9)
mezclilla denim (14)
mi(s) *sing., (pl.), poss.* my (1)
mí (to) me (2)
microondas microwave (oven) (7); **horno de microondas** microwave oven (7)

miedo fear; **dar** (*irreg.*) **miedo** to be scary (15); **tener** (*irreg.*) **miedo** to be afraid (5)
miel *f.* honey (9); **luna de miel** honeymoon (13)
miembro *m., f.* member (1)
mientras while (3)
miércoles *m. sing.* Wednesday (2); *pl.* (on) Wednesdays
migrar to migrate
mil one thousand (4)
militar *adj.* military
milla mile (7)
millón *m.* million (14); **un millón (de)** a million (*of something*) (13)
millonario/a millionaire
mina *n.* mine
mineral: agua (*f. but* **el agua**) **mineral** mineral water (9)
minero/a mining
mínimo/a minimum (3)
minuto minute (3)
mío/a *poss.* mine (13)
mirar to look (1); **mirar (videos)** to look at, watch (videos) (3); **miren** (*command*) (*you pl.*) look
misa mass (*religious*) (4)
misión *f.* mission (8)
mismo/a same (2); **ahora mismo** right now (12); **él mismo / ella misma** him/herself (14)
misquito Miskito (*indigenous Nicaraguan language*)
misterio mystery (3)
misterioso/a mysterious
místico/a mystic
mitad *f.* half
mitigar (gu) to alleviate
mitología mythology
mixto/a: ensalada mixta mixed salad (9)
mochila backpack (2)
moda fashion; **de moda** in style (14)
modales *m. pl.* manners (13)
modelo model (1)
moderación *f.* moderation
moderno/a modern (2)
modesto/a modest
modo way, manner
mojarse to get wet (11)
molécula molecule
molestar to bother (6)
molestia annoyance
molesto/a mad (12)
molido/a: carne (*f.*) **molida** ground beef (9)
momentito just a moment (13)
momento moment; **al momento** at the time, instantly (8)
monarca *n., adj. m., f.* monarch
monasterio monastery
moneda coin

mono monkey (10)
monopatín *m.* skateboard
monopolio monopoly
monótono/a monotonous (6)
montaña mountain (3); **escalar montañas** to climb mountains (11)
montañismo mountaineering
montañoso/a mountainous
montar to set up, assemble; to ride (15); **montar a caballo** to ride a horse (6); **montar en el cachumbambé** (*Cuba*) to ride the seesaw (10); **montar en el subibaja** to ride the seesaw (10)
monumento monument
morado/a purple (1)
mordedor(a) biter
morder (ue) to bite (12)
moreno/a brunette (1)
morir(se) (ue, u) (*p.p.* **muerto**) to die (13)
moro/a Moorish (11)
mosca fly (8)
mostaza mustard (9)
mostrador *m.* counter (11)
mostrar (ue) to show (6)
motivo reason (12)
moto(cicleta) motorcycle (3); **andar** (*irreg.*) **en moto(cicleta)** to ride a motorcycle (11)
motor *m.* motor (15)
movido/a lively
móvil mobile
movimiento movement (12)
muchacho/a boy/girl (1)
muchísimo/a (muchísimos/as) very much (very many) (8)
mucho a lot (2); **mucho gusto** nice to meet you (1)
mudarse to move (*from one residence to another*) (10)
mueble *m.* furniture (7)
mueblería furniture store (14)
muela molar (tooth) (12); **tener** (*irreg.*) **dolor de muelas** to have a toothache (12)
muerte *f.* death
muerto: Día (*m.*) **de los Muertos** All Souls' Day (5)
mujer *f.* woman (1); **mujer bombero** firefighter (6); **mujer de negocios** businesswoman (6); **mujer plomero** plumber (6); **mujer policía** police officer (6); **mujer soldado** soldier
muletas *pl.* crutches (12)
multa ticket; **ponerle** (*irreg.*) **una multa** to give a traffic ticket to someone (8)
multidisciplinario/a multidisciplinary
múltiple multiple
multiplicar (qu) to multiply (14)
multitud *f.* multitude
mundial pertaining to the world (15)
mundo world (1)

municipal municipal (7)
municipio municipality
muñeca doll (5); wrist (12)
muñequito cartoon; doll; **ver** (*irreg.*) **muñequitos** to watch cartoons (10)
muralla outside wall
murciélago bat
músculo muscle (12)
museo museum (7)
música music; **componer** (*like* **poner**) **música** to compose music (6); **escuchar música** to listen to music (3)
musical musical (3); **artes** (*f.*) **musicales** music appreciation (6)
músico/a musician (8)
muslo thigh (12)
musulmán, musulmana *n., adj.* Muslim

N

nacer (zc) to be born (15); **¿cuándo nació usted / naciste?** when were you (*pol. sing.*)/(*inf. sing.*) born? (2)
nacimiento: fecha de nacimiento date of birth (4); **lugar** (*m.*) **de nacimiento** place of birth (4)
nación *f.* nation
nacional national (3)
nacionalidad *f.* nationality (2)
nada nothing (8); **de nada** you're welcome (9)
nadar to swim (3)
nadie nobody (9)
náhuatl *m.* Nahuatl (*indigenous language of the Aztecs*)
nalga buttock (12)
nalgada spanking (13)
nanotecnología nanotechnology (15)
naranja orange (9); **jugo de naranja** orange juice (5)
nariz *f.* nose (2); **tener** (*irreg.*) **la nariz congestionada/tapada** to have a stuffy nose (12)
narración *f.* narration
narrar to tell a story; to narrate (3)
narrativo/a narrative
natación *f.* swimming (3)
natal *adj.* birth
natalidad *f.* birth rate; **tasa de natalidad** birth rate (15)
nativo/a native
natural natural (8); **ciencias naturales** natural sciences; **reserva natural** nature preserve (15)
naturaleza nature (7)
naturalmente naturally
naturista *adj.* natural
naufragio shipwreck
náuseas *f. pl.*: **tener** (*irreg.*) **nauseas** to be nauseous (12)

navaja razor (5)
navegable navigable
navegación *f.* navigation (15)
navegador *m.* browser
navegante *m., f.* navigator (10)
navegar (gu) to navigate (10)
Navidad *f.* Christmas (5); **arbolito de Navidad** Christmas tree (5)
nazareno/a penitent (*in Holy Week processions*)
neblina mist, light fog (11)
necesario necessary; **es necesario** (+ *infin.*) it's necessary to (*do something*) (6)
necesidad *f.* necessity
necesitar to need (4)
negar (ie) (gu) to deny; **negarse a** to refuse to (13)
negativamente negatively
negativo/a negative (11)
negociación *f.* negotiation
negocio business (6); **hombre** (*m.*) / **mujer** (*f.*) **de negocios** businessman/businesswoman (6)
negro/a black (1); dark-brown (black) (*eyes*) (1); **barro negro** clay (*Oaxacan pottery*) (8)
nervio nerve (12)
nervioso/a nervous (5)
neurona neuron
nevar (ie) to snow; **nieve** it snows / it's snowing (3)
nevera refrigerator
ni neither; nor; even; **¡ni pensarlo!** don't even think about it! (5); **¡ni un día más!** not one more day! (15); **no soy… ni…** I am not/neither . . . nor . . . (1)
nicaragüense *n. m., f., adj.* Nicaraguan (2)
niebla fog (11)
nieto/a grandson/granddaughter (4); **nietos** grandchildren
nieve *f.* snow (3)
ninguno/a none, neither (4)
niñero/a nanny, babysitter (10)
niñez *f.* childhood (10)
niñito/a little boy/girl
niño/a boy/girl (1); **de niño…** as a child . . . / when I was a child . . . (10)
nitrógeno nitrogen
nivel *m.* level (6)
no no (1); **no soy… ni…** I am not/neither . . . nor . . . (1); **¡yo no!** I don't! (5)
Nobel: Premio Nobel Nobel Prize (8)
noche: buenas noches good night (1); **de la noche** in the evening (3); **por la noche** in the evening (3)
Nochebuena Christmas Eve (5)
Nochevieja New Year's Eve (5)
nocivo/a harmful (12)
nocturno/a *adj.* night; **club nocturno** nightclub (6)

Noel: Papá Noel Santa Claus, Father Christmas (13)
nombrar to name
nombre *m.* name; **nombre de usuario** username (15)
nordeste *m.* northeast; *adj.* northeastern
normal normal (15)
normalmente normally (3)
noroeste *m.* northwest; *adj.* northwestern
norte *m.* north (2); *adj.* northern
Norteamérica North America
nos *d.o.* us; *i.o.* to/for us; *refl. pron.* ourselves
nosotros/as *sub. pron.* we (1); *obj. of prep.* us
nostálgico/a nostalgic
nota note (5); grade (15); **sacar (qu) una nota** to get a grade (8); **tener** (*irreg.*) **buenas/malas notas** to have good/bad grades (6)
notar to note (13)
noticia(s) news (3)
novecientos/as nine hundred (4)
novedoso/a *adj.* novel
novela novel (3)
novelista *m., f.* novelist
noveno/a ninth (4)
noventa ninety (2)
noviazgo courtship; engagement (13)
noviembre *m.* November (2)
novio/a boyfriend/girlfriend (3); **hacerse** (*irreg.*) **novios** to become boyfriend and girlfriend (13)
nube *f.* cloud (10)
nublado cloudy; **está nublado** it's cloudy (3)
nuboso/a cloudy
nuclear: reactor (*m.*) **nuclear** nuclear reactor (15)
nuera daughter-in-law (10)
nuestro/a *poss.* our (4)
nueve nine (1)
nuevo/a new (1); **de nuevo** again, once more (6); **Nueva Jersey** New Jersey
nuez *f.* (*pl.* **nueces**) nut (9)
numeración *f.* numeration
número number (1); **número ordinal** ordinal number (4)
numeroso/a numerous
nunca never; **casi nunca** almost never (3)
nutrición *f.* nutrition (9)
nutritivo/a nutritional (9)
ñame *m.* yam

O

o or (1)
oaxaqueño/a of/from Oaxaca
obediente obedient (13)
obeso/a obese (12)
obesidad *f.* obesity (12)
objetivo objective
objeto object (2)
obligación *f.* obligation (6)
obligar (gu) to obligate (13)
obligatorio/a obligatory (6)
obra work (11); **obra de teatro** play (10); **obra dramática** play (8)
obrero/a worker (6)
observar to observe (13)
observatorio observatory
obtener (*like* **tener**) to obtain (14)
obvio/a obvious (15)
ocasión *f.* occasion (4)
occidental western
Oceanía Oceania
océano ocean (2); **océano Atlántico/Pacífico** Atlantic/Pacific Ocean (2); **océano Índico** Indian Ocean
ochenta eighty (2)
ocho eight (1)
ochocientos/as eight hundred (4)
octavo/a eighth (4)
octubre *m.* October (2)
ocultar to hide
ocupado/a busy; **estar** (*irreg.*) **ocupado** to be busy (5)
ocupar to take up, occupy
ocurrencia: ¡qué ocurrencia! what a silly idea! (5)
ocurrir to occur (15)
odontología dentistry
oeste *m.* west (2) *adj.* western
oferta offer; sale; **estar en oferta** to be on sale (14)
oficial official (11)
oficialmente officially
oficina office (6); **oficina particular** private office (6)
oficio job (6)
ofrecer (zc) to offer (7)
ofrenda offering
oído (inner) ear (12)
oír *irreg.* to hear (8); **oí** I heard (8); **oíste** you (*fam. sing.*) heard (8); **oyó** he/she/you (*pol. sing.*) heard (8)
ojalá let's hope (13)
ojo eye (2); **gotas para los ojos** *pl.* eye drops (12); **¡ojo!** pay attention! (2)
ola wave
oler (*irreg.*) to smell (12)
olímpico/a Olympic; **Juegos Olímpicos** Olympic games (10)
oliva olive
olla pot
olmeca *n., adj.* Olmec
olvidar(se) to forget (11); **se me/te/le/nos/ les olvidó/olvidaron** (*something* [*sing./pl.*]) slipped my / your (*inf. sing.*) / your (*pol. sing.*), our, his, her / your (*pol. pl.*), their mind (12)

once eleven (1)
onda: ¿qué onda? what's new?, what's up? (*Mex.*)
ondulado/a wavy (1)
onza ounce (9)
opción *f.* option
ópera opera
operación *f.* operation (12)
opinar to think, to believe (13)
opinión *f.* opinion (2)
oportunidad *f.* opportunity (6)
opresivo/a oppressive
optimista *n. m., f.* optimist; *adj.* optimistic
oración *f.* sentence; prayer (8)
oral oral (12)
orden (*pl.* **órdenes**) *m.* order (2); *f.* command (13); **en orden** in order
ordenar to order
ordinal: número ordinal ordinal number (4)
oreja ear (2)
orgánico/a organic (15)
organismo organism (12)
organización *f.* organization
organizador(a) organizer
organizar (c) to organize (15)
órgano organ (12)
orgulloso/a proud (15)
oriental eastern
origen *m.* origin (2)
originado/a originated (11)
original original (14)
originalmente originally
originar to originate (9)
orilla shore, riverbank (11)
oro gold (14)
orquesta orchestra
os *d.o.* (*Sp.*) you; *i.o.* (*Sp.*) to/for you (*inf. pl.*); *refl. pron.* (*Sp.*) yourselves (*inf. pl.*)
oscuro/a dark
oso bear (13); **oso panda** panda bear (15)
ostentoso/a ostentatious
ostra oyster (9)
otoño fall (*season*) (3)
otorgar (gu) to award
otro/a other (1), another (2); **otra vez** once more (8)
oxigenado/a oxygenated (12)
oxígeno oxygen
ozono ozone; **agujero en la capa de ozono** hole in the ozone layer (15)

P

paciencia patience (13)
paciente *n. m., f.* patient (6); *adj.* patient (6)
Pacífico: océano Pacífico Pacific Ocean
padrastro stepfather (10)

padre *m.* father (4); **Día** (*m.*) **del Padre** Father's Day (5)
padres *m.* parents (4)
padrino godfather; best man in a wedding (13)
pagar (gu) to pay (8); **pagar a la americana** to go Dutch, pay individually (9); **pagar la cuenta** to pay the bill (9)
página page (2)
pago (mensual) (monthly) payment (14)
país *m.* country (1); **país en vías de desarrollo** developing country (14)
paisaje *m.* landscape
pájaro bird (4)
pala shovel
palabra word (1)
palacio palace (11); **castillo-palacio** castle-palace
palito small stick
palmada clap (of the hands)
palo: de tal palo, tal astilla a chip off the old block; like father, like son
palomitas (*pl.*) **de maíz** popcorn (9)
palta avocado (S. A.) (9)
pan bread (5); **pan tostado** toast (5); **pan tostado a la francesa** french toast (9); **pudín** (*m.*) **de pan** bread pudding (9)
pana *m., f.* buddy
panadería bakery (7)
panameño/a *adj.* Panamanian (2)
panamericano/a Pan-American (3)
panda: oso panda panda bear (15)
panel (*m.*) **solar** solar panel (15)
panqueque *m.* pancake (9)
pantaletas *pl.* women's underpants (14)
pantalla screen (2)
pantalón (*m. sing.*), **pantalones** (*m. pl.*) pants (1)
pantimedias *pl.* pantyhose (14)
pantorrilla calf (12)
paño woollen cloth
pañuelo handkerchief, scarf (12)
papá *m.* dad (2); **jugar (ue) (gu) a mamá y papá** to play house (10); **Papá Noel** Father Christmas (13)
papa potato (5); **papas a la huancaína** *potatoes in a spicy cheese sauce* (Peru); **papa al horno** baked potato (5); **papas fritas** french fries (5); **puré** (*m.*) **de papas** mashed potatoes (5)
papalote *m.* kite; **volar (ue) papalote** to fly a kite (10)
papaya papaya (9)
papel *m.* paper (2); role; **hacer** (*irreg.*) **el papel de** to play the role of (12); **papel maché** paper maché
papelería stationery store (7)
paquete *m.* package (7)
par pair (13)
para for (1); **para que** in order that (15); **son diez para las siete** it's ten to seven (3)

parabrisas *m. sing.* windshield (11)
paracetamol *m.* acetaminophen, Tylenol™ (12)
parachoques *m. sing.* bumper (11)
parada del autobús bus stop (3)
paradisíaco/a heavenly
parador *m.* government-run hotel
paraguas *m. sing.* umbrella (11)
paraguayo/a Paraguayan (2)
paraíso paradise
parar to stop (11); **¡pare!** stop! (11)
¡pare! stop! (11)
parecer (zc) to seem (9); **parecerse** to look like (10)
parecido/a alike, similar (10)
pared wall (2)
pareja couple (13)
parentesco family relationship (10)
paréntesis *m.* parenthesis (8)
pariente *n. m., f.* relative (5)
París Paris
parlanchín, parlanchina *adj.* chatty; *n.* chatterbox
parque *m.* park (3)
párrafo paragraph
parrilla grill (9); **a la parrilla** grilled (9)
parrillada grilled meat
parte *f.* part; **en todas partes** everywhere (8); **por parte de** on behalf of (15); **por todas partes** everywhere (13)
participación *f.* participation
participante *m., f.* participant
participar to participate (6)
particular individual (6); **oficina particular** private office (6)
particularmente particularly
partido game (*in sports*); match (3); political party (8)
parvulario nursery school (6)
pasado/a past (7); **el sábado (mes, año) pasado** last Saturday (month, year); **la semana pasada** last week (7); **pasado mañana** day after tomorrow (2)
pasaje *m.* fare, ticket price
pasajero/a passenger (11)
pasaporte *m.* passport (4)
pasar to happen (8); **pasar la aspiradora** to vacuum (6); **pasar tiempo** to spend time (3)
pasatiempo pastime
Pascua Easter (5); **Pascua Judía** Passover (5)
pase (*m.*) **(de abordar)** (boarding) pass (11)
pasear to go for a walk/ride (3)
paseo walk (7); **dar** (*irreg.*) **un paseo** to go for a walk/stroll (3)
pasiflora passionflower
pasillo hall
pasión *f.* passion
paso step (9)

pasta *paste;* **pasta dental** toothpaste (5); **pasta dentífrica** toothpaste
pastel *m.* pastry; cake (5)
pastelería cake shop (14)
pastoreo pasture
pata foot (animal)
patata potato (Sp.)
paterno/a paternal
patín (*pl.* **patines**) *m.* skate (3)
patinar to skate (3)
patineta skateboard (3); **andar** (*irreg.*) **en patineta** to ride a skateboard (3)
patio patio (5); **patio de recreo** playground (10)
patrimonial hereditary
patrimonio patrimony
patrón, patrona patron
pavo turkey (5)
paz *f.* peace
peatón, peatona pedestrian (11)
pecho chest (12)
pediatra *m., f.* pediatrician (13)
pedir (i, i) to ask (5); to ask (for); to order (8); **pedí** I asked for / ordered (8); **pedir la cuenta** to ask for the bill (9); **pedir prestado/a** to borrow (14); **pedirse perdón** to ask each other for forgiveness (13); **pediste** you (*inf. sing.*) asked for / ordered (8); **pidió** he/she/you (*pol. sing.*) asked for / ordered (8)
pegar (gu) to hit; to glue (13)
peinarse to comb one's hair (5)
pelar to peel (10)
pelea fight (13)
pelear to fight (10)
película movie; **poner** (*irreg.*) **(una) película** to show a movie (7)
peligro danger (15)
peligroso/a dangerous (3)
pelo hair (1); **cepillarse el pelo** to brush one's hair (5); **cortar el pelo** to cut hair; **lavarse el pelo** to wash one's hair (5)
pelota ball (3); **jugar (ue) (gu) a la pelota** to play ball (10)
peluquería hair salon, hairdresser's (6)
peluquero/a hairdresser, hair stylist (6)
pena: valer (*irreg.*) **la pena** it's worth the trouble
penicilina penicillin (8)
península peninsula
pensamiento thought (12)
pensar (ie) to think (4); **¡ni pensarlo!** don't even think about it! (5); **pensaba** (+ *infin.*) was/were planning to (*do something*) (10)
peña rock, outcropping; group (*of people*)
peor worse (6); **el/la peor** the worst (7)
pepino cucumber (9)
pequeño/a small, little (1)
percibir to perceive

percusión percussion
perder (ie) to lose (3); **perderse** to get lost; **se me/te/le/les perdió/perdieron** I / you (*inf. sing.*) / you (*pol. sing.*), he, she / you (*pol. pl.*), they lost my/your/his/her/their (12)
perdido/a lost (14)
perdón *m.* pardon; **pedirse (i, i) perdón** to ask each other for forgiveness (13)
perezoso/a lazy (1)
perfectamente perfectly (15)
perfecto/a perfect (4)
perfil *m.* profile
perfume *m.* perfume (6)
perfumería perfume store (14)
periódico newspaper; **leer (y) el periódico** to read the newspaper (3)
periodismo journalism
periodista *m., f.* reporter (6)
período period (15)
periquito parakeet
perla pearl (14)
permanecer (zc) to stay, remain
permiso permission; **dar (*irreg.*) permiso** to give permission (10)
permitir to permit (12)
pero but (3)
perpetuo/a perpetual
perrito/a little dog
perro dog (4); **perro caliente** hot dog (9)
persa *n. m.* Persian (*language*) (4)
persistir to persist
persona person (1)
personaje *m.* character (*fictional*)
personal: datos personales personal data (4)
personalidad *f.* personality (1)
perturbación *f.* disruption (11)
peruano/a *n., adj.* Peruvian (2)
pesado/a heavy (9)
pesar to weigh; **a pesar de** *prep.* in spite of
pesas: levantar pesas to lift weights (3)
pesca *n.* fishing (15)
pescado fish (*food*) (5)
pescar (qu) to fish (8)
pesimista *n. m., f.* pessimist; *adj.* pessimistic
peso weight
pestaña eyelash (12)
pesticida *m.* pesticide (15)
petición *f.* petition (15)
petróleo oil, petroleum (14)
pez *m.* (*pl.* **peces**) fish (4)
pianista *m., f.* pianist
picado/a chopped (9)
picante spicy (9)
picar (qu) to chop (9)
pícaro/a rascal; **¡qué pícaro/a!** how naughty! (10)
picnic *m.* picnic (4)
pico peak; **horas pico** peak hours (11)

pie *m.* foot (2); **a pie** on (by) foot (7)
piedra stone (12); gemstone (14)
piel *f.* skin (12); leather (14)
pierna leg (2)
pieza piece
pijama *m. sing.* pajamas (5)
pila pile
pileta swimming pool (*Arg.*)
piloto *m., f.* pilot (6)
pimentero pepper shaker (9)
pimienta pepper (*spice*) (9)
pimiento bell pepper (9)
pinchado/a: llanta pinchada flat tire (11)
pino pine tree
pintar to paint (6)
pintor(a) painter (11)
pintoresco/a picturesque (11)
pintura (rupestre) (cave) painting (8)
piña pineapple (*Arg., Uru.*) (9)
piragua canoe
pirámide *f.* pyramid (8)
pirata *m.* hacker (15)
Pirineos *pl.* Pyrenees (11)
pisar to tread on
piscina pool (3)
piso floor (2)
pista trail, track
pizarra (chalk)board; whiteboard (2)
pizarrón *m.* chalkboard
pizca little bit (9); a pinch (*of salt*)
placa license plate (11)
placentero/a pleasant
placer *n. m.* pleasure
plan *m.* plan (4)
planchar to iron
planear to plan (11)
planeta *m.* planet (2)
planetario planetarium
planificación (*f.*) **familiar** family planning (15)
plano street map (11)
planta plant (3); floor; **planta baja** first floor (7), ground floor
plantación *f.* plantation
plantar to plant
plástico *n.* plastic (14)
plástico/a *adj.* plastic
plata silver (14)
plátano banana (9)
platillo dish of food (9)
plato dish (7); **plato del día** today's specialty (9)
playa beach (3)
playera T-shirt (*Mex.*)
plaza plaza (7)
plazos: comprar a plazos to buy in installments (14)
plegable *adj.* folding
plomero, mujer (*f.*) **plomero** plumber (6)

pluma pen
plumaje *m.* plumage
población *f.* population (15); **sobrepoblación** overpopulation (15)
poblado/a populated
pobre poor (5)
pobrecito/a poor thing (5)
pobreza poverty (15)
poco/a little; **poco asado/a** rare (9); **poco cocido/a** rare (9); **un poco** a little (2)
poder *n. m.* power
poder *v. irreg.* to be able (8); **¿en qué puedo servirle?** how may I help you? (14); **poder** (*+ infin.*) to be able to (*do something*) (6); **pude** I was able (8); **pudiste** you (*inf. sing.*) were able (8); **pudo** he/she was, you (*pol. sing.*) were able (8)
poderoso/a powerful
poema *m.* poem
poesía poetry
poeta *m., f.* poet (10)
poético/a poetic
póker *m.* poker (6)
policía, mujer (*f.*) **policía** police officer (6)
policial *adj.* police
polinizador(a) *adj.* pollinating
política *sing.* politics
político/a *n.* politician (1); *adj.* political; **ciencias** (*pl.*) **políticas** political science (7)
pollera skirt
pollo chicken (5); **pollo frito** fried chicken (5)
pololo/a boyfriend/girlfriend
poner *irreg.* to put (5); to put on; to put up; **poner atención** to pay attention (6); **poner la mesa** to set the table (7); **poner (una) película** to show a movie (7); **ponerle una inyección a (alguien)** to give (someone) a shot / an injection (12); **ponerle una multa** to give a traffic ticket to someone (8); **ponerse** to get, become (*+ adj.*) (5); **ponerse la ropa** to put on clothes (5); **ponerse rojo** to turn red, get embarrassed (8); **puse** I put (8); **pusiste** you (*inf. sing.*) put (8); **puso** he/she/you (*pol. sing.*) put (8)
popular popular (3)
popularizado/a popularized
poquito/a small amount (5)
por by; through; because of; for; per (6); **por ciento** percent (9); **por ejemplo** for example (3); **por eso** for that reason, therefore (13); **por el contrario** on the contrary, on the other hand (15); **por excelencia** par excellence; **por favor** please (2); **por la mañana/tarde/noche** in the morning/afternoon/evening (3); **por lo general** generally (9); **por medio de** by means of (12); **por parte de** on behalf of (15); **¿por qué?** why? (3); **por suerte** luckily (13); **¡por supuesto!** of course! (10); **por teléfono** on the phone (3); **por todas partes** everywhere (13); **por último** lastly (3)

porcentaje *m.* percentage (15)
porción *f.* portion (9)
poroto bean
porque because (3)
portada homepage (15)
portarse to behave (13)
portugués *n. m.* Portuguese (*language*) (4)
porvenir *m.* future (15)
posesión *f.* possesion (4)
posesivo/a possessive
posibilidad *f.* possibility (8)
posible possible (3); **es posible que** (+ *subjunctive*) it's possible that . . . (14)
posiblemente possibly (3)
positivo/a positive (11)
poste *m.* post
póster *m.* poster
postmeridiano postmeridian, p.m.
postre *m.* dessert (5)
potable: agua (*f. but* **el agua**) **potable** drinking water (15)
potasio potassium (9)
práctica practice
practicante *adj.* practicing
practicar (qu) to practice (3); **practicar un deporte** to play a sport (3)
práctico/a practical (1)
precio price (2)
precioso/a precious
precipitación *f.* precipitation (15)
precisamente precisely
preciso/a precise
precolombino pre-Columbian
preconcebido/a preconceived (15); **idea preconcebida** preconception (15)
predecir (*like* **decir**) (*p.p.* **predicho**) to predict
predicción *f.* prediction
predominar to predominate
preelaborado/a: comida preelaborada convenience food (9)
preescolar *adj.* preschool (15)
preferencia preference (4)
preferible preferable
preferido/a preferred (11)
preferir (ie, i) to prefer (4); **prefieres** you (*inf. sing.*) prefer (4); **prefiero** I prefer (4)
pregunta question (1); **hacer** (*irreg.*) **preguntas** to ask questions (3)
preguntar to ask (6)
prehispánico/a pre-hispanic
premio award (13); **Premio Nobel** Nobel Prize (8)
prenda de ropa/de vestir garment, piece of clothing (14); article of clothing (14)
preocupación *f.* worry

preocupado/a worried; **estar** (*irreg.*) **preocupado** to be worried (5)
preocupar to worry (12); **preocuparse** to be worried
preparación *f.* preparation
preparado/a ready (6)
preparar to prepare (3); **prepararse** to prepare yourself (5)
preparativos *pl.* preparations
preposición *f.* preposition
presbiteriano/a *n.* Presbyterian
presencia presence
presentación *f.* introduction (1)
presentar to present (3); **preséntate** introduce yourself (*inf. sing.*) (1); **te presento a…** let me introduce you (*inf. sing.*) to . . . (1)
presente present (13)
presidencial presidential (8)
presidente/a president (5)
presión *f.* pressure (6)
prestado/a loaned (14); **pedir (i, i) prestado/a** to borrow (14)
préstamo loan (13)
prestar to lend (14); **¿me presta(s)… ?** can you (*pol./inf. sing.*) lend me . . . ? (14)
prestigio prestige (15)
prestigioso/a prestigious (6)
presupuesto budget (15)
pretérito preterite
prevenir (*like* **venir**) to prevent (12)
primaria: escuela primaria elementary school (15)
primavera spring (3)
primaveral spring-like
primer, primero/a first (3)
primo/a *n.* cousin (4); **materia prima** raw material (14)
princesa princess
principal principal (6)
principio beginning; **al principio** at the beginning (13)
prioridad *f.* priority (15)
prisa: tener (*irreg.*) **prisa** to be in a hurry (5)
prisionero/a prisoner
privado/a private (6)
privar to deprive
privatización *f.* privatization (15)
privilegio privilege
probabilidad *f.* probability (12)
probable likely (14), probable; **es probable que** (+ *subjunctive*) it's likely that . . . (14)
probablemente probably (1)
probador *m.* fitting room (14)
probar (ue) to taste (9); to try on (14); **pruébatelo/la/los/las** (*command*) try (*inf. sing.*) it/them on (14); **pruébeselo/la/los/las** (*command*) try (*pol. sing.*) it/them on (14)

problema *m.* problem (6)
problemático/a problematic
procesión *f.* procession
producción *f.* production (15)
producido/a produced (11)
producir (zc) to produce (14)
producto product (9)
profe *m.* prof (*short for* **profesor**)
profesión *f.* profession (6)
profesional professional (8)
profesor(a) professor (1)
profundidad *f.* depth
profundo/a deep
programa *m.* program (3)
programación *f.* programming (3)
progresión *f.* progression
progreso progress
prohibido/a prohibited
prohibir (prohíbo) to prohibit
prolífico/a prolific
promedio average
prometido/a fiancé(e) (13)
prometer to promise
promover (ue) to promote
promulgado/a enacted
pronombre *m.* pronoun (14)
pronosticar (qu) to forecast (11)
pronóstico forecast (11)
pronto soon (5); **tan pronto como** as soon as (15)
pronunciación *f.* pronunciation
propaganda propaganda (15)
propina tip (6)
propio/a own (7)
proponer (*like* **poner**) (*p.p.* **propuesto**) to propose
prosperidad *f.* prosperity
protección *f.* protection (15)
proteger (j) to protect (11)
protegido/a protected (15)
proteína protein (9)
protestar to protest
provecho: ¡buen provecho! bon appetit! (9)
proveer (y) (*p.p.* **proveído, provisto**) to provide (15)
provenir (*like* **venir**) to come from (*something*)
provincia province
provisión *f.* provision
provocar (qu) to provoke (13)
proximidad *f.* proximity
próximo/a next (4); **la semana próxima** next week (4)
proyecto project (7)
proyector *m.* projector (2)
prudencia caution, prudence
prueba test, quiz (15)

psicología psychology (6)
psicólogo/a psychologist (12)
psiquiatra *m., f.* psychiatrist (12)
público/a *adj.* public
publicar (qu) to publish (12)
publicación *f.* publication
públicamente publically (13)
publicidad *f.* publicity
publicitario/a *adj.* advertising
público *n., adj.* public (4)
pudín *m.* pudding; **pudín de pan** bread pudding (9)
pueblo town (7)
puente *m.* bridge (11)
puerco pig
puerta door (2); **tocar (qu) a la puerta** to knock on the door (12)
puerto port
puertorriqueño/a *n., adj.* Puerto Rican (2)
pues well (3)
puesto market stall, small shop
puesto/a (*p.p. of* **poner**) placed; turned
pulgar *f.* thumb
pulga flea (6)
pulmón *m.* lung (12)
pulsera bracelet (14)
pulso pulse (12)
punta point, tip; **hora punta** rush hour
punto point (12); **al punto** medium rare (9); **en punto** sharp (*time*) (3); **es a las once en punto** it's at eleven o'clock sharp (3); **punto de vista** point of view (8)
puntualmente punctually (11)
pupitre *m.* (student) desk (2)
pupusa bean-stuffed cornmeal cakes from El Salvador
puré (*m.*) **de papas** mashed potatoes (5)
puro/a pure (15)

Q

que that, which; than; **lo que** that which, what
¿qué? what?; **¿de qué está(n) hecho/a(s)... ?** what is/are... made of? (14); **¿en qué puedo servirle?** how may I help you? (14); **¿por qué?** why? (3); **¿qué hora es?** what time is it? (3); **¿qué le pasa?** what is wrong with you/him/her? (8); **¿qué onda?** what's new?, what's up?; **¿qué pasa?** what's wrong? (8); **¿qué pasó?** what happened? (8); **¿qué talla lleva/usa?** what size do you (*sing. pol.*) take/wear? (14); **¿qué te/le gusta hacer?** what do you (*inf. sing./pol. sing.*) like to do? (3); **¿qué tiempo hace?** what is the weather like? (3)
¡qué! what!; **¡qué** (+ *adj.*)**!** how . . . ! (8); **¡qué + noun + más/tan + adj.!** what a + *adj.* + *noun*! (11); **¡qué aburrido!** how boring (4); **¡qué buena idea!** what a good idea!

(4); **¡qué divertido!** what fun! (4); **¡qué envidia!** what luck! (8); **¡qué ganga!** what a bargain! (14); **¡qué lástima que** (+ *subjunctive*)… it's too bad that… (15); **¡qué mentiroso/a!** what a liar! (10); **¡qué ocurrencia!** what a silly idea! (5); **¡qué pícaro/a!** how naughty! (10); **¡qué susto!** how scary! (8); **¡qué tiempos aquellos!** those were the days! (10); **¡qué triste que** (+ *subjunctive*)… it's sad that… (15)
quechua Quechua/Quichua (*language*)
quedar(se) to remain; **quedar embarazada** to become pregnant (15); **quedar satisfecho** to be full (9); **quedarse** to stay (5); **se me/te/le/les quedó/quedaron** I / you (*inf. sing.*) / you (*pol. sing.*), he, she / you (*pol. pl.*), they left something (*sing. or pl.*) behind (12)
quehacer (*m.*) doméstico household chore (7)
quejarse to complain (8)
quemadura burn
quemar to burn (12)
querer *irreg.* to want (4); to love (5); **quererse** to love each other (13); **quería** (+ *infin.*) wanted to (*do something*) (10); **quieres** you (*inf. sing.*) want (4); **quiero** I want (4); **quise** I wanted (8); **quisiera** (+ *infin.*) I would like to (*do something*) (15); **quisiste** you (*inf. sing.*) wanted (8); **quiso** he/she/you (*pol. sing.*) wanted (8)
querido/a dear (5); **ser** (*m.*) **querido** loved one (15)
queso cheese (5)
quetzal *m.* quetzal (*national currency of Guat.*) (14); quetzal, *colorful bird native to southern Mex. and C. A.* (15)
quichua Quechua/Quichua (*language*)
quién: ¿de quién(es)? whose? (4)
química chemistry (6)
químico/a chemical (9)
quince fifteen (1)
quinceañero/a fifteen-year old
quinientos/as five hundred (4)
quinto/a fifth (4)
quitar to take away (8); **quitarse (la ropa)** to take off (clothes) (5)
quizá(s) perhaps

R

rábano radish (9)
rabia: dar (*irreg.*) **rabia** to make angry (15)
rácquetbol *m.* racketball
radiación *f.* radiation (15)
radio *f.* radio (*medium*) (10); **emisora de radio** radio station
radiografía *n.* X-ray
raíz (*pl.* **raíces**) root
rallar to grate (9)
Ramadán *m.* Ramadan (5)
rana frog

ranchero/o: huevos rancheros *fried/ poached egg served on a tortilla with a spicy tomato sauce*
rapero/a rapper (*music*)
rápidamente quickly, rapidly (5)
rápido/a fast (3)
raqueta racket (3)
ráquetbol *m.* racketball (7)
raro/a strange (2); **raras veces** rarely (5)
rasgo characteristic
rastro trail, track
rasuradora electric razor
rata stingy (*coll.*)
ratito little while, short time
ratón *m.* mouse (6)
ravioles *m. pl.* ravioli
rayas: de rayas striped (14)
rayuela hopscotch; **jugar (ue) (gu) a la rayuela** to play hopscotch (10)
razón *f.* reason (12); **¡con razón!** no wonder! (13); **tener** (*irreg.*) **razón** to be right (12)
razonable reasonable
reacción *f.* reaction (5)
reaccionar to react (4)
reaccionario/a reactionary
reactor (*m.*) **(nuclear)** (nuclear) reactor (15)
realidad *f.* reality
realismo realism
realista *adj.* realistic
realizar (c) to achieve; to carry out (13)
realmente really, in fact (8)
rebajado/a reduced (14)
rebajar to lower a price
rebanada slice (9)
rebozo shawl
recámara bedroom (*Mex.*)
recepción *f.* lobby; front desk
recepcionista *m., f.* receptionist
receta recipe (9); prescription (12); **surtir una receta** to fill a prescription (12)
recetar to prescribe (12)
rechazar (c) to reject
rechazo rejection
recibir to receive (5)
recibo receipt
reciclaje *m.* recycling (15)
reciclar to recycle (15)
recién recent; **recién casados** *pl.* newlyweds (13); **recién nacido/a** newborn baby boy/ girl (13)
reciente recently (4)
recientemente recently (13)
recipiente *m.* container (9)
reclamacion *f.* complaint; **hacer** (*irreg.*) **una reclamación** to file a claim (11)
recoger (j) to pick up
recolección *f.* recollection

recomendable recommendable (15)
recomendación *f.* recommendation (11)
recomendar (ie) to recommend (9)
reconocido/a recognized
recordar (ue) to remember (5)
recorrer to tour, travel across
recreativo/a recreational (15)
recreo recess (10); **patio de recreo** playground (10)
rectangular rectangular (14)
rectángulo rectangle (11)
recto/a straight
recuerdo memory (8)
recuperar to recover
recurrir to turn to
recurso resource
red *f.* the web (15); **red social** social network (15)
redondo/a round
reducción *f.* reduction (15)
reducir (zc) to reduce (15)
reembolso refund
reemplazado/a replaced
referirse to refer to
reflejar to reflect (15)
reflexivo/a reflexive
reforestar to reforest
reforma reform
refrán *m.* saying
refresco soft drink (4)
refri *m.* fridge
refrigerador *m.* refrigerator (7)
refrigeradora refrigerator
regadera shower
regalar to give as a gift
regalo present, gift (4)
regañar to scold (13)
regar (ie) (gu) to water (7)
regatear to bargain (14)
regateo bargaining (14)
régimen *m.* (*pl.* **regímenes**) regime; diet
región *f.* region
regla rule
regresar to return; to come back (3)
regreso return (7)
regularmente regularly (12)
rehabilitación *f.* rehabilitation
reina queen
reino kingdom
reír (i, i) (río) to laugh
relación *f.* relation (10)
relacionado/a related (3)
relajación *f.* relaxation
relajarse to relax (4)
relámpago lightning (11)
religión *f.* religion

religioso/a religious (5)
rellenar to stuff
relleno/a stuffed; **chile** (*m.*) **relleno** stuffed pepper
reloj *m.* clock (2)
remal very bad
remediar to remedy
remedio remedy (12)
remera T-shirt (*Arg.*)
remesa remittance
remis *m.* taxi (*Arg.*)
remos: bote (*m.*) **de remos** rowboat (11)
remoto/a remote
remunerado/a paid
rencor *m.* resentment
renovable renewable (15); **energía renovable** renewable energy (15)
reparación *f.* repair
reparar to repair (4)
repasar to review
repeler to repel
repente: de repente suddenly (8)
repertorio repertoire
repetir (i, i) to repeat (6)
replicar (qu) to replicate (15)
reposar to let sit (9)
representación *f.* representation
representar to represent (3)
representativo/a representative
reproductor: sistema (*m.*) **reproductor** reproductive system (12)
reptil *m.* reptile (15)
república republic (2); **República de Sudáfrica** South Africa (4)
republicano/a *adj.* Republican (1)
reputación *f.* reputation (6)
requerido/a required (15)
requerir (ie, i) to require (15)
requisito requirement (6)
res: carne (*f.*) **de res** beef (9)
resbalarse to slip (12)
resentido/a resentful
reserva reservation (9); preserve (15); **reserva natural** nature preserve (15)
reservación *f.* reservation (9)
resfriado *n.* cold (12)
residencia estudiantil dormitory (6)
residencial residential
residente resident
residir to reside (15)
resistencia resistance
resistente resistant (14)
resistir to resist
resolver (ue) (*p.p.* **resuelto**) to resolve (6)
respaldo: copia de respaldo backup copy (15)
respetar to respect (15)

respeto respect (4)
respirar to breathe (12)
resplandor *m.* brightness, flash of light (11)
responder to answer; to respond (5)
responsabilidad *f.* responsibility (6)
responsable responsible (8)
respuesta answer (1)
restaurante *m.* restaurant (3)
resto rest; *pl.* remains
restricción *f.* restriction (15)
resucitar to resuscitate (12)
resultado result (12)
resumen *m.* summary
resurrección *f.* resurrection
retener (*like* **tener**) to retain
retrato portrait (13)
retrovisor: espejo retrovisor rearview mirror (11)
reunión *f.* reunion (5)
reunirse (me reúno) to get together (7)
reusable reusable (15)
revelar to reveal
revisar to review (11)
revista magazine (4)
revolución *f.* revolution (8)
revolucionario/a revolutionary (8)
revuelto: huevos revueltos scrambled eggs (5)
rey *m.* king; **Día** (*m.*) **de los Reyes Magos** Day of the Magi, Epiphany (5); **Reyes Magos** Wise Men, Magi (5)
riachuelo stream
rico/a rich (2); tasty (5)
rígido/a rigid
rima rhyme
rincón *m.* corner (*of a room*)
riñón *m.* kidney (12)
río river (4)
riqueza wealth
riquísimo/a delicious (9)
risa laughter
risueño/a smiling
rítmico/a rhythmic
ritmo rhythm
ritual *m.* ritual (13)
rizado/a curly (1)
robar to steal (8)
robo robbery (10)
robusto/a robust
roca rock (11)
rocío dew (11)
rock *n., adj.* rock (3)
rodaja slice
rodar (ue) to roll
rodeado/a surrounded (11)
rodear to surround (11)

rodilla knee (12)
rojo/a red (1); **ponerse** (*irreg.*) **rojo** to turn red, get embarrassed (8)
románico/a romance (11)
romano/a *adj.* Roman (8)
romántico/a romantic
romería procession
romero rosemary
romper(se) (*p.p.* **roto**) to break; **se me/te/le/les rompió/rompieron** (*something* [*sing./pl.*]) broke on me / you (*inf. sing.*) / you (*pol. sing.*), him, her / you (*pol. pl.*), them (12)
roncar (qu) to snore (12)
roncha bump; swelling (12)
ropa clothing (1); **cambiarse de ropa** to change clothes (8); **ponerse** (*irreg.*) **la ropa** to put on clothes (5); **prenda de ropa** garment, piece of clothing (14); **ropa interior** underwear (14)
rosado/a pink (1)
roto/a (*p.p. of* **romper**) broken (12)
rotulador *m.* felt-tip pen (2)
rubio/a blond (1)
rueda wheel (11); **mercado sobre ruedas** farmer's market (14)
ruido noise (8)
ruidoso/a noisy (6)
ruina ruin (8)
Rusia Russia (4)
ruso *n. m.* Russian (*language*) (4)
ruso/a *adj.* Russian (4)
ruta route
rutina diaria daily routine (5)

S

sábado Saturday (2); *pl.* (on) Saturdays
sábana sheet
saber *irreg.* to know (7); **saber** (+ *infin.*) to know how to (*do something*) (6); **supe** I found out (8); **supiste** you (*inf. sing.*) found out (8); **supo** he/she/you (*pol. sing.*) found out (8)
sabiduría wisdom
sábila aloe
sabio/a wise (13)
sabor *m.* flavor (10)
saborear savor
sabroso/a tasty (9)
sacar (qu) to take out; **sacar fotos** to take photos (7); **sacar la basura** to take out the trash (7); **sacar una nota** to get a grade (8)
sacerdote *m.* priest
saco coat (1)
saeta devotional song
sagrado/a holy
sal *f.* salt (9); **agua** (*f. but* **el agua**) **con sal** salt water

sala living room (7); **sala de emergencias** emergency room (12); **sala de espera** waiting room (11)
salado/a salty (9)
salchicha sausage (9)
salero salt shaker (9)
salir *irreg.* to go out (3); **salir a bailar** to go out dancing (3); **salir al mercado** to come out on the market (14); **salir de vacaciones** to take a vacation (11); **salga(n)** (*command*) leave (*pol. sing./pl.*) (11)
salmón *m.* salmon (9)
salón (*m.*) **(de clase)** classroom (2)
salsa sauce (9)
saltar to jump (6); **saltar la cuerda** to jump rope (10)
salud health (12); **¡salud!** cheers!; to your health! (9); bless you! (*said after a sneeze*) (12)
saludable healthy (5)
saludablemente *adv.* healthily (12)
saludar to greet (3)
saludo greeting (1)
salvadoreño/a *n., adj.* Salvadoran (2)
salvar to save (*someone/something from . . .*) (15)
salvavidas *sing. m., f.* lifeguard
san, santo saint; **Día** (*m.*) **de San Valentín** Valentine's Day (5); **Día** (*m.*) **de Todos los Santos** All Saints' Day **día** (*m.*) **del santo** saint's day
sandalias sandals (1)
sandía watermelon (9)
sándwich *m.* sandwich (3)
sanfermines *pl.* Festival of San Fermín (*where the famous running of the bulls takes place in Pamplona, Sp.*)
sangre *f.* blood (12)
sangría sangria
sanguíneo/a *adj.* blood
sano/a healthy
santo/a: Santa Clós Santa Claus (13); **Semana Santa** Holy Week (5)
sarampión *m. sing.* measles (12)
sartén *m., f.* skillet (14)
satisfacción *f.* satisfaction (15)
satisfecho/a satisfied; **quedar satisfecho** to be full (9)
saudí, saudita Saudi (Arabian)
saya smock
secador *m.* dryer (5); **secador de pelo** hair dryer (7)
secadora clothes dryer (7)
secarse (qu) to dry (5)
sección *f.* section (6)
seco/a dry (5)
secretario/a secretary (6)
secreto secret
secuencia sequence (8)

secundario/a secondary (6); **escuela secundaria** high school (8)
sed *f.* thirst; **tener** (*irreg.*) **sed** to be thirsty (5)
seda silk (14)
sede *f.* seat
segmento segment (6)
seguir (i, i) (g) to continue (9); **siga(n)** (*command*) keep going (*pol. sing./pl.*) (11)
según according to (3)
segundo/a second (4); **de segunda mano** secondhand (14); **humo de segunda mano** secondhand smoke (12); **tienda de segunda mano** secondhand store (14)
seguramente probably
seguridad *f.* security; **cinturón** (*m.*) **de seguridad** seatbelt (11)
seguro *n.* insurance; **agente** (*m., f.*) **de seguros** insurance agent (6); **seguro médico** medical insurance (12)
seguro/a *adj.* safe (11, 15)
¿seguro/a? are you sure? (6)
seis six (1)
seiscientos/as six hundred (4)
selección *f.* selection (9)
seleccionar to select (15)
selva jungle (8)
selvático/a *adj.* forest
semáforo traffic light (11)
semana week (2); **fin** (*m.*) **de semana** weekend (2); **la semana pasada** last week (7); **la semana próxima** next week (4); **Semana Santa** Holy Week (5)
sembrar (ie) to plant (15)
semejante similar (1)
semestre *m.* semester (6)
semilla seed (9); **semilla de marañón** cashew nut (9)
sencillo/a simple
senderismo backpacking, hiking (3)
sensacional sensational (11)
sentado/a seated (13)
sentarse (ie) to sit (down) (8)
sentencia ruling, judgment (6)
sentir(se) (ie, i) to feel (8); **lo siento** I'm sorry (1); **(me) sentí** I felt (8); **(te) sentiste** you (*inf. sing.*) felt (8); **(se) sintió** he/she/you (*pol. sing.*) felt (8)
señal *f.* sign
señalar to signal
señor man; Mr. (1)
señorita young lady; Miss (1)
señora woman; Mrs. (1)
separar to separate (13)
séptico/a septic
septiembre *m.* September (2)
séptimo/a seventh (4)
sequía drought (15)

ser *m.* being; **ser humano** human being (15); **ser querido** loved one (15)
ser *irreg.* to be (1); **¿a qué hora (es)… ?** at what time (is it) … ? (3); **¿de dónde es… ?** where is … from? (2); **¿de dónde es usted / eres (tú)?** where are you (*pol./inf.*) from? (2); **eres** you (*inf. sing.*) are (1); **es…** he/she is… (1); **es a las once (en punto)** it's at eleven o'clock (sharp) (3); **es de…** he/she/ you (*pol. sing.*) is from … (2); **es dudoso que** (+ *subjunctive*) it's doubtful that… (14); **es (im)posible que** (+ *subjunctive*) it's (im)possible that … (14); **es (im)probable que** (+ *subjunctive*) it's (un)likely that … (14); **es indudable que** (+ *indicative*) there's no doubt that … (14); **es la una y media** it's one thirty (3); **es necesario…** (+ *infin.*) it's necessary to (*do something*) (6); **es una lástima que** (+ *subjunctive*) it's too bad that … (14); **es verdad que** (+ *indicative*) it's true that … (14); **no soy… ni…** I am not/neither … nor … (1); **son diez para las siete** it's ten to seven (3); **son las nueve menos cuarto** it's eight forty-five / (a) quarter to eight (3)
seriamente seriously (13)
serie *f. sing.* series (3)
serio/a serious (1)
serpiente *f.* snake
serrano: jamón (*m.*) **serrano** cured ham
servicio service (7)
servidor (*m.*) **de correo** e-mail server (15)
servilleta napkin (9)
servir (i, i) to serve (6); to be used for (9); **¿en qué puedo servirle?** how may I help you? (14)
sesenta sixty (2)
sesión *f.* session
setecientos/as seven hundred (4)
setenta seventy (2)
severo/a severe (12)
sevillano/a *adj.* Sevillian; **sevillana** *n.* typical Sevillian dance
sexo sex
sexto/a sixth (4)
sexual sexual (15); **discriminación** (*f.*) **sexual** sexual discrimination
si if (2)
sí yes (1); **¡yo sí!** I do! (5)
SIDA *m. sing.* AIDS (15)
siempre always (3)
sierra mountain range (15)
siesta nap; **tomar una siesta** to take a nap (3)
siete seven (1)
siglo century (4)
significativo/a significant
significar (qu) to mean (13)
siguiente following (1); **al día** (*m.*) **siguiente** the next day, the following day (5)
silbar to whistle (12)
silla chair (2)

sillón *m.* easy chair (7)
simbólico/a symbolic
símbolo symbol
similar similar (6)
simpático/a nice (1)
simple simple (2)
simplemente simply (11)
sin without (1); **sin embargo** however; **sin que** without (15)
sinagoga synagogue (8)
sincero/a sincere (1)
sino but (rather), instead
sintético/a synthetic (14)
síntoma *m.* symptom (12)
Siria Syria
sirio/a Syrian
sistema *m.* system (7); **sistema reproductor** reproductive system (12)
sitio Web web site (3)
situación *f.* situation (4)
snowboard: hacer (*irreg.*) **snowboard** to snowboard (3)
sobre about (1)
sobrenombre nickname (13)
sobrepoblación *f.* overpopulation (15)
sobresalir (*like* **salir**) to project
sobreviviente *m., f.* survivor
sobrevivir to survive
sobrino/a nephew/niece (4)
socavón *m.* (*pl.* **socavones**) hole
social social (13); **bienestar** (*m.*) **social** social welfare (15); **ciencias sociales** social sciences (6); **red** (*f.*) **social** social network (15); **trabajador(a) social** social worker (6)
socialista *adj.* socialist
sociedad *f.* society (10)
socio/a member (10)
sociología sociology (6)
socorrista *m., f.* paramedic, emergency responder (12)
¡socorro! help! (12)
sofá *m.* sofa (7)
sofá-cama *m.* sofa bed
sol *m.* sun; *national currency of Peru;* **hace sol** it's sunny (3); **tomar el sol** to sunbathe (3)
solamente only (4)
solar solar (15); **panel** (*m.*) **solar** solar panel (15)
soldadera woman soldier of the Mexican Revolution
soldado, mujer (*f.*) **soldado** soldier
soleado/a sunny (11)
soledad *f.* solitude
soler (ue) (+ *infin.*) to be accustomed to (*doing something*)
sólido/a solid
solo *adv.* only (7)

solo/a alone (5)
solsticio solstice
soltar (ue) to release
soltero/a single, unmarried (4)
solución *f.* solution (13)
sombra shadow
sombrero hat (1)
sonar (ue) to ring (9)
sonido sound
sonoro/a sonorous
sonreír (i, i) (sonrío) to smile
soñar (ue) (con) to dream (about) (10); **soñar despierto/a** to daydream (5)
sopa soup (5)
sorprender to surprise; **sorprenderse** to be surprised (9)
sorprendente surprising (11)
sorpresa surprise
sorteo raffle, drawing (14)
sos *sub. pron.* you (*inf. sing.*) (*Arg., C.R., Guat., Uru.*)
sospechoso/a *n.* suspect (10)
sostén *m.* bra (14)
sostener (*like* **tener**) to support, sustain (12)
sostenible sustainable
sótano basement (7)
soviético/a Soviet
su(s) *poss.* his/her (*sing.*), their (*pl.*) (1)
subibaja *m.* seesaw; **montar en el subibaja** to ride the seesaw (10)
subir to go up, to upload (6); **suba(n)** (*command*) get on, get up (*pol. sing./pl.*) (11); **subir fotos** to upload pictures (4); **subirse a los árboles** to climb trees (10)
subjuntivo *gram.* subjunctive
subrayado/a underlined
subte *m.* subway
subterráneo/a underground (11)
suceder to happen
suceso event, happening
sucio/a dirty (7)
sudadera sweatshirt (1)
sudado *n.* stew
Sudáfrica South Africa; **República de Sudáfrica** South Africa
sudafricano/a *n., adj.* South African
Sudamérica South America
sudamericano/a *adj.* South American
sudeste *m.* southeast; *adj.* southeastern
suegro/a father-in-law/mother-in-law (10)
sueldo salary (6)
suelo ground (12)
suelto/a loose
sueño dream (13); sleepiness; **tener** (*irreg.*) **sueño** to be sleepy (5)
suerte *f.* luck; **¡(buena) suerte!** (good) luck! (9); **por suerte** luckily (13)
suéter *m.* sweater (1)

suficiente sufficient (12)
sufrir to suffer (13)
sugerencia suggestion (11)
sugerir (ie, i) to suggest (12)
sulfúrico/a sulfuric
súper super (14)
superar to exceed
superficie *f.* surface (11)
superior superior (6)
supermercado supermarket (9)
superpoblación *f.* overpopulation
supervisor(a) supervisor
suponer (*like* **poner**) (*p.p.* **supuesto**) to suppose
supremo/a supreme
supuesto/a (*p.p. of* **suponer**) supposed; **¡por supuesto!** of course! (10)
sur *m.* south (2); *adj.* southern
sureste *m.* southeast; *adj.* southeastern
surfear to surf (3)
surfeo: tabla de surfeo surfboard (14)
surfista *m., f.* surfer
surtir (una receta) to fill (a prescription) (12)
suspender to suspend
sustancia substance (12)
sustantivo noun (3)
susto fright; **¡qué susto!** how scary! (8)
suyo/a *poss.* your, of yours (*pol. sing., pl.*); his, of his; her, of hers; their, of theirs

T

tabaco tobacco
tabla table; graph (4); **tabla de snowboard** snowboard (3); **tabla de surfeo** surfboard (14)
tablero bulletin board
tacaño/a cheap (1)
taco taco (5)
tacón: zapato de tacón alto high-heeled shoe (14)
taconeo heel stamping
tailandés, tailandesa *adj.* Thai
taita *m.* dad
tal such; such a; **con tal de que** as long as (15); **tal vez** perhaps (4)
tala cutting
talento talent (6)
talentoso/a talented
talla size; **¿qué talla lleva/usa?** what size do you (*pol. sing.*) take/wear? (14)
tallado/a carved
taller *m.* **(de reparaciones)** (repair) shop (6)
tamal *m.* tamale (*dish of minced meat and red peppers rolled in cornmeal wrapped in corn husks or banana leaves*) (*Mex.*)
tamaño size (7)
también also (3)

tambor *m.* drum
tamborrada drum procession
tampoco neither, not either (5)
tan so; **tan… como…** as . . . as (7); **tan pronto como** as soon as (15)
tango tango (8)
tanque *m.* tank
tanto *adv.* so much; as much
tanto/a *adj.* so much; **tanto/a / tantos/as… como** as much / as many . . . as (7)
tapado/a covered; **tener** (*irreg.*) **la nariz tapada** to have a stuffy nose (12)
tapa hors d'oeuvre (*Sp.*)
taquería taco stand (3)
taquillero/a box-office
tarde late (3); **buenas tardes** good afternoon (1); **de la tarde** in the afternoon (3); **hacerse** (*irreg.*) **tarde** to be late (12); **más tarde** later (1); **por la tarde** in the afternoon (3); **ya es tarde** it's already late (3)
tarea homework (3)
tarjeta card (5); **tarjeta de crédito** credit card (9); **tarjeta de débito** debit card (11)
tarro jar (9)
tasa de desempleo/natalidad unemployment/birth rate (15)
tatuaje *m.* tatoo (13)
taza cup (7)
tazón *m.* mixing bowl (9)
té *m.* tea (5); **té caliente** hot tea (9); **té de menta/yerbabuena** peppermint/spearmint tea (12);
té helado iced tea (9)
teatral *adj.* theater
teatro theater (3); **obra de teatro** play (10)
techo ceiling; roof (2)
teclado keyboard (6)
técnica *n.* technique
tecnología technology (13)
tejer to weave
tela cloth, fabric (14)
telar *m.* loom
tele *f.* television
teleférico cable car
telefónico/a *adj.* telephone (7); **llamada telefónica** telephone call (13)
teléfono telephone (2); **por teléfono** on the phone (3)
telenovela soap opera
televisión *f.* television
televisor *m.* television (set) (7)
tema *m.* topic; theme (7)
temperamental temperamental (1)
temperatura temperature (3)
tempestad *f.* storm (11)
templado/a mild, temperate (15)
templo temple
temporada sports season (3)

temprano early (5)
tendedero clothesline
tender (ie) la cama to make the bed (7)
tenedor *m.* fork (9)
tener *irreg.* to have (2); **tener buenas/malas notas** to have good/bad grades (6); **tener calentura** to have a fever (12); **tener calor** to be hot (5); **tener catarro** to have a cold (12); **tener comezón** to have a rash, itch (12); **tener cuidado** to be careful (12); **tener diarrea** to have diarrhea; **tener dolor** (*m.*) **de cabeza/estómago/garganta/muelas** to have a headache / stomachache / sore throat / toothache (12); **tener éxito** to be successful (12); **tener fiebre** to have a fever (12); **tener frío** to be cold (5); **tener ganas de** (+ *infinitive*) to feel like (*doing something*) (4); **tener hambre** to be hungry (5); **tener la culpa** to be at fault (11); **tener la nariz congestionada/tapada** to have a stuffy nose (12); **tener lugar** to take place (13); **tener miedo** to be afraid (5); **tener nauseas** to be nauseous (12); **tener prisa** to be in a hurry (5); **tener que** (+ *infin.*) to have to (*do something*) (6); **tener razón** to be right (12); **tener sed** to be thirsty (5); **tener sueño** to be sleepy (5); **tener tos** to have a cough (12); **tener vómitos** to be vomiting (12); **tuve** I had (8); **tuviste** you (*inf. sing.*) had (8); **tuvo** you (*pol. sing.*) had (8)
tenis *m.* tennis (3); **jugar (ue) (gu) al tenis** to play tennis (3)
tenista *m., f.* tennis player (10)
tentempié *m.* snack
teoría theory
terapeuta *m., f.* therapist (6)
tercer, tercero/a third (4)
terma natural hot spring
termal thermal
terminal terminal (15)
terminar to finish (3)
término term
ternera veal (9)
ternura tenderness
terraza terrace (7)
terremoto earthquake
terreno plot of land (11)
terrestre earthly
territorio territory (11)
terrorismo terrorism (15)
tesoro treasure
testigo *m., f.* witness (12)
tetera teapot (7)
textear to text (3)
textil *adj., m.* textile
texto text (2); **mensaje** (*m.*) **de texto** text message (13)
ti *obj. of prep.* you (*inf. sing.*)
tianguis *m.* street market

tibio/a (luke)warm (5)
tiempo time; weather (3); **a tiempo** on time (10); **¿cuánto (tiempo) hace que... ?** how long has it been since ...? (8); **hace buen/mal tiempo** the weather is nice/bad (3); **hace (mucho) tiempo que...** it's been a long time since ... (8); **tiempo libre** free time (3); **pasar tiempo** to spend time (3); **¿qué tiempo hace?** what is the weather like? (3); **¡qué tiempos aquellos!** those were the days! (10)
tienda store (3); **tienda de segunda** secondhand store (14)
tierno/a tender
tierra earth (11)
tijeras *pl.* scissors (14)
tímido/a timid (1)
tinto/a: vino tinto red wine (5)
tío/a uncle/aunt (4)
típico/a typical (3)
tipo type (3)
tirar to throw (10)
tiras (*pl.*) **cómicas** comic strips (10)
tiro: al tiro immediately
titularse to be called
título universitario university degree (15)
tiza chalk (2)
tizate chalk
toalla towel (5)
tobillo ankle (12)
tocador *m.* dresser (7)
tocar (qu) to touch (13); **tocar a la puerta** to knock on the door (12); **tocar la guitarra** to play the guitar (3)
tocino bacon (5)
todo all (1); **a todo volumen** at full volume (6); **Día** (*m.*) **de Todos los Santos** All Saints' Day; **en todas partes** everywhere (8); **por todas partes** everywhere (13); **todo el día** all day; **todos/as** all (5); **todos los días** everyday (3)
todavía *adv.* still (6)
togoroz *m.* (*pl.* **togoroces**) national bird of El Salvador
toldo canopy
tolteca *adj.* Toltec
tomar to take; to drink (3); **tomar apuntes** to take notes (3); **tomar el sol** to sunbathe (3); **tomar fotos** to take pictures (6); **tomar una siesta** to take a nap (3); **tome(n)** (*command*) take (*pol. sing./pl.*) (11)
tomate *m.* tomato (5)
tonelada ton
tonto/a silly, dumb (1)
torcerse (ue) (z) to twist, to sprain (12)
tormenta storm (11)
tornado tornado (11)
toro bull
toronja grapefruit (9)

torre *f.* tower (8)
torta sandwich (*Mex.*)
tortilla tortilla (*thin bread made of cornmeal or flour*) (9); *omelet made of eggs, potatoes, and onions* (*Sp.*)
tortillería tortilla store (14)
tortuga turtle (4)
tos *f.* cough; **jarabe** (*m.*) **para la tos** cough syrup (12); **tener** (*irreg.*) **tos** to have a cough (12)
toser to cough (12)
tostada crispy tortilla with toppings (*Mex.*)
tostado/a: pan (*m.*) **tostado** toast (5); **pan** (*m.*) **tostado a la francesa** French toast (9)
tostadora toaster (7)
total total (4)
totalmente totally (11)
totopo tortilla chip (9)
totora bulrush, cattail
tóxico/a toxic (14)
toxina toxin (12)
trabajador(a) hard-working (1); **trabajador(a) social** social worker (6)
trabajar to work (3)
trabajo work (5); **compañero/a de trabajo** coworker (13); **lugar** (*m.*) **de trabajo** workplace (6)
tradición *f.* tradition
tradicional traditional (4)
tradicionalmente traditionally
traducir (*like* **conducir**) to translate (8); **traduje** I translated (8); **tradujiste** you (*inf. sing.*) translated (8); **tradujo** he/she/you (*pol. sing.*) translated (8)
traer *irreg.* to bring (5); **traje** I brought (8); **trajiste** you (*inf. sing.*) brought (8); **trajo** he/she/you (*pol. sing.*) brought (8)
tráfico traffic (11)
tragar (gu) to swallow (12)
trágico/a tragic
traje *m.* suit (1)
tranquilamente calmly
tranquilidad *f.* peace
tranquilizante tranquilizing
tranquilo/a quiet (7)
transbordador *m.* ferry (11)
transbordo transfer, change (11)
transformar to transform
transición *f.* transition
transitado/a busy
tránsito traffic (11)
translúcido/a translucent (14)
transmisión *f.* transmission (3)
transportar to transport (11)
transporte: medios (*pl.*) **de transporte** means of transportation (7); **transporte** (*m.*) **aéreo** air travel (11)
tranvía *m.* cable car, streetcar (11)
trapiche *m.* sugar mill

tras *prep.* after
traste *m.* utensil
trastorno mental mental disorder (12)
tratamiento treatment (12)
tratar to try; to treat (12); **tratarse de** to be about (15)
traumático/a traumatic
través: a través de across
travieso/a naughty, mischievous (10)
trece thirteen (1)
treinta thirty (1)
tren *m.* train (11)
tres three (1)
trescientos/as three hundred (4)
tribunal *m.* court (6)
triciclo tricycle
trilogía trilogy
trimestre *m.* trimester (6)
trinidad *f.* trinity
triste sad; **estar** (*irreg.*) **triste** to be sad (5); **¡qué triste que** (+ *subjunctive*)... it's sad that ... (15)
tristemente sadly
triunfalmente triumphantly
triunfar to triumph (8)
trocito small piece
tropezar (ie) (c) to trip (12)
tropical tropical (11)
trozo piece, slice (9)
trueno thunder (11)
tu *poss.* your (*inf. sing.*) (1)
tú *sub. pron.* you (*inf. sing.*) (1)
tubería plumbing (6)
tuitear to tweet
tumba grave; tomb (5)
tumbadora conga (*percussive instrument*)
turismo tourism (15)
turista *m., f.* tourist (4)
turístico/a *adj.* tourist (11)
turno: cambiar de turno take turns; trade shifts (14)
tutear to address as **tú** (4)
tuyo/a *poss.* yours (*inf. sing.*) (13)

U

u or (*used instead of* **o** *before words beginning with* **o** *or* **ho**)
ubicado/a located (7)
ubicarse (qu) to be located
últimamente lately (11)
último last (6); **por último** lastly (3)
ultravioleta ultraviolet (15)
un, uno/a *indef. art.* a, an (1); one (1); *pl.* some (1)
únicamente solely
único/a *adj.* only; unique; **hijo/a único/a** only child (10)

unido/a united; unified; **Estados Unidos** United States (1)
uniforme *m.* uniform (14)
unión *f.* union
unir to join (13)
universidad *f.* university (3)
universitario/a *adj.* university (14); **título universitario** university degree (15)
universo universe
uña nail (12); **comerse las uñas** to bite one's nails (5)
urgente urgent (12)
urgir (j) to be urgent (15)
uruguayo/a *n., adj.* Uruguayan (2)
usado/a used (14)
usar to use (4)
uso use (13)
usted *sub. pron.* you (*pol sing.*) (1); *obj. of prep.* you (*pol. sing.*)
ustedes *sub. pron.* you (*pl.*) (1); *obj. of prep.* you (*pl.*)
usuario/a user; **nombre de usuario** user name (15)
utensilio utensil
útil useful (1)
utilizar (c) to utilize (11)
uva grape (9)

V

vacaciones *f. pl.* vacation (3); **salir** (*irreg.*) **de vacaciones** to take a vacation (11)
vacío/a empty
vacuna vaccine (11)
vainilla vanilla (9)
valenciano/a Valencian
Valentín: Día (*m.*) **de San Valentín** Valentine's Day (5);
valer *irreg.* to be worth (14); **¿cuánto vale(n)?** how much is it / are they (worth)? (14); **vale la pena** it's worth the trouble
válido/a valid (15)
valiente brave (6)
valioso/a valuable (12)
valle *m.* valley (11)
valor *m.* value (12)
valorar to value (13)
vals *m. sing.* waltz
vanguardia vanguard
vaquero: botas de vaquero cowboy boots (14); **vaqueros** *pl.* jeans (1)
variante variant
variar (varío) to vary
varicela chicken pox (12)
variedad *f.* variety
varios/as several (3)
varón *m.* male infant, male child (13)
vasco *n.* Basque (*language*)
vasco/a *adj.* Basque
vaso drinking glass (5)
vasto/a vast
vecindad *f.* neighborhood
vecindario neighborhood (7)
vecino/a neighbor (7)
vegano/a vegan (9)
vegetación *f.* vegetation (11)
vegetal *m.* vegetable
vegetariano/a vegetarian (9)
vehículo vehicle (11)
veinte twenty (1)
veinticinco twenty-five (1)
veinticuatro twenty-four (1)
veintidós twenty-two (1)
veintinueve twenty-nine (1)
veintiocho twenty-eight (1)
veintiséis twenty-six (1)
veintisiete twenty-seven (1)
veintitrés twenty-three (1)
veintiuno twenty-one (1)
vela candle (5)
velero sailboat (11)
velocidad *f.* speed (8)
vena vein (12)
vencimiento expiration
vendaje *m.* bandage (12)
vendar to bandage (12)
vendedor(a) salesman/saleswoman (14)
vender to sell (9)
venezolano/a *n., adj.* Venezuelan (2)
venganza revenge
venir *irreg.* to come (8); **vine** I came (8); **viniste** you (*inf. sing.*) came (8); **vino** he/she/you (*pol. sing.*) came (8)
venta sale (14)
ventaja advantage (7)
ventana window (2)
ventanal *m.* large window
ventilador *m.* fan (7)
ver *irreg.* to see (3); to watch (3); **a ver...** let's see... (12); **gusto de verte** nice to see you (*inf. sing.*) (1); **nos vemos** see you later (1); **ver la televisión / una película** to watch television / a movie (3); **ver muñequitos** to watch cartoons (10); **vi** I saw (8); **viste** you (*inf. sing.*) saw (8); **vio** he/she/you (*pol. sing.*) saw (8)
verano summer (3)
veras: ¿de veras? really? (8)
verbo verb (1)
verdad truth (1); **es verdad que** (+ *indicative*) it's true that... (14); **¿verdad?** right? (2)
verde green (1)
verdura vegetable (5)
versión *f.* version (14)
verso verse (10)
verter (ie) to shed, pour
vestido dress (1)
vestir (i, i) to dress; **vestirse** to get dressed (5); **me visto** I get dressed (5); **prenda de vestir** article of clothing (14); **se viste** he/she gets dressed, you (*pol. sing.*) get dressed (5)
veterinario/a veterinarian (6)
vez *f.* (*pl.* **veces**) time; **a veces** sometimes (3); **de vez en cuando** once in a while (3); **en vez de** instead of (13); **otra vez** once more (8); **raras veces** rarely (5)
vía: en vías de desarrollo developing; in the process of developing; **país** (*m.*) **en vías de desarrollo** developing country (14)
viajar to travel (3)
viaje *m.* trip (7); **hacer** (*irreg.*) **un viaje** to make a trip (11)
viajero/a traveler
vibrante vibrant
victoria victory
victorioso/a victorious
vida life (3)
videojuegos: jugar (ue) (gu) (a) videojuegos to play videogames (3)
vidrio glass; **fibra de vidrio** fiberglass (14); **fuente** (*f.*) **de vidrio** glass serving dish (9)
viejo/a old (1)
viento wind; **hace viento** it's windy (3)
vientre *m.* belly
viernes *m. sing.* Friday (2); *pl.* (on) Fridays
Vietnam Vietnam
vietnamita *n. m.* Vietnamese (*language*)
vietnamita *adj. m., f.* Vietnamese
vigilar to keep watch on
vikingo/a *adj.* Viking
vino (tinto) (red) wine (5)
violencia violence (13)
violentamente violently (13)
violento/a violent (13)
virtud *f.* virtue
virus *m.* virus (15)
visa visa (11)
visado visa (11)
visibilidad *f.* visibility (11)
visigótico/a Visigothic
visita visit; guest (13); **ir de visitas** to visit (4)
visitante *m., f.* visitor
visitar to visit (3)
vista view (14); **punto de vista** point of view (8)
visto/a (*p.p. of* **ver**) seen
vitae: currículum vitae curriculum vitae (6), CV, resume
vitamina vitamin (5)
viudo/a widowed (4)
vivero nursery

vivienda housing (15)
vivir to live (4); **¿dónde vives?** where do you (*inf. sing.*) live? (4); **¡viva… !** long live … ! (10); **vivo en…** I live at … (4)
vivo/a alive (11)
vocabulario vocabulary (1)
vocalista *m., f.* singer
volante *m.* steering wheel (11)
volar (ue) to fly; **volar cometa/papalote** to fly a kite (10)
volcán *m.* volcano
voleibol *m.* volleyball (3)
volumen *m.* volume; **a todo volumen** at full volume (6)
voluntario/a volunteer
volver (ue) (*p.p.* **vuelto**) to come back (5); **volverse loco/a** to go crazy (12)
vómitos: tener (*irreg.*) **vómitos** to be vomiting (12)
vos *sub. pron.* you (*inf. sing.*) (*Arg., Guat., Uru.*)
vosotros/as *sub. pron.* you (*inf. pl.*) (*Sp.*) (1); *obj. of prep.* (*inf. pl.*) (*Sp.*)

votar to vote (15)
voto vote
voz *f.* (*pl.* **voces**) voice; **en voz alta** aloud, out loud (6)
vuelo flight (7); **asistente** (*m., f.*) **de vuelo** flight attendant (11)
vuelto (*p.p. of* **volver**)
vuestro/a *poss.* your (*inf. pl.*) (3)

Y

y and (1); **y cuarto** quarter after (3); **y media** half past (3)
ya already; **ya es tarde** it's already late (3); **ya no** no longer (10)
yerbabuena spearmint; **té** (*m.*) **de yerbabuena** spearmint tea (12)
yerbería *shop that sells herbs and other medicinal plants*
yerno son-in-law (10)
yeso cast (12)

yo *sub. pron.* I (1); **¡yo no!** I don't! (5); **¡yo sí!** I do! (5)
yoga yoga (3)
yogur *m.* yogurt (5)
yuca cassava, manioc (9)

Z

zaguán *m.* entryway/vestibule/portico of a house (14)
zanahoria carrot (9)
zanja ditch
zapatería shoe store (7)
zapatilla slipper (14)
zapato (de tenis) (tennis) shoe (1); **zapato de tacón alto** high-heeled shoe (14)
zapoteca *m., f.* Zapotec
zona zone (11)
zoológico zoo (10)
zueco clog (14)
zumo juice (*Sp.*) (9)

Credits

Photo Credits

Page xv bottom left: © Nigel Pavitt/AWL/Getty Images; **Page xv bottom right:** © Paul Franklin/Latin Focus.com; **Page 3 bottom right:** © Richard Levine/Alamy; **Page 12:** © Rana Faure/Corbis; **Page 19 bottom left:** © William Rogers; **19 bottom right:** © Richard Levine/Alamy; **Page 32:** © Damir Cudic/Getty Images; **Page 36:** © DOMINIQUE FAGET/AFP/Getty Images; **Page 45:** © John&LisaMerrill/The Image Bank/Getty Images; **Page 48:** © Courtesy of Gustavo Arias @ ParaguayanHarps.com; **Page 51 bottom left:** © J. Enrique Molina/Alamy; **Page 51 bottom right:** Courtesy of Departamento de Publicidad y Propaganda, Secretaría Nacional de Turismo—SENATUR, Paraguay; **Page 60:** © Jon Hicks/Corbis; **Page 61 bottom right:** © Linn Bergbrant/LatinFocus.com; **Page 74:** © Image Source, all rights reserved; **Page 80:** © Domino/Getty Images; **Page 81:** © Alberto E. Rodríguez/Getty Images; **Page 84 bottom right:** © Linn Bergbrant/LatinFocus.com; **Page 84 bottom left:** © Krzysztof Dydynski/Lonely Planet Images/Getty Images; **Page 98:** © David Litschel/Alamy; **Page 99 bottom right:** ©Paul Franklin/Latin Focus.com; **Page 106:** © Steven Lawton/Film Magic/Getty Images; **Page 114:** © Paul Knivett/Alamy; **Page 117 bottom left:** © Nigel Pavitt/AWL/ Getty Images; **Page 117 bottom right:** ©Paul Franklin/Latin Focus.com; **Page 130:** © Richard Lord/Alamy; **Page 138:** © John Mitchell/Alamy; **Page 142:** © Andy Richter/Aurora Photos/Corbis; **Page 148:** © ASSOCIATED PRESS; **Page 151 bottom left:** © Paul Kennedy/Alamy; **Page 151 bottom right:** © Keren Su/Photodisc/Getty Images; **Page 164:** © epa european pressphoto agency b.v./Alamy; **Page 169:** © imagebroker/Alamy; **Page 170:** Courtesy of Hannah Kelley; **Page 173:** © Comstock Images/Jupiter Images; **Page 176:** © Phil Cole/Getty Images; **Page 182:** © Eduardo Parra/Getty Images; **Page 184 bottom left:** © Tim Draper/Getty Images; **Page 184 bottom right:** © Steve Allen/Brand X/Getty Pictures; **Page 196:** © Jimmy Dorantes/LatinFocus.com; **Page 200:** © Andy Kerry/Getty Images; **Page 203:** Public Domain; **Page 211:** © David Lee; **Page 213:** © Denise McCullough RF; **Page 214:** © Rob Melnychuk/Getty Images; **Page 215:** © LUIS ACOSTA/AFP/Getty Images; **Page 217:** © The McGraw-Hill Companies, Inc./Barry Barker, photographer; **Page 219 bottom left:** © Bruno Morandi/Robert Harding/Getty Images; **Page 219 bottom right:** © Ulf Andersen/Getty Images; **Page 230:** © Franz Marc Frei/Getty Images; **Page 231 bottom right:** © Dollia Sheombar/ Getty Images; **Page 240:** Courtesy of Jorge Argueta: www.jorgeargueta.com; **Page 242 bottom:** © Glow Images; **Page 246:** © Universal Images Group/Getty Images; **Page 249 bottom left:** © Dollia Sheombar/Getty Images; **Page 249 bottom right:** © Adam Wiseman/Corbis; **Page 260:** © Maya Choi/Getty Images; **Page 261 bottom right:** © John Warburton-Lee/Getty Images; **Page 262 top left:** © Foodcollection.com/Alamy; **Page 262 top right:** © Philip Nealey/Somos Images/Corbis; **Page 262 middle left:** © John Whittaker/Getty Images; **Page 262 middle right:** © Peter Andrew Bosch/Miami Herald/MCT via Getty Images; **Page 262 bottom left:** © Thornton Cohen/Alamy; **Page 262 bottom right:** © Danita Delimont/Getty Images; **Page 264:** © Wide Eye Pictures/Alamy; **Page 276:** © Edgardo Contreras/Getty Images; **Page 280:** © Marco Simoni/Robert Harding World Imagery/Corbis; **Page 283 bottom left:** © Author's Image/PunchStock; **Page 283 bottom right:** © John Warburton-Lee/Getty Images; **Page 294:** © Travelstock44 - Juergen Held/Getty Images; **Page 296 bottom right:** © WaterFrame/Getty Images; **Page 297 left:** © Jasper Cole/Getty Images; **Page 297 right:** © Livia Corona/Getty Images; **Page 312:** © ASSOCIATED PRESS; **Page 315 bottom left:** © Melba/Getty Images; **Page 315 bottom right:** © WaterFrame/Getty Images; **Page 324:** © Eyes Wide Open/Getty Images; **Page 325 bottom right:** © Getty Images; **Page 347:** © Atlantide Phototravel/Corbis; **Page 349:** © Somos RF/Getty Images; **Page 351 bottom left & right:** © Getty Images; **Page 364:** © Andrés Rosales; **Page 365 bottom right:** © Jane Sweeney/JAI/Corbis; **Page 375:** © Foodcollection/Getty Images; **Page 385:** © Image Source/Getty Images; **Page 389 middle right:** © Jane Sweeney/JAI/Corbis; **Page 389 bottom:** © Jane Sweeney/JAI/Corbis; **Page 404:** © Ariel Skelley/Blend Images/Corbis; **Page 408:** © María José Cabrera Puche; **Page 414:** © Ingram Publishing; **Page 421:** © Jeremy Woodhouse/Blend Images/Corbis; **Page 429 bottom left:** © Mark Bacon/Latin Focus.com; **Page 429 bottom right:** © Medioimages/Photodisc/Getty Images; **Page 444:** © Stefano Paterna/Alamy; **Page 445 bottom left:** © Moisés Castillo/Latin Focus.com; **Page 458:** © Wendy Connett/Getty Images; **Page 466:** © Melba Photo Agency/Punchstock; **Page 469 bottom left:** © Moisés Castillo/LatinFocus.com; **Page 469 bottom right:** © Jeremy Woodhouse/Spaces Images/Corbis; **Page 484:** © Steve Winte/Getty Images; **Page 485 bottom right:** © Kryssia Campos/Getty Images; **Page 501 top left:** © Martin Ruegner/Getty Images; **Page 501 middle left:** © Photodisc Collection/Getty Images; **Page 501 top middle right:** © Brand X Pictures/Jupiter Images; **Page 501 middle:** © Creatas/PunchStock; **Page 501 bottom:** © Glenn Bartley/All Canada Photos/Getty Images; **Page 501 top right:** © Jim Reid/USFWS; **Page 502:** © The Goldman Environmental Prize; **Page 505:** © Mary Plage/Getty Images; **Page 509 bottom left:** © Kryssia Campos/Getty Images; **Page 509 bottom right:** © Jeff Rotman/Getty Images

Text Credits

Chapter 1
15: © 2011 BBC

Chapter 2
42: ©2012 Maita

Chapter 3
65: © 2012–2013 Todos los derechos reservados; *69:* © Joaquín S. Lavado (Quino)/Caminito S.A.S.; *71:* Copyright © 2010 Televisión Nacional Uruguay

Chapter 4
102: left http:// fundacionfamiliaecuador.blogspot.com/p/fines.html; *102:* right www.congresofamilia.com.ec

Chapter 7
212: © GO, GUIA DEL OCIO—Tu Guía en Bogota

Chapter 8
241: Copyright 2007 © by Jorge Argueta

Chapter 9
272: © Joaquín S. Lavado (Quino)/Caminito S.a.s.; *273:* © Selva Industrial S.A.

Chapter 10
304: Copyright © 1997 by Francisco X. Alarcón. All rights reserved; *308:* © Somos Jóvenes, January 2011; *311:* © Casa Editora Abril

Chapter 11
332: © Mercè Iglesias Majó; *333:* © 2012 Renault UK; *346:* © Europcar 2012

Chapter 12
372: © 2012 Televisa Publishing

Chapter 13
418: © Librería Mágica 2012

Chapter 15
489: © Joaquín S. Lavado (Quino)/Caminito S.A.S.; *496:* Copyright © 2012 Telecom.go.cr; *500:* Costa Rica © 2007—rights reserved; *505:* © Joaquín S. Lavado (Quino)/Caminito S.A.S.; *509:* Costa Rica © 2007—rights reserved

Index

A

a, 85, 276, 316
   + **el,** 64
   ir + **a** + infinitive, 125, 126, 253, 284, 320, 329, 437, 510
   personal **a,** 220
a veces, 72, 96
abbreviations, 200
abilities, 175, 193
Abreu, José Antonio, 387
abrir
   past participle, 353
   preterite tense, 224
abuelo(s), 100
acá, 92–93
accidents, 380, 381, 383, 402
aconsejar que, 391, 517
acostarse, present tense, 153
actions. See future actions; past actions; reciprocal actions; reflexive actions
adjectival phrase, with **de,** 449
adjective clauses, present subjunctive used with, 511–512, 517
adjectives, 20
   agreement, 23, 25–26
   demonstrative adjectives, 92–93
   estar +, 432
   forms of, 54–55
   gender, 23
   más/menos +, 221
   of nationality, 42, 43, 54–55, 58, 108
   placement, 26, 54
   plural, 25–26, 54
   possessive adjectives, 118–119, 152
   ¡**qué** +, 327
   singular, 25–26, 54
   tan + adjective + **como,** 223
   used in place of nouns, 449
adolescence, 306, 310
¿**adónde?,** 97, 126
adverbial expressions, subjunctive form with, 512, 517
adverbs, 20, 334
advice, 411, 413, 442
afeitarse, present tense, 153
affirmative commands, 358, 398, 434–435, 436, 474, 477
affirmative words, 286
age
   comparing, 222
   expressing, 36, 52, 57
ago, expressing, 256
agreement
   of adjectives, 23, 25–26
   of articles, 24
   of ordinal numbers, 104
   of reflexive pronouns, 134
al, 64
al día siguiente, 162
al lado (de), 38, 44, 57
Alarcón, Francisco X., 304

Alemán, Gabriela, 110
algo, 97, 286
alguien, 286
algún, 286
alguno de, 286
alguno(a)(os)(as), 286–287
allá, 93
Allende, Isabel, 182–183
allí, 93
almorzar
   polite command, 358
   present tense, 156
   preterite tense, 226
almuerzo, 135, 167, 268, 291
alphabet, Spanish, 5
ama de casa, 179
Amigos sin Fronteras, 18, 42, 45, 50, 83, 116, 150, 184, 218, 248, 282, 314, 350, 388, 427, 468, 508
andar, summary of conjugations, A-6
Andes, foods of, 264, 266
animals, 501, 520
año próximo, 126
anoche, 225, 234
anteayer, 234
antes de, 134, 162
antes de que, 396, 486
apagar, polite command, 358
appearance (of a person), 9
appliances, vocabulary, 482
aquello(a)(os)(as), 93, 96
aquí, 92–93
-ar verbs
   imperfect tense, 318
   informal commands, 434
   past participle, 353
   past subjunctive, 516
   polite commands, 356, 433
   present participle, 189
   present subjunctive, 391, 392
   present tense, 90–91
   preterite tense, 224, 225
   summary of conjugations, A-5 to A-6
arabic, indigenous languages and, 45
arahuaco (language), 45
Argentina, 7, 11, 42, 43, 52, 61, 74, 75, 76, 81, 82, 84, 91, 137, 203, 237, 262, 266, 276, 313, 334, 456
Argueta, Jorge, 240–241
arriba (de), 44, 57
arroba, 110
articles
   agreement, 24
   definite, 20, 23, 370
   indefinite, 20, 23
arts in the Hispanic world, 467
asistir, polite command, 433
assertions, 479
automobile, vocabulary, 362
ayer, 225, 234
Aztec people, 45

B

Baja California, 237
bañarse, present tense, 153
Bardem, Javier, 36
barrer, preterite tense, 224
Belize, 465
beverages
   national drinks, 211, 262
   toasting, 274
   vocabulary, 136, 161, 265, 292
Bielinski, Fabián, 82
birthdays, 34, 57, 109, 140
body, parts of, 41, 58, 152, 366, 367, 401
Bolivia, 42, 45, 261, 264, 266, 280–281, 281, 283
Brazil, 42
buen provecho, 274
bueno, 222, 229
buscar
   polite command, 358
   preterite tense, 226
buying clothing, 450–454

C

caber
   conditional form, 515
   future tense, 510
   summary of conjugations, A-6
caer, summary of conjugations, A-6
caliente, 145
calor, 74, 145
caminar
   present participle, 189
   present progressive, 189
Campanella, Juan José, 82
capitalization
   of days of the week, 34, 45
   of months, 45
   of names of countries, 108
   of names of languages, 45, 55, 108, 128
   of names of nationalities, 43, 45, 54, 108, 128
-car, verbs ending with, 226, 393
Caribbean region, 42, 45
casado(a), 410
casi, 72, 96
cena, 136, 268, 291
Central America, 42, 52, 137, 139, 142
cerca (de), 44, 57
cerrar
   polite command, 357
   present tense, 156, 157, 253
   preterite tense, 253
Chang-Díaz, Franklin, 489
Chichén Itzá (Mexico), 465, 466
childhood, 300–305, 310, 322
Chile, 11, 42, 49, 52, 76, 164, 165, 168–169, 170–171, 176, 182, 183, 185, 264, 313
Chirino, Wily, 313
cien, 107

Cinco de Mayo, 246
Círculo de Amigas, 170
city, places in, 198, 200, 228
classroom activities, 171
classroom objects, 37, 40, 57
clauses
   adjective clauses, 511–512
   defined, 511
   dependent clause, 513
climate, 328, 361–362
clothing
   buying, 450–454
   vocabulary, 6, 7, 8, 29–30, 152, 481
cocinar, preterite tense, 224
colegio, 167
Colombia, 7, 42, 45, 75, 197, 200, 202, 205, 211, 214, 215–216, 217, 219, 224, 264, 266, 303, 334
colors, 6, 30, 38
comenzar, polite command, 358
comer
   conditional form, 514–515
   future tense, 510
   imperfect tense, 318
   informal command, 435
   past participle, 353
   present indicative, 391
   present participle, 189
   present progressive, 189
   present subjunctive, 391, 392
   preterite tense, 225
   summary of conjugations, A-5 to A-6
comma, use in numbers, 107
commands
   affirmative commands, 358, 398, 434–435, 436, 474, 477
   indirect commands, 436
   informal commands, 356, 411, 433–435
   negative commands, 358, 398, 434–435, 436
   object pronouns in, 398
   polite commands, 356–357, 362, 433
   present subjunctive for, 392, 398, 517
   softened commands, 390–391, 397–398, 517
   using, 356
   vocabulary, 31, 59, 97, 162
¿**cómo?,** 123
¿**cómo está?,** 430
comparisons
   of equality, 223
   of inequality, 221–222
   superlative, 221, 222
competir, polite command, 357
comprar, polite command, 433
con, 276
con frecuencia, 72, 96

conditional form
　forming, 514–515
　summary of conjugations, A-5 to A-12
conditional perfect form, summary of conjugations, A-6
conducir
　preterite tense, 250, 251
　summary of conjugations, A-12
Conexión cultural, 17, 49, 82, 115, 149, 183, 217, 247, 281, 313, 387, 427, 467
conjugation
　defined, 90
　summary table of conjugations, A-5 to A-12
conmigo, 120, 316
conocer
　polite command, 357
　present indicative, 220, 392
　present subjunctive, 392
　preterite tense, 255
　using, 220
construir
　present subjunctive, 392
　summary of conjugations, A-12
contar
　present tense, 253
　preterite tense, 253
contigo, 120, 316
contractions
　al, 64
　del, 64, 118
contradecir, past participle, 354
contrary to fact, expressing, 516, 518
contrast, showing, 233
cost of objects, 40
Costa Rica, 42, 91, 262, 484, 485, 488, 489, 505–506, 507, 509
countries, names of, 108, 128
c → qu verbs, polite command, 358
creer, summary of conjugations, A-7
creer que, 479
Cruz, Celia, 301, 313
Cruz, Penelope, 36, 106
cruzar, polite command, 358
Cuadrados y Ángulos (Storni), 203
¿cúal(es)?, 112, 123
cuando, 396, 486
¿cuándo?, 57, 70, 96, 123, 128, 162, 194, 259
Cuando salimos de El Salvador (Argueta), 241
¿cuánta(s)?, 123
¿cuánto tiempo hace que… ?, 256
¡cuánto(a)(os)(as) + noun!, 327
¿cuánto(s)?, 123
cuarto(a), 104
Cuba, 7, 42, 81, 232, 262, 266, 294, 295, 300, 303, 311, 312–313, 315, 334
cubrir, past participle, 353
Cuéntanos, 16, 47, 80, 113, 147, 181, 214, 245, 279, 311, 346, 384, 424, 464, 504

D

daily activities, 62–63, 70, 95, 110, 111, 153, 161, 232, 233
daily routine, 132, 133, 161, 297

dance in Hispanic culture, 349, 425
dar
　polite command, 357
　preterite tense, 251
　summary of conjugations, A-7
　using, 471
dar miedo, 498
dar rabia, 498
Darwin, Charles, 115
date
　of birth, 109
　expressing, 109
　writing, 34
days of the week, 34, 35, 45, 57
de, 64, 118, 276, 297, 316, 448, 449, 461
de la(s), 118
de los, 118
de niño(a), 301
¿de quién?, 118, 123
de vez en cuando, 72, 96
debajo (de), 38, 44, 57
deber, using, 192
decimals, comma used in, 107, 168
décimo(a), 104
decir
　conditional form, 515
　future tense, 510
　informal command, 434, 435
　past participle, 353
　past subjunctive, 516
　polite command, 357
　present indicative, 159, 160, 392
　present subjunctive, 392
　preterite tense, 250, 251
　softened commands with, 397–398
　summary of conjugations, A-7
decir que, 479
definite articles, 20, 23, 370
dejar, meaning, 307
dejar que, 420
del, 64, 118
delante (de), 38, 57
demonstrative adjectives, 92–93
demonstrative pronouns, 93
denying a statement, 479
derecho(a), 44, 57
desayuno, 135, 268, 291
describir, past participle, 354
desear que, 420
despertarse, present tense, 153
después, 96
después de, 134
después de que, 396, 486
destination, indicating, 470
desvestirse, present tense, 153
detrás (de), 38, 57
devolver
　past participle, 354
　using, 471
diario, 96
Diarte, Silvio, 49
Díaz, Junot, 409
diet, 106
direct object pronouns
　placement, 158, 284
　using with indirect object pronoun, 471–474

dirigir
　present indicative, 397
　present subjunctive, 397
disbelief, expressing, 479, 490
divertirse
　present indicative, 254, 394
　present subjunctive, 394
　preterite tense, 254
divorciado(a), 410
doctor's visit, 376, 383
doler, 370
domestic chores, 206, 228
Dominican Republic, 42, 404, 405, 425–426, 427, 429
don/doña, 124, 209
¿dónde?, 112, 123
¿dónde esta?, 57, 430
dormir
　conditional form, 514–515
　future tense, 510
　past participle, 353
　polite command, 357
　present indicative, 156, 254, 394
　present participle, 189
　present subjunctive, 394
　preterite tense, 254
　summary of conjugations, A-11
double object pronouns, 473, 477
doubt, expressing, 479, 490
ducharse, present tense, 153
dudar que, 479, 490
durante, 96

E

e-mail, words for, 110
ecology, vocabulary, 520
ecotourism, 506
Ecuador, 7, 42, 45, 74, 75, 98, 99, 105, 112–113, 114–115, 117, 135, 264, 313, 335
education, in Chile, 168–169
e → i verbs
　present indicative, 156, 159, 253, 394
　present subjunctive, 394
e → ie verbs
　present indicative, 156, 393
　present subjunctive, 393
el, 23, 221
él/ella, 21, 91
El Salvador, 45, 91, 130, 131, 132, 138, 139, 148, 151, 240, 465
ellos/ellas, 21, 22, 91
emergencies, 380, 402
emotional state, 143, 144, 162
empezar
　present subjunctive, 393
　present tense, 156, 157
emphasis, showing, 233, 359
en, 316
en cuanto, 396, 486
en medio (de), 57
encantar
　+ infinitive, 263
　using, 498
encender, present tense, 156
encima (de), 38, 57
encontrar, polite command, 357
English, as official language, 491
entre, 38, 44, 57
environment, 499–501, 503, 520

equality, comparisons of, 223
Equatorial Guinea, 75
-er verbs
　imperfect tense, 318
　informal commands, 434
　past participle, 353
　past subjunctive, 516
　polite commands, 356, 433
　present participle, 189
　present subjunctive, 391, 392
　present tense, 90–91
　preterite tense, 224
　summary of conjugations, A-5 to A-6
es necesario, 166, 192
es verdad, 479
escoger
　present indicative, 397
　present subjunctive, 397
Escríbelo tú, 16, 47, 80, 113, 147, 181, 214, 245, 279, 310, 346, 384, 423, 464, 504
escribir
　conditional form, 514–515
　future tense, 510
　informal command, 435
　past participle, 353
　present indicative, 391
　present participle, 189
　present progressive, 189
　present subjunctive, 391, 392
　preterite tense, 225
escuchar
　present participle, 189
　present progressive, 189
escuela, 167
ese(a), 96
esos(as), 96
esperar que, 391, 517
Esquivel, Laura, 182
esta mañana, 162, 225
esta noche, 103, 126
esta primavera, 126
esta(o)(as)(os), 92, 103
estar
　for describing one's state, 143
　for describing things, 145
　for expressing location, 53, 55
　imperfect progressive formed with, 320
　polite command, 357
　present indicative, 53, 144, 189, 393
　present progressive formed with, 189
　present subjunctive, 393
　preterite tense, 250
　summary of conjugations, A-7
　using, 53, 55, 143, 410, 430–432
　vs. **ser,** 410, 430–432
estar hecho de, 448
este, 93, 103
éste, 93
este fin de semana, 126
Estefan, Gloria, 301, 303, 313
exclamations, 327
exercise, 106
exigir
　present indicative, 397
　present subjunctive, 397
exigir que, 420

F

faltan... para, 88
familiarity, expressing, 220
family
  composition of household, 92, 101
  members of, 96, 100, 128, 406–407, 442
  naming conventions, 296
  vocabulary, 96, 100, 128, 322, 442
fascinar, 498
feminine nouns, 23–24
  See also gender
Ferrer, Ibrahim, 312
flamenco, 349
food
  buen provecho, 274
  condiments, 292
  describing, 293
  desserts, 292
  fish and seafood, 266, 291
  fruit and nuts, 292
  fruits and vegetables, 265, 266, 291
  measurement of, 269–270
  meats, 266, 291
  national dishes, 135, 138, 148, 211, 262, 426
  preparation of, 270, 272, 273
  pronouns instead of names of, 138
  recipes, 273
  shopping, 271
  vocabulary, 136–137, 161, 265, 266, 291–292
  See also meals
formal future tense, 487
freír
  present tense, 290
  preterite tense, 290
fresco, 74
frío, 74, 145
fumar
  present participle, 189
  present progressive, 189
furniture, 37, 228
future actions
  expressing with **querer** and **preferir,** 121, 125
  ir a + verb to express, 125, 253, 284, 320, 329, 487, 510
  present progressive to express, 189, 284, 320
future event, expressing, 396, 487, 510
future of probability, 510
future perfect tense, summary of conjugations, A-6
future tense
  forming, 487, 510
  summary of conjugations, A-5 to A-12
  using, 487
future time, expressing, 126

G

Galapagos Islands, 115
-gar, verbs ending with, 226, 393
García, Cristina, 301
García Márquez, Gabriel, 182, 219
Gaudí, Antoni, 338
Gema y Pavel, 301
gender
  of adjectives, 23
  of articles, 23
  of demonstrative adjectives, 92
  family relationships described, 297
  of nouns, 23–24
  of possessive adjectives, 118
geography, vocabulary, 326, 361
g → gu verbs, polite command, 358
González, Antonio, 15
good wishes, 413, 436
goodbyes, 31
greetings, 13, 53
guaraní (language), 45
Guatemala, 42, 45, 91, 139, 444, 445, 447, 456, 458–459, 465, 466, 467, 468
Guerra, Juan Luis, 409
gustar
  + infinitive, 85, 97, 263
  + noun, 86, 263
  using, 85–86, 97, 103, 105, 186, 330, 498

H

haber
  conditional form, 515
  future tense, 510
  past tense, 417
  present perfect indicative formed with, 352
  present tense, 352, 417
  summary of conjugations, A-7
había, 417
habitual action, expressing, 396
hablar
  informal command, 435
  past participle, 353
  past subjunctive, 516
  present indicative, 90, 391
  present participle, 189
  present subjunctive, 391, 392
  preterite tense, 225
  summary of conjugation, A-5 to A-6
hace, using, 256, 329
hacer, 191
  conditional form, 515
  future tense, 510
  informal command, 434
  past participle, 353
  polite command, 357
  present indicative, 159, 160, 392
  present subjunctive, 392
  preterite tense, 250
  summary of conjugations, A-8
  using, 74, 145, 256
hair, vocabulary, 30
hasta que, 396, 486
hay, 417
hay que, 166, 192
health, 368, 372, 379, 401
hecho, 448
hermano(s), 100
Hermanos Silva, 49
Hijuelos, Oscar, 301
Hispanic culture
  Argentine movies, 81–82
  arts, 467
  bargaining, 457, 458
  carnivals, 149, 215–216, 488
  cartoons, 303
  Cinco de Mayo, 246
  curanderos, 375
  dance, 349, 425
  don/doña, 124, 209
  elevator notations, 202
  entertainment figures, 106
  fiestas, 148–149
  flamenco, 349
  Hispanic immigrants, 12, 462
  Hispanics in the U.S., 17
  holidays, 35, 139, 140, 142, 148–149, 161, 246
  indigenous languages, 45
  literature, 301, 313
  Machu Picchu, 281, 283
  Mayan cities, 465–466
  meals with the family, 70
  mealtimes, 137
  mestizos, 49
  movies, 81–82, 312, 425
  music, 48, 49, 300, 301, 312–313, 349, 425
  musical instruments, 48, 49, 217
  names and naming, 4, 17, 100, 296
  naming floors in a building, 199
  naming rooms in the house, 201, 202, 228
  national dishes and foods, 135, 138, 148, 211, 262, 426
  nuclear family, 92, 101
  open-air markets, 458–459
  paradores, 347–348
  Paraguayan harp, 48, 49
  peñas, 183
  poetry, 203, 240–241, 300, 301, 304
  quinceañera, 421
  religions, 408
  remesa, 462
  restaurants, 274–276, 277–278, 279, 293
  sayings, 206, 271, 299, 328, 337, 372, 411, 415–416
  Sesame Street, 301
  Sunday dinner, 70
  toasting with a beverage, 274
  24-hour clock, 69, 88–89
Hispanics in the U.S., 17
Historia Grande, 503
holidays, 35, 139, 140, 142, 148–149, 161, 246
home remedies, 372, 373, 375
Honduras, 42, 91, 131, 139, 148, 149, 151, 465
house, rooms in, 201, 202, 228
household appliances, 204, 228
household chores, 206, 228
hubo, 417
human body, 41, 58, 152, 366, 367, 401

I

iba a, 320, 321
idiomatic expressions
  of Argentina, 52, 82
  of Bolivia, 281
  of Chile, 52, 183
  of Colombia, 216
  of Costa Rica, 507
  of Cuba, 232, 313
  of Dominican Republic, 427
  of Ecuador, 115
  of El Salvador, 149
  of Guatemala, 467
  of Honduras, 149
  of Mexico, 232, 247
  of Nicaragua, 149
  of Panama, 216
  of Paraguay, 49, 52
  of Peru, 281
  of Puerto Rico, 427
  sayings, 206, 271, 299, 328, 337, 372
  of Spain, 349, 371
  of Uruguay, 52, 82
  of Venezuela, 387
  vos/tú, 52
if clauses, subjunctive used with, 518
illnesses, 369–370, 372, 373, 375, 379, 383, 401
imperative
  summary of conjugations, A-5 to A-12
  See also commands
imperfect progressive, 320, 360
imperfect subjunctive, summary of conjugations, A-5 to A-12
imperfect tense, 438
  to express intention, 320–321
  of irregular verbs, 318
  preterite vs., 359–360
  of regular verbs, 318
  summary of conjugations, A-5 to A-12
  using, 317–318, 320–321, 399, 439, 440
  using imperfect and preterite together, 438
impersonal direct object pronouns, 158, 284
impersonal expressions, 412, 431, 517
impersonal **se,** 283
importar, 498
Inca people, 45
indefinite articles, 20, 23
indicative mood
  summary of conjugations, A-5 to A-12
  using, 460, 479
indigenous languages, 45, 217
indigenous people, 217, 264, 280, 408
indirect command, 436
indirect object, placement with subjunctive, 395
indirect object pronouns
  double object pronouns, 473, 477
  placement, 187, 395, 398, 473, 476
  using, 186–187, 284, 399, 481–484, 498
  using with direct object pronoun, 471–474
inequality, comparisons of, 221–222

infinitive, 90, 121
   antes de +, 134
   conditional form formed with, 514–515
   deber +, 192
   después de +, 134
   encantar +, 263
   es necesario +, 166, 192
   future tense formed with, 510
   gustar +, 85, 97, 263
   hay que +, 166, 192
   ir a +, 125, 253, 284, 320, 321, 329, 437, 510
   necesitar +, 192
   object pronouns attached to, 474
   para +, 470
   poder +, 191, 192
   preferir +, 121, 125, 192
   querer +, 121, 125, 192
   reflexive pronouns with, 154
   saber +, 191, 192
   tener ganas de +, 125
   tener que +, 192
informal commands, 411, 433–435
   irregular forms, 434–435
   plural, 357
   using, 356
informal future, 487
inscribir, past participle, 354
intentions, expressing with **ir a,** 125, 253, 284, 320, 329
interesar, 498
introductions, 13, 14, 31
invierno, 75, 76
ir
   imperfect tense, 318, 320
   informal command, 434, 435
   past subjunctive, 516
   polite command, 357, 433
   present indicative, 126, 393
   present subjunctive, 393
   preterite tense, 251
   summary of conjugations, A-8
ir a
   + a location, 126
   + a verb, 125, 253, 284, 320, 329, 437, 510
   using, 437
-**ir** verbs
   imperfect tense, 318
   informal commands, 434
   past participle, 353
   past subjunctive, 516
   polite commands, 356
   present participle, 189
   present subjunctive, 391, 392
   present tense, 90–91
   preterite tense, 224, 225
   summary of conjugations, A-5 to A-6
irregular present participles, 189
irregular verbs
   future tense, 510
   imperfect tense, 318
   past subjunctive, 516
   present tense, 159–160
   preterite tense, 250–251, 258
   summary of conjugations, A-6 to A-10
   yo form only, 191
izquierdo(a), 44, 57

J
jamás, 286
jewelry, 481
jobs, 177, 178, 193
Juárez, Benito, 247
jugar, 191
   conditional form, 514–515
   future tense, 510
   past participle, 353
   polite command, 358
   present participle, 189
   present progressive, 189
   present tense, 156, 157
junto(a)(os)(as), 96

K
Kelley, Hannah, 170
knowing, expressing, 220

L
la, 23, 138, 158, 221, 284
languages
   capitalization of names of, 45, 55, 108, 128
   indigenous languages, 45
   See also Spanish language
las, 138, 158, 221, 284
last names, 17, 100, 119, 296
lavar, future tense, 510
lavarse, 152
lavarse el pelo, present tense, 153
lavarse los dientes, present tense, 153
le, 85, 186, 187, 474, 498
Ledesma, Ismael, 49
leer
   conditional form, 514–515
   present participle, 189
   present tense, 90
   preterite tense, 225
lejos (de), 44, 57
les, 85, 186, 187, 474, 498
levantarse, present tense, 153
liceo, 167
literature in the Hispanic world, 301, 313
llamar la atención, 498
llegar
   polite command, 358
   present subjunctive, 393
   preterite tense, 226
llevar, using, 8, 471
llevarse bien/mal con, 297
lo, 138, 158, 284
location
   estar +, 432
   of event, 431
   of objects, 38, 44, 57, 199
   of people, 53
loco(a)(os)(as), 96
López, Jennifer, 106
los, 138, 158, 221, 284

M
Machu Picchu, 281, 283
malo, 222, 229
mañana, 64, 70, 110
mañana por la mañana, 110
mandar que, 420
manejar, imperfect tense, 318
Manet, Edouard, 246
maps
   Argentina, 61
   Bolivia, 261
   Caribbean, 42
   Central America, 42
   Chile, 165
   Colombia, 197
   Costa Rica, 485
   Cuba, 295
   Dominican Republic, 405
   Ecuador, 99
   El Salvador, 131
   Guatemala, 445
   Honduras, 131
   Mexico, 231
   Nicaragua, 131
   Panama, 197
   Paraguay, 33
   Peru, 261
   Puerto Rico, 405
   South America, 42
   Spain, 325
   times around the world, 68
   United States, 3
   Uruguay, 61
   Venezuela, 365
   world, 75
maquillarse, present tense, 153
marriage, 408, 442
Martel, Lucrecia, 81
Martí, José, 300, 301
Martin, Ricky, 409
más, 59, 180, 221, 229
más o menos, 59
masculine nouns, 23–24
   See also gender
más… que, 221
materials, vocabulary, 446, 448, 481
Mayan civilization, 464–465, 467
Mayan people, 45
mayor, 222, 229
me, 85, 186, 187, 473, 498
meals
   buen provecho, 274
   times of meals, 137
   vocabulary, 136–137, 161, 266, 267, 291
   See also food
medical care, 376, 377
mejor, 222, 229
Méndez, Alirio, 373
menor, 222, 229
menos, 88, 180, 221, 229
menos de, 242
menos… que, 221
mentir, preterite tense, 253
mental health, 378
mental state, 143, 144, 162
el mes próximo, 126
mestizos, 49
Mexico, 7, 11, 42, 43, 45, 76, 81, 137, 139, 142, 202, 230, 231, 232, 237, 242, 246–247, 249, 262, 263, 266, 313, 334, 375, 458, 465
mi, 118, 119
mí, 276
Miami Sound Machine (group), 313
mía(s), 110
mientras, 96
Milanés, Pablo, 313
millón, 461
millones, 461
mío(s), 110
mis, 118, 119
months of the year, 34, 45, 57, 141
morir
   past participle, 353
   preterite tense, 253
movement, expressing, 355
movies in the Hispanic world, 81–82, 312, 425
Mundopedia
   Argentine movies, 81–82
   Barranquilla carnival, 215–216
   Chilean writer Isabel Allende, 182–183
   Cinco de Mayo, 246
   Costa Rica successes, 505–506
   Cuban music, 312–313
   Diablada de Oruro, 280
   festivals of the Dominican Republic, 425–426
   holidays, 148–149
   Mayan cities, 464–465
   Mérida, Venezuela, 385–386
   names and naming, 17
   Paraguayan harp, 48
   Quito and **Mitad del Mundo,** 114–115
   Spanish **paradores,** 347–348
muñequitos, 303
music in the Hispanic world, 48, 49, 300, 301, 312–313, 349, 425
musical instruments, 48, 49, 217

N
nada, 286
nadie, 286
náhuatl (language), 45
names
   of languages, 44, 55, 108, 128
   of people, 4, 17, 100, 296
nanobots, 493
narrating an outcome, 438–439
nationalities
   expressing, 55, 58
   naming, 42, 43, 45, 54, 55, 58, 108, 128
natural remedies, 375
Navidad, 139
necesitar, using, 192
negation, 28
negative answers, 28, 354
negative commands, 358, 398, 434–435, 436
negative sentences, 28, 122
negative words, 286
neighborhood, places in, 202, 213, 228
Neruda, Pablo, 182
Nezu Sandoval, Toshiko, 49
Nicaragua, 42, 91, 131, 139, 148, 149, 151, 170, 507
ningún, 286
ninguno de, 286
ninguno(a)(os)(as), 286–287
no creer que, 479, 489
noche, 64, 70

nominal expressions, subjunctive form with, 512, 517
Northern Hemisphere, seasons in, 75–76
nos, 85, 186, 187, 473, 498
nosotros(as), 21, 22
nouns
  gender, 23–24
  más/menos +, 221
  plural, 5, 24–25
  tener +, 143
noveno(a), 104
nuestro(a)(as)(os), 118, 119
numbers
  from 0 to 49!, 6
  from 50 to 99!, 36, 59
  from 100 to 2,000!, 107
  comma used in decimals, 107, 168
  cost of objects, 40
  decimals, 168
  millions, 461
  more than/less than, 242
  ordinal numbers, 104, 129, 167, 199
  period used in thousands, 107
  thousands, 107, 461
  time, expressing, 66, 67, 70, 87–88, 95
  years, expressing, 82
nunca, 72, 96, 286

O

o, 244
object pronouns
  attached to infinitives and present participles, 474
  in commands, 358, 436
  double object pronouns, 473, 477
  order of placement in a sentence, 473
  placement of, 476–477
objects
  cost of, 40
  describing, 58
  location, 38, 44, 57, 199
obligations, expressing, 166, 178, 179, 192, 194, 206
octavo(a), 104
oír
  polite command, 357
  present indicative, 159, 160, 392
  present subjunctive, 392
  preterite tense, 225
  summary of conjugations, A-8
ojalá (que), 437, 516, 517
ojo, 44
opinions, expressing, 479–480, 517
ordinal numbers, 104, 129, 167, 199
os, 85, 186, 187, 473
otoño, 75, 76
o → u verbs, present tense, 156, 253
o → ue verbs
  present indicative, 156, 393
  present subjunctive, 393
outcome, narrating, 438–439

P

padre(s), 100
  Panama, 42, 75, 196, 197, 216, 217, 219, 276
para, 36, 88, 276, 355–356, 470

para que, 513
paradores, 347–348
Paraguay, 13, 33, 42, 43, 45, 48, 49, 51, 52, 74, 91
parecer, 498
parecerse a, 297
Parra, Nicanor, 164
part participle, of regular verbs, 353
parts of a sentence, 20–21
parts of the body, 41, 58, 152, 366, 367, 401
Pascuas, 139
past
  expressing, 225, 240
  See also preterite tense
past actions
  habitual or repeated, 317
  imperfect progressive to express, 320
  narrating, 438–440
  in progress, 320
past experiences, narrating, 438–440
past participles
  irregular past participles, 353
  present perfect indicative from, 352
  of regular verbs, 353
  summary of, A-5 to A-12
past perfect subjunctive, summary of conjugations, A-6
past perfect tense, summary of conjugations, A-6
past subjunctive, forming, 516
Patagonia, 76
Pedersen, Rito, 49
pedir
  present indicative, 394
  present subjunctive, 394
  softened commands with, 397–398
  summary of conjugations, A-11
peinarse, present tense, 153
pensar
  imperfect tense, 320
  polite command, 357
  present indicative, 125, 156, 393
  present subjunctive, 393
  summary of conjugations, A-10
  using, 125
pensar que, 479
people
  describing, 10, 30, 47, 58
  expressing location, 53
peor, 222, 229
perder, present tense, 156
Pérez, Fernando, 301
Pérez Cardozo, Félix, 49
perfect tenses, summary of conjugations, A-6
period, use in numbers, 107
permitir, meaning, 307
permitir que, 420
pero, 97, 479
personal **a,** 220
personal information, 128
personal pronouns, 21–22, 284
personality characteristics, 10, 11, 30, 47
Peru, 7, 42, 45, 260, 261, 262, 264, 279, 281, 283

physical appearance, 9, 10, 30, 47
physical state, 143, 162
Pinochet, Augusto, 183
Pitbull (rapper), 301
placement
  of adjectives, 55
  of demonstrative adjectives, 92
  of direct object pronouns, 158, 284
  of indirect object pronouns, 187, 395, 473, 476
  of indirect object pronouns in present subjunctive, 398
  of negative words, 286
  of object pronouns, 473, 476–477
  of object pronouns in commands, 358, 436
  of ordinal numbers, 104
  of pronouns in commands, 358
  of reflexive pronouns, 154, 358, 436, 476
  of subject in a question, 123
places, 482
plans, making, 125–126
planta baja, 199
plural
  of adjectives, 25–26
  of demonstrative adjectives, 93
  family relationships described, 297
  of nouns, 5, 24–25
  polite commands, 357
poder
  + infinitive, 191, 192
  conditional form, 515
  future tense, 510
  present tense, 191
  preterite tense, 250, 255
  summary of conjugations, A-8
poetry in the Hispanic world, 203, 240–241, 300, 301, 304
polite commands
  forming, 356–357, 433, 517
  plural, 357
  vocabulary, 362
poner
  conditional form, 515
  future tense, 510
  informal command, 434, 435
  past participle, 353
  polite command, 357
  present indicative, 159, 392
  present subjunctive, 392
  preterite tense, 250
  summary of conjugations, A-8
ponerse, 152
por, 276, 355–356, 470
por la..., 64, 70
por la mañana, 110
¿por qué?, 123
porque, 479
Portela, Ena Lucia, 301
Portuondo, Omara, 312
possession, expressing, 101, 118–119, 128, 152, 297
possessive adjectives, 118–119, 152
possibility, statements of, 515
preferences, expressing, 102–104, 121
preferir
  + infinitive, 121, 125, 192
  present tense, 121, 156

preterite tense, 253
  using, 102
preferir que, 391
preocupar, 498
preparar, past participle, 353
prepositional pronouns, 276
prepositions, pronouns following, 316
present participles
  + reflexive pronouns, 154
  estar +, 432
  formation, 189, 290
  imperfect progressive formed with, 320
  irregular, 189
  object pronouns attached to, 474
  present progressive formed with, 189
  summary of, A-5 to A-12
present perfect indicative, 438
  forming, 352–354
  using, 354, 438–439
present perfect subjunctive, summary of conjugations, A-6
present perfect tense, summary of conjugations, A-6
present progressive, 189, 284
present subjunctive
  with adjective clauses, 511–512, 517
  with adverbial expressions, 512, 517
  forming, 390–394
  with *if* clauses, 518
  impersonal phrases followed by, 412
  with nominal expressions, 512, 517
  placement of indirect object, 395
  polite commands with, 356–357, 357, 433, 517
  with purpose clauses, 513, 517
  stem-changing verbs, 393–394
  summary of conjugations, A-5 to A-12
  time clauses with, 396, 486, 517
  using, 396, 436–437, 486, 511–513
  with verbs of volition, 390–394, 420
present tense
  differentiating from preterite, 225
  of irregular verbs, 159–160
  of reflexive verbs, 152–154, 297
  of regular verbs, 90–91
  of stem-changing verbs, 156, 289
  summary of conjugations, A-5 to A-12
prestar, using, 8, 471
preterite perfect tense, summary of conjugations, A-6
preterite tense, 438
  distinguishing features, 225
  imperfect vs., 359–360
  irregular forms of, 250–251
  of irregular verbs, 250–251, 258
  of regular verbs, 224–226
  of stem-changing verbs, 253–254, 289

summary of conjugations, A-5 to A-12
using, 359, 439, 440
using imperfect and preterite together, 438
verbs with special meaning in preterite tense, 255, 258
primavera, 75, 76
primero(a), 96, 104
primo(s), 100
professions, 177, 178, 193, 377, 401
progressive
 imperfect progressive, 320, 360
 present progressive, 189, 284
prohibir que, 420
pronouns, 138
 demonstrative pronouns, 93
 direct object pronouns, 158, 284, 471–474
 impersonal direct object pronouns, 158, 284
 indirect object pronouns, 186–187, 284, 395, 398, 399, 471–474, 476, 481–484, 498
 object pronouns, 436
 order of placement in a sentence, 473
 personal pronouns, 21–22, 284
 placement of in commands, 358
 placement summary, 476–477
 prepositional pronouns, 276
 prepositions with, 316
 reflexive pronouns, 134, 152–154, 358, 436, 476
 subject pronouns, 13, 21, 122
pronto, 162
proponer, past participle, 354
Puerto Rico, 42, 405, 419, 427, 429
punto, 110
purpose clauses, present subjunctive with, 513, 517

Q
que, 436, 511
¿qué?, 112, 123
¡qué + adjective!, 327
¡qué + noun + **tan/más!,** 327
¡qué bueno!, 490
¡qué lástima!, 490
quechua (language), 45
querer
 + infinitive, 121, 125, 192
 conditional form, 515
 future tense, 510
 imperfect tense, 320
 present subjunctive with, 390–394
 present tense, 121, 156
 preterite tense, 250, 255
 summary of conjugations, A-9
 using, 102
querer que, 390, 391
questions
 affirmative answers to, 28
 answering, 28, 29
 asking, 123
 formation, 122–124
 negative answers to, 28, 354
quien, 512
¿quién(es)?, 123

quinto(a), 104
quitarse, present tense, 153

R
raras veces, 162
reactions, expressing, 479–480, 517
realismo mágico, 182
reciprocal actions, expressing, 297, 407, 442
reciprocal verbs, 407
recomendar, present subjunctive with, 390–394, 517
recomendar que, 391, 517
recreation, 62, 72, 73, 82, 95, 97, 102, 111
reflexive actions, expressing, 407
reflexive pronouns, 134, 152–154, 358, 436, 476
reflexive verbs, 407
 present tense, 152–154, 297
regalar, using, 471
regular verbs
 -car, -gar, and **-zar** endings, 226
 future tense, 510
 imperfect tense, 318
 part participle, 353
 past subjunctive, 516
 perfect tenses, A-6
 present tense, 90–91
 preterite tense of, 224–226
 summary of conjugations, A-5 to A-6
reír, summary of conjugations, A-11
reírse
 present tense, 290
 preterite tense, 290
religions in the Hispanic world, 408
remedies, 372, 373, 375, 401
resolver, past participle, 353
restaurants, 274–276, 277–278, 279, 293
Reyes Magos, 139
Rodríguez, Alex, 409
Rodríguez, Silvio, 313
rogar que, 420
romper, past participle, 353
rooms in the home, 201, 202, 228

S
el sábado próximo, 126
saber
 + infinitive, 191, 192
 conditional form, 515
 future tense, 510
 polite command, 357
 present indicative, 191, 220, 393
 present subjunctive, 393
 preterite tense, 250, 255
 summary of conjugations, A-9
 using, 220
sacar, polite command, 358
saint's day, 35, 140
Saldana, Zoe, 409
salir
 conditional form, 515
 future tense, 510
 informal command, 434
 present indicative, 159, 392
 present subjunctive, 392
 summary of conjugations, A-9
Sampayo, Aníbal, 49

Sanabria, Clelia Carolina, 49
Santos, Jesús León, 502
sayings, 206, 271, 299, 328, 337, 372, 411, 415–416
school
 in Chile, 168–169
 classroom activities, 171
 classroom objects, 37, 40, 57
 subjects, 166, 193
 vocabulary, 167
se, 288, 474
 following verb, 399
 impersonal **se,** 283
seasons, 75–76, 95
secarse, present tense, 153
seguir
 polite command, 357
 present tense, 289
 preterite tense, 289
 summary of conjugations, A-12
según, 97
segundo(a), 104
semana pasada, 225
semana próxima, 126
Semana Santa, 139
sentar, polite command, 357
sentences
 formation, 28
 negative sentences, 28, 122
 parts, 20–21
 subject, 20, 90, 233
sentir
 past subjunctive, 516
 preterite tense, 253
 summary of conjugations, A-11
sentirse
 present indicative, 394
 present subjunctive, 394
séptimo(a), 104
ser
 estar vs., 410, 430–432
 imperfect tense, 318
 impersonal expressions with, 431
 informal command, 434
 past subjunctive, 516
 polite command, 357
 present indicative, 21, 393
 present subjunctive, 393
 preterite tense, 251
 summary of conjugations, A-9
 using, 21, 55, 56, 410, 430–432
ser de, 55–56, 118, 448
servir
 polite command, 357
 present indicative, 394
 present subjunctive, 394
Sesame Street, 301
sexto(a), 104
Shakira, 106
Shiomitsu, Lucía, 49
shopping
 for clothing, 450–455, 481
 for food, 271
 open air markets, 458–459
Shum, Harry, Jr., 489
siempre, 72, 96, 286
sin, 276
sobre, 57
sobrino(s), 100
softened commands, 390–391, 397–398, 517

soltero(a), 410
sonreír
 present tense, 290
 preterite tense, 290
South America, map, 42
Southern Hemisphere, seasons in, 75–76
Spain, 11, 13, 36, 42, 74, 81, 139, 202, 237, 262, 263, 266, 279, 303, 324, 325, 326, 329, 338–339, 340, 343, 347–348, 349, 351, 354, 371, 456, 458
Spanish language
 alphabet, 5
 arabic language and, 45
 regionalisms, 456
spelling-change verbs, summary of conjugations, A-10 to A-12
sports, 82, 95
stem-changing verbs
 present indicative, 156, 289
 present participle, 290
 present subjunctive, 393–394
 preterite tense, 253–254, 289
 summary of conjugations, A-10 to A-12
stereotypes, 492
stores, vocabulary, 454
Storni, Alfonsina, 203
"stress rule", 156
su, 5, 118, 119
Suazo, Humberto, 176
subject (of sentence), 20, 90, 233
subject pronouns, 13, 21, 122
subjunctive mood
 summary of conjugations, A-5 to A-12
 using, 390–394, 396, 420, 436–437, 460, 486, 511–513
 See also past perfect subjunctive; past subjunctive; present perfect subjunctive; present subjunctive
sugerir
 preterite tense, 253
 softened command, 391, 397, 517
sugerir que, 391
superlative, 221, 222
surprise, expressing, 490
sus, 5, 118, 119

T
taíno (language), 45
también, 286
tampoco, 286, 287
tan pronto como, 486
tan… como, 223, 229
tanto… como, 223, 229
tarde, 64, 70
te, 85, 186, 187, 473, 498
technology, 493, 494, 520
telling time, 66, 67, 70, 87–88, 95
temperature, degrees centigrade/Fahrenheit, 74
temprano, 162
tener
 + noun, 143
 conditional form, 515
 for expressing age, 38, 52

tener (continued)
 future tense, 510
 informal command, 434
 past subjunctive, 516
 present indicative, 52, 118, 144, 159, 392
 present subjunctive, 392
 preterite tense, 250, 255
 summary of conjugations, A-9
 using, 118, 143
tener ganas de, 125
tener que, 192
tercero(a), 104
terminar, future tense, 510
text message abbreviations, 65
Tikal (Guatemala), 465, 466
time
 ago, expressing, 256
 a.m./p.m., 89
 asking about, 57, 70, 71, 87, 96
 expressing, 66, 67, 70, 87–88, 95
 mealtime, 137
 24-hour clock, 69, 88–89
 world time zones, 68
time clauses, subjunctive used with, 396, 486, 517
tío(s), 100
tocar, polite command, 358
todavía no, 352, 438
todos los días, 96
tomar, conditional form, 514–515
traducir
 present indicative, 392
 present subjunctive, 392
 preterite tense, 250, 251
traer
 past subjunctive, 516
 present indicative, 159, 160, 392
 present subjunctive, 392
 preterite tense, 250, 251
 summary of conjugations, A-10
 using, 471
 transportation, vocabulary, 331–332, 334, 335, 362
Trapero, Pablo, 82
travel, 341–345, 362
tu, 5, 118, 119
tú, 5, 21, 52, 91, 119, 433–435
tus, 118, 119
tuya(o)(as)(os), 110

U

u, 244
un, 23, 449
una, 23
United States
 environmental issues, 499
 map, 3
universidad, 167
uno, 449
unplanned occurrences, 399

Uruguay, 42, 49, 52, 61, 74, 75, 80, 82, 84, 91, 266
usted (Ud.)/ustedes (Uds.), 13, 21, 91, 119, 357, 433

V

Valdés, Chucho, 301
valer
 conditional form, 515
 future tense, 510
Van Van, Los, 313
Vega, Ana Lydia, 409
vender, polite command, 433
Venezuela, 42, 264, 364, 365, 373, 375, 377, 385–386, 389
venir
 conditional form, 515
 future tense, 510
 informal command, 434, 435
 present indicative, 159, 392
 present subjunctive, 392
 preterite tense, 250
 summary of conjugations, A-10
ver
 imperfect tense, 318
 past participle, 353
 present indicative, 392
 present subjunctive, 392
 preterite tense, 251
 summary of conjugations, A-10
verano, 75, 76
verbs
 reciprocal verbs, 407, 442
 reflexive, 152–154, 297, 407
 with special meaning in preterite tense, 255, 258
 summary of conjugations, A-5 to A-12
 using indirect object pronoun, 498
 vocabulary, 31, 58, 96, 128–129, 162, 195, 229, 258, 292, 322, 363, 402, 442–443, 482, 520–521
 of volition, 390, 420
 See also individual tenses of verbs; irregular verbs; stem-changing verbs
vestirse
 present tense, 153, 289
 preterite tense, 289
vivir
 imperfect tense, 318
 past participle, 353
 present participle, 189
 summary of conjugations, A-5 to A-6
vocabulary
 abilities, 193
 accidents, 402
 advice, 442
 age, 57
 animals, 501, 520

appliances, 482
automobile, 362
beverages, 136, 161, 265, 292
birthday, 57
body, parts of, 41, 58, 366, 367, 401
childhood, 322
city, places in, 198, 200, 228
classroom activities, 193
classroom objects, 37, 40, 57
climate, 361–362
clothing, 8, 29–30, 481
colors, 6, 30, 38
commands, 31, 59, 97, 162, 362, 442
daily activities, 95, 161
days of the week, 57
ecology, 520
emergencies, 402
emotional state, 162
environment, 520
family members, 96, 100, 128, 322, 442
fish and seafood, 266
foods, 136–137, 161, 265, 266, 291–292
fruits and vegetables, 265, 266
furniture, 37, 228
geography, 326, 361
holidays, 139, 148, 161
household appliances, 204, 228
household chores, 206, 228
illnesses, 369–370, 401
informal commands, 442
introductions and goodbyes, 13, 14, 31
jewelry, 481
languages, 128
location of objects, 38, 44, 47
marriage, 442
materials, 446, 448, 481
meals, 136–137, 161, 266, 267, 291
meats, 266
mental state, 162
months, 57, 141
music, 48
names and naming, 4
nationalities, 58, 108, 128
neighborhood, places in, 202, 213, 228
numbers from 0 to 49!, 6
numbers from 50 to 99!, 36, 59
objects, 31, 58
ordinal numbers, 129
people, 10, 30, 520
personal informaton, 128
personality characteristics, 11, 30
physical appearance, 10, 30, 47
physical state, 162
places, 482
polite commands, 362

possession, expressing, 128, 297
professions and jobs, 193, 401
questions and their answers, 29
reciprocal actions, 442
recreation, 95, 97
remedies, 401
restaurants, 278, 293
rooms in the home, 201, 202, 228
school, 167
school subjects, 193
seasons, 95
shopping, 271, 481
sports, 95
stores, 454
symptoms, 401
technology, 494, 520
transportation, 331–332, 334, 335, 362
travel, 362
useful expressions and words, 31
verbs, 31, 58, 96, 128–129, 162, 195, 229, 258, 292, 322, 363, 402, 442–443, 482, 520–521
weather, 73, 96, 326–327, 329
work activities, 194
workplaces, 194
Voces (regional vocabulary), 49, 82, 115, 149, 183, 216, 247, 281, 313, 349, 387, 427, 467, 507
volition, verbs of, present subjunctive with, 390–394, 420
volunteer organizations, 170–171
volver
 past participle, 353
 polite command, 357
 present indicative, 156, 157, 393
 present subjunctive, 393
 summary of conjugations, A-11
vos, 52, 91, 156, 318, 435
vosotros(as), 21, 22, 357, 435
vuestro(a)(os)(as), 119

W

weather
 degrees centigrade/Fahrenheit, 74
 vocabulary, 73, 96, 326–327, 329
weddings, 406–407, 408
weekend activities, 208–210, 235–238
work activities, 194
workplaces, 194

Y

y, 479
ya, 225, 352, 438
years, expressing, 82
yo, 233

Z

-zar, verbs ending with, 226, 393
z → c verbs, polite command, 358